U1018107

公共管理 / MPA创新规划教材

地方政府学

LOCAL GOVERNMENT

主　编　吴爱明

参编人员（以姓氏笔画为序）

马延莹　李亚梅　高　旺　崔　晶

WUHAN UNIVERSITY PRESS

武汉大学出版社

图书在版编目(CIP)数据

地方政府学/吴爱明主编. —武汉：武汉大学出版社,2009.9(2014.7重印)
公共管理/MPA 创新规划教材
ISBN 978-7-307-07098-1

Ⅰ.地… Ⅱ.吴… Ⅲ.地方政府—行政管理—高等学校—教材
Ⅳ.D035.5

中国版本图书馆 CIP 数据核字(2009)第 103029 号

责任编辑:舒 刚　　责任校对:王 建　　版式设计:马 佳

出版发行: **武汉大学出版社**　(430072 武昌 珞珈山)
(电子邮件:cbs22@ whu. edu. cn 网址: www. wdp. com. cn)
印刷:湖北鄂东印务有限公司
开本: 720×1000 1/16 印张:35 字数:625 千字 插页:1
版次:2009 年 9 月第 1 版 2014 年 7 月第 2 次印刷
ISBN 978-7-307-07098-1/D·917 定价:45.00 元

版权所有，不得翻印；凡购我社的图书，如有质量问题，请与当地图书销售部门联系调换。

前　言

地方政府是国家管理的重要组成部分，是直接为公民和社会组织提供服务的国家机构。随着政治、经济和社会的发展，地方政府在政策执行、公共服务、地方事务管理、地方经济发展、公共基础设施建设、公民参与等方面发挥着越来越重要的作用。

本书作为大学教材，通过对已有研究成果的系统整理和充分吸收，运用政治学、行政学、法学、管理学、社会学、历史学、经济学等多学科的理论与方法，对广义地方政府的发展过程和现实实践进行系统描述和全面研究，同时进行一定的历史分析、制度分析、实证分析和理论分析。

本书由吴爱明教授列出提纲和写作要求，由吴爱明（中国人民大学）、李亚梅（北京航空航天大学）、高旺（中国青年政治学院）、崔晶（中央财经大学）、马延莹（北京工商大学嘉华学院）共同撰写，最后由吴爱明统稿和定稿。由于时间、篇幅和水平的限制，不足之处，敬请指正。

吴爱明

2009 年 7 月于中国人民大学

目　录

第1章 地方政府概论

☞**简短提要**

本章从地方政府的概念入手，系统论述地方政府的特征、类型、地位、国内外地方政府的研究现状、地方政府学研究的意义与目的、地方政府学研究的对象和范围，以及地方政府学研究的内容与方法。

☞**重点问题**

本章所涉及的主要问题包括：(1) 地方政府的含义与特征；(2) 地方政府的类型；(3) 地方政府的地位与作用；(4) 国内外地方政府研究的现状；(5) 地方政府学研究的意义与目的；(6) 地方政府学研究的内容与方法。

随着政治、经济和社会的发展，地方政府在世界各国的政府体系中发挥着越来越重要的作用。地方政府在政策执行、公民服务、经济发展等方面的治理水平也深深地影响着一个国家整体的经济、政治和社会的运行态势。因此，地方政府研究已经成为各国学者所关注的重要课题。

1.1 地方政府

1.1.1 地方政府的含义

“地方政府”一词被不同的国家及政体使用时，有不同的含义。在英文中，“地方政府”一词为“Local Government”，但这一词汇和我国通常所说的“地方政府”是存在差异的。《布莱克维尔政治学百科全书》认为，地方政府是“权力或管辖范围被限定在国家的一部分地区内的一种政治机构，经过长期的历史发展，在一国政治机构中处于隶属地位，具有地方参与权、税收权和诸多责任”①。美国学者文森特·奥斯特洛姆认为，美国地方政府可以定义为：为满足不同利益群体的共同需求而产生、履行各种不同类型的服务、为数众多的地方单位。② 还有很多国外学者认为，一个国家中央政府以下的政府可以分为两个层级：“区域政府”和“地方政府”。区域政府是地方政府的上一级政府，治理范围更广阔的区域，而地方政府是区域政府的下一级政府层级，是一国中的最低一级的政府。③

从以上论述可以看出，地方政府并不是与中央政府完全对应的一个概念，它与中央政府之间还会有一个区域政府。要理解这种对“地方政府”认知的差异性，还要从不同国家的体制来分析。

在联邦制国家中，如美国、德国，政府的层级分为三个部分：联邦政府、州政府、地方政府。因此，在这类国家中，“地方政府”是州政府的下属政府。比如，美国的地方政府是指州政府下属的县、市、镇和学校区。④ 然而，联邦政府与州政府之间，并没有上下从属关系。在联邦制下，实行分权与制衡，在宪法规定的权限范围内，联邦政府与州政府各自拥有一部分最高和最后决定权。因此，联邦政府与州政府之间，并不构成上下级从属的中央与地方关系。

在单一制国家中，如法国、意大利、日本，“地方政府”是“中央政府”

① ［英］戴维·米勒、韦农·波格丹诺：《布莱克维尔政治学百科全书》，邓正来译，中国政法大学出版社 1992 年版，第 421 页。

② ［美］文森特·奥斯特洛姆、罗伯特·比什、艾莉诺·奥斯特罗姆：《美国地方政府》，井敏，陈幽泓译，北京大学出版社 2004 年版，第 12 页。

③ Jeffrey Owens and Giorgio Panella. “The Role of Lower Levels of Government: the Experience of Selected OECD Countries,” in Jeffrey Owens and Giorgio Panella (eds.), *Local Government: An International Perspective* (Amsterdam: Elsevier Science, 1991), p. 1. Translation mine.

④ Zhiyong Lan. “Local Government Reform in the People's Republic of China: Stipulations, Impact, Cases and Assessment,” *Chinese Public Administration*, Vol. 1, No. 1 (2002), p. 211. Translation mine.

的对称。①中央政府与地方政府之间存在上下从属关系。中国也属于单一制国家，因此，在我国，除中央政府外的各个层级的政府都被称为“地方政府”，具体包括省（自治区、直辖市）、市（自治州）、县、镇（乡）政府。

另外，地方政府有广义和狭义两种解释。从狭义上讲，“地方政府”是指地方行政机关。从广义上说，“地方政府”是由地方行政机关和地方代议机关组成的整体。② 很多外国学者大多从广义上使用“地方政府”的概念，即地方政府是指地方执行机关和地方议事机关。③

《中华人民共和国地方各级人民代表大会和地方各级人民政府组织法》规定：地方各级人民政府是地方各级人民代表大会的执行机关，是地方各级国家行政机关。④ 与之相适应，我国学术界通常把“地方政府”理解为狭义的含义，即地方政府是指地方行政机关，而不包括其他地方国家机关，如人民代表大会。⑤

随着我国“法治国家”的建设，地方政府的立法职能也越来越突出。因此，为了适应我国建设“法治国家”的需要，同时，为了与国际学术界接轨，“地方政府”一词在本书中使用时，是指广义的地方政府。它是由地方立法（议决）机关和地方行政（执行）机关组成的整体。

1.1.2　地方政府的特征

地方政府作为中央政府设置的管理一定区域的政府单位，其所拥有的权力和所承担的义务与中央政府或者其他地域性政府（联邦成员政府即州政府）是不相同的。地方政府行使权限时，具有自己的特征。

彼得·约翰认为，相对于中央政府，地方政府有如下特征：（1）为当地居民提供更全面的、更贴近实际的公共服务；（2）地方政府有决定预算和征收地方税的权力。⑥戴维·威尔逊和克里斯·盖恩认为：地方政府有权自主决

① 《法学词典》（增订版），上海辞书出版社1984年版，第280页。

② 《中外政治制度大辞典》，人民日报出版社1994年版。

③ 任进：《中欧地方制度比较研究》，国家行政学院出版社2007年版，第4页。

④ 见2004年修订《中华人民共和国地方各级人民代表大会和地方各级人民政府组织法》，第54条。

⑤ 沈荣华：《中国地方政府学》，社会科学文献出版社2006年版，第5～6页。

⑥ Peter John. *Local Governance in Western Europe*. London：Sage Publications，2001，p. 8. Translation mine.

定地方事务；在大多数国家，地方政府是由中央政府通过立法决定产生或撤销的；地方政府是由当地居民直接选举产生的；地方政府有权向居民开征地方税。①

因此，很多国外学者认为，地方政府具有从属性，它是在中央政府或其他区域性政府的管辖之下的；同时地方政府又有一定的自主性，它可以管理地方财政并征收地方税。

我国学者也对地方政府的基本特征提出了自己的看法。他们的观点大致可以分为两类。一类是从中央和地方关系的角度认为地方政府有如下特征：（1）地方政府拥有的权力没有独立的主权性；②（2）行政地位和职能的特殊性；（3）地方分权与中央集权的矛盾统一。另一类学者认为地方政府同时作为地方国家行政机关和执行机关，它具有如下特征：（1）角色的双重性，即执行性职能和领导性职能；（2）职权的有限性；（3）双重隶属性，即地方政府既隶属于同级立法机关，又隶属于上级行政机关。③

综上所述，本书认为地方政府具有如下特征。

1. 地方政府职能的双重性

地方政府在公共权力中纵向配置的地位，决定了地方政府职能的双重属性，即执行性职能和管理性职能。一方面，从国家政治系统职能的纵向关系来说，地方政府是中央政府的下属机关，所以必须服从和执行中央政府的法令，推行中央政府的政策。因此，作为一国依法在地方设置的一级政府体系，各国的地方政府都要不同程度地接受和执行中央政府的监督、管理和领导。

另一方面，地方政府要对所辖区域进行管理和领导，以保证和促进地方经济和社会的顺利发展。作为地方经济、社会、文化以及环境的主要管理者和组织者，地方政府在地方的经济与社会发展中发挥着重要的作用。

简而言之，地方政府在以中央政府为主导的政治过程中，起着自上而下和自下而上的政治中介作用。地方政府既能因地制宜地贯彻中央政府关于国家经

---

① David Wilson and Chris Game. *Local Government in the United Kingdom*. New York：Palgrave Macmillan，2006，pp. 31-40. Translation mine.

② 徐勇，高秉雄：《地方政府学》，高等教育出版社 2005 年版，第 8 ~ 10 页；陈嘉陵：《各国地方政府比较研究》，武汉出版社 1991 年版，第 3 ~ 5 页。

③ 沈荣华：《中国地方政府学》，社会科学文献出版社 2006 年版，第 7 ~ 8 页；薄贵利：《近代地方政府比较》，光明日报出版社 1987 年版，第 10 ~ 13 页。

济社会发展的战略性决定，又能及时地把自主性地方经济社会发展的决定向中央政府报告；同时，地方政府又是地方政治、经济和社会发展的主导性力量。

地方政府的这一双重属性在不同类型的国家，其表现是不相同的。在实行分权体制的国家中，中央政府对地方政府的管理和领导相对比较薄弱，地方政府的自治权力较强。而在中央集权的国家，这种纵向的隶属关系表现得比较突出，中央政府对地方的直接控制和领导比较明显。我国的地方政府具有明显的双重属性。地方政府是中央政府依法设置的，地方政府必须服从中央政府的领导和管理。中央政府有权依法增减地方的权限和地方政府机构。另一方面，地方政府在当地的经济与社会的管理中发挥着举足轻重的作用。

2. 地方政府拥有权力的非主权性

从国家主权的角度来说，现代民主国家的主权属于该国的全体人民。主权是一个国家最权威和最后的决定权。在单一制国家中，国家主权由中央政府行使；在联邦制国家中，国家主权由联邦政府和联邦成员政府依照联邦宪法划定的权限范围，各自行使国家主权。因此，中央政府行使国家集中统一的权力，地方政府只代表国家的一部分地区，行使国家的部分权力。

地方政府的权力和权限是中央政府依法授予的，并且中央政府可以通过法定的程序对这些权力和权限加以变更或撤销，因此，地方政府所拥有的权力不具有主权性质。地方政府的这一特征不同于联邦成员政府。联邦成员政府在联邦宪法规定的范围内拥有最高和最后决定的权力，这一权力不受联邦政府的干预，具有主权属性。联邦政府只有通过修改联邦宪法，才能改变联邦成员政府的权限范围。因此，联邦成员政府（比如美国的州政府）不属于地方政府的范畴。

当然，地方政府也有地方自治权，但自治权是由中央政府将自治事务的管理权力委托并授予地方政府的，地方政府按照这一授权再对管辖区域实施管理。因此，地方自治权并非地方政府固有的权力，不具有主权性质。即使是实行高度自治的地方政府，其拥有的权力也不具有主权性质。中国的香港特别行政区和澳门特别行政区是实行“一国两制”、高度自治的地方政府，享有独立的司法权和终审权、行政管理权、立法权和货币发行权等高度自治权。香港和澳门两个特别行政区行使权力的依据是《香港特别行政区基本法》和《澳门特别行政区基本法》（下文简称《基本法》），而《基本法》是由我国最高权力机关——全国人民代表大会制定的。《基本法》的制定、修改和解释权都归属于全国人大，无需特别行政区政府的同意和认可。特别行政区法院也有权对《基本法》进行解释，但这种解释应获得全国人大常委会的认可，并不得同全国人大常委会做出的解释相抵触。因此，中央人民政府与特别行政区的关系是在单一制国家结构形式内中央与地方之间的关系，特别行政区享有高度自治权，但它不享有国家主权。

3. 地方政府权限的有限性

地方政府的权限是受两方面因素制约的：一是权限管辖的地域范围是有限的。从地域空间上讲，地方政府的治理权力只限于其所辖范围内的区域和居民，不能超越行政区域。地方政府只对本区域内居民提供公共产品和公共服务，地方性法规也只能在本区域内有效，对国家其他地区不产生效力。

二是权力行使是受限制的。地方政府的权力来自于中央政府的授权，和中央政府相比，地方政府具有有限的权力，只能在法律规定的范围内行使权力。但是，地方政府可以制定地方税收政策、实行有限的立法等。在纵向职权划分上，中央政府提供全国性的公共物品，如国防、外交、反恐等。除这些全国性的公共物品外，地方政府可以因地制宜地在本区域内行使职权，为本区域居民提供公共物品和公共服务，如教育、医疗卫生、社会保障、基础设施、环境保护等。

综上所述，地方政府的这三个特征体现了中央集权与地方分权的矛盾统一。中央政府行使国家权力，保证国家的统一领导；地方政府因地制宜地行使中央政府赋予的权力，促进地方的经济与社会发展。当然，中央政府的权力总是制约地方政府的权力，并保留着纠正地方政府不适当决议或命令的权力；而地方政府总是要求更多的分权，以便发挥更多的自主性和积极性。因此，中央政府与地方政府的关系，尤其是权力的划分，成为政治学和公共行政学研究的重要内容。

1.1.3 地方政府的类型

按不同标准和方法，地方政府可以分为不同的类型。从地方政府与中央政府的关系角度分类，《布莱克维尔政治学百科全书》认为，按享有的职权、地位不同，地方政府可以分为两种：有充分自主权、地位和独立的合法性的地方政府；没有实质性的自主权、相应的地位和独立合法性的地方政府。①

1964 年，美国宾夕法尼亚大学政治系的奥德弗教授提出了著名的地方政府的四种模式：英国模式、法国模式、苏联模式和传统模式。奥德弗认为，英国的地方政府对于中央控制是相对独立的，这种地方政府也几乎不受其他地方组织机构的监督；法国模式的特点是大量的中央监督，这种监督通过行政控制和统治集团的一系列命令予以实现；苏联的地方政府体制，存在着一种更为严格的等级制度，这种制度既是通过正式组织，也通过共产党的控制，以民主集中制和等额候选人选举制度来实现的。②

《国际社会科学百科全书》将世界各国的地方政府分为五种类型：（1）联邦分权型地方政府；（2）单一分权型地方政府；（3）拿破仑行政长官型地方政府；（4）共产党国家型地方政府；（5）后殖民主义型地方政府。③

我国学者大多从以下几个方面对地方政府进行分类。以地方制度的不同安排为标准，地方政府可分为行政体地方政府、实行地方自治的自治体地方政府、混合体地方政府；按设置目的分类，地方政府可以划分为一般地域型地方政府、民族区域型地方政府、城镇型地方政府、特殊型地方政府；按行政层级分类，地方政府可分为最高层地方政府、中间层地方政府、基层地方政府。④

还有学者认为，根据地方政府的职能分类，地方政府分为单一职能的地方政府和多重职能的地方政府。根据地方政府与地方其他组织的关系程度，分为简单型的地方政府与复杂型的地方政府。⑤

通过以上分析可以看出，地方政府类型划分的依据是多种多样的，但是按照一国的行政区域设置目的以及按地方政府所属国家的结构来划分，对于理解地方政府的内涵显得尤为重要。

---

① ［英］戴维·米勒、韦农·波格丹诺：《布莱克维尔政治学百科全书》，邓正来译，中国政法大学出版社 1992 年版，第 421 页。

② ［英］戴维·米勒、韦农·波格丹诺：《布莱克维尔政治学百科全书》，邓正来译，中国政法大学出版社 1992 年版，第 421 页。

③ *International Encyclopedia of the Social Science*（Volumes 9-10）. London：Macmillan，1968，p. 451.

④ 徐勇、高秉雄：《地方政府学》，高等教育出版社 2005 年版，第 45～60 页；陈嘉陵：《各国地方政府比较研究》，武汉出版社 1991 年版，第 22～27 页。

⑤ 任进：《中欧地方制度比较研究》，国家行政学院出版社 2007 年版，第 13～14 页。

1. 按照行政区域设置目的来划分

国家为了方便统治和管理，对所辖区域进行划分，并按行政区域的划分来设置地方政府。比如，中国是由23个省、5个自治区、4个直辖市、2个特别行政区构成的整体（台湾未计入内）；省、自治区是由一系列地级市、自治州构成的；地级市、自治州是由县、自治县、县级市组成的；县、自治县、县级市则是由许多乡、民族乡、镇构成的。地方政府按照设置目的的不同，可分为一般地域型地方政府、市镇型地方政府、民族区域型地方政府和特殊型地方政府。

（1）一般地域型地方政府

按地域分层次治理是各国政府治理最普遍、最基本的形式。因而，一般地域型地方政府在各国地方政府总数中总是占多数。一般地域型地方政府有如下基本特征：第一，它是出于地域治理的需要设置的地方政府；第二，它所辖的地域范围，通常都包括城镇地区和乡村地区；第三，这类地方政府的设置不存在某种特定的要求，如民族构成比例的要求或关于人口数量和经济发展程度的要求。①

一般地域型地方政府包含城镇与乡村，并且乡村区域的比例更大。与民族区域型地方政府和市镇型地方政府所不同的是，一般地域型地方政府的设立纯粹是出于治理地方区域的目的，而不是考虑到一些特殊的因素，如城镇居民的数量、少数民族的居住人口等。在我国，一般地域型地方政府包括省、县、乡政府。在西方实行地方自治的国家里，自治的地方政府也是一般地域型地方政府。

（2）市镇型地方政府

市镇的出现是社会经济发展的产物。市镇型地方政府的管辖范围一般限于市镇本身，但我国近年来，这类政府也同时管辖大面积的乡村区域。

与一般地域型地方政府不同的是，市镇型地方政府的设置是出于两方面的考虑：第一，由于市镇的迅速发展，它在一国的经济社会发展中，尤其是在政治、经济、军事、文化等方面占有越来越重要的地位。因此，设立市镇型地方政府，有利于在社会管理、公共服务、基础设施、社会保障、公共安全、市镇规划等方面对市镇区域实施更有效的治理。第二，由于市镇是非农业人口聚居

① 徐勇、高秉雄：《地方政府学》，高等教育出版社2005年版，第52页。

的地方，居民生活高度社会化。因此，设立市镇型地方政府时，必须要有一定数量的市镇人口，我国要求非农业人口要达到一定的比例。我国随着市镇型地方政府管辖农村区域面积的增大，这一比例已经越来越模糊化。

(3) 民族区域型地方政府

在多民族聚居的国家里，为了维护少数民族的利益并促进少数民族的发展，一般会在少数民族居住的区域建立民族区域型地方政府。在建立这种类型的地方政府时，一般要求少数民族居民在当地居民中必须占有相当数量的比例。

在中国，民族区域型地方政府包括：自治区、自治州、自治县和民族乡。其中，拥有民族区域自治权的有自治区、自治州和自治县的地方政府；不拥有民族区域自治权的有自治乡。在国际上，很多国家对所辖区域内的少数民族实施不同程度的民族区域自治。西班牙在 1978 年设立巴斯克地区自治共同体，辖区内的大部分居民是居住在西班牙和法国交界处的巴斯克人。意大利于 1948 年和 1972 年先后颁布过两部《自治法》，赋予该国特兰提诺—南蒂罗尔地区讲德语的居民自治权。另外，美国和澳大利亚等国也对国内的土著民族设有保留地。

(4) 特殊型地方政府

出于某种特殊需求，中央政府也会在不同时期、不同地点设置行政区划单位，这类政府统称为特殊型地方政府。特殊型地方政府在一国内的数量较少，有的也是特定时期的产物。这类政府同中央政府的关系与一般地域型地方政府不同。依据设置目的的不同，特殊型地方政府可以分为两类。

第一类是出于政治原因而设立的地方政府。例如，中国在 1997 年香港回归和 1999 年澳门回归后，在这两个区域实行“一国两制”的高度自治制度，建立特殊型地方政府。国外不少国家，常常将其首都所在地设立为特殊型地方政府，以加强对首都所在地的直接管理和控制。美国首都华盛顿的哥伦比亚特区（District of Columbia）、澳大利亚的堪培拉首都特区以及马来西亚的首都吉隆坡联邦直辖区政府都是特殊型地方政府。

第二类是出于公共管理的需要而设立的地方政府。例如，我国为了开发自然资源或保护风景名胜，设置了矿山工业区、自然保护区等，其行政管理机构的设置不同于一般地域型地方政府。如湖北省神农架林区就是在 20 世纪 70 年代，为合理保护神农架的森林资源而设立的。另外，在美国还有一些单一管理职能的地方政府，如学校区、公园区和供水区等，他们拥有一般地域型地方政府所拥有的财政权和管理权，但其全部权限仅限于单一职能。

2. 按地方政府所属国家的结构来划分

根据国家的结构来划分地方政府，有助于了解地方政府所属国家的结构形式对中央政府和地方政府的权责划分、财政分配关系的影响。一般来说，按照国家结构的不同，可以将国家分为单一制国家和联邦制国家两种类型。

（1）单一制国家的地方政府

在单一制国家中，宪法通常都不具体规定中央政府与地方政府的权限范围。中央政府享有充分的权力，地方政府的权限是由中央政府授予和划定的。地方政府权限的大小，取决于中央政府授予多大的权力，并且中央政府可以按需要削减地方政府的权力。当然，地方政府也会就管辖的事务范围和权限同中央政府博弈，以获得更多的自主权。如果分给地方的权力过大，往往就会导致地方滥用权力，形成地方割据，从而动摇中央政府的权威；如果地方的权力被过度地限制，中央的权力过分集中，那么地方政府对所辖区域进行管理和提供公共物品的积极性就会降低，同样会削弱中央政府的权威。因此，在单一制国家中，中央与地方权限如何划分、分权的底线是什么，一直是存在争论的问题。

与联邦制国家相比，单一制国家中的地方政府与中央政府通常有直接或间接的关系。但是，同属单一制国家，不同国家的地方政府所拥有的权力也不相同。所以，单一制国家的地方政府又可分为中央集权型单一制和地方自治型单一制两类。

在中央集权型单一制国家中，地方政府接受中央政府的统一领导，并完全处于中央政府的控制和监督之下。地方政府没有自治权或地方虽设有自治机关，但自治机关受中央政府的严格控制，这种单一制国家的代表是法国和中国。

在地方自治型单一制国家中，中央与地方实行一定程度的分权，但中央政府仍有最高权。地方政府在处理本地区事务中具有自治权，中央有权监督地方政府，但不直接干预地方性事务，这种地方自治型国家的代表是英国和西班牙。英国是一个具有“地方自治传统”的单一制国家，它既不同于地方权力较大的联邦制国家，也区别于地方权力较小的中央集权的单一制国家，中央政府把其控制过多的职权交还给地方政府，扩大了地方政府的某些自治权。

当然，中央集权型单一制国家和地方自治型单一制国家地方政府的区分也不是完全对立的。尤其是近年来，法国进行了地方分权改革，在 2003 年对宪法进行了修改，将中央的权限向地方转移，进一步扩大了地方自主权。在中国，在中央政府的统一领导下，也存在民族自治地方政府和特别行政区地方政府。

（2）联邦制国家的地方政府

在联邦制国家中，地方政府是联邦成员政府（州政府、邦政府等）的下属政府层级，因此，地方政府处于政府体系的最低层。地方政府与联邦成员政府有直接的隶属关系，与联邦政府（中央政府）没有直接的联系。联邦政府对地方政府没有管辖权，联邦政府一般也无权随意干预地方政府的事务。联邦成员政府虽然对地方政府行使监督权，但地方政府拥有高度的自治权。

美国是典型的联邦制国家，它的地方政府实行高度自治，这一自治权受到各州宪法的保障。美国的政治传统向来认为，离居民最近的政府才是最好的政府，因此，许多州政府的官员认为不应也不愿去干预地方政府事务，地方政府被赋予广泛的自治权。① 美国地方政府的组织形式分为两类。一类是县政府的管理体制，包括县委员会制、县委员会—经理制和县委员会—县长制；第二类是市政府的管理体制，包括市长—议会制、市议会—经理制和市委员会制。②

德国也是一个联邦制国家，联邦政府拥有制宪权，联邦政府与州政府建立协调机制。州政府以下的县、乡镇政府作为德国的地方政府，负责管理地方事务，并作为地方自治单位处理联邦和州政府委托处理的国家行政事务。

1.1.4　地方政府的地位与作用

从地方政府产生的角度来看，除去少数的袖珍国家（如列支敦士登公国、马尔代夫共和国等）和城市国家（如新加坡），大多数国家都设有地方政府，因为一国的中央政府大多无法完成全部国家事务的管理。一些幅员广阔、人口众多的大国，如中国、俄罗斯等国，还存在多个层级的地方政府。因此，设置地方政府的最大理由，是地方政府具有中央政府所不可替代的管理地方经济和地方公共事务的功能。随着政治、经济和社会的发展，地方政府在政策执行、公民服务、地方经济发展、维护和改进地方基础设施等方面起到至关重要的作用。

1. 地方政府是地方民主和公民参与的促进者

在一个大型国家里，公民直接参与国家事务的管理是不现实的，而地方政

① 张智新：《美国地方政府改革及其对中国的借鉴意义》，《行政论坛》，2005 年第 6 期，第 91 页。

② 施富兰：《美国地方政府的管理方式及其借鉴意义》，《新疆社科论坛》，2005 年第 4 期，第 41 ~ 42 页。

府却是民众参与管理国家事务的最直接的场所和重要环节。通过地方政府，公民能实质性地获得政治学习、政治参与的机会。汤尼·伯恩认为，地方政府的存在有助于对公民政治能力的培养和推进民主政治。另外，地方政府的存在有利于防止中央过分集权和滥用权力。① 英国政治思想家 J. S. 密尔指出，地方政府为公民提供的参与政府活动的机会，加深了人们对自由政治制度的理解。② 因此，地方政府的创设及其运转被认为是实现民主政治的重要手段。

在中国，地方政府同样扮演着促进民主政治的角色。各级地方人民代表大会制度的建立，标志着国家权力由人民选举产生的人民代表大会统一行使。通过各级地方人民代表大会，民众有了参与政治的民主渠道。目前，中国政府正在积极推进的基层民主制度也是社会主义民主制度的重要组成部分。基层民主制度的建设就是通过群众性自治组织（如城市的居民委员会、农村的村民委员会等）的建立，让人民群众充分享有民主选举、民主决策、民主管理和民主监督的权利，从而有效地推动我国民主政治向更高层次发展。

中国各民族区域自治的地方政府，是少数民族的民众依法自主地管理本民族事务、民主地参与国家和社会事务管理的平台。中国是一个统一的多民族国家，迄今为止有 56 个民族。民族区域自治制度保证了在尊重各民族传统文化、体现各民族意愿的基础上，建立适合各民族的民主制度。少数民族的地方政府在这一过程中发挥着极其重要的作用，它不仅有利于增强地方民众的政治参与，而且保证了国家统一、民族团结和社会稳定。

2. 地方政府是区域经济的规制者、调控者和组织者

在市场经济条件下，会出现市场失灵等各种生产交往中的负外部性问题，因此，地方政府作为中央政府的下设行政组织，依照一定的法律法规，要对本区域的市场和各种经济活动如交通运输、金融保险、邮电传播、教科文卫等事务，进行行政管理和监察督促。

除了对市场的规制作用，地方政府也是市场经济的调控者和组织者。一个国家的中央政府只能在宏观上做出全国经济发展的规划，而不可能制定适应于各个地域的经济发展策略。因此，在中央政府整体的规划蓝图指导下，地方政

---

① Anthony Byrne. *Local Government in Britain*. London：Penguin Books Ltd.，2000，pp. 5-8.

② ［英］J. S. 密尔：《代议制政府》，汪瑄译，商务印书馆 1982 年版，第 211 页。

府可以因地制宜地制订出能够充分发挥本区域资源优势和适宜本区域发展的措施。在执行过程中，地方政府还要及时地调整这些策略和措施，以适应当地经济不断发展的需要。

中国正处于社会和体制转型过程中，因此，地方政府在推动体制改革、规制市场行为、组织和调控地方的经济活动中发挥着越来越重要的作用。

3. 地方政府是地方公共服务和公共产品的提供者

政府的一项主要职责就是提供公共产品和公共服务。一般来说，地方政府比中央政府更了解地方居民的需求和偏好，因此，地方政府能够更有效地为当地居民提供公共物品和公共服务。大部分地方区域的医疗卫生、教育、社会保障、环境保护、基础设施、公共安全等公共产品和公共服务都是地方政府直接提供的。

当前，在中国的公共服务型政府建设中，地方政府所发挥的作用尤为重要。在中国加入世界贸易组织以后，地方政府开始推行行政审批改革，通过删减大量的审批事项来改进地方政府的服务，从而改善投资环境。近年来，在完善农村养老保险、医疗保障制度、健全城乡一体的公共卫生体系和突发公共卫生事件应急机制，以及全面推进素质教育等方面，地方政府不断强化它们对当地民众提供公共服务的职能。

1.2　地方政府研究

在国外，地方政府研究的历史由来已久。随着经济社会的发展，地方政府在一国政治、经济中的地位已经受到越来越多政府和学者的关注。人们对地方政府的地位和角色的认识，从一开始的有利于实现民族的统一和国家的富强，逐渐演变为地方政府是培养公民的政治意识、实现地方民主的重要保证。在中国，改革开放以后，地方政府的研究也成为学者们关注的课题，学者们对中央政府与地方政府的关系问题、地方政府在市场经济中的职能转变问题、基层政府的民主实践问题等都做出了很多论述。

1.2.1　国外地方政府研究

在绝对主义的国家出现之前，没有“地方政府”的概念。到了近代，为了适应商品经济的发展，结束地方割据和国家分裂的局面，真正主权意义上的民族国家建立起来了，这时，地方政府才开始形成。因此，人们对地方政府的研究主要围绕着地方政府如何帮助中央政府实现民族统一、国家富强等问题而展开。

随着西方市民社会的兴起和资产阶级革命的最终胜利，宪政主义国家开始出现。此时，在人们的眼中，地方政府的价值更在于限制公共权力和保障公民权利。因为，在宪政主义的体制下，地方政府可以作为约束中央政府权力的机构而存在。另外，地方政府还是公民参与地方公共事务管理，实现地方善治的重要场所。因此，在很长一段时间里，“西方地方政府研究的核心内容是地方民主与公民参与，包括地方民主和公民参与的条件和动力、民主参与的途径和制度设计、民主参与的作用和效果，如地方自治的研究等”①。

进入20世纪70年代以来，面对新的历史环境，世界各国在新公共管理运动和新公共服务理论和实践的影响下，对地方政府的研究又进入了一个新的阶段。总的来说，西方各国的地方政府研究主要体现在以下几个方面。

1. 地方政府与地方治理

在治理理论的推动下，地方治理成为学者们研究的热点。治理理论认为，传统的市场与政府的二元结构的治理模式已经不能适应社会发展的需要，随着全球化时代的到来，“人类政治过程的重心正在从统治（government）走向治理（governance），从善政（good government）走向善治（good governance）”②。

地方治理是指地方多元主体协同来管理地方公共事务的过程。在地方治理结构中，治理主体（即地方政府、中央政府、私部门与第三部门）彼此之间是协力合作关系。地方政府在社会治理结构中，应当承担指导责任和确立行为准则。除地方政府外，社会上的第三部门或志愿性的机构，如社区互助组织、教会、民间慈善组织和志愿组织等也要负责维持秩序，参加政治、经济与社会事务的管理。也就是说，地方政府治理模式呈现互相协调的多个决策中心，地方政府不再是唯一的治理主体。在美国，地方层面的市民参与对促进地方民主治理起着不可忽视的作用。正如哈耶克所说，第三部门的机构“常常能够，而且也应当能够以更为有效的方式为我们提供大多数我们在当下仍然以为必须

① 钟伟军：《西方地方政府研究述评》，《广东行政学院学报》，2005年第4期，第19页。

② 张国庆：《公共行政学》，北京大学出版社2007年版，第599页。

由政府提供的服务”①。

另外，地方治理倡导网络管理体系，即在市场原则、公共利益、社会认同的基础上，实现地方政府与公民社会的合作、地方政府与非政府组织的合作、公共机构与私人机构的合作。

2. 地方政府与公共服务

20 世纪 80 年代，新公共管理理论的兴起以及在实践中的推行，在西方各国掀起了一股对地方政府的角色重新审视的潮流。新公共管理的倡导者们认为，地方政府应当丰富和改善公共部门提供的产品和服务的质量，并且增强公共服务对公众需求的反应力，使公众更加容易获得公共服务。②

在地方政府提供公共服务的方式上，新公共管理理论主张通过民营化等形式，把公共服务的生产和提供交由市场和社会力量来承担，通过与企业的合作来减少地方政府直接提供公共服务的机会。为此，地方政府应当打破其对公共资源的垄断，广泛采用市场化运作方式和私营部门的管理方式，如公开竞标、签约外包、全面质量管理、目标管理等等，将公共服务承包出去。③

为了改进公共服务的质量，各国地方政府纷纷对政府部门内部的管理体制进行了改革。它克服了原来传统僵化的模式，引入了更多的市场竞争机制，在地方政府内部广泛实行绩效管理和考核晋升制度。绩效管理是在设定的公共服务绩效目标的基础上，对公共部门提供公共服务的全过程进行跟踪监测，并做出系统的绩效评估，内容主要包括服务质量、顾客满意度、效率和成本收益等。地方政府根据公民的建议来改善官僚机构的组织和行为，公开政府的服务标准，以标准来衡量绩效。地方政府还培训政府雇员树立“为客户服务”的理念，制定以服务标准的完成情况为核心的内部奖励制度。另外，通过职能转移、缩小公共部门及其人员的规模，以此来实行组织机构变革和人事变革。

除此之外，新公共管理理论认为，地方政府应当分权，把很大一部分权力让渡给社会和市场。地方政府可以与非政府组织进行合作，这样不仅可以缓和

---

① ［英］弗里德里希·冯·哈耶克：《法律、立法与自由》，邓正来等译，中国大百科全书出版社 2000 年版。

② Christopher Hood. “The ‘New Public Administration’ in the 1980s: Variations on a Theme”. *Account, Organizations and Society*, Vol. 20, No. 2-3 (February 1995), pp. 93-109.

③ 张国庆：《公共行政学》，北京大学出版社 2007 年版，第 588 页。

政府的管理矛盾，而且有助于降低政府的公共开支。

继新公共管理理论之后，新公共服务理论和实践也影响着地方政府的研究。该理论认为，地方政府官员在管理公共组织和执行公共政策时，应该集中于承担为公民服务和向公民放权的职责。① “政府职能是服务而不是掌舵，公共利益是目标而非副产品，思想上要有战略性，行动要具有民主性，责任并不简单。”② 这些理论对地方政府的实际运作和今后地方政府的研究提供了在公民权和社区与公民社会基础上的指导意义。

除了上述内容，国外的很多学者对地方政府的研究还集中在中央与地方政府的分权、族群政治与地方政府等问题上。

1.2.2 中国地方政府研究

中国的地方政府研究工作是在改革开放之后开始的。经过 30 多年的努力，中国学者在地方政府的研究方面已经取得了很多有益的成果。总的说来，中国学者对地方政府的研究主要集中在以下几个方面。

1. 中央与地方关系研究

20 世纪 80 年代初期，中国开始实行改革开放政策，中央政府为发挥地方的能动性，从经济领域开始，将中央的权力下放给地方。中央政府对地方政府的分权，成为改革的一个重要内容。在这一历史背景下，中央与地方关系的研究成为那一时期学者们关注的重点。学者薄贵利、林尚立等人各自从不同的角度出发，分析了中国政府的集权和分权的演变过程、政府间关系、中央与地方动态权力架构、政策制定与执行等问题。他们集中讨论了政府间不同权力之间的关系以及权力在政府间的划分。③

王绍光、平新乔、寇铁军、马骏等学者更关注公共财政收支的集权与分权问题。他们从中国的分税制改革入手，分析了中央与地方财权与财力的划分、

① 丁煌：《西方行政学说史》，武汉大学出版社 2004 年版，第 409 页。

② ［美］罗伯特 · B. 登哈特、珍妮特 · 登哈特：《新公共服务：服务而不是掌舵》，丁煌译，中国人民大学出版社 2004 年版，第 6 ~ 9 页。

③ 薄贵利：《中央与地方关系研究》，吉林大学出版社 1991 年版；薄贵利：《集权分权与国家兴衰》，经济科学出版社 2001 年版；林尚立：《国内政府间关系》，浙江人民出版社 1998 年版。

中央与地方政府间转移支付制度、中央与地方政府间财政平衡关系等问题。①

2. 地方政府体制改革和职能转变研究

在中国实施改革开放政策之后，各级地方政府积极推进改革，转变政府职能，以适应社会主义市场经济发展的需要。地方政府改革涉及精简机构、政企分开、政府信息公开与透明、行政审批改革、加强政府的公共服务和社会管理职能等内容。

在这一领域的研究中，谢庆奎教授较早地从事了中国地方政府体制变革方面的研究。他分析并总结了在 20 年的改革过程中，地方政府的行政体制、权力结构、组织结构和政府职能的变化和发展，以及地方政府的发展动力、利益格局和地方政府自身存在的问题。值得一提的是，谢庆奎教授和他的同事们还一起合作编写了一套《中国地方政府管理丛书》，在国内较早地以省、市、县、镇作为研究单位来研究地方政府。②

中国台湾的学者们，如薄庆玖和纪俊臣等人，也对地方政府的结构、功能和地方自治等方面进行了较早的研究。③

3. 地方政府的基层民主实践研究

中国学者对地方政府基层民主实践的研究，是从“治理”这一理论框架引入国内之后开始的。自此，政治学者们开始用“治理”的理念来阐释中国地方政府的公共权力运作及其与社会的关系。乡村治理和城市社区居民自治是中国地方治理的基础，也是迄今为止学者们所关注的两大方面。

在理论层面上，最早从事“地方治理”理论研究的是中央编译局的俞可

---

① 王绍光：《分权的底线》，中国计划出版社 1997 年版；平新乔：《财政原理与比较财政制度》，上海三联书店 1995 年版；寇铁军：《中央与地方财政关系研究》，东北财经大学出版社 1996 年版；马骏：《论转移支付—政府间财政转移支付的国际经验及对中国的借鉴意义》，中国财政经济出版社 1998 年版。

② 谢庆奎：《中国地方政府体制概论》，中国广播电视出版社 1998 年版；毛寿龙，李竹田等：《省政府管理》，中国广播电视出版社 1998 年版；汤大华等：《市政府管理》，中国广播电视出版社 1998 年版；谢庆奎：《县政府管理》，中国广播电视出版社 1998 年版；张全在、贺晨：《镇政府管理》，中国广播电视出版社 1998 年版。

③ 薄庆玖：《地方政府与自治》，台湾空中大学 2003 年版；纪俊臣等：《地方政府论丛》，台湾五南出版社 1999 年版。

平教授。他的《治理与善治》一书介绍了“治理”与“善治”的概念以及国际上治理理论的主要观点。① 随后，孙柏瑛教授对当代的地方治理理论，如“多中心”理论、“第三条道路”理论、集体行动理论和社群共同体思想等进行了分析。②

在实践层面上，学者杨雪冬和何增科以县政府为单位进行了关于地方治理的研究。③ 贺雪峰、徐勇、吴毅等较多的学者关注乡村治理问题，他们探讨了村民选举、村党支部委员会与村民委员会的关系、治理的乡村社会基础、宗族问题等。④ 另外，学者们也开始对中国的城市社区居民自治进行研究，集中在社区自治发生的基础、社区自治的路径选择、社区选举、社区建设与城市基层管理体制的改革等方面。⑤

1.3 地方政府学

1.3.1 地方政府学研究的意义与目的

从上一节的论述中可以看出，地方政府的研究在国外已经比较成熟。特别是20世纪80年代以来，政府改革浪潮席卷西方各国。这场政府再造运动，以新公共管理理论为指导，从英国开始，延伸到美国、澳大利亚、新西兰，并逐步扩展到其他西方国家。在这一过程中，地方政府作为地方公民参与的重要场所，成为各国学者和民众关注的焦点，无论是关于地方政府的理论还是实践方面的研究都相当丰富。

---

① 俞可平：《治理与善治》，社会科学出版社2000年版。

② 孙柏瑛：《当代地方治理：面向21世纪的挑战》，中国人民大学出版社2004年版。

③ 杨雪冬：《市场发育、社会生长和国家构建——以县为微观分析单位》，河南人民出版社2002年版；何增科：目前我国县级政治中存在的问题、成因及解决对策，见何增科等主编：《基层民主和地方治理创新》，中央编译出版社2004年版，第194~213页；

④ 贺雪峰：《乡村治理的社会基础》，中国社会科学出版社2003年版；徐勇：《乡村治理与中国政治》，中国社会科学出版社2003年版；吴毅：《村治变迁中的权威与秩序》，中国社会科学出版社2002年版。

⑤ 徐勇：《“绿色崛起”与“都市突破”—中国城市社区自治与农村村民自治比较》，《学习与探索》，2002年第2期；刘晔：《公共参与、社区自治与协商民主：对一个城市社区公共交往行为的分析》，《复旦学报》，2003年第5期；胡宗山：《定位与培育：社区自治的路径选择》，《社会主义研究》，2001年第3期。

相对来说，中国的地方政府研究起步较晚。在高度集权的管理体制下，由于地方政府的自主性、能动性被忽视了，更多学者的研究放在了中央政府的层面上。近年来，从各个角度、各个方面对地方政府管理进行研究的著述也不少，但是关于地方政府的独立、系统的研究仍是不足。因此，本书把地方政府作为一门独立的、系统性的学科提出来并加以分析研究，期待为改革和发展中的中国地方政府以及地方政府的进一步研究做一些有益的工作。

首先，地方政府学的研究，有利于推进地方政府管理水平。

随着中国从计划经济体制走向社会主义市场经济体制，地方政府体制中诸多不适应市场经济发展的机构、职能甚至人员观念等问题显得尤为突出。如何消除这些问题，改革机构、转变职能、转变观念，从而适应市场经济的发展，成为地方政府研究中的一个重大课题。更为重要的是，党的“十六大”和十六届三中、四中全会、十七大、十七大二中全会做出了“加快转变政府职能、构建公共服务型政府”和进一步深化行政体制改革的决定。这些决定，需要重新调整地方政府的管理理念、改变旧的管理模式、设计地方政府的公共服务体系，重新审视地方政府的绩效考核标准，构建服务型政府。这就对地方政府学的研究提出了新的要求。

改革开放以来，在行政管理体制改革的过程中，中国地方政府的社会管理和公共服务职能得到了明显改善。但是，由于各种原因，地方政府公共服务职能不到位的问题仍然比较突出，主要表现在：政府公共服务体系和机制还不健全；公共服务水平的地区失衡、城乡失衡；政府公共服务职能尚不适应人民群众日益增长的社会公共需求。这就必然要求中国的地方政府研究者为如何构建服务型的地方政府提供理论依据，比如，如何建立健全公共财政体制，加大公共支出结构中社会性支出的比重；如何建立中国特色的公共服务模式和公共服务体系，加大公共服务的覆盖面，等等。

其次，地方政府学的研究，有利于发展地方政府的管理理论。

地方政府是由它的各个组成部分结合起来的有机体，它的运行正是通过横向上的地方政府各个部门、纵向上的上、下级政府单位的联系来实现的。地方政府的职能也离不开社会、经济、政治因素以及当地历史、文化、地理环境的影响。因此，对地方政府不能用孤立的眼光来看待。通过研究地方政府的体制与机构、权力、职能、改革之间的相互关系，探讨地方政府管理、改革与发展的规律，最终形成有中国特色的地方政府研究的理论，无疑具有积极的意义。

尤其是对地方政府改革与地方治理方面的研究，如地方政府体制创新与机构重组研究、地方政府的角色定位与职能体系研究、地方政府公共服务绩效评估研究、地方政府与中央政府之间的关系研究、地方治理的理论基础及其创新研究等，对形成中国的地方政府改革理论和地方政府治理理论有着极其重要的意义。

最后，地方政府学的研究，有利于将国际经验本土化。

由于西方国家在地方政府研究的理论领域和实践经验上都走在了前列，许多发展中国家的地方政府都试图从这些成熟的地方政府治理经验中找到解决自身问题的途径。然而，这些被西方国家的地方政府改革实践检验的成功的管理经验，未必适合其他国家本土的改革环境和资源环境。中国学者对国外地方政府的研究，也往往停留在介绍和引进国外地方政府管理经验的层面上，而缺乏深入的辨析。

地方政府学作为一门系统的学科，通过比较不同国家体制的差异、历史文化的差别、地方政府的外部环境和资源的不同、地方政府内部权力结构的不同等等，真正有效地实现西方经验与中国地方政府管理实践相结合，在此基础上提出一套适合中国地方政府实际情况的改革方案与思路。因此，地方政府学的系统研究，将有助于将国际经验“本土化”，并进一步推动中国地方政府的改革。

1.3.2 地方政府学研究的对象和范围

地方政府学作为研究中国地方政府的一门系统性学科，首先要明确其研究对象，确定其研究范围。地方政府学的研究对象包括：一国的各级地方政府在其管理实践中的执政理念、机制与制度、行为过程、与各级政府之间的关系，以及其活动的历史文化环境和资源条件。因此，各级地方政府行为过程的方方面面都是地方政府学的研究对象。研究地方政府要把地方政府作为一个整体的、系统的有机体来看待，既要关注地方政府的经济发展水平、历史、地理环境的条件限制、地方政府内部的管理制度，又要考虑地方政府的行为过程和运行机制。

从时间纵轴上来说，地方政府学的研究包括地方政府在过去所发生的行为和出现的问题、现阶段地方政府的政策和所面临的问题、将来地方政府的发展问题。从地域范围上来说，地方政府的研究既包括地方政府本身，又包括一国范围内该地方政府的上、下级政府以及与其同级的其他地方政府，还会涉及国外地方政府的相关问题。

中国的地方政府学是要对省（自治区）、市（自治州）、县、乡（镇）政府的行为过程、治理机制、法规制度、改革发展、机构人员以及当地的历史、地理资源对各级地方政府的影响进行分析研究，对地方政府之间的关系和中央政府与地方政府之间的关系进行研究，对各级地方政府改革发展问题以及国际地方政府经验的本土化问题进行研究。当然，近年来随着治理理论的引入，城市社区和乡村治理问题又成为地方政府研究的新领域。

1.3.3　地方政府学研究的内容与方法

1. 地方政府学研究的内容

地方政府学是一门系统的学科，它有自己的研究对象、范围和理论体系，这就决定了地方政府学研究的内容和课题包括以下几个方面。

（1）地方政府的历史沿革

研究地方政府，首先要了解地方政府产生和发展的历史。当今世界各国地方政府的建制，无不是在继承其原有的地方制度的基础上发展演变而来的。尤其是中国的地方政府，经历了两千多年的历史演变和发展，对其进行考察探究，可以找到中国地方政府所具有的基本制度特征、政府文化特征、行为规范传统、运行模式传统等。这些特征为理解现在中国地方政府的内部结构体系和行为模式提供了历史基础，也为地方政府现在和未来的改革和创新提供了珍贵的经验教训。

中国地方政府的历史沿革研究的内容包括地方政府内部的结构层级、中国历次行政区划的变动、地方政府与中央政府关系的历史沿革、地方政府与其他地方政府间关系的变动、地方政府历次改革的起因和结果的经验总结等。只有弄清楚地方政府的历史沿革，才能找出地方政府发展演变的内在规律，从而指导当代地方政府的管理活动。

（2）地方政府的内部体系研究

地方政府学研究的很大一部分内容是关于它的内部体系研究。这一研究的主要内容是分析地方政府的行为规范、机构设置、职能配置、职责配备、权力关系、人员编制、决策机制、监督机制、责任机制等。

内部体系研究主要探讨地方政府内部的结构安排，比如，各个部门机构的设置和职能权限、政府人员编制；研究地方政府权力的形成与运行，比如议决、立法、执行、行政诸项权力的运作；研究地方政府的运行机制和政府管理方式，比如地方政府的管理幅度、行政方式、管理效益、决策机制、监督机制等。

(3) 地方政府的外部关系研究

中央与地方政府间关系、上下级地方政府关系、上下主管部门和本级地方政府职能部门之间的关系、地方政府与不存在隶属关系的其他地方政府之间的关系，以及地方政府与国外地方政府之间的关系，都是研究地方政府问题必须关注的内容。

中国这样一个幅员辽阔的大国，拥有多级地方政府，各级地方政府之间的职能关系、财政关系、法律关系纷繁复杂，因此研究政府之间的关系显得尤为重要。从传统上说，中国的地方政府的外部关系主要是纵向的中央与地方政府关系，而横向的没有隶属关系的地方政府之间的关系相对较弱。经过几次分权让利的改革，地方政府的权限逐渐增大，各个地方政府之间的关系增强，中央政府与地方政府的关系也发生了变化，因此，地方政府的外部关系的研究成为地方政府学研究的一项重要内容。

(4) 地方政府的改革与发展研究

地方政府的改革是地方发展的动力和源泉，在地方政府发展的不同阶段，遇到的问题也不相同。因此，如何应对问题、解决问题、探求地方政府未来的发展趋势，就成了地方政府改革的重要内容。

西方国家的地方政府改革有着自己的历程和模式、经验和教训。中国的地方政府改革也在沿着自己的路径走下去，并且在不断地借鉴国外的经验和总结国外地方政府改革的教训。中国地方政府改革研究的主要内容包括影响地方政府改革的环境因素分析、历次地方政府改革的经验和教训的总结、地方政府制度创新的研究以及适合中国地方政府改革的路径的探寻。

(5) 地方政府的比较研究

比较研究是地方政府研究的另一重要领域。通过研究不同国家、不同类型的地方政府的管理活动，可以找到地方政府管理之间的异同，以及产生这些异同的原因。尤其是通过比较分析，总结和借鉴国外成功的地方政府管理模式或改革经验，有利于中国地方政府改革的进一步推行。近年来，国外的地方治理理论及实践受到越来越多中国学者的关注，关于这方面的比较研究也开始增多。另外，对于地方政府的财政体制、地方自治及地方选举等的国别比较研究，对于当前的中国地方政府改革同样具有借鉴意义。

2. 地方政府学的研究方法

(1) 理论研究法

理论研究的方法通过对各级地方政府管理活动的分析，从中概括出一定的规律和准则，以此作为指导地方政府活动的理论依据。

(2) 实证研究法

地方政府学是一门实践性很强的学科，因此，实证研究就成为这门学科研究的一种非常重要的方法。国外的地方政府研究非常注重实证研究方法，实地调查和统计分析都是常用的手段，案例分析和定量分析是实证研究的常用方法。

中国对地方政府的研究长期以来偏重理论研究和定性研究，而实证研究和定量分析方法用得相对较少。但随着地方政府的能动性越来越强，它的管理所涉及的领域越来越广泛，地方政府个案之间的发展趋势和自身的管理也不尽相同，因此关于地方政府的实证研究显得愈发重要。

(3) 历史分析法

历史分析的方法是按照历史发展的顺序来考察地方政府的重要方法。它通过分析地方政府的产生、发展和演变，总结出某种规律，基于此规律来认识地方政府现在所面临的问题，以及分析未来的发展趋势。历史分析法认为地方政府在其发展历程中既有必然性又有偶然性，从历史中把握地方政府的规律，对地方政府的现状和未来的发展都有指导意义。

(4) 比较分析法

比较分析的方法是对不同国家的地方政府或一国内不同地区的地方政府进行比较研究。比较的内容包括不同地方政府的发展模式、发展路径、政府职能和体制改革等方面。通过研究国外的地方政府的作用和各种管理活动，分析对中国地方政府改革与发展的启示和借鉴意义，通过比较研究中国不同地方政府的管理活动和行为方式，探究它们之间的异同，寻求中国地方政府发展的理想模式。

本章小结

由于各国的历史背景不同，对地方政府的理解也不尽相同。

在联邦制国家和单一制国家中，地方政府所指的政府的层级是不同的。在联邦制国家中，地方政府是指相对于联邦政府和州政府的政府层级的最下一层政府。在单一制国家中，地方政府是指中央政府以下的所有政府层级。地方政府的定义还有广义和狭义之分。基于地方政府的含义，地方政府有三个基本特征，即职能的双重性、拥有权力的非主权性和权限的有限性。

地方政府按照划分的依据不同，可以分为不同的类型。按照行政区域设置目的来划分，地方政府可以分为一般地域型地方政府、市镇型地方政府、民族区域型地方政府和特殊型地方政府。按地方政府所属国家的结构来划分，地方政府可以分为单一制国家的地方政府和联邦制国家的地方政府。地方政府在一国的国家事务管理中发挥着重要的作用，它的作用主要体现在三个方面：地方政府是地方民主和公民参与的促进者；地方政府是区域经济的规制者、调控者和组织者；地方政府是地方公共服务和公共产品的提供者。

国内外学术界对于地方政府的研究都很关注。西方各国对地方政府的研究主要集中在地方治理和公共服务。中国学者对地方政府的研究包括中央与地方关系、地方政府体制改革和职能转变、地方政府的基层民主实践。

本章的最后一节"地方政府学"，对地方政府学研究的意义与目的、地方政府学研究的对象和范围，以及地方政府学研究的内容与方法都做了详细的论述。

关键术语

政府　地方政府　地方政府学

复习思考题

1. 什么是地方政府？
2. 地方政府的特征是什么？
3. 地方政府可以分为哪些类型？
4. 地方政府在国家治理中发挥着哪些重要的作用？

5. 国内外关于地方政府研究的现状如何？

案例分析

新一轮地方政府机构改革启动

——多地展开积极探索，改革“市管县”或成突破口

编者按

在国务院机构“大部制”改革完成阶段性任务后，新一轮地方政府机构改革正式启动。中共十七届二中全会明确提出，到2020年建立起比较完善的中国特色行政管理体制。

8月25日，中央机构编制委员会召开地方政府机构改革工作电视电话会议，国务委员兼国务院秘书长、中央编委委员马凯指出，按照中央部署，国务院机构改革已完成阶段性任务，适时跟进地方政府机构改革十分必要和迫切。

近年特别是今年以来，一些地方政府已经启动机构改革的试点，出现了“海南模式”、“随州模式”等一些积极的探索和经验。这轮地方政府机构改革面临什么难题？怎么改？社会各界充满期待。

改革需迈三道坎

国家行政学院汪玉凯教授表示，许多问题在中央政府机构改革过程中可能不会出现，但是具体到地方政府机构改革后，就会变得非常突出，而且显得极为紧迫。

1. 调整垂直管理体制　建议：理顺中央与地方权责关系

当前，为了便于指导和管理，中央在很多行业和领域实行了垂直管理，如海关、质检、税务、工商等部门。然而很多条条管理的单位分散在全国各个地方，其活动范围在地方行政区域内。这样搞得不好，地方政府可以掌控的资源越来越少，在某种程度上不利于地方政府进行管理。可以说，中央垂直管理部门与地方政府的关系处理得好，就能发挥各方面的积极性；处理得不好，二者俱伤。

因此，如何探索解决中央的条线管理和地方以块管理的矛

盾，显得十分紧迫。“调整和完善垂直管理体制，进一步理顺和明确权责关系。”《关于深化行政管理体制改革的意见》中的这一表述，使大家对垂直管理体制改革充满了期待。

2. 财权与事权分配不均　建议：平衡中央和地方财权事权

中央党校研究室副主任周天勇认为，事实上，启动新一轮财税改革的呼声由来已久，但因其涉及中央地方财权、事权分配，预算民主化和人大监督以及公共财政的完善等诸多方面，使得中央对财税体制改革慎之又慎。

1994年，我国实行分税制改革后，从中央与地方财税关系存在的问题看，财政总收入中，中央的集中能力越来越强，中央财政宽余、地方财政紧张。为增加本地区财政收入，很多地方政府盲目招商引资、大搞“土地财政”。而基本公共服务均等化的问题，需要地方政府有一定的财力来支撑，因此财税改革迫在眉睫。

汪玉凯认为改革的重点，一方面在于改革预算制度，建立阳光预算；另一方面在于平衡中央和地方的财权、事权，同时使转移支付更加科学、透明、规范。

3. 改革“市管县”问题　建议：推行行政“省管县”模式

当前，从地方行政层级看，最尖锐的矛盾体现在地级市与县（市）之间，经济上争资源、争土地、争项目的竞争关系与行政上的上下级隶属关系屡屡发生冲突，行政成本高、效能低。汪玉凯认为，现行“市管县”模式增加了行政管理层次，管理效率低下。

汪玉凯认为，“省管县”有海南模式和浙江模式两个改革的方向。以浙江为代表的改革主要是扩大县级政府经济管理的权限，同时浙江模式很重要的经验就是财政体制上的“省管县”，而在社会管理和公共服务等方面还不是完全的“省管县”。而海南从1988年建省开始就没有实行“市管县”，海南省20余个县、县级市、地级市都是由省直接管理，是独立的经济单元，不存在地级市对县的行政管理问题。

汪玉凯认为，浙江模式仍是目前多数地区推行“省管县”

改革可供参考的路径，而海南模式虽然是与其省域面积小、县级区域少的省情密切相关，但这是一种趋势，即从财政的“省管县”到行政的“省管县”，“否则地级市光财政不管，行政管，很多矛盾还是很难调和”。

■改革前瞻

“大厅局”有望逐步亮相

以“大部制”思路推动改革，但省、市、县不会搞“一刀切”

在这轮地方机构改革中，指导国务院机构改革的“大部制”思路，将进一步延伸到各省市，一批“大厅局”有望逐步亮相。工业和信息化、人力资源和社会保障、交通运输等领域，将率先起步。

关于地方政府机构改革的指导思想、基本原则和总体目标，国家行政学院汪玉凯教授认为，“地方政府机构改革会以‘大部制’思维来推进，在整体上将与中央政府机构改革保持一致”。

汪玉凯表示，但这并不意味着地方会照抄照搬中央政府机构的改革。因为中国各个地方的情况比较复杂，基于此，省一级政府机构的设置将会与中央政府保持一致性，比如设立交通运输厅、住房和城乡建设厅、人力资源和社会保障厅等。但是越到下一级政府，尤其是县级政府，其机构设置的差异性可能越大，越会体现自己的特殊性，从而不一定在机构设置上与中央对口。“要考虑地方的特点，要结合自己的实际，用共性指导个性，这轮机构改革，对地方政府而言，有着很大创新空间。地方政府如何根据自己的实际来操作，将决定改革成效的大小。”汪玉凯说。此外，中央下发的《关于地方政府机构改革的意见》，还允许各省市可以因地而异，充分考虑政府职能特点设置机构，不会搞一刀切。

■地方试水

海南试点“大部制”效果良好

据了解，中央在海南省试点进行了一系列地方机构改革探索，并取得良好效果。海南省先于工业和信息化部，在本省挂牌设立了工业经济和信息产业局，统筹管理重工业、轻工业和信息产业。这是目前各省市中唯一的一个。该省还整合设立了人事劳动保障厅，这与人事部、劳动和社会保障部合并成立人力资源和社会保障部的思路一致。

值得关注的是，海南省还设立了文化广电出版体育厅，而其他省份通常是设有文化、广播电影电视、新闻出版、体育四个部门。这个名副其实的“大厅”，加强了四个相近领域的协调管理，而且大大精简了官员数量，提高了行政效能。

这正如中央党校研究室副主任周天勇教授所言，政府部门应逐步向“大部制、宽职能、少机构”的方向发展，减少行政层次，解决机构重叠、职责交叉、政出多门等问题。

“官少牌子多”成随州一景

湖北省随州市是全国较早试行大部门体制的地级市。

“随州推行‘大部门制’，其实是‘无心插柳’。”随州市市长李红云代表说，随州本是一个副厅级的“省直管市”，2000年8月升格为地级市。当时湖北省主要领导提出要求：升格，但不许增加编制。“为了达到这一要求，随州只能把几个部门整合在一起。”比如，文化局、文物局、体育局、新闻出版局合并，统称“文体局”。

精简机构的一个办法，是与下级政府实行“错位设置”。直接服务群众的部门，在区、县一级的人员编制远多于市里。比如随州市下属的曾都区设了移民局，市里则只在民政局内设一个移民科。

一些职能相近的机构被合并，有的只挂牌不单设。由于湖北省一级的政府还是传统体制，为了应对各项职能，随州在一些机构门外挂了好几块牌子。整合后，随州市政府组成部门和直属事业机构共25个，比一般地市州少10个以上。如今，“官少牌子多”已成随州一景。

（资料来源：《南方日报》，2008年8月29日。）

请思考

1. 中国的地方政府推行“大部制”改革的难点有哪些？

2. 由“市管县”体制向“省管县”体制改革的途径是什么？

阅读书目

1. 薄贵利：《近现代地方政府比较》，光明日报出版社 1988 年版。

2. 陈嘉陵：《各国地方政府比较研究》，武汉出版社 1991 年版。

3. 沈荣华：《中国地方政府学》，社会科学文献出版社 2006 年版。

4. 王绍光：《分权的底线》，中国计划出版社 1997 年版。

5. ［美］文森特·奥斯特洛姆、罗伯特·比什、艾莉诺·奥斯特罗姆：《美国地方政府》，井敏、陈幽泓译，北京大学出版社 2004 年版。

6. 谢庆奎：《中国地方政府体制概论》，中国广播电视出版社 1998 年版。

7. 徐勇、高秉雄：《地方政府学》，高等教育出版社 2005 年版。

8. Owens，Jeffrey and Giorgio Panella（eds.）. *Local Government：An International Perspective*. Amsterdam：Elsevier Science，1991.

第2章 行政区划

☞简短提要

本章首先界定了行政区划的概念，总结了行政区划的定义和模式，论述了行政区划的地位与作用。随后介绍和分析了世界上三种主要的行政区划模式代表国家的行政区划的情况，以及对中国的借鉴意义。最后，介绍了中国的行政区划，包括中华人民共和国成立后中国行政区划的演变、中国行政区划的特点、中国的行政区划改革。

☞重点问题

本章所涉及的主要问题包括：（1）行政区划的含义；（2）行政区划的模式；（3）行政区划的地位与作用；（4）国外的行政区划；（5）新中国成立后中国行政区划的演变；（6）中国行政区划的特点；（7）中国行政区划改革。

2.1 行政区划的基本概念

2.1.1 行政区划的含义

1. 行政区划的定义

行政区划是一个国家对行政区域的划分。学者们对于行政区划含义的理解不尽相同。有学者认为，行政区划是“一个国家内部所进行的国家权益地方配置，是国家行政机构的空间安排，包括行政地域名称、范围、行政等级层次及行政中心的配置。行政区划是中央政府统治和管理全国各地的一个有效手段，是事关国家政治、经济、社会发展全局的重大战略问题”①。也有学者认为，行政区划是一个国家权力再分配的一种主要形式，也是国家统治集团意志及政治、经济、军事、民族、习俗等各种要素在地域空间上的客观反映。②

浦善新给出的定义较为详细，他认为，行政区划是“根据国家行政管理和政治统治的需要，遵循有关的法律规定，充分考虑经济联系、地理条件、民族分布、历史传统、风俗习惯、地区差异和人口密度等客观因素，将国家的国土划分为若干层次、大小不同的行政区域系统，并在各个区域设置相应的地方国家权力机关和行政机关，建立政府公共管理网络，为社会生活和社会交往明确空间定位”③。

因此，行政区划一般是指一个国家依据相关法律法规，在综合考虑经济发展、地理条件、历史传统等因素的基础上，结合国家行政管理和政治统治的需要，将该国领土划分为若干层次、大小不同的行政区域，并且设立相应的行政建制管理地方公共事务，从而实现统一、有效地管理整个国家的目的。

2. 行政区的构成要素

通过行政区划所划分的区域就是行政区域，也就是通常所说的“行政区”。一个行政区的形成主要包括三个要素④：

（1）行政区必须有一定的地域范围

行政区要有一定的地域空间，按地域来划分行政区域是行政区划的基本原则。而且，行政区必须有清晰的、封闭的地域界限，也就是说，同级行政区之间要有明确的行政区域界限，互相之间不可重叠。

（2）行政区要有一定数量的人口

① 汪宇明、王玉芹、张凯：《近十年来中国城市行政区划格局的变动与影响》，《经济地理》，2008年第2期，第196页。

② 靳尔刚、张文范：《行政区划与地名管理》，中国社会出版社1996年版，第4~5页。

③ 浦善新：《中国行政区划改革研究》，商务印书馆2006年版，第1页。

④ 浦善新：《中国行政区划改革研究》，商务印书馆2006年版，第2~5页。

设置行政区划的基本目的是管理一定区域的居民，因此，人口的多少是行政区划的重要依据。通过划分地域来限定行政机构管理的人口及其与之相关的社会经济活动，有效地管理地方公共事务是行政区划的根本目的。从历史上看，同一级的行政区之间，人口较多的地区，行政区的面积则相应较小；人口较少的地区，行政区的面积会扩大。

(3) 行政区要有相应的行政机构

在行政区实施行政管理事务的载体就是国家在这个行政区域内设置的相应等级的行政建制。在不同等级、幅员的行政地域内设置的相应等级的行政建制，是行政区划实现管理目标的组织保障。这些行政建制包括：议决机关（如西方国家的地方议会，中国的地方人民代表大会）、行政机关（狭义的地方政府）、司法机关（如中国的地方人民法院和检察院）。

除了以上三个主要要素，一个行政区的构成还包括其他几个因素：(1) 每个行政区必须有一个行政中心，如各个省的省会、自治区的首府；(2) 每个行政区都有一个建制，即通名，如一个行政区是省、县、乡还是直辖市、市、镇；(3) 每个行政区在整个行政区体系中都有上下级的隶属关系，如中央管辖省级行政区，省级行政区管辖地级行政区，相应的每个行政区就有一个行政等级，如一个行政区是省级还是地级等；(4) 每个行政区都有一个名称，即区别不同行政区的语言符号。

2.1.2 行政区划的模式

由于各国的人文、历史等因素的不同，当今世界各国的行政区划也呈现多样性，概括起来，各国的行政区划模式大致有三种：英美模式、法德模式、前苏联模式。①

1. 英美模式

英美模式的形成是英国政治、经济、文化等因素作用的结果。随着英国的殖民扩张，英美模式的行政区划没有严格的划分方式，呈现多样化和层级混杂的局面。自17世纪对外殖民扩张开始，英国通过在殖民地区实施英国的制度或实行英国制度和当地情况相结合的制度。因此，英国的行政区划被传播到了

① 关于这三种模式，详见刘君德等：《中外行政区划比较研究》，华东师范大学出版社2002年版。

曾经是英殖民地的很多国家。

英美模式的分布包括英国本土、美国、加拿大、澳大利亚、新西兰、印度、巴基斯坦、马来西亚、新加坡、尼日利亚、坦桑尼亚等国。其中，英国的苏格兰、美国的路易斯安那州和加拿大的魁北克省以及南非和以色列则属于英美模式与法德模式相混合的地区。印度、巴基斯坦和非洲一些国家还受到传统印度文化、伊斯兰教和非洲自身习俗的影响。

英国当前行政区划体系的划分，在国家之下首先包括：英格兰、威尔士、苏格兰、北爱尔兰、王室直辖的海外领地马恩岛、海峡群岛以及英国海外领地直布罗陀、百慕大、圣赫勒拿、开曼群岛等；第二层级包括：各郡、区以及大伦敦市；第三层级包括：各教区、乡以及社区。

在联邦国家之下，美国当前的行政区划体系第一层级包括：各州、特区以及美国属地关岛、波多黎各等；第二层级包括：各县、市、特别区；第三层级包括：乡、镇、村等。①

2. 法德模式

法德模式又称为“大陆模式”，主要为欧洲大陆各国所采用。它的特点是：行政区划遵循严格的法律规范和划分标准、等级分明、管理方式划一。随着欧洲各国的殖民扩张和大陆法系的广泛传播，世界上很多国家都采用法德模式。

实行法德模式行政区划的国家中以法国、德国为代表，还包括欧洲的比利时、西班牙、意大利、荷兰、挪威、瑞典等国。拉美各国由于曾是西班牙、葡萄牙的殖民地，也采用该模式。在亚洲，西亚一些阿拉伯国家如叙利亚、伊拉克、约旦等国是法德模式与伊斯兰教传统的混合体制。“明治维新”以来的日本、韩国、泰国等的行政区划也都采用法德模式。在非洲，刚果、卢旺达、埃塞俄比亚等国，由于以前的殖民历史，也都采用法德模式。

法国当前的行政区划体系很明确，国家之下的第一层级包括大区、海外大区、海外领地；第二层级包括：省和海外省；第三层级就是各个市镇。

日本的行政区划体系也非常明确，国家之下的第一层级是都、道、府、

① 范今朝、吴延辉：《当代世界各国行政区划的三个基本模式》，《中学地理教学参考》，2005年第6期，第4页。

县；第二个层级包括市、町、村。①

3. 前苏联模式

在形式上，前苏联模式也是在法德模式的基础上建立的，因此这种模式与法德模式很相似，只是前苏联的行政区划中对民族问题采取了独特的“民族区域自治”制度而与法德模式不同。十月革命后，列宁按照民主集中制的原则，提出了民族区域自治理论，以此来处理中央与地方关系。在行政区划上，前苏联在国家之下设有：俄罗斯苏维埃联邦社会主义共和国、加盟共和国；第二层级设有直辖市、边疆区、自治共和国、州；第三层级包括自治州、自治区、市、区；第四层级包括镇、村。“二战”后的东欧国家如波兰、原捷克斯洛伐克、匈牙利、前南斯拉夫、罗马尼亚等国，亚洲国家如中国、越南、朝鲜、蒙古，以及拉美的古巴等都采用了前苏联的模式划分行政区。

20世纪90年代以来，随着前苏联和东欧国家的剧变，采用该模式的大多数国家又回归到原来的法德模式。中国等其他社会主义国家也在结合自身的特色，探索新的发展道路。但无论如何，这些国家还是带有浓重的前苏联模式的痕迹。如今的俄罗斯联邦在前苏联行政区划的基础上，改进了行政区划体系，在国家之下首先分为：共和国、边疆区、州、直辖市；其次分为区、市；最下面的层级是镇、村。②

2.1.3 行政区划的地位与作用

行政区划是关系到一个国家政治、经济和社会发展的重大战略问题。行政区划的设置是否合理，直接关系到国家政权的稳定、地方行政管理的效能、区域经济的健康发展、民族的和睦相处和资源的合理配置。

1. 行政区划是巩固国家政权的重要组成部分

对于绝大多数国家来说，要维护其统治，必须建立纵向的国家政权体系，即把国土划分为合适的行政区域系统。历史经验证明，“一个国家的行政区划

① 范今朝、吴延辉：《当代世界各国行政区划的三个基本模式》，《中学地理教学参考》，2005年第6期，第4~5页。

② 范今朝、吴延辉：《当代世界各国行政区划的三个基本模式》，《中学地理教学参考》，2005年第6期，第5页。

合理与否，直接关系到国家政权的巩固和阶级统治的稳固，关系到中央能否有效地统率、指导地方和地方政权能否有效地在本行政区域内行使职权”①。

任何行政区都要设立国家的权力机关（如中国的各级地方人民代表大会）、行政机关（如中国的各级地方人民政府）、司法机关（如中国的各级地方人民法院和检察院），这些机关代表国家在本区域内行使管理职能，从而保证国家对各个区域的有效统治和管理。因此，各国对行政区域的划分都十分重视。在中国历史上，各封建王朝的中央决策机构都直接负责行政区划工作，当一个王朝推翻另一个王朝后，都会对行政区划进行较大调整。中国在十一届三中全会后，为了适应市场经济发展的需要，增设了大批市、镇建制，试行“市管县”体制。②

2. 合理划分行政区域，有助于促进区域经济协调发展

一般来说，行政区划的设置和变更会促进或阻碍区域经济的协调发展。一个区域的经济活动必然受到本区域行政机关的影响。各级地方政府通过经济与发展计划、财税政策影响着本区域经济活动形式、资源的开发与利用和生产力的布局。同时，国家制定的国民经济发展计划也是以行政区为单位。因此，行政区划对区域经济的发展至关重要。

中国的区域发展面临着东部沿海地区发达、中西部地区落后的局面。因此，中国正在推进中西部地区的崛起、推进西部大开发和振兴东北地区等老工业基地、实现城市带动农村、缩小东西部区域之间的差距等战略举措；加快西部欠发达地区的城市发展，以此促进中国生产力由沿海地区向西部地区转移；充分发挥城市的中心辐射作用，带动城市周边的镇、村的发展。

目前，中国行政区划改革的基本要求是“促成东中西互动以加快区域经济一体化进程、促使城乡互动以加快城镇化进程，特别是不断推动我国城市群（辽中南、京津唐、山东半岛、长三角、珠三角、长株潭、西安—咸阳等）的健康发育和迅速成长”③。

---

① 侯景新、浦善新、肖金成：《行政区划与区域管理》，中国人民大学出版社 2006 年版，第 16 页。

② 侯景新、浦善新、肖金成：《行政区划与区域管理》，中国人民大学出版社 2006 年版，第 17 页。

③ 李金龙、郑宇梅：《试论中国行政区划体制改革的价值》，《政治学研究》，2006 年第 1 期，第 102 页。

3. 合理划分行政区域，有助于促进民族和睦

中国等社会主义国家采用了前苏联模式的行政区划划分方法，在少数民族聚居区设置民族区域自治政府。对于一个多民族的国家来讲，合理地划分行政区域对于落实民族政策、发展民族经济、促进各民族之间的和睦相处，有着重要的意义。

中国是一个多民族的国家，各个民族的文化传统、宗教信仰、风俗习惯、生活方式等都不尽相同，因此，在国家管理过程中，尊重各民族的生活方式和宗教信仰等，对于巩固民族关系和稳定国家政权起着非常重要的作用。

行政区划与民族关系紧密相连。依照《中华人民共和国民族区域自治法》，在“少数民族聚居的地方，根据当地民族关系、经济发展等条件，并参照历史情况，可以建立以一个或者几个少数民族聚居区为基础的自治地方”①。《民族区域自治法》给予了民族区域政府很多自主权，如民族自治地方的人民代表大会有权依照当地民族的政治、经济和文化的特点，制定自治条例和单行条例；民族自治地方的自治机关在国家计划的指导下，根据本地方的特点和需要，可以制定经济建设的方针、政策和计划，自主地安排和管理地方性的经济建设事业。②

今后，中国行政区划改革的主要任务之一就是进一步“完善民族区域自治制度，保障少数民族自治权的有效行使，促进民族地区经济社会持续发展，维护民族团结和国家统一”③。

2.2 国外行政区划

虽然世界各国的行政区划都有自己的特点，但绝大多数国家的行政区划基本上属于英美模式、法德模式、前苏联模式之一或是这三种模式的混合模式（见本章2.1.2）。

---

① 《中华人民共和国民族区域自治法》第十二条，2001年2月28日第九届全国人民代表大会常务委员会第二十次会议修订。

② 《中华人民共和国民族区域自治法》第十九、二十五条，2001年2月28日第九届全国人民代表大会常务委员会第二十次会议修订。

③ 李金龙、郑宇梅：《试论中国行政区划体制改革的价值》，《政治学研究》，2006年第1期，第103页。

2.2.1　英美模式国家的行政区划

1. 英国的行政区划

英国是一个实行单一制地方分权型的国家，中央政府是最高的权力机关，地方政府的权力是中央授予的，并受中央政府的监督。自 1997 年英国工党执政以来，英国的中央与地方关系发生了重大改变，即威尔士、苏格兰和北爱尔兰三个地区组成了具有自治地位的一级政府。① 由于英国是由具有不同历史和文化背景的几个地区组成，英国的行政区划复杂且变动较大，有的地区在地方实行一级管理体制，有的实行多级管理体制。

英国全国由英格兰王国、苏格兰王国、威尔士公国、北爱尔兰联合组成。英格兰地区和威尔士地区实行的是三级制行政区划：郡、区、教区（社区）。其中，英格兰还包括一个大伦敦市，市辖伦敦区；苏格兰是三级制和两级制并存：区、地区、社区或区、社区；北爱尔兰由北爱尔兰事务大臣直接管辖，下设区，属于单级制。郡有两类：城市郡和非城市郡，教区主要设在乡下，包括一个村庄及其周围的农场（见表 2-1）。

表 2-1　　**英国现行行政区划结构**

行政层级	大不列颠及北爱尔兰联合王国			
第一级	英格兰王国	苏格兰王国	威尔士公国	北爱尔兰
第二级	郡、大伦敦市	区	郡	区
第三级	区、伦敦区	地区、社区	区	
第四级	教区	社区	社区	

资料来源：作者整理，根据侯景新、浦善新、肖金成：《行政区划与区域管理》，中国人民大学出版社 2006 年版，第 248 页；范今朝、吴延辉：《当代世界各国行政区划的三个基本模式》，《中学地理教学参考》，2005 年第 6 期，第 4 页。

① 侯景新、浦善新、肖金成：《行政区划与区域管理》，中国人民大学出版社 2006 年版，第 248 页。

英国设有英格兰区协会，覆盖整个英格兰地区。区域协会的主要工作内容包括：制定区域发展战略、区域管理、区域空间规划、区域交通规划、协调区域内外部的关系，以及研究欧洲一体化对区域发展的影响等。该协会由9个地区级区域协会构成，每个地区级的区域协会邀请区域内所有地方政府代表组成执行委员会，地方政府在委员会中的席位由该地区的人口决定。① 协会的成立能够促进地方政府之间的合作，共同解决区域问题，获得共同的利益。

另外，伦敦在1965年成立了大伦敦郡议会，1974年成立了6个大都市议会区郡议会：大曼彻斯特、默西赛德、西米德兰、泰恩与威尔、南约克郡和西约克郡，都是为了加强政区间的协调，缓解大都市由于政区分割造成的矛盾。②

我国在改革开放的发展过程中，地域界限和地方保护主义已影响到了各个地方的发展，因此可以考虑设立这样的区域合作组织，打破行政界限，冲破地区封锁，比如，可以首先在东部沿海地区建立这样的区域合作组织，谋求地方政府之间共同协调、共同发展。

2. 美国的行政区划

美国是实行联邦制的国家，政府体系分为联邦政府、州政府、地方政府三个层次。联邦政府的权力由宪法规定，州政府所保有的权力是宪法未授予联邦政府或未禁止联邦政府行使的权力。州政府有很大的自治权，联邦政府无权直接干预各州的地方事务。州政府之下是地方政府，由州政府管辖，各州对于地方政府的设置有完全的自主权。

美国的行政区划层级比较简单，管理幅度基本合适。现在共设有50个州和1个哥伦比亚特区，下辖县、市；县、市下辖乡、镇。在地方政府中，与“县”同级别的政区名称有很多，如县、市、自治市、教区、人口普查区、市政自治体、学校区等（见表2-2）。

---

① 侯景新、浦善新、肖金成：《行政区划与区域管理》，中国人民大学出版社2006年版，第249页。

② 浦善新：《中国行政区划改革研究》，商务印书馆2006年版，第274页。

表 2-2　　　　**美国现行行政区划结构**

行政层级	联邦政府	
第一级	州（50）	哥伦比亚特区（1）
第二级	县、市、自治市、特别区	
第三级	乡、镇、村镇	

资料来源：侯景新、浦善新、肖金成：《行政区划与区域管理》，中国人民大学出版社 2006 年版，第 238 页；范今朝、吴延辉：《当代世界各国行政区划的三个基本模式》，《中学地理教学参考》，2005 年第 6 期，第 4 页。

美国有诸多大都市区管理模式，其中华盛顿大都市委员会和迈阿密大都市区是一种实体性组织，具有双层政府管理体制，不存在区域、城市政府的隶属关系。两层政府之间划分了明确的职责，例如，迈阿密大都市区政府（上层政府）负责管理这一地区的战略规划、公共运输和交通、警察治安、消防、消费者保护等，而市政府（下层政府）则负责市内的教育、环境卫生、住宅、地方规划、地方街道、社会服务等具体的公共服务。① 这种大都市管理方式，有利于地区的不同部门发展规划的协调指挥，提高资源配置效率并形成规模效益。

另外，美国跨区管理的模式也具有很好的借鉴意义。20 世纪 30 年代美国的经济大萧条，导致了跨州界的公共管理机构的产生，以便减少失业、建设基础设施、刺激美国经济增长。这些公共管理机构中最著名的是田纳西流域管理局（TVA）、纽约和新泽西州港务局。田纳西流域管理局是“罗斯福新政”中的一个举措，为摆脱经济危机、提高区域的生产力水平，作出了贡献。

为摆脱经济大萧条，罗斯福总统要求国会建立一个由政府主导但具备私人企业的灵活性和创新性的合作组织。1933 年 5 月通过的田纳西流域管理局法案，建立起了田纳西流域管理局。田纳西流域管理局通过独特的方法，实现其对资源的整合功能。田纳西流域管理局对所面对的每一个问题，如能源生产、洪水控制、防止疟疾、造林和水土流失控制等，都从一个更加系统全面的角度加以研究和解决。田纳西流域管理局是联邦合作组织，并且是国家最大的能源

① 侯景新、浦善新、肖金成：《行政区划与区域管理》，中国人民大学出版社 2006 年版，第 242 ~ 243 页。

上市公司。作为区域发展机构，田纳西流域管理局基于公共利益对外提供有偿的、可靠的能源，维持兴旺的水资源系统和促进经济稳定发展。田纳西流域管理局经营运作火电站、核电站和水电站，也通过利用可再生资源生产能源。它管理国家第五大河流流域系统，减少洪灾，保持通航，保证土资源“休养生息”，并且保证41 000平方公里水域的水资源的质量。田纳西流域管理局所需的运作资金来源于其能源收入，且纳税给所在的 8 个州的州政府和地方政府，在田纳西州和亚拉巴马州的税收收入中田纳西流域管理局是最大的税收来源。田纳西流域管理局在经济方面最重要的贡献在于保持了能源市场的竞争，这一点吸引了投资，增加了区域内的就业和提高了生产力水平，培育了小公司，保持了区域经济稳定增长。①

2.2.2 法德模式国家的行政区划

1. 法国的行政区划

法国是单一制国家中典型的实行中央集权的国家，地方政府的职权均由中央政府以法令的形式确定。这种单一制的国家结构使得法国的行政区划长期比较稳定，基本保持一致。法国现在的行政层级为大区—省—市镇（包括区、乡、公社、村）。现在共有 22 个大区、4 个海外大区、4 个海外领地；96 个省、4 个海外省；36 394 个市镇（见表 2-3）。

表 2-3 法国现行行政区划结构

行政层级	法兰西共和国（政府）		
第一级	大区	海外大区	海外领地
第二级	省	海外省	
第三级	市镇		

法国大区的设置同样是跨区域合作的需要。大区的前身是经济发展大区。20 世纪 60 年代，为了统筹和协调社会资源，促进各地区的经济发展，法国建

① 侯景新、浦善新、肖金成：《行政区划与区域管理》，中国人民大学出版社 2006 年版，第 242 页。

立了大区并扩充了大区的职权。在区域间合作项目上，如高速公路、运河开发，大区发挥着统一协调、指挥、管理的功能，避免了一些地方政府行为所带来的不良后果，有利于优化资源配置，提高行政效率。

2. 日本的行政区划

日本作为一个亚洲国家，它的行政区划属于法德模式，但受东方文化的影响，日本的行政区划又不同于法国、德国这些法德模式的典型国家。日本是单一制国家，实行中央与地方相对分权的地方自治管理模式。根据《日本国宪法》规定，日本的中央政府即内阁，是国家的最高行政机关，一切重要的政策均由内阁制定和执行，所有的国家行政机关都在内阁的统一指挥、监督下工作。"二战"后，日本政府扩大了地方政府自治的权力，地方政府在法律规定的范围内实行自治，但是地方政府的自治必须接受中央政府的监督与指导。这样，中央政府与地方政府的关系，实质上仍然是行政体制中的监督与被监督、指挥与被指挥的关系。①

日本现行行政区划层次主要划分为两级，第一级为都、道、府、县，第二级为市、町、村。目前有1都（东京都）、1道（北海道）、2府（大阪府、京都府）、43县。市、町、村是地方基层组织，三者无隶属关系。日本全国有777个市、846个町、198个村。另外，东京都下设23个特别区，北海道下有14个支厅，为特别地方政府（见表2-4）。②

表2-4 日本现行行政区划结构

行政层级	中央政府			
第一级	都	道	府	县
第二级			市、町、村	

都、道、府、县是介于国家和市、町、村之间的一级行政单位，都、道、府、县和市、町、村之间不是垂直领导关系，在法律上没有上下级的隶属关

① 吕帅、王凯、龚伟、程怡：《日本行政区划体制的形成与改革及其对中国的启示》，《中国人口、资源与环境》，2007年第1期，第140页。

② 吕帅、王凯、龚伟、程怡：《日本行政区划体制的形成与改革及其对中国的启示》，《中国人口、资源与环境》，2007年第1期，第140页。

系。但由于都、道、府、县包括市、町、村，并可以行使一定的指导职能，因此，都、道、府、县的行政地位高于市、町、村。日本的《地方自治法》对都、道、府、县以及市、町、村的各自行政范围都有规定，行政事务的权责义务均有明确划分。

日本的“市”与我国的“城市”一级的地方政府类似，分为政令指定市、核心市、特例市和普通市四种。政令指定市类似于我国的“计划单列市”，虽然隶属于都、道、府、县，但在城市规划、居民福利、传染病预防等17项行政业务方面直接接受中央的领导。核心市是根据1994年修改的《地方自治法》设立的，它的设立条件为：人口30万人以上，面积100平方公里以上，在本地区具有核心城市功能。日本有27个核心城市，多为都道府县的首府。特别市是根据1999年修改的《地方自治法》设立的，设立条件为人口20万人以上，其职能权限介于核心市与普通市之间，即比普通市多了批准开发项目、指定限制噪音和监管停车场的权限。目前，日本有59个特别市。①

日本的“町”相当于我国的“镇”。各个都道府县都自行规定了“町”的设置标准，一般是人口5 000人以上、工商业人口占60%以上。“村”的字义也与我国类似，但日本的“村”都是行政村，而且由于日本的“村”是与“市”、“町”同一级别的地方自治单位，在法律地位和行政体制上都与我国不同。

日本的行政区划体系一直比较稳定，并且根据本国国情制定了许多法规推进地方自治制度，在行政区划中体现了民主。如在市、町、村的调整过程中，就充分尊重民意，自下而上地向都道府县提出申请，经议会决议，并报自治大臣批准实施。基层的市、町、村的居民拥有自治决策权。②

2.2.3 前苏联模式国家的行政区划

十月革命后，苏联基本沿袭了俄罗斯帝国的行政区划体系。从1921年到1930年，苏联对行政区划进行了改革，建立了州、区，并在少数民族地区成立了自治共和国和自治州；撤销省、县、乡，但保留了边疆区。截至前苏联解

① 侯景新、浦善新、肖金成：《行政区划与区域管理》，中国人民大学出版社2006年版，第257页。

② 侯景新、浦善新、肖金成：《行政区划与区域管理》，中国人民大学出版社2006年版，第258页。

体前，苏联共有加盟共和国15个、州（边疆区）129个，区3 225个，市2 176个，市辖区662个，村镇42 411个。① 在苏联的加盟共和国中，俄罗斯联邦是最大也是最重要的一个。

1991年前苏联解体后，俄罗斯联邦确立了以总统制和“三权分立”原则为基础的政治制度。俄罗斯是一个联邦制的国家，在它成立后对行政区划进行了一系列的改革。1992年通过的《俄罗斯联邦条约》在法律上确定了中央和地方的关系，下放给地方政府更多的权力。俄罗斯联邦的行政层级是：共和国、边疆区、州、联邦直辖市、自治州、自治专区—区、市—市镇、镇、村（见表2-5）。俄罗斯联邦现有21个共和国、6个边疆区、49个州、2个联邦直辖市、1个自治州、1个自治专区；全国共有1 092个城市和1 867个区。②

表2-5 俄罗斯现行行政区划结构

行政层级	俄罗斯联邦							
第一层级	共和国	边疆区		州		联邦直辖市	自治州	自治专区
第二层级	区、市	区、市	自治区	区、市	自治区	区（市、行政专区）	区、市	区、市
第三层级	市镇、镇、村	市镇、镇、村	区、市	市镇、镇、村	区、市	地方区（镇）	市镇、镇、村	市镇、镇、村
第四层级			市镇、镇、村		市镇、镇、村			

资料来源：刘君德：《中外行政区划比较研究》，华东师范大学出版社2002年版，第236页；范今朝、吴延辉：《当代世界各国行政区划的三个基本模式》，《中学地理教学参考》，2005年第6期，第5页。

俄罗斯的共和国、边疆区、州等是最高行政单元。边疆区一般在国土边

① 侯景新、浦善新、肖金成：《行政区划与区域管理》，中国人民大学出版社2006年版，第262页。

② 侯景新、浦善新、肖金成：《行政区划与区域管理》，中国人民大学出版社2006年版，第262页。

界，远离中央，面积大于州，人口一般超过100万人，比如最东部的德滨海边疆区、哈巴罗夫斯克边疆区。州与州之间在人口、面积、经济发展等方面也有很大差异，比如阿尔汉格尔斯克州的面积为58.74万平方公里，而列宁格勒州的面积仅为8.59平方公里。① 区和市是俄罗斯行政体系中的中间环节，它们都下设镇、市镇和村。市按其隶属关系的不同分为联邦直辖市、共和国辖市、边疆区辖市、州辖市、自治州辖市、自治专区辖市、区辖市。

俄罗斯的行政区划虽然进行了改革，但前苏联时期的中央与地方关系仍然影响着俄罗斯。前苏联虽然形式上实行的是联邦制，但事实上是一个中央集权的国家。这种中央集权随着叶利钦时期政府与议会的政治斗争而被逐渐削弱，地方权力不断增强。例如，俄罗斯一些州和地方政府享有无限的立法权，地方政府通过的法律有1/3与联邦法律和宪法相抵触。俄罗斯的各边疆区和州之间可以建立贸易壁垒，甚至有些州可以自行宣布进入紧急状态。

为了加强中央对地方的管理，普京执政后，将俄罗斯联邦的各共和国、边疆区和州按地域划分为七个联邦区：以莫斯科为中心的中央区、以圣彼得堡为中心的西北区、以顿河罗斯托夫为中心的北高加索区、以下诺夫哥罗德为中心的伏尔加沿岸区、以叶卡捷琳堡为中心的乌拉尔区、以新西伯利亚城为中心的西伯利亚区和以哈巴罗夫斯克为中心的远东区。每个联邦区委任一名总统全权代表，代表国家元首在这一地区行使相应的职能，直接对总统负责。当然，联邦区全权代表无权干预地区首脑的职权。全权代表的职能是法律规定的，如督促联邦权力机关的地方机构执行联邦法律、总统命令和政府决议；协助司法机关工作；必要情况下在州杜马和政府就有关地方和中央利益的问题发表讲话，等等。②

通过对以上几个国家的行政区划分析，可以看出：第一，国外许多国家的行政层级一般都采用二级制或三级制，很少采用多级制，它们的行政幅度也较大。这为我国的行政区划改革指出了方向，即减少行政层级，增加管理幅度。第二，多数国家都实行城乡分治，即城市管理与农村管理各自独立开来。基于城市和农村管理上明显的差异性，城乡分治要求对城市和农村分别实施管理。

① 侯景新、浦善新、肖金成：《行政区划与区域管理》，中国人民大学出版社2006年版，第263页。

② 侯景新、浦善新、肖金成：《行政区划与区域管理》，中国人民大学出版社2006年版，第264页。

我国目前实行的是城乡合治，因此，欧美国家的做法为我国下一步的改革计划提供了思路。第三，英国、美国、法国、德国、日本等国家都不约而同地实行了跨区域管理的模式。这种模式有的是采用单一组织的大都市管理模式，如美国的纽约大都市区；有的是都市区和城市双层管理模式，如英国的大伦敦郡议会。随着中国城市化进程的加快，在长江三角洲、珠江三角洲、北京、上海等地建立类似的大都市区，也是下一步行政区划改革可以考虑的内容之一。

2.3 中国的行政区划

中国是世界上较早实行行政区划的国家之一。中国古代行政区划的发展大致经历了五个阶段：一是夏、商、周和春秋战国时期实行的分封制；二是秦、汉时期实行的郡县制；三是魏、晋、南北朝和隋朝实行的州制；四是唐、宋时期实行的道（路）制；五是元、明、清时期实行的行省制。其中，夏、商、周和春秋战国时期，由于全国并未形成强有力的中央集权，分封制使得众多诸侯各自为政，因此，这一时期只是行政区划的萌芽时期。自秦统一中国后实行的郡县制度，才是真正意义上的中国行政区划的开端。之后的历代王朝在秦朝的行政区划制度的基础上不断改进。在中央政府之下，有的朝代实行二级制，如秦朝的“郡—县”制度；有的实行三级制，如魏、晋、南北朝的“州—郡—县”制度；有的实行四级制，如元朝的“行省—路、府—州、军—县”。

行政区划的发展到了近代的中华民国，基本上沿袭了元、明、清的行政区划模式，如北洋政府实行的是“省、特别区—道—县”的三级模式。国民党政府时期实行的是省、县（市）二级制。中华人民共和国成立后，经过几次调整，发展到现在的行政区划的层次是：省、直辖市、自治区、特别行政区—市、自治州—区、县—镇、乡的四级模式。

2.3.1 中华人民共和国成立后中国行政区划的演变

中华人民共和国成立后，中央政府便立即着手行政区划的调整工作。到1949年年底，全国共设有30个省，即河北、山西、平原、察哈尔、绥远、辽东、辽西、吉林、黑龙江、松江、热河、山东、浙江、福建、台湾、江西、河南、湖北、湖南、广东、广西、云南、贵州、四川、西康、陕西、宁夏、甘肃、青海、新疆；12个直辖市，即北京、天津、沈阳、鞍山、抚顺、本溪、上海、南京、武汉、广州、重庆、西安市；5个行署区，即旅大、苏南、苏北、皖南、皖北行署区；1个内蒙古自治区，1个西藏地方，1个昌都地区。

1950年，经过调整后，全国共有53个省级政区（包括29个省、1个自治区、13个直辖市、8个行署区、1个地方、1个地区）；省级政区下辖277个地级政区（包括198个专区、8个盟、1个自治区、65个地级市、2个政区、2个行署、1个矿区）；地级政区下设2 593个县级政区（包括2 058个县、58个旗、4个自治区、65个县级市、334个市辖区、23个宗、2个特区、18个设治局、2个办事处、13个镇、1个矿区、3个工矿区、2个中心区、1个管理局、1个管理处、1个军管会、1个盐区、4个盟辖区、2个政区辖区）；县级政区领导20多万个乡级政区（乡、镇、行政村）（见表2-6）。

1954年，全国的省级政区变为32个省级政区（包括26个省，3个直辖市，1个自治区，1个地方，1个地区）；下辖286个地级政区（包括150个专区、7个盟、26个自治区、82个地级市、9个政区、2个矿区、4个总管、2个基巧、4个办事处）；领导2 824个县级政区（包括1 997个县、54个旗、48个自治区、1个自治旗、80个县级市、471个市辖区、83个宗、57个区、5个镇、12个版纳、4个矿区、1个工矿区、1个盐区、1个特别区、1个特区、2个办事处、2个中心区、1个专区辖区、3个行政委员会；下设18 623个县辖区，领导218 739个乡级政区（见表2-6）。

20世纪60年代，由于自然灾害和政策失误，使得农副产品尤其是粮食的供应困难，在这种情况下，我国撤销了一大批市而恢复20世纪50年代后期撤并的县。市由1961年的208个压缩到1965年的168个，县级政区由1960年的1 701个恢复到1965年的2 158个。截至1965年底，全国共设有29个省级政区，管辖286个地级政区，领导2 550个县级政区（见表2-6）。文化大革命期间，行政区划工作基本处于停滞状态。

1981年，全国共有30个省级政区，管辖317个地级政区，领导2 728个县级政区，62 011个乡级政区（见表2-6）。20世纪80年代以后，中央政府通过向地方政府下放大量的财权和事权，使地方政府获得了广泛的权力，这一中央向地方分权的举措极大地推动了中国地方行政区划的改革。

首先，从1983年开始，随着计划单列市、特区城市和特区省的建立，中国形成了梯次分权的多层次行政管理体制。① 首先建立了深圳、珠海、汕

① 罗震东：《中国当前的行政区划改革及其机制》，《规划研究》，2005年第8期，第29页。

头、厦门特区城市，海南省为特区省，这些经济特区在经济管理方面享有国家的优惠政策。从1983年2月起，国务院先后批准重庆、武汉、沈阳、大连、哈尔滨、西安、广州、青岛、宁波、厦门、深圳、南京、成都、长春14个市为计划单列市。1994年2月，中央又决定将广州、武汉、哈尔滨、沈阳、成都、南京、西安、长春、济南、杭州、重庆、大连、青岛、深圳、厦门、宁波16个市的行政级别定为副省级，在省会城市就出现了副省级—地级两个梯次。

其次，市领导县的体制逐步推行。用地级市来取代原来的地区和盟，地级市的数量从而增加，从1982年的112个增加到了2003年的282个；地区和盟的数量减少，分别从1982年的170个和9个减少到2003年的18个和3个。

另外，从1983年以来推行了县改市计划，包括整县改市、县并入市、县改自治县、县改市辖区。县的数量不断减少，从1981年的2 001个减少到1988年的1 765个、1994年的1 560个、2003年的1 470个。市的总数从1981年的233个增加到了2003年的660个，其中县级市从122个增加到了374个。①

1997年，八届全国人大五次会议审议通过了国务院关于设立重庆直辖市的议案，重庆成为继北京、上海、天津之后的第四个直辖市。1997年7月1日，我国政府恢复了对香港地区的主权，并设立我国第一个享有高度自治权的省级行政单位，即中华人民共和国香港特别行政区。1999年12月20日，我国政府又对澳门地区恢复行使主权，设立我国第二个享有高度自治权的省级行政单位——中华人民共和国澳门特别行政区。至此，我国的省级行政区达到34个。

截至2003年年底，全国共分为34个省级政区（包括23个省、5个自治区、4个直辖市、2个特别行政区），下辖333个地级政区（包括18个地区、3个盟、30个自治州、282个地级市），领导2 861个县级政区（包括1 470个县、117个自治县、49个旗、3个自治旗、374个县级市、845个市辖区、2个特区、1个林区），下辖44 041个乡级政区（包括16 636个乡、1 147个民族乡、279个苏木、2个民族苏木、20 226个镇、5 751个街道）（见表2-6）。

---

① 浦善新：《中国行政区划改革研究》，商务印书馆2006年版，第14页。

表 2-6　　　　新中国成立后中国行政区划简表

时期	一级政区	二级政区	三级政区	四级政区
1950 年	53	277	2 593	约 200 000
	29 省	198 个专区	2 058 县	镇
	1 自治区	8 盟	58 旗	乡
	13 直辖市	1 自治区	4 自治区	行政村
	8 行署区	65 地级市	65 县级市	
	1 地方	2 行政区	334 市辖区	
	1 地区	2 行署	23 宗	
		1 矿区	2 特区	
			18 设治局	
			2 办事处	
			13 镇	
			1 矿区	
			3 工矿区	
			2 中心区	
			1 管理局	
			1 管理处	
			1 军管会	
			1 盐区	
			4 盟辖区	
			2 政区辖区	
1954 年	32	286	2 824	218 739
	3 直辖市	82 地级市	471 市辖区	镇
	26 省	150 专区	80 县级市	乡
	1 自治区	7 盟	1 997 县	
	1 地方	26 自治区	48 自治区	

续表

时期	一级政区	二级政区	三级政区	四级政区
1954年	1地区	9行政区	54旗	
		2矿区	1自治旗	
		4总管	83宗	
		2基巧	57区	
		4办事处	5镇	
			12版纳	
			4矿区	
			1工矿区	
			1盐区	
			1特别区	
			1特区	
			2办事处	
			1专区辖区	
			3行政委员会	
			2中心区	
1965年	29	286	2 550	
	2直辖市	76地级市	302市辖区	镇
	22省	168政区	90县级市	公社
	5自治区	7盟	2 004县	
		29自治州	66自治县	
		1行政区	51旗	
		1办事处	3自治旗	
		1特区	8镇	
			1管理局	
			1特区	
			4办事处	

续表

时期	一级政区	二级政区	三级政区	四级政区
1965 年			1 专区辖区	
			19 特区辖区	
1981 年	30	317	2 728	62 011
	3 直辖市	108 地级市	462 市辖区	2 678 镇
	22 省	168 地区	122 县级市	54 368 公社
	5 自治区	9 盟	2 001 县	4 965 街道
		30 自治州	69 自治县	
		1 行政区	54 旗	
		1 办事处	3 自治旗	
			1 镇	
			1 林区	
			4 特区	
			3 工农区	
			3 办事处	
			5 地区辖区	
1990 年	31	336	、2 833	61 750
	3 直辖市	185 地级市	651 市辖区	12 084 镇
	23 省	113 地区	279 县级市	42 417 乡
	5 自治区	30 自治州	1 723 县	1 980 民族乡
		8 盟	121 自治县	5 269 街道
			51 旗	
			3 自治旗	
			3 特区	
			1 工农区	
			1 林区	
2003 年	34	333	2 861	44 041

续表

时期	一级政区	二级政区	三级政区	四级政区
2003 年	4 直辖市	282 地级市	845 市辖区	20 226 镇
	23 省	18 地区	374 县级市	16 636 乡
	5 自治区	30 自治州	1 479 县	279 苏木
		3 盟	117 自治县	1 147 民族乡
			49 旗	2 民族苏木
			3 自治旗	5 751 街道
			2 特区	
			1 林区	

资料来源：侯景新、浦善新、肖金成：《行政区划与区域管理》，中国人民大学出版社 2006 年版，第 59 ~ 62 页。

2.3.2　中国行政区划的特点

根据我国 1982 年《宪法》，我国行政区划的主要类型为：（1）全国分为省、自治区、直辖市；（2）省、自治区分为自治州、县、自治县、市；（3）县、自治县分为乡、民族乡、镇。另外，《宪法》还规定，国家在必要时得设立特别行政区，如现在的香港、澳门特别行政区。截至 2004 年，中国的行政区域划分为：34 个省级行政区、333 个地级行政区、2 862 个县级行政区、43 255个乡级行政区。①

纵观我国的行政区划，呈现如下特点。

1. 行政区划层次虚实结合

我国的行政区划体系的层次呈现虚实结合、以实为主的特征。"实"是指按照法律规定设置的行政区，如省（自治区、直辖市）、地级市、市辖区、县、乡（镇）等；"虚"是指准行政区，如地区、盟、县辖区、街道等。具体可以分为以下几种情况：②

① 浦善新：《中国行政区划改革研究》，商务印书馆 2006 年版，第 26 页。

② 浦善新：《中国行政区划改革研究》，商务印书馆 2006 年版，第 27 ~ 28 页。

（1）三个层次

①二实一虚。例如，省、自治区—地级市—街道；直辖市—市辖区—街道。

②三实。例如，直辖市—市辖区、县—乡、镇；省、自治区—县—乡、镇。

（2）四个层次

①二实二虚。例如，省、自治区—地区、盟—县级市—街道。

②三实一虚。例如，省、自治区—地区、盟—县、自治县、县级市—乡、镇、民族乡；省—县、县级市—县辖区—乡、镇。

③四实。例如，省、自治区—地级市、自治州—县、自治县、县级市—乡、镇、民族乡；省—地级市—县、市辖区—乡、镇。

（3）五个层次

①三实二虚。例如，省、自治区—地区、盟—县、自治县、县级市—县辖区—乡、镇、民族乡。

②四实一虚。例如，省、自治区—自治州—县、自治县、县级市—县辖区—乡、镇、民族乡；省—地级市—县—县辖区—乡、镇。

（4）六个层次

特指新疆维吾尔自治区伊犁哈萨克自治州，为四实二虚或三实三虚，即自治区—自治州—地区—县、自治县、县级市—县辖区—乡、镇、民族乡、街道。

2. 行政区划管理幅度差异较大

我国各省区由于辖区人口、辖区面积和管理层次不同，管理幅度差异较大。2004 年年底，中国内地 31 个省级行政区（不包括台湾省和香港、澳门 2 个特别行政区），管辖 333 个地级行政区，平均每个省级行政区管辖 10.7 个地级行政区；地级行政区下辖 2 862 个县级行政区，平均每个地级行政区管辖 8.6 个县级行政区；县级行政区下辖 43 255 个乡级行政区，平均每个县级行政区管辖 15.1 个乡级行政区（见表 2-7）①。

---

① 浦善新：《中国行政区划改革研究》，商务印书馆 2006 年版，第 29～30 页。

表2-7　　2004年年底中国分省区行政区划层次与幅度统计表（个）

省级政区	一级政区管理幅度	二级政区管理幅度	三级政区管理幅度	行政区划层次
北京	18	15.2		3
天津	18	13.3		3
河北	11	15.6	12.8	4
山西	11	10.8	11.7	4
内蒙古	12	8.4	14.1	4
辽宁	14	7.1	15.1	4
吉林	9	6.7	16.8	4
黑龙江	13	10.0	9.9	4
上海	19	11.6		3
江苏	13	8.2	14.0	4
浙江	11	8.2	17.4	4
安徽	17	6.2	17.6	4
福建	9	9.4	13.0	4
江西	11	9.0	15.6	4
山东	17	8.2	13.9	4
河南	17	9.4	15.4	4
湖北	13	7.8	12.1	4
湖南	14	8.7	21.0	4
广东	21	5.8	13.6	4
广西	14	7.8	12.8	4
海南	18	10.9		3
重庆	40	28.8		3
四川	21	8.6	27.7	4
贵州	9	9.8	17.5	4
云南	16	8.1	12.1	4
西藏	7	10.4	9.5	4

续表

省级政区	一级政区管理幅度	二级政区管理幅度	三级政区管理幅度	行政区划层次
陕西	10	10.7	16.3	4
甘肃	14	6.1	15.6	4
青海	8	5.4	10.0	4
宁夏	5	4.2	10.4	4
新疆	14	7.1	10.0	4

资料来源：浦善新：《中国行政区划改革研究》，商务印书馆 2006 年版，第 31～32 页。

一般来说，管理层次越少、辖区人口越多、辖区面积越大，则管理幅度越大。从表 2-7 中的统计分析，可以发现我国的行政区划管理幅度有如下规律：①

（1）影响管理幅度最大的是管理层次。例如：实施三级制的四个直辖市和海南省，虽然人口特别是面积偏小，但管理幅度明显大于其他省区。

（2）人口多少对于管理幅度的影响又明显大于面积大小。例如：人口在 6 000万以上的河南、山东、四川、广东、江苏、河北、湖南、安徽、湖北，管理幅度比较大；而面积排在前三位的新疆、西藏、内蒙古因人口较少，管理幅度并不大；其他人口偏少的省区（不包括直辖市和海南省），如青海、甘肃、吉林，管理幅度也偏小。宁夏人口 580 万人（仅多于西藏、青海），面积 6.6 万平方公里（仅大于京、津、沪三个直辖市和海南省），因此管理幅度最小。

2.3.3 中国行政区划改革

新中国成立以来，根据不同时期的党和国家的方针、政策，对行政区划进行了一系列的调整和改革。尤其是 20 世纪 80 年代以来，随着地县改市和市领导县体制的推广，形成了梯度分权的多层次行政管理体制。但随着市场经济的发展和城市化的不断推进，尤其是我国加入世界贸易组织之后，融入国际社会的步伐加快了，我国行政区划的诸多弊端逐渐显现。

---

① 浦善新：《中国行政区划改革研究》，商务印书馆 2006 年版，第 30 页。

1. 我国行政区划改革的必要性

(1) 行政区划层次过多

根据《中华人民共和国宪法》的规定，我国现行的地方行政体制为三级、四级并存制，三级制是指省、自治区、直辖市—县—乡、镇；在民族地区为四级制，即省、自治区—自治州—县、自治县—乡、民族乡、镇。长期以来，我国实际上实行虚四级制，即在我国的大部分省、自治区设立地区行政公署作为省级政府的派出机构；但随着20世纪80年代市领导县体制的推广，实四级制已占绝大多数，即省、自治区—地级市、自治州—县、自治县—乡、镇、自治乡，个别地方甚至实行虚五级制。除此之外，部分地方县、乡之间存在县辖区，在乡、村之间还设有虚的管理区，这些都是虚的管理层级。

从历史上看，秦朝至民国末的近2 200年的时间里，二级制290年，占13.5%；虚三级制640年，占29.7%；实三级制600年，占27.8%；三级、四级并存制276年，占12.8%；多级制350年，占16.2%。① 从以上数据可以看出，我国历史上大部分时间都是采取三级制的行政管理层次，目前是自“秦朝以来行政区划层级最多的时期”②。

从世界来看，我国也是少数几个实行多级制国家中行政管理层次最多的。与世界其他国家相比，美国实行州政府与地方政府的二级制管理层次；日本在1926年撤销了中间层次郡级建制后，形成了“道、府、县—市、町、村”的二级行政管理体制；印度在1977年取消了村级建制，实行“邦—县—乡”的三级管理体制。③ 到20世纪90年代，全世界223个（6个缺资料）国家和地区中，有13个国家不划分政区，53个国家实行一级制，92个国家实行二级制，51个国家实行三级制，只有8个国家实行多级制，占国家总数的3.7%。实行多级制的国家全部集中在亚洲和非洲，分别是：中国、朝鲜、韩国、泰国、印度、塞内加尔、马里、坦桑尼亚。④

管理层次过多，在客观上必然使得整个国家的机构臃肿、人员冗多，从管

---

① 浦善新：《中国行政区划改革研究》，商务印书馆2006年版，第278~279页。

② 浦善新：《中国行政区划改革研究》，商务印书馆2006年版，第128页。

③ 刘华：《我国现行行政区划的问题与对策》，《甘肃行政学院学报》，2005年第1期，第46页。

④ 浦善新：《中国行政区划改革研究》，商务印书馆2006年版，第265页。

理学的角度来讲，多设置一个管理层级，就会增加信息的损耗，大大降低信息传递速度。这种局面导致的结果是行政效率低下，官僚主义和形式主义盛行。同时，行政层级的增加浪费了行政资源，提高了行政成本，加重了社会的负担。当今，世界各国行政组织体制改革的趋势是逐步减少层级，我国行政层级过多的局面是与市场经济体制和世界贸易组织的运行机制不相符的。① 因此，减少行政层级的任务也就提上了行政区划改革的议事日程。

（2）行政管理幅度偏小

行政管理幅度较小主要是指：一、二级行政区管理幅度较小。20 世纪 90 年代初，美国的一级行政区 51 个，二级行政区 3 137 个，平均每个一级行政区管辖二级行政区 61.5 个。日本一级行政区 47 个，二级行政区 3 250 个，平均每个一级行政区管辖二级行政区 69.1 个。印度一级行政区 29 个，二级行政区 410 多个，平均每个一级行政区管辖二级行政区 14 个。印度尼西亚一级行政区 26 个，二级行政区 399 个，平均每个一级行政区管辖二级行政区 15.3 个。②

我国的一、二级行政区就是指省级、地级两级政府。正如上文行政区划的特点中讲到的，截至 2004 年底，中国内地 31 个省级行政区（不包括台湾省和香港、澳门 2 个特别行政区），平均每个省级行政区管辖 10.7 个地级行政区；平均每个地级行政区管辖 8.6 个县级行政区。这说明，无论是与发达国家相比较，还是与发展中国家的人口大国相比较，中国的省、地级市政府的管理幅度都太小了。另外，行政幅度偏小，在客观上造成了权力的过分集中，加上行政管理层次偏多，难免形成多头领导、职责不清的局面，助长了官僚主义的作风。因此，改变行政管理幅度也就成为行政区划改革的一项重要内容。

（3）行政区之间规模差异大

我国的一级行政区，即省、自治区、直辖市一级的管辖面积和人口较大。按照 1995 年的统计资料计算，美国的一级行政区平均管辖的国土面积和人口是 18.4 万平方公里和 512 万人，法国是 0.57 万平方公里和 60.4 万人，德国是 2.4 万平方公里和 543 万人，俄罗斯是 77.7 万平方公里和 679 万人，印度

① 肖陆军：《论行政区划改革》，《行政与法》，2007 年第 8 期，第 1 页。

② 水延凯、柳祥珍：《中国行政区划体制的改革》，《改革与战略》，2004 年第 6 期，第 80 页。

是10.3万平方公里和2 849万人，印度尼西亚是7.3万平方公里和768万人。中国内地却是31万平方公里和3 907万人（按国土面积960万平方公里、1995年总人口121 121万人口计算）。① 这就是说，中国的一级行政区平均管辖的国土面积除小于俄罗斯外，均大于其他各国，管辖的人口更远远高于其他各国。

中国几乎每个省的面积和人口都要比欧洲的国家还大，省级行政区的规模过大，给统一管理带来诸多不便。省的面积过大，必然使得中央政府的统一控制放宽，不利于中央政府的宏观调控和集中领导。另外，省级政区的幅员偏大，导致在省区与县之间增加了一个中间层次，造成层次繁多，不利于建立一个灵活高效的行政体系。

相比较而言，我国的县、乡镇行政区管辖的规模较小，管辖面积小和人口少。2004年底，据对2 861个县级政区（不包括福建省的金门县）的初步统计，面积少于1 500平方公里的县级政区有1 377个，占48.1%；少于1 000平方公里的有946个，占33.1%；少于500平方公里的有577个，占20.2%；少于300平方公里的有413个，占14.3%；少于100平方公里的有208个，占7.3%；另有113个县级政区的面积不足50平方公里。在这些县级政区中，人口少于30万人的达1 141个，占总数的39.9%；少于20万人的有690个，占24.1%；少于15万人的有468个，占16.4%；少于10万人的有297个，占10.4%；少于5万人的有152个，占5.3%；另有45个县级政区人口不足2.5万人。② 就乡镇级政府而言，截至2001年，全国有乡级行政单位50 769个，平均每个乡级行政区管辖国土面积189平方公里，人口25 139人（按国土面积960万平方公里、2001年总人口127 627万人计算）。③

县、乡两级行政区规模偏小，一方面使得农村地区的生产要素难以按照市场需求进行有效配置，土地、水、矿藏、海洋等自然资源得不到合理的发展，不利于现代大型农业项目的开发。政区规模小也限制了财力、物力、人力的集

① 水延凯、柳祥珍：《中国行政区划体制的改革》，《改革与战略》，2004年第6期，第80页。

② 浦善新：《中国行政区划改革研究》，商务印书馆2006年版，第122页。

③ 水延凯、柳祥珍：《中国行政区划体制的改革》，《改革与战略》，2004年第6期，第80页。

中使用和统筹规划，阻碍了县、乡、村的发展。

除以上三点之外，我国行政区划还存在其他问题。例如，行政区域边界犬齿交错，破坏了自然—经济区域的完整，容易引起边界纠纷，不利于安定团结；行政区划名称设置混乱、含糊，给管理和相互交流造成了困难；市制设置问题突出，尤其是“市领导县”体制的弊端日益显现，等等。①

2. 行政区划改革

根据国际行政区划的经验和我国的实际情况，很多专家学者提出了我国行政区划改革的设想和基本思路。

（1）改革不合理的政区层次和幅度

我国的政区的划分层次过多、管理幅度偏小。解决层次多、幅度小的途径有三个：

一是取消“市管县”体制。1983 年地级市出现后，我国省、县之间的层次由虚变实，地方行政层次变为“省—市—县—乡（镇）”的实四级体制。“市管县”体制的实施，人为地在省与县之间制造出一个中间层级，使省、县之间的权力被截留，信息沟通受到阻滞，这在资讯网络高度发达和交通十分便利的今天更是不合时宜的。因此，减少层次即取消“地区”（地级市、自治州和地区）这一层级，按照宪法实行“省—县—乡”三级制行政区划体制，已是近年来学术界的主流观点。② 二是划小省区。缩小每个省、自治区的管辖范围，划分更多的一级行政区。三是扩大县、乡的规模。取消县乡之间的县辖区、乡村之间的管理区等虚的行政层级，通过合并等方式适度扩大县、乡的规模，以便降低基层行政管理成本，提高行政效率。

（2）划小省区、增设一级行政区划

我国现在有 34 个省级行政区，省区的规模过大，既不利于管理，对国家的长治久安也没好处。划小省区，增设一级行政区划是促使我国行政区层次和幅度趋向合理的有效办法，也是世界各国普遍遵循的行政区划模式。关键是确

① 周毅、余蕊：《对中国行政区划改革的浅析》，《法制与社会》，2008 年第 5 期，第 207 页。

② 杜丽菲、郭小兰、何海军：《浅谈中国行政区划改革》，《北方经济》，2008 年第 7 期，第 48 页。

定我国省级行政单位的合适数量。根据德国地理学家克瑞斯泰勒的中心地理论，我国省级行政单位数量应该在49个左右。从我国国土面积和人口考虑，许多学者也提出了全国一级行政区划增设到50个左右的设想。① 有学者认为，我国省级行政区宜划分为55~60个。②

当然，缩小省区、增设一级行政区划要等政治环境、经济发展水平、基础设施建设等各方面条件成熟时才可以进行。也有学者提出，以增设直辖市作为划小省区的突破口。③ 从总体上看，我国直辖市数量偏少，只有北京、天津、上海、重庆四个直辖市，而且直辖市分布不均。增设直辖市有利于缩小省区，增加一级政区的数量，从而使我国行政区的层次和幅度逐步趋向合理。其次，直辖市的设立有利于加强中央政权调控的主体地位，并且使直辖市成为跨省区的新的经济增长极。④

(3) 撤并县乡、扩大县乡规模

由于我国的县、乡规模过小，使得管理成本变高，造成重复建设，这必然会加重当地的财政负担，制约经济的发展。因此，扩大县、乡两级的规模就成为改革的重要环节。目前，我国的有些省份已经开始了撤并县、撤并乡镇的工作，甚至有些小的村庄也展开了合并工作。

(4) 探索新的设市模式

借鉴西方国家城乡行政体制的成功经验，由我国目前的“城乡合治”逐步走向“城乡分治”，探索新的设市模式。⑤ 有学者提出了设立都市省、都市县、市三级城市行政区划体系的建议，即在基层由市负责城市事务，县负责协调整个县域的事务；再高一层，由都市县负责城市事务，由省负责协调整个省

---

① 杜丽菲、郭小兰、何海军：《浅谈中国行政区划改革》，《北方经济》，2008年第7期，第48页。

② 陈晋肃：《21世纪中国行政区划体制改革的问题与思路——刘彦德教授访谈录》，《探索与争鸣》，2002年第4期，第3~4页。

③ 向达、王雅洁：《关于我国行政区划改革的探讨》，《成都行政学院学报》，2007年第5期，第20页。

④ 陈晋肃：《21世纪中国行政区划体制改革的问题与思路——刘彦德教授访谈录》，《探索与争鸣》，2002年第4期，第3页。

⑤ 浦善新：《中国行政区划改革研究》，商务印书馆2006年版，第160页；陈晋肃：《21世纪中国行政区划体制改革的问题与思路——刘彦德教授访谈录》，《探索与争鸣》，2002年第4期，第4页。

域的事务。①

（5）规范政区名称

规范政区名称首先是理顺政区通名体系。比如，在省级，保留省和特别行政区，自治区改为自治省，直辖市改为都市省；在县级，保留县、自治县，增加都市县；在乡级，保留乡、民族乡、镇，增加市。其次，逐步更改不规范的政区专名。针对市、县重名、异字同音、用字生僻等问题，尽量随着行政区划改革，市、县、乡的整合而逐步解决，或结合当地的特色变更行政区的名字。②

本章小结

行政区划是一个国家对行政区域的划分，一个行政区包含着很多构成要素，如一定的地域、人口、行政机构等。当今世界关于行政区划有三种主要的模式：英美模式、法德模式、前苏联模式。行政区划的设置是否合理，直接关系到国家政权的稳定、地方行政管理的效能、区域经济的健康发展、民族的和睦相处和资源的合理配置。

新中国成立后，行政区划几经调整，形成了现在的四级制：省、直辖市、自治区、特别行政区—市、自治州—区、县—镇、乡。我国行政区划的特点是：行政区划层次虚实结合、行政区划管理幅度差异较大。针对行政区划层次多、幅度小、行政区规模差异大的问题，我国的行政区划有必要从以下几个方面进行改革：改革不合理的政区层次和幅度，划小省区、增设一级行政区划，撤并县乡、扩大县乡规模，探索新的设市模式，规范政区名称。

通过对英国、美国、法国、日本、俄罗斯等几个典型国家的行政区划介绍，为我国在行政区划层次、行政管理幅度、城乡分治、跨区域管理方面的改革提供了很好的借鉴思路。

关键术语

行政区划　行政区　行政层级　行政幅度　英美模式行政区划

① 浦善新：《中国行政区划改革研究》，商务印书馆2006年版，第161页。

② 浦善新：《中国行政区划改革研究》，商务印书馆2006年版，第162页。

法德模式行政区划　前苏联模式行政区划

复习思考题

1. 行政区划的内涵是什么?
2. 当今世界的行政区划有哪几种模式，代表国家有哪些?
3. 行政区划对于一国的意义是什么?
4. 我国建国后行政区划的演变是怎样的?
5. 中国行政区划的特点有哪些?
6. 为什么要推进中国行政区划改革?
7. 中国行政区划改革的基本思路是什么?

案例分析

行政区划动大"手术"　佛山禅城1镇8街变为1镇3街

昨天(3日)，佛山市禅城区向社会公布了辖区街道行政区划调整具体方案，禅城区的行政区划将由现在的1镇8街变为1镇3街。后天，禅城区4个新镇(街道)将正式挂牌运作。

区划调整后，禅城区将由原来的南庄镇、张槎街道、环市街道、石湾镇街道、澜石街道、祖庙街道、升平街道、普君街道和城南街道调整为南庄镇、祖庙街道、张槎街道和石湾镇街道1镇3街。

此次区划调整将解决禅城区原有行政区划规模过小、资源分散、发展空间不足、行政成本较高等问题。例如，调整前的祖庙街道，土地面积只有二、三平方公里，却要承担经济、文化和教育等城市功能，城市配套建设压力大，行政管理成本较高，制约了经济社会的更快发展。同样的问题也困扰着禅城区其他街道。

"整合后，禅城区下辖的1镇3街道规模相当、实力相近、各具特色，不仅符合禅城产业经济发展的要求，也有利于进一步完善城市管理，加快现代化中心城区建设步伐。"禅城区区长林邦彦说。

据悉，区划调整之后，作为老城区的禅城区的各镇街旧物业和“城中村”改造将会进入一个快速推进的新阶段，都市型产业和城市景观将会得到新的发展和改善，佛山中心城区的城市形象和综合竞争力也将得到一个大的提升，为未来中心城区的发展拓展空间。

（资料来源：《南方日报》（网络版），2006年7月4日。）

请思考

1. 为什么要整合较小的行政区划单位？

2. 改变我国行政幅度过小，基层行政单位规模过小的途径是什么？

阅读书目

1. 浦善新：《中国行政区划改革研究》，商务印书馆2006年版。

2. 刘君德等：《中外行政区划比较研究》，华东师范大学出版社2002年版。

3. 侯景新、浦善新、肖金成：《行政区划与区域管理》，中国人民大学出版社2006年版。

4. 刘君德等：《中国行政区划的理论与实践》，华东师范大学出版社1996年版。

5. 靳尔刚、张文范：《行政区划与地名管理》，中国社会出版社1996年版。

第3章 地方政府体制与机构

☞简短提要

本章在介绍地方政府体制基本概念的基础上，以英、美、法为代表介绍了西方国家地方政府体制与机构的状况；然后，对当代中国地方政府体制与机构的演变做了概括，对当代中国地方政府体制中的党政关系结构、宪政结构、条块关系结构做了简要分析；最后，对当代中国地方政府体制与机构改革的状况做了归纳和分析。

☞重点问题

本章所涉及的主要问题包括：(1) 地方政府体制的类型；(2) 地方政府体制与机构的演变及其影响因素；(3) 美国市政体制的类型及特点；(4) 当代中国地方政府的党政关系结构的特点；(5) 当代中国地方政府的条块矛盾关系及其影响；(6) “市管县”体制和“省管县”体制各自的利弊。

地方政府体制是地方政府机构各层级、各部门之间制度化的权力关系模式，是地方政府组织结构和制度的总和，它包括地方政府上下级之间的层级结构和地方政府同级部门之间的关系模式。而地方政府机构则是地方政府体制的基本构成要素。影响地方政府体制的因素众多，主要有国土与人口规模、民族状况、科学技术手段等自然社会因素、政治制度（国家结构形式等）因素、经济体制和市场化程度、公民社会的发育程度、传统文化与历史传统等。由于各国社会经济发展程度的不同，因而产生了不同的地方政府体制和机构。

3.1 地方政府体制与机构的类型与演变

3.1.1 地方政府体制的类型

地方政府的体制结构包括纵向的层级结构和横向的部门结构两个维度。层级结构是指地方政府单位在纵向层级之间的权力关系模式。这种权力关系包括行政领导关系、法律监督关系和地域包含关系等多种形式。部门结构则是指同一级地方政府各机关之间的权力关系模式。这种权力关系包括融合关系和分离关系等。地方政府模式的差异可归为两类：一方面，在一些政治体制中，地方政府享有充分的自主权、地位和独立的合法性，它能够与上级政府讨价还价；另一方面，在一些体制中，地方政府没有实质性的自主权、相应的地位和独立的合法性，没有有效的讨价还价的权力。①

按照地方政府层级结构和部门结构的权力关系特点，地方政府体制可分为三种类型：

1. 行政体地方政府

行政体地方政府是中央政府和上级地方政府的代表机构，由其产生并对其负责；同时，不存在代表当地居民利益和意愿的代议机关，通常只存在一个全面行使职权的行政机关。在这种体制下，地方政府首长及其所属官员，由中央政府或上级政府任命，秉承中央政府和上级政府的命令和意志，负责中央政府和上级政府政策在本地域范围内的落实。地方政府的权力来源于中央政府的授予，是中央政府和上级政府的附属物，缺乏自身独立的人格，因而其权限和管辖范围具有很大的不确定性。由于缺乏代表当地居民利益和意愿的机构，因而这种体制具有明显的中央集权制的特征。尽管如此，地方政府也从事地方公共事务管理，履行某些基本的公共服务职能。

① ［英］戴维·米勒和韦农·波格丹诺：《布莱克维尔政治学百科全书》，中国政法大学出版社 1992 年版，第 421 页。

中国封建制时代的地方政府，古代印度、埃及、中东地区某些国家的地方政府，以及某些资本主义国家的部分高层地方政府，都实行这种管理体制。但是，由于行政体地方政府与中央集权制密切相关，不符合民主政治的原则和潮流，因而实行这种地方政府体制的国家日益减少。同时，在一些仍然采用行政体地方政府体制的国家，也都相应地进行了某种程度的改良。例如成立一个能反映当地居民意见的咨议机构，其成立经政府批准，成员或由居民推选经政府认可，或由政府委托、聘请；其主要职责是就当地事务向行政机关提供意见咨询，但无法定的权力。在特定情况下，国家也通过法律授予这类咨议机构以某些权力，如审议地方政府预算、讨论地方事务兴革等，以辅助地方政府的工作。①

沙特阿拉伯是行政体地方政府体制的典型例子。在沙特阿拉伯，地方政府分为地区（省）、分区（县）和中区（乡）三级。地区（省）政府由地区长官和地区委员会组成。前者由内政大臣推荐，依王室法令任命和解职，后者由地区长官和副长官、分区长官、内阁决议指定的地区官方机构负责人、首相任命的专业人士组成，并由地区长官任主席。分区（县）政府也由分区长官和地区分委员会组成，长官或由内政大臣推荐经首相任命，或由地区长官推荐经内政大臣任命。中区（乡）政府设主任，由地区长官推荐经内政大臣任命，或由地区长官直接任命；不设委员会。地区委员会不是地方权力机关，主要是就改善本地服务标准的事务颁布决议，并就有关问题向内政大臣和地区长官提出建议。②

2. 自治体地方政府

自治体地方政府是一定地域居民为管理本地方公共事务，按照宪法、法律或自治宪章，所建立的地方自治社团。它是一个具有自身权力、义务和独立人格的公共团体。地方自治体通过当地居民选举产生的地方政府，在法律规定的范围内，代表当地居民的利益和意愿，管理地方的公共事务。自治体地方政府具有独立的财源和法定的某些征税权，同中央及上级政府机构不存在直接的上下隶属关系，在处理自治权限内的事务时有独立的处置权，但要接受中央和上级政府的法律监督。此外，自治体地方政府在处理国家委托的事项时，要接受

① 陈嘉陵：《各国地方政府比较研究》，武汉出版社 1991 年版，第 35 页。

② 徐勇、高秉雄：《地方政府学》，高等教育出版社 2005 年版，第 84～85 页。

中央政府或其代表的行政监督。各层级自治体地方政府之间是行政隶属关系，但在地方公共事务管理中具有分工与协调关系。

自治体地方政府通常由代议机关和执行机关组成。前者代表当地居民的意志和利益，就地方事务特别是财政问题，进行决策；后者或者采取独任制形式，或者采取委员会制形式，负责地方公共事务的具体管理。根据代议机关和执行机关的权力和责任关系，自治体地方政府大致可分为两种类型。①

（1）议行合一型体制

在这种体制中，自治体地方政府的代议机关和执行机关合一，实际权力掌握在代议机关手中。其绝对形式是，自治体地方政府由一个一院制的地方议会（或委员会）构成；地方议会（或委员会）下设若干常设委员会和特别委员会，负责执行议会的决议和领导各行政部门的工作。如英国和加拿大地方选举的议会，在处理地方事务中都行使立法权和行政权，工作由议会的各种执行委员会管理，日常行政事务由文职人员处理。尽管议会选举一人为自治体主席或市长，但其职责仅限于主持议会会议，对外代表地方政府，并没有特别的权力。如英格兰和威尔士的郡、区、教区，苏格兰的行政区、区、教区，北爱尔兰的区、教区等，都只有一个一院制的议会统一掌握地方政府权力。

相对的议行合一型体制，存在着两个地方政府机构。地方议会行使议决权和执行权，同时另设一机构行使行政权。在美国的许多中等城市，实行议会经理制的体制。市议会多由5～12名议员组成，行使议决权和行政权；市长作为市议会的一员，与其他议员权力相等，只是主持议会会议，并在礼仪场合代表本市；市议会聘请一市政专家任市经理，领导行政部门，执行市议会的决议，对市议会负责。

（2）议行分离型体制

在这种体制下，自治体地方政府存在着代议机关和执行机关两个分立的地方政府机构，分别行使议决权和行政权，二者具有某种分权制衡的关系。

在绝对的议行分离型体制下，地方议会行使议决权，地方行政首长行使执行权和行政权。二者分别由选民直接选举产生，各自只对选民负责，相互之间不存在统属关系，也不需要对对方负责。日本的地方自治单位就是实行这种地方政府体制。

在相对的议行分离型体制下，地方议会由选民选举产生，依法行使议决

① 徐勇、高秉雄：《地方政府学》，高等教育出版社2005年版，第85～86页。

权；地方行政长官不是由选民直接选举产生，而是由地方议会选举产生，负责行使行政权。但是，地方行政长官一经选举产生，议会不得罢免，他也不对地方议会负责。如果地方议会和地方行政长官产生冲突和分歧，则通过上级政府协调解决或诉诸法律。法国市政体制就属于这种类型。

由于自治体地方政府的民主特性，目前世界上越来越多的国家实行这种地方政府体制，特别是承担直接管理和公共服务责任的基层政府则更为普遍。

(3) 混合体地方政府

行政体地方政府具有集中、统一、效率和强调整体利益的优势，而自治体地方政府则具有民主、调动地方积极性和因地制宜的优势；然而，各自又具有某些缺陷。因此，社会主义国家建立后，试图综合两种体制的优势，从而建立起混合体地方政府的体制，或称“民主集中制型的地方政府体制”。

这种地方政府体制既具有自治体地方政府的特征，又具有行政体地方政府的特征。在混合体地方政府体制下，同时存在代议机构和执行机构两套体系。一方面，代议机构由当地居民直接或间接选举产生，代表当地居民的意愿和利益；另一方面，行政机关由代议机构选举产生，对代议机构负责并报告工作。同时，地方行政机关又是中央政府和上级政府的下属机关和在当地的代表，还要接受上级行政机关的领导，被称为“地方国家行政机关”。而地方各级代议机构之间只具有法律监督和指导关系，不具有上下隶属关系。

这种体制意在吸收行政体地方政府和自治体地方政府的好处，而避免两者的缺陷。但是，由于权力自身的无限扩张性，在法治意识和制度化程度不高的具有行政集权传统的国家，很容易出现向行政体模式的偏离，从而失去其应有的优势。

3.1.2 地方政府体制与机构的演变

在世界各国，设置地方政府是一种普遍现象。地方政府是一种地域性的政府，仅对国家的部分区域行使管理权。在古代社会，地方政府结构简单、规模很小；在有些国家，甚至没有职业性的官员。当时，地方政府往往缺乏独立的地位，是中央政府权力的延伸。近代以来，随着工业化的发展，国家对社会经济事务的干预程度加深，各国的地方政府机构日益制度化，地方政府体制逐步复杂化。由于实行分权，地方政府获得了相对独立的地位。地方自治成为多数国家实现政治发展的一种途径。

从地方政府体制和机构的演变看，各国大致呈现出以下几个变化的趋势：

第一，地方自治日益发展。近代以前，地方政府一般受中央政府和上级政府的直接控制，只有少数欧洲城市通过获得国王的特许状而享有自治权。资产阶级革命之后，地方自治成为新兴资产阶级反对王权和封建专制的重要武器，因而城市自治制度得以广泛推广。英国现代化的经历表明，英国地方政治比较完善，英国的自由、民主就源于其地方自治制度。随着民主政治的发展，地方自治在世界许多国家普遍建立起来。地方自治不仅在城市地区而且在乡村地区广泛建立，并逐步由基层政府向地区政府发展。目前，世界许多国家实行地方自治制度。我国自20世纪80年代以来，也开始在城乡基层社区推行社会自治制度的改革。

第二，地方政府体制日益复杂化。这种复杂性不仅表现在不同国家、不同时期的地方政府体制和机构不同，也表现在同一国家不同地区、不同层级的地方政府体制和机构的差异。如在瑞典和挪威等国的郡，既有地方自治机构，也有受中央领导的地方行政当局；在尼日利亚，既有选举产生的地方政府委员会，也有州政府任命的地方政府，还有传统的酋长委员会。① 在许多国家，不仅存在着一般地域型地方政府，承担特殊功能的地方政府，还有具有特殊地位和权限的特别型地方政府；城市政府和乡村地区的政府层级结构也有很大的区别。许多国家的地方政府体制经历了从行政体到自治体或混合体的演变。在传统社会，地方政府往往集立法、行政、司法、宗教等功能为一体，政府结构高度一体化。随着政治经济和社会分工的发展，地方政府结构日益分化，功能日益专门化，地方自治趋势日益明显。

第三，地方政府机构的日趋精干。在许多国家，地方政府机构经历了由少到多、由简单到复杂的发展趋势。在自由资本主义时期，政府对社会经济很少干预，其机构规模也很小；随着政府功能的膨胀和对社会经济干预程度的增加，地方政府机构也日益复杂化。随着市场经济的发展和公民对政府公共服务要求的提高，各国对地方政府机构的效率提出了更高的要求，因而机构和人员精简成为各国地方政府改革的趋势。同时，政府官员的专业化和技术化程度也不断提高。

影响地方政府体制和机构演变的因素多种多样。主要包括以下因素：

第一，政治制度的影响。从国家性质看，社会主义国家实行公有制为主体的所有制形式，拥有更多的国有企业，政府在经济管理中具有更大的作用，集

① 陈嘉陵：《各国地方政府比较研究》，武汉出版社1991年版，第171页。

权化程度较高，往往采取混合体地方政府体制，地方政府机构往往很多；而资本主义国家以私有制为基础，市场经济发达，政府对社会经济的干预程度较低，往往采取自治体地方政府体制，机构设置也比较少。但是，在某些“福利制度”的资本主义国家，政府机构也很庞大。

第二，国家结构形式和自治化程度的影响。联邦制国家和单一制国家在地方政府体制和机构设置上也会有一定的差异。在中央集权型单一制国家，地方政府受中央政府控制，自主活动范围相对要小，机构设置具有整体划一的特征；而地方自治型单一制国家，由于实行一定程度的分权，地方政府的活动范围相对要大，因而政府体制和机构的复杂性要更为明显。而在美国式的联邦制国家，地方政府具有很高的自治权和广泛的社会服务职能，地方政府体制的复杂性和机构设置的自主性则更为明显。随着地方自治的兴起和地方政府的改革运动，自治体模式成为地方政府发展的主流，而地方政府的社会服务职能日益明显，体制更为灵活，机构更为复杂化。

第三，经济体制与经济发展程度的影响。在实行计划经济体制的国家，地方政府拥有广泛的功能，机构设置庞大，对上级政府具有很强的依附性。而在市场经济发达的国家，社会组织和非政府机构承担了许多公共服务职能，政府功能有限，地方政府机构往往较为简单。随着社会经济的发展，地方政府的社会管理和公共服务功能会迅速发展，从事社会管理和公共服务的机构也会迅速涌现。近年来，随着市场经济的发展，在许多国家的地方政府改革中，民营化和公私合作的倾向日益明显，从而有助于地方政府规模的缩小。

第四，各国历史和文化传统的影响。新制度主义强调制度演变的“路径依赖”特征。事实上，传统的制度、文化和历史对未来的制度变迁具有很强的约束性。首创地方自治的英国，地方政府体制中的自治因素很明显；美国的地方自治在某种程度上是开拓“新边疆”时期不得不各自为政的结果，因而其地方政府体制很混乱。法国等大陆国家尽管已经引进了地方自治制度，但仍然具有浓厚的中央集权色彩。同样，我国几千年的封建专制传统和行政区划历史对现代地方政府体制及其层级结构也具有持久性的影响。

3.2　西方国家地方政府体制与机构

由于地方自治程度和国家结构形式的差异，西方国家的地方政府体制和机构设置各具特点。而要把握地方政府的体制特点，有必要抓住三个基本问题：

"第一，地方自治有多大的权力？例如人民通过有意义的选举有没有机会参加政府？他们能不能通过组织的和个人的活动来接近那些公职官员们，要他们反映人民的观点？第二，市政当局在活动方面有多大的自治和处理权？也就是说，中央政府是多少给地方政府一点儿行政权或是不给行政权呢？抑或地方政府有一定的行政权来制订计划并且能从中央政府的严格控制和限制下取得一定的自由权呢？第三，地方政府在人民的生活中是否具有重要的意义？地方政府是否有具有自己的意志和权力的机构，它是否可以采取行动来深刻影响人民的生活？抑或它在人民的生活中处在如此不重要的地位，以至于市民们几乎都不知道它的存在。"① 根据这些问题，在此仅以美、英、法三国为代表做一介绍。

3.2.1 美国地方政府体制与机构

在美国，地方政府是根据州的法律建立的，其权力来自州议会制定的法律。因此，地方政府具有如下特点：

第一，地方政府的成立必须得到州政府的批准，州政府对地方政府具有很大的控制能力。尽管在一些州，根据法律或州宪法，授予地方政府"地方自治权"，允许地方政府"制定与地方利益有关的一切法律和条例"；但是，由于州立法机关通过普遍性法律，而法院通过对法律的解释来限制地方政府，所以地方自治权并不是完全的。19世纪时，约翰·F. 狄龙法官在衣阿华州的一个法院判决中建立了有关美国地方政府的经典原则——"狄龙法则"(Dillon's Rule)。在这一法则中，规定地方自治单位合法地处于州政府的控制之下，并仅能行使该州明确批准了的那些权力；认为州政府可以控制甚至摧毁地方自治单位，从而强调了地方单位对州政府关系的依赖性和附属性。"狄龙法则"否定了州与地方关系（单一制安排）等同于联邦与州的关系（联邦制原则）的观念。② 尽管如此，随着各地治理运动和地方单位争取自治的努力，这一法则已经大大削弱。

第二，地方各级政府的隶属关系是交叉重叠的。各州内的地方政府并非一

① "地方政府"，《国际社会科学百科全书》1972年版，第9卷。转引自湖北省编制委员会办公室、湖北省社会科学院政治学研究所编印：《中国地方国家机构研究参考资料》(内部资料)，1984年，第318页。

② [美] J. C帕特洛、R. C昌德勒：《行政管理学词典》，四川人民出版社1988年版，第480~481页。

种模式，而是根据实际情况设置各类地方政府。在某一行政区域，可能有不同的政府，如纽约就有 150 多个地方政府单位。这些地方政府间的关系很复杂。虽然县、市之间没有直接的垂直隶属关系，但各类地方政府在辖区事务中却存在着交叉重叠。例如，当一个市政当局和另一个市政当局共用一条行车道、当它和另一个政府共享一个服务事业或公用事业（例如公共汽车系统或污物处理工厂）以及在其他为数众多的情况下，决定常常是共同做出的。不同政府单位还可共同管理一个警察通信系统。①

美国地方政府包括县、市、乡镇等综合性的一般地方政府和学区、专区等具有专门性职能的特别地方政府。这些地方政府相互没有隶属关系，在地域、权限和功能等方面交叉重叠，数量众多。根据美国人口普查局 2002 年的政府统计数据，1952—2002 年 50 年间，虽然由于学区的归并与减少，地方政府的总数减少了 1/4，却仍高达 87 525 个。与此同时，城市与专区的数量则大幅增加，城市增加了 15%，专区更是猛增近一倍，达 35 000 多个。正是由于地方政治权力在诸多地方政府之间的分割，造成地方政府体制的分裂，形成所谓“碎片化”（Fragmentation）或“巴尔干化”（Balkanization）的现象。② 由于实行地方自治，美国所有地方立法团体和大多数首席行政长官都是直接选举产生的。尽管如此，政党机构、商业大亨及一些独立机构等仍具有强大的影响力。

1. 城市政府体制与机构

城市政府主要是指管辖具有众多建筑物地区的地方政府单位。美国地方政府源于早期殖民者引进的英国乡村的基层行政管理单位，如乡、教区、庄园；殖民地时期，一些比较重要的城市如纽约、费城等通过特许状获得了自治社团的地位。当时，市长权力较少。美国革命之后，由于受到民主信念、分权和制衡学说的影响，市长的地位得到提高。美国的市政体制主要包括以下几种类型③：

（1）市长—议会制

① 湖北省编制委员会办公室、湖北省社会科学院政治学研究所编印：《中国地方国家机构研究参考资料》（内部资料），1984 年，第 374 页。

② 罗思东：《美国地方政府体制“碎片化”述评》，《经济社会体制比较》，2005 年第 4 期。

③ ［美］J. C. 帕特洛、R. C. 昌德勒：《行政管理学词典》，四川人民出版社 1988 年版，第 228 ~ 238 页。

市长—议会制是美国城市政府的传统形式，是仿照州政府和联邦政府的行政、立法两权分立、相互制衡的制度，盛行于大中城市。在市政体制的发展中，城市政府经历了几种不同的形式：

①弱市长—议会制。美国建国初期，由于对英国殖民总督的专断和独裁记忆犹新，因而美国民众对过大的行政权力普遍抱有不信任的态度，因而选择了弱市长制。

在这种体制下，有一个控制城市的议会。市长由议会选举产生，受到议会的限制，同时还受许多选举产生的地方官员的限制。弱市长不能雇佣或开除市政工作人员，多数市政官员由直接选举产生。这些官员包括消防官、司库、法务官、执法官、工程监督、税务官、陪审推事、警察局局长、审计员等。议会保留了大量权力，市政预算由议会拟订，而且议会常常具有执行职责。在某些城市，议会经常把其成员分成若干管理委员负责市政部门工作。议会经常任命部长，并要求其对议会而不是市长负责，从而进一步削弱了市长的权力。

弱市长—议会制把权力分成许多权力中心，体现了分享民主制的原理，阻止了强有力的行政部门的产生。这是宪法制定者们的政治哲学及其原理在地方的运用，即市长主要是作为一个象征性的人物而存在。但是，权力和职责过于分散，必然导致缺乏有组织的领导。而政党首脑在协调过程中的角色，却导致了贪污、浪费等昂贵的代价。为了克服这些弊端，汉密尔顿倡导的强调行政领导制的思想再次引入地方政府。

②强市长—议会制。在强市长制下，市长主持议会工作，并有权否决一般的立法行动，除非议会再以特定多数通过。市长具有广泛的任免权，可任命或撤换许多行政部门首脑及委员会成员；预算通常由市长提出并交市议会表决通过，对议会通过的预算方案，市长有单项否决权；市长可召集市议会举行特别会议。议会专注于立法建议、主要的政策和税收—税制等事项。

强市长—议会制基本解决了从建国初就使地方政府苦恼的市政权力分裂问题，从而能够应付许多复杂的局面。如1880—1930年，许多实行强市长制的城市能够应付农村人口大量涌进城市和吸收众多的外国侨民等难题。但是，由于市长是政治竞选的产物，而竞选受政党的控制，因而市长常常缺乏行政经验和管理能力，高层决策常常会偏袒党派的政治利益。强市长制的兴起正好是美国市政史上的腐败堕落时期，这一时期从内战结束一直持续到19世纪终结。

（2）委员会制

委员会制是以权力统一原则为基础，将立法权和政策执行权集中于选举产生的委员们手中的地方政府制度。这一体制在一定程度上是为了改善城市政府的腐败无能而设计出来的。1901 年，得克萨斯州的加尔沃斯顿市遭受海啸和水灾的破坏，而实行弱市长—议会制的政府因难以应付局势而垮台。经州议会批准，由 5 名选举产生的委员组成委员会，作为为城市服务机构，逐步形成了委员会制的市政体制，又称“加尔沃斯顿制”。

这种体制的特征有：①市委员会由若干选举产生的委员组成，除履行一般市议会的职责外，还决定市政管理的一般政策；②市长是委员会主席，通过公民选举或委员推选产生，与各委员地位平等，只是礼仪上的代表和名义上的领袖，其他委员领导市政府各行政部门；③委员会集会以行立法之权，分散而各负行政之责；④委员们代表整个城市，而不代表单个选区，实行集体管理。目前，实行这种制度的城市仍然有一百多个。

市委员会制是弱市长—议会制和强市长—议会制之间的一种选择，它通过精简政府组织而具有经济上的优点。在美国行政管理史上，委员会制在一个特殊时期满足了某种需要。但是，由于缺乏制衡系统和统一负责的行政首脑，易于导致权力分散、各自为政的局面；同时，更大更复杂的管辖范围需要一种更专业化的制度来管理。因此，议会—经理制便应运而生了。

(3) 议会—经理制

议会—经理制废弃了市长—议会制的权力分立原则，在委员会制权力统一原则的基础上，实行分工负责制的原则。作为一种类似于私人产业法人自治团体的结构，议会—经理制由 20 世纪初期纽约保险业的一位总经理和市政改革家理查德 · S. 蔡尔斯设计出来，并于 1912 年在南卡罗来纳州的萨姆特市首先采用，并迅速推广到许多中小城市。

在这种体制下，议会由选举产生，负责制定政策，是立法机关；市经理由议会任命，负责执行市议会的政策，并对市议会负责。市经理作为“职业专家”，对行政事务有最后的决定权，负责拟订预算、制定政策建议，可以委任行政部门首长，对议会具有很大的影响。市长是市议会主席，只作为市立法和礼仪上的首脑，不行使行政职权，也不干涉经理行政事务范围内的工作；议会和市长不能同经理竞争，不能履行管理职能。

议会—经理制政府是地方一级强化行政部门权力的产物，它标志着 20 世纪初期管理职责朝着一体化方向发展的一个高潮。这种体制有利于行政的统一性和协调性。市议会议员由选民选举产生，而行政工作由“职业专家”完成，既照顾了选民利益，又集中了行政责任，克服了行政首长能力欠缺的问题。但是，在议会—经理制下，市经理易受市议会压制，影响了市经理的权力行使。

（4）市长—行政官制

这是强市长制与议会—经理制的融合形式，是强市长—议会制的修整方案，主要用于较大的城市。这种体制的特点是：市长由名誉领袖变为实质领袖，领导行政部门，负责向议会提出政策建议；行政官（或称"经理"）由市长任命，负责指导和管理市政府行政工作。行政官再任命和撤换雇员，监督城市人事工作，协调市政机构的工作，并充当市长的行政顾问。

这种体制实际上有两个市长，一个管政策，一个管行政。和议会—经理制比较，市长—行政官制规定行政官直接对市长，而非对议会负责。当市长和议会陷入政治冲突而行政官在两者间进退两难时，这种体制的缺点就明显了。该体制的成败往往取决于城市总的环境和两个关键人物的个人性格。

2. 县政体制与机构

美国县政府的体制和名称并不一致，有的叫"县管理委员会"，有的叫"县专员委员会"，有的称"县议会"等。由于受英国地方政府的影响，以及县政府辖区较小、权力较弱，不会形成强大的专制政府，因而美国县政体制大多实行权力一元制原则。

县政体制主要有三种形式①：（1）委员会制。在该体制下，县委员会由选举产生，兼有立法与行政两种权力，既制定法律和决定预算，又负责其具体实施。目前，多数县实行此体制。但由于缺乏市长那样的行政官，权力难以集中，效率比较低下。（2）县委员会—经理制。在这种体制下，县委员会由选举产生，是立法团体，负责制定政策，监督州和县法律的执行；县委员会聘请一位有经验的职业行政人员做经理，县经理有权雇用和解雇职员、管理县行政事务，执行预算并向县议会报告。县议会可随意解雇或雇用县经理。这种体制将责任集中于县经理，效果比委员会制更为明显。（3）县委员会—县长制。在这种体制下，县委员会负责立法职能，民选的县长负责行政事务。此形式类似于强市长—议会制。上述三种县政体制下的委员会都由选举产生，人数3～100人不等。某些较大的委员会通常设有常设委员会，负责审议有关法律草案，并对县属行政部门的工作进行监督。

① 陈嘉陵：《各国地方政府比较研究》，武汉出版社1991年版，第186页。

县政府的主要职能机构，包括规划、财政、卫生、公共工程和设施、住宅、交通、公园和娱乐、社会福利和警察、消防等部门。此外，各县都有一些由选民直接选举产生、不受县委员会或县长、县经理控制的独立官员，如司库、秘书、治安官、财产评估员、地方检察官、土地测量员、验尸官等。

3. 村、镇和特别区政府

美国县之下的基层政府名称不一，有的称“镇”，有的称“村”，有的则称“自治村镇”。这些都是地方自治单位，具有法人资格，功能广泛。村、镇政府的体制与弱市长制类似：有一个选举产生的小委员会，主席由委员会推选，主要负责地方财政、公共建筑、街道、人行道、排水管及治安等；行政首长称“村、镇长”，由居民直接选举产生。其他官员也由居民选举产生，包括秘书、司库、警官、消防官和福利官等。此外，县、市政府可向这些区域派遣官员，如租税估价员、保安官、审计官、巡警等，以执行专门的任务。村镇职员均无报酬。

在新英格兰各州，基层政府为镇，通常为乡和市的混合体。其主要组织机构包括：镇民大会为权力机构，负责制定政策、地方规章和选举官吏；在镇民大会闭会期间，镇行政管理委员会负责行政事务。镇行政管理委员会由镇民大会选举委员 3 人组成；其他民选官员还包括秘书、巡警、司库、教育委员、租税征收员等。

在美国南部和西部各州，不设镇与乡，县下设若干名称不同、目的不同的区，执行少数特别的行政与政治职权，如弗吉尼亚等州的“官治区”、田纳西州称“民政区”、乔治亚州的“民防区”、密西西比州的“监察区”等。各区的功能主要是：选举县议会议员和其他民选县政官员，执行法律，课税，管理教育、卫生、交通等。区不是地方自治单位，无法人资格。

此外，各州为完成某种任务还设有特别区政府，它是为完成消防、土壤保持、水利、排水、水电站、公共交通、公墓、公园及监督学校等任务而设。特别区政府设一民选或委派的委员会，或实行分工制，或推举一位类似于市经理的人员，负责行政或监督任务。特别区的设立是为了执行某单一职能，靠征收特别税维持。①

① 薄贵利：《近现代地方政府比较》，光明日报出版社 1988 年版，第 107～108 页。

3.2.2 英国地方政府体制与机构

英国是实行单一分权制的国家，地方政府既受中央政府的监督，又具有相当多的自治权，具有双重身份。一方面，地方代议机构由居民选举产生，地方政府在解决地方事务方面有一定的自主权，具有明显的地方自治性质；另一方面，地方政府要执行中央政府的指示，具有中央办事机构的性质。早在中世纪时期，英国就建立了“郡”一级地方机构，长官由英王任命；到11~12世纪城市兴起后，许多城镇和市通过申请从国王那里获得特许状，获得独立的地位。19世纪后期，通过地方管理改革，建立了由选举而产生的地方议会，为现代英国地方制度奠定了基础。

1. 英国地方政府的层级结构

英国地方政府的组织结构很复杂，在不同地区，地方政府的层级有所差别。

在英格兰和威尔士，地方政府分为三级：郡、郡属区、教区（英格兰）或社区（威尔士）。此外，英格兰还设有城市郡和城市区。根据1972年英国议会通过的“地方政府改革法案”，英格兰和威尔士划分为53个郡和369个区，其中包括英格兰的6个城市郡。

根据1963年的《伦敦地方政府法》，大伦敦区分为大伦敦区政府和自治市政府（32个）、伦敦城政府（伦敦中心约1平方英里）两级。

在苏格兰，地方政府是三级制和两级制并存。根据1975年生效的制度，苏格兰大陆分为9个行政区和3个岛区。行政区之下设“区”、“社区”两级地方政府；岛区下设“社区”一级地方政府。

北爱尔兰情况比较特殊。1921年，爱尔兰北部6郡划归英国后，曾建立了议会和自治政府。1972年，因民族冲突加剧，英国政府设立北爱尔兰事务部，对北爱尔兰实行“直接统治”；后又有所反复。后来，北爱尔兰又重新归属英国议会和政府直接管辖。①

2. 英国地方政府的组织结构

英国地方政府体制是依据1972年和1985年的《地方政府法》确定的。英

① 薄贵利：《近现代地方政府比较》，光明日报出版社1988年版，第51~52页。

国的地方政府是代议制的自治政府，体制是权力一元制。地方议会由选民直接选举产生，任期 4 年，是立法机关和决策机关，负责制定政策、确定原则，行使举债、征税等权力。地方议会由一名主席主持，称为“市长”或“大市长”；与美国市长不同，英国地方政府的市长完全是一个礼仪性的召集会议的官员，不是行政首脑，也没有实际的权力，其权力取决于个人素质和政治地位。地方议会任命各种委员会作为政策执行机构，管理各项具体事务；但有的委员会仅具咨询性质。委员会的自主权较小，受到地方议会的较大制约。

英国地方政府的委员会可分为两类：

普通委员会。分为三种：一是常设委员会，比较稳定地管理特定的行政事务，如教育、卫生、交通、度量衡、住宅、儿童福利等；二是法定委员会，这是根据《议会法》，强制或授权地方议会所设立的办理特定事宜的机构，如郡议会设立的财务委员会、自治市设立的管理警察的警备委员会等；三是临时委员会，负责解决短期内不再重复发生的特殊问题而设立的机构，变动较大。

联合委员会。这是由两个以上的地方议会为解决警务、供水等某些共同事务，而各派代表组成的联合管理机构。这种委员会的管辖范围常常跨越两个以上的行政区划界限。

地方政府依靠有薪给的官员和雇员从事管理工作。尽管市镇（或郡）秘书不是起直接作用的管理人员，但对委员会具有重要的作用。他为委员会提供信息、安排议事日程，并协调各委员会之间的关系。

大伦敦区政府的结构与其他区域有明显的不同。除设有大伦敦市议会外，还设有各自治市议会和伦敦城议会。

大伦敦市议会由 100 名众议员和 16 名参议员组成。议会选举主席 1 人，任期 1 年，除主持议会事务外，还兼任大伦敦市的行政首脑。议会分设许多委员会，承担行政责任。其中，常设委员会包括政策与资源、战略性计划、救护、消防、组织、财政与监督、一般计划、住房、城镇发展、泰晤士河区、艺术与娱乐、公共设施与环境计划等；此外，还设有伦敦教育局和若干临时委员会。①

大伦敦区各自治市议会也由议员和参议员组成，8 个市众议员数是 48 ~ 56 人，其余的市为 60 人，参议员为众议员的 1/6。市议会选举市长 1 人，任期 1 年，类似于大伦敦市议会主席。伦敦城的主要统治机关是众议公署，由 159 名

---

① 薄贵利：《近现代地方政府比较》，光明日报出版社 1988 年版，第 93 ~ 94 页。

众议员、26名参议员和大市长组成。众议员每年选举产生，参议员终身任职。

总之，英国地方政府权力分散，地方各级议会在法定范围内可自由行使职权，并通过各种委员会管理各项事务。

3.2.3 法国地方政府体制与机构

法国是单一制国家，地方政府体制大体一致，分大区—省—市镇三级。首都巴黎作为法国政治、经济、文化和交通的中心，具有特殊的行政地位，它有市和省的权能。目前，全法国有22个大区、96个省、36 000多个市镇。

法国现有的地方政府体制与行政区划肇始于拿破仑时代。早在古时，为了把存在于法国国内的封建割据、小城市、教会领土统一起来，统治者试图以行政长官制，建立一个中央集权的国家。17世纪，黎塞留构想出一种管理官员，借此国王可把权力深入内地。这样，国王的三十个内地监督官就是“三十个暴君”。由于对这些监督官的憎恨，在法国革命中，这种制度便被废除了。但是，拿破仑把这种监督官制改为省长制。后来，省成为最高一级地方政府，其下为市镇，为基层政府。省和市镇之间的专区和区只是代表省长监督和指导专区内各市镇的工作，不是一级政府。1960年6月2日，法国颁布法令，开始建立“地区性行政区域制度”，将几个省组合成一个“经济发展大区”，统筹和协调由国家和私人经济社团所建立的各种基金会，以便为国内工业不发达地区提供财政援助；1972年，实行大区改革，正式采用“经济发展大区”一名；1982年《权力下放法案》通过后，直接采用“大区”称呼，自此，大区成为一级政府建制。

1. 大区政府体制

大区享有与省和市镇相同的法律地位和一切权力。大区的代议机关是大区议会，主要负责决定本区社会经济发展规划、通过预算、监督行政和财政管理情况、维护本区利益等。大区议会包括两个机构：（1）大区会议。其中，一半成员是由大区直接选举产生的国民议会议员和参议会议员，另一半议席按人口比例在各省进行分配，从省议会、市镇议会中选出。科西嘉大区议会全部由普选产生。（2）社会经济委员会作为法定咨询机构，由本大区内的社会、经济、文化、教育、卫生、体育、科技等各界人士推举的代表组成，成员在40～110名之间。两机构内设有若干委员会分管具体工作。

大区议会的决议由大区议会主席负责执行。大区主席同时是大区行政首长，领导大区各行政部门。大区驻有共和国专员作为国家代表，由部长会议任命，保证法律的实施和监督地方政府的活动，统一领导中央政府驻本大区的机构，听取并向法国总理转达大区议会及其主席的意见。

2. 省政府体制

(1)《权力下放法案》实施前的省政府体制

在《权力下放法案》实施之前，省政府设省长 1 人，由中央政府任命，任期不定，既是地方最高行政长官，又是中央政府驻地方的代表。省长在地方上集行政、治安大权于一身，不仅不向议会负责，而且置地方议会于自己的监督之下。省长负责监督国家法律和中央政府决议的实施，统一协调中央政府各部派驻各省的机构，领导全省行政工作，行使警察行政权，监督地方议会，向议会提出议案等。

省议会由选举产生，其活动受宪法和中央的许多限制，实际上是行政性的而非政治性的议会，其权限仅能涉及与省有关的事项，如表决预算和负责税收，制定市政规划，以及保健、教育、文化娱乐、环境污染等，而不得干预市镇事务。实际上，省议会趋向于仪式化、形式化、简单化，并不是一个能单独制定政策的自治机构，对省长缺乏有效的影响力。

(2)《权力下放法案》实施后的省政府体制

《权力下放法案》实施后，扩大了地方行政的权限，为地方政府行使职权提供了人事、财政的手段，同时法律明确规定了交由中央监督的决议范围。

从各机构的状况看，省长改称“共和国专员”，由内阁通过，总统任命，实际权力大大减少，代表中央政府驻省，管辖警察及中央各部驻省机构，监督省财政和行政事务，监督法律和中央政策在本省的实施。省议会是省政府的主要机构，议员由单记名多数两轮投票制①选举产生，任期 6 年，每 3 年改选一半。省议会设议长（主席），是省的行政长官，负责领导地方行政，落实议会决议。共和国专员与省议长在某些方面相互合作。在行政部门履行国家行政职能时，共和国专员负领导之责；在履行地方自治性行政职能时，则受省议会议长领导。“地方的政治主张，由省议会议长收集，形成与中央任命的省长对立

① 议员候选人在首轮投票中未过半数选票时，须就得票最多的两人举行第二轮投票。在第二轮选举中，得票最多的即可当选。

的局面。"① 如果中央政府的代表认为某项决议与法律抵触，只能进行事后监督，即在决议生效后提请行政法院审议。可见，省议会也是省行政事务的执行机构。省议会权力的扩大，是法国地方政府权力加强的重要表现。

省政府主要领导职位包括省长、副省长、秘书长、办公厅主任等；具体职能机构包括财政、公安、司法、教育、卫生、邮电等。省议会除议长、副议长、秘书若干名外，还设有若干委员会作为常设机构，如国民教育和总务委员会、农工商保险委员会、社会救济和公共卫生委员会、公共工程和运输委员会、财政委员会等。

3. 市镇地方政府体制

法国的市镇是基层地方政府。农村型市镇在逐渐减少，城市型市镇在逐渐增加。按照《法国市镇法典》规定，市镇政府主要由市镇议会、市镇政府和市镇长构成。除巴黎外，法国市镇不论大小，结构和权限相同。

市镇议会由选民直接选举产生，议员人数因市镇规模而不等，一般为11～17名，马塞有63名，任期6年。市镇议会每季度召开一次。应省长、市长或1～3名市议员要求可召开特别会议。市议会不设市委员会。

市政府是市镇的行政机关，由市长和若干市长助理组成，他们都由每届市议会第一次会议选举产生，任期6年，但一旦选出后就不对议会负责，议会也不能罢免其职务。市镇长既是中央政府的代表，也是市镇最高行政长官，实施中央的法律和法令，贯彻省长的指示，负责领导市镇的行政工作，执行市镇议会的决议，编制市镇预算，管理市镇财产，维护市镇的治安，领导公安和司法工作。市镇长受中央政府和省长的监督，省长可停止其职务1个月，内政部长有权停止其职务3个月，总统有权免其职。此外，市政府还设有"秘书长"一职（较大的市设置由秘书长领导的办公厅），负责市政府的具体事务。

原来法国市议会的决定要先取得省长同意才能执行，改革后决定可立即付诸执行。市议会的自治权限有限，受省长和中央的限制，也很难对市长及行政机关实行强有力的监督。

随着经济发展和现代化进程的加快，市镇政府体制也出现了某些新的形式。其中，主要有"市镇组合"和"城市共同体"两种形式。前者是农村市镇的合作形式，作为一种公共机构，主要管理几个市镇共同性的经济和行政事

① ［日］松村歧夫：《地方自治》，经济日报出版社1989年版，第12页。

务，如筑路、设立学校及卫生设施等；后者则是根据 1964 年 12 月 20 日颁布的法律由一个主要城市及附近若干市镇组成，意在考虑整个共同体的现代化计划，如绿化、住房建筑、火警、救护、给水、文化体育设施等。波尔多、里昂、斯特拉斯堡等地都设立了城市共同体。“市镇组合”和“城市共同体”都不是领土单位，它们削弱了市镇的权力，因而遭到某些市镇议员的反对。但是，这毕竟代表了地方行政管理的某种趋势。

3.3　中国地方政府体制与机构设置

当代中国地方政府体制，是在中国共产党领导下建立的以民主集中制为基本原则的单一制结构。党的领导和“议行合一”是这一体制的主要特点。当代中国地方政府的机构主要包括地方各级人民代表大会、地方各级人民政府、地方各级人民法院和人民检察院等。它是中国共产党在长期的革命和建设过程中不断探索而建立的一种新型政府模式。由于在地方政府学科中，地方政府一般不包括地方人民法院和地方人民检察院，因而本章主要介绍以立法机关和行政机关为主体的地方政府。

3.3.1　当代中国地方政府体制与机构的演变

当代中国地方政府体制既受几千年中国传统地方政制的影响，也是革命根据地政权建设的自然结果。中华人民共和国成立后，随着社会经济和政治环境的变化，新中国的地方政府体制和机构也历经多次变化。

1. 新中国建立前中国地方政府体制与机构的演变

(1) 南京国民政府的地方政府体制与机构

中国地方政府体制自秦代实行“郡县制”，分层级进行管理，此后历代大体未能脱离此种模式。民国时期，地方层级分省、县两级。省制始于元代，称“行中书省”；明代改省为“承宣布政使司”；清朝恢复省建制；民国继承清代省制。到新中国建立之前，全国设 35 省。

作为最稳定的一级地方政权，县制始于秦代，在地方政制中起承上启下的作用。1939 年，南京国民政府颁布《县各级组织纲要》，推行“新县制”，对县的行政地位、机构设置及职权做了重要规定。其主要特点是：①县为地方自治单位，县长由省政府派充，另设县议会为民意机关；②各县按面积、人口、经济、文化、交通等状况分为3至6等，由省政府划分，报行政院核定；③县长除在省政府监督下办理全县自治事项外，须执行中央及省政府委办事项；④县政府一律废局，设民、财、教、建4科，及军事、地政、社会、粮政等科，分置科长1人、科员若干人，另置秘书、指导员、督学、技士、警佐、事务员等；⑤设“县政会议”，由县长主持，秘书、科长等人组成，决议有关县政重大事项及县参议会议案；⑥设县参议会，由乡（镇）民代表会选举县参议员组成，议长以参议会自选为原则，议决本地方预算及决算等重大事项。到新中国建立之前，全国大约设2 016个县。

1936年，在省、县之间设立“行政督察专员公署”（简称“专员公署”），作为省政府的派出机关；后设保安司令部，专员兼保安司令，执掌一地军政大权。但“专员公署”并非一级政权建制。

随着城市工商业的发展和城市政治地位的提高，民国时期还首创了市制，实行城乡分治。1920年设立广州市政厅，设市长和市行政委员会为执行机关；市参事会为“代表市民辅助市行政之代议机关”，实为审议机关；另设市审计处，与市长平行。南京国民政府颁布《市组织法》，根据政治、经济、人口、文化等情形把市分为两种：一为直隶行政院之市，称直辖市；一为隶属省政府之市，为省辖市。前者地位同省，后者地位同县。市设市长、市政会议、参议会等机构。市下有区、坊、闾、邻等层级，后区下编为保甲。到1947年6月，全国计有广州、南京、上海、北平、天津、青岛、西安、重庆、汉口、沈阳、大连、哈尔滨等12个直辖市及徐州、杭州等57个省辖市。

县（市）以下的乡、镇实行自治，不是一级地方政府，由县（市）分区管理。区设“区公署”，为县政府派出机关，督导若干乡、镇行政及自治事务。区公署置区长1人，设员分掌民政、财政、教育、建设等事项，设警察所掌管地方警务。不设区的小县，由县政府直接派员督导乡、镇事务。

（2）革命根据地的地方政府建设

与南京国民政府地方政权不同的是，中国共产党在革命根据地和解放区也建立起独特的工农民主政权、抗日民主政权和人民民主政权。大革命失败后，大体上自1927～1929年，各地在武装起义基础上建立了县、区、乡政府，少数地区还成立了边区政府，一般称“工农兵政府”或“工农民主政府”；1930年后，各主要革命根据地普遍建立起县以上的边区工农民主政府。工农民主政府是中国共产党领导的工农民主专政性质的政府，实行工农兵代表大会制。地方各级工农兵代表大会是各该级最高政权机关，按成分分配代表比例（没有民族资产阶级代表)。地方各级工农兵代表大会选举各该级执行委员会或主席团（乡不设执行委员会而设主席团），为工农兵代表大会闭会期间的最高政权机关，下设劳动、土地、军事、财政、国民经济、粮食、教育、内务、裁判各部及工农检查委员会、国家政治保卫分局（区只设特派员），其中省还设审计委员会；政府设主席1人，副主席若干；还设党团以实现对政府的领导。各级政府部门之间为垂直的组织隶属关系，同时受同级执行委员会及主席指导和节制。可见，这种地方工农民主政权具有议行合一的特点，工农兵代表既参加议事，又直接参加政府工作。

抗日战争爆发后，陕甘宁革命根据地和各敌后抗日根据地逐步建立起中国共产党领导的、实行民族统一战线的抗日民主政权，成为中华民国特区政府。抗日民主政权名称虽然不一，但大体分为三级：边区，县、市，乡（晋察冀叫“村”）、市（等于“乡”或等于“区”的市）。此外，行政主任公署、行政督察专员公署是边区政府的派出机关；区公所是县政府的辅佐机关，乡以下的村组织（晋察冀为村之下的“闾”）不是一级政权，只辅佐乡政府工作。在抗日根据地政权中，人民代表机关为各级参议会，为各该级最高权力机关，参议员通过民选或政府聘请产生，边区和县级政府由参议员互推议长、副议长各1人、常驻议员若干；乡级政府推举主席团3人，乡长为其中之一，不设议长。边区各级政府由各级参议会选举若干人组成各级政府委员会，由参议会从中选举主席、县长、乡（市）长1人，为各级行政机关。各级党委会（中央局、分局、区党委、地委）为各该地区最高领导机关，“统一各地区的党政军民工作的领导”，实行一元化领导，各级政府接受同级党组织的领导；但不是党委直接指挥政府，而是通过政府党团贯彻党的决议、决定或指示。政府系统的上下级为隶属关系。① 此外，抗日民主政权实行“三三制”原则，各级参议会和政府包括工农、小资产阶级、中等资产阶级和开明绅士等阶级，具有广泛的代表性。

全面内战爆发后，适应解放战争和土地改革的需要，解放区政权进行了改革，参议会逐渐向人民代表会议转化。随着土改的进展，基层都组织了贫农团和农会，作为临时性的政权机关；土改胜利后，由选民直接选举人民代表，召开乡（村）、区人民代表会议，在此基础上召开县人民代表会议。各级人民代

---

① 陈瑞云：《现代中国政府》，吉林文史出版社1988年版，第403～405、411～416页。

表会议为人民的权力机关，由其选举产生各级政府委员会。在城市，将各界各业座谈会发展为各界人民代表会，作为向人民代表大会过渡的半政权组织。到新中国成立前，一些大区（由抗战时期的边区合并发展而来）召开了各界人民代表会议，并选出了各大区人民政府。这些大区人民政府主要包括华北人民政府、陕甘宁边区人民政府、东北人民政府、中原临时人民政府等。新的地方政府体制实行“议行合一”制，为新中国的地方政府体制奠定了基础。

2. 当代中国地方政府体制的形成时期（1949—1953 年）

从新中国建立到1954 年《宪法》的颁布，是当代中国地方政府体制的形成时期。这一时期，地方政府的数量和辖区变化较大，但地方政府层级主要是大区、省、县、乡四级制。1952 年 11 月，全国地方层级统一变为“三实三虚”，即省、县、乡 3 个实级；大行政区、专区、区 3 个虚级。前者通过召开人民代表大会产生人民政府，后者则是上级政府的派出单位。

由于处于政治、经济体制的转型时期，国家面临着复杂的国内外政治环境和恢复国民经济的艰巨任务，还不具备召开普选的人民代表大会的条件，因而强调中央和上级政府的集中领导。在管理体制上，县以上地方各级人民政府实际上成为本行政区域内的地方性国家政权机关，地方各级人民政府委员会既是实际权力机关，又是行政机关，领导地方同级人民政府，实行双重政府体制。① 1952 年前，在省、市、县各级地方政府体制中，省仍采取委员制，置主席，市、县仍采市长、县长制，一律由上级委任。“行政督察专员公署”改称“专员公署”，“区公署”改称“区公所”。1952 年后，开始将以前实行自治的“乡”、“镇”改为地方一级基层政权，但原先的“乡公所”、“镇公所”大多保留和沿用。

大行政区是这一时期地方政制的最大变化。由于全国各地情况多变，发展不平衡，一些地方还处于军事管制状态，为加强中央政府对地方的协调，于是设立了东北、华北、华东、西北、中南、西南 6 大行政区，开始或称“人民政府”或称“军政委员会”，后统称“行政委员会”，分辖若干省级区域。东北大区辖辽东、辽西、吉林、松江、黑龙江、热河 6 省及沈阳、长春、哈尔滨、旅大、鞍山、抚顺、本溪 7 市；华北大区辖包括河北、察哈尔、绥远、山西、平原 5 省及北京、天津 2 市和内蒙古自治区；华东大区辖山东、浙江、福

① 谢庆奎：《当代中国政府》，辽宁人民出版社 1991 年版，第 287 页。

建、台湾 4 省，苏北、苏南、皖南、皖北 4 个行署区（省级）和上海、南京 2 市；西北大区辖陕西、甘肃、宁夏、青海、新疆 5 省和西安市；中南大区辖河南、湖北、湖南、江西、广东、广西 6 省和武汉、广州 2 市；西南大区辖四川、云南、贵州、西康 4 省，重庆、成都 2 市及西藏地方。大区人民政府或大区军政委员会既是本辖区最高一级地方政府，又是中央人民政府的代表机关，具有“双重”性质。

省级地方政府设置省、直辖市、自治区、行署区（称“人民行政公署”）。当时，为了巩固地方政权、医治战争创伤，若干省份划分为行署区。如江苏、安徽、四川划分为苏南、苏北、皖南、皖北、川东、川西、川南、川北 8 个行署区。这种行署区不同于后来的“地区行政公署”，而是省级地方政府，受大区政府的管辖，具有一定的临时性。1952 年，这些行署区又合并恢复为原有的省建制。省级政府之下还设有派出机关专员公署，管辖若干个县。当时的县建制比较注意人口、面积、规模的适中，同时注意经济建设的需要。因此，对县的规模进行了调整，撤销了某些因对敌斗争需要而设置的县，建立了一些新县。县人民政府委员会为县级地方政权机关，受省人民政府委员会领导。县建制之下设有区公所作为县政府的派出机构；同时，在某些环境、历史和发展特殊的地方，还设有区人民政府委员会作为一级地方政府机关，管辖若干乡镇。在县（或区）政府之下设乡、镇人民政府，为基层地方政府。这个时期，为便于土地改革、发挥基层政权的作用，对乡的规模进行了适当调整。到 1952 年，全国乡镇总数为 267 371 个。尽管这一时期的建制和名称比较混乱，但这种地方政府体制基本适应了当时的政治、经济和社会需要，发挥了积极的作用。

3. 当代中国地方政府体制的规范时期（1954—1966 年）

“五四宪法”和《中华人民共和国地方政府组织法》颁布执行后，地方政府的组织形式、地位和层级等进行了新的调整。根据宪法和法律，地方各级人民政府称为“人民委员会”，由本级人民代表大会选举产生，是本级人民代表大会的执行机关，为地方国家行政机关；同时，在本级人大闭会期间又行使本级人民代表大会常设机关的职权。县以上各级人民委员会下设厅、局、委、办、处、科，县下设科级等工作部门。这一时期，为加强中央的集中统一领导，减少了行政层级，撤销了六大区行政委员会建制，大体实行“省—县—

乡（人民公社）”三级制或“省—县—区—乡（人民公社）”四级制。

省级建制的主要变化体现为管辖范围的调整和省的合并，除北京、天津、上海仍为直辖市外，其余原属各大区管辖的沈阳、鞍山、抚顺、本溪、长春、哈尔滨、武汉、广州、重庆、西安及旅大变为省辖市。这一时期，还先后设立了新疆维吾尔自治区、西藏自治区、广西壮族自治区和宁夏回族自治区，绥远省并入内蒙古自治区。1958 年，作为省派出机构的专区的权限进一步扩大，开始向一级正式层级转化。县级建制撤销合并的幅度较大。随着乡规模的扩大，大部分省份统一了县乡之间的“区”作为准层次的性质与县政府派出机关的行政地位。1958 年，取消乡建制，农村实行“政社合一”的人民公社体制，全国建立人民公社 26 578 个。人民公社管理委员会既是农村集体经济组织，又是基层政权组织。

同时，在 5 万以上人口的城市，根据需要还设立街道办事处，作为市辖区人民政府的派出机关。此外，1958 年后，在一些地区还进行了“市管县”的尝试。1960 年后，受困难的经济形势的影响，大多又划归专区管辖。到 1965 年底，仅保留北京、上海 2 个直辖市和 13 个省、2 个自治区的 22 个市，领导 78 个县或自治县。①

4. 中国地方政府体制的破坏时期（1966—1977 年）

“文化大革命”时期，行政层级实行以“省（自治区）——地（市、州）——县（自治县）——人民公社”四级制为主的体制，但地方政府体制发生了特殊的变化。1967 年，全国各地建立起“一元化”的“三结合”的革命委员会体制。在这种体制下，地方各级人大不能召开，地方各级人民委员会事实上不复存在，地方各级党委陷于瘫痪状态，各级“革委会”成为党政合一、权力机关与行政机关合一的政权机关。1975 年《宪法》规定：“地方各级革命委员会是地方各级人民代表大会的常设机关，同时又是地方各级人民政府。”这样，原属于省级派出机关的专区专员公署被革命委员会取代后，所建立的地区革命委员会遂成为一级正式的政权建制。此外，这一时期行政区划和政府机构设置也遭到了严重破坏。

① 陈小京等：《中国地方政府体制结构》，中国广播电视出版社 2001 年版，第 154 页。

5. 地方政府体制的恢复建设时期（1978 年至今）

改革开放后，地方政府实行“省—县—乡”三级制和“省—市—县—乡”四级制并行的体制。

1978 年《宪法》颁布后，各地人民代表大会陆续召开。“78 宪法”规定：“地方各级革命委员会，即地方各级人民政府，是地方各级人民代表大会的执行机关，是地方各级国家行政机关。”1979 年对“78 宪法”进行了局部修改，根据新修订的《地方各级人民代表大会和地方各级人民政府组织法》，地方各级革命委员会改称“人民政府”，县以上地方各级人民政府不再行使本级人民代表大会常设机关的职权。1982 年《宪法》废除了“政社合一”的人民公社体制，恢复乡、镇建制。各地根据实际情况，适当缩小了乡的行政区域。到 1985 年，全国共有 77 395 个乡（镇）和 3 136 个民族乡。

这一时期，地方政府层级结构的变化，主要体现为①：

第一，准层级的恢复与减少。根据新修订的 1978 年《宪法》，撤销地区革命委员会，改设地区行政公署，作为省级政府的派出机关，负责监督、指导本地区县、县级市的工作。这样，就恢复了省、县之间行政公署的准层级的地位。但是，1983 年推行“市管县”体制后，地区行署大大减少。此外，在 1983 年后实行政社分开的过程中，部分省、自治区在县、乡之间还设有“区”一级准层次；1986 年后“区”逐渐在地方政府体制层级中消失。

第二，“市管县”体制的发展。随着经济体制改革的深入和城市经济的发展，城市在带动地区经济发展中的地位和作用日益明显。1982 年后，在一些省份，为了促进城乡密切结合、工农互补和经济文化事业的发展，发挥城乡两个方面的积极性，开始以经济发达的城市为中心，以广大农村为基础，实行“市领导县”体制。这样，就出现了原地委、行署与市委、市政府合并的风潮，市政府成为省、县之间的一个层级。到 1998 年底，领县的地级市由 1982 年底的 55 个、1987 年底的 152 个增加到 1998 年的 227 个。

第三，市辖区成为县级以上地方政府。1979 年前，市辖区层级一般存在于直辖市及城市人口在 20 万以上的地级市辖域范围内的城区，其行政地位在法律上无明确规定。1979 年颁布的《地方组织法》，明确市辖区为县级以上地

---

① 陈小京等：《中国地方政府体制结构》，中国广播电视出版社 2001 年版，第 155 ~ 158 页。

方政府，设置市辖区与否主要取决于市的行政地位是否为地级以上。但由于城市运转的整体性和市辖区作为基层地方政府的地位，因而市辖区的管理具有某些特殊性。一方面，作为城区基层政府，市辖区需要对辖区事务进行直接管理；另一方面，对于某些涉及城市整体运转的事务，则由市政府直接管理，如市辖区不设公安局，而由市公安局设置分局管理区内社会治安。此外，在某些城市郊区，市辖区还下辖若干乡镇政府，具体管理农村地区的事务。

总之，经过新中国建立到改革开放以来的探索，地方政府体制已基本稳定。我国的地方行政建制有省（自治区、直辖市）、自治州和设区的市、县（自治县、县级市）、乡（民族乡、镇）几种主要类型，此外还有特别行政区等。我国地方政府的层级有两级、三级和四级制。两级制是指直辖市政府—市辖区政府。三级制是指直辖市政府—郊区政府—乡（镇）政府；直辖市政府—县政府—乡（镇）政府；省（自治区）政府—地级市政府—市辖区政府。四级制是指省政府—地级市政府—县政府—乡（镇）政府；省级政府—自治州政府—县政府—乡（镇）政府。

3.3.2 当代中国地方政府的党政关系结构

现行《宪法》和《中国共产党章程》都明确了中国共产党在整个国家政权中的领导地位。在当代中国，中国共产党是法定的唯一执政党，对地方政府具有直接的领导关系，从而形成有中国特色的党政关系结构。所谓中国地方政府的党政关系就是指地方各级党委与地方各级政权之间的关系，主要是指地方各级党委与地方各级人民政府之间的关系。

当代中国的政权结构以党的领导为前提。为了保证党对国家政治、思想和组织的领导，首先是按照政权层级平行设置各级党组织。不仅正式的行政建制，而且各级政府的派出机构，都设置党组织。其次，在各类国家机构（立法机关、行政机关和司法机关等）、人民政协机关、军队、国有企事业单位、人民团体以及各基层单位，凡有正式党员 3 人以上者，都设置党组织。再次，地方政府各职能部门，在接受同级党组织领导的同时，还接受来自职能部门的上一级党组织的领导。由于党的组织结构具有非常明显的科层化的特点，民主集中制不仅是共产党组织的构建原则，也是国家政权机构的组织原则，因而通过各级党组织把党的意图贯彻到各类国家机关和社会团体中去，并使它们整合为一个有机的整体，统一于党中央机构尤其是政治局和书记处的领导之下。

这种以党领政的党政关系模式，源于“三湾改编”和革命根据地的政权建设，并在政治体系的长期运作过程中形成惯例。其主要运作特征，正如毛泽东所说："大权独揽，小权分散。党委决定，各方去办。办也有决，不离原则。工作检查，党委有责。"① 按照这种党政权力关系结构，一方面，地方各级党委对地方重大公共事务具有决定权，并通过网络化的组织体系和制度约束，以及党管干部制度，确保将党委的政策和决定贯彻下去；另一方面，地方各级党委书记、副书记直接分管某一方面的公共事务，地方各级党委的职能工作部门直接参与到公共事务的管理过程中，如党委宣传、组织、纪检等部门直接从事具体的管理活动。由于地方政府的层级结构与高度科层化的党务系统结构融为一体，进一步强化了党委决策和意志的渗透力。通过这样一种权力运作关系和党的组织网络，使各级党委成为真正的权力中心，使地方政府管理体制形成叠床架屋般的形态，党组织国家化、行政化，成为真正的一级行政主体，而地方各级人民政府机关则成为二级行政主体，实际上成为同级党委的执行机构。

这种党政关系结构，使各级党委成为当地事务的重要协调机构，而党委的集中决策有利于政令的统一和管理的效率。当代中国地方政府党政结构的主要功能是，"通过党组织进行各个部门间有力的协调，党的网络化的组织结构是协调的组织体制保障，民主集中制的党的组织原则是协调的制度保障，下级服从上级是协调的纪律保障"②。

但是，这种高度集权的政治结构也带来了诸多严重的问题。第一，地方各级党委的决策和执行过程往往集中在党委的"一把手"和其他少数人手中，易于导致决策失误和腐败现象。由于"组织"和个人身份难以界定清楚，领导者的个人意志可能会以组织决定的面目出现，容易出现假公济私、任人唯亲等问题。第二，由于地方各级党委是权力的中心，不仅进行重大问题的决策，还进行具体问题的决策和执行，造成党、政权责关系的模糊和紧张，妨碍地方政府机关形成独立的工作系统，成为各种矛盾和冲突的中心，并且影响到党的自身建设和领导能力。第三，这种高度集权的党政关系结构建立于革命战争和计划经济的基础上，而适应建立社会主义市场经济体制、法治国家和社会主义民主的发展战略需要实现党的执政方式的转变。但是，这两者之间却存在着滞

① 转引自沈荣华：《中国地方政府学》，社会科学文献出版社 2006 年版，第 86 页。

② 沈荣华：《中国地方政府学》，社会科学文献出版社 2006 年版，第 92 页。

差，影响了党的领导地位。①

3.3.3 当代中国地方政府的宪政结构

地方政府一般由地方国家权力机关、行政机关和司法机关组成。地方人民代表大会及其常委会是地方国家权力机关；地方各级人民政府即地方国家行政机关，是地方国家权力机关的执行机关；地方各级人民法院和人民检察院是地方国家司法机关。而我们所称的地方政府的宪政结构，主要是指宪法及相关法律所确定的地方各级国家权力机关与行政机关之间的权力关系结构，既包括横向的权力关系结构，也包括纵向的权力关系结构。

按照《宪法》和相关法律规定，地方各级人民代表大会是地方国家权力机关，是人民行使国家权力的代表机关。按照《选举法》规定，县、乡级人民代表大会由选民直接选举产生，县级以上各级人民代表大会由下一级人民代表大会选举产生，各级人民代表大会每届任期 5 年。县级以上地方各级人民代表大会均设有常委会，由主任 1 人、副主任若干人和委员若干人组成，常委会组成人员不得担任国家行政机关、审判机关和检察机关的职务。人大常委会可设立法制、财经、教育科学文化卫生等各种专门委员会，负责研究、审议和拟订有关议案，进行调查研究，提出建议；此外，还可设立代表资格审查委员会、关于问题的调查委员会及办事机构等。乡镇人民代表大会不设常设机构，而设主席、副主席和主席团，并以主席团作为会议期间的领导机构。地方各级人民代表大会及其常委会之间，总体来说是法律监督关系，不是行政上的隶属关系。地方各级人大保证宪法、法律、行政法规在本行政区域的遵守和执行，按照法定权限审查、决定或批准地方社会经济发展计划等。同时，县以上地方各级人大常委会可撤销下一级人民代表大会的不适当的决议。

地方各级人民政府由本级人大及其常委会选举或任命产生，每届任期 5 年，下设经济、教育、科学、卫生、体育、城乡建设、财政、民政、公安、民族事务、司法行政、监察、计划生育等各类行政部门。地方各级人民政府由行政首长、若干副职及秘书长、厅局长、委员会主任等组成，实行行政首长负责制。地方各级人民政府上下级之间，也是一种行政隶属关系。各级地方人民政府要对上级人民政府负责，下级人民政府必须执行上级人民政府的决定和命令。《宪法》第一百一十条规定："地方各级人民政府对上一级国家行政机关

---

① 沈荣华：《中国地方政府学》，社会科学文献出版社 2006 年版，第 93 页。

负责并报告工作。全国地方各级人民政府都是国务院统一领导下的国家行政机关，都服从国务院。”《宪法》第一百零八条规定：“县级以上的地方各级人民政府领导所属各工作部门和下级人民政府的工作，有权改变或者撤销所属各工作部门和下级人民政府的不适当的决定。”

我国地方国家权力机关与行政机关之间的权力配置模式，是在民主集中制原则指导下的“议行合一”体制。地方各级人民代表大会与地方各级人民政府是工作分工的关系。按照《宪法》和《地方组织法》的规定，地方各级人大代表组成地方各级人民代表大会，地方各级人民代表大会选举产生地方各级人民政府。地方各级人民政府是地方各级人民代表大会的执行机关，向它负责并报告工作。地方各级人民政府必须执行地方人民代表大会的决议，地方权力机关可以撤销地方行政机关不适当的决定，地方各级人大代表可以对地方政府或政府内的机构提出质询。《宪法》第一百一十条规定：“地方各级人民政府对本级人民代表大会负责并报告工作。县级以上的地方各级人民政府在本级人民代表大会闭会期间，对本级人民代表大会常务委员会负责并报告工作。”

为了高效率地执行上级人民政府、地方各级人大及其常委会的决定，地方各级人民政府实行行政首长负责制。所谓行政首长负责制，是指一个行政组织的最高决策权力和责任依法赋予一人单独承担的体制，其他行政领导者都是行政首长的下属和助手，在决策时只负责向首长提供信息和建议，最后由首长进行决策。

我国目前实行的行政首长负责制，经历了一个演变过程。新中国建立初期，地方政府实行的是委员合议制的体制。1954 年宪法实施后仍实行委员会制。当时，地方各级人民政府都称“人民委员会”。但是，后来这种体制逐渐演变为以会议召集主持者为中心的半合议、半独任制，甚至蜕变为事实上的一人专权，但却不承担相应的行政责任。基于这种经验教训，1982 年《宪法》规定：“国务院实行总理负责制，各部、各委员会实行部长、主任负责制。”同时，“地方各级人民政府分别实行省长、自治区主席、市长、州长、县长、区长、乡长、镇长负责制”。按照这种体制，作为行政首长的副职（副省长、副市长、副县长等），协助行政首长的决策和管理。行政首长负责制符合行政权力和执行权力要求集中的特性，有利于责任、权力、效率和法治的统一。但是，由于行政首长独揽大权，易出现滥用权力和腐败现象，招致决策失误。因此，在实行行政首长制的同时，需要强化民主监督机制的建设。

当代中国地方政府的宪政体制以宪法和相关法律为保障，以民主集中制为构建原则。一方面，在现有的党政结构下面，地方政府各部门对同级政府负责，各级地方政府对同级党委负责，同时又对上级政府和国务院负责，体现出权力的集中性；另一方面，地方各级政府又对同级人民代表大会负责并报告工作，各级人民代表大会之间并不是领导与被领导的关系，而是监督、指导和联系的关系，各级人民代表大会必须对人民负责，因而地方人大成为地方性的权力机构，能够成为地方利益的代表。这样，既能照顾到地区的利益，又能关照到整体利益；既有利于地方居民的参与，又能保障基本的政治秩序。

然而，在实际的权力运行中，并不总是能够实现整体利益与地区利益的动态平衡，或者控制有余而参与不足，或者地方利益膨胀而造成地方保护主义的问题。由于宪法规定的地方权力机关法定的“决定权”与党的“领导权”之间缺乏明确的界定①，因而易于导致地方政府行为的困境。在市场经济发达、利益结构分化的地区，地方利益意识觉醒，公民参与的积极性逐步增强，往往围绕地方人大展开激烈的利益表达和利益竞争，从而推动着地方政府体制的改革。在社会经济发展较慢、利益分化程度较低的地区，纵向控制的程度往往比较强，不利于地方积极性的发挥。总体上，在目前中国地方政府宪政体制的运作中，由于人大代表选举程序、选举制度的缺陷，代表的素质较低，以及地方人大的内部制度建设等问题，人民通过地方人大参与地方政治的空间有待进一步拓展。

3.3.4　当代中国地方政府的条块关系结构

1. “块块”结构与“条条”结构

所有规模庞大的组织都有一个矩阵问题（水平与垂直指挥权的交错）。中国是一个单一制的中央集权国家，由于国土辽阔，行政管理的事项繁多，在行政管理体制上形成了从中央政府到基层乡镇政府的分级管理体制，以及从国务院各部、委、行、署到市县各职能、业务局办的垂直业务管理的体制。这样，各级政府分级管理和政府职能部门的垂直管理相结合，形成了独特的“条”、“块”矩形管理体制。这里，“条”、“块”是指纵横交错的指挥权链条。“条”是指垂直的官僚组织；而各层级的水平对等机构称为“块”；垂直机构与水平机构间的关系称作“条块关系”。“条条”机构职能的配置与管理，“块块”

① 沈荣华：《中国地方政府学》，社会科学文献出版社 2006 年版，第 106～107 页。

机构职能的配置与管理，以及“条”、“块”之间的相互关系，构成当代中国地方政府条块关系结构的主要内容。

(1)“块块”结构

“块块”结构，指一级地方政府对所管辖区域的各方面事务所实行的综合管理体制，体现为一级地方政府内部按管理内容所划分的不同部门或机构。它强调的是一级政府的独立与完整，以及内部各部门相互之间的协调与配合。① 由于各级地方政府承担着复杂的管理任务，必须按照专业化分工设置众多管理机构和部门，配置相应的职能，实行职能化管理，从而产生“块块”管理的问题。我国地方政府的“块块”结构，主要包括省（直辖市、自治区）、市（地级市、自治州）、县（县级市）等各层级政府对所辖区域政治、经济、社会、文化等各类事务的管理。通常，地方各级政府所设置的部门和机构多达数十个（城市政府一般多于一般建制的地方政府），而且具有不断增加的趋势。地方政府所设置的机构一般分为三类：一是与国务院和上级政府对口设置的机构，如公安、财政、民政、司法等厅局，这些机构随着上级政府机构的改革而变化；二是国务院或上级政府在地方设立的直属机构，如税务、质检、银行、工商、海关等部门；三是地方政府根据当地社会经济等特点而设立的特殊机构，如一些地方政府所设置的黄金局等。地方政府机构很复杂，随着社会经济改革的进行，机构精简和调整（尤其是经济类部门）成为经常性的工作。

新中国成立后，地方各级人民政府在实际工作中往往根据管辖的领域和机构的性质，把所属机构划分为若干个“口”，实行“归口管理”和分类管理。县级以上地方各级人民政府的所属机构通常分为综合、政法、农水、工交、基建、财贸、科教文卫等类。在行政首长负责制的体制下，作为协助行政首长的副职，一般每人分管一个或几个“口”的工作，并根据行政首长的授权，在主管的业务领域内拥有做出相应决策的权力和责任。

按照宪法和相关法律，各级地方政府既受国务院和上级政府领导，又受同级人民代表大会的监督。由于中国各地经济文化发展不平衡，面对着地区经济社会发展的压力，各级地方政府都希望有更多的自主权，因此，与上级政府各职能部门之间常常存在某些利益冲突，如向上级政府领导（主要是上级党委领导）抱怨上级政府各部门对地方权益进行“条条”分割，使地方缺乏实权、办不成事等。

① 谢庆奎等：《中国地方政府体制概论》，中国广播电视出版社 1998 年版，第 7 页。

(2)"条条"结构

所谓"条条"结构是指从中央政府的职能部门或机构到地方各级政府职能部门或机构的垂直业务管理体制，如工商、教育、卫生、民政、农业、水利、国土资源、财政、审计等部门，也称为"一竿子插到底"的管理体制。"条条"管理一般以上下级地方政府各自事权的不可替代性为动因，以上级业务主管部门职能的纵向延伸为架构，以地方政府上下级间存在某些交叉性质的共有权为基础，强调的是政令的上下一致和畅通。①

如同各级地方政府，地方政府各职能部门也受双重领导，一是受本级政府的行政领导，二是受本专业上级主管部门的领导或业务指导。一般来说，作为地方政府组成部分的部门和机构以受本级政府领导为主，受上级对口部门和机构指导为辅；而作为上级政府派驻地方的派出机构或分支机构，则以上级主管部门领导为主。就"条条"之间的业务指导关系而言，上级部门向下级下达规划、指标，监督、检查下级部门的执行情况；下级部门必须向上级部门报告执行情况，请求帮助和协调。而作为上级部门的派出或分支机构而形成的"条条"领导关系，则容易与下级"块块"发生冲突。②

2. 条块矛盾的表现与影响

所谓条块关系是指上级主管部门与下级政府之间的关系。"条条"作为中央和上级政府的代表性机关，掌握着涉及国计民生的各种重要资源、机会的分配权，尤其是在计划经济体制下，中央可以通过各部委对地方各级政府的部门进行业务领导，约束地方政府的地方保护主义行为。但是，由于"条"、"块"管理权责归属不清，部门和地方利益的驱使，政事、政企不分等原因，在整个地方政府体制中，从党、政府到省、县、市等地方机构，存在着众多贯穿的指挥线，造成"条"、"块"冲突，形成矩阵杂乱的结构。这样，任何职位上的官员，都有几个不同地方的上司，决定哪一个上司处于第一位就很重要。官员会很谨慎地搞清某个特定部门的顶头上司既可能在直的"条"上，也可能在横的"块"上，一个和该部门有"领导关系"，另一个和该部门则是"业务关系"。但是，实际情况要复杂得多。由于许多单位都能够接触各个部门转手过

① 谢庆奎等：《中国地方政府体制概论》，中国广播电视出版社 1998 年版，第 15～16 页。

② 沈荣华：《中国地方政府学》，社会科学文献出版社 2006 年版，第 182～183 页。

的问题，如果一个问题很重要、复杂，就需要许多其他部门的协调，这样纵横交错的指挥线就会非常复杂，① 从而影响管理的效率。

我国的条块矛盾关系是随着计划经济和中央集权体制的形成而出现的。它主要表现为“条块”结合、以“条条”为主的集权结构。这一结构矛盾在政府体制上主要表现为：

（1）在权力关系上，表现为集中与分散的矛盾。作为“条条”的部门管理以权力纵向集中为基础，而作为“块块”的地区管理则以权力横向分散为基础。在传统计划经济模式下，中央集权就是通过加强“条条”管理来实现的，就是说中央与地方的权力划分不是整体职能的划分，而是通过各职能部门与地方形成权力分配关系。在这种权力流动模式下，中央集权时，权力就集中到负责人、财、物和产、供、销的中央各职能部门，形成“条条专政”；中央分权时，权力由中央各部门流散到各地方，地方从各部门得到人、财、物和产、供、销的综合大权。对这一综合大权，各部门对地方的调控自然显得十分微弱，基于各部门实现的中央集中领导也必然被削弱，从而形成收放循环的模式。

（2）在行政关系上，体现为政策之间的矛盾。在“条条”集权为主的管理体制下，如果主管部门在政策、计划上不相协调，地方和企业就无所适从；此外，部门管理与地区管理的相互分割，造成地方职能部门在执行主管部门的指令还是执行地方政府的指令两者间难以选择。

（3）在财政上体现为分权与分钱的矛盾。计划经济体制下，中央向地方分权意味着地方财政收入的增加。在统一领导、分级管理原则下，国家财政预算体制是高度统一的，有统一的财政方针政策、财政计划和财政制度。这样，地方收入扩大，但地方支配收入的权力不一定扩大，出现分权与分钱的矛盾。地方虽然得到了钱，但没有调剂权，因为地方每年预算的各项支出指标由中央各主管部门给定。由于地方用钱能力小，限制了地方征收岁入的积极性，从而限制了分权的效果，很难真正协调好中央与地方之间的矛盾。

这种条块关系矛盾造成政府管理的失衡和扭曲状态。一方面，由于“条条”与“块块”之间难以形成平衡点，双方的矛盾带来的不是“条条专政”就是“地区分割”。集中时，“条条”管理排挤地方管理，地方成为“条条”

① 李侃如（Kenneth Lieberthal）：《治理中国——从革命到改革》，杨淑娟译，台北国立编译馆1998年版，第167～168页。

计划和决策的执行者；分散时，地方急剧膨胀，自成一体，破坏总体协调，还带来地方政府间的分割。另一方面，统一领导、分级管理原则塑造的管理体系是领导集中、权力分散的体系。无论集权还是分权，整个行政体系的权力都是分散的，或者部门分散，或者地区分散。这就需要新的力量来控制，于是政治领导逐步代替行政领导，通过加强党的一元化领导和中央对各部门、各地区的政治控制实现了行政统一。这样，体制上的条块矛盾就由行政问题变成了政治问题。①

条块矛盾表面看是部门管理与地方管理之间的矛盾，其本质是中央与地方、集权与分权的矛盾。改革开放以来，在权力下放过程中，随着地方财政权和企业管理权的扩大，管理体制开始从原来的“条条为主”逐渐变成了“块块为主”，促进了地方政府之间及地方政府内部各部门之间的协调与合作，这是区域经济迅速发展的体制动因。但是，还存在着另一种情况，即“条条”部门不断向下级政府派出机构，分割下级政府的权力，使得下级政府很难开展工作。这种情况，在县乡级政府表现尤为突出。如在大多数地方，县级有关部门设在乡镇的派出机构一般在10～20个。这些机构工作在乡镇，而人、财、物三权都在县，乡镇很难进行协调、管理，严重影响到乡镇政府管理职能的履行，同时也不利于县级部门及时监督和纠正这些单位的不正之风。因此，在一些地方的县乡改革中，开始把党团组织生活与行政管理权划归乡镇，其余仍由“条条”部门管理，取得了一定的效果。② 目前，条块关系结构仍然是困扰地方政府管理的重要问题，在中央集权的单一制结构下，改革的方向应是建立“条块”结合、以“块”为主的体制。

尽管我国地方政府体制纵横交错，但由于党的一元化领导，政治、行政、经济集权相互维系在一起，纵向的政治集权与横向的党政不分，通过地方党委将各种网络化的组织整合起来，使得权力集中在党内，而地方政府上下级的行政、经济关系逐渐转化为党内的组织关系，使权力下放受到限制。但是，这种集权结构有利于迅速动员和聚集各种资源，形成合力，应付各种突发性危机事件，形成全国“一盘棋”的局面。

---

① 林尚立：《国内政府间关系》，浙江人民出版社1998年版，第307～312页。

② 谢庆奎等：《中国地方政府体制概论》，中国广播电视出版社1998年版，第18～19页。

3.4　当代中国地方政府体制与机构改革

我国现有的地方政府体制和机构设置由计划经济时期沿袭而来，政府规模过大、体制和机构不合理的局面并没有根本改变。但随着社会主义市场经济的发展，公民对民主参与要求的提高，政治体制的民主化、制度化进程的加快，中国地方政府体制和机构的改革也在不断推进。

3.4.1　中国地方党政关系的改革

中国地方党政关系是中国地方政府体制的核心内容，不仅直接影响到地方政府体制的其他方面和机构改革问题，而且直接影响到社会主义民主政治的发展。

长期以来，在社会主义国家地方政权建设中所出现的“党政不分”、“以党代政”等问题，除了受斯大林“党专政”、“党管理国家”、“党是政权的核心”等思想观念的影响外，还与复杂的历史条件和政治因素有关。列宁在强调党对国家政权领导和“融成一体”的同时，特别强调要划分党政职权。他指出：“党的任务是对所有国家机关的工作进行总的领导，而不是像目前那样进行过分频繁的、不经常的、往往是对细节的干涉。”俄共十一大《决议》特别强调：“当前极重要的任务是规定党的机关和苏维埃机关之间的正确分工，明确地划清两者在权力和职责方面的界限。”①

毛泽东时代对党的一元化领导的强调，导致“党政不分”、“以党代政”以及个人专断的局面，给党和国家造成了严重的损失。1980年，邓小平在“党和国家领导制度的改革”这篇重要文献中尖锐地指出，权力过分集中、家长制、官僚主义等政治体制的弊端，“就是在加强党的一元化领导的口号下，不适当地、不加分析地把一切权力集中于党委，党委的权力又往往集中于几个书记，特别是集中于第一书记，什么事都要第一书记挂帅、拍板。党的一元化领导，往往因此而变成了个人领导”。他又说：“加强党的领导，变成了党去包办一切，干预一切；实行一元化领导，变成了党政不分、以党代政。”② 基

① 转引自谢庆奎等：《中国地方政府体制概论》，中国广播电视出版社1998年版，第137～138页。

② 《邓小平文选》第2卷，人民出版社1994年版，第328～329、142页。

于此认识，邓小平把“党政分开”视为政治体制改革的首要内容。

为适应经济体制改革深化的需要，20世纪80年代中期政治体制改革日益提上议事日程。1987年，党的十三大正式提出党政职能分开的问题。此后，地方各级政府按照宪法和中央精神，进行了党政分开的实验：实行从省到乡镇的行政首长负责制，同时将地方各级党、政“一把手”分开，强化政府工作系统；撤销“对口部”；减少专职书记、常委及其分管的工作等，使党政关系初步得到理顺。尽管调查显示多数人对党政分开抱有热望并持有积极的态度，但在有关党政分开的问题上还存在着争论，如有人主张“党政合一”、党政机构合一等观点。① 在实践中，党政分开也遇到了很多困难。近年来，学术界很少有人谈论党政关系问题，而许多党政干部更是主张党政“不能分”、“无法分”，实践中党政不分的现象有强化的趋势。

根据理论探索和实践的经验，地方党政分开的主要内容应该包括：第一，规范地方党委和政府的职责范围。党的领导主要体现为制定重大的方针和政策，决定重要干部的使用，做思想政治工作；而政府承担大量日常行政工作和业务工作，凡属政府职权范围内的工作，都由各级政府讨论、决定和发布文件，不再由地方各级党委发指示、做决定。第二，党政关系的法制化和程序化。党对政府的领导和监督就是决定政策，提出建议；要通过行政机关和民意机关中的党团，使党决定的政策成为政府的法令和施政方针。② 第三，强调党政分开，是为了把党的领导、人民民主和依法治国紧密结合起来，提高党的执政能力，促进政府的权威。

随着社会主义市场经济的发展和政治体制改革的推进，改革党的领导方式和执政方式、发展党内民主，成为新时期政治体制改革的重点内容。与此相适应，党政职能分开必然成为新时期地方政府体制改革的重要内容。

3.4.2 从“市管县”体制到“省管县”体制

在中国地方政府的纵向结构调整中，地级市与县的关系是变动最大的部分。长期以来，中国实行的是城乡分治的体制，地级市政府管城市，地区行政公署作为省政府的派出机构管农村，相应的，形成了城乡隔离的二元经济结

---

① 谢庆奎等：《中国地方政府体制概论》，中国广播电视出版社1998年版，第175～208页。

② 沈荣华：《中国地方政府学》，社会科学文献出版社2006年版，第192～193页。

构。改革开放以来，“市”成为经济上最主要的组织层级。1982 年，中央决定改革地区体制，以经济发达的城市为中心，以广大农村为基础，逐步推行“市管县”体制。随后，通过地市合并等途径，地级管理层不断向实体化方向发展，“市管县”体制逐渐取代地区管县体制，成为地级管理层的主体。

“市管县”体制改革基于地、市、县之间的行政关系和经济发展的内在联系。一方面，这是发展经济的需要。与作为省派出机构的地区行署相比较，地级市在审批项目、信贷投资等方面的经济管理权限要大得多，有利于通过行政手段加快第二、三产业的发展，促进中心城市的兴起，带动农村的发展。另一方面，也是为了提高行政效率。通过地市合并和撤地设市来解决地市矛盾、城乡矛盾，实现城乡经济互补和统一管理，减少行政管理机构。

“市管县”体制有助于城乡经济的互补，有利于国家经济指标与政治指令顺利的下达和执行，在一定程度上形成以中心城市为核心的经济辐射能力，能带动周边地区经济的发展，有利于地区经济和社会的发展。

但是，实行“市管县”体制后，仍然存在着种种矛盾。第一，“市管县”体制不仅使行政层级增加，阻碍了行政信息的准确快速沟通，而且由于地级市政府需要高额成本维持，使城市大规模向农村扩展，汲取和消耗了过多的农村资源，形成“财政漏斗”和“效率漏斗”，束缚了地方经济的发展和行政创新能力的提高，造成城乡经济发展的不平衡。第二，市政府职权的扩大，不仅形成对省政府的挑战，在对县、乡政府自主权进行削夺和吸收的同时，也加大了对县、乡政府的体制压力。第三，由于行政层级和机构的增加，提高了行政成本，降低了行政效率，不仅不利于政府职能的适时转变，甚至衍生出众多的体制性腐败。第四，市场经济的横向扩展受到行政区域人为强制的统一，削弱了企业的竞争力，制约了县域经济的发展。在分税制改革后，省级以下政府常常出现财权上收而事权下移的现象，造成县乡财政的赤字，严重影响了县乡政府的管理能力。

随着市场经济的建立和区域经济的发展，现有的地方政府管理体制与经济社会发展的矛盾日益凸显。如何平衡集权和放权，在保持一致的同时调动地方的积极性，成为学术界和政策研究部门关注的热点。目前，学术界有一种观点，主张适当调整行政区划，撤销“市管县”体制，重构“省管县”体制，建立省县两级地方政府体制，实现行政结构的扁平化。

所谓“省管县”体制，是指省、市、县行政关系由目前的“省—市—县”三级体制转变为“省—市、县”二级体制，对县的管理由现在的“省管市—

市管县”模式变为由省替代市，实行“省管县”模式，其内容包括人事、财政、计划、项目审批等原由市管理的各个方面。

早在1992年，浙江率先试行财政意义上的“省管县”，对13个经济发展较快的县市扩大基本建设、技术改造和投资项目的审批权。此后的十多年间，“强县扩权”、“扩权强县”，在财政体制方面进行改革，将部分地级市的经济社会管理权直接赋予经济强县，在越来越多的省份试点推行。“省管县”体制，实质上是对公共行政权力和社会资源的重新分配，赋予县（市）更大的自主权和决策权，它对于充实县级财力、发展县域经济、解决“三农”问题，降低行政管理成本，提高行政效率，提供了体制的动力。

但是，在财政体制、人事权、审批权等经济、社会、政治方面全面试行“省管县”体制，还面临着诸多需要解决的问题。首先，“省管县”体制是对“市管县”体制下利益格局的重新调整，涉及众多官员的切身利益，面临着许多改革的阻力。第二，在集权制的政府结构下，“条条”部门在事权、财权的放权中定位模糊、缺乏统一规范，必然产生新的摩擦和矛盾。第三，推行“省管县”体制，不仅带来地方权力的再分配，也会给省的管理幅度和管理能力带来挑战，必将影响行政区划的变革。我国各地区域差别大，发展不平衡，许多省县级单位有一百多个，而省级直管县的有效管理幅度在40～50个，这就要求推进划小省区、减少行政层级或者扩大县域、减少县的数量的配套改革。第四，“省管县”体制下，县拥有了大量经济社会管理权限。如何有效监督约束县级政府的行为，防止出现投资冲动和重复建设，成为一个必须解决的关键问题。可见，“省管县”体制涉及中央与地方关系、条块关系、地方政府职能的设定等问题，需要遵循渐进原则，理顺各种关系，在进行配套改革的情况下稳步推进。

随着经济的快速发展、信息技术革命的推进和政府职能的转变，资源配置必须要由政府主导型向市场主导型转变，管理必须由集权型向放权型转变，从而为“省管县”、“扩权强县”的扁平化管理创造条件。

3.4.3 当代中国地方政府体制与机构改革

新中国成立之后，随着行政区划的变更、政治形势的变化和经济体制改革的推进，地方政府体制与机构改革一直在不断地进行。但是，在很长的时期内，中国地方政府体制与机构改革一直未能摆脱“收权—放权—收权”和“精简—膨胀—再精简—再膨胀”的恶性循环圈。改革开放之后，随着党的工作重心的转变，社会主义市场经济体制的逐步建立和管理手段的现代化，按照“转变职能、政企分开、政事分开”的原则，对地方政府体制和机构进行了多次改革。近年来，适应政府职能转变和服务型政府建设的要求，地方政府体制与机构改革的成就主要包括以下几个方面。

1. 地方政府体制改革的探索

地方政府体制改革的关键是理顺地方政府部门与地方党委之间的关系、地方政府上下级之间的关系以及地方政府内部的运行机制。

（1）理顺党政部门之间的关系

长期以来，由于党政不分，党政对口设部，导致党政部门职能交叉重叠、相互推诿扯皮等现象。如党委纪检部门与政府监察部门之间，党委组织部门、老干部局与政府人事部门之间，党委宣传部门与政府文化、广播、新闻出版部门之间，党委统战部门与政府民族、宗教、侨务部门之间，党委政策研究部门与政府政策研究部门之间，存在着叠床架屋的复杂关系。① 这种状况不仅导致行政成本居高不下、影响行政效率，而且阻碍了政府职能转变和行政管理的法制化进程。因此，根据党政职能分开和统一领导的管理原则，应明确各自的职责范围，尽量撤并党政对口设置的机构，尤其是党委与政府对口设置的经济、农村、科技、教育等部门，改为一“家”管理；对于某些确属难以分离的部门，实行一方管理为主、一方管理为辅的体制，或者实行一套机构、合署办公的体制。

（2）改革地方政府上下级之间的关系

地方政府上下级之间的关系即集权与分权的关系问题。这一问题实际上是“条块”关系的调整。地方政府上下级之间“收权——放权”的循环，是通过“条条”部门而实现的。因此，改革的方向主要是加强“块块”的自主权；充分发挥市场在资源配置中的基础性作用，在加强政府宏观调控能力的同时，深化行政审批制度改革，简化审批手续，缩减审批项目。随着市、县权力关系的变动，县的地位和功能将进一步增强，乡镇改革成为社会和学术界关注的热点。在县、乡关系中，尽管存在着废除乡建制、将乡变为县政府派出机关的意见，但也有观点主张，随着乡镇合并的进程和新农村建设的推进，特别需要加

---

① 张志坚、唐铁汉：《中国：地方政府机构改革研究》，国家行政学院出版社 1999 年版，第 51 ~ 52 页。

强乡镇政府的功能，使乡镇成为完全意义上的一级政府。具体而言，除派出所、法庭、工商、税务、金融等机构以“条条”部门管理为主、乡镇管理为辅外，其他“七所八站”应划归乡镇管理。①

（3）健全地方政府内部的组织结构和运行机制

一套合理有效的政府管理系统必须由决策、执行、信息和监督等子系统组成。长期以来，在地方政府的组织体系中，执行系统很发达，而决策、信息和监督子系统却比较薄弱，影响了政府目标的实现。因此，温家宝总理在十一届全国人大一次会议做政府工作报告时明确提出，要按照“决策、执行、监督”相互协调、相互监督制约的改革思路，重构政府权力结构和政府的运行机制。这是对近年来地方政府运行机制改革经验的总结。

作为我国改革开放前沿的深圳市，在地方政府体制改革方面一直走在前列。早在20世纪90年代后期，深圳在几次机构改革中，都加强了决策咨询机构的建设。按照虚（组成人员兼职，不是管理实体机构）实（重大决策必要的环节）结合的思路，深圳市先后成立了经济社会发展计划委员会、规划委员会、环保委员会、国有资产管理委员会等议事协调机构，协助市委、市政府审议重大事项，搞好协调，在一定程度上实现了决策与执行的分离；同时，还组建法律顾问室和各类社会民间咨询组织，通过建立“决策务虚会”等措施，聘请专家、学者、知名人士担任顾问，为决策提供咨询服务。② 在上述改革的基础上，2002年3月，深圳市在对国内外进行广泛调研的基础上，在某些部门开始推行“行政三分”制的改革试验。按照改革方案，政府按照大行业、大系统的原则设立若干决策局，就每个决策部门的关联业务设置相应的执行局。决策权在决策局，负责制定政府的法规、政策和具体实施办法；执行局履行单一的执行职能。决策局只有决策权，没有监督权；执行局没有决策权，与决策局之间是绩效合同关系，负责实现决策局规定的责任、目标和任务。此外，设立监察局和审计局，作为直接向市长负责的相对独立的监察机关。按照这一体制结构，决策体系是开放的公共权力运作过程，通过听政、议政、民意调查、专家咨询、市民参与等方式，广泛吸取民意。每个决策局设立两类咨询

① 中国（海南）改革发展研究院：《新农村建设：乡村治理与乡镇政府改革》，中国经济出版社2006年版，第201～206、218页。

② 张志坚、唐铁汉：《中国：地方政府机构改革研究》，国家行政学院出版社1999年版，第39～40页。

机构：一是设在政府内部服务于决策局局长的咨询机构；二是由非政府官员组成、制约局长权力的咨询机构，可以劝告、修改甚至否定决策局的决定。① 这样，通过制度设计，实现政府决策、执行、监督三方面的相对分离，三者相辅相成，相互制约，相互协调。应该说，深圳的改革方案不仅是行政运行机制的改革，对于大部制改革也是一种有益的探索。

此外，地方政府体制的改革不仅仅限于公共权力部门内部的结构调整。由于“全能政府”和计划经济的影响，地方政府与企、事业单位和社会存在着密切的联系，因而实现政企、政事和政社分开，培育和规范社会中介组织，实现政府职能转变，是地方政府体制改革成功的前提条件。

2. 机构精简和人员分流

由于计划经济以及行政权力自身的作用逻辑，机构膨胀、人浮于事成为地方政府经常性的问题，由此产生一系列的政府病态，如一些业务部门之间职责交叉不清、权责脱节，业务相近的部门分设过细，导致相互推诿，办事效率低下；一些政府工作人员服务意识不强，素质不高，形式主义、官僚主义问题比较突出，弄虚作假、奢侈浪费和腐败现象比较严重，等等，因而精简机构、人员分流成为地方政府改革的常规性任务。

20 世纪 80 年代以来，在每次机构改革中，都涉及机构的撤销、并入、合署、划转，然而改革效果并不理想。根据转变职能、理顺关系、优化结构、提高效能，形成权责一致、分工合理、决策科学、执行顺畅、监督有力的行政管理体制的改革目标，十一届全国人大一次会议提出了建立职能有机统一的大部门体制的构想，这是对传统的精简机构思路的转换。

所谓大部门体制，就是指把业务相似、职能相近的部门进行合并，集中由一个大部门统一行使，以尽可能避免政府职能交叉、政出多门、多头管理的现象。这一做法，一方面可以精简政府机构，减少部门之间的权限冲突，简化公务手续；另一方面也可减少横向协调困难，有利于建立统一、精简、高效的符合市场经济和民主法治要求的现代化政府体制。这一改革思路是对地方政府机构改革试验的总结。早在 20 世纪 90 年代后期，许多地方政府就根据强化行业综合调控部门、精简经济专业部门，促进政企、政事分开的思路，开始建立大

① 汪挺、汤淼：《深圳“三分制”勾勒未来行政模式》，《中国商报》，2003 年 3 月 11 日。

行业、大系统综合管理和宏观管理体系的探索。如深圳市在精简撤并专业经济管理部门的基础上，建立了经济发展局、贸易发展局、运输局等综合管理机构，同时合并职能相近和相关的机构，成立综合性部门，强化了政府宏观管理职能，较好地解决了过去按专业设置机构导致的机构臃肿、部门分割、办事效率不高等问题。① 自2000年开始，湖北随州市也按照合并职能基本相近的单位，职能衔接较紧的单位采取挂牌设置的原则，建立了机构精干的政府组织，为地方政府机构改革提供了经验。

人员分流涉及每个政府机关的切身利益，历来是地方政府机构改革的重点和难点，因而必须加强领导和监督，坚持公开公正、积极稳妥、因地制宜、按政策办事的原则。人员分流必须按照公开、平等、竞争、择优的原则，通过激励竞争机制，决定干部的去留；对分流人员实行优惠补偿措施；关键是把精简分流与发展经济紧密结合起来，开辟多种分流渠道。这些渠道包括：（1）鼓励清退分流人员领办、创办示范服务基地；（2）鼓励事业单位分流人员兴办经济服务实体；（3）鼓励机关事业单位人员通过离职、辞职等形式从事个体私营经济；（4）通过制定优惠政策，鼓励县乡干部到企业和农村任职；（5）对一时难以分流的，通过轮岗锻炼，待时机成熟后再进行分流；（6）鼓励提前退休等。② 通过这些措施，不仅能使机关人员得到精简，而且可以密切干群关系，促进地区经济的发展。

3. 加强机构和编制立法，促进行政法制

按照国务院“定职能、定机构、定编制”的“三定”方案，实现政府组织机构及人员编制向科学化、规范化、法制化转变，是落实依法治国、依法行政和巩固机构改革成果的重要保证。

长期以来，一些领导习惯于靠增设机构、机构升格和增加人员来加强某项工作的管理，“长官意志”较多，缺乏按制度办事的习惯。多年来，每次机构和人员的精简，都只是靠政策的推动，靠领导人的决心，而缺乏法律的保障，从而导致机构改革的失败。

---

① 张志坚、唐铁汉：《中国：地方政府机构改革研究》，国家行政学院出版社1999年版，第38-39页。

② 张志坚、唐铁汉：《中国：地方政府机构改革研究》，国家行政学院出版社1999年版，第28-31页。

1957 年，英国学者帕金森在《帕金森定律——组织病态之研究》一书中，对官僚组织机构、事业单位经常出现的“官场病”进行了深刻的描述。他认为，在行政管理中，行政机构会像金字塔一样不断增多，行政人员会不断膨胀，形成一个机构重叠、人浮于事、互相扯皮、效率低下的领导体系。这样，自上而下，一级比一级庸人多，形成臃肿、庞大的管理机构，每个人都很忙，但组织效率越来越低下。帕金森定律深刻地揭示了行政权力扩张引发机构膨胀、人浮于事的“官场传染病”，又被称为“金字塔上升”现象。帕金森定律也说明了机构改革和人员精简的难度。

近年来，尽管我国政府在行政法制建设上取得了很大的进步，但由于政府组织法规不系统、不完备，一些规定过于简单、粗疏、不严谨，缺乏有效的监督条款，因此，要控制机构和人员膨胀，必须通过完善机构和编制立法，对地方政府机构的设立、机构规模和级别、岗位结构和人员定额等做明确的法律规定，严格机构编制审批制度，加强监督检查。

当代中国地方政府体制与机构改革，涉及国家与社会的关系、政府与市场的关系、党政关系、地方各级政府之间的关系、行政管理的运行机制、机构精简和人员分流，以及政府依法行政等问题，因而受到诸多因素的影响，只能是一个长期、渐进、艰巨的系统工程，不可能一蹴而就。具体来说，我国地方政府体制与机构改革受到以下因素的制约：

第一，社会经济因素的影响。经济体制、经济发展状况以及社会组织的发展状况，影响着政府与社会、企业的关系，制约着政府职能的转变，进而影响着地方政府机构改革的内容和进程。我国各地经济社会发展程度很不平衡，其政府机构设置、人员素质和行政方式等也具有许多不同的特点。因而，地方政府体制和机构的改革必须由点到面地循序渐进。

第二，政治因素的影响。政治体制对行政体制和机构改革具有直接的制约作用，因而地方政府体制和机构改革必须和政治体制与中央政府改革紧密配合。在我国，一方面，党政关系状况直接影响到地方政府体制和机构的状况，因而要求党、政联动改革；另一方面，由于中央集权体制要求上下对口设置机构，因而，必须自上而下推进体制和机构改革，避免地方政府单兵突进的模式。这就要求政治体制内部权力结构的调整。

第三，文化因素的影响。传统文化及旧有体制下形成的行政文化，对地方政府体制和机构改革具有持久的制约作用，直接影响着对体制和机构变革方式的选择。如传统的“官本位”观念直接影响着机构精简和人员分流；传统的

“人治”观念和“权大于法”的思维方式，直接阻碍着依法行政的实施，影响着改革成果的巩固。

地方政府体制和机构改革实际上是一个不断引导和适应社会、政治变革的过程，它与整个现代化进程相始终。因而，它不可能孤立地进行，而必须与政治体制和经济改革同步进行。

本章小结

本章是关于地方政府体制与机构的基本内容的介绍。地方政府体制是地方政府机构各层级、各部门之间制度化的权力关系模式，它直接决定着地方政府的职能及运作状况，因而在地方政府学中占有非常重要的地位。由于国土与人口规模、民族状况、科学技术手段等自然社会因素、政治制度因素、经济体制和市场化程度、公民社会的发育程度、传统文化与历史等因素的差异，各国形成了不同的地方政府体制。主要的地方政府体制类型有行政体地方政府、自治体地方政府和混合体地方政府。我国的地方政府体制衍生于行政体地方政府，新中国建立后形成了混合体地方政府。但是，这种体制还存在着许多问题和不完善之处，因而还处在不断的变革过程中。认真学习本章，有利于深化对西方各国及我国地方政府体制与机构的状况及问题的认识，推动政治体制与行政体制改革，促进政治文明建设。所以，本章内容不仅具有理论意义，更具有现实意义。

关键术语

行政体地方政府　自治体地方政府　混合体地方政府

市长—议会制　议会—经理制　市长—行政官制　条块关系

“市管县”体制　帕金森定律

复习思考题

1. 试分析地方政府体制演变的趋势及影响因素。
2. 试比较美国不同市政体制的特征。

3. 试分析当代中国地方党政关系结构的特征。

4. 试论述当代中国条块关系的特征及其影响。

5. 试论“省管县”体制构想的社会基础及其存在的问题。

案例分析

大部制改革先锋实验：湖北随州模式路在何方？

从2000年建立地级市至今，随州搭乘第四次政府机构改革的“便车”，驶入大部制改革的“快车道”。当年，随州由县级市升为地级市，具有这个条件的城市很多，但只有随州一家进行了改革并坚持至今。当年随州改革多少有些懵懂，也并没有明确提出“大部制”这个概念。随着改革的进行，7年后的随州不减反增了9个部门。

随着国务院大部制改革钟声的敲响，湖北随州的先锋试验，“闯”入人们的视野。

“有成就感，也有无奈感。”随州市机构编制委员会主任夏明元这样总结7年的历程。

“下改上不改，改了又回来”，面对这种宿命性的预言，随州作出了怎样的抉择？随州在改革中遇到哪些波折？它是如何熬过这“七年之痒”的？它为大部制改革提供了哪些经验和教训？在全国大部制改革拉开序幕后，随州的改革又将走向何方？

改革后成了“另类”城市

这个城市绝对称不上时尚，用夏明元的话来说，是有些“另类”。他说：“每次到省里开会，我们总会觉得别扭。”

“别扭”最主要是因为随州政府机构设置与其他地方不一样。在随州，统战部、民族宗教事务局、台湾工作办公室和台湾事务办公室是一家；市档案局与市档案馆、市党史办、市地方志编纂办公室四块牌子、一套班子；文化局、文物局、体育局、新闻出版局合并统称为“文体局”。

有的事业单位甚至挂7块牌。市农业局下设的农技推广中心，同时加挂了市农药监督管理站、市土壤肥料工作站、市植物检疫站、市植物保护站、市农业生态环境保护站、市种子管理站、市农业科学研究所的牌子，都是同一套班子。

内设机构设置时，不是“上下对口”，而是综合设置科室，统一确定机关人事、财务，不单设科室，工作由各单位办公室负责承担；科室领导职数统一定为一科（室）一职，绝大多数单位的纪检、工会和机关党委（党组）也没有配专职干部。

“误打误撞”赶上好时机

随州的大部制改革能顺利出炉，夏明元说首先得益于赶上了国家改革大好气候。

“2000年，国家第四次政府机构改革如火如荼进行，市县乡机构改革全面启动。我们撞上了好时机。”夏明元说：“随州本来在1986年的时候，就申请与湖北荆门、鄂州一起升级为地级市，当时襄樊市没放手。”

2000年，随州适时地再次提出升格为地级市的请求，同年6月25日，获得国务院批准。

“随州临时组建的领导班子，经过商量后提交了一份《随州市直党政群机构设置及人员编制方案》。这份方案力求精简机构，正好符合国家地方机构改革的要求，很快得到湖北省委、省政府的批准，当年11月初就实施了。”夏明元正是当年方案起草人员之一。

其次，新生的随州，没有旧包袱缠身，可以肆意构筑“理想国”：随州人都明白，这些先天性的条件是随州“大部制”能顺利进行的关键。

上级领导的支持也是改革能进行的坚强后盾：湖北省委、省政府对随州的改革一直“力挺”。改革跨越7年，随州市的三届历任的主要领导也都一致支持。

编制比周边城市少三分之一

“因为随州经济差，底子薄，当时想着必须控制机构数量。我们本着三大原则：职能基本相近的单位能合并的尽量合并设置，职能衔接较紧的单位采取挂牌设置，职能交叉的单位，能不单设的尽可能不单设。不搞上下对口，不搞横向看齐。”夏明元告诉记者。

“盖好房子再住人。”在所有的机构进行整合后，开始在原有曾都区和后划归入的广水市公务员系统内公开选调。所以，很多单位都是几块牌子，一套班子。

“随州市编制总量从5 569名减少到5 134名，精简率达8%。当时市本级只有行政编制860名，跟周边地市相比少了三分之一左右。后来一直坚持在2~3年内只允许暂按定编数的80%选调工作人员，留下20%的编制逐年用来招考公务员和接收军转干部。市直机关可用行政编制1 076名，实有在编在岗行政人员878名，节余编制198名。”夏明元说，严格控制编制，才能较好地抑制住机构及人员的臃肿膨胀。

改革后的随州市党委、人大、政府、政协四大系统减少的机构都在2个以上，直属事业单位减少的更多。据统计，全市行政人员也比原随州市减少近250人。

夏明元的账算得很“精”：按每人每年工资2.5万元，此项一年就节省开支近700万元，这还没考虑办公或行政成本。

催生独特“小气候”

“可以说，随州的机关编制是除了西藏之外最苗条的。别的地方，一个部门都有3~5个编制，这里一个部门只有一个。多数时候都是一人多岗。”随州市政法委一位负责人有些自豪地说。

“局长当科长用，科长当科员用，女人当男人用。”这是当年暗讽随州“苗条”政府人手不够、办事捉襟见肘的一句话。连夏明元的司机都身兼三职，既是司机，又是通信员和打字员，他说：“人都以为我平时不开车时很轻松，实际上，还得坐办公室打文件。”

随州档案局的负责人笑着告诉记者：“随州市档案局与市档案馆、市党史办、市地方志编纂办公室四块牌子、一套班子，仅有12个编制，却还有2个没有到位。”有的部门事业单位最多加挂了7块牌子，七个单位只有12个编制。

人员紧缺催生了一套独特的办事“气候”。

“人手少了，但资源整合得更好了。很多时候需要几个部门互相合作，因此设置了一个独特职位——办公室秘书长。一个部门忙不完时，他就负责统一调配，让其他部门的人过来协助；加班成了家常便饭；几个部门是一套班子的，就要学会统筹安排，避轻就重，慢慢养成了‘不该开的会不开，可以不下乡的就不下乡，不用发的文件就不下’这些好习惯。”夏明元说，刚开始大家都很不适应，慢慢才好了。

“苗条”政府“身材”变形？

有冷眼旁观的人“笑话”随州的7年改革：7年时间不减反增9个部门。

夏明元告诉记者：最初“分离”的是科协，2000年科协被并到科技局，但2005年市科协换届选举，在向省主管单位递交方案后不予批准，理由是随州科协不是个独立单位。后来，只好将科协与科技局重新单独设置。

此后，市残联、规划局、宗教局、法制办等也因类似原因而单设出来。机构由最初的55个退回到64个。比起周边城市，随州仍少10个左右，“随州仍然称‘瘦’”，夏明元说，这也算是一种安慰。

“比起深圳、三亚等地的地方机构改革来讲，随州还算没有退回原点。我们一直在挣脱‘精简—膨胀—再精简—再膨胀’的宿命。”夏明元有些沉重。

为了保持政府机构的“苗条”身材，随州市不仅在“饮食结构”上不断改进，还要抓住每一次机会去省里做沟通“运动”，多请示，多汇报。有时候还会采取一些灵活的策略，譬如玩一些文字游戏，改合并为合署办公，等等。

拿最近的一件事来说，市农村能源推广中心，省里要求作为一个副处级机构设置，目前，该市正是作为农业局的一个科级单位内设机构。省在安排新农村沼气改造计划时就因“机构未按他们的要求设立”，2006年，将原拟下达给该市的10 000口沼气改造目标削减为5 500口，相应减少经费投入450万元。这时就需要有人去那边沟通解释，花费不少口舌。

还有些时候，要顶着“批评”帽子，低头做人。省里要求作为单独设立的副处级机构，后来随州这边仍然将移民工作职责赋予民政局，但民政局每次到省里参加会议，都会遭遇批评。

“随州模式”路在何方？

随州下辖一个区和一市，曾都区包括以前县级随州城的全部范围，老百姓多与曾都区打交道。堪称“第一大区”的曾都还陷入该不该拆分的争论当中。曾都区政府也并没跟上随州市政府的机构改革的步伐。夏明元把随州市政府形容成一个“孤岛”，它不仅左右不对路，上下亦没对口。

夏明元说，大家从一开始“不理解”，到现在“交口称赞”，这是一个漫长的过程。之前，曾有内部官员对媒体说，“随州改革没有伤筋动骨，只是小打小闹，这是误解”。

“下改上不改，改了又回来”，夏明元说，随州差点被陷入“宿命”。国家这一轮“大部制改革”的推进，为他们骤然点亮了一盏明灯。

他认为，随州的机构架构还没有达到理想效果。“例如组织部和人事局、组织部和统战能否重新统筹还需要慎重思量。如果能够把党委、人大、政府、政协四大系统按照需要整合，在划分原则上有一个大的突破就好了。”

有专家认为：大部门体制要成功，必须自上而下改革，上下级步调一致。夏明元仍然对未来充满期待。

（资料来源：《广州日报》，2008 年 2 月 20 日。）

请思考

1. 湖北随州机构改革的特点是什么？它得以延续的条件有哪些？
2. 影响机构改革的因素有哪些？

阅读书目

1. 陈瑞云：《现代中国政府》，吉林文史出版社 1988 年版。

2. 刁田丁：《中国地方国家机构概要》，法律出版社 1989 年版。

3. 陈嘉陵：《各国地方政府比较研究》，武汉出版社 1991

年版。

4. 谢庆奎等：《中国地方政府体制概论》，中国广播电视出版社 1998 年版。

5. 张志坚、唐铁汉：《中国：地方政府机构改革研究》，国家行政学院出版社 1999 年版。

第4章 地方政府的职能与责任

☞简短提要

本章在介绍地方政府职能的含义、特点和内容等基本知识的基础上，概述了英、美、法等西方国家地方政府的主要职能内容；然后，对当代中国地方政府职责的演变作了梳理，分析了我国地方政府职能转变的主要内容，以及实现地方政府职能转变应注意的问题；最后，对我国地方政府责任的内容与现状作了概括描述，并提出了推进我国地方政府责任建设的若干思路和对策。

☞重点问题

本章主要涉及以下问题：(1) 地方政府职能的含义、特点和内容，影响地方政府职能的因素；(2) 西方各国地方政府职能的共同点；(3) 我国地方政府职能转变的主要内容及实现地方政府职能转变应注意的问题；(4) 现阶段我国地方政府的主要职能；(5) 我国地方政府责任的内容与现状；(6) 推进我国地方政府责任建设的若干思路。

地方政府作为掌握公共权力的具有权威性和强制性的政治组织，在社会、经济和政治生活中具有特定的职能。职能和责任是一对孪生体，责任意味着监督和约束。建立一套有效的责任机制是保障地方政府发挥作用，避免其滥用权力、出现

“越位”和“缺位”的必要措施。国家性质与政府体制不同，社会经济发展的程度不同，地方政府职能就会有所不同，因而地方政府的责任也会不同。本章主要介绍西方国家和我国地方政府的职能与责任。

4.1 地方政府职能概述

4.1.1 地方政府职能的含义和特点

地方政府职能是地方政府基于其职责在国家或地方公共事务管理中所扮演的角色和对社会、经济和政治生活所产生的影响或具有的功能和作用，它是地方政府职责在现实社会中的具体体现。具体来说，就是地方政府依法对国家和社会公共事务进行管理时，应承担的职责和所具有的功能。地方政府职能主要涉及政府管什么、怎么管、发挥什么作用的问题。

地方政府是国家政权体系的重要组成部分。国家职能决定了地方政府的职能，而国家的职能则是由国家的属性和发展阶段所决定的。按照马克思主义的观点，国家具有阶级性和社会性，既要维护统治阶级的根本利益和要求，又要满足社会成员的共同需求，因此国家具有政治统治职能和社会管理职能，国家与其职能是“一体两面”的关系。所谓政治统治职能是指国家为维护统治阶级的利益，对外保护国家安全，对内维持社会秩序的职能。所谓社会管理职能是指国家为实施社会调控和管理，对社会、经济和文化事务的管理活动。社会管理职能是政治统治职能的前提和基础。恩格斯说：“政治统治到处都是以执行某种社会职能为基础，而且政治统治只有在它执行了它的这种社会职能时才能持续下去。不管在波斯和印度兴起或衰落的专制政府有多少，它们中间每一个都十分清楚地知道自己首先是河谷灌溉的总的经营者，在那里，如果没有灌溉，农业是不可能进行的。”①在这里，恩格斯所讲的“经营河谷灌溉”，就是政府的社会经济管理职能。作为国家的动态的外部体现和政治权力的执掌者，政府也具有政治统治职能和社会管理职能。政府职能由各层级政府共同承担，其具体内容由统治集团根据客观外部环境的变化而不断调整。在政府体系中，中央政府具有更明显的政治性质，政治统治职能占有更重要的地位；随着政府层级下降，政治性下降而社会性上升，社会管理和公共服务职能占据主导地

---

① 《马克思恩格斯选集》第3卷，人民出版社1972年版，第219页。

位。从历史发展的角度看，随着政治体系由传统专制社会向现代民主社会的转变，政府的社会管理和公共服务职能日益占据主导地位。

地方政府的双重身份属性，决定了其职能的两面性。一方面，作为中央或上级政府在地方的代表，地方政府需要贯彻和执行中央和上级政府的法令和意图；或者虽然某些公共事务涉及国家整体利益，但由地方政府具体实施比较有效，因而中央政府通常委托或授权地方政府完成任务，如工商行政管理、国土资源管理等。另一方面，作为地方政权机关，地方政府需要负责管理本地域的公共事务，促进本区域的经济和社会事务的发展，如对本地区经济社会发展实施区域调节与管理、举办地方公益事业、征收地方税赋等。地方政府应协调好维护整体利益与地方利益这两个方面的职能，避免只对上负责而忽视地方利益和过分地方主义的极端倾向。

地方政府所处的实际权力地位、层级和所面临的环境，决定了地方政府职能的特征。同中央政府职能的全局性、统一性相比，由于地方政府是区域性政府，更为接近民众，因而其职能更具微观性、执行性、管理性和服务性，具有明显的特殊性和地方性。此外，与中央政府职能相比，地方政府职能的内容和实现方式更为复杂多变，更少稳定性，具有因地制宜的特征。

4.1.2　地方政府职能类型

“麻雀虽小，五脏俱全。”尽管地方政府更偏重社会管理和公共服务职能，但却具有一般政府的各种职能。各地方政府的职能尽管千差万别，但我们可以对其进行类型学的比较和归纳。

1. 地方政府的基本职能

所谓地方政府的基本职能是依据地方政府管理的事务性质及其横向范围而划分的政府职能。这是一种最普遍的职能分类方法，是设置地方政府机构的主要依据。

(1) 政治统治职能。这是指为维护统治阶级的根本利益和维持社会政治秩序，地方政府所履行的职能。地方政府在这方面的角色表现为：一方面，作为统治阶级利益和地方社会政治秩序的维护者，地方政府通过制定和执行有利于统治阶级掌握政权的一整套法律、制度和政策，倡导和维护一种意识形态，实施政治社会化，以及通过警察、官僚机构等有组织的暴力等具体机制，镇压社会成员超过地方政权允许限度的反抗，保护公民的合法的自由、权利和财产安全，维护地方政权的权威性和相对稳定性。另一方面，作为政治一体化的工具，地方政府还具有维护民族国家团结、防止分裂的职能。

在我国，地方政府还具有民主政治建设职能。地方政府通过不断加强和完善当地公民政治参与和政治监督机制，推进城乡社区自治，提高政府机关的透明度，完善民主管理和民主决策机制，促进社会主义民主和法治建设。

（2）经济职能。这是指地方政府为了地区经济的稳定和发展，对本地经济生活进行管理的职能。地方政府的经济职能主要有三方面：一方面是经济协调职能。由于市场机制在调节经济过程中的明显缺陷，如微观性、盲目性、短期性、滞后性等，地方政府必须进行经济调节，通过制定本地经济社会发展规划和产业政策、区域政策及其他经济政策，协调不同产业、不同行业、不同地域的经济发展，促进经济的可持续发展，引导区域经济发展的方向。另一方面是市场监管职能。包括完善市场体系、市场机制，以及通过法律法规整顿市场经济秩序，对市场的盲目性、投机性、自发性进行引导和管理等。

（3）文化职能。这是指地方政府依法对教育、科技、文化、卫生、体育等公共事业所实施的管理职能。从某种程度上讲，地方政府是也是精神文化产品的支配者和生产者，通过生产自己的思想、理论和观点，发展地方文化教育事业，引领和规范当地社会文化、道德风尚的发展。

（4）社会服务职能。作为社会发展的决策者和公共政策的制定者，地方政府通过为各类市场主体、地方居民制定制度、规则和政策，调节社会分配，提供社会保障和福利，以协调各种社会利益之间的矛盾。同时，由于市场不能有效地提供公共物品，政府必须承担起建设公共基础设施、提供公共信息以及建立社会化服务体系的职能。此外，保护生态环境和自然资源也是当今地方政府的重要职能。

2. 地方政府的行为职能

根据地方政府的行政行为，地方政府的职能包括以下几类：

（1）维持职能。地方政府通过建立合理的生活规范、社会秩序和道德标准，促进社会成员的共同信仰和守法意识，增强民主团结互助、共同行动的能力。

（2）保卫职能。主要包括维持治安，保卫当地人民生命和财产的安全，以及消防、民防、灾害救助等行政行为。

（3）管制职能。指地方政府以公正的态度，为协调私人利益与公共利益之间的矛盾和冲突，所作的管制政策和行为。如物价、金融管制，食品、药品、饮料、饭店等的卫生检查，交通、工厂、建筑等的管制与检查。

(4) 扶助与救济职能。为促进社会成员人格、个性、智能的发展，地方政府要兴办学校、推广科技知识、增加生产、拓展贸易、奖励发明创造、救助弱者等。

(5) 服务职能。社会是目的，政府是手段，地方政府的主要功能就是为社会提供公共服务。如举办各种便民、利民事业，兴办各种公共建设与设备。

(6) 发展功能。指适应时代和环境的变迁，制定先导性的政策，推动社会发展的功能。①

3. 地方政府的运行职能

这是指按照地方政府管理的运行程序对地方政府职能的划分。据此，地方政府的职能包括：(1) 制定地方发展规划和政策，发布决定和命令。(2) 领导和管理地方政府各部门和下级政府，通过各种激励政策和措施，调动政府工作人员的工作积极性。(3) 加强地方政府内部及其与公众的信息沟通，报告政府的工作状况。(4) 通过对地方政府工作的考核、评估和监督检查，对地方政府各部门及其人员进行督促、纠偏和奖惩。

4.1.3　影响地方政府职能的因素

地方政府处在一定的政治、经济、社会、文化和自然等生态环境中，因而地方政府职能必然要受到这些因素的影响和制约；同样，地方政府也会对这些因素产生影响，引导社会的变迁。影响地方政府职能的因素主要包括：

1. 政治制度和行政层级

国家政权组织形式、国家结构形式、政党制度及地方政治制度是直接影响地方政府职能的政治因素。政权组织形式体现的是横向的立法、行政和司法三权之间的关系，它直接决定着地方政府的地位、权力来源、功能及运行方式；国家结构形式体现的是中央与地方、全局与局部之间的权力关系，单一制国家和联邦制国家地方政府的实际地位、权力来源和功能状况都很不相同。如中央集权的单一制国家，地方政府是中央政府的分支机构，其权力、职能都取决于

① 张金鉴：《行政学新论》，台北三民书局股份有限公司1984年版，第169~171页。

中央政府的决定，并且职能配置往往上下对应，因而中央政府的职能改变会影响地方政府的职能状况。政党制度直接决定了党政关系的模式，而政党执政、参政、监督的方式直接影响地方政府的权力、职能和运作方式。就地方制度而言，在行政体地方政府和混合体地方政府下，中央和上级政府可以很容易地改变地方政府的权力和职能，如委托地方政府承担原有中央政府或上级政府承担的职责；而在自治体地方政府下，中央政府和地方政府之间不存在上下级隶属关系，而是法律监督关系，因而地方政府的职能有很大的独立性，不同层级政府之间只能通过法律或协议进行职责的委托或转移。

此外，不同层级的地方政府因其权力和与居民的距离不同，其职能也有很大的差别。高层政府政治性职能占主导地位，中间层政府社会管理职能占主导地位，而基层政府则主要是公共服务。

2. 经济体制与经济发展程度

作为社会资源配置机制的经济体制，是一定生产关系基础上的经济管理形式和管理制度，它直接影响到政府在经济生活中的角色和地位。在计划经济体制下，政府几乎控制了所有经济活动，企业隶属于政府，企业的人财物、产供销都受到政府的干预，政企不分，政府对企业主要通过行政手段实行微观的直接管理。而在市场经济体制下，市场是资源配置的基础手段，政府是“有限政府”，只是通过经济、法律等手段对经济活动实行宏观调节和服务，不再干预企业的经营自主权，因而地方政府的经济职能主要是宏观经济调节和市场监管。可见，经济体制不仅影响地方政府职能的范围，而且影响地方政府履行职能的方式。

经济发展程度包括地区经济实力和居民财富状况，它不仅决定着地方政府的财政收入和支出总量，进而影响地方政府的组织规模和职能履行状况，而且居民财富和收入状况直接影响着当地居民的需求状况、参与地方事务的水平和政府治理方式，因而必然影响到地方政府的职能的重点和履行方式。此外，所有制构成、社会分工和专业化的程度也影响到地方政府职能的结构和职能履行方式。

3. 社会发展程度和技术水平

社会发展程度主要是指社会利益和社会阶层分化的程度以及各种相对独立的社会团体的多元化程度。地方政府职能不仅与市场发育程度相关，而且与社会的发育程度相关。政府、市场和第三部门都是资源配置的手段，在公共服务方面各自具有独特的优势，能够形成有效的互补。因而社会的自组织程度和自治水平，直接影响到地方政府的职能范围。实际上，我国政府职能转变的艰难性，不仅在于市场经济的发育程度不够，而且在于各种中介组织和社会自治团体的发育程度不够。因此，公民社会的发展是我国政府职能转变的必要条件。此外，科技水平和政府管理的技术手段，也直接影响到地方政府的职能发挥。

4. 文化因素

这里主要是指行政文化对地方政府职能的影响。所谓行政文化就是"在特定社会里，社会成员在社会化过程中所形成的关于行政系统的成因、结构、运行方式，及其与公民间关系的认知、情感、态度与价值取向等心理活动的总和，是公共行政系统及其运行方式在社会成员心理上的稳定反映与沉淀"①。行政文化包括社会成员对政府应该扮演的角色和具有的功能的期待模式。在某些社会中，人们认为政府是全能的，应该管理一切事务，甚至干预私人领域的事务；而在另一些社会中，人们把政府看做是公共管理的部门，只具有有限的功能，只能在其权限边界内运行。这与不同国家的政治文化传统和行政文化传统有关。西方国家尤其是受盎格鲁—撒克逊文化影响的国家，政治哲学认为政府是"必要的恶"，"管得最少的政府是最好的政府"，人们对政府充满着疑虑和警惕，总是设法限制其权力和行为。在此框架下，政府的职能总是有限度的。而在东方国家尤其是东亚国家的行政哲学中，政府（统治者）是民众的大家长，有义务保护社会成员，为其谋福利，因而政府管理社会被视为理所当然。在这种文化下，很自然地强调政府与企业密切合作的关系。如日本的行政指导，即政府为实现产业政策目标，对民间企业进行的劝导、说服、建议和希望等，西方人往往难以理解。② 可见，不同国家的政治与行政文化会影响地方政府职能的范围和实现方式。

此外，地方的自然环境和自然资源状况，如地形、水文、气候、植被、矿产等，也直接影响到地方政府的职能配置。地方政府职能的差异性、多样性，就表现在不同地区的地方政府具有其特性。即使在中央集权制国家，尽管中央政府与地方政府的职能配置具有相应性，但地方政府还是可以因地制宜地从事

① 胡象明：《行政管理学》，高等教育出版社 2005 年版，第 51 ~ 52 页。
② 任晓：《中国行政改革》，浙江人民出版社 1998 年版，第 23 ~ 25 页。

某些特殊事务的管理。

4.1.4 地方政府职能的演变

随着社会、经济和政治的发展，以及新技术革命的突飞猛进，地方政府职能的内容和实现方式发生了重大的变化。尽管不同国家、同一国家不同地区的地方政府存在着差别，但在职能上却呈现出共同的演变趋势：政治职能逐步减弱，社会管理和公共服务职能日益增强；从简单消极的防御职能向积极的发展职能转变；在职能不断分化、专业化的基础上进一步整合。

1. 西方国家地方政府职能的演变

西方国家地方政府职能的演变，呈现出以下几个发展的趋势：

第一，从政府与市场关系的角度看，近代西方国家经历了“守夜人”、“积极干预”和“有限政府”的三个阶段，地方政府职能也经历了“自由放任”、“全面干预”到“适度干预”的演变。

地方政府的职能随着社会经济的发展和政治思想的变迁而变化。在自由资本主义时期，受亚当·斯密的自由经济理论的影响，市场机制在社会经济生活中发挥着主要作用，地方政府只发挥有限的功能，充当“守夜人”的角色，其职能主要限于维护秩序、建设和维护公共设施等有限的公共物品。

20世纪地方政府职能的一个变化是，一方面，地方政府面临着中央政府更加严格的监督，独立性在缩小；另一方面，地方政府的作用似乎在扩大，尤其是由于大量复杂的问题，城市政府的作用更为突出。20世纪30年代后，全球性经济危机标志着“守夜人”政府的结束。凯恩斯等经济学家主张政府应全面干预社会经济生活。以罗斯福新政为标志，西方国家的政府开始建立混合经济制度，实行福利国家的政策，对社会经济生活实行大规模的干预措施。它们通过法律、计划手段，制定产业政策、财政政策和金融政策等，对经济进行宏观调控，对企业进行规范和管制，甚至直接兴办国有企业，对经济生活进行大量的干预。同时，西方国家的政府还加强了社会管理、社会保障和福利的职能，建立了“从摇篮到坟墓”的全方位的保障网络。正如英国政治学家罗斯在其1984年出版的《理解大政府》一书中指出的：“在20世纪的发展进程中，政府的活动在规模、范围和形式上都有所扩大。政府已经远远超出了守夜人国家的最小概念界定，成为混合经济的福利国家的核心机构。”① 在这一时期，地方政府在基础性设施建设、社会服务等方面的职能大大膨胀，如承担公路、桥梁、水利灌溉等设施建设，提供健康服务、老年人和残疾人照料、人力训练等服务；地方政府的活动领域和干预方式日益多样化。地方政府对政治、经济和社会事务的全面干预，导致地方政府机构和雇员人数不断膨胀，政府财政压力增大，官僚主义严重，工作效率下降，引起公民的不满。

20 世纪 70 年代以后，面对西方经济滞胀的局面，以新自由主义经济理论为指导的西方各国政府对政府职能进行了调整，重新强调了市场的价值，强调有选择地对经济进行干预。西方各国地方政府通过掌舵而非划桨、授权、公共服务的市场化和社会化，引入多元力量和灵活方式，从事公共服务；同时，放松对企业的规制，通过私营化等策略，减少对企业的微观管理。地方政府职能的这些改革措施，发挥了积极的作用。这一时期地方政府的角色可看作是“有限政府”，采取政府、企业和社会合作提供服务的方式。

第二，地方政府的政治性职能逐渐减少，而管理性、服务性职能日趋增多。传统的地方政府主要履行税收、地方治安这些具有明显政治统治性的职能。随着民众利益意识的觉醒，普选权的实现和地方自治的发展，公民对地方政府的服务质量提出了更高的要求。面对着这些压力，地方政府开始把职能重点转向管理社会经济和为公民提供公共服务上来。在福利国家时代，地方政府对当地居民提供了全方位的服务。

第三，在地方政府职能进一步分化和多样化的同时，出现了“职能合并”的倾向。为应付地方居民日益复杂的多样化的公共服务需求，各地方政府的服务职能也日益复杂化和多样化。但是，每个地方政府都设置“大而全”、“小而全”的服务机构，不仅会增加财政负担，影响服务效率，而且会造成官僚主义现象，影响管理和服务的质量。因此，在许多西方国家出现了各地方政府之间的合作现象。其主要表现之一就是，为解决共同面临的问题，将分散于各地方政府的同类职能在一定规模和区域内统一起来，由一个机构统一提供管理和服务职能，这种现象称为“职能合并”。职能合并主要有两种方式：一种方式是，各地方政府之间通过签订契约共同履行某项职能。例如某郊区政府因其辖区人口增多，需要提供某项服务，而该政府无力提供或这样做代价太高时，

① 吴惕安、俞可平：《当代西方国家理论评析》，陕西人民出版社 1994 年版，第 222 页。

该郊区政府便可与临近的城市政府签约，由城市政府来提供这种服务。另一种方式是，若干地方政府单位（市、镇、县等）共同设立一个跨地区的特别机构，负责为这些地方政府的辖区统一提供某些专门的服务，如消防、供水、排污等。这些特别机构在各国名称各异，如美国称“特别区政府”，法国称“市镇组合”、“城市共同体”，瑞典称“地方政府委员会”，而斯堪的纳维亚国家则采取了地方政府单位合并的做法。① 地方政府的职能合并有助于提高服务效率和质量，因而在一些国家盛行。

2. 中国地方政府职能的演变

中国传统帝制时期的地方政府是朝廷设在地方的分支机构，代表君主对地方实行统治和管理。作为典型的农业社会，中国传统社会具有明显的宗法特征，地方政府主要承担下述职能：（1）为皇权服务的政治统治职能，如镇压民乱、对民众行为的监督等；（2）资源提取与分配，如赋税征收、劳役征召和士兵募集等人、财、物资源的提取，以及救灾赈济等；（3）维持秩序，如捕缉盗贼、防火、盘诘奸宄、户籍清查等；（4）农工事务，如劝课农桑及水利、河道、城工、桥梁等工程事项；（5）兴教化、励风俗、劝养老、祀神、贡士等文教职能；（6）司法，案件审理等。可见，中国传统帝制时期地方政府的职能已经比较完备，比西方“守夜人”政府所管理的事务要复杂得多。近代以后，除了地方行政与司法功能分离之外，地方政府对社会经济事务的管理功能大大增强，如民政、消防、卫生、土地与森林保护、学校教育、科技、著作出版、图书馆、文物保护及其他公共事业，成为地方政府的重要职能。

新中国建立后，由于实行中央集权的计划经济体制，地方政府的职能大大膨胀，实现了对社会经济生活的全面干预。地方政府除了加强了政治统治职能外，经济管理职能也成为地方政府的重要职责。总体来看，中国地方政府职能演变的轨迹大体是：“确保国家（国君、帝王、中央政府）的政治统治——保证地方社会的安定有序——从保障本地社会安定走向促进本地经济社会发展——进而为本地居民提供质量更好的社会、生产环境。”②

比较中西方地方职能演变的状况，可以发现：西方国家由于市场经济、地方自治和法治程度高，地方政府职能更重视居民的日常生活，多是对民众提供

① 陈嘉陵：《各国地方政府比较研究》，武汉出版社 1991 年版，第 140～141 页。

② 徐勇、高秉雄：《地方政府学》，高等教育出版社 2005 年版，第 111 页。

具体的公共服务和社会福利；在政府职能的履行方式方面，由于民主化程度较高，西方国家地方政府多采取与企业、第三部门合作的方式，公民参与得很广泛。然而，由于社会经济发展的程度较低，中国地方政府对社会经济的干预程度明显要高，控制和管制的程度较高，还处在向服务型政府的艰难转型过程中。

4.2　西方国家地方政府的职能

西方国家尽管具有如地方自治、市场经济等大致相同的制度背景，但由于各国不同的历史传统、国家结构形式和地方制度等因素，因而各国地方政府的职能也有所差异。本节以美国、英国和法国等为典型，阐述西方国家地方政府的职能。

4.2.1　美国地方政府职能

美国是联邦制国家，联邦政府与州政府的关系不是中央政府与地方政府的关系，而是联邦关系。按照宪法，凡宪法未授予联邦或未禁止各州行使的权力，均由各州或人民保留。州政府的职能主要是处理与本州事务有关的事项，如征收赋税，管理本州警卫组织和维持治安，管理公共工程和公用事业，促进教育和公共卫生事业，管理农工商业和特殊职业，保护环境和自然资源，社会福利等。而美国地方政府一般是指州之下的县市政府和乡镇等基层政府。

1. 美国市政府的职能

随着城市人口的增加、城区的扩展和城市问题的复杂化，美国市政府的职能也日益扩大。概括来说，美国城市政府主要履行下述职能：

(1) 公共安全

法律、秩序和消防是传统的市政职能。这一职能主要由警察履行，包括维持城市秩序和社会治安，预防和打击犯罪，寻查赃物，逮捕罪犯，保护公共设施，管理、控制公共集会，维护公共交通秩序，防灾、救灾，应对其他紧急状态对市民造成的人身财产损害等。在美国，各城市都有一支训练有素的消防队伍，负责在各城区昼夜值班，承担救火、防火、救助自然灾害中的人和动物的职责。近年来，受政府职能市场化的影响，有的城市取消了市政消防部门，以合同的方式把消防工作委托给私人公司。

（2）公用事业管理和公共基础设施的提供

公用事业管理是城市政府的重要职能。这方面的管理包括电力、供暖、供气、供水、电信、路灯、公共交通等。如饮水供应通常由市政府专门部门管理，该部门有工程师等技术人员，负责抽水站、滤水池、通风厂以及庞大的地底水管网的工作。随着民营化的进程，有些城市自行经营公用事业，有些城市则交给私人公司经营，而由市政府负责监督和管理。此外，城市政府还负责兴建和维护各种公共工程，如街道、桥梁、地铁、公共建筑、飞机场、防洪设施等市政设施。

（3）城市规划

20世纪以后，城市规划思想在美国逐步得到接受，城市政府越来越重视控制和指导城市发展问题。目前，城市规划不仅涉及公园、街道、运输设备、公共建筑、娱乐场所的位置、水道等事项，而且包括陋巷清除，市内土地利用，飞机场、停车场、铁路终点站设施的规划，交通管理、公共工程、警察、消防、港口设备的改进，公共卫生设施等事项。

（4）公共卫生、教育与社会福利

在美国，大部分公共卫生和福利是由市政府和其他地方政府提供的。这方面的职能有公共卫生、教育、社会福利和服务等方面。具体而言，公共卫生包括传染病控制，食品卫生检查、检疫，公共卫生保健和个人健康服务，环境卫生，支持公立医院和诊疗所，公共卫生教育；公共教育包括公立中、小学校，职业技术训练和中等专业教育，成人教育，市立大学，画廊、影剧院、公共图书馆、博物馆、科学馆、文化馆、体育馆、美术馆的建设和管理，公共讲演厅，以及师资训练设施；社会福利包括失业、伤残、贫困救济和保险。此外，城市政府还提供垃圾处理、环境保护等服务，公园、运动场、游戏场、游泳池等娱乐设施，以及自然资源的保护、再生和开发利用等。美国的社会保障和社会福利开支大约59%来源于联邦政府资助，41%来源于地方，城市政府在社会保障和社会福利方面负有更大的责任；此外，政府还对为市民提供各种健康、养老、托幼等福利服务的非营利组织进行财政支持。①

（5）产业振兴

城市政府还通过提供技术援助、产品奖励、税收优惠，以及配置相应的基

① 尹艳华：《现代城市政府与城市管理》，上海大学出版社2003年版，第130～131页。

础设施等措施，促进工商业发展。此外，城市政府还提供招徕旅游者等方面的服务。

2. 美国其他地方政府的职能

美国县、村镇和特区政府的职能相对比较简单。20 世纪以后，美国的县和乡镇政府的职能在不断扩大，同时也面临着更多的监督。传统的县政府主要协助州政府履行某些职责，如保存法院记录，送被告接受审判，把法律文件提供给有关的陪审员和证人等。此外，还履行执行法律的责任，如登记遗嘱和其他有关出生、死亡、结婚和土地等法律性文件。随着经济的发展和城市化的进程，县政府还承担起许多新的职能。①

目前，不论县政府还是村镇政府，大多履行以下职能：

（1）教育文化。管理地方学校系统，设立图书馆、博物馆等。

（2）公共安全与消防。雇用与装备警察，提供消防队，购买灭火机，以及保存记录、制订地方活动规则等。

（3）公用事业管理与公共服务设施。具体包括：修建和管理飞机场；提供电力、煤气、运输；设立和维修医院；提供公共卫生；制订地方卫生条例；执行福利计划；清理和维护街道；装设街灯；保护自然资源；饮水供应；建立排污系统；以及公园、运动场、游戏场等娱乐服务。

此外，收集地方税、指导选举、遗嘱执行等也是地方政府的职能。

至于特别区政府，则因其设立目的的不同而各有差异，如学校区主要是管理学校的教育；道路区主管区内的道路维修；卫生区则主管垃圾处理，等等。多数特别区在自然资源保护、防火、城市供水、公墓、住房、污水处理等方面还提供广泛的社会服务。

4.2.2　英国地方政府职能

英国是实行地方自治比较彻底的单一制国家。地方政府职权由议会以特许状或自治条例规定。尽管地方政府受中央政府的监督，只能在权限范围内工作，但地方政府被授予相当多的自治权，职责很广，能独立解决问题。作为单一分权制的地方政治团体，英国各级地方政府职能既有相同之处，又存在着明显差异。

---

① 薄贵利：《近现代地方政府比较》，光明日报出版社 1988 年版，第 69 页。

英国官方把地方政府的职能划分为“环境的、保护的和对个人的”三类事务。“环境的事务”是指市镇和乡村设施（包括桥梁、公路、街道、公共场所）的建设、管理和维修，以及环境卫生的管理；“保护的事务”是指警务、消防和“民防”等；“个人的事务”是指教育、住房、居民卫生和福利事业等。① 此外，城市和其他地方政府还从事一些“商业性”的活动，诸如旅客运输、供水及赛马场、电话和银行等服务，港口、船坞和码头的管理等；它们有权制订计划，推动工业的发展。

根据1983年11月19日英国《经济学家》周刊的概括，英国各级地方政府主要职能如下：

(1) 英格兰的城市郡政府负责全面规划，管理运输、警察、消防和垃圾清理；城区政府管理地方规划、教育、住房、个人社会服务、环境卫生、娱乐和垃圾清理。

(2) 英格兰和威尔士的普通郡政府负责全面规划，管理运输、警察、消防、教育、个人社会服务和垃圾清理；郡属区政府管理住房、娱乐、地方规划、环境卫生和垃圾清理。

(3) 大伦敦市政府负责全面规划，管理运输、消防、住房和垃圾清理；伦敦城区教育局管理伦敦内城（12个自治市和伦敦城）的教育；各自治市政府和伦敦城政府管理住房、地方规划、环境卫生、教育（20个外城自治市）、个人社会服务、垃圾清理。

(4) 苏格兰的行政区政府，负责全面规划，管理运输、警察、消防、教育、个人社会服务、垃圾清理、供水、排水；区政府管理住房、地方规划、环境卫生、娱乐、旅游、垃圾清理；岛区政府享有行政区政府和区政府的全部职权。

(5) 各地区之教区或社区政府主要负责地方环境美化，管理丧葬、火化、会堂、体育和娱乐设备、公共照明和人行道等。

根据David Wilson和Chris Game所著的《英国地方政府》一书，地方政府提供的服务分为四类：

(1) 需求性服务。例如教育、个人社会服务、住房福利。这是针对所有人的服务，不管采取何种手段，在社区内实现资源的再分配。

① 薄贵利：《近现代地方政府比较》，光明日报出版社1988年版，第70页。

(2) 保护性服务。例如警察部门、社会安全、消防队和营救队、突发事件预警方案。为人民提供安全保护是国家的指导方针。对于这种保护性服务的使用权不应该排他，即使被某一个人使用了，也不会对其他人的使用产生实质性的影响。

(3) 生活福利设施服务。例如道路建设、街道清洁、城市规划、公园和露天场所、环境卫生、废物处理、消费者保护、经济发展。这些服务主要根据各地确定的标准来提供，以满足每个地方社区的需求。

(4) 便利性服务。例如住房供给、图书馆、博物馆和艺术画廊、休闲娱乐中心、废物收集、墓地和殓葬场。这些服务按照居民的个人意愿来提供，有时还要和私人部门竞争。

英国地方政府的预算大小主要根据一些必需的服务，这些服务大约占了地方一半以上的财政。①

与中央政府不同，地方政府主要是管理地方公共事务，提供公共服务，与公民的日常生活关系密切，因而职责范围广泛。根据英国地方政府的职责范围，我们将其职能大体分为以下几类：

(1) 公共秩序。包括警察事务；预防火灾等消防事务；应付战争及其他灾害等紧急事态的民防工作；以及度量衡检查、市场管理、消费者保护、病畜控制，食品和药品的生产和销售的管理，某些职业和营业的执照颁发和视察等涉及一般公众安全的措施。

(2) 环境卫生与住房提供。包括排污工程、河流防污；垃圾清除；噪音、废气等公害的管制；卫生检查；按照建筑规章清除贫民窟；海岸保护；公园及户外绿化等美化环境工作。提供住房是地方政府重要的职能。第一次世界大战期间及之后，由于实行租金控制政策，而住房建设成本提高，因而私营部门缺乏为工人阶级建造住房的动力。加之需求旺盛、住房短缺，因而地方政府只得承担提供住房的职能。第二次世界大战后的十多年内，地方政府成为新房的主要提供者。1980 年后，由于实行“购买权”政策，地方政府住宅拥有率和作为出租房屋提供者的重要性下降。到 1992 年，英格兰地方政府拥有的住宅是 390 万套，占总量的 19.4%；全英地方政府拥有住宅 490 万套，占全国总数的

① 杰瑞·斯托克：《英国地方政府治理的新发展》，《中共浙江省委党校学报》，2007 年第 1 期。

20.9%。八、九十年代后，人们逐渐不再把地方政府作为私人租房的提供者。①

（3）城乡计划。包括某一区域内道路的建设、住房、农业、商业、公园等用地的布局和兴建，土地的合理利用规划；地方政府也可以采用强制征购方式取得土地的所有权，自己执行计划的项目；以及对有历史价值的建筑物和树木的保护等。

（4）公用事业。公用事业部门通常是指邮政、电信、电力、供气、供热、供水、排水、公共交通等与人民生活和国民经济密切相关的领域。在英国，除了最重要的道路由中央政府管理外，地方政府一直参与道路的建设和维护，包括街道的照明和清洁。由于公用事业领域具有网络式服务和政治敏感性等特点②，存在规模经济和进入门槛高、投资回报期长等特征，因而往往被认为属于经济自然垄断的领域，加之受“城市社会主义”思想的影响，地方政府往往承担了很多公用事业的管理职能。20 世纪 80 年代以来，随着公用事业民营化的改革，地方政府管理的公用事业大大减少。

（5）社会福利服务。福利服务是指地方政府为了维持公民的生活和促进公民智力发展所从事的各种活动。这类服务包括各类初等、中等教育，图书馆、博物馆、美术馆等文化设施；指导和帮助青年就业；对老年人、残疾人、流浪儿童等提供特别帮助。英国地方政府在提供教育方面起着重要的作用。1992 年，英格兰地方政府雇员约 185 万，绝大多数在教育部门，其次是社会服务部门。由于立法的结果，对老人、儿童等群体的社会服务迅速增长。无论英格兰、威尔士还是苏格兰，从 1971 年、1972 年到 1991 年，社会服务在地方政府营业支出中所占份额都差不多翻了一番。③

英国地方政府所具有的广泛职能，与其地方自治的历史传统有关。英国地方政府的自主性，不仅有助于迅速、高效地提供公共服务，制约和影响中央政府的行为和决策，而且有助于公共管理领域内创造性地进行改革试验，有利于公民参与地方事务，培养政治兴趣和政治能力，促进民主治理。

---

① 于军：《英国地方行政改革研究》，国家行政学院出版社 1999 年版，第 113 ~ 114 页。

② ［澳］欧文·E. 休斯：《公共管理导论》（第二版），彭和平等译，中国人民大学出版社 2001 年版，第 131 ~ 132 页。

③ 于军：《英国地方行政改革研究》，国家行政学院出版社 1999 年版，第 106、112 页。

4.2.3 法国地方政府职能

法国是中央集权国家，地方行政事务由作为中央和上级政府代表的行政长官和地方议会共同管理。如省长统一协调和领导财政、公安、司法、教育、卫生、邮电等事务；而地方议会则主要负责税收和预算表决、市政规划、文化娱乐、环境保护、地方公路、装备教育设施和处理空气污染等。

法国市政府的权限由法律以概括方式授予，市镇权力一律相等。根据1982年的《关于市镇、省和大区的权利和自由法》、1983年的《划分市镇、省、大区和国家权限法》以及《市镇法典》的规定，法国市政府的职能可分为三个方面：

(1) 建设管理。包括城市建筑，公地登记，陆地测量，公路，停车场，公园及广场，建筑规划等。

(2) 社会管理。包括警察业务，民防，征兵，医疗补助，老年补助，家庭津贴，母性补助，盲人福利，免费牛奶、肺病疗养等社会福利事业，公共救助，慈善救助，失业救济，居民登记等。

(3) 文教卫生管理。包括教育事务管理，艺术馆，图书馆，博物馆，剧场，音乐及艺术学校，对贫苦病人的医疗照料，公共卫生，学校卫生及牙科服务，卫生视察，运动倡导，市立医疗卫生，市立运动组织，保健视察等。①

4.2.4 西方各国地方政府职能比较

西方发达国家由于市场经济发达，实行地方自治体制，处于大致相同的制度背景之中，因而地方政府职能有许多共同之处，如基本上不承担政治性职能，在经济事务方面不承担主要职责，而主要是对当地居民的社会服务。但是，由于不同国家在历史传统、国家结构形式、地方制度等方面的差异，各国地方政府的职能也有所差异。

从国家结构形式看，联邦制国家地方政府职能的一个最大特点就是差异大。同是联邦制国家，由于历史传统的不同，地方政府的自主权也有所不同。例如，美国地方政府的职能包括公共安全、公用事业、住房、规划以及公共卫生和福利等，具有较多的自主权；而德国《基本法》将州政府的职能限制得较多，通常情况下，州在文化、教育、市政建设、卫生等方面有较大的立法权

① 曾伟、罗辉：《地方政府管理学》，北京大学出版社2006年版，第102页。

和行政管辖权，而在财政、经济、司法方面只有部分立法权。单一制国家的地方政府职能虽然有许多共同之处，但各个国家也有差别。例如，瑞典的警察职能全部由中央政府负责，英国主要由“郡”一级负责，而法国警察有国家警察和市镇警察之分，前者由中央派驻的省长统一指挥，后者则由市长领导。美国的各级地方政府几乎都行使警察职能。

从政府系统的纵向职能关系看，英美国家由于具有更多自由的传统，地方自治程度比较高，纵向上几乎不存在隶属关系，地方政府有很大的自主权；而法国等大陆型国家虽然也实行地方自治，但由于中央集权的传统，地方政府的活动受到更多制度化的干预。如法国中央政府任命的省长不仅是省的最高行政首长，而且还可指导市长的工作，监督省、市议会的活动。

不同类型、不同层级地方政府的职能不同，同一层级相同类型的地方政府职能也不尽相同。法国等大陆型国家地方公共事务主要由地方政府承担，职能较为集中；而在英美型国家，公共事务往往由地方政府、志愿组织、私人企业共同承担。在美国，由于地方政府类型复杂，地方政府的职能极为分散。不同国家由于国家干预的程度不同，地方政府的社会经济职能也有所差异。就医疗服务来说，很多西方国家主要由私人机构提供；而在瑞典，全国大部分医院、保育院等都是由郡议会开办的。高层地方政府的职能更为宏观，政治性职能更强，而低层地方政府的职能更为琐碎、具体，对民服务的职能占主导地位。从同级地方政府的职能看，大陆国家往往大同小异，不同地区的地方政府承担几乎相同的职责；而在英美国家，不同地区的地方政府承担的职责却五花八门，差别很大。

尽管西方国家的地方政府存在着多样化的职责，但由于大体一致的制度模式和较高的市场化程度，它们也具有很多共同的特点。

4.3 当代中国地方政府的职能与职能转变

4.3.1 当代中国地方政府职责的演变

受革命战争和苏联模式的影响，新中国建立后，我国建立起高度集中的计划经济体制，地方政府作为中央政府的代表，具有干预社会经济生活的广泛职能，形成了“全能政府”的模式。由于过分强调阶级斗争的作用和社会经济生活的高度政治化，地方政府与企业和居民生活单位形成了高度等级性的依附关系，并且以直接的行政手段进行微观直接管理。

根据 1954 年《宪法》确立的地方政制，地方各级人民代表大会，在本行政区域内，负责保证法律、法令的遵守和执行；规划地方的经济建设、文化建设和公共事业；审查和批准地方的预算和决算；保护公共财产；维护公共秩序；保障公民权利；保障少数民族的平等权利。县级以上地方各级人民政府的职权是：在本行政区内根据法律、法令，规定行政措施，发布决议和命令；主持本级人民代表大会的选举；召集本级人民代表大会会议，向本级人民代表提出议案；领导所属各工作部门和下级人民政府的工作；执行经济计划，执行预算；管理市场和地方国营工商业；领导农业、手工业和互助合作事业；管理税收、交通和公共事业；管理文化、教育、卫生、优抚、救济和社会福利工作；管理兵役；保护公共财产、维护公共秩序、保障公民权利；保障少数民族的平等权利；办理上级国家行政机关交办的其他事项等。① 乡人民政府具有以下职权：(1) 管理本乡行政工作；(2) 可根据法律、法令、本级人民代表大会的决议和上级国家行政机关的决议、命令，发布决议和命令；(3) 主持本级人民代表大会的选举；(4) 召集本级人民代表大会会议，提出议案；(5) 管理财政；(6) 领导农业、手工业生产，领导互助合作事业等；(7) 管理公共事业、文教卫生、优抚和救济工作；(8) 管理兵役；(9) 保护公共财产，维护公共秩序，保障公民权利；(10) 保障少数民族的平等权利等。②

这种政府对企业和社会全面控制的社会管理模式，在中华人民共和国成立初期对于稳定社会秩序，迅速恢复和发展经济，产生了积极的效果。但是，这种高度行政化、计划化、集中化的“全能主义”职能模式，不仅导致机构膨胀，社会资源配置效率低下，企业和社会缺乏动力机制，而且易于产生腐败和重大决策的失误。

在经济全球化和世界各国综合国力竞争日趋激烈的背景下，基于对“文革”时期权力过分集中的弊端而进行的政治体制的放权化改革，以及解决“回城知青”就业的压力，政府不得不启动改革开放政策，培育各种新的经济形式。这样，原有的计划经济体制开始松动，开始向社会主义市场经济体制转变；同时，随着政企分开和权力下放的进行，地方政府的部分职能开始向社会

① 国务院法制局、中华人民共和国法规汇编编辑委员会：《中华人民共和国法规汇编》(1954 年 9 月—1955 年 6 月)，法律出版社 1956 年版，第 147 页。

② 《建国以来重要文献选编》第 5 册，中央文献出版社 1993 年版，第 146 ~ 147 页。

转移，从而推动着政府管理模式由“全能主义”模式向“小政府、大社会”的“有限政府”模式的转变。在这种背景下，中国政府果断地提出了从“以阶级斗争为纲”转向“以经济建设为中心”的战略。

根据1982年《宪法》制定的《地方各级人民代表大会和地方各级人民政府组织法》（第三次修正）第五十九条的规定，县级以上地方人民政府的职责如下：(1) 执行本级人民代表大会及其常委会的决议，以及上级国家行政机关的决定和命令，规定行政措施，发布决定和命令；(2) 领导所属各工作部门和下级人民政府的工作；(3) 改变或者撤销所属各部门的不适当的命令、指示和下级人民政府不适当的决定、命令；(4) 依照法律的规定任免、培训、考核和奖惩国家行政机关工作人员；(5) 执行国民经济和社会发展计划、预算，管理本行政区域内的经济、教育、科学、文化、卫生、体育事业、环境和资源保护、城乡建设事业和财政、民政、公安、民族事务、司法行政、监察、计划生育等行政工作；(6) 保护社会主义全民所有的财产和劳动群众集体所有的财产，保护公民私人所有的合法财产，维护社会秩序，保障公民的人身权利、民主权利和其他权利；(7) 保护各种经济组织的合法权益；(8) 保障少数民族的权利和尊重少数民族的风俗习惯，帮助本行政区域内各少数民族聚居的地方依照宪法和法律实行区域自治，帮助各少数民族发展政治、经济和文化的建设事业；(9) 保障宪法和法律赋予妇女的男女平等、同工同酬、婚姻自由等各项权利；(10) 办理上级国家行政机关交办的其他事项。该法第六十一条规定乡镇人民政府的职责为：(1) 执行本级人民代表大会的决议和上级国家行政机关的决定和命令，发布决定和命令；(2) 执行本行政区域内的经济和社会发展计划、预算，管理本行政区域内的经济、教育、科学、文化、卫生、体育事业和财政、民政、公安、司法行政、计划生育等行政工作；(3) 保护社会主义全民所有的财产和劳动群众集体所有的财产，保护公民私人所有的合法财产，维护社会秩序，保障公民的人身权利、民主权利和其他权利；(4) 保护各种经济组织的合法权益；(5) 保障少数民族的权利和尊重少数民族的风俗习惯；(6) 保障宪法和法律赋予妇女的男女平等、同工同酬和婚姻自由等各项权利；(7) 办理上级人民政府交办的其他事项。

根据新时期中国地方政府的职责，从自上而下纵向职能配置的角度看，各级政府的角色逐渐由宏观转向微观、由决策向执行转变。具体来说，中央政府进行最宏观和最高层次的决策，致力于整体与全局；省级政府进行区域决策以及高层管理和执行，主要致力于领域平衡；市县级政府是职能转变的主要体现者，主要致力于执行与效率；乡镇政府不是完整意义上的地方政府，最多只是一个政策的执行者。①

4.3.2　中国地方政府职能的转变与现阶段地方政府的职能

所谓地方政府职能转变是指为适应外在客观环境的变化，而对地方政府职能进行转换、重组和优化，是对地方政府的行为方式和职能结构体系的调整。在影响地方政府职能的环境因素中，所有制形式和经济体制因素起着关键的作用。

计划经济时期，由于实行高度集中的经济体制，政府成为经济活动的主体，企业成为政府的附属物，而地方政府也成为中央政府的执行机构，重大的决策和计划由中央政府制定，地方政府没有独立的利益、权力和责任。改革开放之后，由于分权让利的政策，地方政府在地区经济社会发展中开始发挥积极的作用。随着我国由计划经济体制向市场经济体制的转型，社会的阶级结构、社会矛盾也随之发展变化。加之，面对着全球经济竞争的压力，地方政府必须按照市场经济规律办事，改变工作内容和工作方式。因此，地方政府的职能必须做出适应性调整。

1. 我国地方政府职能转变的主要内容

从地方政府职能内容体系的角度看，在新中国建立之后的 20 多年中，由于强调阶级斗争，因而政治统治职能长期占据支配地位，经济建设和社会管理职能一直处于从属地位。党的十一届三中全会以后，各级地方政府以经济建设为中心，开始实行职能内容的转变。这主要表现为以下几个方面。

(1) 理顺政府与企业的关系

在改革开放前，地方政府不仅是公有制企业所有者的代表，而且设立庞大的机构直接干预企业微观的具体经营管理活动，政府与企业之间是依附关系。政府经济职能的转变主要表现为政企分开，使企业成为独立经营、自负盈亏的微观管理主体。

具体来说，政企分开主要表现在三个方面：

第一，地方政府与企业的社会职责的分开。政府的社会职责是对国家和社会公共事务进行有效的管理，而企业的社会职责是依照国家法律和市场规则，

① 沈荣华：《中国地方政府学》，社会科学文献出版社 2006 年版，第 181 页。

以最少的投入向社会提供最大最好的产出。基于地方政府与企业社会职责的不同，政府不应该直接管理企业，直接干预企业的生产经营活动，使企业真正成为自主经营、自负盈亏、自我发展、自我约束的法人实体和市场主体。当前，地方政府应逐步退出竞争性生产领域，将重点放在发展公益性事业上。

第二，企业所有权和经营权的分开。公司制是现代企业制度的一种有效组织形式。按照公司法人治理结构，国有企业的资产所有权和生产经营权的行使主体应当是分离的，即公司股东会、董事会、监事会和经理层，要各负其责、协调运转、有效制衡。在企业改制后，地方政府依然要起作用，与以前不同的是由直接管理变为间接管理，由微观管理变为宏观管理，政府主要是做好服务、协调、监督和依法治企工作。

第三，地方政府国有资产所有者职能与行政管理职能的分开，理顺产权关系。在地方政府内部，同一政府机构，不能既承担国有资产所有者职能，又承担行政职能。前者作为国有资产的代理，监督企业中的国有资产实现保值、增值；后者则面向全社会和整个市场（包括各种经济成分的企业），旨在建立公平竞争的环境和秩序。作为国有资产所有者的代表，政府通过授权大型企业、企业集团和控股公司经营国有资产，在一定程度上解决了政府国有资产所有者职能与行政职能相混淆的问题。

要实现政企分开，应主要采取以下具体措施：

第一，解除政府主管部门与所办经济实体和直属企业的行政隶属关系。设置专门的国有资产管理部门，作为国有资产的产权所有者代表；地方政府的行政部门只是企业社会行为的公共管理者，只承担特定行业的部分经济行政职能，实现所有权与经营权的分离。

第二，加强和改善国有企业的监管方式。在取消地方政府与企业的隶属关系后，地方政府应通过产业政策及其他手段对经济进行干预；通过向企业派出稽查特派员和对主要领导的考核、任免，监督企业资产营运和盈亏状况，确保国有资产的保值和增值。

第三，大量裁减专业经济部门和各种行政性公司，发展社会中介组织。改革开放以来，各级地方政府基本上撤销了专业经济管理部门，将原有的管理职能一部分转归行业协会，一部分转归国有控股公司、股份公司。但这一转型还面临着很多问题。从长远看，发展社会中介组织是实现地方政府职能转移的重要的途径。

（2）加强宏观经济调控、培育市场和市场监管的职能随着政府放弃对微观经济领域的直接干预活动，各级地方政府加强了诸如计划、物价、税务、财政、国有资产、土地、劳动等宏观经济调节部门的综合协调职能。同时，由于我国长期实行计划经济体制，市场基础薄弱，在经济体制转型的初期，政府要承担起培育市场的责任，包括各种生产要素市场，培育各类市场主体，建立健全市场规则、以制度约束市场机制的运行等。在市场发育到一定程度后，要弱化政府在培育市场的作用，而通过市场因素自身所聚集的力量，推动市场经济的发展。但是，市场不是万能的，由于市场的不完善和体制转轨时期的诸多问题，为了创造和维护公平的竞争环境，地方政府必须加强对市场的经济监督职能。这就要求地方政府加强工商行政、技术监督、专利、食品卫生监督、药品监督、审计、统计等经济监督部门的建设。

(3) 加强基础设施建设、地方规划和环境保护的职能

地方政府作为地区公共物品的提供者，必须加强区域社会经济发展规划和城市区域布局的功能，超前引导区域社会经济的发展。由于交通、能源、信息、环境、市政设施等基础设施的状况，直接影响到招商引资和经济发展，因此地方政府必须把加强基础设施建设作为政府的重要职能，同时加强建设委员会、市政工程局、水务局、环境卫生局、园林局等部门的职责。

(4) 加强地方政府的社会管理和公共服务职能

随着经济的发展和改革开放的深入，流动人口的增加，社会治安、社会就业、公共福利和劳工权益保障等问题变得日益突出；同时，原来由企业承担的一系列福利、保险职能必须走向社会化，由地方政府承接。因此，需要加强地方政府在养老保险、医疗保险、最低生活保障以及各类弱势群体的社会救济和社会福利等方面的公共服务职能。从长远看，要实现向“小政府、大社会”和“有限政府”的转化，必须大力发展第三部门，培育社会自治的空间，加强公民参与，发挥各类社会组织的作用。这是由统治型政府向治理型政府、管制型政府向服务型政府转变的关键。

(5) 地方政府职能方式的转变

在传统的计划经济时期，地方政府主要是利用行政手段事无巨细地对社会经济生活进行全面、直接的干预。改革开放以后，开始由运用行政手段为主向运用经济手段为主转变，并将经济手段与法律手段、行政手段结合起来；由微观、直接管理向宏观、间接管理转变；由以计划为主向以市场为主、计划与市场相结合转变。随着政府管理理念和手段的现代化，推行电子政务，建设公开、透明的阳光政府，实行“一站式”服务，成为地方政府改革的重要举措。

总之，我国地方政府职能转变的基本方向，是从无所不为的“无限政府”转变成有所不为的“有限政府”，把主要工作集中到规划制定、经济调节、市场监管、区域协调、社会管理和公共服务上来；从热衷于“管、审、批”的干预型政府转变为致力于“扶、帮、助”的服务型政府。

2. 现阶段我国地方政府的职能

我国是单一制国家，实行民主集中制原则，各级地方政府的职能基本相同，但在管辖区域上却存在着差别。现阶段，我国政府在继续重视经济职能的同时，开始向重视公共服务职能转变。正如温家宝总理2008年3月5日在第十一届全国人大第一次会议上所作的《政府工作报告》中所说：“在加强和改善经济调节、市场监管的同时，更加注重社会管理和公共服务，维护社会公正和社会秩序，促进基本公共服务均等化”，努力建设服务型政府。

具体来说，我国地方政府职能主要包括以下几个方面：

（1）培育和完善市场体系。在计划经济向市场经济转型期，不仅会出现市场失灵问题，还会存在市场残缺、不统一问题。具体表现在：各类市场发育不全，发展程度不同；“块块经济”和市场不统一，限制了生产要素的自由流动；市场竞争不公平，如在贷款、税率、上市等方面的差别待遇等。鉴于上述问题，地方政府必须履行以下职责：①发展和完善市场体系，包括商品流通市场、金融市场、劳动力市场、技术市场和信息市场等；②建立公平竞争的市场秩序，反对不正当竞争，取消对少数地区的优惠性政策及不同所有制企业的差别性政策，实行民族企业和外资企业的同等待遇政策；③消除市场分割和壁垒，严禁各地区、各部门对生产要素流动的人为限制，打破地区封锁，促进开放、统一市场的形成，推进各种生产要素价格的市场化。

（2）经济调节和市场监管。这是我国各级地方政府的首要职能。市场失灵为地方政府介入经济活动提供了基本的理论依据。尽管企业获得了经营自主权，走向了市场，但由于市场失灵的存在，政府干预已经成为现代市场经济的重要组成部分。地方政府对经济的干预主要表现为经济调节和市场监管。

一方面，地方政府要基于地区资源的比较优势和发展状况，通过制定正确的产业政策和发展规划，促进产业结构合理化，引导区域经济和社会的协调和平衡发展。产业政策是指政府为了实现某些特定的经济目标和社会目标，对某些产业实行保护、扶植、鼓励和调整，以促进这些产业的迅速发展，实现与其他产业的协调发展。产业政策是政府调控市场经济运行的重要手段。具体来说，在存在外部经济的领域，地方政府应适当给予外部经济创造者一定的奖励，如对从事公用事业、城镇社会服务、教育的民营企业提供补贴，对农产品实行保护政策，对某些产品实行限价等。此外，缩小地区和城乡差距，解决地区、城乡发展不平衡问题，也是宏观经济调节的重要内容。

另一方面，地方政府要加强市场监管，维护市场经济秩序，创造公平竞争的市场环境。市场存在着缺陷，会出现外部不经济的情形。由于外部不经济对社会的危害极大，地方政府可运用税收、立法、行政措施加以控制，规范区域经济主体的行为，限制和纠正各种不正当经济行为。如对于偷税漏税、污染环境、违法经营、破坏城镇建设规划、侵占公共资产、对自然资源的掠夺性开采或利用等行为，有关部门必须对当事者予以警告、罚款、行政处罚乃至法律制裁，必要时进行政府管制。此外，地方政府要进行制度创新，从过去那种争项目、跑资金等单纯的工作思路中走出来，把监督规范企业的运行、服务市场，作为工作的着力点。

(3) 加强对公共基础设施的投资和建设。建设、经营和管制地方公共基础设施是地方政府的重要职能。公共基础设施是为企业生产和居民生活提供基本条件、保障本地区生存和发展的各种工程及服务的总称，包括能源设施，供、排水设施，交通设施，邮电通信设施，防灾设施，环保设施等。① 目前我国各地的基础设施还不发达，而公路、铁路、桥梁、航空、通信等基础设施具有投资巨大、周期长、见效慢的特点，私人投资的动力和能力不足，因此，政府必须利用公共财政对基础设施进行投资和建设。在建设服务型政府的过程中，地方政府应当根据区域经济发展中的轻重缓急，发挥地方财政支出的作用，尽量压缩行政费用，降低行政成本，把财政支出的重点放在本地区的基础设施和公共服务上来。

(4) 社会管理和公共服务。这种职能是地方政府构建服务型政府的主要工作内容。在市场经济中，每个人根据其所提供的生产要素对经济的贡献大小而取得收入，因而有助于经济效益的提高。但由于每个人拥有的生产要素数量不同及其他各种原因，这种资源配置机制和分配制度不仅无法有效地提供公共物品和公共服务，而且导致收入分配方面的两极分化。因此，政府必须进行干预，弥补市场在提供公共物品方面的失灵现象，满足社会需要，既实现经济效益又兼顾社会公平。

---

① 徐勇、高秉雄：《地方政府学》，高等教育出版社2005年版，第121页。

地方政府的社会管理和公共服务职能内容非常丰富。主要包括：社会治安综合管理；教育、科技、医疗卫生和计划生育；保护自然资源和生态环境，协调人口、资源、环境和发展的关系；防灾、减灾、救灾和各种突发性事件的处理和解决；社会保障、优抚工作、就业和社会救济工作。

随着市场经济和社会的发展，公共服务的提供方式日益多元化。地方政府既可以通过民间相助的形式促进公共服务事业，也可以通过向企业提供社会资源和社会荣誉的方式发展公共事业。对于医疗、非义务教育等准公共品服务，地方政府既可以直接投资兴办，也可以采取政府补贴形式。

4.3.3 实现地方政府职能转变应注意的几个问题

地方政府能否实现职能转变，关系到我国能否成功地实现向市场经济的转型和经济的发展，关系到社会主义民主政治建设的成败，关系到整个社会文明的进步。自从20世纪80年代以来，中国政府一直把实现政府职能转变作为政治体制和行政体制改革的重要方面。然而，时至今日，我国还处于政府职能转变的艰难过程中。

地方政府的职能转变，是地方政府系统不断适应外部环境的过程，因而是一个不断进行的过程。在这一过程中，宏观政治体制、经济状况以及历史文化传统都将对其产生重要的影响。

从目前看，要实现地方政府的职能转变，必须正确处理以下几个方面的问题：

第一，地方政府与企业和市场的关系。政府和市场都是资源配置的机制。然而，在传统的计划经济体制下，政府包揽了各方面的事务，完全没有市场发挥作用的空间，导致社会经济生活的停滞和僵化。在由计划经济向市场经济的转型过程中，在政企分开的过程中，企业开始拥有了一定的经营自主权，市场开始发挥一定的功能；但是，由于政府还具有培育市场的责任，以及地方政府权力的惯性作用，导致地方政府与市场关系的不确定性。比如，在当今，许多地方政府不是努力为市场和企业创造优良的宏观发展环境，而是亲自招商引资，为企业跑销路，包办了许多应该由企业自身办理的事务。这不仅造成政企关系的复杂化，导致企业对地方政府的依赖，而且为腐败创造了机会，混淆了公共部门与私人部门的区别。必须指出，地方政府以发展经济为中心，并不是要地方政府变成企业，干预企业的微观经济活动；只要市场和企业能够做到的事情，地方政府就不应该干预；地方政府只管市场做不好和做不了的事情，应该把主要精力放在基础设施建设、制度和政策的改进等方面，为企业和市场创造优质的发展环境。这样，企业就会“有事找市场，而不是找市长”，成为真正的市场主体。

第二，地方政府与社会中介组织和社区的关系。长期以来，由于“全能主义”的政府模式，缺乏社会自主的空间，形成了社会的萎缩和对政府的依附状态，窒息了社会创新的活力，也造成了政府过多的责任和职能。在推动政社分开、培育社会组织和发展基层民主的过程中，许多地方政府往往运用行政手段，导致社会组织和基层社区对地方政府的依赖和行政化。因此，要把地方政府过载的职能分离出去，政府必须放权和以法律手段进行管理，努力培育社会中介组织，发展基层社区自治和基层民主，扩大地方居民对地方事务的参与。

第三，地方政府与各级地方党委的关系。在我国，作为执政党的共产党的领导是政治生活的基本原则。党的领导包括对地方政府的领导，这种领导包括思想领导、政治领导和组织领导，即确定社会政治生活的指导价值、重大方针和政策，向地方政府机关推荐重要干部等，这就使地方政府与地方党委形成了非常密切的关系。长期以来，由于实行党的一元化领导，党的组织高度行政化，形成了地方政府对地方党委的依附关系，使地方政府很难独立地进行工作。由于地方党委和地方政府权责关系的不一致，地方政府缺乏权力，却要承担过多的责任，而党的领导具有全局性，从而影响了地方政府职能的转变。因此，要实现地方政府职能的转变，应正确处理地方党政部门之间的关系，实现党政职能分开。这可能是一个长期的过程。

第四，地方政府上下级之间、地方政府内部各职能部门之间的关系。地方政府职能的转变，有赖于地方政府上下级之间权责关系的明晰和制度化，有赖于某一地方政府内部各部门之间权责关系的厘清。然而，由于单一制的中央集权制结构和法制的不健全，地方政府上下级之间的权力和责任并没有明确的划分，上级政府拥有更多、更大的权力，却将责任委之于地方；同时，由于地方政府所管理对象的复杂性和关联性，难以避免职责交叉现象的出现，因此，地方政府的职能转变是一个复杂的系统工程，是一个长期的艰巨过程。

4.4 地方政府责任与问责制

“权责一致”是现代政府管理的基本原则。政府在获得权力的同时，必须承担一定的责任。地方政府的职能与地方政府的责任是一个问题的两个方面。地方政府责任是对地方政府权力进行监督、制约，规约地方政府行为的必要内容。没有只享有权力而不承担责任的地方政府。因此，建立一套有效的问责机制，是确保地方政府“不缺位”、“不越位”，正确履行其职能的必要保障。

4.4.1 责任政府与政府责任

责任是现代政府应具备的基本品质。根据义务性质、归责原则和约束形式的不同，责任可分为三类：（1）以社会心理约束力为表现形式的道德责任；（2）以社会团体约束力为表现形式的纪律责任；（3）以国家强制力为表现形式的法律责任。所谓责任政府是一种政治原则以及建立在这种政治原则基础上的政府责任制度。① 责任政府与代议民主制的建立和运转直接相关，责任政府与议会制互为表里。《布莱克法律辞典》对“责任政府”的解释是：“这个术语通常用来指这样的政府体制——在这种政府体制里，政府必须对其公共政策和国家行为负责，当议会对其投不信任票或他们提出的重要政策遭到失败，表明其大致方针不能令人满意时，他们必须辞职。”可见，责任政府是指负责任的政府，政府及其公务人员的公共权力承载了相应的责任，必须对公众的需要负责，对法律负责，否则就要承担相应的后果。② 责任政府的观念与政府契约论和人民主权观念有关，是近代以来民主政治和法治政治的产物，是民主法治的发达形态。

在现代宪政体制下，责任政府意味着政府必须承担因其权力和职责而产生的责任。根据责任的约束力和归责的形式，美国著名行政伦理学家库珀把政府应该承担的责任分为客观责任和主观责任。他认为，“客观责任与从外部强加的可能事务有关；而主观责任则与那些我们自己认为应该为之负责的事务相关。”③ 实际上，库珀所讲的客观责任包括对宪法、法律的责任、政治责任和行政责任。政府的宪法和法律责任源于政府权力和职责的法的规定性。责任政府一定是法治政府。政府的法律责任，是指政府及其公务员除了要遵守一般公

---

① 胡肖华：《走向责任政府——行政责任问题研究》，法律出版社 2006 年版，第 1、9 页。

② 沈荣华：《中国地方政府学》，社会科学文献出版社 2006 年版，第 294 ~ 295 页。

③ ［美］库珀：《行政伦理学——实现行政责任的途径》，张秀琴译，中国人民大学出版社 2001 年版，第 63 页。

民必须遵守的法律法规外，还必须遵守有关政府及公务员的法律规范。如果违反了后一种法律规范，则要担负法律上的行政责任，由行政机关或其他特定机关根据行政法或其他有关法律予以惩罚。政府的政治责任基于民主政治的制度规定性，它是指政府必须对民众的需求作出及时的回应，采取积极措施，公正、有效地实现公众的需求和利益，认真践行对公民的责任。实际上，政府的政治责任既包括对选民的责任，也包括对执政党的责任。对于地方政府而言，政府责任还包括对中央政府和上级政府的责任。行政责任是政府基于其行政职能而承担的责任，它与政府职能密切相关，是行政主体职责缺失的法定后果，包括两个方面：一是因违法行使职权，不履行行政职责，构成违法行政而承担的法律责任；二是因违反机关岗位职责、工作失误等行为而承担的纪律责任。客观责任的三种形式都需要责任主体之外的力量予以追究，因而具有一定的强制性。库珀所讲的主观责任"植根于我们自己对忠诚、良心、认同的信仰。履行行政管理角色过程中的主观责任是职业道德的反映，该职业道德是通过个人的经历而建立起来的"。可见，政府的主观责任实际上是指行政人员的"伦理自主性"或者"道德责任"。① 政府公务员的主观责任作为一种道义上的责任，体现为自我约束的形式，通过公务员自责和公共舆论的形式而对责任主体发生影响。只有树立坚实的道德责任和优秀的政府文化，客观责任才能起到刚性的规范作用。在民主法治社会，政府官员的主观责任主要表现为诚实、廉洁。责任政府必须是守信、廉洁的政府。只有这样，才能获得民众的拥戴和支持。政府的客观责任和主观责任分别通过外在约束机制和内在约束机制而发生作用，二者相互渗透、相互影响，共同保障责任政府的实现。

政府责任和责任政府尽管存在着紧密的联系，但二者又有所不同。政府责任因其职责和任务而产生，与职能相关。因此，任何政府都负有一定的责任，只不过追责的主体有所不同。例如，在封建君主专制体制下，各级政府和官吏虽然不对老百姓负责，但必须对君主负责。因此，专制政府下的官吏并非没有责任，不会受到惩罚。责任政府与人民主权的现代政治观念相联系，是民主法治政府，因此责任政府所负的责任更为复杂、更为制度化和具体化。责任政府下的责任不是无限的责任，而是有限的责任，它通过具体的法律、制度和纪律等形式表现出来。可以说，在宪政民主体制下，政府责任就是责任政府所承担

① 胡肖华：《走向责任政府——行政责任问题研究》，法律出版社 2006 年版，第 15 页。

的责任。但另一方面，责任政府是负责任的政府，在不能履行责任时，必须受到追究和问责。

责任政府作为民主法治政体的制度安排，是保障政府充分履行其责任的控制机制，是实现政府职能的基本保障，也是政府实现其对社会和公民责任的基本要求。

4.4.2 我国地方政府责任的内容与形式

1. 我国地方政府责任的内容

根据地方政府在我国整个政治体制、政府体系和社会生活中的地位和作用，以及地方政府的权力来源，可以确定地方政府的责任内容和负责对象。

地方政府所负的责任是一个由各种责任现象构成的有机整体。它既包括宪法和法律责任、政治责任、行政责任等客观责任，也包括由行政道德所构成的主观责任。具体而言，我国地方政府所承担的责任包括四个方面：

第一，宪法和法律责任。在宪政体制下，政府责任的基本属性就是宪法性。所谓地方政府的宪法和法律责任是指地方政府必须按照其宪法和法律的要求履行其职能，承担其责任。这就意味着，当地方政府不能履行这些法定职能时，必须受到宪法和法律的制裁。违宪审查制度和司法裁决程序是实现地方政府宪法和法律责任的主要制度保障。改革开放以来，随着我国民主法制建设的进程，我国相关的行政立法工作取得了明显的进步，建立了行政诉讼制度，因而地方政府的责任主要是法律责任。对于地方政府工作人员来说，公务员必须遵守宪法、法律、法规，依照宪法、法律和法规执行公务；在不依法履行或不能履行法定义务时，必须承担相应的法律后果，具体包括接受辞退和行政处分、承担行政赔偿和刑事法律责任等。

第二，政治责任。政治责任是指经由政治选举和政治任命产生的官员由于未能履行其职责或其公共政策、言行违反民意而应该受到追究的一种责任形式。张贤明认为，政治责任的实现有赖于三个条件："权力制约是政治责任实现的根本条件"；"政务公开是政治责任实现的前提条件"；"政治责任主体的个人道德对于政治责任的实现也是一个必要条件"。① 在现代民主政治体制下，

① 张贤明：《政治责任的逻辑与实现》，转引自蒋劲松：《责任政府新论》，社会科学文献出版社 2005 年版，第 624 页。

地方政府既然由当地公众创立，为当地公众服务，就需要对当地公众负责，因此，其政治责任首先表现为对选民的责任。“在一个民主国家，统治者必须对受他们统治的人们说明情况或负责。统治权得自选民的选票，也可以被这些选票收走。”① 因此，地方政府必须对民意负责，这是其权力合法性的最终来源。同时，现代政府都是由政党组织而成，因而必须对政党负责。我国地方政府从法理上要为人民服务、对人民负责，但由于其产生并非由人民直接选举产生，而是在地方党委领导下，由地方人民代表大会及其常委会选举产生，因而必须既对共产党组织负责，又对同级人民代表大会及其常委会负责，而最终对人民负责。有学者认为，地方各级政府对同级人大及其常委会承担政治责任的制度，也是中国地方政府的宪政责任制。我国地方政府的政治责任，要求所有地方政府机关和行政人员，要维护党的领导和纪律，有强烈的政治意识和政治责任感；要从维护国家的政治利益、国家主权以及国家安全等政治高度出发，处理和解决各种问题。

第三，行政责任。所谓政府的行政责任是指政府作为官僚制组织及其公务员的行政管理责任。行政首长作为行政主体，违反行政法律规范给社会造成一定危害但又尚未构成犯罪的，应当承担的行政责任，包括通报批评、赔偿损失、行政处分、撤职等惩戒性的方式。政府的行政责任主要表现为政府公务员通过各个部门的等级结构，在技术上对政治领袖负责并最终对人民负责。

行政责任虽然与政治责任存在交叉，但两者并不完全相同。行政责任必须由法律明确规定，原则上只对违法行为主体发生，由专门机关评价和追究；而政治责任要按照社会多数人的意见，主要针对选举官员进行，责任追究往往具有连带性。行政责任与违法行政相联系。

在我国，由于实行单一制的中央集权体制，作为官僚制组织的地方政府是国务院和上级政府的下级组织，受国务院和上级政府的领导，因此必须对国务院和上级政府负责。这是我国地方政府最基本的纵向行政责任关系。同时，在地方政府的行政领导与行政下级之间，还存在着一种指导与汇报的双向责任关系。这两方面的纵向责任关系，构成行政领导责任。行政首长担负着全国或地区全部或某方面行政工作的领导权，对所辖公共行政事务承担领导责任，如计划生育、治安综合治理一票否决，副职和下属重大事故及廉政建设的连带责任等。此外，地方政府各部门之间存在着协作关系，因而行政责任还包括因相互

① 蒋劲松：《责任政府新论》，社会科学文献出版社 2005 年版，第 5 页。

推诿、扯皮等影响部门之间相互配合、协作造成损失而产生的责任。

第四，道德责任。政府公务员是公共事务的管理者和对民服务的主体，其道德状况直接影响社会的一般道德风气，因而应比一般公民具有更高的公共道德责任。作为公共管理者和公共服务者的角色，政府官员掌握着大量的资源配置权力和自由裁量权，应具有基本的公平、正义感，成为公众的道德楷模和社会正义的化身。当政府官员违反道德规范、社会良知、正义要求时，必须受到道德和公众舆论的谴责。道德责任依赖于责任主体的素质和自我意识，以及公开的社会舆论，它对政府及其官员的行政行为是一种重要的监督机制。目前，各种媒体（尤其是网络舆论）已经成为迫使公务员履行道德责任的重要力量。在许多国家和地区，还制定了有关公务人员的行为规范和法律。例如，1978年美国颁布《政府道德法》，成立政府道德署，负责协调、指导全国范围的廉政工作；为了规范公职人员的道德行为，英国政府先后制定了《公职人员履行公务基本原则》和《公务员行为准则》，确立了无私、廉洁、客观、负责、公开、诚实、表率等七项基本道德原则；我国香港特别行政区政府发给每位公务员一本《公务员良好行为指南》的小册子，明确了公务员在工作、礼貌、公道、忠心、诚实、服从、廉洁、私生活、公务员声誉等方面的行为准则。① 按照我国的《公务员法》，公务员的道德行为规范包括工作和生活等各方面，如认真履行职责，不得玩忽职守；全心全意为人民服务；忠于职守，勤勉尽责；遵守纪律，恪守职业道德，模范遵守社会公德；清正廉洁，公道正派等。我国地方政府及公务员在社会政治生活中的地位，要求地方政府机关及其工作人员不仅要洁身自好，弘扬正义，而且要承担起引导社会成员继承和发扬传统美德，提高社会成员的素质，使社会在一条健康、有序的轨道上发展的责任。

2. 我国地方政府履行责任的形式

根据我国的宪法和法律，以及我国的执法实践，地方政府履行责任的形式主要有以下几种：

第一，通过给予精神压力或精神补偿，纠正地方政府及其官员的不当行为。这包括通过新闻媒体或组织文件对作出违法或不当行政行为的行政主体予以警戒，施以精神压力，以免今后再犯。当地方政府及其官员由于管理行为违

---

① 李秀峰：《廉政体系的国际比较》，社会科学文献出版社2007年版，第29、83、324～325页。

法或不当，造成公民或法人名誉受损或其他合法权益受损时，行政主体应向权益受损的公民或法人承认错误、赔礼道歉，或恢复名誉、消除影响。

第二，对地方政府及其官员的违法行政行为，行政责任的追究机关有权依法撤销或责令停止违法行政行为。

第三，对于地方政府及其官员不履行或拖延履行行政职务，或其他不当行政行为的做法，相对人或其他行政责任的追究机关有权要求行政主体履行行政职责，纠正不当行政行为。

第四，当地方政府的违法行政行为或不当行政行为造成公民、法人或其他组织的财产性权益、政治性权益等实际受损时，相对人有权要求行政主体返还权益，恢复原状，或承担赔偿责任。

第五，地方政府及其官员在行使合法行政行为的过程中造成公民、法人或其他组织的合法权益受损时，应按照公平原则，对遭受损害的行政相对人给予合理的行政补偿。

第六，行政处分。当地方政府公务员的违法失职行为给公民、政府、社会组织带来重大损失时，公务员所在行政机关、上级主管部门或行政监察机关依法对违法失职人员施以惩戒措施。根据《公务员法》，行政处分分为警告、记过、记大过、降级、撤职、开除六种形式。①

由上可见，我国地方政府责任的形式主要是针对地方政府及公务员的履职行为，偏重行政责任。这些责任追究形式在一定程度上能够保证地方政府正确地履行职责。

4.4.3 问责制与我国地方政府责任的追究机制

责任政府意味着当政府发生重大错误或失误时，应当承担由此造成的后果。所谓地方政府问责制是指对地方政府管理中出现的失误，不仅要追究当事人的责任，而且还要追究相关地方政府领导人的责任的一种制度。“任何政府都要建立一套责任机制。这样，才能在社会广泛的支持下进行运作。”② 问责制使得地方政府能够树立起公共责任意识，切实承担起管理公共事务的责任，

---

① 胡肖华：《走向责任政府——行政责任问题研究》，法律出版社2006年版，第36~39页。

② ［澳］欧文·E. 休斯：《公共管理导论》（第二版），彭和平等译，中国人民大学出版社2001年版，第268页。

并且对其不良行政行为产生的后果承担法律责任。因此，问责制有助于促进地方政府对社会和民众的回应性，使得地方政府成为责任政府。在现代民主制社会中，问责的形式更灵活、范围更广泛。高层公务员日益承受“多重问责”。例如，对总理/首相的责任，对财政部的责任，对其他组织的协议的责任以及对其所在部门之部长的责任。波利丹诺论证说，在一个复杂的环境中，绝大部分的决策涉及若干个组织间的协调，“官僚会受到阻遏而无法完全遵照部里的指示，尽管这些指示是完全合法化的。多重问责是政府现实中不可回避的组成部分”①。一般来说，地方政府的权力源于何处，由谁授予，就应该向谁负责，受谁监督和问责。

我国地方政府负责的对象多种多样，因而责任追究的机制也具有多样性。具体来说，主要包括以下几种：

第一，执政党组织对地方政府的责任追究。在我国，共产党是执政党，实行党管干部的原则，地方政府必须接受党的领导，向同级党委、上一级党委（党组）和党中央负责。因而，党中央和地方各级党委是对地方政府追究政治责任的最有效主体。各级党委的组织部门、纪律检查委员会通过检查工作或调查研究、受理控告或举报，发现有悖于党的路线、方针、政策的官员，认为需要追究政治责任时，可报告同级或上级党委决定追究责任。

第二，权力机关对地方政府的责任追究。在我国，各级人民代表大会是人民行使国家权力的机关，地方政府及其首长由本级人大产生，受其监督，对本级人大及其常委会负责。因此，地方各级人大及其常委会有权对由其选举、任免的干部应该承担的责任进行追究。权力机关通过听取和审议政府工作报告，审查政府的法规、决定和命令，质询和询问，执法检查等途径，发现地方政府及公务员发生违法违纪或过失行为或不称职及其他各种事由时，可以罢免、决定免职、决定撤职、接受辞职等方式进行责任追究。

第三，上级机关对地方政府的责任追究。在我国，各级政府之间是领导与服从关系，地方各级政府对上一级国家行政机关负责并报告工作；全国地方各级政府都是国务院统一领导下的国家行政机关，都服从国务院。地方各级政府既要向上一级政府负责，又要向国务院负责。因此，上级政府机关在其任免权范围内，可以通过责令辞职、迫其引咎辞职、免职等手段追究下级的责任；对

① ［英］罗德·黑格、马丁·哈罗普：《比较政府与政治导论》（第五版），中国人民大学出版社 2007 年版，第 421 页。

于不在其任免权范围内的下级，可通过提出免职建议或罢免建议等手段启动对下级责任的追究。

第四，司法机关对地方政府的责任追究。在我国，人民法院和人民检察院等司法机关依照法定职权和程序对地方政府及其公务员的职务犯罪行为，通过行使检察权和审判权，依照《刑法》、《刑事诉讼法》等的规定，对公职人员的职务犯罪行为或准犯罪行为给予责任追究。根据违法违纪行为的情节和轻重程度，给予不同程度的处罚措施。

第五，社会及舆论发动的责任追究。地方政府及其公务员的施政行为应向当地民众负责，接受当地群众的监督。因此，当地群众团体、社会中介组织、企事业单位、公民个人等社会各界及新闻舆论工具都可对地方政府及其公务员直接发动责任追究。社会及舆论发动的责任追究形式具体包括：(1) 提出批评和建议；(2) 提出申诉、控告和检举；(3) 信访；(4) 媒体和舆论“曝光”等。其中，大众传媒和利益集团是对地方政府实施问责的两种主要的社会监督主体。

此外，地方政府领导基于其良心自责和道德责任感，可以对其没有认真履行职责或违背民意的行为进行自我责任追究，通常表现为道歉和引咎辞职等形式。但这种责任追究机制必须以外在的权力制约机制和自由的公共舆论环境为条件。

上述各种责任追究机制，对于保障地方政府履行其政治责任、法律责任、行政责任发挥了一定的作用。但由于各种因素的影响，还需要不断推进改革，创造地方政府履行其职责的良好环境。

4.4.4　我国地方政府责任的现状与改进思路

1. 我国地方政府责任的现状

在传统的计划经济体制下，地方政府缺乏独立的利益和权力，但对中央政府却负有完全的责任，成为承担无限责任的“万能政府”。在这种体制下，地方政府具有政治、经济、文化、社会等各方面的职能，不仅管理公共事务，提供公共物品，而且干预私人生活的方方面面，没有市场作用的空间，社会缺乏基本的自主性和独立性，完全被政府所吸纳和控制。在这种自上而下的控制体制下，地方政府仅对上级和中央政府负责，而对地方民众的责任被虚置化。

改革开放以来，随着以市场经济为导向的经济体制改革的深入和以“放权让利”为特征的政府体制改革的进行，地方政府成为相对独立的利益主体和责任主体，中央政府与地方政府之间的责任关系得到重新调整。随着政企分开和公民社会的发育，大量的责任转给市场和社会中介组织，地方政府逐渐从“万能政府”的模式下淡出，开始向“有限政府”转型。在经济全球化的压力下，中国政府的执政理念和政策日益务实，发展经济、建立公共服务型政府，成为新时期政府职能转变的主要方向。这样，地方政府在发展地方经济，为当地居民提供优质的公共服务方面的责任，成为重要的内容。

然而，在经济体制的转型期，市场和社会中介组织并没有得到充分的发展，其功能并没有得到有效的发挥，因而地方政府还具有培育市场和社会的责任。在地方政府权力过分强大的情况下，由于缺乏独立的制约力量和公开化的措施，加之传统“官本位”观念的持久性影响，导致地方政府责任出现偏差和扭曲现象。这主要表现为以下几个方面：

第一，对地方的责任超越对国家的责任。由于地方利益的意识的崛起，当地方利益和国家利益、社会利益发生冲突时，往往把地方利益看得更重，扭曲中央政策，搞“上有政策，下有对策”。这是地方政府对中央政府责任下降的表现。

第二，大搞“形象工程”、“政绩工程”，无视对当地经济和社会发展的责任。受现有地方政府绩效评价体系的影响，地方官员为尽快得到晋升，热衷于以有限的资源搞一些劳民伤财的“形象工程”，而不愿意投资于对当地经济社会发展有长远意义的基础性事业。还有一种情况，受重视 GDP 的政绩考核指标和地方税收的激励，地方政府投资过热，大上投资多、资源耗费高、污染重的企业和工程。这些行为给当地经济社会的长远发展和环境带来了巨大的负面影响。这是对社会和当地居民不负责任的行为。

第三，地方政府的“越位”和“缺位”现象。一方面，地方政府的强势地位，限制了当地市场和社会功能的发挥，强化了政企不分、政社不分的现象，使地方政府承担了许多应该由企业和社会承担的责任，造成了政府的“越位”；另一方面，对于当地居民迫切需要的公共服务和社会管理领域，地方政府却又存在着严重的“缺位”现象。这些都是地方政府责任不当的主要表现。

第四，权力滥用和腐败。由于地方政府权力的强大，缺乏有效的制约，侵权行为和腐败现象屡禁不止。这不仅损害到公民的基本权利，而且败坏了政治风气和社会道德，这是对社会和当地公民的不负责任行为，严重背弃了政府存在的基本目标。

应该指出的是，随着科学发展观的确立和服务型政府的建设，地方政府履行责任的状况逐渐有所改善。

2. 推进我国地方政府责任建设的若干思路

地方政府能否切实负起它应有的责任，与地方政府官员的素质有关，但更重要的是与地方政府所处的生态环境有关，这主要是指民主法治建设的状况、公民社会的发育状况和公民监督意识的状况。现实中各种地方政府责任的扭曲和偏差，均与制度的、社会的、观念的因素有关。因此，要推进地方政府成为真正的责任政府，必须注意以下几个方面的问题：

第一，完善宪法和法律，推进地方政府的法治化。宪法和法律是政府运作的基本规范，因而其是否完善直接决定着政府行为的范围、方式。然而，“严格说来，我国宪法并未承认责任政府制度的许多环节、内容、方式和程序；我国的行宪实践也还没有采用责任政府制度的若干环节、内容、方式和程序”①。由于法律没有规定或规定过于原则、模糊和笼统，缺乏具体的追责程序、追责方式，造成行政主体的权责分离，使地方政府官员的责任难以得到追究，影响到责任政府的建立。政府的法治建设不仅应该包括规范政府职权和职责的实体法，还应该包括规范政府如何履行职权和职责的程序法。此外，法律还必须明确问责的主体、对象和程序，从法律上保障责任政府的落实。

第二，建立和完善权责明晰、分权制衡的制约机制框架，确保地方政府责任的落实。在现实的地方党委、人大、法院、媒体等各种追责机制中，存在着有权无责、有责无权等各种权责不均衡的现象，其根本原因就是各种机构之间缺乏独立的分权制约关系，以及具体程序的不完善。如权力机关发动的责任追究机制表现为“权力与程序虚置，很少使用”；至于上级机关发动的问责则更难以避免包庇或者袒护下级，借机打击报复等滥用职权、不负责任的现象。②司法机关则由于经费、人事等方面受制于地方政府而很难有效地对政府问责。因此，进行政治体制改革，建立分工明确、相互制约的制度框架，是促进地方政府责任落实的根本举措。

第三，发展市场经济，培育公民社会。企业和公民是地方政府服务的对

① 蒋劲松：《责任政府新论》，社会科学文献出版社 2005 年版，第 598 页。

② 沈荣华：《中国地方政府学》，社会科学文献出版社 2006 年版，第 311 页。

象，因而也是对地方政府问责的主要社会力量。但是，由于政府对经济干预的程度过大和政企不分等因素，地方政府掌握了过多的资源，企业对地方政府形成了过分的依赖，结果企业有了问题“不是找市场，而是去找市长”；同时，由于公民组织不发达，单个公民难以形成与地方政府的讨价还价能力，从而削弱了地方政府对公民的责任意识。随着市场经济的深入发展，各类企业实力的增强，公民结社的发达，以及信息的公开化，各种社会组织必然成为制约和监督地方政府的强大力量。各种相对独立于地方政府的社会组织的发展，是公民社会发展的基本标志。而公民社会的孕育和发展，推动着民主政治的发展，使得政府与社会得以分离，并促进地方政府承担起对企业和公民服务的责任。

第四，法治观念和公民意识的培养。要保障地方政府恰当地履行其职责，不仅需要法律、制度的改革，还需要政府官员和公民都树立法治的观念和民主的意识。在传统的集权体制和革命型社会中，权大于法，缺乏尊重公民权利的法治意识，许多地方政府官员不是把民众看做主体，而是看作统治和管制的对象，因而缺乏对民众负责的意识。至于普通民众，受长期的“官本位”的传统文化的影响，习惯于把地方政府官员看作“父母官”、“青天大老爷”，自己只是听话的“子民”、“顺民”，政府官员则成了国家的主人。正是这种臣民意识，使公民“权利意识不强，法治观念太弱，不知、不愿、不敢诉诸法律，维护自身权益”①。这样，民众在受到侵权时，往往忍气吞声，自认倒霉，从而失去了对地方政府追究责任的动力。因此，加强对干部和民众的民主和法治教育，确立公民的主体地位；加强官员的清正廉洁、勤政为民教育，提高公民的维权意识和干部的服务意识，有助于提高地方政府的责任意识。当然，地方政府责任的落实，根本上在于制度的完善和公民社会的建立。

本章小结

本章是关于地方政府职能与责任的基本知识的介绍。地方政府职能是地方政府管理的基础，它决定着地方政府的机构设置及地方政府管理的各环节。由于市场经济和社会政治发展程度的不同，英、美、法等西方国家的地方政府职能以社会服务为主要内

① 胡肖华：《走向责任政府——行政责任问题研究》，法律出版社2006年版，第108页。

容。由于社会政治环境的变化和经济体制的转型，当代中国地方政府的职责和职能正处在不断的转变过程中，而这种转变能否实现有赖于正确处理政府与市场、社会的关系以及政治体制改革的深入。地方政府的职能与地方政府的责任是一个问题的两个方面。我国地方政府的责任内容广泛、具体，包括宪法和法律责任、政治责任、行政责任和道德责任等，但由于诸多因素的影响，地方政府履行责任的现状还不够乐观。要推进我国地方政府责任的建设，必须从法律和制度建设、公民社会的培育以及民主和法制教育入手。认真学习本章，有利于深化对地方政府职能和责任问题的认识，推动与社会主义市场经济体制相适应的地方政府职能转变，促进责任政府的建设。因此，本章内容对于推进我国的政治体制和行政体制改革具有重要的理论意义和现实意义。

关键术语

地方政府职能　职能合并　地方政府职能转变

产业政策　责任政府　地方政府问责制

复习思考题

1. 试分析影响地方政府职能的因素。
2. 试比较当代中、西方地方政府职能的异同点。
3. 转型期我国地方政府有哪些职能？为什么？
4. 试分析责任政府的“责任”的内涵。
5. 谈谈加强我国地方政府责任的途径。

案例分析

重庆井喷事故中的政府责任

2003 年 12 月 23 日夜晚 10 点左右，中国石油总公司川东钻探公司位于重庆市开县高桥镇正在钻探的天然气井发生了特大井喷事故。由于救助不及时，井喷事故最终造成 243 人死亡，2 142 人中毒住院治疗，6 万 5 千名当地居民被紧急疏散，各种经济损失高达6 432万元。事后经国务院特大事故调查组专家的调查认定，这次井喷事故是一起严重责任事故。作为生产企业的中石油总公司所属钻探公司违规操作是导致井喷发生的最直接原因，该公司是本次事故的直接和主要责任者。然而，从事故的发生到灾民受灾是一个动态的演变过程，其间应急处置的好坏将直接影响救灾抢险的成效。通过对事故灾害演变过程各个环节应对状况的剖析，笔者认为，造成如此惨重损失的主要原因及其管理责任是：

(1) 中央直属企业与地方政府之间的危机管理盲点。由于中国石油总公司为中央部属企业，其安全生产受到上级主管部门的纵向管理，因此中国石油总公司川东钻探公司在进入开县进行施工作业前，并没有与当地政府共同制定事故灾害预防规划，更没有共同制定相应的应急预案。企业和地方政府之间没有建立应急联络通道。事故发生后，矿方首先向其上级主管部门如川东钻探公司、四川石油管理局汇报，而近在咫尺的地方政府反而是在最后才得到井喷事故的消息。据开县政府的报告显示，县政府是在23时26分首次接到重庆市政府值班室和川东北矿区的通报的，此时距事发已一个半小时。县政府成立的先遣队在24日凌晨2时10分才到达高桥镇，下达全面疏散命令，组织群众向3公里外撤离。此时，距发生井喷已过了4小时25分，很大程度上贻误了最佳的避难疏散和救灾抢险时机。

(2) 灾害情报网络体系缺失。面对高危企业的施工作业，地方政府过分依赖于生产企业自身的安全管理，没有从政府灾害应急管理的角度建立相应的监测情报体系。以至于事故发生后，当地政府全然不知，既不能及时地收集灾区的受灾情报，从而把握灾情，制定切实可行的应急救灾方案；又不能将政府所掌握的灾害情报和应急措施及时地传输给灾区民众。由于当地农村已取消了高音喇叭，多数农家又没有电话，因此无法得到通知，结果造成大量的人员伤亡。据《中国新闻周刊》调查，很多邻近井口的村民是在凌晨四五点钟感知情形不妙才开始自行撤离的，而此时他们中的很多人已中毒较深无力撤离。

(3) 政府应急救灾措施不力。由于开县政府事先没有制定相应的应急预案，在得知井喷发生后，并不知道应该如何组织救灾抢险。而在后来的救灾过程中，又因为没有相应的救灾设施，无法向灾民提供临时的安全避难场所、必要的防毒用具和紧急疏散用的交通工具。据《中国新闻周刊》报道，虽然政府当晚即组织干部通知村民撤离，但因为没有防毒面具等专业工具，无法进入危险区域挨家挨户通知。灾民通过各种途径得知灾害情报后，大多惊慌失措，四处逃逸。这无形中增加了救灾抢险的难度。

(4) 公民防灾意识薄弱。群众防灾意识薄弱也是井喷事故灾害扩大的一个重要原因。中国石油总公司进入开县高桥镇开采油气后，无论是生产单位还是当地政府部门，都没有就油气井的性质、可能会造成的危害向居民说明，更没有针对可能发生的灾害事故如何防御等进行必要的防灾教育和防灾救灾训练。井喷事故发生后，一些灾民并没有意识到其严重性，迟迟不愿离开家园，或因顾及家中财物，半途返回，结果失去了最佳避难时机。

由上可见，生产企业违规操作，是造成这次井喷事故灾害的直接原因，也是最主要的原因。但是，如果上述任何一个环节起到应有的作用，都会较大程度地减轻灾害的损失。而这些环节很难依靠生产单位来实施，必须由地方政府根据本地区特征，在施工单位的协助下，制定和完善防灾救灾管理体系及相应的应急预案，并对民众实施必要的防灾知识教育和专业化的防灾训练。显然，这些工作属于政府的行政管理职责范围。所以，作为地方政府的重庆市政府、开县政府以及重灾区的高桥镇政府灾害管理责任严重缺位，是导致这次井喷事故灾害造成惨重损失的重要原因之一。

重庆井喷事故虽然只是一个个案，但其反映的却是我国灾害管理水平的现状。地方政府在灾害管理与应急中管理责任缺失，防灾减灾作用没有得到充分发挥是灾害损失扩大的主要原因之一。2005年6月发生在黑龙江省宁安市的特大山洪灾害，由于当地政府事先没有合理的预防措施，灾害发生后又没能及时组织救灾抢险，致使包括105名小学生在内的117人在这次山洪灾害中失去了生命。这再一次验证了地方政府在公共安全管理中的严重缺位。可想而知，如果地方行政没有发挥应有的作用，减灾将永远是一厢情愿的奢望。

（资料来源：滕五晓：《公共安全管理中地方政府的责任及其作用》，《社会科学》，2005年第12期。）

请思考

1. 请分析地方政府在公共安全管理中具有什么职能？
2. 如何加强地方政府对突发性公共事件的责任管理？

阅读书目

1. 张坚石等：《地方政府的职能和组织结构》，华夏出版社1994年版。

2. 陈嘉陵：《各国地方政府比较研究》，武汉出版社1991年版。

3. 毛寿龙：《中国政府功能的经济分析》，中国广播电视出版社1996年版。

4. 胡肖华：《走向责任政府——行政责任问题研究》，法律出版社2006年版。

5. 蒋劲松：《责任政府新论》，社会科学文献出版社2005年版。

第5章 地方立法制度

☞简短提要

本章在介绍地方立法的概念、特征的基础上，对中央和地方立法权限划分的模式、划分标准及划分方式进行了阐述；对美国和英国两个西方国家的地方立法制度进行了介绍；然后，以此为背景介绍了中国地方立法制度的发展过程，并对当代中国的一般地方立法、民族自治地方立法、经济特区和特别行政区立法分别进行了介绍。

☞重点问题

本章主要涉及以下问题：(1) 地方立法的概念、特征；(2) 中央和地方立法权限划分的模式；(3) 西方国家地方立法制度；(4) 中国的一般地方立法；(5) 中国民族自治地方立法；(6) 中国的经济特区和特别行政区立法。

5.1 地方立法制度概述

5.1.1 地方立法的含义和特征

1. 地方立法的含义

地方立法，指特定的地方国家政权机关，依法制定、修改和废止效力不超出本行政区域范围的规范性法律文件活动的总称。地方立法是相对于中央立法而言的立法，是构成国家整个立法的一个重要方面。不少国家的地方立法本身也是个体系，由多类别、多层次的立法构成。

近现代意义上的立法起源于西方，是资产阶级革命的产物。与古代立法不同的是，立法主体产生了根本的变化，立法由专制君主“口含天宪”或由少数贵族把持回归到广大人民手中，并且由于法在现代民主国家中至少在理论上和制度框架设计上所具有的无上权威性，使立法日益成为国家最重要的一项活动。同时，由于立法主体是广大人民群众，为了使法能够最大限度地反映绝大多数人民的意志，提高法律的权威和法的实施的效益，法的创制过程就日益显得尤为重要。正因为如此，当代西方学者对立法概念的界说之一，就是认为立法既是制定和改变法的过程，又是该过程中产生的结果，即过程与结果说。如英国学者戴维·M. 沃克就曾指出：立法是指“通过具有特别法律制度赋予的有效地公布法律的权力和权威的人或机构的意志制定或修改法律的过程。这一词亦指在立法过程中所产生的结果，即所制定的法本身”①。法是由国家强制力保证实施的具有普遍约束力的行为规范的总和。由于法所具有的普遍约束力的这种特性，使法的创制即立法成为任何国家最为重要的一项政治活动。在我国，当前法学界对“立法”一词的理解通常有广义和狭义之分。狭义的立法仅指国家立法机关依据法定权限和程序，制定、认可、修改、解释、补充、废止法的专门的活动，广义的立法则是指一切有立法权的机关，包括中央和地方立法机关，以及行政立法机关等，依据法定的权限和程序，制定、认可、修改、解释、补充、废止法的专门活动。

由上可见，地方立法实际上是国家立法的一个重要组成部分。而相对于国家立法而言，地方立法又有其自身的特点。

2. 地方立法的特征

(1) 地方立法的主体具有特定性

地方立法的主体只能是地方国家机关。中央国家机关不能是地方立法的主体，即使中央国家机关制定专门解决地方问题的法律、法规，这样的立法活动也不属于地方立法的范畴。

另外，不是任何地方国家机关都能进行立法，也不是有立法权的机关可进

① ［英］戴维·M. 沃克：《牛津法律大辞典》，邓正来等译，光明日报出版社 1988 年版，第 547 页。

行任何地方的立法，只有特定地方国家机关才能进行相应的立法活动。

（2）地方立法具有从属与自主两重性①

一方面，地方立法与中央立法相比，处于相对次要的地位，一般要以中央法律、法规为依据，或不能与其相抵触。在立法功能方面，地方立法一般都负有贯彻实施中央法律、法规的责任。在中国，地方立法还有补充中央法律、法规以及先行一步为中央立法积累经验的任务。一国法制统一原则还要求地方立法的法的体系、法的形式或渊源及其他有关方面，应当与中央立法保持一定的协调性。另一方面，地方立法作为一国立法体制的组成部分，也有相对独立的地位，地方立法存在的主要原因之一，是要以地方立法的形式调整地方社会关系、解决地方问题，它可以在不与中央法律、法规相抵触的前提下，独立自主地立法，积极地解决应当由自己解决的问题。地方也可以根据本地情况，在坚持或顾及法制统一的前提下，在法的体系、法的形式或渊源及其他方面，自主地形成自己的风格。在有的国家，地方立法的从属性是更主要的属性；在另一些国家，自主性是更主要的属性；还有些国家，这两重属性平分秋色。在中国现阶段，地方立法对中央立法的从属性，下级地方立法对上级地方立法的从属性，是更主要的属性。

（3）地方立法具有较强的针对性和可操作性

中央的立法，由于其适用范围广，必然具有较强的概括性、抽象性。难免会带来如下问题：一是与实际生活的距离总会远一些，可操作性总会差一些；二是有的情况和做法，因为在全国范围内来看不具有典型性，可能未反映出来；三是有的规定，受主客观条件制约，不一定完全符合各个地方的实际。地方立法同中央立法相比，具有较强的针对性。

（4）地方立法具有较大的灵活性

地方立法根据中央的统一规定，结合地方的实际情况，针对地方面临的问题进行立法。主要表现在：立法选题上的灵活性，特别是自主性、试验性立法项目；条款内容上的灵活性，有些是中央立法明确授权地方规定的，更多的是地方根据统一的原则和制度、结合本地区实际情况所作的规定，实际上地方立法是中央立法在本地区贯彻实施的“桥梁”、“中介”。

（5）地方立法的效力范围具有区域性特点

地方立法的效力只及于制定机关权力所辖范围内，在该范围内有效，不能

① 周旺生：《立法学》，法律教育出版社2004年版，第216页。

超出该区域，更不能在全国范围生效。

5.1.2 中央和地方立法权限的划分

1. 中央和地方立法权限划分的基本模式

国家结构形式对中央和地方立法关系具有重要的影响，国家结构形式是指国家的整体与其组成部分之间的关系，即中央政权与地方政权之间的关系。这一关系的实质是该国在处理国家整体与组成部分之间关系时是坚持集权还是分权。中央与地方立法关系，向来受到国家结构形式以及中央与地方的权限划分的支配与制约。① 在现代，国家结构形式主要分为单一制和联邦制两种。国家结构形式是影响中央与地方立法权限划分的最直接、最重要的因素。在联邦制国家，宪法一般都对联邦政府的专属立法权做出明确规定，以防止联邦侵犯各州或者邦的权力，确保地方有充足的立法自主权，如美国、德国；单一制国家的特点在于中央的集中控制比较明显，地方立法权相对较弱，如英国、法国。

（1）联邦制国家中央和地方的立法权限划分模式

联邦制国家的中央和地方立法关系具有以下特点：

①联邦制国家的中央立法与地方立法的关系通常由成文宪法加以确定。

②中央与地方立法事务实行法定、明确的分权体制，存在联邦（中央）和联邦成员（地方）两个相互独立的立法权力体系。② 联邦制国家的中央立法是有限制的。各联邦制国家的宪法都明确规定了联邦的立法范围，在联邦立法范围之外，联邦组成单位有自己专有的立法范围。

③与单一制国家相比，联邦制国家在中央与地方立法权限的划分上体现出分权的比重相对大于集权的主要特征。

④在联邦制国家，地方享有广泛的立法权，不仅可以制定本行政区的根本法——宪法，而且可以制定其他一些基本法律，在中央的法律体系之外，地方可以形成自己相对独立的法律体系。

在联邦制国家，以联邦立法的集权与分权程度作为划分标志，可以将联邦

---

① 封丽霞：《中央与地方立法关系法治化研究》，北京大学出版社 2008 年版，第 167 页。

② 封丽霞：《中央与地方立法关系法治化研究》，北京大学出版社 2008 年版，第 174 页。

制国家的中央与地方立法权限划分的模式分为联邦分权模式和联邦集权模式两类。① 联邦分权模式以美国、德国等为代表，这种模式主要表现为联邦与联邦成员之间立法权分配比较均衡的一种中央与地方立法关系，其基本价值取向是防止联邦中央的集权专制，保证联邦成员及其地方政府拥有足够的立法自主权。这种模式也称为“分权制衡联邦模式”。联邦集权模式以印度为代表，这种模式主要表现为以联邦中央集权为主要特征的中央与地方的立法关系，其基本价值取向是限制联邦成员的地方立法权，从而保证联邦享有高度集中的中央立法权。这种模式也称为“非均衡型联邦模式”。

（2）单一制国家中央和地方立法权限划分模式

单一制国家的地方立法同联邦制国家的地方立法相比，有很大的区别。一般说来，具有以下特点：

①立法权主要由中央行使，但在一定条件和限度下，地方享有某些中央政府授予的地方立法权。②

②中央立法处于主导的地位，地方立法权相对于国家立法权处于相对次要的地位。地方立法一般不能与国家立法相抵触或冲突。

③在中央和地方立法权限划分范围上，中央立法权没有总范围的限制，而地方立法没有自己专有的立法范围。

④地方立法权是有限度的，地方立法不能制定宪法、法律、国际条约等各种形式的法律，如日本地方议会立法，根据法律规定，地方议会在制定条例时，其内容必须在国会或内阁制定的法律、决议和政令所允许的范围内，否则一律无效。这些条例不能涉及司法或其他国家规定的事务，而且条例的制定、修改和废止都必须报告内阁自治大臣。地方立法的范围以及所调整的社会关系的重要程度，一般都不及国家立法。地方立法只能在地方有效。

⑤地方立法权往往是多层次的，如意大利的省、县、乡都有立法权。日本的都、道、府、县和市、町村两级均设立了行使地方立法权的议会。③

在单一制国家中，根据中央与地方立法权分配的程度，可以分为两种模式。一种是单一集权模式。这种模式以法国为典型代表，主要体现为中央立法

---

① 封丽霞：《中央与地方立法关系法治化研究》，北京大学出版社 2008 年版，第 174 页。

② 曹海晶：《中外立法制度比较》，商务印书馆 2004 年版，第 145 页。

③ 黄蒙地：《国外地方立法概况》，《人大研究》1993 年第 3 期。

集中主导型的中央与地方立法关系①。法国立法权限划分的突出特点是，在中央与地方的纵向权力关系上，强调中央集权，而不注重地方分权。另一种是单一分权模式。这种模式以英国为典型代表，主要表现为地方立法自主型的中央与地方立法关系。英国实行的是在中央集权控制下的地方有限分权模式，中央与地方的关系是监督控制与被监督、被控制的关系。

2. 中央和地方立法权限划分的标准

对哪些事项属于中央专属立法，哪些事项划归地方自主立法，应有一个可操作的标准加以确定。在联邦制国家，一般对中央与地方立法权限划分的标准是有关事务的影响范围：全国性事务由中央立法规定，地方性事务由地方立法规定。美国和德国是两个比较典型的代表。如美国《联邦宪法》第八条的“洲际贸易款”规定：“国会仅有权调控国际、洲际以及与印第安部落之间的贸易，而无权调控纯粹发生于州内的贸易。”这显然是以“贸易行为”发生的地域即“影响范围”来确定联邦与各州在贸易领域的立法权。② 德国《基本法》对联邦立法权范围的规定也鲜明地体现了这一点：“取决于对联邦立法调控的需要程度，联邦应有权对下列事项制定立法：（1）一州的立法不能有效地调控的事项；或（2）州法律对该事项的调控，可能损害其他州或整个政体之利益；或（3）为了维持法律或经济统一，尤其是维持超出任何一州疆土范围内的生活水平之均衡，这类调控有所必要。”对于采用此标准的原因，主要是地方立法主体对涉及当地人民利益的事项最熟悉，应给予其充分信任，它有能力采取最直接有效的办法处理公共事务，这符合地方自治原则。另外，各个地方的具体情况差别很大，中央立法难以具体调控，而对超出一个地方管辖范围的事务，由地位超然中立的中央立法加以协调，可以避免地方之间自行交涉可能出现的难以达成共识的情况，从而减少了该事务有效解决的成本，提高效率。

3. 中央和地方立法权限划分的方式

（1）联邦制国家中央和地方立法权限划分的方式

在联邦制国家中，联邦与州的立法权限一般由宪法规定，确定哪些立法权

① 封丽霞：《中央与地方立法关系法治化研究》，北京大学出版社 2008 年版，第 169 页。

② 封丽霞：《中央与地方立法关系法治化研究》，北京大学出版社 2008 年版，第 366 页。

归联邦，其他全部归州；州以下则采用与单一制国家相同的立法体制。从各联邦国家的情况看，宪法对立法权的划分有三种基本的方式：

第一种是宪法列举联邦权力，对州的权力作保留权力的概括规定。宪法规定了中央立法范围以及禁止组成单位立法的范围，其余事项的立法权保留给联邦组成单位。采用这种方式的国家有美国、瑞士、澳大利亚、阿根廷和巴西。例如，美国宪法列举规定下列事项专属于国会，包括：①征税、借款、发行货币；②管理对外贸易和州际贸易；③制定统一的归化法和破产法；④规定伪造合众国证券和货币的罚则；⑤设立邮政局和兴建邮政道路；⑥颁发专利权和版权；⑦设立联邦法院；⑧规定和惩罚公海上的海盗行为和违反国际法的犯罪行为；⑨宣战、颁发捕获敌船许可状，制定关于陆上和水上捕获的规章；⑩建立陆军、海军；⑪征召民兵；⑫管理领地，管理财产；⑬厘定度量衡；⑭办理外交和缔结条约；⑮接纳新州加入联邦；⑯提出宪法修正案。同时又通过《宪法》第十条修正案明确规定了地方的立法权：“宪法未授予合众国，也未禁止各州行使的权力，由各州各自保留或由人民保留。”

第二种是宪法将联邦和州的权力分为几个层次，对涉及联邦的权力均加以列举，宪法未涉及的权力归属州。表现为宪法规定了中央专有立法权，联邦与联邦组成单位共同立法权，借此把中央立法权局限在联邦专有立法范围和共同立法范围之内，联邦组成单位不仅可以对中央与地方共同立法事项进行立法，而且可对联邦专有立法事项和共同立法事项以外的事项行使立法权，采用这种方式的国家有俄罗斯、德国和奥地利。如德国《基本法》第三十条规定：“如果基本法没有其他规定或特许，国家权力的行使和国家任务的完成，是各州的职责。”

第三种是宪法对联邦的权力范围和州的权力范围均加以列举，再规定剩余权力的归属。表现为宪法规定中央专有的立法权、中央与地方共同立法权，地方专有立法权。这样，中央只能对联邦专有立法事项和共同立法事项行使立法权，联邦组成单位则只能对联邦组成单位专有立法事项以及共同立法事项行使立法权。采用这种方式的国家有加拿大、印度和马来西亚。加拿大《1867 年北美法案》列举了联邦与省的专有立法事务和少量的共同立法事务，剩余权力划归联邦。印度和马来西亚宪法的职权划分表详细列举了联邦与州各自的专有权力以及双方的共同立法权，印度的剩余权力属于联邦，马来西亚的剩余权力则属于州。①

---

① 杨利敏：《联邦制分权结构的比较研究》，中华法律网，www.chinafalv.com.

（2）单一制国家中央和地方的权限划分的方式

在单一制国家中，原则上所有事务都属于国家事务，由中央立法机关进行立法。但在许多单一制国家，也有采取地方自治或中央向地方下放权力的情况，由中央将一部分可以由地方立法的事项，通过法律明确授予地方。不过在单一制国家，地方的权力来自中央政府的授权。中央政府是否授予地方立法权以及授予多少立法权，完全由中央政府按照既定的思路和原则以宪法或法律规定之。地方不具有与中央平行的专属立法权，对于地方专属立法权的规定，一般只是联邦制国家的规定，在单一制国家一般不存在地方专属立法权，只拥有次级或附属立法职权。地方立法相对于中央立法处于从属地位，表现为地方立法不得和中央立法相抵触。单一制国家一般把全部立法事项分为中央立法事项和地方立法事项，大多数单一制国家对地方立法只是进行概括性授权，宪法通常只规定中央与地方的权限划分原则或地方政府行使权限的大致范围，不具体列举中央与地方的权限，如 1947 年《日本国宪法》第八章的规定。又如在英国，奉行“议会至上”原则，所有制定法都由议会通过，同时，根据《地方政府法》和其他专门法的规定，地方议会为实施制定法可制定规章，但必须报主管大臣或其他有关大臣批准，且不得与一般法相抵触。① 还有的单一制国家是以宪法具体列举中央与地方的职权，如 1947 年制定并经多次修改的《意大利共和国宪法》第五章的有关规定。我国是单一制国家。《宪法》规定中央与地方的关系是：“在中央集中统一领导下，充分发挥地方的主动性、积极性。”对中央与地方的立法权限没有作具体划分。《立法法》在总结中外立法经验的基础上，采用“法律保留”的原则，以列举的方式明确规定了法律的立法权限，以此为基础，相应从原则上规定了行政法规、地方性法规和规章的立法权限。

5.2 西方国家的地方立法制度

5.2.1 美国的地方立法制度

1. 地方立法权的来源

美国《联邦宪法》及其修正案规定：“宪法没有授予合众国的权力，宪法

① 胡锦光：《宪法学原理与案例教程》，中国人民大学出版社 2006 年版，第 429 页。

也没有禁止授予州的权力是保留各州或者是保留给人民的。”美国《联邦宪法》采取列举的方式，赋予中央特定的立法权，而宪法上未予列举由中央行使的权力由地方行使。

2. 地方立法权限

根据美国《联邦宪法》规定和联邦最高法院的有关宪法解释，保留给州的立法权限包括：(1) 管理州内的工商业；(2) 建立地方政府；(3) 保护健康、安全，维护道德；(4) 保护生命、财产和维持秩序；(5) 批准宪法修正案；(6) 举行选举；(7) 改变州宪法和州政府。

联邦和州都可以行使的立法权限：(1) 征税；(2) 借款；(3) 设立银行和公司；(4) 设立法院；(5) 制定和实施法律（在各自权限范围内）；(6) 为公共目的而征用财产；(7) 兴办公共福利。

禁止州行使的立法权限包括：(1) 不得铸造货币，在和平时期不得保持军队和兵舰；(2) 不得缔结条约；(3) 不得制定损害合同义务的法律；(4) 不得否定人民享有法律的同等保护；(5) 不得违反联邦宪法或阻挠联邦法律的实施；(6) 不得因种族、肤色和性别而剥夺公民的选举权；(7) 不得对进口货和出口货征税；(8) 不得允许奴隶制；(9) 不得授予贵族爵位；(10) 不得通过剥夺公民权利的法案或者追溯既往的法律；(11) 不得中止人身保护状的特权，除非发生叛乱或者入侵；(12) 非经正当法律程序，不得剥夺任何人的生命、自由和财产。

3. 地方立法的效力

联邦法的法律效力高于州法的效力。美国《宪法》第六条明确规定：合众国的宪法、法律和同外国缔结的条约，都是全国的法律，各州必须遵守；州的宪法或者法律，凡是同联邦宪法、法律和条约相抵触者，一律无效。

4. 地方立法的立法主体和表现形式

美国各州有议会，除内布拉斯加州实行一院制外，其他各州均采用两院制，包括众议院和参议院，议案提出后，经两院共同通过。在一些州，公民还享有创制权和复决权。征集一定数量的公民签名同意后，就可以将公民自行提出的法案交付全体公民表决，如获通过，即可成为法律。在有的州，议会通过法案后还主动地或者应公民的要求，将法案交付公民复决，以多数最后通过。① 在华盛顿、加利福尼亚、密执安、佛罗里达、密西西比等24个州，宪法规定了公民立法的内容，即公民通过一定程序直接制定、修改法律，甚至可以修改州宪法。“据统计，一百年中美国各州通过公民立法共制定法律2 003个，包括对宪法和法律的修改。”②

在美国，地方立法的表现形式有州宪法、法律、行政规章、市政条例等。美国各州都有宪法，多数州的宪法与联邦宪法大同小异。在法律位阶和效力上，联邦宪法最高。州宪法的法律位阶和效力小于有效的联邦法律，但在本州范围内是首要的。州法律由州立法机关颁布，从属于有效的联邦立法和州宪法。州行政规章规定的是本州内属于行政领域的诸多活动和事项。每个州都有众多享有立法权的县，在每个县里有一定数量的城市，市政立法通常为地方利益考虑，一般叫作“条例”。③

5.2.2 英国的地方立法制度

英国是单一制的国家，实行的是在中央集权控制下的地方有限分权模式，中央与地方的关系是监督控制与被监督、被控制的关系。

1. 地方立法权的来源

与美国不同，英国没有一部专门的成文宪法，英国地方立法的职权只能由议会立法予以授权。英国地方政府和中央政府机构设置不同，不实行立法和行政分权的原则，不设议会和行政两种机构，只设地方议会兼行立法和行政两种职能。④ 根据1972年的《地方政府法》授权，地方政府有权制定适用于本地区的地方性法规。根据议会法律授权，地方政府还可以制定单行条例。⑤

2. 地方立法的权限

英国中央对地方政府有较多的限制，地方政府的自治权比较有限。在立法

① 曾广载：《西方国家宪法和政府》，湖北教育出版社1989年版，第240～241页。

② 王晓民：《国外议会研究文丛》第一辑，华夏出版社2001年版，第80页。

③ 方伟：美国制定法的历史、现状及其若干启示，载周旺生主编：《立法研究》第4卷，法律出版社2003年版，第405页。

④ 曹海晶：《中外立法制度比较》，商务印书馆2004年版，第158页。

⑤ 胡建森：《比较行政法——20国行政法评述》，法律出版社1998年版，第90页。

权限的事项上，中央政府对地方政府有如下权力：

（1）有权颁布各种规定地方政府活动的行政法规和规章程序；

（2）有权审核批准地方政府所拟定的行政管理方针，以确定其法律效力；

（3）有权批准或者驳回地方政府就有关行政管理事项的请求报告；

（4）对于地方政府的行政管理措施的失当或违法，有权予以纠正；对于渎职有权依法惩处；

（5）有权审核地方政府的行政管理报告，监督其行政管理活动；

（6）通过拨款资助，对地方政府实施监控。①

各地区地方议会都有一定的立法职权，但是其内容不尽一致。总的来讲，地方议会立法职权的内容包括：

（1）立法事项，如制定地方性法规，发布地方性的命令和指示；

（2）财政事项，如课征地方赋税，编制预算决算，发行地方公债，管理地方财政；

（3）行政事项，如治安、消防和民防，机动车管理、度量衡管理、食品药品监督、消费者权益保护；

（4）教育、住房、儿童、老人等的社会福利事项；

（5）维护和改善环境、公益事业等；

（6）商业服务和管理，等等。②

英国的授权立法也对地方立法进行了一定的限制：

（1）一个地方政府不能根据授权另一地方政府制定细则的法律就同样的问题制定细则；

（2）地方政府在制定细则时不能将所依据的授权用于不同目的；

（3）地方政府不能通过制定细则授予自己法定权力之外的权力；

（4）地方政府不能制定细则限制贸易；

（5）细则的规定通常是对法律中原则的补充，禁止性规定不能严于法律的规定；

（6）细则可以就既决的犯罪行为作出处罚规定，等等。③

---

① 薄贵利：《近现代地方政府比较》，光明日报出版社 1988 年版，第 140-141 页。

② 曾广载：《西方国家宪法和政府》，湖北教育出版社 1989 年版，第 463 页。

③ 林征：《英国的立法制度》，李步云：《立法法研究》，湖南人民出版社 1998 年版，第 512 页。

1997 年工党执政后，首次明确划分中央政府与四个地区政府的权限，各个地区相继成立地方议会开始运作，地方立法权限明显扩大。

3. 地方立法的主体和程序

英国地方政府制度是 1974 年 4 月 1 日在全国改革后推行的，全国由英格兰、威尔士、苏格兰和北爱尔兰四大地区组成。在威尔士和英格兰设郡和区，区以下设教区或乡；苏格兰设大区和区；北爱尔兰只设区。在地方的每一个郡、自治区、教区和区，都有由当地人选出的地方议会，郡议会的议员从 40-100 名，区议会议员 30-50 名，教区的理事 5-20 名。各级地方议会每届任期 1 年。各级地方议会都是自治的、独立的，它们之间互不隶属、互不管辖，各级议会都只能在议会法赋予的权限范围内，就自己的职权事项制定有关地方法规。地方政府可以申请中央议会通过专门法案而获得立法授权。1972 年的《地方政府法》规定，郡议会和区议会得通过决议、动议一项地方法案，此项决议必须在地方报纸上刊登为期 10 天的通知，并经过地方议会全体议员的过半数通过；如果是动议，需要在法案向中央提出 14 天后再经过议会过半数议员通过，方可成立。①

5.3 中国的地方立法制度

在中国，立法是指由特定主体，依据一定职权和程序，运用一定技术，制定、认可和变动法这种特定社会规范的活动。中国现行立法体制是中央统一领导和一定程度分权的，多级并存、多类结合的立法权限划分体制。按照我国的立法体制，根据立法主体和立法的效力等级和效力范围不同，立法分为中央立法和地方立法。中央立法包括全国人大及其常委会立法（狭义的国家立法）、国务院及其部委立法。地方立法是指特定的地方国家机关依据宪法、法律和行政法规规定，结合本行政区域内的具体情况和实际需要，依照法定的权限和程序，制定、修改和废止效力及于本行政区域的规范性法律文件的活动。中国的地方立法包括一般地方立法、民族自治地方立法、经济特区和特别行政区立法。

① 姜士林等：《世界政府辞书》，中国法制出版社 1991 年版，第 635-636 页。

5.3.1　新中国地方立法制度的发展

新中国地方立法制度的发展是随着我国中央与地方立法权力划分体制的产生与发展而发展变化的，可以划分为四个阶段。

第一阶段，中华人民共和国成立至1954年9月第一部宪法的公布。这个阶段我国初步建立了中央与地方两级立法体制。1949年颁布的起临时宪法作用的《中国人民政治协商会议共同纲领》第十六条规定："中央人民政府与地方人民政府间职权的划分，应按照各项事务的性质，由中央人民政府委员会以法令加以规定，使之既利于国家统一，又利于因地制宜。"确立了我国在立法体制上实行中央集权与地方分权相结合的原则。这一阶段，中国存在地方立法。在一般地方，大行政区、省、市、县可以拟定法令条例或单行法规。如根据1949年12月政务院制定的《大行政区政府委员会组织通则》，大行政区人民政府有权拟定与地方政务有关的暂行法令条例，报政务院批准或备案。在民族自治地方，按照1952年的《民族区域自治实施纲要》的规定，从最基层的民族自治乡往上，各级民族自治机关都有权制定单行法规。

第二阶段，1954年《宪法》的施行至1979年《地方组织法》的生效。这是中国地方立法处于低谷的阶段。从1954年《宪法》的施行到1966年"文化大革命"之前，立法权高度集中在中央，地方立法几乎不存在。1954年《宪法》第二十二条规定："全国人民代表大会是行使国家立法权的唯一机关。"1954年《宪法》取消了一般地方享有的法令条例拟定权，仅规定民族自治地方有权制定自治条例、单行条例。从"文化大革命"开始到1978年《宪法》的公布，完全不存在地方立法。其中从1966年夏到1975年《宪法》公布前，整个法制被搁置一边，1975年通过的我国第二部宪法，关于立法体制的规定仍然沿袭1954年《宪法》的规定，但已名存实亡了。

第三阶段，从1979年《地方组织法》的施行到现在。在这个阶段，我国中央与地方立法体制逐步建立起来。1979年全国人大制定的《地方各级人民代表大会和地方各级人民政府组织法》开始把立法权下放至省级人民代表大会。1979年《地方组织法》对中国地方立法和整个立法的最重要的意义，在于它开始了一个新时期、新阶段，它的诞生，是中国立法史上一个重要的变革。①1982年通过的新《宪法》第一次以宪法形式明确规定了中央与地方两级

---

①　周旺生：《立法学》，法律出版社2004年版，第223页。

立法主体，奠定了中央与地方分享立法权的宪法基础。2000 年，全国人大通过了《中华人民共和国立法法》。作为一部专门调整和规范立法活动的基本法，《立法法》对中央的专属立法事项进行了列举，对地方立法的权限范围、立法程序进行了规范。

5.3.2 一般地方立法

1. 一般地方立法概述

一般地方立法，是相对于特殊地方立法而言的地方立法。它是一般地方的有关国家政权机关，依法制定和变动效力可以及于本地范围的规范性法律文件活动的总称。①

一般地方立法是由宪法和宪法性法律明文确定的地方立法，立法权主要直接来自宪法和宪法性法律的授权；一般地方立法的调整对象，是地方上普遍需要以法的形式调整的、属于普通范围的事项；一般地方立法，在总体上不像自治立法和特区立法（特别行政区立法和经济特区的授权立法）那样带有破格性，不像经济特区的授权立法那样带有经常的不确定性，一般地方立法的任务和程序等，通常不仅是普通的、常规性的，而且是确定的或明确的。

在中国现时期，除民族自治地方的自治立法、经济特区的授权立法、特别行政区立法外，所有地方立法都是一般地方立法。从类别上说，中国一般地方立法由一般地方的法定国家权力机关及其常设机关的立法和相应地方的政府立法所构成。从层次上说，由省、自治区、直辖市、较大的市（省、自治区政府所在地的市、经济特区所在地的市、经国务院批准的较大的市）的立法所构成。

2. 地方性法规的制定

（1）地方性法规的制定机关

根据现行《宪法》、《地方组织法》和《立法法》的规定，可以制定和变动地方性法规的国家机关是：省、自治区、直辖市、较大的市（省和自治区政府所在地的市、经济特区所在地的市和经国务院批准的较大的市）的人大及其常委会。具体来说，地方性法规的制定机关包括两大类：第一类是省、自

① 周旺生：《立法学》，法律出版社 2004 年版，第 224 页。

治区、直辖市的人大及其常委会。目前全国有22个省、5个自治区、4个直辖市。第二类是较大的市的人大及其常委会。根据《立法法》第六十三条第三款的规定，较大的市又包括三类：①省和自治区政府所在地的市；②经济特区所在地的市；③经国务院批准的较大的市。

（2）地方性法规的立法权限

根据《宪法》、《地方组织法》和《立法法》的规定，地方性法规要根据本行政区域的具体情况和实际需要制定，不得同宪法、法律和行政法规相抵触。省级以下的地方性法规还不得与省级地方性法规相抵触。省、自治区、直辖市的人大及其常委会制定地方性法规，要报全国人大常委会和国务院备案；较大的市（省、自治区政府所在地的市、经济特区所在地的市和经国务院批准的较大的市）的人大及其常委会制定地方性法规，要报省、自治区人大常委会批准，并由后者报全国人大常委会和国务院备案；报请批准的地方性法规如不同宪法、法律、行政法规和本省、自治区的地方性法规相抵触，应当予以批准。地方性法规可以就法定事项范围作出规定，不得就应当由法律或行政法规规定的事项作出规定。全国人大常委会有权撤销同宪法和法律相抵触的地方性法规，地方人大有权改变或撤销它的常委会制定的不适当的地方性法规。

（3）地方性法规的立法事项

根据《立法法》第六十四条的规定，地方性法规可以就下列事项作出规定：①为执行法律、行政法规的规定，需要根据本行政区域的实际情况作具体规定的事项；②属于地方性事务需要制定地方性法规的事项；③除应当由法律规定的事项外，其他事项国家尚未制定法律或行政法规的，根据本地方的具体情况和实际需要，可以制定地方性法规的事项。

（4）地方性法规的制定程序

《立法法》第六十八条规定：“地方性法规案、自治条例和单行条例案的提出、审议和表决程序，根据《中华人民共和国地方各级人民代表大会和地方各级人民政府组织法》，参照本法第二章第二节、第三节、第五节的规定，由本级人民代表大会规定。”根据此规定，地方性法规的制定程序是由各地人大代表会议参照中央立法程序而定的。根据一些地方人大出台的立法程序与实践，地方性法规的立法程序主要包括：地方立法草案的提出、审议与相关、表决通过、报批与备案、公布五个阶段。

3. 地方政府规章的制定

(1) 地方政府规章的制定机关

根据《立法法》的规定，有权制定地方政府规章的主体，是省、自治区、直辖市、较大的市（省、自治区政府所在地的市、经济特区政府所在地的市和经国务院批准的较大的市）的人民政府。具体而言，地方政府规章的制定主体包括四类：一是省、自治区、直辖市的人民政府。二是省、自治区政府所在地的市人民政府。三是经济特区政府所在地的市的人民政府。四是经国务院批准的较大的市的人民政府。

(2) 地方政府规章的立法权限

具有地方立法权的地方政府，可以根据法律、行政法规和本省、自治区、直辖市的地方性法规制定规章，自治区和自治区政府所在地的市的政府，还可以根据本自治区的自治条例和单行条例制定规章。地方政府规章应当报国务院和本级人大常委会备案，较大的市（省、自治区政府所在地的市、经济特区所在地的市和经国务院批准的较大的市）的政府规章，应当同时报省、自治区人大常委会和政府备案；国务院有权改变不适当的地方政府规章，地方人大常委会有权撤销本级政府制定的不适当的规章；省、自治区人大常委会和政府有权撤销下一级政府制定的不适当的规章。地方政府规章与国务院部门规章之间对同一事项的规定不一致时，由国务院裁决。

(3) 地方政府规章的立法事项

根据《立法法》第七十三条的规定，地方政府规章所能规定的事项包括：①为执行法律、行政法规、地方性法规的规定需要制定规章的事项；②属于本行政区域的具体行政管理事项。

(4) 地方政府规章的制定程序

对于地方政府规章的制定程序，《立法法》第七十四条作了原则规定："国务院部门规章和地方政府规章的制定程序，参照本法第三章的规定，由国务院规定。"国务院于2007年用第321号、第322号国务院令分别公布了《行政法规制定程序条例》、《规章制定程序条例》，这两个条例均自2002年1月1日起施行。其中《规章制定程序条例》共39条，包括总则、立项、起草、审查、决定和公布、解释与备案以及附则。根据此规定，地方政府规章的制定程序如下：①立项。省、自治区、直辖市和较大的市的人民政府所属工作部门或者下级人民政府认为需要制定地方政府规章的，应当向该省、自治区、直辖市或者较大的市的人民政府报请立项。②起草。地方政府规章由省、自治区、直辖市和较大的市的人民政府组织起草。③审查。地方政府规章与国务院部门规章的审查程序基本一致。规章送审稿由法制机构负责统一审查。④决定和公布。地方政府规章应当经过政府常务会议或者全体会议决定，并由省长、自治区主席、市长签署命令予以公布。⑤备案。规章应当自公布之日起 30 日内，由法制机构依照《立法法》和《法规规章备案条例》的规定向有关机关备案。

5.3.3　民族自治地方立法

1. 民族自治地方立法概述

民族自治地方立法权，是指民族自治地方的人民代表大会，依法制定和变通制定效力及于本民族自治地方的地方法规的权力。民族自治地方的立法权，主要是制定和变动自治条例和单行条例的权力。自治条例是民族自治地方人大行使自治权制定的，有关本地区实行民族区域自治的基本制度的或综合性的规范性法律文件，单行条例是行使自治权制定的调整某一方面事项的规范性法律文件。民族自治地方立法权可分为制定权和变通权。制定权是指民族自治地方的人民代表大会有权依照当地民族的政治、经济和文化的特点，制定自治条例和单行条例。变通权是指上级国家机关的决议、决定、命令和指示，如有不适合民族自治地方实际情况的，自治机关可以报经该上级国家机关批准，变通执行或者停止执行，而民族自治地方的人民代表大会据此制定变通执行和停止执行的原则和条件以及内容和程序的自治条例和单行条例。民族自治地方立法权是特定的立法权，它属于民族自治地方的自治权范畴，是民族自治地方各项自治权中最基本的权力。

民族自治地方立法的主要特征包括：

（1）民族自治地方立法有特定的区域，它存在于民族自治地方。

（2）民族自治地方立法有特定的立法主体，它是由民族自治地方的人大所进行的立法。

（3）民族自治地方立法有特定的表现形式，它限于制定和变动自治条例和单行条例。

（4）民族自治地方立法权是特定的立法权，它属于民族自治地方的自治权范畴，同时它又是其他自治权得以有效行使的非常重要的权力。

（5）民族自治地方立法在立法依据、立法程序以及与中央立法的关系方面，呈现出不同于一般地方立法的显著特色。

（6）民族自治地方立法的层次结构的显著特点在于，凡实行民族自治的地方，无论其行政区划是大是小，都行使地方立法权。民族自治地方分为自治区、自治州、自治县三级，它们都可以制定自治条例和单行条例。

2. 民族自治地方立法权的法律渊源

民族自治地方立法权的产生首先来源于宪法授权。《宪法》第四条第三款规定："各少数民族聚居的地方实行区域自治，设立自治机关，行使自治权。"第一百一十六条规定："民族自治地方的人民代表大会有权依照当地民族的政治、经济和文化的特点，制定自治条例和单行条例。自治区的自治条例和单行条例，报全国人民代表大会常务委员会批准后生效。自治州、自治县（旗）的自治条例和单行条例，报省或者自治区的人民代表大会常务委员会批准后生效，并报全国人民代表大会常务委员会备案。"这是民族自治地方立法权最根本的法律渊源。其次，我国《民族区域自治法》第十九条规定了民族自治地方人民代表大会有立法权，第二十条规定了自治机关享有变通权，这两条规定是民族自治地方立法权的直接法律渊源。再次，《中华人民共和国立法法》也对自治条例和单行条例的立法权限、制定程序及效力等进行了规范。所以，民族自治地方立法权不仅有宪法依据，而且有《民族区域自治法》及《立法法》的具体执行依据。

3. 民族自治地方立法权的权限范围

《中华人民共和国立法法》第六条第二款对自治条例和单行条例的立法权限作了特别规定，即"可以依照当地民族的特点，对法律和行政法规的规定作出变通规定，但不得违背法律和行政法规的基本原则，不得对宪法和民族区域自治法的规定以及其他有关法律、行政法规专门就民族自治地方所作的规定作出变通规定"。据此，自治地方的人大有权在《宪法》和《民族区域自治法》对制定自治条例和单行条例所作的限制性规定的范围内，制定有关自治条例和单行条例的制定原则、调整范围、制定程序和技术等内容的自治条例。自治机关可以报经上级国家机关批准，变通执行或停止执行上级国家机关的不适合民族自治地方实际情况的决议、决定、命令和指示；可以依照当地民族的特点对法律、行政法规的规定作出变通规定。但自治条例和单行条例的变通也受到一定的限制。体现在三个方面：首先，不得违背法律和行政法规的基本原则；其次，不得对宪法和民族区域自治法做出变通规定；再次，不得对其他有关法律、行政法规专门就民族自治地方所做的规定作出变通规定。

5.3.4 特别行政区立法

1. 特别行政区立法概述

我国《宪法》第三十一条规定："国家在必要时得设立特别行政区。在特别行政区内实行的制度按照具体情况由全国人民代表大会以法律规定。"这是我国实行"一国两制"的宪法依据。根据这一授权，其后通过的《香港特别行政区基本法》及《澳门特别行政区基本法》规定，香港、澳门是直辖于中央人民政府的特殊行政区域，特别行政区实行高度自治，它与中国其他地方行政区域所实行的基本社会制度不同，它在长时期中仍然保留实行资本主义制度。香港已于 1997 年 7 月 1 日回归祖国，成为行政特区。澳门也已于 1999 年 12 月 20 日成为中国又一个行政特区。香港、澳门特别行政区立法与中国其他地方立法有很大不同，实行高度自治。特别行政区的立法权，是特别行政区自治权的一项重要内容，是在"一国两制"方针指导下，对我国地方立法权的丰富和发展。它不仅在根本性质上区别于过去政制下的立法权，同时也区别于我国人民代表大会制度下的地方立法权。它是具有新的内容，体现"一国两制"，反映特别行政区新的政治体制，带有中国特色的一种新的地方自治的立法权。

2. 特别行政区立法机关

根据《香港特别行政区基本法》的规定，香港特别行政区的立法机关是香港特别行政区立法会。《香港特别行政区基本法》第六十八条规定："香港特别行政区立法会由选举产生。立法会的产生办法根据香港特别行政区的实际情况和循序渐进的原则而规定，最终达至全部议员由普选产生的目标。"

立法会除第一届任期为两年外，每届任期四年。立法会如经行政长官依《香港特别行政区基本法》的规定解散，须于三个月内依《基本法》重新选举产生。立法会主席由立法会议员互选产生。主席由年满 40 周岁、在香港通常居住连续满 20 年并在外国无居留权的香港特别行政区永久性居民中的中国公民担任。

根据《澳门特别行政区基本法》第六十七条规定，澳门特别行政区立法会是澳门特别行政区的立法机关，即由立法会行使立法权。第六十八条规定：“澳门特别行政区立法会议员由澳门特别行政区永久性居民担任。立法会多数议员由选举产生。以上规定与《香港特别行政区基本法》的规定有两点不同：一是并无像《香港基本法》一样规定循序渐进最终达至全部议员由普选产生的目标；二是考虑到澳门的实际情况，对立法会议员只要求具有永久性居民身份，既无国籍的要求，也无“在外国无居留权”的限制。

3. 特别行政区立法权

特别行政区立法权来源于全国人民代表大会以特别行政区基本法形式所作的专门授权。《基本法》明确规定特别行政区享有立法权，而中国其他地方立法权无一是通过这种方式获得的。根据《香港基本法》第七十三条、《澳门基本法》第七十一条对立法会职权的规定，立法会的立法权体现在：立法会有权根据《基本法》规定并依照法定程序制定、修改和废除法律。立法会行使立法权的具体范围是：(1) 制定属于特别行政区自治范围内的所有法律；(2) 修改和废止法律。这既包括修改、废止立法会自身通过的法律，也包括基本法规定的在特别行政区成立后修改和废止与基本法相抵触的原有法律；(3) 参与提议修改基本法。

4. 特别行政区立法程序

特别行政区立法程序包括以下几方面：

(1) 提案。提案权由特别行政区政府和立法会议员行使。法案根据《基本法》规定，依照法定程序提出。政府行使拟定并提出法案、议案、附属法规的职权。凡不涉及公共开支或政治体制或政府运作的事项，可以由立法会议员个别或联名提出。凡涉及政府政策的事项，在提出前必须得到行政长官的书面同意。政府提出的法案须优先列入议程。

(2) 审议。法案由立法会审议。立法会主席主持立法会会议，决定审议议程，决定开会时间，在休会期间可以召开紧急会议。立法会举行会议的法定人数为不少于全体议员的二分之一。立法会议员在立法会的会议上发言不受法律追究，在出席会议时和赴会途中不受逮捕。

(3) 表决。《基本法》对法案和议案的表决程序有明确的规定。两个特别行政区的程序有所不同。在香港特别行政区，立法会对政府提出的法案和立法会议员个人提出的法案、议案，采取不同的表决程序。政府提出的法案，如获得出席会议的全体议员的过半数票，即为通过。立法会议员个人提出的法案和对政府法案的修正案，均须分别经功能团体选举产生的议员和分区直接选举产生、选举委员会选举产生的议员两部分出席会议议员各过半数通过。澳门特别行政区立法会对法案、议案的表决程序则比较简单，除《澳门特别行政区基本法》第 51、54、71、144 条等规定的情况，须经立法会出席会议或全体议员 2/3 通过的以外，立法会的法案、议案由全体议员过半数赞成即可通过。

（4）签署与公布。特别行政区立法会通过的法案，须经行政长官签署、公布，方能生效。

本章小结

本章是有关地方立法制度的理论和基本知识的介绍。地方立法，指特定的地方国家政权机关，依法制定、修改和废止效力不超出本行政区域范围的规范性法律文件活动的总称。地方立法是相对于中央立法而言的立法，是构成国家整个立法的一个重要方面。不少国家的地方立法本身也是个体系，由多类别、多层次的立法构成。国家结构形式是影响中央与地方立法权限划分的最直接、最重要的因素。在联邦制国家，宪法一般都对联邦政府的专属立法权作出明确规定，以防止联邦侵犯各州或者邦的权力，确保地方有充足的立法自主权，如美国、德国。单一制国家特点在于中央的集中控制比较明显，地方立法权相对较弱，如英国、法国。在联邦制国家，一般对中央与地方立法权限划分的标准是有关事务的影响范围。美国《联邦宪法》采取列举的方式，赋予中央特定的立法权，而宪法上未予列举由中央行使的权力由地方行使。英国是单一制的国家，实行的是在中央集权控制下的地方有限分权模式，中央与地方的关系是监督控制与被监督、被控制的关系。中国的地方立法包括一般地方立法、民族自治地方立法、经济特区和特别行政区立法。

关键术语

地方立法　一般地方立法　民族自治地方立法

经济特区立法　特别行政区立法

复习思考题

1. 如何理解地方立法的含义和特征?
2. 试分析中央和地方立法权限划分的基本模式。
3. 试分析单一制国家中央和地方的权限划分的方式。
4. 试分析美国地方立法的效力。
5. 试分析英国地方立法权的来源。
6. 试分析我国地方性法规的立法权限。
7. 试分析民族自治地方立法的主要特征。
8. 试分析特别行政区的立法权。

案例分析

黑龙江强制婚检风波凸显政府部门间立法冲突

政府部门之间的口角，源于法律之间相互抵触。而法律的抵触，却让政府部门和民众无所适从。

伴随着一阵激烈的争吵声，一对青年男女跨进哈尔滨市妇幼保健院的大门。男子排队挂号，女子在一旁压低了声音嘟囔着："国务院都说婚检自愿了，凭什么你要强迫我?"

"怎么是我强迫你，明明是省里下了文件嘛。"男答。

"到底是国务院大，还是省大?"

"较这个真儿有什么用?再说，检查一下也没什么坏处!"

"要是查出毛病，是不是就不能结婚了?"

"当然不是。报上不是说艾滋病人都可以结婚了嘛。"

"那结婚登记凭什么要出示医学检查证明?"女子反问道。

一旁打扫卫生的医院清洁员见状，扑哧一声乐了，扭头对一个"白大褂"说，"这几天净看见打着架来婚检的了。"

6月24日，黑龙江省人大审议通过了《黑龙江省母婴保健条例》，并于当天开始实施。《条例》规定："黑龙江省实行婚前医学检查制度"，"准备结婚的男女双方，应当接受婚前医学检查和婚前健康教育，凭婚前医学检查证明，到婚姻登记机关办理结婚登记”，“婚姻登记机关在办理结婚登记时，应当查验并留存男女双方婚前医学检查证明。没有婚前医学检查证明的不予办理结婚登记”。

这一《条例》的公布施行意味着，黑龙江省成为自2003年10月1日国务院颁行《婚姻登记条例》实行自愿婚检以来，第一个通过省人大修改条例的方法重新实施强制婚检的省份。

哈尔滨市妇幼保健院院长孙冬韦接受《中国新闻周刊》采访时介绍，黑龙江省推行的强制婚检包括艾滋病、梅毒、淋病、麻风四项。其他各项仍按自愿原则，由新人自行选择。

她强调，即使查出这四种病，法律也不禁止结婚，而是建议暂缓结婚。

那对恋人告诉记者，他们是大学期间恋爱的，目前同在哈尔滨市一家私营企业供职。

“我不是不愿意检查，谁会对自己和家人健康不负责呢？但我们俩都刚在单位做过体检，很健康的。”女说。

男子说，“其实，我也对强制的做法很反感。”他告诉《中国新闻周刊》，他有几个朋友是2003年10月以前结婚的，那时虽实行强制婚检，但他们都没做。“托托人，花点钱就混过去了。”

“大家都说婚检是走形式，再说，要是有性病也早传上了。”女子笑着说，“婚前性行为现在已经非常普遍了。”男子把头转向记者，“但是检查一下有没有遗传病，对今后生育也是好事。”

“那叫孕检，不是婚检。再说，也应该自愿而不能强制。要是强制在卫生部门指定的妇幼保健院交钱检查，还是生出了有问题的孩子，政府负不负责？”女子说。

采访演化成了这对新人的辩论。

不一致的政府口径

记者就强制婚检问题先后走访了黑龙江省民政厅、省卫生厅、省人大，和《条例》刚出台时相比，这些官员们的口风紧了。

卫生厅新闻处王莹、龚南红两位工作人员告诉《中国新闻周刊》，“我们7月21日傍晚接到省政府的通知，强制婚检问题一律不再接受采访，请记者找省人大。”

民政厅新闻发言人孙振东说，“《黑龙江省母婴保健条例》是省人大制定的，你们要采访就去找人大好了。”旁边一位工作人员小声对记者说，“最近老有记者来采访，之后就报道我们民政厅和卫生厅态度怎么怎么不一致。”

接着，记者来到省人大，新闻办主任姜洪波在电话里说：“这个问题请你们采访民政厅和卫生厅两个部门，我们省人大能说的都已经说过了。”正如民政厅那位工作人员所言，“现在大家都不敢说了”，因为省里各部门打架已经打到了媒体上。

黑龙江省卫生厅基层卫生和妇幼处处长姜相春接受当地媒体采访时表示，实行强制婚检是出于对人口质量的担忧。她援引卫生部公布的统计数据指出，2004年中国婚检率不到10%，个别地方已不足1%。

对此，民政部门在当地媒体上给予了回应。该省民政厅社会事务处调研员魏广福说，民政部门还是执行《婚姻登记条例》，实行婚检自愿，不执行新修改的《黑龙江省母婴保健条例》的强制婚检政策。民政部门事先也不知道要修订《黑龙江省母婴保健条例》，因此《条例》没有体现民政部门的意见和态度。

记者致电哈尔滨市道里区民政局婚姻登记处，工作人员说，结婚登记只需户口簿、身份证和三张两寸合影即可。当记者问及是否需要医学检查证明时，工作人员明确回答，“不需要，目前我们没有接到上级的有关通知。”

相互抵触的法律条文

政府部门之间的口角，源于法律之间的相互抵触。

“这其中既有全国人大立法和国务院立法的冲突，也有中央立法和地方立法的冲突。”中国政法大学教授李曙光对《中国新闻周刊》说。

1995年6月1日起施行的《中华人民共和国母婴保健法》第十二条规定，男女双方在结婚登记时，应当持有婚前医学检查证明或者医学鉴定证明。也就是说，婚前医学检查是办理结婚登记手续的先决条件，即所谓的强制婚检。

2001年修订的《婚姻法》第七条规定了禁止结婚的两种情形，包括直系血亲和三代以内的旁系血亲，以及患有医学上认为不应当结婚的疾病。后者并未具体指出不应当结婚的疾病包括哪些。

2003年10月1日起国务院制定并推行实施的《婚姻登记条例》第五条在规定办理结婚登记时，内地居民应当出具的证件和证明材料中仅列有：（一）本人的户口簿、身份证；（二）本人无配偶以及与对方当事人没有直系血亲和三代以内旁系血亲关系的签字声明。而没有规定要具有婚前医学检查证明或者医学鉴定证明，即取消了强制婚检。

显然，引起广泛争议的《黑龙江省母婴保健条例》与《中华人民共和国母婴保健法》一致，而与《婚姻登记条例》相悖。

“毫无疑问，婚检制度的变革是尊重人权的体现”，李曙光指出，“但从法理上讲，国务院制定的《婚姻登记条例》应服从于全国人大制定的《中华人民共和国母婴保健法》。因为根据《立法法》规定的下位法服从上位法的原则，后者是上位法，前者是下位法。”

对于“后法优于先法，特别法优于一般法”的说法，李曙光解释说，“后法优于先法”指的是同一位阶的法，而《中华人民共和国母婴保健法》与《婚姻登记条例》并不处于同一层次。另外他认为，二者针对的均为特殊人群，因此都属于特别法。

“民政部当初起草《婚姻登记条例》时，的确没有遵循《中华人民共和国母婴保健法》的相关规定。”民政部婚姻登记处一位官员接受南方一家媒体采访时承认。

李曙光指出，问题的复杂性还在于，《立法法》第七十九条又规定，行政法规的效力高于地方性法规、规章。因此，黑龙江省的地方立法不得与国务院颁布的《婚姻登记条例》这一行政法规相抵触，也就是说，《黑龙江省母婴保健条例》不得保留强制婚检的内容。

“这搞得我们无所适从。”拒绝接受采访的黑龙江省人大新闻办主任姜洪波在电话里对《中国新闻周刊》说。

如何打破关于强制婚检的法律困局，李曙光认为，问题的解决权在全国人大。

去年5月，全国人大常委会法工委增设了一个备案审查室，其工作职责之一就是，审查下位法和上位法尤其是与宪法的冲突和抵触。如果有关法规规章的规定存在违反宪法或者违反法律的情况，全国人大常委会可以按照法定程序撤销相应的规定，也可以要求制定机关自行更改。

“只有全国人大备案审查室的介入，才能终结强制婚检的法律争议。”李曙光说，“这涉及《立法法》和宪法权威的问题。”

公权对私权的干涉？

《羊城晚报》7月27日报道，“由国务院法制办、民政部牵头，卫生部、人口计生委、财政部联合组成的国务院联合调查组，就这一长久争论的话题给出了最新的答复。答复指出：婚检对预防出生缺陷作用有限，且婚检存在大量‘走过场’的现象；婚前医学检查应当鼓励，但加强婚检工作必须坚持婚检自愿，不必要也不宜实施强制婚检。”

但国务院的调查结果并未给这场争论画上句号。

《新民晚报》两天后刊登报道，称“国务院妇女儿童工作委员会办公室与民政部、司法部、卫生部、国家计生委、国家广电总局、中国残联等七部委联合在北京召开研讨会，来自22个省（区、市）的专家和实际工作者就婚检问题，展开了全方位的深入研讨。研讨会上不少专家认为，强制婚检比自愿婚检更符合国情”。

事实上，连日来，关于强制婚检争论的主要观点可谓泾渭分明——支持者强调，不强制婚检将导致人口质量下降等社会问题；而反对方直斥恢复强制婚检是公权对私权的侵犯。

哈尔滨市妇幼保健院院长孙冬韦用数据证明，实施自愿婚检后新生婴儿缺陷出生率增高的说法是有依据的。她向《中国新闻周刊》提供的该院出生缺陷检测比较显示，2003年缺陷出生率为7.02%，实行自愿婚检的2004年升至7.80%。其中，梅毒、淋病、尖锐湿疣2003年均没有出现，而2004年分别出现了27例、13例和5例。

上海大学社会学系教授邓伟志坚决反对恢复强制婚检，并称这是法律的倒退。他说，尽管法律并未禁止患有那四种病的人结婚，但强制婚检使婚检成了结婚的必要条件，使婚姻成了有条件婚姻、限制婚姻，因此还是侵犯了婚姻自由。同时，强制的做法使公民无条件地将自己的隐私暴露给外人，这是公权对私权的干涉。

对于防止缺陷婴儿增多的问题，邓伟志认为，应该通过孕检而非婚检加以实现。但邓也同意，防止性病蔓延要通过加强婚检宣传，以及推行免费婚检等方式引导公民主动检查，而不能施以强制手段。

事实上，2003年10月国务院颁行《婚姻登记条例》实行自愿婚检时，就曾引起广泛争论。目前，强制婚检尽管具有一定法律依据，但李曙光认为，不符合“以人为本”精神的法律条款应该加以纠正。

“任何事物都有硬币的两面，婚检自愿如同收容遣送制度的废止曾一度使街头流浪乞讨人数增多一样，这些社会问题的解决要依靠管理方式的转变加以实现，尽管这种转变是一个相对漫长的过程。”李曙光说。

法律颁布只是法治之始

黑龙江省以地方立法形式试图恢复强制性婚前健康检查，不经意间打开了一个错综复杂的法律冲突陷阱：这里既有全国人大通过的法律和国务院制定的法规的冲突，也有地方法规与国务院法规的冲突。

怎么解决？上上下下都在等着下文。

现有的法律倒也并不是没有预料到这种情形。《立法法》第八十五条规定，法律之间对同一事项的新的一般规定与旧的特别规定不一致，不能确定如何适用时，由全国人大常委会裁决。

另一方面，《婚姻登记条例》是国务院制定的行政法规，

《黑龙江省母婴保健条例》是地方性法规，由该省人大常委会制定，按照《立法法》的规定，该省人大可以撤销它，或撤销其中与上位法冲突的条款。

现在的问题是：不管是地方人大还是全国人大，几乎从来没有履行过这一职责。

有一位法官曾大胆进行过尝试。2003年初，河南洛阳中级法院法官李慧娟在审理一起案件中，面对《河南省农作物种子管理条例》与《中华人民共和国种子法》之间的法律冲突，宣告"《河南省农作物种子管理条例》作为法律地位较低的地方性法规，其与《种子法》相冲突的条文自然无效"。这一司法审查尝试引起轩然大波，她因为越权而遭到处分。

无权解决问题的法官陷入困境，有权解决法律冲突的机构，却没有承担自己的责任。凡此种种似乎可以证明，目前的法律冲突解决机制，不是一种灵敏有效的机制。

20世纪80年代初开始，法律的政治地位逐渐提高，而一谈到法治，人们首先想到制定法律。立法机构带着只争朝夕的心态，以极高的效率制定出一部又一部法律。然而，对于法治来说，制定法律只是一个开端而已，最繁难的问题，通常发生于法律制定之后。

在法律颁布之前或之后，就需对其是否正当合理，更具体地说，是否合乎宪法、是否合乎法治原则进行审查。我们的法律对此有所规定，比如，省人大可以对较大的市的人大所制定的法规进行审查，全国人大常委会法工委去年设立的法规备案室，似乎也准备对全国各层面的法规进行审查。但显然，这种机制并没有正常运转起来。

由于立法过于仓促，或是立法技艺比较粗糙，立法主体繁多，各个立法者所制定的法律之间的冲突相当普遍。但是，像"黑龙江恢复强制婚检的地方法规"一案所显示的那样，现有制度中，法律冲突的解决机制是不健全的，即使法律上有所规定，也徒具空文。

过去二十多年来，立法者忙于立法，而缺少考虑，真正的法律究竟是什么样的、应当具有什么样的形式特征和精神气质？如何确保法律合乎天理人情，合乎宪法的基本原则和法治的真实精神？怎样的法律解释与冲突解决机制才能确保法律的统一与一致？

至于审查法规的合宪性、合法性的权力，各国普遍地交给法院——不管是普通法院还是专门的宪法法院；解释法律更是法官的当然权力；法律能否为当事人提供及时而有效的救济，更有赖于司法体系之去行政化、非地方化。

如果说，我们以前是为了补课而忙于立法，那么，今天，法治建设的重点，就应当转向建立、完善法律颁布之后解释、适用法律的制度框架。法治不等于法典、法规的汇编。法治意味着一整套原则，包括：法律必须合乎普遍的正当与理性；法律必须一致和统一。

（资料来源：李杨：《黑龙江强制婚检风波凸显政府部门间立法冲突》，《中国新闻周刊》，2005年8月4日。）

请思考

1. 地方性法规的立法权限有哪些？
2. 地方立法的效力如何？
3. 地方立法由谁进行监督？

阅读书目

1. 周旺生：《立法学》，法律教育出版社2004年版。

2. 封丽霞：《中央与地方立法关系法治化研究》，北京大学出版社2008年版。

3. 曹海晶：《中外立法制度比较》，商务印书馆2004年版。

4. 胡锦光：《宪法学原理与案例教程》，中国人民大学出版社2006年版。

第6章 地方审判机关和地方检察机关

☞**简短提要**

本章在介绍司法制度的基本概念的基础上，对中西方司法制度的不同进行了比较，对西方国家的审判制度和检察制度进行了概述，以英、美、德为代表介绍了西方国家的地方审判机关，以美、德为代表介绍了西方国家的地方检察机关；然后，对中国司法制度的历史发展进行了简要概括，对当代中国的地方审判机关和检察机关进行了归纳和分析。

☞**重点问题**

本章所涉及的主要问题包括：(1) 中西方司法制度的不同；(2) 西方国家两大法系在审判制度上的不同特点；(3) 西方国家两大法系在检察制度上的不同特点；(4) 当代中国地方审判机关的组织和职权；(5) 当代中国地方法院审判工作的组织形式；(6) 当代中国地方检察机关的组织和职权。

6.1 司法制度概述

6.1.1 司法制度的概念

“司法”，简而言之，就是法的适用或执行，也是司法活动的简称。具体而言，是法定的国家机关依照特定的职权和程序应用法律处理案件的专门性活动。其中，执行法律的主体一般叫司法机关，其适用法律的权力叫司法权。司法制度则是规范司法活动的所有规定的总称。在现代法治社会，司法权是国家权力的重要组成部分，它同立法权、行政权一起，构成现代国家基本的权力体系。由于不同的政治制度、经济制度和文化传统等因素的影响，各国对司法权的来源、分配以及司法权在国家基本权力结构中的地位有着不同的规定，由此而形成了不同的司法体制以及与之相适应的司法制度。世界各国的司法制度存在较大的差异，不过一般而言，司法制度是指司法机关的性质、任务、组织体系、组织与活动的原则以及工作制度等方面规范的总称。通常具有如下共同内涵：关于司法机关的制度；关于司法机关的司法权的制度；关于司法机关运用司法权进行活动的制度。① 从广义的角度来看，司法活动以及司法制度的范围可以比较宽泛，既指审判制度、检察制度，也包括了侦查制度、监狱制度、律师制度等。不过，从分权的角度上看，行使司法权的机关仅指审判机关。典型的司法活动，是以法院为中心而展开的。因此，本书所论述的司法制度主要指审判制度以及与其紧密相关的检察制度。另外需要说明的是，司法权与立法权、行政权最大的区别在于，立法权、行政权可以部分地转让或有条件地授权，因而可以有地方立法、地方行政等，但司法权却不能转让，更不能授予其他主体行使，而是国家的一种专属权和专有权。因而，世界各国都不存在所谓的“地方司法”、“授权司法”的概念。地方审判机关和地方检察机关是在代表国家行使统一的审判权和检察权。②

6.1.2　中西方国家司法制度的不同

1. 理论基础不同

西方国家的司法制度是建立在“三权分立”理论基础之上的，“三权分立”理论以权力分立和制衡为出发点和落脚点，将司法权与立法权、行政权分开、并立，分别由不同的国家机关行使，由此形成了独立的司法制度。而我国的司法制度建立的理论基础是“议行合一”，即决定和执行国家重大事务的权力由国家权力机关统一行使，全国人民代表大会是国家的最高权力机关，统

① 徐育苗：《中外政治制度比较》，中国社科出版社 2004 年版，第 331 页。

② 杨凤春：《中国地方政府》，中央广播电视大学出版社 2007 年版，第 123 页。

一行使国家权力。国家的行政机关、司法机关，都由人民代表大会产生，并对人民代表大会负责，受人民代表大会的监督。我国的司法机关虽然依法独立行使职权，不受行政机关的干涉，但是这种独立不是绝对的，它最终要受国家权力机关的监督和接受中国共产党的领导。

2. 组织体系不同

西方国家的传统观点认为，司法机关组织体系就是指法院的组织构成，而侦查机关、检察机关、司法行政机关，严格地说，不是司法机关。英文中的司法机关（judiciary）仅指法院，不包括独立的检察院。在美国，司法权就是审判权、裁判权，不包括检察权。而在我国，一般认为，人民法院、人民检察院、公安机关、国家安全机关、司法行政机关以及律师组织、公证组织、仲裁机构等组织统一构成我国的司法组织体系。就法院组织体系而言，从法院管辖范围的性质划分，西方国家的法院系统可分为普通法院和专门法院。在一些联邦制国家，州法院与联邦法院并立，均有各自的组织体系，互不隶属。而在中国，法院体制实行单一制，上下级法院之间存在严格的控制关系，并设有军事法院、海事法院、铁路运输法院等专门法院，全国还普遍设立了人民法庭，作为基层人民法院的派出机构。在检察机关的组织构成上，中国与西方国家也存在较大差异。西方国家的检察机关不是独立的，在大陆法系国家，它通常附设于法院中（如法国）；在英美法系国家，检察机关则隶属于行政机构系统（如美国）。而在中国，检察机关与法院、行政机关并立，从中央到地方分四级设置，并可根据工作需要设置派出机构。

3. 法律渊源不同

在法律渊源以判例法为主的英美法系国家，法律体系是通过法官来创造和发展的，因而也使得具有造法功能的法官在英美法系国家一直具有很高的社会地位。我国的法律渊源表现为成文法，判例一般不具有法律效力，法官只能严格适用成文法而不具有“造法”的功能，需要由检察机关肩负保障制定法在全国统一实施的责任。

4. 司法权的地位不同

西方国家实行“三权分立”的政治制度，司法权与立法权、行政权“三权分立”的原则非常明确，司法权保持了其独立性。而在中国，从司法机关与其他国家机关或组织的关系上看，司法机关在人、财、物等方面受制于其他国家机关和组织。特别是由于地方司法机关受制于地方政府、地方权力机关和地方党委，由此导致了司法权的地方化。

5. 法官的审判权限不同

在审判工作方面，西方国家的法官享有较充分的独立自主权。我国法院的审判组织有独任庭、合议庭和审判委员会。案件的审理虽由合议庭负责，但一般来说，合议庭往往没有最后的决定权，合议庭对审判委员会的决定必须执行。

6. 检察工作制度不同

在检察工作制度上，西方国家普遍实行检察长负责制，如在英国，总检察长负责制定工作准则或政策规定，监督全部检察控告活动，并向议会负责。而中国的检察权的行使是赋予检察机关，而不是赋予检察长。检察机关内部设立检察委员会，在检察长主持下，实行民主集中制原则讨论决定重大案件和其他重大问题。可见，中国是通过集体领导方式来行使检察权的。

6.1.3 西方国家的审判制度

1. 西方国家审判制度的特点

近代西方各国资产阶级在夺取政权后，对旧的审判制度进行了彻底的改造，按照资产阶级启蒙思想家所倡导的“三权分立”原则，设立了自己的审判机关，创建了资产阶级的审判制度。西方国家的审判制度具有以下共同的特点：

(1) 实行审判独立；
(2) 实行法律面前人人平等的原则；
(3) 实行无罪推定原则；
(4) 实行审判公开制度；
(5) 实行法官自由心证制度。①

西方国家两大法系在审判制度上也呈现出不同的特点，表现在：

① 徐育苗：《中外政治制度比较》，中国社科出版社 2004 年版，第 350 页。

（1）法院审判的法律渊源不同。大陆法系是成文法系，其法律以成文法即制定法的方式存在，它的法律渊源包括立法机关制定的各种规范性法律文件、行政机关颁布的各种行政法规以及本院参加的国际条约，但不包括司法判例。英美法系的法律渊源既包括各种制定法，也包括判例，而且，判例所构成的判例法在整个法律体系中占有非常重要的地位。

（2）诉讼程序和判决程序不同。大陆法系的诉讼程序以法官为重心，突出法官职能，具有纠问程序的特点，而且，多由法官和陪审员共同组成法庭来审判案件。英美法系的诉讼程序以原告、被告及其辩护人和代理人为重心，法官只是双方争论的“仲裁人”而不能参与争论，与这种对抗式（也称“抗辩式”）程序同时存在的是陪审团制度，陪审团主要负责做出事实上的结论和法律上的基本结论（如有罪或无罪），法官负责做出法律上的具体结论，即判决。

（3）法官的权限不同。大陆法系强调法官只能援用成文法中的规定来审判案件，法官对成文法的解释也需受成文法本身的严格限制，故法官只能适用法律而不能创造法律。英美法系的法官既可以援用成文法也可以援用已有的判例来审判案件，而且，也可以在一定的条件下运用法律解释和法律推理的技术创造新的判例，从而，法官不仅适用法律，也在一定的范围内创造法律。

2. 西方国家审判机关的组织结构

审判机关的组织结构，是指法院机构的设置。按照不同的标准，可将西方国家的法院分为不同种类。

（1）从法院管辖范围的性质划分，可分为普通法院和专门法院。英美法系国家的法院体系比较单一，通常只有普通法院一个系统，没有设立专门的宪法法院和行政法院。大陆法系国家通常在普通法院之外设立宪法法院、行政法院等审判机关，表现为多重法院体系。

（2）从国家结构形式来划分，可将普通法院分为单一制法院和双轨制法院。单一制法院，是指将全国的各级普通法院统一于最高法院之下，形成一个完整的系统，如英、法、日等国。双轨制法院，主要为联邦制国家采用，典型的国家如美国，联邦最高法院享有最高司法权，但联邦与各州各有独立的法院体系。

6.1.4　西方国家的检察制度

检察是一种由特定机关代表国家向法院提起诉讼及维护法律实施的司法职能。检察制度建立之初，其基本内容是对犯罪案件进行公诉活动。最早建立检察机关和确立检察制度的国家是中世纪的法国和英国。随后，在西方各国逐步建立起以法国为代表的大陆法系的检察制度以及以英美为范本的英美法系的检察制度。西方国家的检察机关一般都是公诉机关，行使法律赋予的国家控诉权。当然，由于各国政治法律制度的传统和法律文化发展的脉络不同，检察机关的权力和功能差别较大，西方国家两大法系的检察制度也呈现出不同的特点。

大陆法系国家的检察机关的职能主要是对犯罪案件的侦查起诉，没有法律监督职能，也没有为政府提供法律咨询的职能，职能的单一决定了其检察机关的地位相对较低，一般隶属于司法行政机关，或本身就是司法行政机关。大陆法系检察制度，主要有以下共同特点：一是检察机关不由国家单独设立，而是附设于法院系统内部或由司法行政机关领导；二是检察机关的地位、性质、职权和行使职权的人员及程序都由法律明确规定；三是检察机关内部实行垂直领导；四是检察机关主要是实行刑事诉讼职权，同时对审判机关的刑事审判有一定的制约和监督功能，大陆法系检察机关的监督职能权限要比英美法系的广泛。

英美法系国家的检察制度主要是以英国模式建立起来的一种检察制度类型。作为奉行普通法、衡平法传统的国家，英国检察制度的起源与发展具有自己的特点，是另一类型的检察制度发祥地。

英美法系检察制度的形成和发展深受自由主义国家观念的影响。自由主义的国家观念是英美法系国家指导性的宪政理念。它强调个人的自由和权利，视个人权利为国家权力的来源，国家权力为侵害个人权利的主要渊源，其宪政核心是限制国家权力。如何在根本上限制司法权力，主要不在于通过法律的分权和制衡，而是以权利制约权力。诉讼中的当事人主义正是这种宪政理念的写照。作为司法制度组成部分的英美法系检察制度，渗透着个人权利优先保护，以公民权利制约司法权力的基本价值取向。该制度的发展也基本遵从这一基本理念。

具体而言，英美检察制度体现出这样一些特点：一是与大陆法系相比，英美法系的检察机关都具有相对的独立性，基本采用了审判与检察分署的方式。

二是检察机关在行使职权时的法律地位与公民对等。三是检察机关的职能有限，在侦查权、公诉权等方面要比大陆法系国家的职权范围小。

6.2 西方国家的地方审判机关

由于国家结构形式以及两大法系的差异，西方国家的地方审判机关的机构设置及职权各具特点。对于何谓“地方审判机关”有广义和狭义之分。广义的地方法院，是指除最高法院之外的所有各级法院，狭义的地方法院是指最低层级的基层法院。在本节的论述中，将选择美国、英国、德国作为代表进行介绍，对每个国家都将在先对该国的法院体系进行总体概述的基础上，重点介绍狭义上的地方法院，即最低层级的基层法院的机构设置及职权。

6.2.1 美国的地方审判机关

美国是联邦制国家，实行双轨制的法律体系和法院体系。联邦有联邦宪法、法律和法院，各州也有各州的宪法、法律和法院。作为审判机构的法院也就有联邦法院和州法院之分，两种形式在美国同时并存，各自发挥其特有的功能。联邦法院是由美国宪法授权的，适用国会颁布的法律；州法院是由州宪法授权的，适用该州和当地政府颁布的法律。全美包括联邦法院系统、首都哥伦比亚特区法院系统和50个州法院系统。

1. 联邦法院

根据美国《宪法》第三条第二项，联邦法院主要审理以下3类案件：(1)凡涉及联邦宪法、法律、条约或州宪法而讼争的“联邦问题案件”；(2)大多数涉外案件、洲际案件；(3)联邦其他法院移送的案件，以及原属联邦与州双重管辖而双方当事人自愿转由联邦法院审理的案件。

美国的联邦法院系统分为三个层次：最高层次是美国联邦最高法院，中间层次是联邦上诉法院，最低层次是联邦地区法院和部分专门法院。

美国联邦最高法院由《宪法》第三条直接创设，拥有最高司法权。美国《宪法》第三条规定联邦最高法院是全国最高司法机关，授权国会建立联邦最高法院以下的各级法院。联邦最高法院设在美国首都华盛顿，现有9名大法官，其中包括1名首席大法官和8名大法官。审案时要求9名大法官全部参加，如果由于某种原因不能全部出庭，则至少要有6名大法官参加才能达到法定人数。美国联邦最高法院负责对案件的初审和上诉审理，主要是对上诉案件的审理，也被称为“最终上诉法院”。

联邦上诉法院，又称“巡回法院”，共 13 个，包括 11 个巡回上诉法院、哥伦比亚特区巡回上诉法院和联邦巡回上诉法院。联邦上诉法院负责审理上诉案件。对上诉案件的审理，与联邦最高法院相同，仅限于下级法院在适用法律上是否有错误，而不涉及案件的事实部分。因此，上诉法院的审理不设陪审团，只进行法律审，不进行事实审。

联邦地区法院是最低层级的联邦法院，美国 50 个州共有 94 个联邦地区法院。联邦地区法院负责普通刑事和民事案件的初审，只要是本地区发生的、由联邦司法管辖的案件，它都有权受理。每个州的联邦地区法院数量不同，各州根据各自的人口或地域而设置 1-4 个。如阿拉斯加州只有 1 个联邦地区法院，加利福尼亚州则有 4 个联邦地区法院，按其地域分别称为加利福尼亚中部、东部、北部、南部联邦地区法院。在 94 个地区法院中，每个法院至少有 1 名法官。法官可以在本州内不同的联邦地区法院审理案件。普通案件可以由一位法官独自审理，但有特别规定的案件或重大案件时常要由 3 名法官共同审理。审理案件通常实行陪审团制度。① 陪审团的职责是确认案件的事实，法官的职责是决定法律的适用。地区法院的管辖权很大，它承担了美国很大部分案件的初审权，在美国联邦法院系统占有很重要的地位。不服地方法院的判决，可以向联邦上诉法院提出上诉。②

联邦法院系统还设有各种专门法院。主要包括：一是联邦索赔法院，受理要求联邦政府经济赔偿的案件，如税收退还、征用、联邦政府违反合同等；二是联邦国际贸易法院，原来是美国海关法院，行使相当于联邦地区法院的权力，受理涉及国际贸易、海关关税和与不公平竞争关联等方面的案件，如反倾销案件，初审法院就是联邦国际贸易法院。这两个法院行使相当于联邦地区法院的权力，对这两类案件在全美范围内具有专属管辖权。专门法院还包括联邦税务法院，联邦破产法院以及美国军事上诉法院。另外，某些联邦行政机构具有部分司法权，可以裁决其职权范围内的争议。这些行政机构有联邦贸易委员会和国家劳工关系局等。

---

① 杜江：《美国审判制度》，《西南师范大学学报》（人文社会科学版），2004 年第 30 卷第 4 期。

② 方立新：《西方五国司法通论》，人民法院出版社 2000 年版，第 114 页。

2. 州法院

在美国不同的法院系统审理的案件中，绝大多数案件在州法院审理。除了属于联邦法院管辖的案件，所有其他发生在各州的案件都由各州法院自行管辖。美国各州法院系统由各州根据各自宪法来决定，由于各州的法律传统、州宪法和法律制度的差异，导致各州法院的设置不尽相同。州的法院组织一般也分为普通法院和特别法院。普通法院基本分为3个等级：州最高法院、州中级上诉法院、州地区法院。

州最高法院也称为“州终审法院”。州最高法院一般由5至9位法官组成，通常是7位法官。州最高法院的管辖权主要包括以下几方面：审理不服本州初审法院和中级上诉法院判决的上诉案件；对少量特定案件行使初审权；有对州宪法和法令的解释权，而且对有争议的案件有最终裁判权。死刑由州终审法院判决。

州上诉法院是介乎州地方法院与州最高法院之间的中级法院。全联邦多数州设有上诉法院。在设有中级上诉法院的州，如果当事人不服初审法院的判决就可以向中级上诉法院上诉。如果当事人对中级上诉法院的判决仍不服可以再向州终审法院上诉。

州地区法院为初审法院，但在不同的州有不同的名称，如巡回法院、普通法院或者郡法院等。州地区法院行使刑事和民事案件的一般管辖权，并对受理案件作出一审判决。州地区法院在审理案件时，法庭只需一位法官，通常设有陪审团。当案件审理结束后，陪审团将依据事实作出裁决，宣告被告人“有罪”或“无罪”、“负责”或“不负责”。此后，法官将对被告人在法律上作出决定。被告人如果对初审法院的裁决不服，可以提出上诉。如果初审法院裁决无罪，被告人应当庭释放。在美国，绝大部分案件由初审法院审理。在地区法院下，还有一种审判机构，被称为“州基层法院”，也叫“州简易法院”。这种法院组织在城市称为“市法院”、“交通法院”、“警察法院”等，在乡镇称为“治安法院”。① 简易法院只处理初审法院审理以外的轻微刑事和民事初审案件，美国州治安法院的管辖权为100美元以下的民事纠纷和判处6个月以下徒刑的刑事案件。基本功能近似初审法院。但由于简易法院不是正式的初审法院，所以如果当事人不服简易法院的判决，可以要求州初审法院重新审理，

---

① 肖扬：《当代司法体制》，中国政法大学出版社1998年版，第47页。

或者直接向上诉法院上诉。

6.2.2 英国的地方法院

英国的法院组织体系，从法院的组织的上下级关系来看，大致可以分为中央法院和地方法院两级。中央法院包括最高法院、枢密院司法委员会和上议院；地方法院则包括治安法院和郡法院等。最高法院包括高等法院、上诉法院和皇家刑事法院三个组成部分。枢密院司法委员会受理来自这些法院以及英格兰、威尔士各个专门法院判决的上诉案，它是一个常设委员会。上议院是民刑事案件的最高上诉审级，是最高审判机关，行使国家的最高司法权，上议院的判决是终审判决。英国的法院组织体系，若从审理案件的性质来看，则可分为民事、刑事和专门法院三个组织系统。根据 1971 年的《法院法》，英格兰、威尔士和北爱尔兰的法院主要分民事、刑事和专门法院三个组织系统。民事法院系统包括郡法院、高等法院、民事上诉法院和上院；刑事法院系统由治安法院、皇家刑事法院、刑事上诉法院和上院组成；专门法院系统主要有军事法院、少年法院、劳资关系法院和行政法庭等。苏格兰有自己独特的法院组织系统：郡法院仅管辖民事案件，郡官法院兼管辖民事案件和刑事案件。苏格兰高等法院是苏格兰民事、刑事案件的最高审判机关，但民事案件还可上诉到上院。此外，除上述法院外，英国还有一些特别设立的专门法院，独立于民事和刑事法院系统以外，主要有军事法院、少年法院、劳资上诉法院、验尸官法庭和行政裁判所等。

以下分别对民事和刑事两大法院系统中的地方法院——治安法院和郡法院做详细介绍。

1. 治安法院

治安法院是基层刑事管辖法院，是最低级的刑事审级，也是英国法院组织体系中的重要组成部分。有的治安法院兼受理某些轻微民事案件，如有关婚姻、收养或抚养纠纷等家庭案、酒类销售执照和赌博等。

英格兰和威尔士共有治安法院 700 个，每年审理的刑事案件占全部刑事案件总数的 95%。

治安法院由至少 3 名非专业法官组成合议庭开庭审判，专业法官则可独任审判。可以适用简易程序审理法律规定的案件，无需陪审团参加。

治安法院的职权主要是进行简易审判和起诉预审。简易审判是依简易程序审判简易罪或其他可依简易程序审判的可诉罪。简易罪大体相当于大陆法系中的违警罪，可诉罪相当于刑事罪。起诉预审是对可诉罪的控告进行预审，决定是否可正式起诉至刑事法院。

对治安法院的判决不服，可上诉至刑事法院；如纯属法律问题，可以以报核方式上诉至高等法院，进行法律审。

2. 郡法院

郡法院是英国的主要地方法院，设立于1846年，是专门受理民事案件的基层法院。

英格兰和威尔士分为400个行政区，组成相应的巡回审判区。每个巡回区设有一名或一名以上的巡回法官。他们被称为“郡法院法官”，是一些具有丰富诉讼事务经验的职业法官。上诉法院或高等法院的每位法官和每位刑事法院法官都能够在任何一个区的郡法院审判案件。郡法院通常由一名经大法官任命的巡回法官主持，每月至少开庭一次，通常不设陪审团。

当事人就法律和事实对郡法院裁判不服可上诉于上诉法院。诉讼金额大的案件，除破产案件外，也可向上诉法院上诉。对破产案件的上诉，由衡平法部的高等法院分院审理。郡法院审判案件的数量非常大，每年有近二百万件。其诉讼程序相对简单，费用也不贵。执业律师和执业大律师都有权参与郡法院的诉讼。

6.2.3 德国的地方法院

德国的法院体系较为复杂，可以分为三大体系，一是宪法法院体系；二是普通法院体系；三是特殊管辖权的法院体系（包括行政法院、财政法院、劳工法院和福利法院）。这里重点对普通法院体系中的地方法院进行介绍。

普通法院，是德国建立最早的法院体系，是德国司法系统中规模最大的部分。普通法院通过审查刑事案件和民事案件以及民事调解，行使刑事司法权和民事司法权。普通法院在审级上分为四级：地方法院、地区中级法院、州高等法院、联邦最高法院。

地方法院是普通法院系统的最低审级，负责审理较轻的犯罪和较小的民事案件。这一级别的法院还具有一些日常法律功能，如管理公司登记。地方法院绝大多数的案件都由一位法官独任审理。但是，在刑事案件中可能判处两年以上有期徒刑的，法官要与两位陪审员共同组成合议庭审理。

地方法院的上级法院是地区法院。地区法院分两部分，一部分负责审理较重的犯罪，另一部分审理较大民事案件，大多数重大的民事、刑事案件都由地区中级法院一审。地区法院有多个三位法官组成的合议庭，但为了提高效率，大多数案件都由一位法官独任审理，只有法律或事实上疑难的案件才转为由合议庭审理。地区法院还是地方法院裁判的上诉法院，地方法院一审的案件，由地区法院终审。

州高等法院，主要审查由下级法院上诉到本院的案件中提出的法律问题，也审理涉及危害国家安全和违宪案件的一审。与地区法院类似，州高等法院也按照专业分成多个合议庭。

6.3　西方国家的地方检察机关

6.3.1　美国的地方检察系统

美国检察机关与司法行政机构不分，联邦总检察长即司法部长，为总统和政府的法律顾问，监督司法行政管理，在联邦最高法院审理重大案件时，代表政府出庭，参加诉讼。检察官受司法部领导，配属于各级法院。美国的检察体制具有“三级双轨、相互独立”的特点。所谓“三级”，是指美国的检察机关建立在联邦、州和市镇这三个政府“级别”上。所谓“双轨”，是指美国的检察职能分别由联邦检察系统和地方检察系统行使，二者平行，互不干扰。美国的检察机关无论“级别”高低和规模大小，都是相互独立的。① 美国的联邦检察系统由联邦司法部中具有检察职能的部门和联邦地区检察官办事处组成，其职能主要是调查、起诉违反联邦法律的行为，并在联邦作为当事人的民事案件中代表联邦政府参与诉讼。美国共有 94 个联邦司法管辖区，每区设一个联邦检察官办事处，由一名联邦检察官和若干名助理检察官组成。他们是联邦检察工作的主要力量。在一般案件中，他们自行决定侦查和起诉，但要遵守联邦检察长制定的方针政策。在某些特别案件中，如涉及国家安全的案件和重大的政府官员腐败案件，他们往往会寻求司法部刑事处的支持和帮助，而且要得到联邦检察长或主管刑事处工作的助理检察长的批准才提起公诉。

美国的地方检察系统以州检察机关为主，由州检察长和州检察官领导的机

---

① 何家弘：《论美国检察制度的特色》，《外国法译评》，1995 年第 4 期，第 24 页。

构组成。州检察长的产生途径各异，有的是选举产生，有的是由州长任命。市镇检察机关是独立于州检察系统的地方检察机关，但并非美国的所有市镇都有自己的检察机关。在有些州，市镇没有检察官员，全部检察工作都属于州检察官的职权。在那些有自己检察机关的市镇，检察官员无权起诉违反联邦或州法律的行为，只能调查和起诉那些违反市镇法令的行为。这些违法行为被称为“微罪”，多与赌博、酗酒、交通、公共卫生等有关。不过，市镇法令中有关“微罪”的规定与州法律中有关“轻罪”的规定相重复的情况屡见不鲜。

6.3.2 德国的检察机关

德国检察院的组织机构和职能设置由《法院组织法》和《刑事诉讼法》予以规定。德国检察机关的设置体制表现出“审检合署”和“双轨制”的特点。德国检察机关不是由国家单独设立，它属于司法部，附设于同级的法院系统之中，合署于法院体系之内，由司法行政机关领导。德国检察机关在业务方面高度独立。虽然设置在法院体系内，但对法院是完全独立的。虽然受司法部的领导，接受司法部长的指令，但司法部长不得下达直接干涉处理具体案件的指令，不得侵犯检察官的具体职权。德国检察机关分为联邦检察机关和州检察机关。联邦最高法院检察院由总检察长领导，总检察长对司法部长负责并接受其领导。州高级检察院检察长是州检察机关的最高首长，统领州的检察工作。根据联邦分权原则，联邦检察机关和州检察机关之间没有领导与被领导的关系，它们之间只是一种诉讼程序上的关系。

德国的检察机关分为三级：联邦检察院，与联邦法院相对应；州检察院，与州高等法院相对应；地方检察院，与地方法院、地区中级法院相对应。德国联邦最高检察院只负责危害国家安全犯罪、毒品犯罪、税收方面的犯罪等少数特定犯罪的侦查起诉工作。其他案件完全由州检察院及其下属的地方检察院负责。联邦检察院对各州检察院既没有领导权，也没有监督权。但是各州的检察院对所属的地方检察院享有领导权和监督权，它可以指令所属地区的地方检察院就某个刑事案件进行侦查、提起公诉或者是中止诉讼。

在德国，检察机关的任务主要是在刑事案件中行使侦查权和公诉权。德国检察机关在刑事诉讼方面的职权主要有：（1）负责对刑事犯罪和违法行为进行侦查，有权指挥司法警察；（2）决定是否提起公诉；（3）在法庭审理阶段，担任国家公诉人，同时监督审判程序是否合法；（4）在认为必要时提出抗诉；（5）对刑罚的执行进行监督。

德国检察官是公务员，权利义务由《公务员法》规定。联邦总检察长和各州高等检察院的检察长由联邦司法部部长提名，由联邦总统任命；州和地方的检察官由州司法部部长任命。检察官可以晋升为高级检察官。检察官一旦任命，是终身制，65岁退休，非因法定事由、经法律程序，不能免职。

6.4 中国的地方审判机关与检察机关

根据宪法的规定，我国的司法权包括审判权和检察权两个部分，分别由人民法院和人民检察院来行使，各级法院和检察院由同级国家权力机关产生，对它负责、受它监督。所以我国的司法机关是指人民法院和人民检察院，公安机关和司法行政机关虽然与人民法院和检察院有密切的工作联系，但它们属于行政机关的范围，工作性质、组织机构和原则都与司法机关有明显的区别，因此它们行使的职权属于行政权的一部分。

6.4.1 中国司法制度的建立

早在新民主主义革命时期，伴随着人民政权的建立与发展，人民司法制度已经孕育发展起来。第一次国内革命战争时期，各地农民成立了审判土豪劣绅的特别法庭。第二次国内革命战争时期，中华苏维埃共和国成立后，审判机关设为：中央最高法院和省、县、区各级裁判部。裁判部在各级政府内设立。检察机关，只在县、省和中央最高法院内设检察人员，没有独立的检察机关，实行“审检合署”。解放战争时期，统一了法院名称，各级审判机关一律称为“人民法院”，仍实行“审检合署”。人民法院审理案件基本上实行三级两审制，对反革命案件实行一审终审制。① 新中国成立后，根据《中央人民政府组织法》的规定，在中央设立了最高人民法院、最高人民检察署、公安部和司法部，并建立了地方各级人民法院、地方各级人民检察署、地方各级公安机关和各大行政区司法部，分别行使审判、检察、公安和司法行政的职权。中央人民政府委员会于1951年9月颁布了《中华人民共和国人民法院暂行组织条例》、《中央人民政府最高检察署暂行组织条例》和《地方各级人民检察署组织通则》。对审判和检察机关的性质、任务、组织体系、组织活动原则以及工作制度等作了系统的规定。在组织制度上，人民法院是人民政府的组成部分，

---

① 许崇德：《宪法学》（中国部分），高等教育出版社2005年版，第506页。

受双重领导，人民检察署亦受双重领导。

1954 年 9 月，第一届全国人民代表大会第一次会议召开，颁布了新中国第一部宪法，并颁布了《人民法院组织法》、《人民检察院组织法》，我国司法制度进入了一个新的发展时期。根据这两部法律的规定，地方层面上的司法权由基层法院、中级法院、高级法院行使。检察权的行使机关在设置上基本与法院一致。在领导体制上，地方高级法院不再是同级人民政府的组成部分，不受其领导，只对本级人大负责并报告工作。检察机关也不再是同级人民政府的组成部分，而是一个独立的法律监督机关，并改称“人民检察院”。人民代表大会下的“一府两院”的国家体制从此形成，司法制度的基本框架也构建起来。

从 20 世纪 50 年代后期开始，出现了“左”的思潮，这种思潮在司法工作中的表现就是轻视法制。“人民法院独立进行审判，只服从法律”等重要原则被否定。地方各地检察院被撤销，法律监督权由公安机关行使。1975 年宪法甚至在国家机构中取消了检察机关的设置。

1978 年党的十一届三中全会以后，党和国家在各个领域进行了拨乱反正，并于 1978 年、1982 年两次修改宪法，1988 年、1993 年两次修改宪法，从而使我国社会主义法制建设走向健康发展之路。1978 年宪法恢复了检察机关的设置。1979 年 9 月开始，地方司法行政机关陆续重建。五届全国人大第二次会议对《人民法院组织法》和《人民检察院组织法》作了适当修改。同时，制定或重新颁布了《律师暂行条例》、《公证暂行条例》等，这些有关司法制度的法律、法规的颁布实施，标志着我国司法制度的恢复和走向健全。1995 年全国人大常委会通过《法官法》和《检察官法》，1996 年通过了《律师法》，在立法上不断完善我国的司法制度及相关制度。

目前，我国已基本建立起一整套严密的人民司法制度体系。在我国，最高人民法院和最高人民检察院作为最高司法机关，其主要职责不在于处理具体案件，而是总结经验、指导地方各级法院的工作。绝大多数的案件处理都是由地方各级人民法院完成的，因而地方各级法院是司法活动的主体。

6.4.2 中国的地方审判机关

1. 地方审判机关的组织体系和职权

根据现行《宪法》和《人民法院组织法》的规定，人民法院是国家审判机关，其组织体系是：地方各级人民法院、专门人民法院和最高人民法院。各级各类人民法院的审判工作统一接受最高人民法院的监督。地方各级人民法院根据行政区划设置，专门法院根据需要设置。

（1）基层人民法院

根据《人民法院组织法》的规定，基层人民法院包括县、自治县人民法院，不设区的市、市辖区人民法院，其职权主要有：

①审判刑事、民事和行政案件的第一审案件，但是法律另有规定的除外。对于所受理的案件，认为案情重大应当由上级人民法院审判时，可以请求移送上级人民法院审判。

②处理不需要开庭审判的民事纠纷和轻微的刑事案件。

③指导人民调解委员会的工作。

为便利人民诉讼，由基层人民法院设若干人民法庭，作为派出机构，但人民法庭不是一个审级。其职权是审理一般民事和轻微刑事案件，指导人民调解委员会的工作，进行法制宣传，处理人民来信，接待人民来访。它的判决和裁定就是基层人民法院的判决和裁定。

（2）中级人民法院

根据《人民法院组织法》的规定，中级人民法院包括在省、自治区内按地区设立的中级人民法院，在中央直辖市的中级人民法院，省、自治区辖市和自治州中级人民法院，其职权主要有：

①审判下列案件：其一，法律规定由它管辖的第一审案件。按照《刑事诉讼法》的规定，中级人民法院管辖的第一审刑事案件是：危害国家安全案件；可能判处无期徒刑、死刑的普通刑事案件；外国人犯罪或者我国公民侵犯外国人合法权益的刑事案件。按照《民事诉讼法》的规定，中级人民法院管辖的民事案件是重大的涉外案件，在本辖区内有重大影响的案件，最高人民法院指令中级人民法院管辖的案件。按照《行政诉讼法》的规定，中级人民法院管辖的第一审行政案件是：确认发明专利权案件；海关处理案件；对国务院各部门或者省、自治区、直辖市人民政府所作的具体行政行为提起诉讼的案件；本辖区内重大、复杂的案件。其二，基层人民法院移送的第一审案件。其三，对基层人民法院判决和裁定的上诉案件和抗诉案件。中级人民法院对它所受理的刑事、民事和行政案件，认为案情重大应当由上级人民法院审判时，可以请求移送上级人民法院审判。

②监督辖区内基层人民法院的审判工作。对基层人民法院已经发生法律效力的判决和裁定，如果发现确有错误，中级人民法院有权提审或者指令基层人

民法院再审。

（3）高级人民法院

根据《人民法院组织法》规定，高级人民法院设于省、自治区、直辖市，其职权主要有：

①审判下列案件：其一，法律规定由它管辖的第一审重大或复杂的刑事案件、民事案件和行政案件。其二，下级人民法院移送审判的第一审案件。其三，对下级人民法院判决和裁定的上诉案件和抗诉案件。海事法院所在地的高级人民法院有权审判对海事法院的判决和裁定的上诉案件。其四，人民检察院按照审判监督程序提出的抗诉案件。

②复核中级人民法院判处死刑的、被告人不上诉的第一审刑事案件，其中同意判处死刑的，报请最高人民法院核准，不同意判处死刑的，可以提审或者发回重审。

③复核中级人民法院判处死刑、缓期两年执行的案件。

④根据最高人民法院的授权，核准部分死刑案件。

⑤监督辖区内下级人民法院的审判工作。对下级人民法院已经发生法律效力的判决和裁定，如果发现确有错误，有权提审或者指令下级人民法院再审。

2. 法官制度

法官制度是审判制度的重要组成部分，中国的法官制度是依据《宪法》、《人民法院组织法》、《法官法》建立起来的。依照《法官法》规定，法官是依法行使国家审判权的审判人员，包括最高人民法院、地方各级人民法院和军事法院等专门人民法院的院长、副院长、审判委员会委员、庭长、副庭长、审判员和助理审判员。法官的等级分为十二级。最高人民法院院长为首席大法官，二至十二级则包括大法官、高级法官和法官。

（1）法官的条件

担任法官必须具备下列条件：①具有中华人民共和国国籍；②年满23周岁；③拥护中华人民共和国宪法；④有良好的政治、业务素质和良好的品行；⑤身体健康；⑥高等院校法律专业本科毕业或者高等院校非法律专业本科毕业具有法律专业知识，从事法律工作满两年，其中担任高级人民法院、最高人民法院法官，应当从事法律工作满三年；获得法律专业硕士学位、博士学位或者非法律专业硕士、博士学位具有法律专业知识，从事法律工作满一年，其中担任高级人民法院、最高人民法院法官，应当从事法律工作满两年。

初任法官的选任，按照德才兼备的标准，从通过国家统一司法考试，并且具备法官条件的人员中择优提出人选。人民法院的院长、副院长应当从法官或者其他具备法官条件的人员中择优提出人选。

(2) 法官的任免

最高人民法院院长由全国人民代表大会选举和罢免，副院长、审判委员会委员、庭长、副庭长和审判员由最高人民法院院长提请全国人民代表大会常务委员会任免。

地方各级人民法院院长由地方各级人民代表大会选举和罢免，副院长、审判委员会委员、庭长、副庭长和审判员由本院院长提请本级人民代表人会常务委员会任免。

在省、自治区内按地区设立的和在直辖市内设立的中级人民法院院长，由省、自治区、直辖市人民代表人会常务委员会根据主任会议的提名决定任免，副院长、审判委员会委员、庭长、副庭长和审判员由高级人民法院院长提请省、自治区、直辖市的人民代表大会常务委员会任免。

3. 地方法院审判工作的组织形式

审判组织是指人民法院审判案件的组织形式。根据《诉讼法》和《人民法院组织法》的规定，地方各级人民法院审判案件的组织形式有三种，即独任制、合议制和审判委员会。

(1) 独任制

独任制，是指由审判员 1 人独自担任某案件的审判工作，并作出判决的制度。独任制仅用于基层人民法院以简易程序审理的案件。

担任独任制审判的审判员必须是专职审判员，书记员应由专人担任。值得指出的是，独任制审判并不是审判独立的组织形式，其审判活动要接受人民法院院长和审判庭庭长及审判委员会的领导。独任制审判同其他审判组织形式本质上并没有差别，只是人数不同而已，在审判程序上也不能一切从简，必须严格按照法律规定的程序、原则进行。

根据《诉讼法》的有关规定，下列案件不得采用独任制审判：①起诉时被告下落不明的案件；②按照普通程序审理的案件无论在审理过程中发生什么变化，都不得适用独任制审判形式；③按照独任制审理的案件在审理过程中，发现案情复杂，需要改为合议制的可以改为合议制；④发回重审和按照审判监督程序再审的案件不得采用独任制；⑤行政诉讼案件一律不得采用独任制。

（2）合议制

合议制，是一种集体审判的制度，即案件的审判，由审判人员数人组成合议庭进行。按照合议制依法组成的法庭称为“合议庭”。

①合议庭的组成。合议庭的组成根据审级、法院的级别、案件的性质及影响程度不同，合议庭的组成也有相应的不同。根据《诉讼法》的规定，基层人民法院、中级人民法院审判一审案件，应当由审判员3人或人民陪审员和审判员3人组成合议庭。高级人民法院审理第一审案件，应由审判员3人或由审判员和人民陪审员共3~7人组成合议庭。人民法院审判上诉和抗诉案件应由审判员3~5人组成合议庭。合议庭组成的人数应当是单数。合议庭由院长或者庭长指定1人担任审判长。院长或庭长参加审判时，自己担任审判长。

发回重审的案件，原审人民法院应当按照第一审程序另行组成合议庭。而审理再审案件，原来是第一审的，按第一审程序另行组成合议庭；原来是二审的，或者是上级人民法院提审的，按照第二审程序另行组成合议庭。

②合议庭对案件评议的原则。合议庭对案件进行评议时，应当坚持民主原则。合议庭成员应充分发表意见，作出表决时应少数服从多数，按多数人的意见作出决定，但少数人的意见应记入笔录。其中的少数是指没有超过合议庭成员人数的半数。评议笔录由全体合议庭成员在认真审阅确定无误后签名，对评议情况应当保密。

合议庭开庭审理并且评议后，应当作出判决。对于复杂、疑难、重大的案件，经合议庭合议后认为难以作出决定的，由合议庭提请院长决定提交审判委员会讨论决定。审判委员会的决定，合议庭应当执行。

（3）审判委员会

审判委员会是人民法院内部设立的对审判工作实行集体领导的组织。根据《人民法院组织法》及《诉讼法》的有关决定，各级人民法院均设立审判委员会。审判委员会由院长、庭长和资深审判员组成。地方各级人民法院的审判委员会委员，由院长提请本级人民代表大会常务委员会任免。审判委员会的任务是总结审判经验，讨论重大的或疑难的案件和其他有关审判工作的问题。审判委员会讨论、决定案件时，实行民主集中制，必须获得半数以上的委员会同意方能通过。对审判委员会的决定，合议庭应当执行，如果仍有意见的，可以建议院长提交审判委员会复议。

根据《最高人民法院司法解释》的规定，需要提交审判委员会讨论决定的疑难、复杂、重大的案件有以下几类：①拟判处死刑的；②合议庭成员意见有重大分歧的；③人民检察院抗诉的；④在社会上有重大影响的；⑤其他需要由审判委员会讨论决定的。

4. 地方法院审判工作的基本原则

法院审判工作的基本原则，也就是诉讼的基本原则，指在诉讼的整个阶段起指导作用的基本原理和基本规则。它具有以下三个特征：一是基础性；二是导向性；三是抽象性。诉讼的基本原则可分为共有原则与特有原则。共有原则是根据宪法原则，参照《人民法院组织法》有关规定制定的基本原则。这类基本原则的特点是：它不仅适用于民事诉讼，而且也适用于刑事诉讼和行政诉讼。正因为如此，这些原则就成为宪法、法院组织法、民事诉讼法、刑事诉讼法、行政诉讼法的共有原则，简称“共有原则”。特有原则是根据民事、行政、刑事诉讼的特殊要求制定的基本原则，反映了三大诉讼的各自的特殊规律性。这里重点阐述共有原则。

（1）人民法院独立行使审判权原则

审判权是指对案件进行审理和判决的权力。审判权由人民法院行使，是指对民事案件审理和判决的权力只能由人民法院行使，其他任何机关和部门或个人都无权行使。

司法独立是一个公正的司法制度的基石，是法院公正履行审判职能的基本要求。人民法院依法对案件独立进行审判原则包括以下内容：人民法院依法对案件进行独立审判，不受行政机关、社会团体和个人的干涉；人民法院依法独立审判，是指人民法院作为整体独立行使审判权，而不是由审判员、合议庭独立审判。

（2）公民在法律面前一律平等原则

公民在法律面前一律平等原则要求人民法院对一切公民都必须一律平等对待。一切公民的合法权益都必须予以保护。人民法院应当平等地保障双方当事人行使诉讼权利。

（3）以事实为依据，以法律为准绳的原则

以事实为依据，是指人民法院审理案件，应从实际出发，实事求是，忠实于案件的真实情况。以法律为准绳，是指在查明案件事实的基础上，以法律作为衡量、评价是非的尺度和标准。

（4）使用本民族语言文字进行诉讼原则

该原则包括以下三个方面的内容：①各民族公民都有使用本民族语言文字进行诉讼的权利。②如果诉讼参与人不通晓当地民族通用的语言、文字，人民法院应当为其聘请或指定翻译人员。③在少数派聚居或者多民族共同居住的地区，人民法院对案件的审理应当用当地民族通用的语言进行。

（5）人民检察院对审判活动实行法律监督原则

这是人民检察院对人民法院及其审判人员的审判活动的监督，具体包括两个方面：①对审判人员的审判活动进行监督。②对生效裁判的合法性进行监督。

5. 地方法院审判工作的基本制度

（1）公开审判制度

公开审判制度，是指人民法院的审判活动除合议庭评议案件外，向群众和社会公开的制度。公开审判是社会主义民主原则在民事诉讼中的重要体现，实行公开审判制度有利于增强审判活动的透明度；有利于提高办案质量；有利于使旁听群众受到很好的法制教育，从而预防纠纷，减少诉讼，维护社会稳定。

公开审判制度包括三项内容：第一，开庭前公告当事人姓名、案由和开庭的时间、地点；第二，开庭时允许群众旁听和允许新闻记者采访报道；第三，公开宣告判决。依照《人民法院组织法》第七条规定，下列三种案件不公开审理：①涉及国家机密的案件；②涉及个人隐私的案件；③未成年人犯罪的案件；此外，根据《民事诉讼法》的规定，离婚当事人和涉及商业秘密案件的当事人申请不公开审理的，可以不公开审理。

（2）辩护制度

根据《宪法》和《法院组织法》规定，被告人有权获得辩护。

《刑事诉讼法》进一步规定，人民法院有义务保证被告人获得辩护，并对这一原则的实行和制度作了具体规定。犯罪嫌疑人、被告人除自己行使辩护权以外，还可以委托一至二人作为辩护人。可以作为辩护人的有：①律师；②人民团体或者犯罪嫌疑人、被告人所在单位推荐的人；③犯罪嫌疑人、被告人的监护人、亲友。但正在被执行刑罚或依法被剥夺、限制人身自由的人不得担任辩护人。

公诉案件自案件移送审查起诉之日起，犯罪嫌疑人有权委托辩护人。自诉案件的被告人有权随时委托辩护人。公诉人出庭的公诉案件，被告人因经济困难或者其他原因没有委托辩护人的，人民法院可以指定承担法律援助义务的律师为其提供辩护。被告人是盲、聋、哑或者未成年人而没有委托辩护人的，以及被告人可能被判处死刑而没有委托辩护人的，人民法院应当指定承担法律援助义务的律师为其提供辩护。

（3）两审终审制度

两审终审制度，是指一个民事案件经过两级人民法院的审判，案件的审判即宣告终结的制度。《人民法院组织法》第十二条规定："人民法院审判案件，实行两审终审制。"

人民法院实行四级两审终审制，即设四级人民法院，两审终审。根据案件的性质和难易划分审级管辖。如果当事人对第一审案件的判决或裁定不服，可以在法定期限内向上一级人民法院提出上诉；如果人民检察院认为一审判决或裁定确有错误，可以在法定期限内向上一级人民法院提出抗诉。如果在上诉期限内，当事人不上诉，人民检察院不抗诉，这个一审判决或裁定就是发生法律效力的判决和裁定。上级人民法院对上诉、抗诉案件，按照第二审程序进行审理后所作的判决或裁定就是终审的判决和裁定，除判处死刑的案件需要依法进行复核外，其他的立即发生法律效力。

根据法律规定，下列案件实行一审终审：①最高人民法院审理的第一审案件；②基层人民法院按照《民事诉讼法》的特别程序审理的选民资格案件，认定公民无行为能力或限制行为能力案件，宣告失踪案件，宣告死亡案件和认定财产无主案件。

（4）回避制度

回避制度是指司法人员与其经办的案件或者案件的当事人有某种特殊的关系，可能影响案件的公正处理，因而不得参加处理这个案件的制度。

根据《刑事诉讼法》规定，审判人员、检察人员、侦查人员有下列情形之一的，应当自行回避，当事人及其法定代理人也有权要求他们回避：①是本案的当事人或者是当事人的近亲属的；②本人或者他们的近亲属和本案有利害关系的；③担任过本案的证人、鉴定人、辩护人或者附带民事诉讼当事人的代理人的；④与本案当事人有其他关系，可能影响公正处理案件的；

这些规定也适用于书记员、翻译人员和鉴定人。《民事诉讼法》和《行政诉讼法》有类似规定。审判人员的回避，由本院院长决定；院长的回避，由本院审判委员会决定。

6.4.3 中国的地方检察机关

1. 地方检察机关的组织和职权

根据《宪法》和《人民检察院组织法》规定，人民检察院是国家的法律监督机关，行使国家的检察权。人民检察院由同级人民代表大会产生，向它负责并报告工作。中华人民共和国设立最高人民检察院、地方各级人民检察院和军事检察院等专门人民检察院。地方各级人民检察院包括省、自治区、直辖市人民检察院；省、自治区、直辖市人民检察院分院，自治州和省辖市人民检察院；县、市、自治县和市辖区人民检察院。省、自治区、直辖市人民检察院检察长由省、自治区、直辖市人民代表大会选举和罢免，其任免须报最高人民检察院检察长提请全国人民代表大会常务委员会批准；自治州、省辖市、县、市、市辖区人民检察院检察长由同级人民代表大会选举和罢免，其任免须报上一级人民检察院检察长提请该级人民代表大会常务委员会批准。各级人民检察院检察长的任期，与同级人民代表大会每届代表任期相同。省、自治区、直辖市人民代表大会常务委员会根据同级人民检察院检察长的建议，可以撤换下级人民检察院检察长、副检察长和检察委员会委员。地方各级人民检察院对产生它的国家权力机关和上级人民检察院负责。人民检察院依照法律规定独立行使检察权，不受行政机关、社会团体和个人的干涉。地方各级人民检察院在组织原则上实行双重领导和民主集中制，它不同于垂直领导和个人负责制，这是中国检察制度的两个特点。根据1982年《宪法》和1979年《中华人民共和国人民检察院组织法》的规定，地方各级人民检察院既受同级国家权力机关的领导，同时，又受上级人民检察院的领导，以保证人民检察院在全国范围内统一行使检察权。检察机关上下级是领导和被领导的关系，这与人民法院上下级之间监督与被监督的关系有显著不同。为了维护国家法制的统一，检察机关必须一体化，必须具有很强的集中统一性。

地方人民检察院的内部组织机构主要包括检察委员会及其他具体工作机构。

(1) 检察委员会

人民检察院的检察长统一领导检察院的工作。《人民检察院组织法》第三条第二款规定“各级人民检察院设立检察委员会，实行民主集中制，在检察长的主持下，讨论决定重大案件和其他重大问题。如果检察长在重大问题上不同意多数人的决定，可以报请本级人民代表大会常务委员会决定。”

（2）检察工作机构

人民检察院的内部工作机构是根据法律监督的内容所形成的业务分工机构，包括：刑事检察、经济检察、法纪检察、监所检察、民事检察和行政检察等业务机构，特别是设立了反贪局，建立举报中心，直接依靠群众同贪污、贿赂、渎职、侵权等犯罪行为作斗争，实行专门工作与群众路线相结合的有效形式。

根据《人民检察院组织法》和有关法律规定，人民检察院行使下列职权：①对叛国案、分裂国家案以及严重破坏国家的政策、法律、法令、政令统一实施的重大犯罪案件，行使检察权。②对于直接受理的刑事案件，进行侦查。③对于公安机关、国家安全机关侦查的案件，进行审查，决定是否逮捕、起诉；对侦查活动是否合法实行监督。④对于刑事案件提起公诉、支持公诉；对人民法院的审判活动是否合法实行监督。⑤对于刑事案件的判决、裁定的执行以及监狱、看守所和劳动教养机关的活动是否合法实行监督。⑥对于人民法院的民事、行政审判活动实行监督。

2. 检察官制度

检察官制度是指国家通过制定专门的法律对在检察机关中行使国家检察权的检察官依法进行科学管理的制度。它包括检察官职责、权利义务、资格条件、任免、考核、培训、奖惩、工资福利、辞职、退休等一系列规定。1995 年 2 月 28 日第八届全国人民代表大会常务委员会第十二次会议通过了《检察官法》，1995 年 7 月 1 日起该法正式实施。2001 年 6 月，第九届全国人民代表大会常务委员会第二十二次会议对该法进行了修正。

（1）检察官资格制度

检察官包括各级人民检察院的检察长、副检察长、检察委员会委员、检察员和助理检察员。根据《检察官法》的规定，担任检察官必须具备下列条件：①具有中华人民共和国国籍；②年满 23 岁；③拥护中华人民共和国宪法；④有良好的政治、业务素质和良好的品行；⑤身体健康；⑥高等院校法律专业本科毕业或者高等院校非法律专业本科毕业具有法律专业知识，从事法律工作满两年，其中担任省、自治区、直辖市人民检察院、最高人民检察院检察官，应当从事法律工作满三年；获得法律专业硕士学位、博士学位或者非法律专业硕士学位、博士学位具有法律专业知识，从事法律工作满一年，其中担任省、自治区、直辖市人民检察院、最高人民检察院检察官，应当从事法律工作满两年。

下列人员不得担任检察官：①曾因犯罪受过刑事处罚的；②曾被开除公职的。

检察官资格的取得方式为：初任检察官采用严格考核的办法，按照德才兼备的标准，从通过国家统一司法考试取得资格，并且具备检察官条件的人员中择优提出人选。国家对初任检察官、法官和取得律师资格实行统一的司法考试制度。国务院司法行政部门会同最高人民检察院、最高人民法院共同制定司法考试实施办法，由国务院司法行政部门负责实施。

（2）检察官的任免制度

检察官职务的任免，依照宪法和法律规定的任免权限和程序办理。

地方各级人民检察院检察长由地方各级人民代表大会选举和罢免，副检察长、检察委员会委员和检察员由本院检察长提请本级人民代表大会常务委员会任免。地方各级人民检察院检察长的任免，须报上一级人民检察院检察长提请该级人民代表大会常务委员会批准。在省、自治区内按地区设立的和在直辖市内设立的人民检察院分院检察长、副检察长、检察委员会委员和检察员由省、自治区、直辖市人民检察院检察长提请本级人民代表大会常务委员会任免。

检察官有下列情形之一的，应当依法提请免除其职务：①丧失中华人民共和国国籍的；②调出本检察院的；③职务变动不需要保留原职务的；④经考核确定为不称职的；⑤因健康原因长期不能履行职务的；⑥退休的；⑦辞职或者被辞退的；⑧因违纪、违法犯罪不能继续任职的。

（3）检察官管理制度

检察官管理制度，主要包括检察官的等级、考核、培训、奖励、惩戒等方面。

检察官等级的晋升是指在初次评定检察官等级后，按规定升至高一等级的制度，一般分为定期晋升和择优选升。检察官的级别分为十二级：最高人民检察院检察长为首席大检察官，二至十二级检察官分为大检察官、高级检察官、检察官。检察官等级的确定，以其所任职务、德才表现、业务水平、检察工作实绩和工作年限为依据。

对检察官的奖励，实行精神鼓励和物质鼓励相结合的原则，奖励分为：嘉奖，记三等功、二等功、一等功，授予荣誉称号。

对检察官的处分分为：警告、记过、记大过、降级、撤职、开除。受撤职处分的，同时降低工资和等级。构成犯罪的，依法追究刑事责任。

（4）检察官保障制度

检察官履行职务受法律保护，检察官保障制度主要体现在《检察官法》第九条所规定的检察官的权利上。具体说，检察官保障制度包括以下几方面：

①职业保障。检察官依法履行职责不受行政机关，社会团体或个人的干涉；非因法定事由，非经法定程序，不被免职、降职、辞退或者处分。

②人身保障。检察官的人身、财产和住所安全受法律保护。

③工资保障。检察官按规定获得劳动报酬，享受保险福利待遇。

④其他保障。指履行检察官职责应当具有的职权和工作条件。检察官有辞职、申诉控告等权利。

3. 检察工作制度

检察工作制度是根据检察业务的范围和活动而形成的一些规则制度，主要有：

（1）侦查监督制度

侦查监督制度就是指人民检察院对公安机关（包括国家安全机关）的刑事侦查活动实行的监督制度。具体包括：①审查批准逮捕。《宪法》规定，任何公民，非经人民检察院批准或决定或人民法院决定并由公安机关执行，不受逮捕。②审查起诉。人民检察院对公安机关侦查终结，移送起诉的刑事案件，经审查作出是否起诉的决定。③对侦查活动的监督。这是对公安机关的侦查活动是否违法进行的监督，包括是否刑讯逼供或变相刑讯逼供或诱供骗供，侦查人员应否回避等内容。

（2）自侦制度

自侦制度是指人民检察院直接受理案件并立案侦查的制度。根据最高人民检察院 1998 年初制定的《关于人民检察院直接受理立案侦查范围的规定》，共有 4 类 53 种案件由检察院直接立案侦查。包括：

①《刑法》分则第八章规定的贪污贿赂犯罪及其他章中明确规定依照第八章相关条文定罪处罚的犯罪案件，包括贪污案，挪用公款案，受贿案等；

②《刑法》分则第九章规定的渎职犯罪案件，包括滥用职权案，玩忽职守案，枉法追诉，裁判案等；

③国家机关工作人员利用职权实施的下列侵犯公民人身权利和民主权利的犯罪案件，包括非法拘禁案，非法搜查案，刑讯逼供案等。

④国家机关工作人员利用职权实施的其他重大的犯罪案件，需要由人民检

察院直接受理时，经省级以上人民检察院决定，可以由人民检察院立案侦查。

(3) 公诉制度

根据《刑法》和《刑事诉讼法》的规定，除少数亲告罪可以自诉外，其他犯罪实行公诉制度。凡需公诉的案件，一律由人民检察院向有管辖权的人民法院提起公诉。对公安机关移送起诉的案件，一律由人民检察院进行审查，一个月内作出是否起诉的决定，重大复杂的案件，可以延长半个月。经审查认为犯罪嫌疑人的犯罪事实已经查清，证据确凿、充分，依法应当追究刑事责任的，应向有管辖权的人民法院提起公诉。

(4) 审判监督制度

是指人民检察院对人民法院的民事、刑事、行政等审判活动进行监督的制度。例如，在刑事审判活动中，检察官出庭既是为支持公诉，又是以国家法律监督者的身份出庭监督法庭的审判活动。同时，检察院还有权对错误的刑事判决和裁定提出抗诉。

(5) 对刑事判决的执行和监所的监督制度

主要包括：①对执行死刑判决的监督。执行死刑时，人民检察院应派员临场监督、验明正身，防止错杀；②对监所执行刑罚的监督。包括减刑、假释、保外就医、监外执行缓刑等是否违法的监督；③对看守所和劳动教养的活动是否违法进行监督。

本章小结

本章是关于司法制度及地方司法机关的介绍。司法制度是指司法机关的性质、任务、组织体系、组织与活动的原则以及工作制度等方面规范的总称。本章所论述的司法制度主要指审判制度以及与其紧密相关的检察制度。中西方司法制度在理论基础、组织体系、职责权限、审判模式以及工作制度等方面都存在差异。西方国家的审判制度具有以下共同的特点：1. 实行审判独立；2. 实行法律面前，人人平等的原则；3. 实行无罪推定原则；4. 实行审判公开制度；5. 实行法官自由心证制度。但西方国家两大法系在审判制度及检察制度上也呈现出不同的特点。美国的法院分为联邦法院和州法院两大系统，地方法院包括联邦地区法院和州地区法院。英国的地方法院包括治安法院和郡法院等。德国的普通法院分为四级：地方法院、地区中级法院、州高等法院、联邦最高法院。地方法院是普通法院系统的最低审级。美国的地方检察系统以州检察机关为主，由州检察长和州检察官领导的机构组成。中国的地方各级人民法院包括基层人民法院、中级人民法院和高级人民法院。地方各级人民法院审判案件的组织形式有三种，即独任制、合议制和审判委员会。地方各级人民检察院的检察工作制度是根据检察业务的范围和活动而形成的一些规则制度，主要有：侦查监督制度、自侦制度、公诉制度、审判监督制度、对刑事判决的执行和监所的监督制度。

关键术语

司法制度　审判制度　检察制度　治安法院　普通法院
独任制　合议制　公诉制度

复习思考题

1. 试分析中西方司法制度的不同。
2. 试比较西方国家两大法系在审判制度上的不同特点。
3. 试阐述当代中国地方审判机关的组织和职权。
4. 试阐述当代中国地方法院审判工作的组织形式。

案例分析

北京一中院法官巡回审判进山区　两天审理 45 件案

为让当事人打一个便捷的官司，避免因路途遥远、交通不便增加当事人的诉讼成本，日前，北京市第一中级法院民二庭的 5 名法官深入延庆县山区开展巡回审判工作。法官走访村民宅院，实地考察案件具体情况，在两天时间里审理了 45 件涉及农村宅基地相邻关系、财产纠纷案件，16 件案件以调解、撤诉方式圆满解决，调撤率高达 35.5%，更有 3 件案件当场执行完毕。法官不辞辛劳上门就审，妥善调解村民纠纷，赢得了当地居民的一致赞誉。

农民工张万亮是延庆县某村村民，今年41岁。2001年上半年，包工头贾某找到张万亮，让他去某食品厂的建筑工地做电工，并口头承诺按照工程的实际工作量结算工资。老实的张万亮在没有签订任何书面合同的情况下前往工地，一干就是大半年，也领到了贾某给的部分工资。到了年底，眼看工程快要完工，张万亮就要求贾某将未给付的钱一并结清。这时候贾某便开始寻找各种借口，动不动就以工作太忙或是身在外地为由拖着不给结算。张万亮追着贾某讨要工资，前后跑了5年的时间，直到贾某最后玩起了人间蒸发。

万般无奈的张万亮想到用法律为自己维权，可是贾某消失了，他不知道应该上法院去告谁。张万亮想起曾在工地上看到的工程发包方——北京某建筑公司的牌子，于是将建筑公司诉至法院，要求建筑公司支付自己的工资。

一审结果，张万亮因证据不足，全部诉讼请求被驳回，张万亮不服，向北京市第一中级人民法院提起上诉。

“他这人比较木讷，表达能力较差，很难把案件具体情况、细节问题说清楚。而且家离延庆县城就有一个多小时车程，如果要他到一中院去开庭，来回就要花一天的时间。”前往延庆县就审的市一中院张岚岚法官回忆说。张万亮的案子二审由张法官承办，她发现张万亮没有任何维权意识，和包工头贾某的约定全凭口头说，也缺乏法律知识，举证能力有限，很难拿出支持自己诉求的有利证据。而被告建筑公司认为张万亮告错了人，应该去告贾某，仅凭张万亮自己的说法不能认定他曾在公司的工地上干过活。

在一中院巡回就审的两天时间里，缺乏诉讼能力的张万亮获得了较为充裕的时间，诉讼权利也得到了充分保障。第一天开庭，张岚岚法官经过耐心询问，为双方释明相关法律规定，要求张万亮回去好好搜集可能支持其诉求的证据，明天再来。第二天继续开庭，张法官通过审查张万亮提交的多本单据，从中发现了一张贾某给张万亮出具的结算清单。从清单看出，张万亮参加施工的工地和建筑公司的工程是同样的地点、同样的时间。在此情况下，张法官进一步做双方的调解工作，终于建筑公司表示同意给付张万亮工资4 500元，张万亮也同意与贾某之间的经济纠纷不再找建筑公司解决。

在一中院巡回就审的过程中，发现还有许多像张万亮一样，身处边远地区诉讼不便的当事人权益得到充分保障。在就审中，对涉及民生的相邻关系、财产纠纷等案件，法官们到案件现场实地勘验，深入了解案件背景，仔细查明案件事实，深入细致地开展工作。法官们的做法加深了当事人对法官的信任，也缓和了当事人之间的对立情绪。

在一起相邻关系案件中，双方当事人为同胞兄弟，因为分家问题矛盾很深，法官坚持从矛盾纠纷的症结入手，进行实地勘验，并从法律规定、社会风尚、传统美德等方面晓之以情、动之以理，做当事人的思想工作，最终促使两家冰释前嫌。

通过开展集中巡回就审工作，一中院的法官们实现了便捷当事人诉讼和提高审判效率的有机统一，同时将巡回就审的过程作为进行普法宣传教育的手段，两天内35.5%的案件以调撤方式圆满解决，促进了边远农村的和谐稳定，赢得了当事人的一致赞誉。

（资料来源：常鸣：《北京一中院法官巡回审判进山区 两天审理45件案》，中国法院网讯，发布时间：2009-04-09，11:46:35。）

请思考

试分析地方法院开展巡回审判工作的作用。

阅读书目

1. 徐育苗：《中外政治制度比较》，中国社科出版社2004年版。
2. 许崇德：《宪法学》（中国部分），高等教育出版社2005年版。
3. 方立新：《西方五国司法通论》，人民法院出版社2000年版。
4. 李昌道：《比较司法制度》，上海人民出版社2004年版。

第7章 地方行政制度

☞**简短提要**

本章在介绍地方行政制度基本概念和类型的基础上，以英、美、法为代表介绍了西方国家地方行政制度的状况；然后，对当代中国地方行政制度做了概括，分别介绍了当代中国的一般地方政府制度、民族自治地方政府制度、特别行政区地方政府制度。

☞**重点问题**

本章所涉及的主要问题包括：(1) 地方行政制度的概念；(2) 地方政府行政组织的类型；(3) 美国、英国、法国的地方行政管理；(4) 当代中国地方各级人民政府的性质、地位、组成和职权；(5) 民族自治地方政府的行政职权；(6) 特别行政区的行政地位。

7.1 地方行政制度概述

7.1.1 地方行政制度的概念

地方行政制度是指有关国家地方行政机关的组成、体制、权限、活动方式等方面的制度总和。需要说明的是，在中国，“政府”主要在狭义上使用。一般认为，“地方政府即地方国家行政机关”，是指依法行使国家行政权、负责对国家地方行政事务进行组织和管理的国家机关。地方行政制度的概念也就相对比较清晰。而在大多数西方国家，“政府”一词主要是在广义上使用。西方学者多认为，地方政府不是国家行政机关，而是地方自治机关。① 西方国家地方政府在行政区域内管理社会公共事务的权力，包含三个方面的内容：应该如何治理本行政区域，如何实现本行政区域的治理，以及如何通过对本行政区域社会公共事务的管理来完成这种治理。这三个方面的内容分别构成了地方政府的三种权力：决议权、执行权和行政权。由于本章重点阐述地方行政制度，需要把地方政府中的行政权力及其管理制度剥离出来进行介绍，因而本章着重阐述地方政府中的行政制度。

7.1.2　地方政府行政组织的类型

根据不同的标准，地方政府可以划分为不同的类型。这里着重根据地方政府权力机关与行政机关的不同关系来划分地方政府行政组织的类型。根据地方政府的权力机关与行政机关的不同关系，地方政府的组织形式基本上可分为议行分立制、议行合一制。

1. 议行合一制

议行合一体制是指立法机关与行政机关合二为一的地方政府组织形式。这又可分为绝对议行合一体制和相对议行合一体制两种形式。

绝对议行合一体制的地方政府单位，立法和执行权由同一机关掌握，选民选出的议会直接行使执行权，同时承担当地社会事务公共管理职责。这类体制大多数出现在规模较小的地方政府单位，典型的情况如英国的议会委员会制和加拿大地方选举的议会，在处理地方事务中都行使立法权和行政权，工作由议会的各种执行委员会管理，日常行政事务由文职人员处理。

相对的议行合一型体制，在这种体制下，选民选举产生一个权力机关（通常称为“议会”）仅行使议决权，由它产生一个行使执行权的机关承担对社会的公共管理；或者议会行使执行权，另指定机关承担公共管理职责。如美国许多中等城市实行的议会经理制的体制。

---

① See David Wilson and Chris Game. Local Government in the United Kingdom (London: Macmillan, 2002), pp. 31-40.

2. 议行分立制

议行分立体制来自权力制衡理论，认为权力集中容易导致权力的滥用和失控，因而需要形成一种相互制约的平衡机制，由两个权力机关分别行使议决权与执行权，由承担执行权的机关行使行政权。在实际运作中，同样也可以分为两种情况：绝对的议行分立体制和相对的议行分立体制。

在绝对的议行分立型体制下，地方议会行使议决权，地方行政首长行使执行权和行政权。两者分别由选民直接选举产生，各自只对选民负责，相互之间不存在统属关系，也不需要对对方负责。日本的地方自治单位就是实行这种地方政府体制。

在相对的议行分立体制下，选民投票产生地方议会，由议会依法选举产生一位行使执行权的地方长官。地方长官负责领导地方行政部门的工作，依法独立行使职权，不受议会干预，议会也无权罢免地方长官。法国市政体制就属于这种体制。

7.2 西方国家地方行政管理制度

由于地方自治程度和国家结构形式的差异，西方国家的地方行政管理制度各具特点。在此仅以美、英、法三国为代表做一介绍。需要说明的是，地方行政管理制度应包含有关国家地方行政机关的组成、体制、权限、活动方式等内容。但本书“地方政府体制”一章已对美、英、法三国地方政府的体制与组成做了较为详细的介绍，因此本节在涉及以上三个国家的部分，重点对其行政管理模式及职权进行阐述。

7.2.1 美国的地方行政管理

美国实行三级政府架构：联邦政府、州政府、地方政府。地方政府是根据州的法律建立的，其权力来自州议会制定的法律。在美国，州以下的地方政府包括县、市、村、自治市、镇、乡、学区、特别区等。各种地方行政机构的构成，依据行政区的大小和管辖事务范围大小来确定，其数量和规模并不相同。这些地方政府形式多种多样，名称千差万别，但都高度自治。这里以美国地方政府中最主要的县政府、市政府为例对美国地方行政管理的模式及职权进行阐述。

1. 美国地方行政管理的模式

(1) 决策权包含行政权模式

这种模式体现了决策权与执行权的高度统一，展示了公民直接参与政府管理的特点。从美国现行地方政府的体制看，市政府中的委员会制以及县政府中的委员会制、“县委员会—县长制”属于这种地方行政管理模式。

市政府的委员会制是以权力统一原则为基础，将立法权和政策执行权集中于选举产生的委员们手中的地方政府制度。市民选举产生的市五人委员会具有市的一切立法与行政权力。除被推举为市长的一人以外，其他委员都直接领导一个行政部门。委员会定期举行会议，制定市的政策和规章制度，履行市议会的职能，即在集会时，他们是立法机构的成员，构成市的立法机关。平时，则作为各部门的行政首长，分别负责财政、公共工程、卫生福利，等等。委员会成立时，在第一次会议上进行职务分配，确定某个委员负责某一行政部门。

在县政府中的委员会制下，县委员会由选举产生，兼有立法与行政两种权力，既制定法律和决定预算，又负责其具体实施。

在县政府的“县委员会—县长制”体制下，县委员会负责立法职能，民选的县长负责行政事务。

(2) 强行政权、弱决策权模式

这种模式采用了近似于联邦政府和州政府中“权力分立并制衡”的基本原理，当选的市理事会或县委员会拥有决策权，当选的市长或首席执行官拥有执行权，两权分离，互相制衡。

市政府里的“强市长—议会制”体制属于这种模式，强市长制是在一切行政官员中，一般只有市长才是选举产生的，市长集中了所有的行政权，有权任命和罢免其他的行政官员，能对市议会的决议行使否决权，对市的预算具有较强的控制权。

(3) 强决策权、弱行政权模式

这种政府模式源于公民对执行权的不信任，因此，不但市长的权力与议会的权力要分离，而且许多行政职务的主管官员也必须通过选举产生，如警察局局长、治安官员、税收评价员等。市政府中的“弱市长—议会制”体制属于这种模式，弱市长制是指市长由民选产生，市长以外的其他主要行政官员也是选举产生的。他们与市长共同分担责任，各负其责。市长可以任命的官员很少。这样一来，市长对各行政部门基本上无法指挥和监督。同时，市长对市议会没有否决权或仅有有限的否决权，无法与议会抗衡。这样的行政机构往往使行政管理陷入混乱，因此，市议会往往直接行使行政权。各行政部门是一些行政委员会，如警察委员会、供水委员会、教育委员会等。

（4）决策权与县或市经理制相结合模式

县、市经理的出现基于两个方面的原因：一是早期美国人对公司治理结构的崇尚，强调专业化的执行权；二是近期美国政府改革浪潮中掀起了一场新公共管理的革命，强调政府的高效率、高产出以及结果导向、顾客导向的管理模式，这需要引进专业经理人员强化对政府执行机构的管理。因此，受过严格训练的职业经理人员应运而生，受雇于决策机构，对决策机构负责，并任免相关的行政主管官员。市政府中的“议会—经理制”和县政府中的“县委员会—经理制”属于这种模式。

在市政府中的“议会—经理制”体制中，选民选举产生市理事会与市长，共同拥有决策权。市长与理事会共同挑选城市经理，城市经理拥有执行权，有权任命如公用事业部门（水、电、气）、防火部门、警察部门、财税部门、公共工程部门、园艺部门等主管官员。主管官员对城市经理负责，城市经理同时对市长与理事会负责。与民选的行政官不同的是，市长和理事会可以在任何时候解聘城市经理。“市理事会 + 城市经理”的模式最早出现于 1908 年的弗吉尼亚州，目前全美 10 000 以上人口的市有近一半采用了这种政府模式，其中全美最大的 8 个城市中有 2 个城市（达拉斯、圣地亚哥）采用了该模式。

在县政府中的“县委员会—经理制”体制下，县委员会由选举产生，是立法团体，负责制定政策，监督州和县法律的执行；县委员会聘请一位有经验的职业行政人员做经理，县经理有权雇用和解雇职员，管理县行政事务，执行预算并向县议会报告。县议会可随意解雇或雇用县经理。这种体制将责任集中于县经理，效果比委员会制更为明显。

2. 美国地方行政管理权力①

（1）县政府的行政管理职权

县通常是州为行政管理的便利而设立的分治区，是州政府为了分散某些职能而设立的行政单位，县政府充当州政府的代理机构，对境内的市、镇、乡、

① 许玲、罗峰：《美国地方政府权力的逻辑》，《产业与科技论坛》，2007 年第 6 卷第 12 期。

市镇、村镇和居民行使州所委托的责任和权力。美国县政府不像州、联邦那样实行分权制衡原则建立政府。其县政府是一个兼管立法、司法、行政的地方机关。县政府的传统职能均涉及有关全州范围的事务，大体包括以下几个方面：①执行法律、维护治安：追查罪犯、提起刑事诉讼、管理监狱；处理交通违章；检验非自然死亡并宣告死亡的原因，等等。②公文、档案：保存州的法律、法令文件和法院记录以及各种契约等。③财政：征集税收，估定纳税人财产价值，拨款和借款等。④公共事业：如建设和维修公路、桥梁，举办地方慈善事业，等等。⑤组织选举，登记并报告选举结果。

（2）市政府的行政管理职权

美国的市政府具有双重职能，即一方面决定和管理自治事务，另一方面执行联邦和州的政务。具体的行政管理职权如下：

①公共安全：警察和消防。市最古老的职能之一就是维持治安，保护市民的生命财产。市政府在这方面提供的职能还包括度量衡管理，大气污染清除和交通管理等。

②公用事业和运输：公路、汽车和运输、停车场、电话、电报、供电、供水和供气服务、礼堂、港口设施、屠宰场、机场、收费桥梁、收费道路、下水道和公用市场等。

③城市住房：在美国，市政府到20世纪初开始提供住房服务。1937年美国通过了《联邦住房法》，授权联邦给市贷款和提供有关条件的补助，以解决恶劣的住房条件，“以公家行动清除贫民窟”。目前在大部分州，市议会可以成立房管局，有权按照联邦法律接受津贴，获得土地，建造住宅，并监督将不符合标准的住房予以改建。

④土地使用政策：土地使用政策，即城市的规划问题。城市规划不仅涉及公园、林荫道和名胜的规划，而且还包括所有街道的布局、拥挤的防止和减轻、交通管理、住宅、工厂和商店的分布、铁路终点站设施、公用事业同城市规划的协调、火灾的控制、供水和下水道设施的扩展、公园和游乐场的供应，以及城市同郊区的关系等。

⑤公共卫生和福利：市政府卫生部门传统的服务职能是传染病控制，除此之外，还有母性和儿童保健、卫生设备、市医院和公共卫生教育。

（3）乡、镇、村镇和市镇的行政管理职权

乡、镇政府主要的职权有：维修道路，装设街灯，供应饮水，提供警察和消防队，制定地方卫生条例，处理垃圾、污水及其他废物；与州和县合作，直接管理地方的学校系统以及收集地方税，等等。市镇和村镇的公共事务比较简单，权力较小。政府结构比较简单，官员较少，有些职能实际上由市、县、乡派来的官员分别行使，如评税官、收税官、审计员、治安官、巡警等。

（4）特别区的行政管理职权

特别区政府是美国地方政府中一种独特的形式，其职能因设立每个特区的目的的不同而互有差异，如学校区，主要是管理学校教育；道路区主管区内的道路维修；卫生区则主管垃圾处理，等等。特别区作为一个整体，在地方进行着广泛的社会服务，其中四分之三的特区在自然资源保护、防火、城市供水、公墓、住房、城市更新和污水处理等方面，进行着积极主动的工作。

7.2.2 英国的地方行政管理

如前所述，在英国，地方政府实行立法与行政相结合的“议行合一”体制，地方政府的核心就是选举产生的地方议会。在地方，大部分的行政权实际上是由地方议会的有关委员会和地方常设文官组织行使的。地方常设文官是地方议会雇用的人员，协助地方议会及其委员会行使行政权，受议会管理。① 英国是单一制的国家，地方政府的职权主要由中央政府以立法方式授予。地方政府享有的行政职权主要有：地方发展规划、警察、消防、社区管理及社会福利等方面。由于英国地方自治比较发达，不同类型的地方政府享有不同的行政职权。例如，英格兰的都市郡政府主要享有地方发展规划、管理警察、消防、运输和垃圾清理等权力；城区政府享有管理教育、住房、地方规划、社会服务、环境卫生、娱乐和垃圾清理等权力；大伦敦区的各自治市政府和伦敦城政府享有管理教育、住房、地方规划、社会服务、环境卫生、娱乐和垃圾清理等权力；教区和社区政府主要负责地方环境美化。②

7.2.3 法国的地方行政管理

法国是单一制国家，地方政府体制大体一致，分大区—省—市镇三级。法国的地方政府制度是以地方行政首脑为核心的中央集权制地方政府。1982 年《权力下放法案》通过后，法国进行了地方分权改革，使各级地方政权非国家化、还权于民，以民主监督、自治管理和公民参与为主要内容，改变法国高度

---

① 杨凤春：《中国地方政府》，中央广播电视大学出版社 2007 年版，第 16 页。

② 沈荣华：《中国地方政府学》，社科文献出版社 2006 年版，第 53-54 页。

集权的管理体制，建立地方自治、民间团体参与地方管理的新的公民制度。其目的在于使国家管理更加民主化。具体来说，法国政府的地方分权改革主要包括以下内容：将大区改为正式行政建制；向地方政府下放权力；改革地方行政权力结构；取消中央的行政监护，代之以行政监督；扩大地方民主。以市政府为例，法国地方政府的行政职权主要有：（1）城市建设管理：城市建筑、公地登记、陆地测量、公路、停车场、公园及广场、建筑规划等。（2）城市社会管理：警察业务、民防、征兵、医疗补助、老年补助、家庭津贴、母性补助、盲人福利、免费牛奶、肺病疗养等社会福利事业，公共救助、慈善救助、失业救济、居民登记等。（3）城市文教卫生管理：教育、艺术馆、图书馆、博物馆、剧场、音乐及艺术学校、对贫苦病人的医药照料、公共卫生、学校卫生及牙科服务、卫生视察、运动倡导、市立医药卫生、市立运动组织、保健视察等。

7.3　中国地方行政制度

7.3.1　中国地方行政制度概述

1. 地方行政制度的概念

地方行政制度是指有关国家地方行政机关的组成、体制、权限、活动方式等方面的一系列规范和惯例。根据我国《宪法》规定，地方各级人民政府是地方各级国家权力机关的执行机关，是地方各级国家行政机关。地方行政机关，是指在一定行政区域内由该行政区人民代表机关产生的人民政府及其工作部门。地方国家行政机关的主要法律特征是：第一，在地域上是依据行政区划建立；第二，在政治上由行政区域内的地方人民代表机关产生；第三，在行政体制上是中央人民政府领导下的下级地方行政机关。

2. 行政区划及地方行政制度的类型

根据《宪法》第三十条、三十一条规定，中华人民共和国的行政区域划分如下：（1）全国分为省、自治区、直辖市；（2）省、自治区分为自治州、县、自治县、市；（3）县、自治县分为乡、民族乡、镇。直辖市和较大的市分为区、县。自治州分为县、自治县、市。自治区、自治州、自治县都是民族自治地方。国家在必要时得设立特别行政区。在特别行政区内实行的制度按照具体情况由全国人民代表大会以法律规定。

据此，现行行政区划按宪法规定是三级，即省（自治区、直辖市）、县（自治县、不设区的市）、乡（民族乡、镇）。在自治州和设区的市的情况下，分为四级。同时，在我国，存在着三种不同的地方行政区域单位：一般地方国家行政区域单位、民族自治地方和特别行政区。相应地，地方国家行政机关也分为一般地方国家行政机关、民族自治地方行政机关和特别行政区行政机关三类。一般地方国家行政机关，是指除民族自治地方和特别行政区以外的，按照行政区划由当地各级人民代表机关产生的地方行政机关。即指省、直辖市、县、市、市辖区、乡、民族乡、镇的人民政府及其工作部门。民族自治地方的行政机关，是由民族自治地方人民代表机关产生的地方行政机关，在性质上，它既是民族自治地方人民代表大会的执行机关和行使民族自治权的民族自治机关，又是国家的一级地方行政机关，服从国务院的领导。民族自治地方有三级，即自治区、自治州和自治县。特别行政区实行不同于我国其他地方的政治制度。因此，中国的地方行政制度可以分为一般地方政府制度、民族自治地方政府制度、特别行政区地方政府制度。

7.3.2 一般地方政府制度

1. 地方各级人民政府的性质和地位

我国的地方各级国家行政机关是指省、自治区、直辖市、自治州、县、自治县、市、市辖区、乡、民族乡、镇的人民政府。地方各级人民政府对本级人民代表大会和它的常务委员会以及上一级国家行政机关负责并报告工作，受国务院统一领导，负责组织和管理本行政区域的各项行政事务。同时，地方各级人民政府也是地方各级国家权力机关的执行机关，地方国家权力机关所通过的决议，人民政府必须贯彻执行。地方各级人民政府一方面要对本级人民代表大会负责，另一方面也要对上一级国家行政机关负责。全国地方各级人民政府都是国务院统一领导下的国家行政机关，都必须服从国务院的统一领导。

2. 地方各级人民政府的组成和任期

根据《宪法》和有关法律，我国各省、自治区、直辖市、自治州、设区的市的人民政府分别由省长、副省长，自治区主席、副主席，市长、副市长，州长、副州长和秘书长、厅长、局长、委员会主任等组成；县、自治县、不设区的市、市辖区的人民政府分别由县长、副县长，市长、副市长，区长、副区长和局长、科长等组成；乡、民族乡的人民政府设乡长、副乡长，镇人民政府设镇长、副镇长。

省政府是中国一级地方国家行政机关，全国共有23个省。省、自治区的政府在必要的时候，经国务院批准，可以设立若干派出机关。所设立的派出机关一般被称为“行政公署”（行署）。行政公署是省、自治区政府的派出机关，不是一级政府。它所管辖的区域也不是一级行政区域。其基本职责是代表省、自治区政府指导、协调所属县、市的工作。行政公署设专员一人、副专员、顾问若干人，由省、自治区政府任免。行政公署实行专员负责制。行署由专员、副专员、顾问、专员助理、正副秘书长组成行署专员办公会议，讨论行署工作中的重大事项，由专员最后决定。行署成员无法定任期，人员变更根据工作需要和干部有关规定而定。

直辖市政府也是中国一级地方国家行政机关。全国共有北京、天津、上海、重庆4个直辖市。

副省级城市政府是较大的、由计划单列城市发展而来的、行政单位低于省政府，但实际行政相对不受省政府控制的城市政府。目前有：沈阳、大连、长春、哈尔滨、济南、青岛、南京、宁波、杭州、厦门、武汉、广州、深圳、西安、成都15市属于副省级城市。

地级市是除了直辖市、副省级市之外的大中城市。一般为市区从事非农业生产的人口25万以上，其中市政府驻地具有非农业户口的从事非农业生产的人口20万以上；工业总产值20亿元以上；第三产业发达，产值超过第一产业，在国内生产总值中比例达35%以上；地方本级预算内财政收入2亿元以上，并已成为若干市县范围内的中心城市。

地级市管理县、县级市体制就是在省与县、县级市之间建立一级正式的地方国家行政机关，形成“省—地级市—县、县级市—乡（镇）”的地方行政组织体制。这一体制要求地级市政府同时具有管理农村和城市的双重职能。

县级市政府是在符合国家设市标准的较小地域内设立的城市政府。县级市一般是由县属镇发展设立或撤县建市设立的，一般有较强的农业地区行政管理的色彩。县级市政府在国家行政组织体系中的地位，大致可以分为以下三种情况：（1）在没有设立地区行政公署地方的县级市政府，受省、自治区政府的直接领导，并受地区行政公署的监督指导；（2）在没有设立或不再设立地区行政公署的地方的县级市，受省、自治区政府的直接领导；（3）在实行地级市管理县、县级市体制和民族自治地方的县级市政府，受地级市、自治州政府的领导。县级市政府下辖乡、民族乡、镇政府，也可以设立街道办事处。

区政府是在设区的市设立的、城市内部分地区的功能性地方政府。区政府设立于直辖市、副省级市、地级市。区政府受直辖市、副省级市、地级市政府的领导。区政府按照所辖地域的性质，分为城区政府和郊区政府。城区政府设于城市内，是城市地区的基层政府，城区政府可以设立派出机构——街道办事处。在城市边缘的城乡结合地带一般设立郊区政府，郊区政府下辖乡、民族乡、镇政府，也可以设立街道办事处。

县政府是设立于农村地区的地方政府。县政府在国家行政组织体系中的地位，大致可以分为以下三种情况：（1）在没有设立地区行政公署地方的县政府，受省、自治区政府的直接领导，并受地区行政公署的监督指导；（2）在没有设立或不再设立地区行政公署的地方的县政府，以及北京、上海、天津、重庆四个直辖市下辖的县政府，受省、自治区、直辖市政府的直接领导；（3）在实行地级市管理县、县级市体制和民族自治地方的县政府，受地级市、自治州政府的领导。县政府下辖乡、民族乡、镇政府，也可以设立街道办事处。县政府在必要的时候，经省、自治区、直辖市政府批准，可以设立若干区公所，作为县政府的派出机构。

乡、民族乡、镇政府是农村地区的基层地方政府。乡、民族乡、镇政府受县、自治县、县级市、区政府的领导。

地方各级人民政府是本级人民代表大会的执行机关，因此，每届任期与本级人民代表大会每届任期相同。根据《宪法》及《组织法》规定，地方各级人民政府每届任期五年。

3. 地方各级人民政府的领导体制和工作机构

地方各级人民政府分别实行省长、自治区主席、市长、州长、县长、区长、乡长、镇长负责制，并分别主持本级人民政府的工作，召集和主持本级人民政府会议。但县级以上的地方各级人民政府的首长负责制是与一定的会议形式相结合的。县级以上地方各级人民政府会议分为全体会议和常务会议。全体会议由本级人民政府全体成员组成，常务会议则仅由县级以上地方各级人民政府的首长及其副职组成，省、自治区、直辖市、自治州、设区的市的人民政府的常务会议还有秘书长参加。县级以上地方各级人民政府工作部门的厅长、局长、委员会主任、科长等不是常务会议的组成人员。政府工作中的重大问题，须经政府常务会议或全体会议讨论决定。

省政府必须服从国务院的统一指挥和领导。国务院有权规定中央和省人民政府的职权的具体划分，并有权改变或撤销省政府的不适当的决定和命令。省政府执行省人大及其常委会制定的地方性法规和决议，向省人大及其常委会负责并报告工作。省人大及其常委会有权监督省政府的各项工作，改变或撤销省政府的不适当的决定、命令。省政府有权统一领导辖区的市、县、乡、镇等各级政府的工作，统一管理辖区内的经济、社会、文化建设等行政事务。

直辖市政府必须服从国务院的统一指挥和领导。国务院有权规定中央和直辖市人民政府的职权的具体划分，并有权改变或撤销直辖市政府的不适当的决定和命令。直辖市政府执行直辖市人大及其常委会制定的地方性法规和决议，向直辖市人大及其常委会负责并报告工作。直辖市人大及其常委会有权监督直辖市政府的各项工作，改变或撤销直辖市政府的不适当的决定、命令。直辖市政府有权统一领导辖区内区、县、乡、镇等各级政府的工作，统一管理辖区内的经济、社会、文化建设等行政事务。

地级市政府向本级人大及其常委会负责并报告工作；向省级政府负责并报告工作，并同时接受国务院的统一领导；领导整个城市的经济文化建设和市政工作；领导整个行政区域内的各项行政事务，并领导所属县、县级市政府。省、自治区政府所在地的市和经国务院批准的较大的市的政府，可以根据法律和国务院的行政法规，制定行政规章。

4. 地方各级人民政府的职权

根据我国《宪法》和《地方组织法》的规定，我国地方各级人民政府根据“双重负责制”的原则开展工作，其职权主要包括：（1）执行本级人大及其常委会的决议与命令，完成上级政府交办的各项任务；（2）发布决议与命令，制定行政措施；（3）管理本行政区域内的经济、文化、教育、公安等事务，依法任免与奖惩行政工作人员。（4）保护社会全民所有的财产、劳动群众集体所有的财产以及公民个人拥有的合法财产；（5）市以上人民政府可以改变或撤销所属各部门及下级政府不适当的决议、命令。

县级以上地方各级人民政府依照法律规定的权限，管理本行政区内的经济、教育、科学、文化、卫生、体育事业，城乡建设事业和财政、民政、公安、民族事务、司法行政、监察、计划生育等行政事务；发布决定和命令，任免、培训、考核和奖惩地方各级国家公务员。乡、民族乡、镇的人民政府执行本级人民代表大会的决议和上级国家行政机关的决定和命令，管理本行政区域内的行政事务。省、直辖市的人民政府决定乡、民族乡、镇的建置和区域划分。县以上地方各级人民政府领导所属各工作部门和下级人民政府的工作，有权改变或者撤销所属各工作部门和下级人民政府的不适当的决定。

7.3.3 民族自治地方政府制度

1. 民族自治地方的人民政府

根据《宪法》和《中华人民共和国民族区域自治法》的规定，民族自治地方的自治机关由人民代表大会和人民政府组成。可见，自治区、自治州、自治县的人民代表大会及其常务委员会是民族自治地方的国家权力机关，人民政府是它的执行机关，是民族自治地方的行政机关。

民族自治地方的人民政府对本级人民代表大会和上级国家行政机关负责，在本级人民代表大会闭会期间，对本级人民代表大会常务委员会负责并报告工作。各级自治地方的人民政府都受国务院的统一领导，都服从国务院。

自治区、自治州和自治县的人民政府由本级人民代表大会选举产生，任期与本级人民代表大会相同。自治区、自治州、自治县的人民政府分别实行主席、州长和县长负责制，主席、州长和县长召集和主持本级人民政府全体会议和常务会议，政府工作的重大问题须经政府常务会议或全体会议讨论后作出决定。

自治区主席、自治州州长、自治县县长由实行区域自治的民族的公民担任。民族自治地方人民政府的其他组成人员，应当合理配备实行区域自治的民族和其他少数民族的人员。自治机关所属工作部门的干部中，应当合理配备实行区域自治的民族和其他少数民族的人员。

2. 民族自治地方政府职权

民族自治地方的人民政府除了行使《宪法》规定的一般地方政府的职权外，还依照《宪法》、《民族区域自治法》的规定广泛行使自治行政权。这些权力可以归纳为：（1）变通执行权。根据本地区的实际情况，贯彻执行国家的法律和政策，如果上级国家机关的决议、决定、命令和指示不适合本地情况，经过该上级国家机关批准可以变通执行或者停止执行。（2）经济自治权。

在国家计划的指导下，自主地安排和管理地方性的经济建设事业；管理本地方财政。(3) 教育、科学、文化、卫生、体育事业自治权。(4) 组织公安部队权。依照国家的军事制度和当地的实际需要，经国务院批准，可以组织本地方维护社会治安的公安部队。

7.3.4　特别行政区政府制度

1. 特别行政区的行政地位

我国宪法第三十一条规定："国家在必要时得设立特别行政区，在特别行政区内实行的制度按照具体情况由全国人民代表大会以法律规定。"特别行政区是指在我国版图内，根据我国宪法和法律规定设立的，具有特殊的法律地位，实行特别的政治、经济制度的行政区域。根据《基本法》的规定，特别行政区是中华人民共和国享有高度自治权的地方行政区域，直辖于中央人民政府。因此，中央与特别行政区的关系，是一个主权国家内中央与地方的关系，或者说是中央对特别行政区进行管辖和特别行政区在中央监督下实行高度自治而产生的相互关系。

特别行政区在行政管理方面享有高度的自治权，除国防、外交以及其他根据《基本法》应当由中央人民政府处理的行政事务外，特别行政区有权依照《基本法》的规定，自行处理有关经济、金融、贸易、工商业、土地、教育、文化等方面的行政事务。中央政府所属各部门，各省、自治区、直辖市均不得干预特别行政区依法自行管理的事务。

2. 特别行政区的行政长官制度

特别行政区行政长官是特别行政区的首长，代表特别行政区。特别行政区行政长官对中央政府和特别行政区负责。特别行政区行政长官必须由年满 40 周岁、在特别行政区居住连续 20 年并在外国无居留权的特别行政区永久性居民担任。特别行政区行政长官在当地通过选举或协商产生，由中央政府任命。特别行政区行政长官的任期为 5 年，可连任一次。

行政长官的职权如下：

(1) 领导特别行政区政府；

(2) 负责基本法和其他法律的执行；

（3）签署立法会通过的法案，公布法律；

（4）签署立法会通过的财政预算案，将财政预算、决算报中央政府备案；

（5）决定政府政策，发布行政命令；

（6）提名并报请中央政府任命各司、局正副司、局长等主要官员；

（7）依照法定程序任免各级法院法官和公职人员；

（8）执行中央政府就基本法规定的有关事务发出的指令；

（9）代表特别行政区处理中央授权的对外事务和其他事务；

（10）批准向立法会提出的有关财政收入或支出的动议；

（11）根据安全和公共利益的考虑，决定政府官员或其他负责政府公务的人员是否向立法会作证和提供证据；

（12）赦免或减轻刑事犯罪的刑罚；

（13）处理请愿、申诉事项。

3. 特别行政区的行政机关制度

（1）特别行政区的行政机关

特别行政区的行政机关是特别行政区政府。特别行政区行政长官是特别行政区政府的首长。特别行政区政府设司、局、厅、处、署等机构。特别行政区政府的主要官员由在特别行政区通常连续居住满15年的特别行政区永久性居民中的中国公民担任。

（2）行政机关的职权

特别行政区的行政机关行使下列职权：

①制定并执行政策；

②管理各项行政事务；

③办理中央政府授权的对外事务；

④编制并提出财政预算、决算；拟定并提出法案、议案、附属法规；

⑤委派官员列席立法会，并代表行政机关发言。

行政机关对立法会负责：

①行政机关执行立法会通过并已生效的法律；

②定期向立法会会议作施政报告；

③答复立法会议员的质询；

④征税和公共开支必须经立法会批准。

本章小结

本章是关于地方行政制度的基本内容的介绍。地方行政制度是指有关国家地方行政机关的组成、体制、权限、活动方式等方面的制度总和。根据各国城市政府的权力机关与行政机关的不同关系，城市政府的组织形式基本上可分为议行分立制、议行合一制。美国的地方行政管理模式分为决策权包含行政权、强行政权弱决策权、强决策权弱行政权、决策权与县或市经理制相结合等模式。在英国，地方政府实行立法与行政相结合的“议行合一”体制，地方政府的核心就是选举产生的地方议会。在地方，大部分的行政权实际上是由地方议会的有关委员会和地方常设文官组织行使的。法国地方政府的行政职权主要有：城市建设管理、城市社会管理、城市文教卫生管理等。中国的地方行政制度可以分为一般地方政府制度、民族自治地方政府制度、特别行政区地方政府制度。认真学习本章，有利于深化对西方各国及我国地方行政制度的状况及问题的认识，推动政治体制与行政体制改革，促进政治文明建设。所以，本章内容不仅具有理论意义，更具有现实意义。

关键术语

地方行政制度　议行分立制　议行合一制　一般地方政府制度
民族自治地方政府制度　特别行政区地方政府制度

复习思考题

1. 试回答地方行政制度的概念。
2. 试分析地方政府行政组织的类型。
3. 试比较美国、英国、法国的地方行政管理制度。
4. 试论述当代中国地方各级人民政府的性质。
5. 试论述民族自治地方政府的行政职权。

6. 试论述特别行政区的行政地位。

案例分析

温州七都镇“无房户”考验地方行政

“住有所居”——这是十七大报告“五有”之一。“住有所居”就是要将解决住房问题作为改善民生的重要方面，特别要将解决城市低收入家庭住房困难作为政府公共服务的一项重要职责。如何切实解决“住有所居”问题，地方政府将面临一场考验。

“我们已苦苦等待10年之久。”温州市鹿城区七都镇一些村民日前向本报反映说，10年来他们一直租房住。当地有关政府部门的解释是七都镇目前尚没有土地指标可供村民们建房。然而，七都镇正在大规模、轰轰烈烈地兴起豪华别墅开发热。这种“矛盾”现象，不得不引发地方有关政府部门深思——如何解决村民“住有所居”的现实问题。

“当时政府支持我们迁移”

温州市鹿城区七都镇樟里村有一批村民的身份证很特殊，住址栏上全部是“樟里村1号”。这并不是因为这些村民全部住在樟里村1号，而是因为这批从永嘉县山区迁来的外来村民在樟里没有住房可以登记，身份证上的住址只好写成“樟里村1号”。

七都镇位于鹿城区七都岛，原属永嘉县管辖，2001年8月划归鹿城区，是浙江省著名侨乡，几乎“家家是侨户，人人是侨眷”。由于七都镇常住人口不足，造成大量的土地无人耕种抛荒，1997年前后，为了解决抛荒问题，永嘉县政府把永嘉山区的一些农民迁移到了七都镇樟里、板桥等村入户，现在两村的外来村民有100人左右。

从永嘉县表山乡石匣村迁移过来的外来村民刘仙果说，1994年的大洪水使七都岛成为一片汪洋，洪水过后，樟里村进行了堤塘建设，花费了大量资金。1997年，他和樟里村委会签订落户协议的时候，约定他们这些外来村民每人上交堤塘建设资金

3 000元。协议同时约定，外来村民和本地村民在政治、经济等方面享受同等待遇。

外来村民迁到当地后，大多数人分到了田地，种起了粮食，有效地解决了七都镇土地抛荒的问题。他们的户口迁到村里后，也履行起村庄建设的义务。“当时办理户口迁移的时候，政府很支持。”外来村民反映说。

据浙江省政协主办的《联谊报》2007年12月11日《温州七都外来村民十年无住房》的报道，外来村民“不仅没有分到村里的承包田和村集体土地征用款，甚至有些外来村民连选举权和被选举权也没有享受到，最让他们焦虑的当然是住房问题了”。

“由于没有房子，我们到樟里村的时候都是向本地村民租的。”村民周忠格说，他1997年迁移过来时，还在念小学，为了解决住房问题，只好向当地村民租房。一年后，房东自己要用房了，只好搬出来另租房住。后来他一直住在学校里，参加工作后，学校没法住了，周忠格和父亲挤在一家公司的保安室里。

“住有所居”考验行政智慧

“我们在迁入后安置家庭恢复正常生活后，陆续向当地镇政府提出了建房申请。但报告提出时恰逢区域调整，划归温州鹿城区管辖。我们的申请愿望被各级政府拒绝。一直被拖延至今，无人理睬。政府部门之间互相推诿，使得我们移民居无定所。”外来村民对中国商报记者反映。

据悉，2003年，经温州市有关领导的批示，温州市国土资源局表示，七都镇“外来”村民新建住房可纳入七都大桥、标准堤塘建设所返回的三产用地或拆迁安置用地地块内统一规划建设。

据了解，温州市国土资源局鹿城分局曾在2004年给七都镇政府发函，建议由七都镇政府牵头组织，按照温州市政府有关文件做好规划选址与征地、统一建设和管理，切实解决好住户、困难户的住房建设。分局一位干部说，“可能是七都镇政府的大事很多，分局还没有得到积极的回应。”

外来村民认为，“我们的移民行为是一种政府行为，理应由政府为我们解决。当时政府答应我们移民到七都镇后会给我们批宅基地建房，但区域调整使我们的合理要求被拒之门外。作为历史遗留问题，政府应考虑我们的难处。我们户口已落户七都镇，不可能白天在七都耕种，晚上赶回50公里之外老家住宿，再说我们这批人老家都没有家产了，所以我们的问题应引起政府的重视。当时，永嘉县政府是鼓励我们移民的，现在我们划归鹿城区后，后续工作应由当地政府给予安排。那么，既然是政府行为就应由政府买单。”

据《联谊报》报道说，七都镇财力薄弱是外来村民住房问题难解决的一个原因。据鹿城区政府一位干部透露，一旦启动农民安居工程，镇政府就要投入财力，但七都镇财政是“吃饭财政”。时至今日，外来村民的住房问题还是没有解决。一些外来村民为了解决住房问题，只好搭起违章的简易房，若遇台风大雨，十分危险。鹿城区国土分局七都所季所长说，“外来村民的住房条件令人同情，但拆违是国土部门的职责所在。”

鹿城区政府办公室苏爱光副主任接受记者采访时表示，外来村民无住房的问题已引起区委区政府领导的重视，2007年11月15日，区委杨书记批示要求“区长牵头和市有关部门协调解决”。

2008年1月3日，当地规划、土地、房管、七都镇等有关部门分管领导坐在一起，开了一次“移民住房问题协调会”，要求土地、规划、房管、移民办等相关部门，尽快做好对这批移民的合法性等问题进行的调查，由七都镇政府提出可行性方案报区长办公会议通过后，上报市政府，最后由市政府统一协调处理。

七都镇分管城建的张副镇长对本报记者说，镇政府曾经给区政府打过报告，要求解决这批移民的实际住房问题。后来，七都镇划归鹿城区后，这里的总体规划均由温州市来控制了。现在，镇政府准备把所有无房户集中起来解决，统一向上级土地部门申请用地指标，只要土地部门下达用地指标后，镇政府自然会统一规划建设的。

据村民反映，“七都镇原先征用的800亩土地，二三产用地返回指标早已下达，眼前正在征用的1 000亩农田，二三产用地指标就有我们外来移民的安置用地。所以，解决无房户的用地指标是现成的，根本就不需要再申请报批。”

近年来，国家三番五次禁止别墅项目开发的同时，七都镇却在顶风作浪，一些地方正在紧锣密鼓地兴建别墅群。一方面是地方政府部门解释“无土地可供村民建房”，一方面却是成片高档别墅在建设。由此引出的疑问是：在“住有所居”的问题上，其实也就是在土地资源的分配问题上，地方政府究竟该如何行政？这是一个值得深思的话题。

（资料来源：中国商报，http：//www.66wz.com，2008年1月15日。）

请思考

地方政府该如何行政？

阅读书目

1. 陈瑞云：《现代中国政府》，吉林文史出版社1988年第1版。

2. 刁田丁：《中国地方国家机构概要》，法律出版社1989年版。

3. 陈嘉陵：《各国地方政府比较研究》，武汉出版社1991年版。

4. 谢庆奎等：《中国地方政府体制概论》，中国广播电视出版社1998年版。

5. 张志坚、唐铁汉：《中国：地方政府机构改革研究》，国家行政学院出版社1999年版。

第8章 地方政府与民主法制建设

☞简短提要

本章在介绍地方政府民主法制建设的客观必然性的基础上，以英、美、德为代表介绍了西方国家地方政府的民主与法制建设的理论与实践；然后，对我国地方政府民主法制建设的历程进行了回顾与经验总结；最后，对地方政府民主法制建设过程中的多党合作与政治协商制度进行了分析和梳理。

☞重点问题

本章所涉及的主要问题包括：(1) 地方政府权力的制度化；(2) 地方政府权力的民主化；(3) 民主的法制化和法制的民主化；(4) 地方政府民主法制建设中的多党合作与政治协商制度；(5) 我国地方政府民主法制建设的历程及经验总结；(6) 西方国家地方政府民主法制建设的实践。

地方政府的民主法制建设工作，是一项事关国家全局和长远发展的系统工程。目前，我国政府法制建设的状况还不完全适应发展社会主义民主政治和完善社会主义市场经济体制的要求。政企职责不分，政府职责“错位”、“缺位”的问题仍不同程度地存在；一些地方和部门有法不依、执法不严、违法不究的现象还较为普遍；对行政权力的监督和制约机制还需花大力气进一步完善；一些行政机关工作人员法制观念淡薄、不依法办事的问题还比较突出。这不仅要求各级党组织和各级政府，特别是领导干部充分认识地方政府民主法制建设的重大意义，增强责任感和使命感，从实践上高度重视解决这些问题，同时也要求法学理论工作者坚持不懈地进行跟踪研究，为推进依法行政、构建法治政府提供理论指导。依法治国的实践期待着法学理论的进一步发展，为我国地方政府的民主法制建设作出应有的贡献。

8.1　民主与法制

8.1.1　西方国家的民主理论

关于民主，《简明不列颠百科全书》指出：“民主制起源于古希腊的某些城邦。现代民主观念在很大程度上是由中世纪欧洲的观念和制度形成的。”① “民主”一词的词根有两个，一个是“人民”或“地区”，另一个是“权力”或“统治”，两字合成“民主”一词，原义是指人民直接或间接选举代表统治或管理城邦的活动和制度，因此，人们把民主理解为“人民的权力”或“多数人的统治”即由此而来。西方的民主观念同自由观念一样，包含着各种不同内容的理论，主要有社会契约论、主权在民论、政府有限论、分权制衡论等。西方近代以来民主观念的演变反映了资产阶级民主政治的演进过程。

1. 社会契约论

社会契约论，即由处于自然状态下的人们在自然法的引导下自愿约定组成国家的学说，也就是国家和法的起源学说。它同时也是西方民主理论立论的基础。西方政治思想家认为，人类的早年曾经处于没有国家的自然状态之下，那时，没有国家，没有政府，没有法律，人与人之间没有任何权利、义务或道德上的联系，人类享受着“自然的自由”。在这种自然状态下，唯一能够约束和指导人们行为规范的是自然法，自然法是人类理性的产物，或者就等于理性。自然法的目的在于禁止人们去任意地侵害别人或毁灭自己，鼓励人们互爱与平等相处。自然法是人们自觉遵守的理性原则，并无明文记述。但是，这种自然状态是不稳定的，由于自然法不是明文规定的，可以任人解释，因此缺乏公认

① 《简明不列颠百科全书》第 6 卷，中国大百科全书出版社 1986 年版，第 5 页。

的是非标准和裁决人们之间纠纷的共同尺度。每个人都是自然法的裁判者和执行者，偏见和自私很容易损害理性原则的公正。更由于自然法没有强有力的权力支持，它往往得不到很好的执行，如果违反自然法的人是强有力的，他便会用强力来反抗对他的惩罚。由于自然状态下的自然法存在着缺陷，人们便不满足于自然法，为了确保生命财产的安全不受威胁，便根据自然法的理性精神订立契约，把自己原来享有的两种权利交给了专门设立的权力机关——国家。这两种权利是自由惩处违反自然法的罪犯的权利和为了保证自己和别人自行其是的权利。这也就是国家和法的起源。

近代资产阶级思想家赋予了社会契约论非常革命的意义。他们认为真正根据自然法订立的社会契约而产生的国家和法必然是体现人民意志的、是民主的。这是因为：第一，这种社会契约不是“在上者”与“在下者”之间的约定。而是社会共同体各个成员之间的约定。由于这个共同体是基于人民的自愿建立的，因此人民之间是平等的，只服从共同体的最高权力，服从自己的共同意志，而不是服从任何个别人。第二，人们把权利交给国家，自己又从国家获得了同等的权利。人们失去了自然的自由，却获得了社会的自由，这是更高一级的自由。社会契约并没有摧毁和取消平等，而是以道德和法律的平等代替了自然造成的人类在体力和智力上的不平等。第三，社会契约缔结后，人民便永远成为国家的立法者，契约如遭政府破坏，每个公民都有权立即自动地恢复自己原来的权利，如果丧失契约规定的自由，便可以自动恢复原先的自然的自由。人民有反抗暴政的权利。这样，资产阶级不仅用社会契约论说明了国家和法的起源，而且还用社会契约论阐述了民主的起源和论证了资产阶级民主革命的合理性。

2. 主权在民论

这里的主权是指人类社会结构中至高无上的、“绝对的、最终的”国家权力。主权理论首先是十六世纪法国思想家布丹提出的。他认为，国家主权在君。这种主权在君说反映了资产阶级最初不得不与封建王权结盟以对抗封建神权的历史。①

在布丹之后，经过宗教改革和宗教战争的打击，封建神权逐渐瓦解，封建王权却日益肆虐，威胁和危害着资产阶级本身利益。随着资产阶级力量的发展

① 密尔：《论自由》，商务印书馆 1982 年版，第 104 页。

壮大，主权在君说已无法代表他们的阶级利益，遂提出一种新的主权理论，即主权在民论，与封建君权相对抗，并为资产阶级革命阶段一切造反弑君的激烈行为作理论辩护。社会契约论阐明了国家权力来源于人民，主权在民论则进一步论证了国家权力行使者也应该是人民，因此，必然实行民主政体。

西方政治思想家认为，所谓民主政体，应该具有以下几个特点：第一，法律高于政府。民主政府的权力是依据人民代表制定的宪法授予的，授予的一切权力都是“委托”，是可以随时收回的。第二，少数服从多数。即政府要按多数人的意志去行动。潘恩说：“在一切看法问题上，社会契约，即社会赖以团结的原则，要求多数人的意志成为大家的准则，少数必须切实遵守。”虽然有时候少数是正确的，而多数是错误的，但这一情况一旦经过证实，少数立刻就会变成多数。同时在保证少数人服从多数人的原则基础上，保护少数人的权利不受侵犯。第三，平等的选举权。平等的选举权应不问阶级、种族、信仰、财富、性别等区别。平等的选举权也是人民控制政府的主要方法。第四，人民监督。人民监督就是指必须对政府官员进行检查和罢免，如果官员不称职，人民有权随时更换甚至可以在形式上或职能上改变政府组织。没人监督就可能使政府官员变成“豺狼”。第五，政教分离。宗教对政治的干涉从实践上证明只能在人民中间制造矛盾，挑起纷争，因此政治和宗教应该分开，宗教不能干涉政治。

资产阶级经过同封建阶级进行近百年的斗争，逐步将主权在民的思想理论演变成资本主义国家的政治制度。资产阶级革命后，西方各国建立的资产阶级政治统治都带有区别以往封建或殖民专制统治的民主特征，各国宪法也对民主政体作了明确的规定。1776 年美国的《独立宣言》和 1789 年法国的《人权宣言》都将主权在民的观点作为重要的理论纲领。

3. 有限政府论

所谓政府有限论，亦称有限政府论，它是针对政府无限制地干预、控制社会生活、经济生活乃至人们日常私生活这样一种封建君权理论而言的。美国资产阶级民主派代表托马斯·潘恩在《常识》一书中所说的“管得最少的政府是管得最好的政府”的名言，充分表达了政府有限论的思想。

在资产阶级革命的反复震荡中，人们认识到，不仅旧政权——封建专制政权是一种“祸害”，在革命中建立的新政权——资产阶级政权在不加限制的情况下也可能成为“祸害”。因此在革命胜利后，必须对政府的职能、权力行使范围作种种规定。于是，政府有限论便从一种政治学说转变为资产阶级的法律制度。如在资本主义国家的宪法里常常看到这样的规定，“政府不应拥有常备军，而人民却有权持有武器”；“政府不经议会批准，不得擅自开征新税或提高税额”；“政府不得干预民间的投资或经营活动”；“政府不得与外国政府缔结秘密协定”，等等。

政府有限论第一次从理论上划分了社会与政府的界限。在此之前，人们始终把这两者混为一体，从而使得封建统治者可以把自己的特殊利益冒充为社会的利益。轻而易举地把政府的反对者宣布为全体人民的公敌，从而否定一切革命义举的合理性。政府有限论结束了这种模糊认识，宣布社会和政府起源于完全不同的目的，前者起源于人们互助的需要，而后者则起源于制约人的恶行，保证人们的安全和幸福的需要。

4. 分权制衡论

在西方资产阶级政治思想家看来，单纯强调主权在民、政府有限还不足以实现民主。要实现民主，还必须实行分权制衡的原则。

所谓分权制衡论，也就是关于国家的立法、行政、司法三种权力，分别由立法机关、行政机关和司法机关行使，并相互制约、平衡的学说，也称“三权分立”或“三权鼎立”学说。“分权制衡论”也有一个产生、发展和完善的过程。古希腊的柏拉图、亚里士多德和古罗马的波里比阿就有分权与制衡的思想萌芽。在英国资产阶级革命中，以约翰·利尔本为首的平等派也提出过“要分权”的政治口号。但是，系统的分权理论还是从洛克开始。洛克在其巨著《政府论》中提出每个国家都有立法权、行政权、联盟权（外交权）三种权力。三种权力必须相互制约、相互协同才能保证民主。洛克虽然提出了”三权分立”的概念，但由于他所说的行政权和联盟权实际上是同一个权力——对内对外两方面的行政权。所以，尽管洛克没有忘记司法权，但却忽视了司法权应该享有的独立地位。从严格意义上说，洛克的分权理论只是“两权分立”。

法国孟德斯鸠在继承洛克分权理论的基础上，更加明确地提出并详细论证了三权分立与制衡的理论，成为“分权制衡论”的集大成者。孟德斯鸠认为，一切握有权力的人都容易滥用权利，要防止滥用权力，就必须以权力约束权力。[①] 每个国家都有行政、立法、司法三种权力，这三种权力必须交由不同的

---

① 孟德斯鸠：《论法的精神（上）》，商务印书馆1961年版，第154页。

国家机关分别掌握，即互相牵制，又互相保持平衡。孟德斯鸠特别强调了立法机关与行政机关的相互制约和司法独立问题。但孟德斯鸠又认为议会中应该设贵族院，平民法庭无权审理贵族案件，行政权力要由国王掌握等主张，这又反映了孟德斯鸠与洛克一样，其学说带有保守性和妥协性。

独立战争之后的美国不仅把洛克、孟德斯鸠的分权制衡理论推上了政治实践的舞台，变成了政治制度，而且也在理论上有了新的发展。这个发展一方面表现在双重分权上，即不仅要在中央和地方政府的横向上实行三权分立与制衡，而且也要实现中央与州之间在纵向上的分权与制衡；另一方面则表现为，不仅三权分立与制衡的原则可以在小国寡民的政治实体中实行，而且应该也可以在地广民众的大国施行。这种分权制衡理论在美国的政治制度上主要体现在以下几个方面。

第一，三权分立。立法权属于美国国会，它拥有最高立法权、修改宪法权、对外宣战权和财政监督权。行政权由总统行使。他既是国家元首，又是政府首脑，还是三军总司令。司法权由法院掌握。联邦最高法院有权监督立法和解释宪法、有权宣布各州法令违宪，法院享有独立审判权。

第二，三权制衡。总统有权批准或否决国会的法案，并拥有立法建议权和委托立法权，任命高级军、政官员权。国会对于总统否决的法案，有重新通过权；再次通过的法案，总统无权再行使否决权。总统任命的高级官员、对外缔结的条约，需要参议院同意或批准；参议院还拥有对总统违法的弹劾权；众议院有权对政府的预算进行表决。这就是立法权与行政权的关系。司法权与行政权的制约关系表现在法官是由总统任命的，但法官可以宣布总统签署的法令违宪。司法机关与立法机关的制约关系表现在总统提名和任命的法官应经参议院同意；参议院有权弹劾法官，但司法机关和法官有权监督立法，宣布立法机关的立法程序或立法内容违宪等。

第三，联邦与州分权。联邦政府的权力主要是：负责外交事务，建立和给养军队，宣战与讲和，发行货币，统一度量衡，管理外贸及州际商务，管理专利权和版权，接纳新州，经办邮政。州政府的权力是包括一切宪法没有授予联邦政府或没有禁止州政府行使的权力。联邦和州的共有权力是可以分别向公民直接征税。在不违宪的前提下，州政府的行为如果同联邦政府有抵触，可以自行其是。

上述分权制衡理论和三权分立的原则，最初是资产阶段反对封建专制的思想武器，具有一定历史进步性。例如，英国资产阶级在其力量已经强大但还没有强大到完全消灭封建势力的时候，以阶级分权的形式和缓地剥夺了封建贵族的专制权力，不仅为资本主义经济的发展清除了道路，而且也粉碎了封建势力卷土重来的梦想。同时，分权制衡理论，作为资产阶级国家内部事务的一种分工原则，也具有一定的合理性。英国革命中克伦威尔独裁专制的表现，使资产阶级受到极大的震动，他们很快认识到在资本主义政权内部，权力如果集中于某个机关或某个个人，后果是不堪设想的。法西斯主义盛行而导致人类遭受了一次空前的灾难，又给资产阶级再次敲响了警钟：国家内部的权力需要分立制衡。因此，大多数资本主义国家便一直把分权制衡理论作为他们组织政权必须坚持的一条根本原则。①

8.1.2 中国的民主思想

1. 中国民主思想形成的历史回顾

虽然有些中国学者对希腊是民主的发源地持否定态度，但有一点是不容置疑的：西方民主思想是当代中国民主观念的一个重要的理论来源。

中国人接触西方的民主思想，是在西方的枪炮敲开中国的大门之后。早在1848年，徐继畲著《瀛环志略》，热情歌颂欧美民主制度和介绍西方黑奴解放运动，向国人透露了西方自由、平等思想的信息。在此后一百多年时间里，虽然政坛上风云变幻，但民主思想作为一个不可阻挡的时代潮流涌入中国，哺育了一代又一代中国优秀分子。辛亥革命时期，先进的资产阶级知识分子把它作为反封建的武器；五四运动时期，民主是革命的知识分子扛起的一面大旗。直到今天，关于西方的民主思想仍源源不断地通过各种途径介绍到中国。

中国当代民主观念一个重要的理论来源之一是中国传统的重民思想。在中国最早的典籍之一《尚书》中，就有“重我民”、“罔不唯民之承”、“视民利用迁”等初步的重民思想。② 经过不同时代思想家的孵化，最终形成了独具中国特色的民本思想。如孟子的“民为贵，社稷次之，君为轻”；贾谊的“民无不为本也。国以为本，君以为本，吏以为本。故国以民为安危，君以民为威

---

① 马学刚、郭圣莉、孙艳红：《西方传统民主政治思想述评》，《高等函授学报》（哲学社会科学版），2001年第14卷第3期。

② 刘泽华：《中国传统政治思维》，吉林教育出版社1991年版，第284～305页。

侮，吏以民为贵贱”；唐太宗的“民为水，君为舟”等①。中国古代大多数政治家和思想家都认识到民众在政治生活中的重要地位，得民者昌，失民者亡是政治生活中的一条铁律，因此，“惠民”、“利民”、“恤民”、“亲民”成为统治者治民策略中的主要内容。关于重民思想与民主的关系，理论界有两种不同的看法。一种认为以儒家为主的重民思想是民本主义，其中包含着现代民主的因素，假若它的发展进程不是因为“五四”运动等反传统的革命所阻断，中国可以从重民思想发展到现代民主思想。另一种观点认为，重民非民主，因为民主是与公民权紧密相关的概念，如果没有公民权，就谈不上现代意义上的民主。中国古代重民思想中是没有公民权内容的，重民的主体是君主，民仅仅是被君主重视的对象。思想家们倡导重民并不是否定君主，而是向君主献策，把重民作为巩固君主地位的手段。当然，这并不是说中国的重民思想与现代的民主思想水火不容，重民思想的很多内容，经过现代思想家和政治家的改造，形成了明显有别于西方但又属于现代民主范畴的独具中国特色的民主观念。中国当代的民主观念正是从中国传统重民思想中吸取了充足的养分，才使自己打上了中国的印记，并在中国的社会实践中显示出了强大的生命力。

当代中国民主观念的主要理论来源还有马克思主义经典作家关于民主的思想，他们从不同的角度对民主进行了深刻的阐述。在相当长的一段时间里，人们有一个错觉，总是把马列主义同专制联系在一起，而实际上，民主思想是马列主义最重要的内容之一。马克思、恩格斯作为社会主义民主思想的创始人，他们认为无产阶级取得政权后也需要民主的形式，但无产阶级民主只是一种手段，它最终是要消亡的。列宁结合自己领导社会主义建设的实践，比较全面地阐述了社会主义民主思想，诸如民主与社会主义的关系、民主的性质、党内民主、实现民主的主客观条件等。这些思想，大部分转化为中国当代民主观念的一部分。

2. 中国近代以来关于民主政治的实践

中国近代以来关于民主政治的实践，是当代中国民主观念另一种类型的来源即实践来源。当代中国民主观念的实践来源主要有两个方面：一方面是以孙中山先生为代表的资产阶级民主建设的实践，另一方面是中国共产党领导的社

① 刘泽华：《中国古代政治思想史》，南开大学出版社1992年版，第84、273、481页。

会主义民主建设的实践。

以孙中山先生为代表的中国民族资产阶级，为了实现建立资产阶级共和国的理想，进行了艰苦卓绝的斗争。孙中山先生提出了“三民主义”思想，在实现资产阶级民主政治方面进行了许多有益的实验。孙中山的三民主义在人权、自由、平等、全民政治、三权分立等方面来源于西方资产阶级的民主思想，同时又有他结合中国实际的创造。虽然资产阶级的民主政治建设最终以失败而告终，但是，它仍然是中国民主政治建设道路上的一笔宝贵的财富：首先，它在中国先进分子中广泛地传播了民主思想，使民主观念在中国这块土地上扎下了根；其次，它在一定程度上把民主观念同中国传统思想中的一些合理内核相结合，丰富和发展了民主的内容；再次，也是最重要的一个方面，它从反面告诉我们，把西方的民主政治照搬到中国来是行不通的。

中国共产党领导的当代中国民主建设，一般分成三个阶段。我们从中可以清晰地看到当代中国民主观念演变的过程。

第一阶段是从1949年新中国成立到1966年“文化大革命”前夕。在这个阶段，中国人对民主的认识，主要集中在这样几个问题上：

(1) 民主是国体。这个思想，毛泽东同志在著名的《新民主主义论》中有比较清晰的表述，1949年在《关于中华人民共和国宪法草案》中他又明确指出：“我们的民主不是资产阶级的民主，而是人民民主，也就是无产阶级领导的、以工农联盟为基础的人民民主专政。人民民主原则贯穿在我们整个宪法中。”① 民主是国体的思想在中国产生了深远的影响，理论家们从各个不同的角度对这个问题进行了论证，它是社会主义民主优越于资本主义民主的一个重要立论根据，即社会主义民主是广大劳动人民的民主，而资本主义民主仅仅是资产阶级的民主。

(2) 民主是政体。这个思想与西方关于民主的思想是比较一致的，但具体的内容却大相径庭。西方把三权分立作为实现政治民主的组织原则，而我们采用的是民主集中制。民主集中制是从列宁那里继承来的一个重要思想，在中国共产党的手中，进行了创造性的发展。从制度上来说，它表现为人民代表大会制；从思想上来说，民主与集中是辩证统一的。

(3) 民主是一种手段而不是目的。这个思想是从恩格斯那里继承来的，

---

① 转引自黄文扬：《国内外民主理论要览》，中国人民大学出版社1990年版，第3页。

毛泽东又给它定下了调子："民主这个东西，有时看来似乎是目的，实际上只是一种手段。"① 在相当长的一段时间里，它成了区分社会主义民主与资本主义民主的一条重要界限。

（4）民主是一种作风。这个问题，在这一阶段探讨的比较多。毛泽东同志从调动人民群众积极性出发，多次谈到这个问题。他极力反对官贵民贱、等级森严的封建残余，反对干部中存在的"摆老爷架子，摆官僚架子"的官僚主义作风。他要求干部树立民主的工作作风，要广开言路，集思广益，允许人讲话，最大限度地集中人民的智慧，调动人民的积极性。周恩来、邓小平等同志也从不同的角度阐述了这个问题。

中国当代民主建设的第二阶段是 10 年"文化大革命"。对这个阶段民主建设最中肯的评价是粗暴地践踏社会主义民主。很多人据此认为"文化大革命"不属于中国当代民主建设的一部分。

当代中国民主建设的第三个阶段是从"文革"以后到现在，已经进行了 30 年的探索。假若说第二阶段把民主建设引入了歧途，那么，第三阶段则是拨乱反正，重新恢复民主的本来面目，并从不同的角度探索和发展民主内容的一个阶段：在党的十一届三中全会上，明确地把党的中心工作转移到经济建设上来；1980 年中共中央十一届五中全会决定废除干部终身制；十一届六中全会把建立高度民主的社会主义制度作为有中国特色社会主义的主要内容一；1987 年党的十三大明确提出要建立中国特色的社会主义民主政治。建设社会主义民主已经成为一股不可阻挡的历史潮流。

8.1.3　法制与法治政府

1. 法制与法治

关于"法制"的概念，可以说自恢复法学研究以来，学者们已阐释得比较充分，而且就其含义的基础方面也已取得大体一致的共识，即都共同认为：一方面，从静态角度看，法制的基本含义就是指法律和制度。这一含义确定了法律和制度（当然这种制度主要是要由法律来确认和形成）是构成法制的两大基本要素。另一方面，从动态角度看，法制的含义还应当是指包括立法、执法、司法、守法和法律监督在内的一整套法律和制度的有机的体系。这一含义

① 《毛泽东著作选读（下册）》，人民出版社 1986 年版，第 761 页。

丰富了动态活动过程和系统论的思想，使之对法制的解释不致陷入一种平面的、静止的、机械的理解。因此我们可以将“法制”简洁地概括为：法制就是掌握国家政权的阶级经由国家政权所确立形成的法律和制度，以及运作法律和制度所形成的一整套活动过程的有机体系。

关于“法治”的概念，其含义则要丰富得多，从目前初步的研究情况来看，虽然认识还不尽一致，但就其认识的基础方面来看，法治概念的内涵，应包括如下几个方面的要点：第一，法治代表着是一种与人治相对立而存在的治理国家的基本方法或方略。第二，法治贯彻并体现着一整套有利于维护法律的至上权威并能保障法律得到普遍有效遵守的法律原则。原则凝结体现着法律的理念和精神，但并非理念和精神本身；原则指导贯彻于法律和制度，但又非等同于法律和制度。第三，法治蕴意和象征着一系列重要的法律理念和精神。这种理念和精神是属于法治更深层面上的内涵，它具有更为长久不变和深远影响的决定性意义。因为这种理念和精神必然要溶注进法律的目标理想和价值追求。而这种理想和价值追求的问题正是人类不断思索和探究的永恒主题，并不断要求丰富深化它的内容和达到新的境界。第四，法治还最终要标志和体现为一种合于上述要点要求的秩序、结果或状态。因为方略也好、原则也好、理念或精神（或价值目标）也好，毕竟都还不是一种现实化亦即实现化了的东西。人类选择某种方略、某些原则、某种精神或价值理念，其最终目的还是要达到一种所希望的目的和结果。而这种目的和结果就法治本身而言，就应表现为一种合乎理想价值的良好有序的秩序和状态。基于上述各要点的分析，现在可以对“法治”（特别是现代法治概念）作出如下概括：法治是体现以合乎人类理性的价值精神为指导，贯彻由此形成的一整套有利于维护法律至上权威，并保证法律被普遍有效遵守的法律原则，进而达到人们权利的有效保障和社会良好的有序状态的一种与人治相对立的治国方略。

“法制”与“法治”的区别主要有：

（1）“法制”或法律制度，是在与经济制度、政治制度、文化制度等其他类别制度，相对而存在和使用的（尽管现代社会的各类基本主要的制度都需由法律来加以规定，但这是另一个意义的问题）；然而，“法治”概念从提出和产生那时起就一直是在与“人治”相对应、相对立的意义上使用的。二者相对应使用的概念序列（或称参照系）不同。

（2）就两者各自的含义所反映的主导性内容而言，“法制”既然基本的要素是法律和制度，故其基本上是属于上层建筑中制度（政治法律制度）上层建筑的范畴；而“法治”既然基本的内容是表现为治国的一整套理论、精神、原则和方略，故其基本上是属于上层建筑中思想上层建筑的范畴。二者分属于上层建筑的范畴领域不同。

(3)“法制”因为在各种社会形态下都存在，因而可视其是一个中性的概念，其本身的功用在于一种事实陈述，本身并不牵涉价值评价，故而奴隶制、封建制、法西斯专制下也都有其各自的法制；但“法治”却不然，这一概念提出之初，无论在中外都是在与人治方法激烈论争和优劣比较的价值选择中产生的（当然中国古代的儒法之争和古希腊时期的柏亚之争其含义意义应有重大不同）。因此，“法治”概念本身自始至终都包含有价值判断。我们今天选择它、使用它，同样是在与人治的比较中（而且是在付出了沉重代价后的比较），鲜明地表达着一种价值判断和重大的价值选择。因此，两者对待事物的处理功用不同。

(4)“法制”概念所要回答的问题，主要是回答掌握国家政权阶级的意志表现为什么的问题，进而表明该阶级的意志表现为国家意志化了的法律和制度；而“法治”概念则主要是回答掌握国家政权的阶级用什么样的根本方法来治理国家以实现其意志，亦即实现其法的统治的问题，进而指明了法律和制度在治国方略中的地位和作用。故两者回答问题的意义角度不同。

(5) 就“法制”和“法治”概念两者之间关系的相对意义而言，“法制”主要表现为一种服务实现于“法治”目的的工具和手段（注意：这和人治观念框架下的“工具论”法律观有质的意义的区别）；而“法治”则主要表现为一种合乎理性价值的目的化了的一种秩序、结果或状态。因此，两者相对呈现的“角色效果”不同。

(6)“法制”并不始终和政治上的民主存在必然联系，它在一定条件下完全可以排斥民主的存在；但“法治”作为“人治”和专制的对立物则与民主必然地联系在一起，其本身就是民主制的一种必然要求和选择，同时法治本身也是民主的重要方面，是其重要的法律表现。这一点从近现代的政治法律实践中已看得更加明显。因此，两者与民主制的关系不同。

从上述六点重要区别中，可以看出，“法制”与“法治”是完全不同的两个概念，两者绝对不可互相替代，不可混淆不清、混同使用。同时还可以看出，“法治”概念是一个含义更为丰富、深刻、更富有法理积极要义的一个重要概念。①

2. 法治政府

法治政府是指政府职能的发挥必须依据法律，不得与法律相抵触的政府。它要求政府机关及其公务人员的一切政府行为都要有法律依据，在法定职权范围内严格地依法定方式和程序办事，一旦违反法律规定就要承担相应的法律责任。法治政府要求依法处理公共事务，也就是按规则办事，以规则的运作方式代替以权力为中心的政府行为运作方式，坚决克服过去以权力为中心的运作方式所产生的随意性、无序性、公开程度低、容易导致暗箱操作乃至违法行为。法治政府的具体要求是：(1) 政府行为主体地位的确立和权力的取得源于法律；(2) 政府应依法行使权力，在法律授权的范围内作出政府行为；(3) 政府职能的发挥应贯彻公开、参与原则，自觉接受社会监督；(4) 政府职能的发挥如果给行政相对人的利益造成不利影响，应给行政相对人提供法律上的救济途径，以保障相对人的合法权益。总而言之，法治政府的最基本要求和基本特征就是把自身的权力自觉地限制在法律的范围内，以防止权力的滥用。政府受到法律的控制，是法治政府与非法治政府的根本分野。

8.2 西方国家的民主实践与法制建设

地方政府的民主与法制建设作为一种实践肇始于近代西方国家，并随着资本主义社会的发展处于不断演进和完善之中。

8.2.1 西方国家的民主制度

1. 当代西方国家的选举制度

选举制度，是当代西方国家政治制度的重要组成部分，它以法律的形式规定了选举国家最高权力机关的代表或国家公职人员的原则、程序和方法，是各种选举法律规则的总称。现代的选举制度源于近代资产阶级反对封建专制主义的革命，它是以“人民主权”、“社会契约论”等政治思想作为基础原则，形成了以限制政府专权、实现公众政治参与为目的的官员产生作用制度。伴随资

① 孙育玮：《“法制”与“法治”概念再分析》，《求是学刊》，1998 年第 4 期。

本主义的政治发展，其选举制度经历了漫长的改革，最终形成了明确的制度原则、规范的操作程序以及有效的保障制度。在当代西方国家，政治选举已经成为立法机构和政府合法存在的重要依据，成为表达和诉诸民意的最有效的形式之一，同时政治选举也成为公民政治参与的重要平台。它有助于形成广泛的民主意识，形成对政治及其决策的制约。

（1）西方国家选举制度的基本原则

普遍选举权原则。普遍选举权原则指的是每个享有国家宪法规定的公民基本权利的人都拥有选举和被选举的权利。这一原则是针对资本主义初期存在的有限选举权提出的。当时，西方国家选举法中存在对选民资格的限制性规定，其中最主要的有财产限制、性别限制、受教育程度限制以及种族限制等，而财产限制是最根本性的限制，其他的限制条件都与财产资格相关联。比如，有的国家规定，没有文化的人如果拥有一定的财产照样可以拥有选举权。对此，广大民众为实现普遍的选举权原则进行了不懈的斗争，直到 20 世纪 70 年代，西方国家才基本上确认了普选权原则。

平等选举权原则。平等的选举权原则是指每个选民所投选票具有同等的价值，同等数量的代表必须由同等数量的选民选举产生；通常可以被概括为“一票一价”和“一人一票”。这一原则是针对西方国家选举制度中曾经存在的不平等现象而提出的，其目的是实现公正的选举结果。西方国家选举制度中曾存在多种不平等现象，概括起来有以下几种情况：第一，议会议员名额分配不均，产生议员的选区不是按照人口比例进行划分，每个议员代表的选民人数不均等，议会中不能充分反映全国各地选民的人口数量，从而不能有效体现不同选民的利益层次。第二，每个选民所投选票价值不一样，事实上造成选民权利的不平等，并产生不公平的选举结果。第三，选区人口比例不均衡，造成选民手中选票价值的事实差异，使选举产生不公平的结果。随着西方国家民主政治的不断发展，社会上对“选举地理学”的抨击越来越广泛，越来越激烈，对政治选举的监督力度不断加强。总之，人为制造选区人口不平均的现象在逐渐减少。

直接选举权原则。直接选举权原则是指由选民直接投票选出议会议员或国家公职人员。实行直接选举权原则是为了公正、准确地表达和实现选民的意志，促使选举的结果能有效反映选民意愿。现在大多数西方国家重要的选举都实行直接选举，如美国国会议员的选举、英国议会下议院议员的选举、法国国民议会和总统的选举、德国议会选举、日本国会选举、俄罗斯总统及议会的选举等都是采取直接选举方式。

秘密投票原则。秘密投票原则指的是选民遵循有关选举法规定，按照自己的意愿填写选票并进行秘密投票，选票不向他人公开。实行秘密投票制是为了保障公民的政治权利不受侵犯，促使选民能够真实表达自己的政治意愿，最终实现公正的选举。

综上所述，普遍、平等、直接、秘密的选举权原则是在西方国家选举制度发展过程中确立的，在此过程中，广大民众争取自身政治权利的诉求和斗争促使选举制度不断改革，促使选举制度原则得以确立。普遍、平等、直接、秘密的选举权原则体现了民主政治的基本价值，构成民主选举制度的核心内容。

（2）西方国家选举方式——竞选

普遍、平等的选举权原则的确立为广大选民平等地参与政治生活提供了可能；直接和秘密的选举权原则的确立，则在一定程度上有助于选民实现自由的选举——自由表达自己的政治意愿和政治倾向，作出自由的政治选择。这对民主选举是至关重要的。然而，选民自由的选择还取决于选民拥有选择的机会，取决于选民对候选人的了解，取决于选民对选情的把握。因而，西方国家的竞选为此提供了条件。

竞选是一种选举方式，它是指候选人及其政党在选举过程中为了赢取选民的选票，通过种种努力宣传自己的政治主张，展现自己的政治领导力，与其他候选人形成一定的政治竞争。西方国家之所以形成竞选制度，主要有以下社会政治、经济方面的影响因素。

第一，市场经济是竞选制度存在的经济基础。在市场经济充分发展的条件下，促使社会利益向着多元化的方向发展，而社会利益多元化正是形成政治竞争的基本前提，不同社会利益的存在产生各种利益诉求，为促进自身利益的实现，各个利益群体普遍希望通过政治上公平合理的竞争方式取得掌握或参与国家政策制定的权力，从而有效支配社会政治资源。

第二，多党政治的现实存在是竞选制度形成的政治基础。各种社会政治力量及其组织的出现和发展，意味着在政治上必然形成制约性；要获得政治决策的权力，通过政治竞争方式无疑是大家可以共同接受的。

第三，由于社会利益呈现多元化状态，在此基础上必然形成多元化的政治文化。在一个利益多元化的社会，通过竞选争取国家政治权力既是必然的选择，也是最好的选择。

（3）选举的类型

大选。在西方国家，大选往往是国家重要的政治选举，即选出国家最高权力机构代表或国家最高领导人，这通常是产生国家执政党的选举。不同政体的国家，大选的具体内容是不同的，议会制国家的大选主要是选举产生议会代表，并由议会多数党负责组织政府。总统制国家的大选则是选举国家行政首脑(也是国家元首)。英国的大选是议会下议院议员的选举。根据 1911 年议会法规定每 5 年举行一次大选。大选中获得选民多数票支持的政党（即多数党）负责组织内阁。但是，当议会对内阁表明不信任，或内阁就某项重要政策方针请求议会进行信任投票，而议会未予通过时，内阁或集体辞职，或提请国王解散议会，提前举行大选。日本的众议院选举被称为大选，每 4 年举行一次。2005 年 8 月自民党借首相小泉纯一郎提出进行邮政民营改革计划，未得到国会参、众两院的应有的多数支持，随即建议天皇宣布解散众议院，依据宪法规定在解散众议院的 40 天之内重新举行了大选。自民党以 296 席重新获得众议院绝对多数的地位。美国大选即是总统选举。根据美国宪法规定，总统选举每 4 年举行一次。选民投票选出的总统所在的政党则是国家的执政党。此外，如法国、俄罗斯等国的大选都是指总统选举。

中期选举。美国每 2 年举行一次国会议员的选举，因正值两届大选的中间，又称为中期选举。根据美国宪法规定，国会众议院议员任期 2 年，每次全部选举；参议院议员任期 6 年，每 2 年改选 1/3。

预选。预选是美国总统大选中的特殊环节。就是在州的范围内由民主党和共和党分别举行的选举本党总统候选人或出席本党全国代表大会代表的活动。由于预选的影响力不断增强，以致被人们称为是美国总统的第一轮选举。

总统选举。在实行总统制的国家，总统选举就是国家重要的大选，决定着国家执政党的产生。如美国总统、法国总统、俄罗斯总统等选举。美国总统是由选民间接选举产生的。根据美国宪法规定，总统四年选举一次，大选时先由选民投票选出“选举人团”，然后再由“选举人团”投票选举总统。各州各政党都提出一份“选举人团”名单，其人数与该州在国会参、众两院的议员人数相等。“选举人团”代表各自政党，选民在给选举人团投票时，事实上就是给本党总统候选人投票。以州为单位计算选票，某个政党的“选举人团”只要获得相对多数的选民支持，就赢得了本州全部“选举人团”的支持率。法国总统选举采用“二轮多数投票制”，即总统候选人在第一轮选举中必须获得绝对多数的选票才能当选，否则进行第二轮选举；在第二轮选举中只能由在第一轮中得票最多的两名候选人参选，获相对多数票的候选人即可当选。俄罗斯是于1993年通过全民公决确立了总统制，其总统选举制度和法国总统选举制度相似。在议会共和制国家，作为国家元首的总统一般也是通过选举产生。德国《基本法》规定，总统由联邦大会选举产生，联邦大会则由联邦议院议员和同等数量的由各州议会根据比例代表原则选出的州议员组成。意大利总统是由议会参、众两院联席会议和各区议会选出的三名代表共同选举产生的。

议会选举。西方国家普遍实行议会选举，但是每个国家议会选举制度的意义是有所不同的。在实行议会制的国家，作为国家最高权力机构的议会（下议院）的选举是决定国家执政党的重大选举——即大选。它一般是通过选民以选区为单位选出本选区代表的方式直接产生的。而总统制国家的议会选举则不涉及执政党地位问题，如美国国会中的多数党不一定就是执政党；法国国民议会（众议院）多数党也未必是执政党，但法国总统往往任命国民议会多数党领袖担任政府总理——即行政首脑。这样，议会中多数党会和执政党形成“共治”局面，在一定程度上可能制约执政党。

地方选举和州选举。在西方国家，相对于国家中央政府选举而言，还存在地方选举或州选举。如在单一制国家，省、市、县镇级别的政府、议会选举统称为地方选举；在联邦制国家，联邦组成单位（州、省）等一级的政府、议会选举称为州选举，其次一级以下的市、市、县镇级别的选举则称为地方选举。在政党政治竞争激烈的国家，地方选举或州选举的结果有时对国家执政党的地位会起到重要的影响作用，有可能改变执政党在全国的政治版图。①

2. 当代西方国家的政党制度

政党制度广义上指一个国家关于政党的各项制度规范的总和，它包括国家对政党的政治地位、活动规范和执政参政的法律规定，事实上形成的政党执政参政方式、党际关系、党团关系，政党自身的组织原则和组织体系等。狭义上的政党制度指政党执掌、参与或影响国家政权的合法方式。由于西方各国政治经济发展状况、历史传统、政治结构和文化基础等具体情况各异，国内各阶级、阶层或集团力量对比不同，政党制度的表现形式也就不同。西方大多数国家的政党制度不是通过法律直接规定的，而是政治传统和习惯的产物。

中外学者从不同角度对政党制度进行如下分类：

---

① 唐晓、王为、王春英：《当代西方国家政治制度》，世界知识出版社2005年版，第76～80页。

按一国较长时间内执政党数目划分：分为一党制、两党制、多党制。这也是最传统的分类方法。

作为对传统分类方法的补充，按一国较长时间内执政党数目及其政党之间的关系划分。意大利政治家乔万尼·萨托利主张用这种标准将一党制细分为一党极权制、一党权威制、实用主义一党制、霸权党制；将多党制细分为极化多党制、温和多党制、碎分化的多党制。①

按一国国内合法存在并参与选举过程的政党数目和执政党数目情况划分。分为多党一极政党体制（即有多个政党合法存在并参加选举但只有一个政党上台执政），多党两极政党体制（即有多个政党合法存在并参加选举但只有两个政党或政党联盟上台执政）。②

按党际关系和执政方式划分。乔万尼·萨托利按此标准将所有政党划分为竞争性的政党制度和无竞争性的政党制度两大类。其中竞争性的政党制度包括：极化多党制、温和多党制、碎分化的多党制、两党制、优势党制。非竞争性的政党制度包括一党极权制、一党权威制、实用主义一党制、霸权党制。

本章将在传统分类法的基础上，合理借鉴其他分类法，即以一国较长时期内执政党数目以及执政党与其他政党的关系为标准，将政党制度分为三大类：一党制、两党制、多党制。

20 世纪末西方国家政党制度有很多变化，表现出如下新特点。

一党多元制崩溃瓦解。日本自民党单独执政 38 年后于 1993 年众议院选举中败北，日本的一党多元制随后进入了不稳定的多党联合执政时期。印度国大党在 90 年代初也失去了执政党地位，印度的一党多元制开始转向多党联盟轮流执政的体制。

加拿大、澳大利亚和新西兰的两党制出现新变化。澳大利亚自由党与工党长期轮流执政的模式随着自由党和国家党联盟在 1996 年、1998 年和 2004 年三次大选中获胜而面临威胁。加拿大进步保守党与自由党长期轮流执政的模式随着 1993 年进步保守党大选中失败沦为议会小党而面临挑战。1996 年新西兰开始采用比例代表制，许多政党开始进入议会。新西兰工党和国家党长期轮流执政的模式也随着 1996 年国家党与新西兰第一党组成联合政府、1999 年工党

---

① ［意］乔万尼·萨托利：《政党与政党体制》，剑桥大学出版社 1976 年版。转引自王长江：《政党现代化论》，江苏人民出版社 2004 年版，第 158 页。

② 参见宋玉波：《民主政治比较研究》，法律出版社 2001 年版，第 106 ~ 115 页。

与联盟党组成联合政府而走向两大政党联盟轮流执政模式。

在实行多党制的国家中，多党走向联合并向两翼集结的趋势增强。在法国，以绿党为代表的新生政治力量和代表现代法西斯主义的极右政党国民阵线以及中间党派的纷纷崛起，在一定程度上冲击了传统两翼政党联盟的格局。但由于单记名两轮多数代表制的影响，新兴的政党为了赢得选举胜利也纷纷向左右两翼政党联盟集结或靠拢。在德国，由于实行了相对多数代表制和比例代表制相结合的混合选举制，原来的第三党（自民党）和新兴的绿党也分别向右翼和左翼政党联盟靠拢。在意大利，自 1993 年实行以多数代表制为主的混合代表选举制以来，意大利政党格局逐渐向左右两翼政党联盟轮流执政的方向发展。印度和日本在一党多元制瓦解后，也出现了类似的情形。这表明政党联盟之间展开竞争的同时，政党联盟内部的政治合作在加强。

政党某些传统的功能有所削弱。首先，西方国家的政党（尤其是主要执政党）作为阶级之间政治斗争的产物以及代表某个阶级对国家实行阶级统治的传统作用有所削弱，主要执政党之间的阶级界限逐渐模糊不清。其次，政党在选举中的作用在下降。现代媒体的出现和介入，从根本上改变了政党政治的传统运作方式。现在通信技术使政党过去依靠政党媒体、政党组织和政党积极分子来层层传递政治信息的方式过时，选民可以通过广播、报纸、电视和因特网等大众传媒了解一个政党的竞选纲领和政策方案，而不必通过党组织或参加党组织的宣传活动。

另外，选民对政党的信任和忠诚度大幅衰减。政党对选民的吸引力减弱，与各国政党体制僵化、执政党政治腐败、党内分裂、治理国家无方等因素密切相关。①

3. 当代西方国家的议会制度

西方国家的议会是西方国家公民通过选举委托自己的政治代表参与国家政治决策的重要场所。公民通过选举授权、由代表行使国家权力，是实现主权在民原则的现实途径和主要表现形式。因此，当代西方国家的议会制度又被称之为代议制度。由于议会制度所具有的广泛代表性和在国家政治生活中的中心位置，因此它是西方民主制的核心和主要标志。

---

① 唐晓、王为、王春英：《当代西方国家政治制度》，世界知识出版社 2005 年版，第 158 ~ 161 页。

西方国家议会的组成，大致可分为两院制和一院制两种主要类型。从世界范围来看，采用一院制的国家居多；但在资本主义发展较早、资产阶级民主发展较充分的西方国家中，采用两院制的居多；在联邦制国家中，采用两院制的居多。在西方两院制国家中，议会的上院和下院的具体称呼不尽一致，如英国称贵州院与平民院，法国称参议院与国民议会，德国称联邦参议院与联邦议院，美国、加拿大、澳大利亚、意大利、日本等国称参议院与众议院，俄罗斯称联邦委员会与国家杜马，印度称联邦院与人民院，等。

当代西方国家议会的现实地位及其作用表现如下：

(1) 议会的传统地位仍然受到宪法和法律的保障。在议会制国家，议会宪法和法律形式上仍然是国家的最高权力机构，不仅享有最高立法权，也具有控制行政和司法机构的法律权威。在总统制国家，议会仍然是最高立法机关，拥有最高立法权。在其他国家，议会作为主要立法机关的法律地位仍然不可替代。议会的宪政地位不变，也就标志着西方国家民主制的基本原则——通过代议制体现主权在民的原则没有发生改变。

(2) 作为代议机构，议会仍然是反映和表达民意的代表机构。西方国家的议会形式上是民选产生的，是公民通过选举自己的代表来行使国家主权的重要表现形式，也是反映公民个人、各个团体、各种利益集团、各个阶级或阶层的要求和愿望，并对其进行选择，将其中某些利益以立法形式确立下来的重要活动场所。在西方国家的政治生活中，选民可通过向议员提出请求、旁听议院大会、组织压力集团等正常渠道间接地影响立法过程；议员为了连选连任，经常与选民保持联系，并将其意见曲折地反映到议会中来；政党则通过反映和代表某一个阶级或阶层或特殊政治利益集团的利益的形式，以多种手段影响或控制议会的活动。

(3) 辩论和审议议案或法律草案成为西方国家议会更加重要的职能。随着议会议事程序向媒体和社会公开，议会围绕某些重要问题展开辩论和对议案或法律草案进行审议的作用显得更加重要而备受关注。议会仍然是反映社会各种利益和调节各种矛盾和冲突的重要的公共论坛和决策中心。

(4) 当代西方国家的议会在监督政府方面发挥着越来越重要的作用。议会的调查权和弹劾权在揭露政府部门的违法行为、制约行政权力的无限膨胀、维护分权与制衡的宪政体制等重要方面，仍然具有巨大的威慑力。

(5) 当代西方国家的议会是西方政党重要的活动场所，政党则是议会的有机组成部分，两者相辅相成，互为调节。议会政治从本质上讲就是政党政治，议会审议和批准法律草案，批准财政预算和决算，对政府进行监督，批准政府的人事任命，以及行使某些选举职能等，都离不开政党活动。①

8.2.2 西方国家公民的权利和自由

根据西方国家宪法中公民权利内容可以归纳为财产权、平等权、自由权、受益权和政治参与权五个方面。

1. 财产权

财产权是指公民对属于自己的财产、收益及所得享有的支配、处置的权利。财产权是公民基本权利中最具根本性的权利，是其他公民权利赖以产生和存在的基础。

资产阶级从一产生就意识到保护财产权的重要性，这不仅涉及它的经济利益，更关系到它的政治独立与发展。因此，保护私有财产是资产阶级一贯的主张。早期新兴的资产阶级曾针对封建君主通过增加赋税等经济手段对其进行狂征暴敛的统治行为，提出要保障人身“自由、财产和安全”的权利要求，声称“财产是神圣不可侵犯的权利”“任何人的财产不得受到剥夺”。近代西方国家宪法中就确立了保护私有财产权的原则。这一原则成为资本主义发展的重要基础。

2. 平等权

平等权是指公民在法律面前享有平等的权利，并履行应尽的义务。公民平等地受到法律保护；触犯法律者，同等地受到法律制裁；任何人不得享有法律以外的特权。法律上的平等，是对人格尊严的承认和尊重。在人的自然差异和社会差异还不可能消失的情况下，人在法律上实现平等意义重大，它可以促进人们取得在政治、社会、经济、文化等各方面的平等。

以尊重人格尊严为例，西方国家宪法普遍规定了对犯有罪行的人予以平等审判的内容。如规定“不得剥夺任何人在法院接受审判的权利”。这样的规定曾经是针对封建国家特设法庭，私设公堂，盛行私刑，公民人身没有保障的状况而制定的，但是，在现实政治生活中它仍然具有保护公民权利的意义。美国

① 唐晓、王为、王春英：《当代西方国家政治制度》，世界知识出版社 2005 年版，第 231 ~233 页。

宪法第 14 条修正案就作出规定："……不经过正当程序，不得剥夺任何人的生命、自由和财产；在州管辖范围内，也不得拒绝给予任何人以平等的法律保护。"

3. 自由权

宪法规范人的自由权可分为人身自由、迁徙自由和精神自由三个方面。

人身自由是指在不违反法律的前提下，人人有权支配自己的身体行为而不受到非法的逮捕、拘留、审讯、处罚等；禁止对公民施以酷刑，以及禁止对公民住宅实施侵扰等。保护公民人身自由和保护人的尊严是联系在一起的。

迁徙自由指的是公民拥有选择居住环境的自由。如意大利宪法第 16 条规定："除因保健和安全方面的利益一般得以法律规定某些限制外，每个公民在国内任何地区均可自由迁移或居住。不得以政治理由规定任何限制。每个公民在履行法定义务之条件下，均可自由离开或返回共和国国土。"①

精神自由是指人的精神活动及其相关的自由。其中包括言论自由、出版自由、通讯自由、结社自由、集会自由、游行示威自由等内容，即公民拥有思想、信仰、表达的自由。西方国家宪法普遍规定公民享有以各种方式表达思想、意见的自由，既有权通过著书立说来表达思想观点，也有权通过集会、结社、游行示威表达意愿。宗教信仰自由则包括信教的自由、不信教的自由以及相信或不相信某一种宗教的自由。另外，有的国家还规定了限制性的罢工自由，对罢工权的限制主要有时间、地点等方面的限制。

4. 受益权

受益权是指公民为了自身的利益要求国家采取某种措施，使之在经济、文化、社会服务、司法等方面获得自由，或使其自由得到帮助。受益权又分为积极的受益权和消极的受益权。

所谓积极的受益权，指的是公民的生存权、居住权、受教育权以及享有劳动保护、社会保险、社会救济等权利。所谓消极的受益权，指的是公民享有请愿权、诉愿权、诉讼权等，即公民在其权利受到损害时，可以向行政机关或法院提出诉愿或诉讼，要求作出适当的处理和裁判，以期得到对自身权利的保护。

① 《中外宪法选编》，人民出版社 1982 年版，第 141 页。

5. 参政权

参政权是指公民参与国家政治活动的权利，具体包括选举权和被选举权、立法创制权、罢免权、全民公决权等。

西方国家宪法关于公民基本权利的内容一直在不断地补充和发展，逐渐形成了较完善的权利体系。随着社会政治民主化的进一步发展，一些新的公民权利内容也不断提出，诸如以限制国家发展大规模杀伤性武器为目的而提出的“和平生存权”、以阻止环境污染和破坏生态平衡为目的而提出的“环境权”“休息权”、以保障公民在了解政府决策的前提下进行政治参与为目的而提出的“知情权”，等等。这些权利虽然并没有被普遍确认，但它的提出反映出公民民主意识的深化，对进一步保障公民基本权利起到积极的促进作用。①

8.2.3 西方国家的法治精神及法律制度

1. 西方国家的法治精神

西方法治精神源于古希腊城邦民主制。亚里士多德第一次系统的提出法治学说。罗马私法精神发展了古希腊法治精神。中世纪虽在宗教的帷幕下，但法律的神圣性、权威性依然根植于人们心中。宗教神权的专横、腐败和对人性的扼杀导致内部分裂和改革，宗教改革推进文艺复兴、杰出的思想家们揭露教会黑暗和教皇专权，抨击世俗专制、人治，法治精神得到进一步弘扬。近代从格劳秀斯、伏尔泰到卢梭和康德系统形成的人权和人民主权思想，从博丹、洛克到孟德斯鸠和杰弗逊逐步确立的三权分立思想促使西方法治精神体系的完整确立。法治精神既是西方人民挣脱专制束缚的锐利武器，也是商品经济发展的坚强后盾。西方法治精神的内容归纳起来，主要体现在民主、人权、平等三方面。

(1) 法治就是排斥专制

在西方政治法律文化传统中，从亚里士多德到近现代，法治观始终是排斥专制、与民主思想并提。西方法治精神要求法和法律的王权君临人类之上，法律是绝对的至高无上，压倒一切，与专制权力相对立。法治就是排斥专制，排

① 唐晓、王为、王春英：《当代西方国家政治制度》，世界知识出版社 2005 年版，第 49 ~ 53 页。

斥特权。法治的核心是确信法律能提供可靠的手段保障每个公民免受任何其他人专横意志的摆布。法律是统治者和被统治者之间的一道屏障，它保障个人不受那些拥有政治权力的人的敌对歧视。人治必然专制，法治必然民主。人治观和法治观的对立就是专制观与民主观的对立。专制与民主的区别就在于权力归属问题。美国法学家埃尔曼在《比较法律文化》中说："从古代起，西方人便激烈而无休止地讨论着法律与权力的关系，这种争论奠定了法治观念的基础。"① 法律至上，权力受到制约，限制统治者权力，变专制为民主，这样才能达到法治状态。亚里士多德认为要实行法治，良好的法律是前提；而要有良好的法律，就必须有良好的政体；最良好的政体是中产阶级的民主共和政体。亚里士多德所理解的"法治"一词具有三项要素：第一，它是为了公众的利益或普遍的利益而实行的统治，而不是为某一个阶级利益或个人的利益的宗派统治或专横的统治；第二，它是守法的统治，即统治的实施须根据普遍的法规，而不是根据专断的命令；第三，法治意味着对自愿的臣民的统治，而不是仅仅靠武力支持专制的统治。② 这三要素的核心含义是，法治与专制对立，法律不是统治者的任意意志，而是反映公众利益的规则；靠武力维持统治，压制臣民意见，违背臣民的心愿，决不是法治。卢梭指出，实行法治的国家必须是也只能是民主共和国，只有在民主共和国里，法律才是社会公意的体现，具有至上的权威，才能使统治者变成法律的臣仆，依法行使来源于人民的一切权力。卢梭说："凡是实行法治的国家——无论它的行政形式如何——我就称之为共和国；因为唯有在这里才是公共利益在统治着，公共事务才是作数的。一切合法的政府都是共和制的。"③ 洛克的"分权制"、孟德斯鸠的"三权分立"说以及卢梭的"人民主权"说都是法治思想的经典理论，也是人类民主思想的光辉结晶。因此，法治的第一要求是在政治上建立民主政体，将人民主权、权力制约等民主政体的一系列原则写入宪法，将民主制度法律化。法治意味着法应该是一种理性，而不是君主的意志。君主一人的任意意志之治必然会以荒谬绝伦的贪心为基础。专制君主就像一个每天从自己住房墙壁上敲掉几块砖的疯子，没有人性，没有理性，只有暴力和恐惧。马克思说："君主政体的原则

① ［美］埃尔曼：《比较法律文化》，三联书店 1990 年版，第 92 页。

② ［美］乔治·霍兰·萨拜因：《政治学说史》上册，商务印书馆 1990 年版，第 127 页。

③ ［法］卢梭：《社会契约论》，商务印书馆 1994 年版，第 51 页。

总的说来就是轻视人，蔑视人，使人不成其为人。”① 孟德斯鸠说：“专制政体的原则是恐怖。”② 霍尔巴赫说“专制君主总是以统治一片废墟、一片荒漠，统治大批愚昧、羸弱、日益贫困和劳动不熟练的人而告终。他像一头饥饿的狮子，把洞穴周围的广大地区的动物吃个精光，最后在它那可怕的洞穴附近只能找到啃光了肉的堆堆枯骨。”③ 这些闪耀着真理光芒的犀利语言是对专制政体最无情最彻底的揭露和批判，也深刻地说明了专制与法治背道而驰。法治就是否定君主一人的专横之治，法治就是否定灭绝人性的恐怖专制。要实现法治，就必须实行民主政治。

（2）法治就是保护人权

人天生是政治动物，这句至理名言颠扑不破；人要么统治人，要么被人统治，这也一定是真理。但西方法治精神要求，人生而平等，因此没有天生的统治者，也没有天生的被统治者。人的生命权、财产权、安全权、反抗压迫的权利、追求幸福的权利，是每个人都必需的权利，也是每个人与生俱来的权利。一切政府都有专权、腐化的倾向，都可能侵犯、吞食人权，最好的政府也只不过是一件免不了的祸害。国家之所以必要，仅在于社会必须有公意机关，以保障公民享受人权，制止和制裁一切违反公共规则、侵犯他人权利的行为。这种国家只能是民主共和国，只能是法治国。人治国与人权是不相容的。人治国非但不会保障人权，反而必然要践踏人权，人治国与人民没有任何契约关系，也不可能结成契约。它们都是通过暴力和欺骗取得对人民的统治权的。它们的权力不是来自人民的同意和转让，而是来源于对人民权力的掠夺。英国宪法的一代宗师艾尔伯特·维纳·戴雪以《英宪精义》一书名扬天下。戴雪在《英宪精义》一书中下了这一结论：在他那个时代的英国，“法治”这一词有三个意思，也就是任何人不应因做了法律未禁止行为而受罚；任何人的法律权利或义务几乎不可变地由普通法审决；任何人的个人权利不是联合王国宪法赋予的，而是来自宪法赖以建立的依据。这首先意味着自由权是受固定的法律制约的，这就排斥了政府的任意干涉。对于戴雪来说，法治就是法律主治，法律主治不仅仅是法律和司法，其精义在于个人权利和自由，法律主治是个人权利和自由的保证。个人的权利和自由构成了戴雪法治观的价值基础。法治的一切目的是

① 《马克思恩格斯全集》第1卷，人民出版社1956年版，第411页。

② ［法］孟德斯鸠：《论法的精神》上册，商务印书馆1993年版，第58页。

③ ［法］霍尔巴赫：《自然政治论》，商务印书馆1994年版，第217～218页。

为了保护每个人在国家中和平地、安全地、尽情地享受人权。人权的本质特征和要求是自由和平等，人权的实质内容和目的是生存和发展。人权就是一定社会和一定国家中受到认可和保障的每个人实际拥有或应当拥有的权利的最一般形式，特别是基本权利。基本权利是作为其他权利基础的权利，特指人的生存权利、政治权利和经济、社会、文化、发展权利等。从根本上讲，任何法律都以一种权利为前提，只有以相应的权利为依据的法律才是正义的。权利是人们交往的准则，一个违反权利的政权不能依法办事。在法治国中，人的权利就是本位的东西。只要人民的权利不受侵犯，这便是法治国的理想境界。法治就是依法治国，一切人服从良法，一切人的正当权利受良法保护。执政者的一切行为都必须是法律授权的行为。任何超出法律授权范围、侵犯公民正当权利的政府行为都属非法。政府的职责不仅仅在于保障人权，更应该是促进人权。

（3）法治就是要求平等

平等原则是权利精神推导下必然得出的结论。平等原则如此重要，以至成为西方法治精神的一个根本原则。

文艺复兴的巨匠薄伽丘在《十日谈》中借国王之女绮思梦达之口说：人都是人，“人类是天生一律平等的”。法国启蒙思想家伏尔泰指出：“平等是最自然的东西”，依据自然赋予的权利，人性相同，一切享有各种天然能力的人，显然都是平等的。即使是中国的皇帝、印度的大莫卧儿、土耳其的帕迪夏，也不能对下等人说：“我禁止你消化，禁止你上厕所，禁止你思想。”传统平等思想的集大成者卢梭提出了两种不同意义上的平等：法律上的平等和事实上的平等。他并且提出“要想使国家稳固，就应该使两个极端的等级相互接近；既不许有豪富，也不许有赤贫，这两个天然分不开的等级，对于公共幸福同样是致命的。”1776 年美国《独立宣言》郑重宣布：“我们认为这些真理是不言而喻的，人人生而平等，他们都从他们的‘造物主’那边被赋予了某些不可转让的权利。”1789 年法国大革命的著名文献《人权宣言》中有一句名言：“在法律面前，所有的公民都是平等的。”这句名言，最集中地和最具代表性地体现了西方传统对平等含义的理解和法律上的界定。

卢梭认为人类不平等的起源在于私有制。马克思和恩格斯对这一观点加以继承和发展，指出只有消灭私有制，建立社会主义公有制，才能从根本意义上解决不平等问题。人类到目前为止还无法解决人类的不平等问题。社会主义国家也不例外。“权大还是法大”的大声疾呼就是这种不平等的典型表现。法治的本质要求人格平等，法律面前人人平等。任何人都必须服从法律，没有任何特权。没有法律上的平等，便没有法治。至于经济上的不平等，以及其他诸多不平等因素是人类在有阶级的社会里无法根除的。人们能努力做的是逐步缩小这种不平等。

2. 西方国家的法律制度

(1) 大陆法系

大陆法系又称罗马法系、成文法系、民法法系或罗马—日耳曼法系（因为它的历史渊源是罗马法和日耳曼法，此外还有教会法、商法和城市法）。它是资本主义国家中历史悠久、分布广泛、影响深远的法系。它以欧洲大陆的法国和德国为代表，在罗马法的基础上，融合其他法律成分，逐渐发展为世界性的法律体系。在大陆法系内部，各个国家和地区的法律制度的情况不尽相同，大体上有两个分支——以法国民法典为代表的拉丁分支和以德国民法典为代表的日耳曼分支。

(2) 英美法系

英美法系又称英国法系、普通法系或判例法系，是承袭英国中世纪的法律传统而发展起来的各国法律制度的总称，英、美、澳大利亚、新西兰、中国香港等国家和地区的法律制度均属于英美法系。近几十年来，英美法系国家也制定了大量成文法以作为对习惯法的补充。目前世界上大约有 26 个国家法律属英美法系，除英美两国，其余主要是英联邦国家，大陆法系又称为成文法，其最重要的特点就是以法典为第一法律渊源，法典是各部门法典的系统的综合的首尾一贯的成文法汇编。世界上大约有 70 个国家法律属成文法系，主要分布在欧洲大陆及受其影响的其他一些国家。

8.2.4 西方国家地方政府民主与法制的产生与发展

地方政府的民主法制建设并非自古有之。在古代奴隶社会与封建社会，无论是西方国家还是中国，一般说来，都实行集权化的专制统治，君权高于一切，法律不具备超越君权的权威，而仅仅成为辅助君王进行有效统治的工具。在这种专制统治下，行政不可能推行法治，而只能是实行人治。进入近代资本主义社会，新兴资产阶级为了防止专制统治和行政专横，在政治上确立了三权分立的政治体制，在思想上塑造了人民主权的民主精神，在经济上发展商品经济，这为西方法治政府的建立奠定了坚实基础。在此条件下，西方法治政府应运而生。西方法治政府产生后，伴随着资本主义经济社会的发展变化而不断调整和发展。

纵观西方法治政府的产生发展历程，我们可以将其分为三个主要阶段：

1. 资本主义社会早期，法治政府依据“无法律即无行政”要求而建立

资本主义商品经济在确立之初，经济领域深受亚当·斯密“看不见的手”的影响，崇尚自由放任；政治领域积极推行国家与社会的分离，致力于市民社会的建构，普遍奉行“管得最少的政府是最好的政府”，认为政府只应充当“守夜人”角色。与此相对应，“法治”被理解为对政府权力的严格限制，要求政府行政实行一种“无法律即无行政”的消极的行政模式，即行政权应完全来源于议会制定的法律，无法律即无行政权；行政权力的行使方式必须严格按照议会制定的法律，越权无效；行政机关实施的一切行政行为都必须有明确的法律依据，法未规定则不可为。

总之，这一时期，基于自由经济发展的客观需要而建立法治政府，政府行为受到法律的严格约束，自由裁量空间被缩小到最小范围，行政功能限于维持社会秩序。

2. 20 世纪 30 ~70 年代，法治政府随着“行政国家”的兴起而发展

从 19 世纪末至 20 世纪初，资本主义社会发生了根本性的变化，由自由竞争时期进入垄断时期。随之，各种社会矛盾和社会问题大量涌现，经济危机频繁爆发，给整个资本主义体系带来了致命的冲击。为了缓解和控制经济危机，解决一系列诸如环境污染、失业罢工、社会保障等市场机制无法解决的社会问题，人们不得不放弃自由放任主义经济理论，而代之以凯恩斯的国家干预主义，这就导致西方各国政府开始对经济和社会事务进行大规模的干预，进入“行政国家”时代：一是行政机构和人员大量增加；二是过去被人们视为与法不容的行政自由裁量权基于社会发展的客观实际需要而日益扩展并为人们所接受；三是传统的“三权分立”被打破，行政权向立法和司法领域延伸，形成行政立法权和行政司法权。

“行政国家”时代的到来，造就了一个行政权力日益扩张的地方政府。然而，法治对地方政府的要求并未因“行政国家”的兴起而动摇。为了有效规范和制约不断扩张的行政权，西方国家采取了新的法律途径和手段：一是通过行政程序立法规范和控制行政权。面对着行政权力的不断扩张，议会立法捉襟见肘，难以及时地为地方政府行政提供充分的法律依据，更难以约束行政自由裁量权，这样，对行政权力的制约在更大程度上求助于行政程序，进行事中（过程）控制，由此，掀起了行政程序立法高潮。二是进一步加强司法审查。为了防止行政自由裁量权的恣意行使，西方国家创立了新的司法审查原则，加强对行政行为的司法审查。如确立合理性原则、比例原则。此外，对委任立法，司法部门可对其进行合法性审查；对行政裁决，一般都确立了司法最终处理原则。三是确立国家赔偿责任。许多国家逐步放弃或限制19世纪奉行的“主权豁免”原则，建立国家赔偿制度。总之，这一时期的法治政府，从过去的消极行政走向了积极行政。与此相适应，法治对政府行为有了新的要求：政府行政不仅应遵循实体法规定，而且要遵循行政程序法规则；不仅要做到合法，而且要做到合理、符合比例；不仅要受立法机关法律的制约，而且要受司法机关的严格审查。一句话，法治政府在这一时期，积极行政与依法行政并行不悖。

3. 20世纪70年代以来，法治政府伴随现代公共行政改革而完善

进入20世纪70年代以后，主张扩大行政权力和政府职能的凯恩斯国家干预主义虽然在相当程度上解决了西方国家的市场失灵问题，但又带来了国家过度干预的负面影响，普遍出现了以低经济增长乃至停滞、通货膨胀、财政赤字为特征的严重的“滞胀”现象，产生了政府失灵的新问题。为了摆脱这种困境，人们开始对凯恩斯主义和政府作用作出深入的检讨和反思，其结果是各国纷纷掀起了公共行政改革运动，并形成一股世界性潮流，试图通过优化政府职能、放松政府管制、加大市场调节力度等改革措施来解决政府失灵问题，寻求新的有效的政府治理模式。这无疑推动了法治政府的新发展。

（1）行政主体多元化

凯恩斯国家干预主义造就了大政府模式，使政府几乎包揽了所有公共事务的管理职能。而随着社会的发展，公众的需求日益增多，而可供政府利用的资源有限，政府无力垄断公共物品的提供和公共服务的供给，由此，收缩国家行政界域，政府还权于社会、还权于市场，充分发挥社会力量和市场机制的作用，成为现代公共行政改革的必然选择。政府不再是公共行政的唯一主体，各种社会力量包括社团组织、社区组织、非政府组织等成为公共行政的主体，承担对公共事务的管理职能，使得行政主体呈现多元化发展趋势。

（2）行政手段多样化

伴随着政府对经济和社会管制的放松，不仅行政作用的界域有了变化，同

时政府管制的方式也有了更新。为了实现行政目的，又兼顾市场主体的自由需求，一些国家在继续沿用行政制裁、行政强制等传统行政手段以维持行政管理秩序的同时，不断寻求更加人性化的治理手段，谋求与相对人的合作，以降低行政成本，增进社会效益。由此，富有弹性、柔和、颇具民主色彩的行政指导、行政合同等非强制性行政方式被大量采用和引进，并成为现代公共行政的主流形式。这些新的行政手段的广泛运用，既适应了现代社会发展的客观需要，又促进了行政法治的新发展。

(3) 行政过程民主化

为弥补过去行政权膨胀而造成的对公民民主权利的严重挤压，西方各国政府随着行政改革运动的深入展开，普遍将民主理念逐渐引入到行政管理领域之中，扩大公民对行政过程的参与，促进公众对行政权力的有效监督。

8.2.5 西方主要国家地方政府民主与法制建设的实践

1. 英国地方政府民主与法制建设的实践

英国的地方政府民主与法制建设最早的实践可以追溯到 1215 年约翰王签署的《自由大宪章》。《大宪章》的主要内容是保障贵族、骑士和市民所享有的权利不受国王的侵犯。自此，王权开始受到法律的限制。1688 年光荣革命正式确立了君主立宪政体，王权受到了很大程度的抑制，国会的地位则大为提高。随着“议会主权”原则的确立，议会对行政权的监督日益强化。与此同时，司法对行政的监督也不断增强。王室法庭发布强制令、调卷令和禁令，并且采用其他普通救济手段。任何一个希望对行政执法的合法性以及其他当局的合法性提出挑战的人都可以得到救济。由此，开启了英国由普通法院并适用普通法审理行政案件的传统。18 世纪是法治非常出色的时期，法院稳定地发展了“越权无效”等司法审查原则并将其广泛地应用于议会新成立的法定机构。至 19 世纪，英国法治政府已经树立了稳定的根基。这一时期，法治政府的精义被宪法学家戴雪定义为：一是议会制定的法律的绝对优先与政府专断权力的排除，严格限制政府及其官员的自由裁量权；二是政府及其官员与公民的关系视为公民之间的关系，政府与人民同受普通法的支配并同受普通法院管辖。威廉·韦德对当时英国法治政府也作了四项权威描述：一是政府行使权力的所有行为，即所有影响他人法律权利、义务和自由的行为都必须说明它的严格的法律依据，受到影响的人都可以诉诸法院。二是政府必须根据公认的，限制自由裁量权的一整套规则和原则办事。法治要求法院阻止政府滥用权力，在需要公正有效的行政与需要保护公民免受行政专断之间作出平衡。三是对政府行为是否合法的争议由完全独立于行政之外的法官裁决。四是法律必须平等地对待政府和公民，政府不应当在普通法律上享有不必要的特权和豁免权。

19 世纪末 20 世纪初，英国的政治、经济，乃至于文化和意识形态都发生了深刻的变化，自由放任政策逐渐被代之以国家干预主义，议会主权和传统法治原则被视为“弥天大谎”，强大的行政权颠倒了议会和政府的关系：不是议会控制政府，而是政府控制议会。个人权利与自由逐渐屈从于对“社会整体利益”和平等的考虑，管制、社会福利和战争扩大了政府的权力，也改变了人们对公民和国家关系的看法，“行政国家”的时代已经来临。1908 年的《老年金法》和 1911 年的《国民保险法》，以及 1914 年的《国防法》等福利立法和管制立法大量授予部长及有关专员立法权和解决相关问题的司法权，由此诞生了许多直接由部长控制的行政裁判所。这种由部长行使立法权和司法权的现象使英国传统的“平衡宪法”正在失去平衡。1929 年，工党成立了一个由多方组成的部长权力委员会，并于 1932 年作出报告，肯定了部长行使委任立法和准司法权力的必要性，但在救济和程序上提出了一些批评和改进意见，这些意见促使了 1946 年《法律文件法》的颁布和 1947 年《王权诉讼法》的实施。1955 年，英国政府又指派了一个审查行政裁判所和公开调查的弗兰克斯委员会，该委员会于 1957 年发表调查报告，提出以下四项最重要的建议：第一，作为司法体系的一种补充，行政裁判所的存在是必要的。第二，虽然如此，裁判所在程序上必须坚持公开、公平和公正的原则。第三，拓展和加强对行政裁判所的司法控制，包括采取直接上诉和通过特权令审查的形式。第四，成立一个由法律界人士和非法律专家组成的常设的裁判所委员会，作为经常性的一般监督机构，监督各种裁判所的组织及其活动程序。这些建议直接导致了 1958 年《裁判所和调查法》的颁布。1961 年，一个非官方委员会提出“公民与行政”报告，建议：第一，除非出于某种特别政策的考虑，公民有权对行政自由裁量问题诉诸公正的裁判所，但不是为此设立更多的裁判所，而应由一个总裁判所处理包括自由裁量的混合上诉问题。第二，设立一个议会行政专员，对“不良行政”作调查和提出建议或报告。这一创议在 1967 年由《议会专员法》付诸实施。目前，英国的公共部门已经普遍建立起行政专员制度。1963 年上议院对里奇诉鲍德温案的判决标志着司法政策的重大转变，表明自然正义重新受到重视并在广泛的行政领域中适用，此后，不受限制的行政自由裁量权的观点被完全否决，程序正义的法律观念在行政领域有了可靠的司法保障。

1979 年，撒切尔上台后抛弃了国家干预主义的思想，通过尝试新的“自由市场经济”和非官僚化的制度变革寻求新的政府治理模式。这一时期，英国政府作了大量的行政改革。第一，政府职能定位在市场化上，并且修正行政管制法。行政改革尽可能地利用市场机制和市场力量代替政府权威，减少政府职能，目的是实现政府从社会全面撤退并逐步恢复个人的权利。改革的主要手段是私有化、放松管制和实行压缩式管理。第二，公共服务的市场化和福利行政法的改进。公共服务的市场化包含三项改革：一是在公共服务的供给上，推行合同出租制；二是在公共服务的需求上，实行用者会费制度和凭单制度；三是在公共服务的输出能力和质量上接受市场检验标准。20 世纪 70 年代初，英国成为了欧共体的成员。为了配合《欧洲人权公约》的实施，英国政府于 1998 年 11 月正式颁布了《人权法》。自此，英国在防范政府侵权和保护个人权利方面又迈出了新步伐。

2. 美国地方政府民主与法制建设的实践

和其他西方国家不同，美国没有经历过封建集权的统治阶段，而是建国伊始就置国家行政于法律的控制之下。建国初期法治政府的建立基于两点：联邦宪法和司法审查制度。联邦宪法对政府的法治要求主要表现在三个方面。一是设置独具特色的三权分立且相互制衡的政治体制，明确了国会、法院对总统和行政机关的监督制约权。按照美国宪法，议会有权否决总统提出的议案，参议院有权确认总统关于内阁成员和法官的提名。议会有权弹劾总统并给其定罪。美国联邦最高法院享有违宪审查权，即可以宣布法律、法令因为违宪而无效。二是通过确立联邦制，明确划分联邦和州的权力，使联邦和州均受制于宪法，防止权力在任何一级政府过分集中，以保护个人的权利和自由。三是通过权利法案和联邦宪法第 14 条，为公民的自由权利设立保护屏障，为行政权的行使确立了最低界限。为保护公民的自由和权利，美国还发展出自己独特的救济手段——司法审查制度。一般认为，美国法院的司法审查权是在 1803 年的马伯里诉麦迪逊案中确立的。马歇尔大法官在该案的判决中申明：任何一项法律如果与宪法相抵触，最高法院都有权宣告其无效。司法审查是确保政府依法行政的最终屏障。行政行为合法与否，可以通过司法审查进行评判。通过违宪审查，可以纠正违宪行为，保障联邦政府和州政府各自在宪法规定的权限内活动，确保相对人的合法权益。

19 世纪末，美国经济从自由竞争走向垄断，行政权力不断增强，出现了大量的独立管制机构。随着独立管制机构的出现，司法审查趋于严格。在这一时期，普通法上的司法审查逐渐为法定的司法审查所代替。另外，法院在司法审查中采取严格标准，以控制行政机构的权力扩张。美国的公务员制度也是在这一时期发展起来的。1883 年美国国会通过了《调整和改革美国文官制度的法案》，建立了公务员制度。1923 年，联邦政府制定了《职位分类法》，使美国公务员制度臻于完善。1929 年的经济危机以及随后的第二次世界大战，导致美国行政权力极度扩张，以至于人们开始恐惧急剧扩张的行政权力。为此，美国国会于 1946 年制定了《联邦行政程序法》。该法要求行政公开，并规定了制定规章的程序、行政裁决的程序、司法审查的形式和范围以及听证官员的地位与权力。它不仅统一了联邦行政机关的行政程序，而且为联邦行政机关规定了最低的程序要求。与此同时，美国制定了《联邦侵权赔偿法》，放弃主权豁免原则，全面确立了国家赔偿制度。1966 年，国会对 1946 年的《联邦行政程序法》中关于行政公开的规定予以修订，制定了《信息自由法》。该法的宗旨是确保政府的文件公开，除法定的九类文件可以不公开以外，其他政府文件必须公开。1972 年，国会制定了《联邦咨询委员会法》，规定咨询委员会的会议必须公开。1974 年国会制定了《隐私权法》，划清了公开的范围，保障了公民的隐私权。1976 年又制定了《阳光下的政府法》，规定合议制机关的会议必须公开。这些法律都在一定程度上完善并发展了美国的行政程序制度。此时，司法审查的目的不再局限于防止行政机关滥用权力，而是走向扩大公众对行政决定程序的参与。在最近几十年里，美国行政法制更多地强调行政机关与相对人的合作关系，通过解除或放松管制等方式，将一些公共职能委托给私人部门，一些公权力事项交由私人管理，通过合同制等方式来增进行政民主，降低行政成本，实现行政目的。

3. 德国地方政府民主与法制建设的实践

中世纪的德意志一直处于封建割据状态。从 15 世纪到 17、18 世纪，德意志帝国联邦议会制定了一系列宪法性的和有关帝国司法会议的法律，并产生了自己的行政诉讼制度，在一定程度上限制了行政权力。1495 年帝国最高法院成立，1501 年宫廷法院成立。这两个帝国最高法院具有受理控诉行政机关案件的管辖权，即有权审理人民因领主滥用统治权而受到侵害所产生的行政诉讼案件。当然这两个帝国最高法院的裁判权受到统治者享有的特权的严格限制。

另外，在德意志的各个地方，设立了由行政当局的官员组成的行政专门小组，该小组被授权处理行政活动中产生的争议。这类行政争议的处理，完全是属于政府事务，而不由普通法院管辖。然而，行政专门小组主要是用来监督行政效率和行政效力，而不是为受到非法行政行为侵害的私人提供法律救济。

法国大革命以来的自由主义政治思想，深刻地影响着德国中产阶级。他们极力反对德意志君主专制的人治统治，谴责被君主及其臣仆人格化了的专制主义的国家，要求国家必须服从法律，政府行为必须具有可预测性，特别是当政府行为直接影响到私人事务时更应当具有预测性。1848 年资产阶级革命以后，德国建立了君主立宪制。19 世纪中期以来，在德意志境内开始产生建立在法治原则基础之上的宪政国家，打破了君主专制的人治制度。在这段时期，德意志先后制定了许多法律，如 1849 年的《法兰克福宪法》、1850 年的《普鲁士宪法》、1867 年的《北德意志宪法》、1871 年的《德意志帝国宪法》，初步确立了资产阶级民主制和依法行政原则，人民开始参与立法活动并以法律确认公民的基本权利自由，确立了国家行政机关的行为应当置于人民控制之下的观念，行政机关与公民在诸多领域中的关系，均在法律的制约之下，行政机关的行为必须依法进行。这一时期，德国的行政诉讼制度也发生了重要的变化。1849 年，《法兰克福宪法草案》第 182 条明确规定停止行政机关对行政纠纷案的行政裁判权，所有行政诉讼案均由法院裁判，致使行政纠纷的裁决机关与行政机关正式分离，为司法机关对行政权力进行司法控制奠定了基础，并且从体制上制约着行政机关。18 世纪中后期，一些邦先后在各自的宪法中明确规定由普通民事法院裁判行政纠纷案。在 1872—1875 年间，普鲁士设置了独立的行政法院系统，这对德国各邦相继建立和完善行政法院体系起到了很好的示范作用。从以上的发展过程来看，19 世纪至 20 世纪初的德国，在依法治国原则的指导下，实现了从人治到法治的过渡。

第二次世界大战以后，为了更好地发展市场经济，政府需要进行宏观调控、维护市场秩序、发挥行政管理特别是服务行政功能，这都要求政府依法行政，为此必须完善行政程序和行政诉讼立法，使之与经济立法共同发挥功能。1960 年 12 月，在德国联邦内政部倡议下成立了联邦与州联合起草委员会，开始起草行政程序法草案，并且于 1964 年 3 月由联邦内政部正式颁布了《行政程序法标准草案》。此后几经修改和审议，德国联邦总统于 1976 年 5 月 25 日正式签署了该草案，使之成为正式的法律。德国在不断完善行政程序立法的同时，先后又制定了许多行政实体法。这段时期，德国先后颁布了《德国公务员法》、《联邦法官法》、《联邦公务员法》、《联邦公务员俸给法》、《违反秩序法》、《行政执行法》等。从德国行政法的发展领域看，一方面不断完善国家机关和行政管理、社会秩序管理、规范公职人员的行为等方面的立法，以维护公民的合法权益。另一方面，随着德国社会市场经济的高度发展以及为适应欧共体、欧盟经济发展的需要，近年来，德国十分重视并不断完善经济行政法（全方位对经济进行行政管理的行政法律法规）。

随着德国行政立法的发展并不断趋于完善，行政诉讼制度也同步向前发展。联邦德国于1946年6月正式恢复了原有的行政法院体系，并且对原有体系作了相应的调整。1952年，德国正式建立联邦行政法院。1960年德国颁布了《行政法院法》，联邦及各州均以该法为依据，统一建立行政诉讼制度和行政法院体系，成为现代法治国家司法制度的重要组成部分。德国的行政法院组织系统完全脱离了行政机关系统而成为一种独立的司法机构，行政法院审理行政纠纷案件的行为完全是一种司法行为，而不是行政事务中的审查行为。因此，行政法院组织及其行为的性质，完全符合司法权与行政权分立的原则。此外，《联邦基本法》规定法官独立并且只服从法律，即法官独立行使审判职能，不受任何机关及其公职人员的支配，审理案件时不受上级命令的约束，但也存在对其的监督机制，主要是对法官的职务监督，包括告诫其违法执行职务行为，督促其合法地、尽快地执行其职务。

此外，现代德国还设有公益代表人制度。联邦最高行政法院设置一名联邦高等检察官。作为公益代表人，在行政诉讼中他只能代表和维护社会公益，而不是代表和维护诉讼当事人及涉讼的联邦某个行政机关的利益。

8.3 我国地方政府民主法制建设的历程回顾与经验总结

8.3.1 我国地方政府民主法制建设的历程回顾

加强政府依法行政工作是与我国民主法制建设同步进行的。十一届三中全会后，我国开始强调加强社会主义民主，健全社会主义法制。政府工作逐渐从按政策行政向依法行政转变，地方政府的民主与法制建设逐渐成为我国依法行政的奋斗目标。过去20多年依法行政的发展可以分为三个阶段。

1. 依法行政的起步阶段（1978—1989 年）

党的十一届三中全会以后，国家迫切要求建立健全行政法制，从而启动了依法行政的步伐。表现在：1979 年国家颁布了包括《地方人民政府组织法》在内的 7 部法律，1982 年制定了《国务院组织法》，从此对国务院和地方各级人民政府的组织和职权进行了法律规范，确立了职权法定的观念。1982 年《宪法》贯彻民主和法制原则，规定一切国家机关，包括国家行政机关都必须在法律范围内活动，任何组织或者个人都没有超越宪法和法律的特权。宪法规定了国家行政机关的地位和职权。国家行政机关是权力机关的执行机关，受权力机关监督。对于行政机关及其工作人员的违法失职行为，公民享有检举、控告和申诉的权利，享有因违法行为利益受到损害后请求赔偿的权利。据此，一大批规范行政机关行政行为的单行法律得以制定和实施，如《土地管理法》、《税收征收管理法》、《食品卫生法》、《环境保护法》等。尽管这些法律还不够完善，主要规定的是管理对象即行政相对人的义务和行政主管机关的权利，对行政机关行使职权的权限和程序、行政相对人的权利规定得相对较少，但是，它改变了以前那种无法可依的状态，为行政机关依法行政提供了基本的行政法律规范。同时，1983 年《民事诉讼法（试行）》规定人民法院受理公民对行政机关违法行政提起的行政诉讼案件。1986 年《民法通则》规定行政机关违法行使职权给公民造成财产损失的应当承担民事责任。1986 年《治安管理处罚条例》规定公安机关向公民作出的治安管理处罚是错误的，应当向受处罚人承认错误，退回罚款或没收的财物；对受处罚人的合法权益造成损害的，应当承担赔偿责任。这些法律规范的制定和实施，表明了我国依法行政已开始起步，依法行政观念开始形成。一是职权应当法定，国务院和地方各级人民政府应在组织法规定的权限范围内行使其职权。二是行政机关及其工作人员也必须守法。法律面前，人人平等，行政机关违法同样应当承担法律责任，公民有权利也有途径对行政机关的违法行为提起控告，监督行政机关依法行使职权。依法维护自己的合法权益，实现宪法赋予的公民权利。

2. 依法行政的发展阶段（1989—1996 年）

1989 年《行政诉讼法》的制定和实施，为行政机关依法行政开启了新的一页，促使我国依法行政从过去侧重依法管理行政相对人转入以行政权力的事后监督和公民权利救济为重心的新的发展阶段。

行政诉讼制度的建立，确立了对行政行为的司法审查制度。根据《行政诉讼法》的规定，公民、法人或者其他组织认为行政机关及其工作人员的具体行政行为侵犯其合法的人身权、财产权或法定的其他权利的，可以以该行政机关为被告向人民法院提起行政诉讼。人民法院经过审查，认为具体行政行为适用法律和法规错误的、超越职权的、滥用职权的以及违反法定程序的，有权判决撤销该具体行政行为，并有权对显失公正的行政处罚判决变更。《行政诉讼法》使行政机关必须依法定职权和程序行政，既不能越权，也不能失职，既得遵守行政实体法，也得遵守行政程序法。如果行政行为违法，将被撤销或变更，甚至承担赔偿责任。从这种意义上说，行政诉讼法的制定和实施，在依法行政的历程中具有里程碑的意义。行政诉讼法不仅建立了一项诉讼制度，更重要的是建立了一项民主制度。行政诉讼法不仅保护公民的合法权益，更重要的是，它从监督的角度，要求行政机关依法行政。行政诉讼法第一次确立了具体行政行为合法与违法的标准，并规定人民法院有权对违法行政行为予以撤销。正是在行政诉讼制度的推动下，行政机关依法行政的自觉性大大提升。1990 年国务院通过了行政复议条例，建立了行政机关内部监督制度。1994 年颁布了国家赔偿法，正式确立了国家赔偿制度，进一步完善了行政机关依法行政的法律监督体制。

在这之后，依法行政的要求常见于各种政府文件，并逐步形成共识。1993 年 3 月，在第八届全国人大一次会议上所作的政府工作报告中，明确提出了依法行政原则，要求“各级政府都要依法行政，严格依法办事”，依法行政成为各级政府施政的基本方针。

3. 依法行政的全面推进阶段（1996 年至今）

随着依法治国和建设社会主义法治国家的治国方略的正式确立，依法行政作为我国依法治国的关键环节，开始从以行政权力的事后监督和公民权利救济为重心阶段向事前、事中和事后全方位规范、制约行政权运行过程的新阶段转变。

1996 年《中华人民共和国行政处罚法》的颁布又是我国依法行政发展史上另一个具有里程碑意义的事件。如果说《行政诉讼法》是对行政机关行政行为的一种事后救济手段的话，那么，行政处罚法则对行政机关行使行政处罚权的主体、职权范围、程序提出了全面、明确和具体的要求。《行政处罚法》规定，行政处罚的设定和实施，必须依据行政处罚法的规定；行政处罚必须由具有行政处罚权的行政机关在法定职权范围内行使，授予和委托行政处罚权必须符合行政处罚法的规定；行政机关实施行政处罚，必须统一依据行政处罚法规定的程序进行。行政处罚法确定了“处罚法定”原则。处罚法定原则要求行政机关作出的任何处罚行为，必须有法律依据。“法无明文规定不得罚。”处罚法定原则表明了行政职权的特点：职权法定。行政职权只有在法律授权时，行政机关才能为之；法律没有授权就不得为之。这是依法行政最重要的原则和标志之一。行政处罚法的制定和实施，规范了行政行为中集中体现行政权的制裁性、对行政相对人影响最大的处罚权力的行使。它对于保证行政机关依法行政、保护行政相对人的合法权益起到了至关重要的作用，也为规范其他行政行为奠定了基础。

党的十五大报告和1999年3月宪法修正案都明确地提出“依法治国，建设社会主义法治国家”，极大地推进了我国依法行政的实践。1999年11月国务院发布了《关于全面推进依法行政的决定》，就依法行政的重要性、紧迫性、长期性、指导思想、基本原则、具体要求、组织保障等作了明确要求和部署，这是我国政府适应现代法治国家发展规律而采取的重大举措。与此同时，我国行政法制得到进一步完善。继《行政处罚法》制定实施后，国家对其他领域的行政行为也开始立法。《行政复议条例》于1999年上升为《行政复议法》，在扩大《行政诉讼法》规定的可以提起控告的具体行政行为的同时，规定对部分抽象行政行为也可以申请行政复议，行政复议机关在职权范围内可以撤销或改变不合法的规定。2000年通过了《中华人民共和国立法法》，将依法行政的法律规范行为从具体行政行为延伸到了抽象行政行为。立法法对行政法规、部门规章和地方政府规章的立法主体、制定权限、法律效力、立法程序等作了原则规定，对行政机关行使行政立法权进行了全面规范。2003年《行政许可法》的制定，则分别从事前、事中和事后对许可行为进行了全方位的规范，推动着依法行政的进程。而2004年3月国务院发布的《全面推进依法行政实施纲要》集中体现了政府的施政目标、施政理念和施政规划，明确提出了建设法治政府的宏伟目标，成为今后十年我国全面实施依法行政的行动纲领。

从以上论述可以看出我国依法行政发展的一条清晰脉络：从侧重对行政相

对人的依法管理，到建立行政诉讼制度，监督和促进行政机关依法行政，进而规范行政机关的行政行为本身；从着重事后监督和救济到全方位规范、制约行政权运作过程，使中国逐步走上法治政府的道路。

8.3.2 我国地方政府民主法制建设的经验总结

1. 加强地方政府民主法制建设，必须坚持和加强党的领导

民主法制的阶级性决定了我国地方政府的民主法制建设必须坚持和加强党的领导，不能照搬西方多党制的政治制度模式。发展社会主义民主政治，是中国共产党始终不渝的奋斗目标。依法治国把坚持党的领导、发扬人民民主和严格依法办事统一起来，从制度上和法律上保证党的基本路线和基本方针的贯彻实施，保证党始终发挥总揽全局、协调各方的领导核心作用。党领导人民制定宪法和法律，党又领导人民遵守、执行宪法和法律，党必须在宪法和法律的范围内活动。

2. 加强地方政府民主法制建设，必须发展和完善人民代表大会制度

人民代表大会制度是我国的根本政治制度。这一制度的不断发展和完善是我国政治生活民主化的重要标志。社会主义民主政治建设包括决策的科学化、民主化，基层民主建设等多方面的内容和任务，但最重要的是坚持和完善各级人民代表大会制度。1982 年通过的新宪法，对健全人民代表大会制度起到了决定性作用。新宪法规定，全国人民代表大会是最高国家权力机关，地方各级人民代表大会是地方国家权力机关；各级人大享有立法权、监督权、决定权和任免权；全国人大及其常委会共同行使国家立法权；赋予省级人大及其常委会制定地方性法规的权力等。党的十五大提出，全国人大要把改革和发展的重大决策同立法结合起来。这些规定为人大及其常委会行使职权、开展工作提供了宪法依据和宪法保障。同时，各级人大及其常委会加强了对“一府两院”（政府和法院、检察院）的监督工作。近年来各级人大及其常委会逐步完善并形成了八项具体监督制度——宪法监督制度；检查法律实施情况制度；听取、审议工作报告制度；审查和批准计划、预算制度；受理申诉、控告、检举制度；询问和质询制度；特定问题调查制度；罢免和撤职制度。这些监督制度对我国的民主法制建设起到了积极的作用。

3. 加强地方政府民主法制建设，要充分发挥人民政协、民主党派和人民团体的作用

坚持和完善共产党领导的多党合作和政治协商制度，是我国的一项基本政治制度。人民政协是我国人民爱国统一战线组织，是中国共产党领导的多党合作和政治协商的重要机构。党和政府通过人民政协协商国家大事，接受民主监督，已经成为我国政治生活中的一种重要民主形式，对我国地方政府的民主法制建设起到了很好的作用。新中国成立后，各民主党派为我国的民主法制建设作出了重要的贡献。在新的历史时期，民主党派积极发挥参政议政作用，同我党共同致力于有中国特色社会主义的建设。我们党按照“长期共存、互相监督、肝胆相照、荣辱与共”的方针，加强同民主党派协商议事，发挥他们参政议政、民主监督的作用。

加强地方政府民主法制建设，要发挥工会、共青团、妇联等群众团体在管理国家和社会事务中的民主参与和民主监督作用，使之成为党联系广大人民群众的桥梁和纽带，为民主法制建设服务。

4. 地方政府民主法制建设要围绕中心，突出重点，为社会主义建设事业服务

新中国成立以来正反两方面的经验教训告诫我们，民主法制兴则国家兴，民主法制衰则国家衰。正因为如此，改革开放 30 多年来，我国地方政府的民主法制建设始终服从和服务于改革开放和现代化建设的全局。1982 年的新宪法，进一步完善了国家政权机构。根据改革开放和社会主义市场经济发展的需要，1988 年、1993 年和 1999 年共通过了三个宪法修正案，以根本大法的形式，确认了改革开放的成果。特别是 1999 年的宪法修正案，将邓小平理论和“依法治国”写入宪法。为了发展社会主义民主，全国人大、国务院制定了一系列的法律、法规以及其他有关的议事规则，逐步使我国的国家制度走向完善，使社会主义民主走向制度化、规范化。

5. 要努力建设适合中国国情的具有中国特色的社会主义民主，地方政府民主法制建设必须同健全社会主义法制紧密结合，实行依法治国

任何国家的民主，都离不开该国家特定的历史文化背景、经济发展状况和社会制度。我们的民主不能照搬资本主义国家的民主，而应建设适合中国国情

的具有中国特色的社会主义民主。因此，一定要把社会主义民主同资产阶级民主、个人主义民主严格区别开来，一定要把对人民的民主和对敌人的专政结合起来，把民主和集中、民主和法制、民主和纪律、民主和党的领导结合起来。

地方政府民主法制建设必须同健全法制紧密结合，实行依法治国。邓小平同志指出："为了保障人民民主，必须加强法制。"他强调，"民主和法制，这两个方面都应该加强，过去我们都不足。要加强民主就要加强法制。没有广泛的民主是不行的，没有健全的法制也是不行的。"① 只有健全社会主义法制，按宪法和法律办事，才能加强地方政府民主法制建设。

6. 地方政府民主法制建设是一个系统工程，要抓好立法、普法、执法、司法、守法的每一个环节，增强人们的法制观念

社会主义法制建设包括法律的制定、法律的实施、法律的监督等若干方面，是立法、普法、执法、司法等一系列活动过程的有机统一。法制建设的进步，与整个社会的全面进步紧紧联系在一起。没有法制的进步，就不会有社会的全面进步；没有社会的全面进步，也不可能有法制的真正进步。地方政府民主法制建设要同制度建设有机地结合起来。加强地方政府的民主法制建设工作，制度更带有根本性、全局性、稳定性和长期性。地方政府民主法制建设还要注意加强法制的宣传教育工作，加大普法工作力度，增强全民的法制意识。

8.4 中国的多党合作制度与政治协商制度

中国共产党领导的多党合作和政治协商制度，是在我国长期的革命与建设实践中，形成和发展起来的一项基本政治制度，是符合我国国情的社会主义政党制度，对于充分发挥民主党派的作用，巩固和扩大爱国统一战线，推进社会主义民主政治建设，保持国家的长治久安，实现党和国家的总任务，具有重要意义。

8.4.1 我国民主党派的特点、性质和地位

我国现有八个民主党派，都是在民主革命时期诞生的。他们在中国共产党的正确方针政策感召下，热烈响应我们党关于建立统一战线的号召，或在反对

① 见《邓小平文选》第2卷，人民出版社1994年版，第146、189页。

日本帝国主义的侵略中成立，或在反对国民党反动统治的斗争中创建。相同的产生环境条件，相同的战斗历程，使他们具有三个主要的共同特点。

一是各民主党派形成时的社会基础是民族资产阶级、城市小资产阶级以及同这些阶级相联系的知识分子和其他爱国民主分子。各民主党派从来不是单一阶级的政党，而是具有或带有阶级联盟和统一战线性质的政党。在旧中国，在共产党和国民党两个大党之间，产生了一批具有阶级联盟性质的党，反映了新中国成立前社会阶级的状况。

二是各民主党派随着历史的发展，克服自身的弱点，不断进步。在中国共产党的团结、教育、争取下，在中国两条道路、两种前途决战的历史关头，各民主党派都顺利地走上社会主义道路，中国共产党为他们继续前进又指引了正确方向。各民主党派在取得历史性进步后，继续为社会主义事业服务，并作出了新的重要贡献。

三是各民主党派成立之时，就和中国共产党建立了不同程度的合作关系。在我们党领导全国人民夺取新民主主义革命胜利后，新中国诞生前夕，各民主党派又明确公开宣告，接受中国共产党的领导，和中国共产党荣辱与共。这是由中国的社会、历史条件，中国共产党的伟大、光荣、正确，民主党派的性质决定的。各民主党派一开始就是作为中国共产党的同盟者、合作者出现在中国的政治舞台，而决不是共产党的对立物、反对派。现在各民主党派更是成为我们党的“肝胆相照”的诤友。他们把自己的命运同祖国的前途、人民的命运联系起来，同无产阶级、共产党联系起来，最终选择了同中国共产党合作，接受中国共产党的领导的正确之路。

进入新时期，我国各民主党派的性质、地位是什么呢？党的十一届三中全会以后，党中央指出，我国国内阶级状况发生了根本变化，各民主党派已成为各自所联系的爱国者的政治联盟，是以社会主义劳动者为主体的、具有政治联盟特点的、为社会主义服务的政党。这就是民主党派的性质，这就是党中央经过对我国阶级状况进行精辟分析后而作出的深刻结论。

《中共中央关于坚持和完善中国共产党领导的多党合作和政治协商制度的意见》明确规定我国各民主党派是接受中国共产党领导的，与中共通力合作，共同致力于社会主义事业的亲密友党，是参政党。这就是我国民主党派的地位。

《意见》所规定的民主党派的参政党地位，是由我国的根本性质决定的，也是由民主党派的性质决定的。民主党派是为社会主义服务的政治力量。在国家政治生活中，作为参政党，民主党派履行的职能，主要是政治协商、民主监督。

8.4.2 多党合作与政治协商制度的形成和发展

新中国成立前，共产党领导的多党合作和政治协商已有几十年的历史了。抗日战争时期，当时成立的各民主党派热烈响应中国共产党的号召，坚持抗战、团结、进步，参加抗日民族统一战线。他们与中国共产党合作，共同争取抗战的全面胜利。解放战争时期，各民主党派冲破国民党反动派的压迫，进一步发展与中国共产党的合作，为推翻国民党反动统治而斗争。

新中国成立后，中国共产党领导的多党合作更加稳定地发展，并且成为我国一项基本的政治制度。1956 年，党中央提出了“长期共存、互相监督”的方针，为社会主义时期共产党领导的多党合作奠定了政策基础。在中国共产党领导下，各民主党派和无党派民主人士参与国家大事的政治协商，实行民主监督，参加国家事务的管理，参加各项民主改革运动，参加社会主义革命和建设的实践，维护他们成员的合法权益，反映他们的意见和要求，协助党和政府宣传、贯彻有关政策，协调关系，在巩固人民民主专政，完成社会主义革命和建设任务中发挥了重要作用。

改革开放以来，多党合作和政治协商从理论到实践又有了新的发展。党的十二大进一步提出了同各民主党派“长期共存、互相监督、肝胆相照、荣辱与共”的“十六字方针”，我国各民主党派在维护国家安定团结，发扬社会主义民主，促进全国各族人民团结，实现党和国家的总任务中发挥了重要作用。

8.4.3 多党合作与政治协商制度的基本方针和基本准则

邓小平同志指出：“在中国共产党的领导下，实行多党派的合作，这是我国具体历史条件和现实条件所决定的，也是我国政治制度中的一个特点和优点。”这是对我国的多党合作作出的重要论断。

中国共产党领导的多党合作制度之所以能够形成并且不断发展至今，是因为坚持这项制度有基本方针和基本准则。“长期共存、互相监督、肝胆相照、荣辱与共”，这是中国共产党同各民主党派合作的基本方针。

中国共产党领导的多党合作和政治协商制度，根本不同于西方资本主义国家的多党制或两党制，这主要体现在共产党和各民主党派合作的基本准则之中。

（1）坚持四项基本原则。这是我国多党合作的政治基础，也是我国多党合作从根本上区别于西方多党制的标志。坚持四项基本原则，主要是坚持共产党的领导，坚持社会主义道路。如不能坚持四项基本原则，我国多党合作就失去了存在的基础和必要。必须强调，在我国，决不允许反对四项基本原则，危害国家政权的政治组织存在。

（2）以我国《宪法》为根本活动准则，共同负有维护《宪法》尊严，保证《宪法》实施的职责。我国《宪法》是我国的根本大法，我国的各政党、各团体、各合法组织和全国公民都要自觉遵守，以《宪法》为根本活动准则，在《宪法》规定的范围内开展工作和活动。各民主党派是载入《宪法》的政党，既享有《宪法》所规定的权利和义务范围内的政治自由、组织独立和法律上的平等地位，又和中国共产党一样，负有维护《宪法》尊严，保证《宪法》实施的神圣职责。

（3）共同负有保卫国家安全，维护社会安定团结的责任。各民主党派是维护我国安定团结、促进社会主义现代化建设和祖国和平统一的一支重要力量，有责任协助中国共产党和人民政府宣传贯彻政策，旗帜鲜明地反对资产阶级自由化，协调社会各方面的关系，协助处理好各种社会矛盾，坚决反对国内外敌对势力的渗透、颠覆和“和平演变”，全力维护和促进我国政治、经济和社会的稳定和发展。

8.4.4　多党合作与政治协商制度的主要形式和内容

我国的多党合作具有多种形式和丰富的内容，这是由共产党和各民主党派在我国政权中处于不同的地位而决定的，并在我国政治生活的各个主要领域和主要环节上得以体现。

第一，共产党同各民主党派之间的合作与协商。这种协商形式有三种：一是我们党的各级领导人邀请各民主党派主要领导人和无党派代表人士举行定期的民主协商会；二是我们党的各级领导人根据形势需要，不定期邀请各民主党派各级主要领导人和无党派代表人士举行小范围的谈心活动；三是中共各级组织召开各民主党派、无党派人士参加的学习会、座谈会、讨论会。除会议协商外，各民主党派和无党派人士可向我们党的各级组织提出书面的政策性建议，也可约请我们党各级领导人交谈。

第二，在人民代表大会中发挥民主党派成员、无党派人士的作用。保证民主党派成员和无党派人士在人大代表、人大常委和人大各专门委员会中占有适当比例。人大常委会要组织他们参加座谈、讨论，参与调查研究和各专门委员会的工作。

第三，在各级人民政府中加强与民主党派的合作，开辟各种参政和监督渠道。举荐民主党派成员、无党派人士参加各级政府和司法机关的领导工作，以加强中国共产党和各民主党派、无党派人士的团结合作。比如，政府邀请有关民主党派和无党派人士列席有关会议，政府及部门聘请他们兼职，任顾问、参加咨询机构，政府部门可就专业性问题同民主党派协商，聘请他们担任特约监察员、检察员、审计员和教育督导员，等等。

第四，中共同民主党派在人民政府中的合作和协商。民主党派和无党派人士在政协委员、领导成员中占有一定比例。中共同他们在政府的各种会议上，进行政治协商，并相互提出意见，开展批评，实行监督。

第五，支持民主党派参加建设和改革的实践，为其创造必要的条件，让他们得到政府及有关部门更多的工作上的帮助和指导。

8.4.5 我国多党合作与政治协商制度的作用

历史和现实已多次证明，中国共产党领导的多党合作和政治协商制度在推进当前我国的社会主义民主政治建设中有着特别重要的作用。这主要体现在三个方面。

1. 多党合作制度本身体现了让更大多数的人民群众参政的民主要求

我国社会主义民主的核心是一切权力属于人民。从理论和本质上说，这种民主权利决定了人民群众享有直接民主的权利，即每个公民都有权直接参与管理的权利。但由于我国幅员辽阔，人口众多，经济、文化发展还较落后，各地区发展极不平衡，在此条件下，不可能让每个人都直接参与国家大事的管理。为了保障全体人民管理国家的民主权利，只能采取由人民选出代表组成代议机关即代表制的民主形式，来代表人民行使管理国家事务的民主权利，即把直接民主与间接民主结合起来，其形式是人民代表大会制度。它作为我国的根本政治制度，充分体现了我国政权的民主性质，反映了全体人民的整体利益。但由于我国国情有着极大的复杂性，特别是因改革开放而呈现利益多元化的趋向，出现了越来越多的具有不同特殊利益的社会阶层与集团。这些利益在根本政治制度中较难得到充分体现，但因我们政权的性质又必须使它们的利益同样也能得到实现。这样，在我国的民主政治建设中，除了进一步健全完善人民代表大会的根本制度外，我国多党合作的政党体制在这里发挥了它特殊的作用。

中国共产党领导的多党合作，体现了我国社会主义民主的广泛性。在多党合作中，各民主党派作为代表着各自联系的社会阶层、集团和利益群体的政党组织，以参政党资格参与国家和社会事务的管理与监督，既有利于协调处理各种社会矛盾，而且他们作为一部分群众特殊利益的代表，充分反映其利益和要求，从而也就间接地实现了这部分群众的民主权利。这种民主与人民代表大会制度互为补充，因而大大扩充了我国社会主义民主的范围，增强了我国民主的广泛性。实现多党合作已成为我国民主政治建设的一个重要方面。

因此，中国共产党领导的多党合作是我国民主化的政党结构。它不仅在形式上，更在内容上实现了我国社会主义民主的广泛性，从而体现了让更大多数的人民群众参政这一民主要求。

2. 政治协商制度是我国民主政治建设的必要环节

政治协商是民主政治的必然要求。民主政治作为专制政治的直接对立物而出现。在理论上，它是平等的政治，而不是特权政治；在观念上，它排斥思想教条，否定绝对权威；在实际操作上，它容忍批评和广泛接纳不同意见，注重不断的商讨和自由辩论，并在此基础上反映和创立人民整体意志。没有协商，必然是统治者的独断专行。因此，人民当家做主，不仅仅限于创制立法机关和由其代表来表达、整合乃至形成整体上的民意，民众还应有其他渠道和形式来了解并参与政治，从而使民意真正得到充分体现和贯彻。这就首先要求有畅通的渠道以使下情可以上达。否则，就不能说该政治体制已实现了民主政治的基本要求，而政治协商制度便是适应了这一需要，在这方面发挥着重要作用。

政治协商的渠道是多方面的，其中人民政协是其主要的方面。它联系着人民中众多的个体，广泛地代表了各方面的利益，并通过其公开表示目的和提出合理要求，广开言路，充分反映各方意见和要求，是党和政府联系人民群众的桥梁和纽带，是上情下达、下情上达的重要渠道。此外，人民政协在民主政治建设中对国家和社会生活管理也能起到辅助性的作用。随着社会主义市场经济的发展，部分地实行国家职能社会化，把政府管不了或管不好的一些公共事务交给社会团体去办，成为必然趋势。人民政协不仅囊括了一切社会团体，而且还能在其中起协调作用，使之更好地去管理社会事务，而这本身也是直接参与了国家事务的管理，因而体现了人民当家做主的社会主义民主政治。

政治协商的其他几种形式，如民主协商会、谈心活动、座谈会等党派会议，它们既灵活又自由，在广泛反映群众意见和要求，更好地实现社会主义民主方面，同样发挥着重要作用。

综上所述，政治协商制度不仅为民意表达提供了制度化的渠道，还通过人民政协组织及其他的协商形式，把其所能联系的众多个体的意志转变为政策选择，从而为国家决策民主化提供了保证。因此，政治协商制度既是民主的必然形式，又是我国社会主义初级阶段特殊国情的产物，是我国建设社会主义民主政治的必要环节。

3. 实行政治软约束是民主政治建设不可缺少的重要方面

政治软约束是相对于在宪法和法律监督下的权力制衡机制、决策程序法定的政治硬约束而言的，是宪法和法律保障下的民主监督。政治硬约束通过法定程序从内部对决策者的权力、职能和范围实行有效制约和监督；政治软约束则在其外部对权力的实现过程施加一定影响力，从而诱导和监督权力减少负效用而不背离初衷。

现代民主政治与传统专制政体的本质区别之一，就在于能否实行政治软约束。从现代民主政治角度看，建立政治内部硬约束系统和外部软约束系统，既是社会稳定发展的基本前提，也是政治机制正常运行的重要保障。它使社会保持一定的弹性和张力，及时缓冲和化解各种利益冲突的积弊，而不至于过分积淤的固有沉疴在得不到正常的宣泄和释放的情况下引起剧烈社会震荡。一个健全的民主政体必然是政治内部硬约束和外部软约束的统一，两者相辅相成，缺一不可。没有政治硬约束，民主监督则往往流于形式；没有政治软约束，权力制约权力本身便缺乏必要的基础，且制约也极为有限。很难设想，在现代社会，一个政治系统既无内部严密的硬约束制衡，又无外部完整的软约束监督，而可以不犯错误，可以及时地、尽最大可能地制止和修正错误。

社会主义民主政体不仅需要有内部的硬约束系统，而且也需要有外部的政治软约束系统。由于历史和社会等多方面的因素，长期以来我们比较重视政治硬约束系统，并建立起了一整套监察制度，但却忽视或根本无视政治软约束系统对政治体制的不可替代的约束力和影响力，导致我国的政治约束系统建设不够健全，从而在较大程度上影响了我国民主政治建设的发展水平。

为了进一步发展社会主义民主政治，我们在进一步加强政治硬约束系统的同时，特别需要大力强化政治软约束系统。由于广大人民群众生活于社会各个阶层，他们对情况的了解才是最真实而全面的，由他们进行民主监督，就能给政治决策者提供信息反馈和必要的参照标志，而没有信息反馈，政治权力就极可能陷入过分迷信自身或无所适从的状态，更多地导致“唯长官意志论”，造成其自身构造所无法克服的损耗。而一旦出现更大失误时，决策者不得不临时做出剧烈反应，其结果必然会造成不可避免的社会损失。

作为我国多党合作主要内容之一的民主监督，恰好能在这方面发挥重要作用。它不仅直接增强了社会主义民主的广泛性，而且大大充实并强化了我国的政治软约束系统。这种监督是广泛的自下而上的群众监督，通过各种渠道、各种方式反映全社会各阶层群众的意志，能使国家机关及其工作人员受到群众的教育，开阔视野，启发思想，得到丰富的实践经验，防止他们由社会的公仆变为社会的“老爷”，从而保证人民群众的意志和利益得到全面实现。

因此，作为政治软约束的形式，从一定意义上说，民主监督是政治机制正常运行的校正器和平衡器。它一方面使党和政府尽可能摆脱有悖于民主政治的旧思想、旧习惯、旧传统的影响，同时，它不仅在形式上，而且在实质内容上已成为民主政治的内涵之一。正如周恩来所说，“长期共存、互相监督的方针，实际是扩大民主”。这样，就更快地推进了民主政治建设的步伐。

作为社会主义国家，我国民主政治建设势在必行。中国共产党领导的多党合作的政党制度通过各种方式把人民群众的民主意识和参政热情引导到更自觉、更有序的现实民主实践活动之中，成为促进“四化”建设，发展安定团结的政治局面的积极因素。广大人民群众围绕着建设社会主义民主政治这个共同目标，正确履行自己的民主权利和义务，推进民主政治的进程，使社会主义制度的优越性充分发挥出来。因此，这一政党制度作为我国民主政治建设的重要组成部分和有效载体，正在受到党和国家的高度重视。它在我国民主政治建设中，已经并将继续发挥重要作用。

8.4.6 加强和改善中国共产党领导的多党合作和政治协商制度的途径

第一，坚持和改善党对民主党派的领导。坚持中国共产党的领导地位，既是完善多党合作和政治协商制度的前提，又是坚持这一制度的根本保证。新中国成立以来，在如何坚持共产党的领导问题上，我们曾经走过一段弯路，把党政不分、以党代政的领导体制推广到社会一切领域，扩大到民主党派，使民主生活受到严重的威胁。改革和完善党对民主党派的领导，是建设有中国特色的社会主义民主政治的题中之意。

坚持党的领导，首先必须改善党对民主党派的领导方式。早在1940年，毛泽东同志就在《抗日根据地的政权问题》一文中指出，“所谓领导权，不是要一天到晚当作口号去高喊，也不是盛气凌人地要人家服从我们，而是以党的正确政策和自己的模范工作，说服和教育党外人士，使他们愿意接受我们的建议。”应该指出，党对民主党派的领导与党对国家政权机关的领导有着不同的内涵。一般说来，党对国家政权机关的领导包括政治领导、思想领导和组织领导，对民主党派的领导则主要是政治领导，不包括组织领导。因为民主党派和共产党在组织上是平等的，不存在隶属关系，共产党在组织上推荐、选拔领导干部的做法不能运用于民主党派。即使在政治领导方面，共产党提出的重大决策也要与民主党派进行协商。其次，必须进一步理顺和处理好与民主党派的关系，把这种关系提高到崭新的阶段。共产党作为执政党，主要是通过党的路线、方针和政策把民主党派团结起来，为实现党的总任务而奋斗。各民主党派在政治上接受共产党的领导，同时又具有自身的特点，是各自独立存在的联系和代表一部分社会主义劳动者的政治组织。党要善于同他们密切合作，充分发挥他们参政议政的主动性和积极性，支持他们在维护全国人民总体利益的前提下更好地维护各自所代表的那一部分群众的具体利益，尊重他们在宪法和法律上享有的政治自由、组织上独立和平等的权利。实践证明，这样做不仅不会削弱党的领导，而且更有利于加强党的领导。如果党组织包办代替一切，使民主党派有名无实，有职无权，只能损害党的威信，损害党与那一部分人民群众的联系。

第二，加强民主党派的自身建设，拓宽参政议政的渠道。民主党派作为参政党，要与共产党长期共存，必须不断加强自身的组织建设、思想建设。在组织建设上，当前各民主党派领导人和成员大多年事已高，新一代成员正在逐渐成为主体，实现民主党派各级领导班子的新老合作和交替，培养、选拔一批拥护四项基本原则、拥护改革开放、有一定群众基础和组织能力的新人进入领导班子，就成为各民主党派组织建设的一个重要任务。此外民主党派还应不断加强党内民主制度的建设，增强自身的吸引力和凝聚力，使自己在组织上有一个大发展。在思想建设上，民主党派要发扬自我教育的优良传统，深入进行坚持四项基本原则和反对资产阶级自由化的教育、爱国主义教育和国情教育等。

共产党不仅要积极支持和帮助民主党派搞好自身建设，而且要为多党合作创造一个良好的社会环境，进一步拓宽民主党派参政议政的渠道。当前，除了继续坚持和发展民主党派在各级人大、人民政府和政协中的参政议政形式外，还应广泛开辟其他形式的参政议政渠道。诸如政治协商对话制度，民主协商会，座谈会和高层次、小范围的谈心活动。畅通社会舆论渠道，使民主党派通过报纸、杂志、广播电视等舆论工具，充分发挥参政议政和民主监督功能。这就要求共产党一定要纠正在“左”的思想影响下把民主党派看他是异己力量的错误认识和做法，政治上要充分信任，工作上要放手使用，切实保证他们在主管范围内有职、有权、有责，充分发挥其主人翁的责任感和积极性。

第三，提高人民政协的法律地位，使政治协商和民主监督逐步制度化、法律化。政协既是我国爱国统一战线组织，又是共产党领导的多党合作和政治协商的一种重要组织形式，而政治协商和民主监督是它的两个主要职能。我国《宪法》序言中指出，政协是统一战线组织，它在今后国家的政治生活和社会生活等各种活动中，将进一步发挥重要作用。这是对政协的地位和作用所作的最高法律规定。但是，这一规定同宪法对人大、政府的规定相比，显得不太明确。所谓重要作用，指的是什么，这种重要作用应该通过什么方式和程序表现出来？人大、国务院和法院有组织法，而政协则没有专门的法律条文规定其活动方式和组织程序。这就导致了一系列问题的出现，如政协委员会是怎样产生的，有无产生的必然性和代表性？这在一定意义上降低了政协在社会主义民主建设中的地位。再如，政治协商和民主监督是政协的两大职能，由于法律中没有明确规定政协在国家政治生活中行使职能的方式和步骤，因而在运行过程中不可避免地带有一定的主观随意性。其作用也会因人、因时、因地而异，当社会正常发展时就做得比较好，反之，则不好。提高政协的地位，发挥其重要作用，光有良好的习惯和愿望是很不够的，必须使之制度化和法律化。要达到这一点，必须加强立法工作，建立健全有关多党合作的法律体系，当前应尽快制定《政党法》，并把这一重要政治制度明确载入宪法，使其有法可依。

本章小结

本章是关于地方政府民主法制建设的基本内容的介绍。党的十一届三中全会以来，随着我国社会主义民主和法制不断发展和完善，地方政府的民主法制建设也迈出了新的步伐。从《行政诉讼法》、《国家赔偿法》、《行政复议法》、《行政处罚法》到《行政许可法》等重要法律的相继出台，在具体制度的构建上凸显了人权、民主和法治的价值与地位，标志着中国行政法治进程逐步向纵深发展。地方政府权力的制度化是指地方政府权力的来源、组织和运作从传统政治体系中以个人意志为转移，以少量的不完善的法律制度为依据，向现代政治体系中由一系列法律制度加以规则化、程序化，以提高地方政府权力对变化着的社会环境系统的适应能力、内聚能力和创新能力的过程。地方政府权力的民主化，是指地方政府权力从传统的排斥人民参与和控制的少数人掌握的权力向现代的容纳公民参与的大众化权力转变的过程。地方政府的民主法制建设工作十分必要，我们急需通过地方政府的民主法制建设过程，解决在实践中遇到的各种各样的问题。在地方政府的民主法制建设过程中，要不断结合中国与西方的实践，总结经验，发展多党合作与政治协商制度。所以，本章内容不仅具有理论意义，更具有现实意义。

关键术语

地方政府权力的制度化　地方政府权力的民主化
民主的法制化　法制的民主化　法治政府　民主法制建设
依法行政　多党合作与政治协商制度

复习思考题

1. 试分析民主的法制化和法制的民主化。
2. 试论述西方国家地方政府民主法制建设的实践。
3. 试分析我国地方政府民主法制建设的历程。
4. 试论述我国地方政府民主法制建设的经验。
5. 试论述我国多党合作与政治协商制度的作用。

案例分析

浙江基层民主的制度创新

“敢为人先”的浙江精神不仅体现在经济发展领域，在民主政治领域同样如此。近 10 年来，浙江基层民主建设中的多个“第一”被搬上了“地方政府的创新”的领奖台，创新之多居全国前列，在国内外产生了很大影响。这里撷取其中个别案例作一评析。

1. “自荐海选”：探索基层民主选举方式的实践

2005 年 3 月，杭州市余杭区塘栖镇唐家埭村以“自荐海选”的方式选出村委会成员，这在全国基层民主选举中首开先河。所谓“自荐海选”，是指村民向本村选举委员会自荐报名参加竞选，选民可以选举“自荐”人，也可以另选其他选民的选举方式。明确“自荐”人不是候选人，“自荐海选”属无候选人的直接选举。

“自荐海选”的创新意义主要体现在：一是避免了“海选”无目标、得票散的情况，弥补了“海推直选”环节多、成本高的不足。二是通过“毛遂自荐”的报名方式，拓宽了农村基层群众选好当家人的渠道，搭建了农村优秀人才发挥才干的平台。三是将原候选人的“无序”竞争变为现在“自荐”人的“有序”竞争，改“暗”争为“明”争，降低了贿选出现的概率。四是“自荐海选”的选举，正常情况下选举次数不超过两次，“海推直选”的选举，选举次数至少要两次。2008 年，余杭全区 192 个村自荐海选村委会一次选举成功的村有 137 个，占 71.4%，比 2005 年的 57% 大幅度增加。

此外，竞职演说、竞选承诺等制度也在浙江许多地区推行，浙江的基层民主选举在创新中不断深化。

2. “民主恳谈”、“村务监督委员会”：深化基层民主决策、管理和监督工作的实践

“民主恳谈”是对温岭市在乡村、城镇及市直机关开展的各种基层民主活动的统称。温岭民主恳谈发端于 1999 年松门镇“农业与农村现代化教育论坛”。当时松门镇基于增强农村思想政治教育实效性考虑，采用论坛形式，邀请村民同镇领导就共同关心的问题坐在一起进行交流，村民们畅所欲言，平等对话，取得了出乎意料的成效，受到了群众的热烈欢迎，被誉为“松门镇的焦点访谈”。此后，类似活动迅速发展，民主恳谈逐步推广到温岭的政府机关和非公有制企业，乡镇重大事务决策、政府职能部门处理公共事务及党内民主生活会都广泛引入了民主恳谈机制。2004年3月，温岭民主恳谈获得第二届“中国地方政府创新奖”。2005年7月，温岭市新河镇再次创新，把民主恳谈的方式引入人代会，让民众与代表参与到公共预算的审核和监督过程中来。

民主恳谈在沟通民意、增进基层政府与村民的相互理解、相互信任方面取得了积极的成效，形成了社会公众广泛参与的民主决策、民主管理、民主监督的基层地方治理模式，被誉为“中国21世纪基层民主的第一缕曙光”。

2004年2月到6月，武义县在白洋街道后陈村开展完善村务公开与民主管理试点工作，探索建立可操作性比较强的村级民主监督体制与机制，以便更好地解决村务管理中由于监督“缺位”或“错位”而造成的各类问题。

在这个过程中，后陈村制定了《后陈村村务管理制度》和《后陈村村务监督制度》这两项重要制度，并为有效执行村务监督制度，创建了“村务监督委员会”，这是全国第一个在村民自治中专门从事监督的村级组织。这一做法经过一年的运行，实践证明成效显著。2005年5月后已在武义全县的550多个村庄中普遍推广。

村务监督委员会的创设及其职权配置，把村务监督专职化，增强了监督权行使的独立性，不仅注重事后的监察，而且注重事前的防范，监督的力度也明显增强。同时，它还在村民中发挥了上下沟通、释疑解惑的作用，促进了党群、干群关系的融合。

此外，仙居和宁波等地创立的村务“公决制”，余杭区的“双述”、“双评”制度，衢州市的“五步工作法”等，也颇具特色。

3. “工资协商”、“工会维权”：拓展企业民主管理的实践

2003年，温岭市新河镇政府为解决当地非公有制经济劳务纠纷而想出来一个点子——行业工资集体协商制。当时，13名

从各类企业中选派的职工代表与 20 多名企业负责人，面对面进行工资协商。在此基础上，经过改进和完善而逐步形成了新河镇羊毛衫行业的工资协商机制。之后，这一做法在温岭的其他行业得到了推广。

据统计，2003～2004 年，新河羊毛衫行业工人因工资问题上访有 11 次，共 120 人；2004～2005 年，这一数据降低到 3 次，共 11 人；2005～2006 年只有一次，共 3 人；2007 年无工人上访记录。中国社会学研究会会长陆学艺评价称，温岭的工资协商机制，着眼于重构和谐健康的劳动关系，具有很强的现实意义。

2000 年 10 月，义乌市职工法律维权协会（2005 年 1 月更名为义乌市总工会职工法律维权中心）成立，一种全新的工会维权模式悄然启幕。经过几年的实践，该协会用“借风、借力、借理”的方法，成功地摸索出一套运作机制，其具体做法可以总结为“五条经验”：与法律援助中心对接；与律师事务所“挂钩”；建立跨地区的工会联合维权工作站；与媒体合作；聘请义乌市各级领导担任“顾问”。

协会通过上述途径，主动建立了与社会各界的广泛联系，用社会化服务的手段强化和延伸了工会维权职能，这种社会化的维权模式大大降低了职工维权的成本，并且大大化解了劳资矛盾，促进了社会和谐。2004 年，中共中央总书记胡锦涛对这一做法作出重要批示。2008 年，义乌工会社会化维权模式获得了第四届中国地方政府创新奖。

此外，“工会直选”等企业民主管理方面的实践，也在基层民主建设中产生了较深影响和积极作用。

以上对浙江基层民主的诸多做法和创新之举，只作一粗略介绍。它们尽管带有鲜明的浙江印记，但毫无疑问的是，这些创新之举极大地丰富了中国基层民主建设的内容和形式，其中的一些经验值得认真总结和研究。

（资料来源：中国共产党新闻网，2008 年 9 月 22 日。）

请思考

1. 浙江基层民主建设有哪些特点，为什么被搬上了“地方政府的创新”的领奖台？

2. “民主恳谈”对于地方政府的民主法制建设有哪些启示？

阅读书目

1.《毛泽东选集》第2卷、第5卷。

2.《邓小平文选》。

3.《周恩来统一战线文选》。

4. 项继权：《乡级民主建设》，中国社会出版社2001年版。

5. 曾宪义：《民族地区现代化进程中的民主法制建设》，民族出版社2002年版。

第9章 中央政府与地方政府关系

☞简短提要

本章在介绍中央政府与地方政府关系的一些基础问题的基础上，以联邦制国家和单一制国家为代表分析了中央政府与地方政府在权限划分上的特点；然后，对中央与地方关系中的中央控制问题结合西方国家的情况做了分类的介绍和简要的分析；最后，对我国中央与地方政府关系的现状及改革发展作了梳理和归纳。

☞重点问题

本章所涉及的主要问题包括：(1) 中央政府与地方政府关系的实质内容；(2) 影响中央政府与地方政府关系的因素；(3) 联邦制国家权限划分的特点；(4) 单一制国家权限划分的特点；(5) 中央控制的手段类型；(6) 我国中央政府与地方政府关系的现状及发展。

建立一种什么样的中央与地方关系，直接关系到中央宏观调控作用的发挥和整个社会的协调发展。过去我国长期实行的中央集权管理体制使经济僵化、发展缓慢。伴随分权化改革与市场经济的发展，又出现了权力过于分散的状况。应该看到，我国正处于体制转轨和经济加速增长期，这类问题必将层出不穷，如何正确处理中央和地方政府的关系成为当前亟待解决的重大问题。

9.1 中央与地方关系的基础

9.1.1 中央政府与地方政府关系的基本原理

任何国家设置地方政府，其直接目的都在于通过各个地方政府对所辖地域的有效统治与管理，谋求该地域的社会稳定与发展。各地域社会的稳定与发展，为全国的政治稳定与社会发展创造了条件，保证了统治阶级对全国的政治统治。表面上看，一个地方政府能否对该地域进行良好的治理，仅仅同该地域的社会稳定、发展有关，是个局部性的问题。但从整体看，各个地方政府能否充分发挥预期的效能，其影响所及并不仅限于局部地域，而是关系整个国家政治统治成败的全局性问题。因为国家正是通过这些地方政府实现对全国的统治与管理。只有地方政府的作用得到真正有效地发挥，每一个局部地域得到有效治理，中央政府才有可能在整个国家范围内充分发挥其应有的作用。重视地方积极性的发挥，为地方政府有效治理地方事务创造所必需的条件，对于任何国家来讲，都是不容忽视的问题。

中央政府作为全国性政府，它在整体上代表整个国家统治阶级的根本利益。中央政府从整个国家出发，维护全国的统一和国家的独立，协调全国各地域的社会发展。通过维护国家的独立、统一和政治稳定以保证并促进其发展，是中央政府必须承担的首要职责。中央政府能否很好地发挥这种作用，达到预期的目的，不仅关系到国家的兴衰存亡，也严重地影响到各个地域的社会稳定与发展。只有中央政府真正履行了应有的职责，才可能为地域性的地方政府的有效治理创造良好条件。确保中央政府作用的发挥，保证统治阶级对全国的政治统治，是一切国家都极为重视的首要问题。

中央政府与地方政府是不可相互取代的。有效的地方治理，是中央政府开展工作的良好基础；中央政府作用的充分发挥，是地域有效治理不可缺少的前提条件。两者之间的关系，是整体与局部之间相辅相成的关系。对于任何国家的统治阶级来讲，处理好中央与地方的关系，协调好整体利益与局部利益，都是关系到维护国家独立与统一，增强国家活力与潜力，保证国家政治稳定与社会发展等重大问题的根本利益，直接影响到统治阶级的政治统治地位，意义极为重大。

历史表明，在处理中央与地方关系上，任何有可能导致“内重外轻”或

“外重内轻”的安排，都会对统治阶级利益带来严重后果。所谓“内重外轻”是指中央政府权力过大地方政府权力过小；反之，就叫做“外重内轻”。出现这两种情况，都是由于中央与地方关系安排不当，在国家政治生活中出现畸重畸轻的格局。例如中国明代由于“内重外轻”结果在农民起义与外敌入侵时，地方政府软弱无力，导致最终崩溃；清末由于“外重内轻”则导致清帝被逼退位以及民国时期的地方割据和军阀混战。因此，如何促进中央与地方两个积极性正常的发挥，构成中央政府与地方政府关系安排的主要问题。①

9.1.2　中央与地方政府关系的实质内容

中央政府与地方政府在国家政治生活中的地位与作用表明，中央与地方的关系实质上是整体与部分、集中与分散、统一领导与因地制宜等矛盾的统一。国家的权力通过政府来行使。中央政府与地方政府关系的安排，也是围绕着国家权力而展开的。权力在中央与地方之间的不同划分，不仅构成了两者在国家政治生活中的具体运转方式，而且本身就是两者关系的核心内容。探究中央与地方关系，首先要探讨的就是中央政府与地方政府之间的权限划分。

作为一种地域性政府，地方政府在其权力行使的实际过程中，必然包含着两方面的内容：在当地贯彻、执行和完成中央政府的意图、指示、安排和任务；治理地方事务以维护本地域社会的稳定与发展。地方政府的地位与作用，在上述过程中经常可能出现偏重于某一方面的倾向。当这种倾向发展到一定程度时，或者可能因只顾贯彻执行中央政府的决定，忽视地方正当利益，压抑地方积极性，影响和阻碍当地社会的发展；或者可能因片面强调地方利益，置国家整体利益于不顾，导致地方主义势力的增强，以至可能造成地方分裂和危害国家统一的严重后果。这两种倾向都不利于国家的发展，但相比之下，后者的结果对统治阶级的根本利益具有致命性的危害，因而也更受重视。

基于上述原因，安排中央与地方关系时，各国不仅重视划定地方政府的应有权限，也重视划定中央政府的权限，以保证地方政府权力的合理行使。同时，从维护国家整体利益出发，各国都赋予中央政府以必要的权力和手段，维护国家的统一，防止地方政府的离心倾向，制止地方分裂势力的形成与发展。中央政府为此而采取的措施，即通常所说的中央政府对地方政府的控制。权限

① 曾伟、罗辉：《地方政府管理学》，北京大学出版社2006年版，第111页。

划分与中央控制，是中央与地方关系整体中不可分割的两个方面。中央政府一旦失去这种控制能力，国家将陷于混乱以至瓦解。然而，中央的控制超越所需的限度，不仅无法发挥地方积极性，而且将使地方政府难以正常开展活动，从而实际上否定地方政府存在的必要性。通过权限划分与中央控制，使中央政府与地方政府的活动相协调，从而达到国家的目的。权限划分与中央控制构成中央与地方关系中的主要方面。随着社会的发展进步，中央政府与地方政府之间的相互沟通与合作，在现代国家也日益受到重视。

9.1.3 影响中央与地方政府关系的因素

权限划分与中央控制是中央政府与地方政府两者关系的实质性内容，但在不同国家其具体情况存在明显的差异。导致差异的因素是多方面的，但不同国家、不同时期，起作用的因素并不是完全一致的。

1. 社会制度

社会制度的不同对中央与地方关系的影响，集中表现在社会主义国家与资本主义国家之间的差异上。

社会主义国家生产资料通常都是以公有制为主，无产阶级是国家的统治阶级，国家的权力属于全体人民。因而，社会主义国家在处理中央与地方关系上，更多的是从国家整体利益、全社会协调发展的长远角度，考虑和处理国家政治生活中的各种问题。在中央与地方关系上，强调中央集中统一领导下的地方分权。

资本主义国家生产资料以私有制为主，在国家政治生活中占统治地位的是为数极少的资产阶级。因而，资本主义国家在处理中央与地方关系时，基于各种利益集团之间的矛盾冲突，统治阶级在维护国家政治统治和保持国家统一的前提下，为了缓和各集团之间的利益冲突，更多地采用分权的地方自治模式。即便是具有较强烈的中央集权传统的单一制国家（如法国），也向地方分权方向逐步发展。相比之下，社会主义国家与资本主义国家之间在中央集权的趋势上，前者明显地强于后者。

2. 政治制度

政治制度的差异对中央与地方关系的影响，主要表现在不同的地方政制之间，即表现在行政体、自治体和混合体的地方政府与中央政府关系的差异上。

这三种地方体的地方政府拥有的权限及其与中央的关系，从中央的集权控制程度看，中央政府对地方行政体政府控制最强，而对地方自治体控制较弱，对民主集中制地方政府的控制程度介于两者之间。这种情况即便在社会制度相同的国家之间也是如此。

北欧的芬兰与瑞典是相邻的资本主义国家，其地方最高层级实体都称为"郡"。但在芬兰，郡是地方行政体，不设郡议会，而瑞典的郡则是地方自治体，享有地方自治权。芬兰的郡政府必须听从中央政府的指挥，即便在地方事务治理上也是如此，而瑞典的中央政府对纯属郡自治范围的地方事务无权直接干预。

3. 社会发展水平

社会发展水平是个综合概念，包括经济、政治、文化等各个方面。这些方面有时综合地，有时单个地对中央与地方关系安排产生影响。社会发展水平的影响，既可能表现于同一个国家在不同历史阶段上的差异，也可能表现在同一历史时期不同发展水平国家的差异。这些差异通常不一定同国家的社会制度、地方政制、国家结构相关联。中国是一个社会主义的单一制国家，地方政府采用混合体制。1980 年前后中国地方政府体制没有任何改变。但自 1979 年新的《地方组织法》颁布后，随着中国社会的发展，国家采取了一系列措施，使中央与地方关系的安排出现了新的变化：各省、自治区、直辖市设置权力机关的常设机关常务委员会，并拥有相应的地方立法权。地方的作用增强，地方的积极性得到进一步发挥。类似地，法国作为资本主义的单一制国家，采用地方自治体制。1982 年法国开始实行"权力下放"，中央与地方关系的安排也有了新的变化。同为资本主义的联邦制国家，在当代，美国与南美的巴西、阿根廷相比，美国在中央（即联邦）集权程度上显然低于后两个国家，对此只能从社会发展水平差异上加以解释。

4. 国家的历史传统

一个国家的历史传统在一定程度上，是该国国情的历史反映，并继续影响着该国未来的发展，影响该国中央与地方关系的安排。英国与法国同为资本主义单一制国家，但在中央与地方关系的安排上，法国由于其历史上的中央集权传统，在中央控制手段上，比英国更为侧重于行政方式。上述差异的产生，只有从相关国家的历史传统，才能得到恰当的解释。历史传统相近的国家，在中央与地方关系安排的某些方面，尽管在社会制度、国家结构等方面有所不同，但往往也会呈现一种共同的趋势。法国、德国同为欧洲大陆的资本主义国家，一为单一制国家，一为联邦制国家。中国、日本同为亚洲的单一制国家，一为社会主义国家，一为资本主义国家。如将这四个国家同英国、美国相比，这四个国家的中央集权趋势显然高于后两个国家。这四个国家的共同点在于都存在较为强大且悠久的中央集权的历史传统。

上述因素，在各国安排中央与地方的关系中，都在不同程度上起着重要作用。但是，各国中央政府与地方政府两者关系的具体安排，则是该国现实政治斗争的产物。各种政治力量相互间的斗争，基于各自的利益要求，可能会导致某种因素产生更大的影响，使其特点格外明显突出。然而，任何一种中央与地方关系格局的具体安排，都不可能是一种因素作用的结果，而是不同因素相互作用的结果。

9.2 中央与地方政府权限划分

9.2.1 中央与地方政府权限划分的基本原理

中央与地方关系格局安排的主要内容是权限划分。中央政府与地方政府的地位与作用，规定了它们存在的相互不可取代性，也规定了两者的某些权限是不可缺少的。中央与地方关系中的权限划分，实际上是在一定范围内进行的，存在一个极限，即有些权限必然只可能由其中一个来承担。例如有些为维护国家统一和独立的权限，如外交、国防、货币等，只可能由中央政府行使，否则就难以维护国家的统一和独立。同样的，如一些与居民日常生活直接密切相关的社会事务，则只可能由地方政府完成。当中央与地方政府不能行使这些应有权限时，国家就难以维护统一、独立，社会就无法形成正常的秩序。中央与地方的权限划分，实质上是在这两个极限之间进行。如何将余下的治理社会的权限在两者间进行配置，不同国家的取舍不同，这同一国的社会制度、地方体制、政府层次、历史传统相联系。①

不论在哪一个国家，中央与地方关系中的权限划分，对于某些应为中央或地方拥有的基本权限，不存在很大的差异。在不同类型国家之间的权限划分差

① 曾伟、罗辉：《地方政府管理学》，北京大学出版社 2006 年版，第 115 页。

异，以及一个国家在不同历史阶段权限划分的差异，主要是在不涉及中央与地方两者基本权限的范围内出现的。因而，对各国中央与地方关系安排中权限划分的比较，包含着两个方面的内容：一是在不同结构国家和不同地方政制国家之间，就其中央与地方两者所拥有的基本权限进行比较；二是在国家结构、地方政制相同国家间，在其他权限划分的差异上进行比较。

中央与地方权限的划分，涉及政治和行政两个领域。政治领域内的权限划分有两种情况，一种涉及主权，反映在联邦制国家中；另一种与主权无关，反映在单一制国家中，表现在中央政府与混合体地方政府、自治体地方政府的关系上。中央政府与行政体地方政府不存在政治领域方面的权限划分问题。政治权限的划分，通常表现为立法权力的划分。凡立法权归属中央的各项事务，属于中央的行政范围，凡立法权归属地方的各项事务，属于地方的行政范围。就地方自治体而言，则是属于地方自治行政的范围。

行政方面的权限划分，表现为国家对社会公共事务管理方面的权限划分——谁对这些社会事务的公共管理做出决定，谁去执行决定和进行管理。从各国中央与地方关系的安排看，国家的社会公共事务大致分为三类：第一类是与国家整体利益有关，必须把国家作为一个整体来予以决定和管理；第二类只与当地居民利益直接相关，完全可以由地方决定和管理；第三类与国家整体利益有关，但须在地方执行、实施，因其后果的影响将涉及整个国家，国家必须统一规定、领导、指导或监督其实施。至于一项社会公共事务属于哪一类，除某些共同的外，大都取决各国根据本国情况做出的判断，且因此而有不同变化。对于上述三类社会公共事务的决定权与管理权归属于谁，各国安排有同有异。一般而言，凡属第一类的事务，如国防、外交、货币发行等，其权限属于中央。凡属第二类的事务，如社会福利服务、社会治安等，其权限大都属于地方。至于第三类事务，通常有三种情况：权限属于中央，由中央通过其派驻地方机构执行；权限归属地方，由中央监督、指导地方按统一的规范执行；权限属于中央，而中央委托地方执行。至于具体到一种事务究竟采取何种安排，各国之间可能有很大的不同。

对于集权与分权，政治上与行政上有不同的要求。政治的基本原则是要求民主，因而通常都力求权力不过分集中，强调权力的适当分散，在一级政府内部实现权力制衡，在各级政府之间寻求权力适当分散而不过分集中于中央政府。行政的基本原则是讲究执行的效率。行政行为的民主性质取决于国家政治性质是否民主，靠政治上的民主来保证。因而在行政上通常都主张适当集权，在行政组织内部以实行首长负责的独任制为常用的领导体制，在各级行政组织之间则强调命令与服从的层层节制。近年来，由于社会整体化趋势的加强，在行政特性的影响下，各国在中央与地方关系的安排中，凡与中央有关的社会事务的公共管理，权限有向中央集中的趋势，这在第三类社会事务中的表现特别明显。第二次世界大战后，美国集权趋势的加强，正是出现在这一领域中。

9.2.2 联邦制国家权限划分的特点

中央政府与地方政府关系的核心在于权限划分。为更好地了解单一制国家在这一问题上的情况，有必要将其与联邦制国家中联邦政府与成员政府在权限划分上的特点加以比较。

1. 联邦政府权限的来源

联邦制作为建立国家的原则，是基于一种理想，它是一种使分散的政治单位能结合在一起以发挥更大的作用，同时又能保持其基本的政治完整性和基本利益的国家结构形式。联邦制设计的目的在于：既要联合，又要分权，在统一与分散之间寻求某种平衡。

在联邦制国家中，联邦政府与成员政府是并立的，不存在上下隶属关系，在各自的权限范围内，两者都是独立自主的，互不干预，各自直接对其人民负责。成员政府的权限是自身固有的，并不来自联邦政府。相反的，联邦政府的权限则来自于成员的授予。成员政府基于建立联邦的目的，将与之有关的部分主权授予联邦政府。在成员政府管辖的地域内，成员对其保有的权限，拥有最高的权威，即拥有相对的主权。

联邦政府与成员政府的权限划分以宪法规定的形式进行，变更已划定的权限，必须以修改宪法的形式实现。而联邦宪法的修改，需经联邦各成员单位的同意。在这种情况下，不论是联邦政府或是某个成员政府，都不可能单方面地变更已划定的权限。为了保障在日常活动中不出现越权行为，联邦制国家大都通过法律手段，裁决联邦或成员可能出现的越权行为。具体做法各国不同，有些国家专设有联邦宪法法院处理这类申诉，如德国；另一些国家则由普通法院处理这类申诉，如美国。

联邦成员是拥有相对独立主权的政治实体，在其境域内具有中央政府的性质，拥有设置地域性政府的权力。因此，联邦制国家中成员政府与在其境内所设地域性政府的关系，与单一制国家中央与地方的关系，没有什么不同。但是，由于在全联邦范围内还存在一个高于成员政府的联邦政府，因而产生了联邦政府与这类地方政府的关系问题。在辖境内设置地方政府，是联邦成员的专有权限。依据宪法，联邦政府无权直接干预地方政府的活动，也不直接同地方政府发生关系。但实际上，随着社会、经济的发展，联邦政府同成员政府下属的地方政府的关系，越来越广泛、频繁和密切。这类关系主要通过提供财政援助、补贴必要的经费来建立。如美国联邦政府自20世纪30年代以来，通过向市、县政府提供财政补贴、贷款和规定统一服务标准等措施，广泛地与市、县政府发生关系，影响其活动。成员政府通常在这种关系中起中介的作用，拥有相当的裁定权。

2. 联邦国家的权限划分

联邦制国家权限划分的具体方式，从各国的宪法规定看，大致有如下三种：(1) 仅列举联邦政府的权限，不列举成员政府权限，凡宪法未明确授予联邦的权力，由成员保留。联邦权限的扩大，通过宪法修改来实现，如美国、瑞士。(2) 仅列举成员的权限，不列举联邦权限，凡宪法未明确规定属于成员的权力，归属联邦保留。成员权限的扩大，或以联邦委托授权或以修改宪法来实现，如加拿大。(3) 同时列举双方的权限。当出现对未明确列举的权限有争议时，大都以有利于联邦政府的方式解决，如印度。

人们对这三种权限划分的方式的利弊有不同的看法。在一般情况下，第一种方式似乎使成员政府拥有较多的权限。然而，实践表明，由于宪法并未明确列举成员政府的权限，联邦政府往往以各种方式和借口，扩大其权限范围。而联邦司法机关通常又是以有利于联邦的立场来解释宪法条文和裁决争议，结果使成员权限不断被侵蚀。反之，在第二种情况下，由于成员政府的权限宪法有明确的规定，因而在这一明定范围内，联邦政府无法侵蚀成员的权限，结果使成员固有权限得到保证。

在划分权限的具体过程中，联邦国家通常把权限分为专有、共有和禁止行使三类。专有权限是指仅有联邦政府或成员政府中的一方才能行使的权限，另一方绝对不得行使。共有权限是指双方都可行使的权限，在联邦政府未行使权力时，成员政府可以行使这方面的权力。当联邦政府行使这方面权力时，依据联邦法律高于成员法律，联邦政府权力高于成员政府权力的原则，成员政府在这方面不得通过与联邦法律相抵触的立法，必须服从联邦政府的权力。禁止行使的权限包括两个方面：一是禁止行使另一方的专有权限；二是禁止行使宪法明确规定不得行使的权限。各联邦国家宪法对权限划分的规定，有的详尽，有的简略。

从各联邦国家权限划分的情况看，各国在下述方面是基本相同的：凡与联邦作为统一国家存在所必需的权限，如国防、外交、货币、外贸、关税、邮政等一定是属于联邦政府的；凡与成员单位自身内部社会、经济发展有关的事务，只要不涉及全联邦或其他成员单位，大都属于成员政府，主要是经济、文化、社会等方面的事务。至于那些同联邦发展有关的，但又需要在联邦范围内统一协调，并要在地方完成的事务，则大都作为共有权限。这类权限或由联邦制定原则性法律，由成员政府在联邦政府监督下行使，或由联邦政府驻地方机构承担职责。具体安排视事务性质及各国情况而不同，基本原则是联邦法律和权力高于成员的法律和权力。

联邦国家的权限划分并不是始终不变的，而是随着联邦国家的社会、政治、经济发展而变化。在大多数情况下，联邦国家在其发展过程中，权限总是趋向于往联邦政府集中，美国是这方面的典型代表。

变更联邦权限有两条途径，重大的改变是以修改宪法形式进行，一般性的改变则是通过对联邦宪法条文所作的解释来实现，这是经常采用的方式。采用行政手段在实际事务执行中改变权限划分，在一些国家中常被采用。美国1870年通过第十五条宪法修正案，1920年通过第十九条宪法修正案，先后禁止各州以种族肤色或曾为奴隶以及以性别等理由剥夺公民的投票权。联邦政府在扩大其权限方面，更多的是通过对宪法条文作有利于联邦的解释。美国宪法规定联邦国会有权“制定执行以上各项权力（指宪法列举归属联邦国会的权力——引者注）及依本宪法授予合众国政府中任何机关或官员之一切权力时所需之法律”。联邦政府常据此扩大其权限，联邦法院也常据此作为联邦政府扩大其权限的合法依据。此外，采用委托或收回委托的方式，也是变更联邦具体权限采用的方式。

总的来讲，联邦制国家权限划分上的变更，联邦权限日益扩大是主要的、经常的趋势。导致这种趋势的原因，既有政治上的需要，也有社会发展所带来的影响。统治阶级力量的增强，现代国际社会交往中需要一个强有力的中央政府以对付各种可能发生的突发事变，都是导致联邦权限扩大的政治因素。现代科学技术的发展和经济发展，促使交通、邮电通讯事业发达，相互交往增多，统一的市场形成与扩大，都要求在更大范围内有一个统一的货币政策、财政制度和发展计划，这些都对联邦政府权限的扩大有重要的影响。

9.2.3 单一制国家权限划分的特点

单一制国家是由普通行政单位或自治单位组成的国家。在单一制国家内，不存在拥有相对独立主权的政治实体，全国只有一部宪法。中央政府在全国范围内，在一切领域都拥有绝对的最高权力。单一制国家的地方政府是中央政府为实施地域管理而设置的。不论地方政府是行政体、自治体或混合体，它都是中央政府对局部地域进行治理的工具，从属于中央政府，受中央政府的绝对控制。地方政制的差异仅仅是中央对地方控制程度差异的反映。

单一制国家的宪法通常都不具体规定中央政府与地方政府的权限范围。地方政府的权限是由中央政府授予和划定的，而不是地方政府所固有的，并没有宪法上的保障。地方政府权限的大小，取决于中央政府的政治需要，可以予以扩大，也可以予以削减。一旦认为必要，中央政府可以通过立法或其他形式改变原有权限划分。单一制国家地方政府不拥有相对独立主权，它的权限不是自身固有的，不是不可剥夺的，因而地方政府对于自身的权限划分和变更，是无能为力的。当然，在划分中央与地方的权限上，中央政府也不是随心所欲的，而是从有利于统治阶级对全国实施有效的政治统治这一根本目的出发的。

单一制国家中央与地方的权限划分，通常是通过《地方组织法》、《地方自治法》等法律加以规定。这明显不同于联邦制国家以宪法规定权限划分的做法。单一制国家中央与地方权限的具体划分，同各国地方政制有较大的关系。由于行政体、自治体、混合体三类地方政府履行其权限的权力来源不同，因而其权力的行使范围也有很大的不同。

由于地方自治体履行其规定权限的权力直接来自于当地居民，比权力直接来自上级政府的地方行政体，受中央政府直接控制要小，因而在其划定的权限范围内，拥有较大的权力。混合体的地方政府介于两者之间。但是，自治体地方政府拥有的地方自治权不同于主权。自治体是中央政府依据规定的条件，按一定程序设置的，因而其本身的存在与否取决于中央政府的意愿，它的权限范围的划定也来自于中央政府。地方自治权只是中央政府通过立法形式，将一部分地域的治理权授予自治体，而不是国家主权的分割，并不具有永久的、不可改变的性质。①

① 曾伟、罗辉：《地方政府管理学》，北京大学出版社2006年版，第116页。

9.2.4 英、法和中国中央与地方政府的权限划分

中央与地方权限划分，由于各国的社会制度、地方政制、历史传统等方面的差异，在权限与管辖事务的具体内容方面存在许多不同。这里仅就英、法、中三个国家的情况作简单介绍。

1. 英国

英国是采用地方自治体制的单一制国家。英国地方政府的权限，由英国议会以立法形式，向各地方政府颁发特许状或制定自治条例加以规定。规定的内容包括应管辖的事项以及允许根据需要而决定管辖的事项。凡未明确规定的事项，地方政府无权管辖。某地方政府如认为需要增加规定范围外的事项，需向英国议会申请，由议会通过专门的法案予以批准，其他地方政府不能循例行使。在明确规定的范围内，地方政府可自主行事，中央政府不加干预。地方政府管辖的具体事务，大都属于社会世俗性和技术性的事务。中央认为由中央政府承担最有效、最经济的事务，属中央政府管辖。地方政府的权限包括：地方事务的立法权，编制地方自治预算，征税与发行地方公债，对社会治安、环境保护、个人的社会服务、娱乐、商业等提供管理与服务。

2. 法国

在法国，行政事务分为国家（即中央）行政事务和地方行政事务两种。中央行政由中央驻地方的机构承担，地方行政由地方政府承担，中央政府通常不加干预，但是地方议会就地方重大问题做出决定、决议时，须经中央政府批准后生效。中央在地方派驻行政长官，负责协调中央行政和监督地方自治行政。法国地方政府的权力虽小于英国，但其管辖的事务则较为广泛。中央通过“委托”、“代理”方式，将相当多的中央行政事务交地方政府办理。法国地方政府管辖的具体事务，其范围遍及所有社会公共事务——教育、文化、卫生、住房与城市发展、社会服务、司法警察。在文化、住房与社会服务领域，地方政府发挥着主要作用。

3. 中国

中国是实行民主集中制的社会主义国家。中央与地方权限的划分，遵循“在中央统一领导下，充分发挥地方主动性、积极性的原则”。凡关系到国家

生存、发展的问题以及与国计民生有关的重大问题（如货币、金融、邮电通讯等），其权限属于中央。凡地方事务和与地方社会、经济发展有关的事项，其管辖权限属于地方。中国宪法规定省一级的地方国家权力机关，拥有地方事务的立法权，可以就本地区政治、经济、文化和其他社会公共事务涉及当地人民利益的问题，制定地方性法规，通过决议、决定。地方政府有权制定本地区的国民经济和社会发展计划，编制财政预算，管理本地区的经济、教育、科学、文化、卫生、体育和城乡建设事业，管理本地区的财政、民政、公安、民族事务、司法行政、监察、计划生育等行政工作，办理上级政府交办的其他事项。

9.3 中央政府对地方政府的控制

9.3.1 中央政府对地方政府控制的意义

中央政府对地方政府的控制，是指中央政府对地方政府权限行使（或不行使）所实施的控制。中央控制与权限划分构成国家权力在政府内部运转的不可分割的两个侧面。权限划分的目的在于更好地发挥地方政府的作用。中央控制的目的则在于确保国家的统一和维护中央政府的法定权威。对于任何国家统治阶级来讲，确保国家统一和中央对地方的有效控制，是实现政治统治所必不可少的前提，具有重大意义。不论哪一类国家，不论实行何种政治体制，也不论在何种历史条件下，中央控制总是必然存在和必不可少的。随着社会进步和政治制度的民主化，地方政府的权限日益增多，地方政府行为的自主性也日益加强。但是，中央控制并未因此而消失或削弱，变化了的仅是中央控制的内容、范围、侧重点与方式。①

近数十年来，各国的实践表明，中央政府对地方政府的控制，实际上出现了更为强化的趋势，即使在联邦制国家也是如此。其原因主要是：第一，各国政府社会管理与服务职能的扩大，而这些职能中的大部分是由地方政府承担，与此同时，随着民主政治在地方的发展，原由中央政府承担的某些职能也转移给了地方政府。地方政府扩大了的职能中有相当一部分具有全国性的性质，中央政府必须对此制定相应的统一标准供各地遵循，以防止可能因此出现的影响

① 曾伟、罗辉：《地方政府管理学》，北京大学出版社2006年版，第121页。

全国稳定的混乱。第二，各地方政府所能用来履行其职权的资源很不一样，地方财力有时相差悬殊。为了使国内各地居民的生活在全国范围内大体保持均衡，要求各地方政府提供的社会福利与服务等方面，应有一个大致相差不多的水平。为实现这一目标，中央政府有必要向资源与财力贫乏的地方政府提供必要的资金，或向不愿提供某项服务的地方政府提供资金鼓励其承担该项职责。为保证中央财政资助的有效使用，中央政府就必须采取相应的措施。第三，地方民主政治的发展和地方政府权限的增加，除导致地方政府作用充分发挥外，也会导致地方主义的产生与发展，如过分重视本地的地方利益，漠视甚至损害全国利益，严重的甚至可能导致地方分离主义倾向。对此，中央政府必须加强对地方政府权限行使的必要的控制，特别是在地方利益与全国利益冲突时，维护国家的政治统一。除去上述内部原因外，国与国之间竞争的日趋激烈，要求国家内部统一以保持对外交往中的强有力地位，也是导致中央对地方控制加强的一个重要原因。

中央控制是普遍存在的，但对于不同国家来讲，中央控制有着不同的目标和手段。控制的目标大致可分为消极的和积极的两种类型。仅力求国家统一和政治稳定属于消极的一类，在此基础上为寻求均衡发展而促进地方的发展属于积极的一类。国家性质的不同和国家发展水平的差异，导致各国在控制目标选择上的差异：社会主义国家重视积极的一面，剥削阶级国家则以消极控制为追求目标。发达国家由于国家统一、政治稳定得到基本解决，更为重视促进地方的发展；而不发达国家或发展中国家则仍以首先实现消极控制为主。

中央控制手段基本上只有两类：运用国家权力和通过非国家权力的渠道。前者包括立法、行政、财政等手段的运用，后者包括通过政党或其他手段的运用。各国在控制手段上采用的不同，常常同各国的政治体制及国家发展相关联。运用国家权力来实施中央控制是最主要最通常的手段，而同时采用行政、立法和财政手段，则是现代国家共同的实践，区别仅在于多用、少用或在具体运用的方法上有所不同而已。

9.3.2 立法控制

立法控制包括两个基本方面：第一，中央政府通过规范地方政府权限行使的各种法律，要求地方政府遵循。一旦地方政府的行为违犯了国家制定的法律，中央政府以法律为依据，采取必要的手段，迫使地方政府纠正错误。第二，中央政府监督地方政府的立法。当地方政府立法不当（超越权限或违背有关规定)，或与宪法、法律相抵触时，中央政府（包括相应的行政机关）有权要求地方政府进行修改、暂停实施或予以废除。

1. 英国

英国依据议会主权理论，立法监督在中央控制中居主导地位。英国议会不仅有权决定地方政府的权限、责任与规模，并决定其生存与废除。议会通过一系列法案规定地方政府的职能，地方政府和其他机关都无权予以扩大。甚至在处理纯属地方事务时，地方政府也无权在法定范围外行事。一个地方议会如拟谋求一项超出该议会法令规定的权力，必须促请英国议会为此专门制定一项法令，且此法令只限于该地方议会引用。其他地方议会如需同样的权限，则需议会另外通过一项法令。英国地方议会就地方事务通过的某些决议或法规，需经中央有关部门的批准或事先征得它们的同意。

2. 日本

日本也是实行地方自治的国家，规范地方政府行为的，除《地方自治法》外，还有《地方财政法》、《地方税法》、《地方公务员法》等一系列专门性的法律。这些法律不仅规定了地方自治社团（即地方政府，下同）的组织和一般职权，还规定地方自治社团在各专门领域内的权限和行为规范。地方自治社团制定自己的各种规章、条例时，其内容必须限于国会、内阁通过的法律、条例、决定、政令所允许的范围之内，否则一律无效。此外，地方自治社团通过的任何条例及其修改、废除，都必须报内阁自治大臣①。

瑞典除《地方政府法》规定地方政府活动的总指导方针与规范外，还对一些专门性事务，如教育、社会福利、建设与规划、防火等，通过专门法案，制定地方政府活动较为详尽的规则。这些规则的执行很可能成为国家财政补助条件的组成部分，地方政府接受国家补助，就必须按法定的规则进行活动。

9.3.3 行政控制

行政控制不同于立法控制。它或者出现于地方政府行为之前（明确权限、授予权限)，或出现于地方政府行为之后（违法、超越应有的权限)，但不直接干预地方政府的具体行为。行政控制则是在地方政府活动过程中进行的经常

① 日本内阁中的自治省是中央政府主管地方政务的专门机构。

性控制，通常由中央行政机关行使。

地方政府活动所推行的事务，包括两个方面：一是接受中央政府委托而完成的国家事务；另一方面则是地方自身应承担的固有事务。行政监督普遍存在于各个国家。但由于地方政府所承担的事务性质和各国具体情况不同，行政控制在不同国家和不同事务上，呈现出差异。例如英国的中央控制，立法控制多于行政控制，而法国则呈现出相反的倾向。在接受委托完成的国家事务上，地方政府所受控制多为行政控制，而在其固有事务上，则多是受立法控制。

在推行地方自治的单一制国家中，法国由于有较为长久的中央集权传统，其行政控制较其他国家更为突出，在中央控制中居于主导地位。为控制地方政府的活动，法国内阁设有内政与权力下放部，专门处理地方政府事务。法国行政控制的形式，主要有两种：一是向地方派国家代表，大区和省称为共和国专员，市镇则以市长为国家代表，负责监督地方的自治活动；二是由中央各部门分别派出自己驻地方的代表，就本部门有关事务进行监督、控制。中央行政监督分为对地方机构的监督和对地方机构行为的监督两个方面。对地方机构的监督可以采取的措施包括：解散地方议会、停止其活动、撤销其执行机关等。但这类情况远不如对其行为的监督来得多。对地方政府行为监督，主要是地方政府（自治行政机关）通过的许多决议、决定，需经省长或中央政府批准才能生效。这种审查包括这些决议、决定是否与国家有关法律相抵触，或是否不适当。如被认为不当，则被退回要求予以修改。与财政预算、财产契约等有关事项的决议，必须经过批准始能生效。1982 年实行权力下放后，行政控制偏重于行为控制，以事后审查其合法性为主要内容，不包括对行为是否适当的监督。

英国内阁虽未设立统一主管地方政府事务的机构，但设有分管苏格兰、威尔士、北爱尔兰事务的事务大臣，负责协调、监督、管理这三个地区的地方政府活动。英格兰地区的地方政府事务由内阁环境事务大臣负责。此外，内阁各部还对地方政府某些事务分别承担相应的职责，如环境事务部负责主管地方政府改革、地区规划与开发、城市设计、住房等。内政部负责批准地方性法规、警察编制与配备、消防事务。

英国行政控制的方式包括：（1）中央政府通过制定条例、规章或发布命令、指示、通令，对地方政府行为进行调整。有关部门的行政长官在法律授权下，可以对地方政府发出指示，要求后者采取或不采取某种行为。（2）批准、认可地方政府制定的单行条例、计划、命令。地方政府通常都在事先征询有关主管部门的意见下，再制定这些条例、计划、命令，以便获得批准、认可。(3) 视察或调查地方政府的活动。有关的部有权派出人员就其监督范围内的事务进行常规视察或必要的专门调查。视察员有权代表主管部向地方政府提出建议。对这类建议，地方政府通常都会认真进行考虑。(4) 必要时，中央政府对玩忽职守的地方当局给予惩戒措施。这些措施包括：由主管大臣指派专门委员会接管这一职责；或将此职责交另一地方机构执行；也可限期令地方当局执行，逾期不执行，要求法院强制执行。

日本中央政府的行政控制主要通过自治省和总理府进行。自治省的主要职权为：制订并监督实施地方自治和地方公职选举的各种条例，负责中央与地方政府间的联络事项，协调地方公共团体（即地方政府）间的关系。自治省有权对地方政府机构的组织和管理制度提出建议，审查地方财政收支，决定中央提供的补助。总理府内设有许多直接控制地方政府事务的机构，如控制地方开发的各种开发委员会、开发厅，监督地方政府内部行政事务的行政管理厅。总理大臣本人可向地方政府提出劝告，甚至直接干预地方事务，如要求“澄清”或“纠正”某一事项。此外，内阁中的一些省，如法务省、大藏省等，对地方政府也承担有特殊监督职责。内阁对执行中央委托事务不力的地方行政长官（由地方选举产生的知事），有权提出指责，并可要求法院予以处理。在法院处理过程中，内阁大臣可代行其职权，总理并可根据法院的决定罢免知事。

归结上述一些国家的行政控制措施，可看出如下一些共同的特点：第一，各国中央政府都设有主管地方政府事务的专门机构，以加强中央对地方的控制。第二，通过制定各种行政性的条例、规章来规范地方政府行为，以法律的手段来实施行政监督，只是在必要时才采取直接干预。第三，通过干预地方人事来影响地方政府，以加强中央的行政控制。

9.3.4　财政控制

财政控制是指中央政府通过财政手段对地方政府施加的控制。各国采用财政手段对地方实施控制的办法、内容并不一致。有些国家财政手段是由立法机关采用（如美国），有些国家则是行政机关来实施（如中国），还有些国家既有通过立法采取的财政控制手段，也有通过行政采取的财政控制手段。随着社会经济的发展，财政控制在各国中央控制中的作用越来越重要。

中央政府通过财政手段对地方政府的控制，大致有如下几种方式：划定税收范围、补助、控制地方财务行为（如审查开支，限制借债等）。划定税收范围是财政控制的基本手段，它包括两个方面：划定属于地方征收的税种，确定地方征收税种的税率（通常是规定其幅度或最高限额）。地方税是地方财政的基本收入，由于大部分税收属于中央政府，地方税收收入较少，大都难以满足地方开支所需，中央政府给予地方的补助成为地方政府财政收入的主要来源。中央补助通常分为一般性补助和专项补助两种，前者中央不指定用途，后者则指定用途。中央补助都附有一定的条件或要求，凡未能按规定要求实施时，中央政府则以少拨、缓拨、停拨以迫使地方按中央意愿行事。地方财政在收支难以平衡的情况下，有必要借款时，须经中央政府批准。中央政府通过规定借款条件、限额及用途限制，达到控制地方政府行为的目的。对地方预算的审查、批准以及对地方财政开支合法性的审查，是中央控制地方财政行为的最常见方式，并以此规范地方政府的行为。近几十年来，各国地方财政普遍短缺，对中央财政的依赖程度越来越大，财政控制成为中央政府控制地方政府的一个重要武器。

在英国，地方财政收入中地方税仅占25%，中央政府的拨款占60%，其余15%为地方其他收入。中央拨款称为补助金。普通补助金用于弥补地方税收的不足，中央在分配上给较穷困地区以必要照顾，以便地方当局能向居民提供与较富裕地区大致差不多的服务；专项补助金则大都出于为警察、公路、住房而由中央有关部门拨付的专款，只能在有关部门监督下用于规定的目的。地方议会失职时，中央可能拒发、拒拨普通补助金。当地方为解决重大开支而借款时，必须经中央同意，并按中央规定的条件进行，其形式以发行地方公债为主。地方议会的账目按年由国家审计机构审查，审计员有权驳回非法的或不合理的开支，并追究有关人员（包括地方议会）的责任。

法国地方财政收入中有一半来自于中央的补助或贷款，其中地方政府经费开支的一半以上，地方工程投资的三分之二以上资金，要依赖中央的财政补助。地方政府只有在同意或满足中央政府规定的条件时，才能获得中央财政资助。中央政府通过这种方式鼓励或阻止地方政府的活动，对地方政府实行非直接控制。对地方预算编制和预算执行的监督，是法国中央财政控制的一大特点。1982年实行权力下放以后，地方议会有权拟制与批准预算，但国家代表有“代执行权”，即在必要时，可以编制、修改、补充所在地方的地方预算。

日本中央政府对地方政府的财政控制，主要通过对制定预算、税收、拨付国库支出金等进行监督。地方预算必须按中央规定的预算比例制定，并须经内阁大藏省的批准。日本国会在通过每年预算时，规定了地方税收的种类及标准税率，地方政府必须严格执行不得违反。国家征收的税款一律上缴国库，地方无权支配，由中央按规定比例向地方拨付国库支出金。在地方财政中，国库支出金大约占地方预算收入的40%，中央分发的比例根据大藏省地方财政审议会建议决定。地方预算出现赤字需要借债时，经大藏省的允许，可以发行地方公债，发行和回收的办法由大藏省批准。通过上述办法，中央政府牢牢地控制住地方政府。同大藏省打交道，是日本地方行政长官的主要工作之一。

综观各国中央政府对地方的财政控制手段，确定地方税收的征税率是中央实施控制的基础和前提；在中央政府掌握国家大部分财源的基础上，通过规定条件向地方政府拨付各种补助款项，是实施控制、影响地方政府活动的最主要方式；对地方财政活动进行监督和审计，则是保证控制目的得以实现的有效措施。

9.3.5　中央政府与地方政府的沟通与合作

中央与地方关系是多方面的。除权限划分与中央控制外，两者之间通过相互沟通与影响，在相当广泛的领域内进行合作，也是两者关系中的重要内容。这种沟通与合作，对于促进整个国家和局部地域的社会稳定与发展，都起着极为有益的作用。

1. 政府间的合作

权限划分和中央控制除解决中央与地方之间矛盾对抗的一面外，也包含着两者之间相互合作的一面。相互沟通与相互影响是保证双方更好地进行合作的重要环节。中央政府与地方政府之间的合作包含着多个领域。

（1）政治上的合作

这种合作表现为维护政治稳定和维持社会秩序。单一制国家政府间政治上的合作更多表现为中央政府协助地方政府维持地方社会秩序上，如利用国家的警察力量平息地方的骚乱、协助地方政府打击刑事犯罪、逮捕外逃的犯罪分子等。政治上的合作，大都出于地方政府的要求。地方政府限于自身的力量或限于其管辖权限与范围，往往难以应付某种意外的或重大的事态，这时只有依靠中央政府的力量来协助解决。

（2）行政上的合作

这种合作明显地表现在地方政府所完成的委托行政上。在中央行政范围内，有相当一部分事务需要在地方执行或完成。中央政府或限于自身的力量，或基于效率、效益等因素的考虑，将一部分中央行政事务委托地方政府执行。对于地方政府来讲，受委托执行的行政事务是协助中央政府完成中央在地方的事务。

（3）财政上的合作

政治上的合作主要出自于地方政府的需要，行政上的合作主要出自于中央政府的需要，财政上的合作则是双方共同需要的产物。政府间财政合作的主要形式是中央对地方的财政补助。未规定专门用途的一般性补助，为地方政府的有效活动提供所缺少的资金。用于指定用途的专门补助，或为地方政府完成委托的行政事务，或为鼓励地方政府开展某项活动，提供所需的资金。专门补助较多地具有行政上的目的和社会意义，为中央和地方政府共同从事或完成某项活动提供了物质基础。

2. 政府间的相互沟通与影响

政府间关系的发展，要求政府间增加交往，促进相互沟通，通过相互影响，协调彼此的行为，以促进政府间的更好合作。现代科学技术的发展，为政府间增加交往提供了更多的机会和条件。由于各国具体情况的不同，政府间的沟通渠道也不完全相同。除政府间的直接交往外，沟通和影响政府关系的渠道还有：

（1）议决机关中的地方代表

在实行两院制的议决机关内，有一院的代表是作为地域代表产生的，他们在议决机关的活动，通常都反映了地方政府的观点，有的本身就是地方政府的代表（如德国的联邦参议员），这些参议员常常是沟通中央政府与地方政府的重要桥梁。两院中的众议员有的是按地方选区选出（如美国、日本），有的是以全国普选方式作为政党代表选出（如法国），其中有的本身就是地方政府的负责人（特别在法国）。为了获取选区居民的支持，他们尽管是以全体选民名义参加议会活动，但实际上总是要尽力维护自己选区的利益，这也成为中央与地方间相互沟通与影响的渠道。

（2）非官方的地方政府联合组织

在不少国家都存在着由地方政府或其首长组成的联合组织。如瑞典有由全部郡议会组成的郡议会联合会和由全部市政当局组成的地方当局协会。这些联合组织经常就共同关心的问题举行会议，除彼此交流信息、进行合作外，常就共同面临的问题发表意见。中央政府对于这些组织的意见是必须考虑和重视的。

（3）其他非正式渠道

例如通过政党组织系统沟通中央与地方关系，这在采用一党制国家的执政党内是一种重要的沟通方式。在一些多党制国家中，由于当代民主政治是以政党为主导模式，政党的地方组织对于政党在全国性活动常常具有重要影响，政党中央组织有时必须尊重地方党组织的意见。因而，政党内的沟通，也成为中央与地方的一个非正式渠道，影响着中央政府政策的制定。

尽管各国地方政府在权限划分上存在许多具体的差异，但总的来看，其管辖的事务大都包括以下几个方面：①维护地方的社会秩序和治安，包括警察事务、消防、户籍管理、婚姻登记等；②提供日常生活服务，包括供电、供水、煤气、下水道、垃圾处理、公共交通、地方道路、城市街道与公共照明；③管理和发展地方文化教育事业，包括管理各种文化、教育、体育和娱乐设施，但高等教育和科技事业管理通常由中央政府或联邦成员政府管理；④管理地方财政，包括预算编制、征收地方税、发行地方公债、管理地方公产等；⑤管理和提供社会服务，包括发展社会福利事业、社会救济与保障、管理火葬与公墓、提供医疗卫生服务、发展旅游事业；⑥发展地方经济事业，包括编制地方经济发展计划、管理市场和工商企业等；⑦在一定范围内从事对外交往，主要在经济、文化事务两方面进行交流，互结姐妹城市或友好关系等①。

9.4　中国中央与地方政府的关系

9.4.1　我国中央政府与地方政府关系的特征

1. 一般特征

（1）中央与地方关系的生成取决于中央

中国全国人大和国务院通过宪法和法律规定全国区域层次划分、区域界限

① 曾伟、罗辉：《地方政府管理学》，北京大学出版社2006年版，第126页。

划分、区域的设置等，然后在行政区域的基础上组建地方政权机关，授予相应的管理权限。这样，地方政权赖以生存的物质实体——地域、机关、职能都由中央权力机关和行政机关分别划分、设置、授权。也就是说省级区域的设立乃至撤销，并不取决于省级与中央之间的协商，而是中央单方面意志的表示。地方各区域根本没有资格或权力决定自身的存在和变更。当然中央上级部门在进行行政区域的划分和设置的同时会考虑历史传统和其他因素。

（2）中央集中了几乎所有国家事务的最终决定权

地方的权力来源于中央的授予或下放。中央包揽了绝大多数事务，中央与地方事务区分不明确，并且地方没有相应的财政保障，因此，中央可以通过法律监督、行政领导、人事任免和财政管理，侵蚀地方政府处理地方事务的权力。从权力机关的关系看，最高权力机关与地方权力机关之间存在着法律监督、业务指导的关系。全国人大有权修改宪法、监督宪法的实施，制定和修改刑事、民事、国家机构的和其他的基本法律；地方各级人大在本行政区域内，保证宪法、法律、行政法规的遵守和执行。中央和地方人大常委会有权撤销本级人民政府的决定和命令和下一级国家权力机关制定的不适当决定。从行政机关的关系看，地方人民政府具有双重从属地位，从属于同级立法机关和上级业务主管部门。地方各级人民政府对本级人民代表大会负责并报告工作，地方各级人民政府对上一级国家行政机关负责并报告工作。全国各级地方人民政府都是国务院统一领导下的国家行政机关，都服从国务院。从审判机关的关系看，最高人民法院监督地方各级人民法院和专门人民法院的审判工作，它们之间构成监督关系。从法律监督机关的关系看，最高人民检察院领导地方各级人民检察院和专门人民检察院的工作。

根据以上分析，可以清楚地看到，中国中央与普通行政区关系模式，是一种典型的单一制下的中央与地方关系。

2. 特色分析

（1）领导结构的二元性

就中央与地方权力运作程序来看，中国侧重于政党体制和行政体制双重控制。中国共产党是执政党，是中国社会主义事业的领导核心。共产党领导地位的确立既是历史的选择，更是现实的需要。“这样，在我国实际的政治生活中，就出现了党和国家两个权力系统，党的权力系统处于绝对的领导地位。”① 它不同于英国和法国，英国侧重于立法控制，法国侧重于行政控制。

中国中央控制地方的主要机关是执政党中央组织和国家行政机关。控制方式主要是行政手段，也有其他非规范形式。全国地方各级人民政府受同级立法机关和上级业务主管部门控制，都是国务院统一领导下的国家行政机关，都服从国务院。从机构设置上看，一方面是上下级国家机构设置大体一致，除了专属中央国家权力机关所有的国防和外交外，各地方机构及其各部门与中央的机构和部门设置上下相互对口，形成纵向的专业性“条条”，虽然它使上下沟通变得轻松，但是也使上级对下级的直接干预变得容易；另一方面，中央和地方各级党组织都设立与各级政府部门相对应的“对口部”，各级国家机关中设立党组，并实行全权负责。机关党组的权力和权威一般都强于部门负责人，并在重大决策和人事任免方面有着相应的权力。尽管法律规定国家机关的有关人员由选举产生，实际上，在进入法律程序之前或之中，都有一个党组织操作过程。国家机构负责人的选定，就公开程序而言，是人民选举的结果，然而就候选及提名程序而言，受到政党政治的影响，体现党管干部的原则。由此可见，中国国家中央与地方的集权是法内制度和法外制度结合的产物。随着改革的深入，尤其是分税制的实施及宏观调控体系的初步建立，中央对地方的控制相对减弱，控制方式由过去的行政手段、政党控制转为更多地利用法律手段和经济手段间接调控。

（2）地方行政机关地位的双重性

中国中央与地方关系与其他国家相比的一个非常特殊之处在于：地方行政机关地位双重性。依据法律的规定，地方政府既是同级国家权力机关的执行机关，又是地方行政机关。作为同级权力机关的执行机关，地方政府由地方人民代表大会产生，权力由它派生，向它负责并报告工作；作为地方行政机关，又必须接受国务院和上一级国家行政机关的统一领导，向它负责并报告工作。这样同一地方政府需同时接受上级主管部门的领导和同级权力机关的领导。

这种体制是社会主义国家采用的较普遍的体制，是由民主集中制原则和“议行合一”原则所决定的。它与西方国家地方政府体制有很大的不同。在西方国家，有的地方行政机关不由议会选举产生，有的虽由议会选举产生，但一旦选出，不对议会负责，地方政府只具有中央“代言人”身份，权力高于议

① 林尚立：《当代中国政治形态研究》，天津人民出版社2000年版，第191页。

会。如法国1982年前的省长，省长由中央任命，集行政、财政、治安大权于一身，不对省议会负责，不受省议会监督，相反却有权监督省议会的活动。法国地方体制是行政权力至上，不同于英国的立法权至上；有的地方行政机关由中央在地方设置，但与地方权力机关分属两套机构，如瑞典。

在实际的政治生活中，中国地方政府的双重地位，有利于克服三权分立造成的相互制约，提高行政效率，但是容易形成中央集权，不利于地方主动性、积极性的发挥。

（3）中国地方对中央影响的途径不同于其他国家

地方权力机构作为中央的对应物，一方面受中央控制，另一方面又通过一定途径影响中央决策。这里仅就非正式途径作一概括。

在英国，由于政府首脑产生于议会多数党领袖，政党的作用很大，结果使政治家个人的作用减小。“在这个国度里，地方政府的很多政策问题可以成为中央政党的纲领和中央一级的选举公约的对象。”① 体制外政党的代表大会或委员会通过的决议，对体制内政党组织虽无决定意义，但有参考价值。地方议员也可以通过提高党内地位，上升为国家级的政治家。与英国更多地依靠政党、协会、专业渠道的倾向不同，法国以及欧洲南部的国家，更多地依靠地方政治精英和直接的行政渠道。在法国，兼职在维持中央与地方关系方面起到了一定作用。许多内阁成员和议会议员都兼任省议员或市长，或二者兼而有之。因此，就地方而言，是否有“能力强的地方官员”是比较重要的。地方长官的影响力取决于他们与中央的关系、本身的社会地位和他在中央兼任的公职。造成英法两国影响途径差异的原因，日本学者松村岐夫解释道：“英国是靠制度化和手续化来调节的国家。其制度大多制定得非常细致，非常专门，所以没有过分划一的情况。……而在法国，制度一旦确定，划一性一直贯彻到底，所以需要社会的人事关系来调和。”② 美国地方政府则更多地依靠利益集团的游说或在中央政府中寻找代理人的方法影响中央政府的决策。

中国人治政治传统及计划经济体制决定了地方影响中央的方式与其他国家不同，即更多地利用政党体制，利用中央高层人物与地方的私人关系如亲情、

---

① ［日］松村岐夫：《地方自治：政治主体》，孙新译，经济日报出版社1989年版，第9页。

② ［日］松村岐夫：《地方自治：政治主体》，孙新译，经济日报出版社1989年版，第3页。

乡情等，争取权威的上级官员就有关的问题作出自己喜欢的决定。不过，这种状况在改革开放后已有很大改变。

9.4.2 我国中央政府与地方政府关系的改革实践

新中国成立后，以毛泽东为核心的中共第一代领导集体十分重视中央政府与地方政府的关系问题，并很早就提出要充分发挥中央政府与地方政府两个积极性的重要方针、原则。特别是在著名的《论十大关系》一文中，毛泽东明确指出，“应当在巩固中央统一领导的前提下，扩大一点地方的权力，给地方更多的独立性，让地方办更多的事情。这对我们建设强大的社会主义国家比较有利。”① 从抽象的理论层面来说，这一论断无疑是正确的。

从政权的根本组织原则来说，中国的整个政权体系是按民主集中制原则确立的。就中央政府与地方政府关系而言，中央政府既要保证有足够的权威来实现统一领导，又要保证地方政府应有的自主性和创造性，从而使中央政府和地方政府两方面的积极性都得到充分的发挥。这一原则完全符合像我国这样一个单一制国家协调中央政府与地方政府关系的基本规律。然而，这一原则在指导具体的制度设计中，并没有彻底转化为科学的制度规范和法律规范，还主要停留在非操作化、非制度化的原则层面上。也就是说，民主集中制原则下形成的中央政府与地方政府关系并非是一种完全制度化和法律化的关系，而主要是一种靠权力和信仰来维系的政治关系。而在党的一元化领导的自上而下、单向放射式的中央集权体制下，一切重大决策均由中央一级作出，地方政府一级并不是一个具有一定独立地位的控制主体，而是一个被控客体和传导中央指令的中介。因此不可能真正贯彻“充分发挥两个积极性”的原则，相反，中央统得过多、过死的状况却日趋严重。在我们这样一个地域辽阔、各地发展很不平衡的国度中，这种体制是导致僵化、浪费、效率低下的原因之一。尽管中央政府与地方政府关系上经历了几次放权和收权的调整，但都收效甚微。中央政府与地方政府关系的变化显现出以下几个显著的特点。

一是变动不居。两者之间的关系，始终缺乏法律和制度的规定，双方的权力并没有质的和明确的划分。特别是地方政府的职责权限处于不明晰的状态。

二是集权—分权之间摇摆不定。中央政府和地方政府关系始终在权力集中

① 《毛泽东选集》(第5卷)，人民出版社1977年版，第275页。

和权力分散“两极”之间进行非此即彼的选择，具有很大的随意性。

三是集权化趋向。尽管随着社会的分化，地方政府的职能不断扩大，但中央高度集权的模式和战略性取向并未发生根本性变化。

四是“死乱”循环。尽管中央政府试图通过权力调整达到政治和经济的预期目的，但在体制未动的情况下，中央政府与地方政府关系始终处在“一统就死、一放就乱”的不正常循环中。

五是非体制变革。中央政府与地方政府关系的变化，仅仅是在原有体制内部的微调，而非制度性的变革与创新。事实上，引起中央政府与地方政府关系危机的实质是那种高度集中的政治、行政、经济、社会一体化的管理体制的僵化和无活力。

六是单方面调整。强大的政治压力和中央的权威，使地方政府在纵向权力结构调整中始终处于被动的地位。变革的压力主要来自中央政府，而非地方政府。

七是单纯的行政性分权，即仅仅在中央政府和地方政府之间调整企业行政隶属关系，企业只能被动地依附于中央政府或地方政府，中央政府和地方政府的关系不可能从根本上理顺。

十一届三中全会以后，我国陆续出台了一系列以“放权让利”为主线的重大改革措施，摸索出了一系列旨在尽可能充分体现中央政府和地方政府“两个积极性”这一“互动”原则的机制性手段。在中央政府和地方政府的关系上，原有体制下中央集中过多、管得过死的状况，以及地方政府权力与职责长期相背离的不合理运行状态已有较大改观，地方政府拥有越来越多的自主权，有权决定和处理本行政区域内的政治、社会和经济事务。在政府管理的层次上，中央政府逐步向地方政府下放财权和经济管理权，特别是实施了分税制等一系列较为充分地考虑地方政府利益的制度和做法，大大激发和增强了地方政府经济活力和地方政府管理的自觉性。地方政府在许多方面分担了中央政府的调控压力和增加了宏观协调的深度和广度，促进了中央关于地方政府发展目标和总体协调目标的实现。不仅有效地推动了国民经济的整体发展，而且也有效地推动了经济体制改革的深入。

9.4.3 当代中国中央政府与地方政府关系的现状及对策

在充分肯定我国中央政府与地方政府关系改革已取得重大成效的同时，我们也应该看到它所存在的问题，这些问题有的是因为中央政府和地方政府关系的改革和调整本身是一个渐进的过程，原有高度集权的关系模式的消极影响短时间还无法根除；有的则是在改革中出现的新矛盾和新问题。从现阶段的实际情况看，在中央政府与地方政府的关系上我们应着重解决以下几个方面的问题。

1. 提升中央政府的权威及其宏观调控能力

虽然目前中央政府与地方政府的关系还带有明显的双重体制痕迹，中央政府对地方政府的某些方面统得过多与调控乏力同时并存。但相对来说，后者更为突出。其典型表现就是政府的宏观调控能力（包括财政宏观调控能力、金融宏观调控能力、行政组织调控能力）呈弱化趋势。① 这是由于中央政府向地方政府板块式的权力下移而造成中央政府宏观调控能力比过去大为下降，地方政府有令不行，有禁不止的现象已经发展到十分严重的危险的地步，主要表现在两个方面：经济上，一些地方政府从局部利益出发对地区资源、资金、商品、技术等进行区域性的垄断和封锁，人为设立贸易壁垒和经济栅栏，分割市场，严重阻碍了正当、合理的区域流通。在执法领域，一些地方审判机关利用权力，故意背离事实和法律规定，偏袒本地当事人，损害外地当事人利益。这些地方保护主义做法使得中央政府的宏观调控与地方政府的中观调节不能正常衔接，使中央政府的宏观调控能力受到严重削弱，那些该由政府调控的领域，政府由于财力不济以及权威性流失等原因而力所不逮，出现了市场调节和政府调控的某些“死角和真空”。从世界各国的政治实践来看，20 世纪 70 年代至 80 年代开始的大规模地方政府分权化或权力下放运动，有一个共同的特点：中央政府在权力下放的同时，都比以往更强化了对地方政府和社会的宏观调控管理权②。对中国这样一个正处于体制转型期的后发现代化国家来说，中央政府宏观调控能力的下降不仅直接影响其整体宏观调控功能的发挥，而且也有碍于全国统一大市场的建立和健康发展以及公平竞争的市场机制的正常运行。

---

① 金太军：《政府职能与政府能力》，《中国行政管理》，1998 年第 12 期。

② 派曲立克·唐勒维：《国家理论：自由民主政治》（英文版），麦克米兰教育出版社 1987 年版，第 25 页。

有鉴于此，中央政府应通过经济、法律、制度、道德规范建设来加强中央政府宏观调控的权威性以及对地方政府的刚性约束机制，形成统一的、畅通的、上下一致的宏观调控体系，使中央政府的宏观调控和地方政府的中观调节目标和利益达成共识。地方政府应把本地区的经济发展同全国的整体利益协调一致，按照国家宏观调控的基本要求，并结合本地的具体情况，搞好地方政府的经济调节，以保证中央的宏观调控措施落到实处。这是在市场体制中政府履行宏观调控职能，提高宏观调控能力的内在要求，也是像中国这样一个单一制国家处理中央政府与地方政府关系的题中应有之意。

在中国现阶段，地方政府承担着地方社会的管理、兴办地方社会事业、保障地方的社会福利和社会经济发展等项职能，同时，还兼有本地区内相当庞大的国有资产所有者的职能。肩负这样的双重职责，往往使地方政府成为该地区的共同利益主体，必然具有维护和扩展本地区利益的内在要求。中国经济发展的不平衡性更强化了地方政府争取自己的具体利益的动机，即经济相对落后的地方政府强烈要求获得发展的新机遇，“分配”到较理想的政策和较多的资源；相对发达的地区希望稳定自己的位置，同时不希望中央政府从自己的盘子里过多“提取”。地方政府的这种“利益”意识也是正常的。不能把地方政府的合理的、正常的利益保护行为笼统归结为地方保护主义而不加区别地一味反对。况且，经过十几年改革和发展之后，地方政府实际上已成为整个国民经济发展的重要的组织和推动力量，而许多地方政府在经济发展中所起的作用，是中央政府所不能替代的。在中国这样的大国里，地方政府作用的发挥更具现实意义。在这样的现实下，如果中央政府强行扭转旧有的格局，不仅会使经济发展萎缩，而且可能使刚开始的社会主义市场经济胎死腹中。因此，在中央政府强化宏观控制过程中，理应切实尊重地方政府的权益，适时适度地保护地方的利益，并给予必要的自主决策权，以便为地方政府职能的有效实现创造基本动力。不能把强调中央宏观调控理解为退回到计划经济体制的行政“大一统”上去，更不能把它理解为行政性的收权。

2. 建构中央政府与地方政府的优势互补关系

毋庸讳言，近20年中央政府与地方政府权力的调整虽然成效显著，但并未能从根本上摆脱行政权力的“一统就死、一放就乱”的怪圈。在某种意义上，中央集权与地方分权的对立和冲突还呈激化趋势。有人甚至认为中央政府和地方政府的权力关系只能是此消彼长的“零和”关系，而绝不可能是互为前提、互相依赖的“双赢”关系。这种观点是有失偏颇的。实际上由于中央政府和地方政府在管理和组织社会中所处的地位、所承担的职能不同，因此它们应该也能够在以下几方面形成优势互补、互相依赖的良性互动关系①：

（1）财政上的依赖

这主要是地方政府对中央政府的依赖。在分税制下，为了确保中央政府的宏观调控地位和能力，中央政府的财政收入必须确保占全国财政收入的50%以上，即中央得“大头”。地方政府虽有自己的稳定收入，但由于地方政府直接承担社会公共事务的管理和中央政策在地方政府的执行，所以这些基于地方政府税所得到的财政收入是不足以应付地方政府所需的财政支出的。在这种情况下，地方政府财政就必须依赖中央政府以各种形式进行的财政拨款和财政援助。这种依赖就可以使中央政府能够通过对地方政府的财政返还和转移支付制度协调与地方政府的关系，推进中央政策在地方的实施。

（2）行政和政策上的相互依赖

中央政府是政策的制定者，地方政府在重大政策的选择和安排上要依赖中央政府；而地方政府是政策的执行者，中央的政策要得到有效执行，必须依赖地方政府。在市场经济条件下，随着各种经济关系的变化和各种利益单元的形成，地方政府在管理所辖地区社会公共事务时，不仅要听从中央指挥，而且要对所管理的社会负责。在计划体制下，地方政府只要完成中央计划就可万事大吉，而在市场体制下，地方政府的主要职能是要管好所辖地区的社会事务，它直接面对的不是中央政府，而是由千百万人组成的社会，它必须代表这个社会的利益。在这样的格局下，中央政府行政和政策不是靠强行指令就能实现的，它需要依赖地方政府的积极合作和支持。这就要求中央政府除通过财政援助推动政策实施外，还要充分照顾到地方政府利益，协调好与地方政府的关系。

（3）立法上的相互依赖

行政立法是现代政府管理社会的重要措施。中央政府的行政立法具有权威性，能够通行于全国，但形成的时间较长；地方政府的行政立法能尽快反映社会的变化和要求，而且针对性明确，但权威性和空间效力都比较有限。因此，中央政府与地方政府行政立法之间存在着互补关系。中央政府的行政立法可以

① 林尚立：《国内政府间关系》，浙江人民出版社1998年版，第356～357页。

通过地方政府转化为具体的实施细则，在中央政府遇到新问题而必须先立法予以规范时，可请地方政府先行制定有关的法规；地方政府的立法在原则上不能与中央政府法规相抵触，所以，地方政府的行政立法就必须有中央的支持和配合，而有时地方政府遇到的问题需要由中央制订统一法律时，地方政府也有赖于中央政府的合作。各国实践证明，行政立法上中央与地方政府的相互依赖与合作，有助于政府管理适应现实社会发展的需要。

3. 加快经济性分权和政府机构改革的步伐

随着“放权让利”为主线的渐进式改革思路的确立，中央政府将大部分部属企业下放地方政府管理，目的是减少行政干预，增强企业活力，但在政企不分的体制没有根本改变的条件下，经济性分权实际上只是将企业从中央的附属物变成了地方的附属物，造成了政企关系的地方政府化，这样就使得本来应该直接下放给企业的权力滞留在地方政府手中，或为地方政府所截留，经济性分权因受阻搁浅而违背初衷，企业仍未能真正成为适应市场的法人实体和竞争主体。另一方面，在新旧体制交替的过程中，由于市场发育不全，企业在资金筹措、物资配置、能源供给等关键环节均遇到困难，又不得不求助于地方政府给予照顾或解决。针对上述状况，当前最紧迫的工作是要加快国民经济市场化进程，按照社会主义市场经济的要求，转变各级政府职能，切实贯彻政企分开的原则，积极创造条件（如培育市场体系、维护公平竞争的市场秩序、规范产业组织、理顺银企关系、健全社会保障制度等），打破企业隶属于各级政府的状况，明晰企业产权，建立现代企业制度，把企业生产经营管理权力切实还原给企业，使其成为真正意义上的市场主体。同时，改革国有资产管理体制，建立国有资产管理营运和监督机制，改革现行的投融资体制。只有理顺政府与企业的关系，中央政府与地方政府的纵向权力的合理配置才能真正到位，才能摆脱中央集权和地方政府分权关系上的“一统就死、一放就乱”的怪圈。

与此同时，政府机构改革也亟须加大力度。实践证明，中央政府与地方政府权力的调整与机构改革有着相辅相成的内在联系，而行政权力的“一统就死、一放就乱”的恶性循环，又总是伴随着政府机构的“精简—膨胀—再精简—再膨胀”的怪圈。

4. 明晰中央政府与地方政府各自的职责权限划分，并使之进一步规范化、法制化

从目前情况看，虽然宪法和有关法律对中央政府与地方政府的纵向权力划分及各自的职责、权限及相互关系已经有了一些明确规定，但都过于原则化，比较笼统、宽泛，不易操作，使得中央政府与地方政府的关系缺乏稳定性和连续性，对其调整带有较大的随意性和不规范性，造成中央政府与地方政府互相掣肘、互相侵权现象较为普遍。一方面中央政府可以随意干预地方事务，地方政府不能有效履行自己的职责；另一方面，地方政府也常有越轨行为和“变通”做法，在“上有政策，下有对策”的软对抗中消解中央政府的政令和权威。此外，从中央政府对地方政府的监督方面来看，由于中央政府和地方政府的职权划分不够明确具体，且缺乏规范性，由此而产生的相互扯皮、推诿的现象时有发生，造成中央政府对地方政府无法监督。同时，监督标准不清、监督手段落后，也加大了监督的难度。另外，缺乏法制化的监督程序，监督工作常常受到外来因素的干扰和制约，则使这种监督流于形式。而中央政府对地方政府的监督乏力，又成为中央政府与地方政府关系难以理顺的症结之一。中央政府与地方政府权限的划分、调整必须以中央政府对地方政府的有效监督为必要前提和保障，否则中央政府该放的权不敢放，也不能放，不该收的权却不得不收。

为了改变这一状况，首先需要合理划分中央政府与地方政府的职责权限，为此，有人提出首先应区分中央政府专有权力、地方政府专有权力以及中央政府与地方政府共有的权力三大类①；也有人强调要从人事权、财权、产权、立法权、经济调控权等方面划分中央政府与地方政府的职责权限②；还有人认为，凡没有划给中央政府和地方政府的权力，应归地方政府所有③。我们认为，最根本的举措应是按照全面建立社会主义市场经济新体制的要求，实行中央政府和地方政府的分级管理，做到两级管理的权利和责任的统一。具体地

---

① 谢庆奎：《中国政府体制分析》，中国广播电视出版社1995年版，第124页。

② 施九青：《当代中国政治运行机制》，山东人民出版社1993年版，第478页。

③ 张文寿：《中国行政管理体制改革——研究与思考》，当代中国出版社1994年版，第196页。

说，要以事务在国家生活中的地位即事务的性质作为中央政府和地方政府权限划分的基本标准。凡属全国性的事务，即涉及国家整体利益的事务由中央政府决定；凡属地方政府事务，即涉及本行政区域利益的事务由地方政府决定。同时根据中央政府与地方政府在国家行政体系中的不同地位和作用（这一点是比较明确的）来确定各自的核心领域，进而配备相应的职权。配备职权应相应遵循事务同类和职责权相称原则，尽可能将职权作整体划分，使它们各自有专门的管辖领域，并在各自的管辖领域内拥有较为完整的权力。①

其次，在合理划分中央政府与地方政府职权的基础上，使中央政府与地方政府关系规范化、法制化。也就是说，中央政府与地方政府应在法治基础上形成新型的权利义务关系。为此，我国应以现行宪法的有关规定为依据，制定一部《中华人民共和国中央政府与地方政府关系法》，以法律规范中央政府与地方政府的关系，包括中央政府与地方政府职责权限的划分原则、各自的职权范围、职权划分的手段、中央政府对地方政府监督的程序、方式和手段等等。这是落实民主集中制原则的需要，是克服现有体制改革的方法缺陷的需要，也是吸取国际经验教训的需要。对中央政府与地方政府之间的关系进行法律调控，可以保持中央政府与地方政府关系的相对稳定性，提高中央政府与地方政府关系调整的严肃性和规范性，防止中央政府收权放权的盲目性、随意性和地方政府逾越冒犯的可能性。

再次，强化中央政府对地方政府的监督。为了保证中央政府对地方政府的有效监督，必须建立健全相应的监督机制，变直接的行政干预为主，为间接的法律监督、司法监督、行政监督和财政监督相结合。一是立法监督。我国现行宪法已对立法监督作出了原则规定，但迄今为止，《监督法》仍迟迟没有出台。为此，应加快制定《监督法》并使宪法的有关规定得到真正落实。二是司法监督。可以建立宪法法院，健全司法制度。在中央政府与地方政府之间、省与省之间对其具体职责权限划分的解释发生争论时，应由其加以裁决。三是行政监督，强化中央政府对地方政府制定的政策、计划及行政行为的监督和控制，为此，可以考虑在国务院建立地方政府事务部，专司监督地方政府行为，协调中央政府与地方政府及地方政府各级政府之间关系之职。四是财政监督。纵观世界各国，中央政府都把财政监督当作对地方监督

---

① 潘小娟：《中央与地方关系的若干思考》，《政治学研究》，1997年第3期。

的重要手段。中央政府的财政收入在整个国家的财政收入中的比重都比较高，一般在50%以上。地方财政对中央财政依赖性较大，地方财政的很大一部分来源于中央的财政补贴、借款、贷款等。① 中央政府正是通过这种方式对地方实行非直接的但颇为有效的监督。因此，我们在改革和调整中央政府与地方政府关系时，也应重视中央政府对地方政府的财政控制问题，要进一步完善分税制，改变中央财政收入占全国财政收入比重过低的状况，规范中央政府与地方政府的分配关系，逐步建立起规范的中央财政对地方财政的转移支付制度，以提高中央政府的财政控制能力，对地方实行切实有效的监督。总之要努力做到江泽民同志在十五大报告中所指出的"加强对宪法和法律实施的监督，维护国家法制统一。加强对党和国家方针政策贯彻的监督，保证政令畅通"。当然，中央政府对地方政府的监督本身必须法制化，亦即通过法定的程序，有充足的法律依据，这套程序和法律实际上构成了对中央政府和地方政府的双向约束和规范机制。

9.4.4 我国中央与地方关系发展趋势

改革开放导致的一系列变化，并没有从根本上改变我国的国家性质和政治制度。此外，实现国家统一和反对分裂仍然是当代中国面临的重大任务。新时期以来中国中央与地方关系出现的演变，并未改变当代中国中央与地方的关系。

中国作为社会主义国家，实行社会主义制度，并以建成社会主义、直至进入共产主义社会作为自身的奋斗目标。将市场经济体制作为经济运行体制，其目的在于更好地调动各种社会资源以全面建设小康社会。在这一过程中，从国家整体和长远利益出发，处理好局部地域和不同社会阶层眼前的短暂利益，仍然是国家发展的首要目标。强有力的、集中的中央政府和合理地安排中央与地方关系，仍是不可或缺的同样重要的两个方面。

坚持中国共产党的领导，是中国人民做出的历史选择，也是中国人民实现建成富强、民主、文明的社会主义现代化国家必不可少的条件。中国共产党提出建立"法治国家"的目标，强调依法行政，并在自己的党章中承诺要在宪

① 参见陈嘉陵、田穗生：《各国地方政府比较研究》，武汉出版社 1992 年版；何自力、郑子彬：《法国市场经济体制》，兰州大学出版社 1994 年版。

法范围内活动，表明党对国家领导的方式的改变。但是，党在中央与地方各级政府的地位与作用，党内组织生活的民主集中制原则，并没有改变。因此，国家体制中的中央与地方关系，必然会在实际运作中受到党内中央与地方关系的影响和制约。

中国是一个多民族的统一的单一制国家。在香港、澳门回归后，台湾的回归还有待努力，祖国统一大业尚未完成。对国家统一的威胁不仅来自地方主义势力，也来自于极少数民族主义分裂分子，在国外敌对势力的操纵和支持下，妄图分裂国家的阴谋仍在继续。面对这种情况，在恰当安排中央与地方关系时，不能不从维护国家统一这一根本目标出发，加强中央所必需的权力。

综合当代中国中央与地方关系的历史因素和体制因素在新时期的变化，以及其后的可能发展，中国中央与地方关系在未来有可能呈现如下趋势：

在权限划分上，首先，中央集权体制将继续发挥其有益的作用，但将从充分发挥中央与地方两个积极性出发，采取适当的分权。分权的目的在于使中央政府能更为集中精力解决与国家统一和社会经济全面高速发展相关的问题，能以一个强有力的基础作后盾，参与国际竞争，在竞争中维护和发展国家利益。分权中将给予地方以更多、更大的权力，以处理与本地域相关但不涉及和影响国家统一的各种社会事务，从而实现维护地方社会秩序和稳定，为促进地方社会经济发展，提供良好的环境。

在权限划分上的第二个发展趋势，将是通过法律规范的形式来明确中央与地方各级政府的各自职责。随着法治国家建设的加快，必然会出现一个“法治的主体”，即政府间行为的“法治化”，这首先需要以法律形式明定中央与地方各级政府的职责权限，为彼此的行为提供法律的规范。目前以一部《地方组织法》笼统地概述各级地方政府职责的状况，将会分别被更为具体的各个层级地方政府组织法所取代。

在中央控制方面，行政控制仍将会居于主要地位。但是，随着人民代表大会制度的日趋完善，地方政府作为本级权力机关执行机关的地位与作用也将日益加重，在权限明确划分的前提下，中央对一些纯属地方政府职权范围内的地方社会事务，很难再以纯行政手段进行控制，而必须更多地采用立法方式，以法律监督形式来加以监控。在行政主体法制建设不断完善过程中，立法控制将会发挥越来越重要的作用。

财政控制本属行政控制的一部分，在 20 世纪 90 年代中期实行财政分税体制，随后又开始改革国有资产管理体制，到 20 世纪末又在建立公共财政体制上做出努力，这一切不仅改变了以往财政控制的内容与方式，而且也将进一步提高财政控制在中央控制地方中的地位与作用。

新中国成立初期，中央控制的主要着眼点在于增强中央权威，维护国家的统一。随着国家政权的日益巩固，中央控制已不再限于这一消极目的，逐渐转向服于协调各地域均衡发展。在未来的发展中，中央控制的这种积极目标将会随着国家社会经济的加速发展而更为明显。在这种情况下，中央与地方的关系在明确权限划分的基础上，不再仅限于必要的控制，而是更需要在加强沟通的基础上建立一种新型的合作关系。这种政府间的合作不仅存在于中央与地方之间，也存在于地方各级政府和同级地方政府之间。

本章小结

本章是关于中央政府与地方政府关系的基本内容的介绍。中央政府与地方政府两者作用的不可相互取代，要求在明确划分两者权限的同时，赋予中央控制地方政府的相应权力，是中央与地方关系整体中不可分割的两个方面。立法控制、行政控制和财政控制是中央控制的主要手段。基于各国的国情，不同国家在采用这三种手段时是有所差异的。中央政府与地方政府两者间的相互沟通和合作也是两者关系的重要组成部分。当代中国中央与地方的关系是在特定的历史条件和体制因素下形成的，这种关系随着中国社会的发展和体制的转型，正在发生改变。认真学习本章，有利于深化对西方各国及我国中央政府与地方政府关系的状况及问题的认识，推动政治体制与行政体制改革，促进政治文明建设。

关键术语

中央政府　地方政府　中央与地方关系　权限划分
联邦制国家　单一制国家　中央控制

复习思考题

1. 试分析中央与地方关系的实质内容及影响因素。

2. 试比较分析不同国家结构下的权限划分。

3. 试分析当代中国地方党政关系结构的特征。

4. 结合历史背景，分析中央与地方关系的发展趋势。

案例分析

关于推进省直接管理县财政改革的意见

财预（2009）78号

各省、自治区、直辖市财政厅（局）：

根据《中共中央国务院关于地方政府机构改革的意见》（中发200812号）、《国务院关于编制2009年中央预算和地方预算的通知》（国发200835号）以及《中共中央国务院关于2009年促进农业稳定发展农民持续增收的若干意见》（中发20091号）中关于“推进‘省直管县’财政管理方式改革，充实内容和形式，加强县（市）财政管理”和“将粮食、油料、棉花、生猪生产大县全部纳入改革范围”的要求，现就进一步推进省直接管理县财政改革提出如下意见。

一、总体思路

推进省直接管理县财政改革，要以邓小平理论和“三个代表”重要思想为指导，深入贯彻落实科学发展观，按照社会主义市场经济和公共财政的内在要求，理顺省以下政府间财政分配关系，推动市县政府加快职能转变，更好地提供公共服务，促进经济社会全面协调可持续发展。

推进省直接管理县财政改革，必须坚持因地制宜、分类指导，各地要根据经济发展水平、基础设施状况等有关条件，确定改革模式、步骤和进度，不搞“一刀切”；必须坚持科学规范、合理有序，要按照分税制财政体制的要求，进一步理顺省以下政府间事权划分及财政分配关系，增强基层政府提供公共服务的能力；必须坚持积极稳妥、循序渐进，保证市县既得利益，尊重实际情况，妥善处理收支划分、基数划转等问题，确保改革的平稳过渡和顺利运行；必须坚持协调推进、共同发展，充分调动各方发展积极性，增强县域发展活力，提高中心城市发展能力，强化省级调控功能，推动市县共同发展。

改革的总体目标是，2012年底前，力争全国除民族自治地区外全面推进省直接管理县财政改革，近期首先将粮食、油料、棉花、生猪生产大县全部纳入改革范围。民族自治地区按照有关法律法规，加强对基层财政的扶持和指导，促进经济社会发展。

二、主要内容

实行省直接管理县财政改革，就是在政府间收支划分、转移支付、资金往来、预决算、年终结算等方面，省财政与市、县财政直接联系，开展相关业务工作。

（一）收支划分。在进一步理顺省与市、县支出责任的基础上，确定市、县财政各自的支出范围，市、县不得要求对方分担应属自身事权范围内的支出责任。按照规范的办法，合理划分省与市、县的收入范围。

（二）转移支付。转移支付、税收返还、所得税返还等由省直接核定并补助到市、县；专项拨款补助，由各市、县直接向省级财政等有关部门中请，由省级财政部门直接下达市、县。市级财政可通过省级财政继续对县给予转移支付。

（三）财政预决算。市、县统一按照省级财政部门有关要求，各自编制本级财政收支预算和年终决算。市级财政部门要按规定汇总市本级、所属各区及有关县预算，并报市人大常委会备案。

（四）资金往来。建立省与市、县之间的财政资金直接往来关系，取消市与县之间日常的资金往来关系。省级财政直接确定各市、县的资金留解比例。各市、县金库按规定直接向省级金库报解财政库款。

（五）财政结算。年终各类结算事项一律由省级财政与各市、县财政直接办理，市、县之间如有结算事项，必须通过省级财政办理。各市、县举借国际金融组织贷款、外国政府贷款、国债转贷资金等，直接向省级财政部门申请转贷及承诺偿还，未能按规定偿还的由省财政直接对市、县进行扣款。

三、工作要求

为确保顺利推进省直接管理县财政改革，各地要认真开展相关工作，妥善处理好各方面的利益关系。省级财政要会同有关部门抓紧调整管理制度，积极创新管理机制，将有关工作延伸到县；要逐步建立县级基本财力保障机制，加大对财力薄弱县的支持力度，实现“保工资、保运转、保民生”的目标；要规范财政预算外资金管理，全面清理预算外分配事项，理顺政府间预算外资金管理和分配关系；要加强财政管理信息化建设，构建省级与市、县的财政信息化网络，提高工作效率。市级财政要继续关心和帮助县级财政发展，加强对县乡财政工作的指导。县级财政要积极、主动配合省、市级财政做好有关改革工作，增强自我发展、自我约束意识，认真落实财政改革各项措施，提高财政管理的科学化、精细化水平。

省直接管理县财政改革涉及财政利益调整，政策性强，牵涉面广，各级财政部门要树立大局意识，加强组织领导，积极、主动、稳妥地推进改革，细化方案，精心实施。已经全面实行改革的地区，要密切跟踪改革进展，进一步规范利完善。正在进行试点的地区，要总结经验，加快推进。尚未开展试点的地区，除民族自治地区外，要尽快制定试点方案，积极推进改革。

以上意见，请遵照执行。

财政部

二OO九年六月二十二日

请思考

1. 省直接管理县财政改革有哪些意义？
2. 如何合理划分中央政府与地方政府的财权与事权？

阅读书目

1. 薄贵利：《中央与地方政府关系研究》，吉林大学出版社

1991年版。

2. 张志红:《当代中国政府间纵向关系研究》,天津人民出版社2005年版。

3. 魏红英:《宪政架构下的地方政府模式研究》,中国社会科学出版社2004年版。

4. 张紧跟:《当代中国地方政府间横向关系协调研究》,中国社会科学出版社2006年版。

5. 林尚立:《国内政府间关系》,浙江人民出版社1998年版。

6. 董辅礽等:《集权与分权——中央与地方关系的构建》,经济科学出版社1996年版。

第10章 地方自治

☞简短提要

本章在介绍地方自治概念、类型、学说和意义的基础上，结合西方国家地方自治的产生和发展，总结了西方国家地方自治的模式和特点；然后，以此为背景介绍了中国地方自治的发展过程，并对当代中国最具典型意义的民族区域自治制度、特别行政区制度和基层群众自治制度的制度框架和特点进行了介绍。

☞重点问题

本章主要涉及以下问题：(1) 地方自治的含义、类型和意义；(2) 地方自治学说；(3) 西方国家地方自治的模式；(4) 中国的民族区域自治制度；(5) 中国特别行政区自治制度；(6) 中国的基层群众自治制度。

地方自治是近代宪政的有机组成部分，代表着社会管理的发展方向。它与地方分权共同构成民主政治不可或缺的社会结构特征。近代以来，许多国家纷纷制定相关法律，积极推进地方自治的实践。西方发达国家的地方政府，多属自治体地方政府。地方自治是地方政府的重要内容。因此，研究地方政府，必须探讨地方自治问题。

10.1 地方自治概述

10.1.1 地方自治的含义和类型

在中国史书中，“自治”一词最早出自《三国志·魏志·毛玠传》：“太祖叹曰：用人如此，使天下人自治，吾复何为哉”。从字义上看，“自治”即“自己管理自己”，似与“他治”相对。在西方，“自治”（autonomy）在希腊语中是“自我”（self）、“管辖”（rule）或“法治”（law）两词的合成。因此，“自治”从词义上就是“自我管辖”（self-rule）的意思，含有自治权、自主的意思。比较而言，西方的“自治”一词多具有团体“自治”的意思，因为“自己管理自己”谈不上法律的问题，只是一个道德自律的问题。因此，“自治”一词在西方多指“团体”或“区域”“自我管辖”的意思，并由此衍生出近代的“地方自治”概念。

近代的“自治”一词有多种含义。日本学者吉村源太郎把“自治”分为广义和狭义两种。广义的自治观念来源于英国，指参与国家立法、司法、行政等一切政治活动；狭义的自治主要流行于大陆国家，专指参与行政事务的活动。按照国家行政的方法，可分为官治行政和自治行政。而行政上的自治是指在国家监督下，公共团体为着公共生存的目的，自行处理公共事务的状态。①从“自治”的起源上看，在英美法系国家，自治权源于天赋人权和国家契约论的观念。按照这种观点，国家权力是派生的，自治权力是相对于国家权力而言的。而成文法大陆法系国家，则认为自治权来自国家法律的授予，自治与官治共同构成法治国家的行政管理制度。② 梁启超从政体结构对自治与官治关系的论述与此相同。他认为，“集权与自治二者，相依相辅，相维相系，然后一国之政体乃完。”③

在西方，有人将“地方自治”称为“地方行政”，也有人称之为“地方政府”。它最早源于英国法学家史密斯1849年所著的《Government by commis-

---

① [日] 吉村源太郎：《地方自治》（全二册），朱德权、金慧华译，中国政法大学出版社2004年版，第3、8~10页。

② 王圣诵：《中国自治法研究》，中国法制出版社2003年版，第1页。

③ 转引自郑贤君：《地方制度论》，首都师范大学出版社2000年版，第24页。

sions illegal and pernicious》一书。1851 年，他在另一本书《地方自治政府和集权政治》中，对地方自治和集权政治作了全面的分析和比较。此后，“地方自治”问题在学术界受到普遍的重视。① 政治学意义上的“自治”相对于“统治”，“地方”相对于“中央”，因此，“地方自治”的反义词就是“官治”（中央统治）或中央集权。② 可见，地方自治与中央集权相对，而与国家和社会、中央与地方的分权相关。但是，由于集权与分权只是程度的不同，现代国家既没有绝对的集权，也没有绝对的分权，因此可以说自治发生于分权，但不能说分权仅限于自治。此外，地方自治与民主政治有着紧密的联系，通常规定由当地居民选举产生的自治机关管理地方事务。

对地方自治一词的解释，不同的学者有不同的理解。《简明不列颠百科全书》对地方自治的解释是：“由中央或地方政府授予其下级政治单位的有限自主权或自治权。多民族帝国或国家所具有的一种普遍特点，对地方的活动予以一定的承认，并给予相当的自治权，但要求地方居民在政治上必须效忠于中央政府。”③《大日本百科辞典》从广义和狭义的角度解释地方自治，“广义上是指一定地区的居民自主地进行该地域的社会管理。（从这个意义上说，也包括古希腊的城邦国家和中世纪末的自治城市）。但现在所说的地方自治，一般是指将国家领域划分为若干地方团体，由国家在一定范围内给予其治理这一领域的权限这样一种政治形态”，这个自治权是一种相对的分权。④《中国大百科全书·政治学卷》认为，地方自治是“在一定的领土单位之内，全体居民组成法人团体（地方自治团体），在宪法和法律规定的范围内，并在国家监督下，按照自己的意志组织地方自治机关，利用本地区的财力，处理本区域内的公共事务的一种地方政治制度”⑤。

由此可见，地方自治是民族国家范围内，一定区域的居民根据宪法、法律，在国家的监督下，自行组织法人团体，按照自身的意志，实现自我管理的各种规范和机制的总和，它体现的是国家权力在中央政府与地方政府之间纵向分权或相互制衡的一种制度安排，是政治民主化的表现形式。地方自治的要素

---

① 李景鹏：《政治管理学概论》，高等教育出版社 1991 年版，第 265 页。

② 转引自郑贤君：《地方制度论》，首都师范大学出版社 2000 年版，第 24 页。

③ 转引自郑贤君：《地方制度论》，首都师范大学出版社 2000 年版，第 25 页。

④ 转引自湖北省编制委员会办公室、湖北省社会科学院政治学研究所：《中国地方国家机构研究参考资料》（内部资料），1984 年，第 375 页。

⑤《中国大百科全书·政治学卷》，中国大百科全书出版社 1992 年版，第 56 页。

包括自治区域、自治居民和自治权限三个方面。地方自治政府的权力来源于当地居民的授权，地方公共团体通过当地居民选举产生，在宪法和法律赋予的自治权限范围内，依靠自身的人力、财力和物力资源，对地方公共事务，拥有独立自主的处置权力。因此，地方自治制度体现了公共权力的公共性特征，是政治发展的重要标志。

然而，地方自治存在着多种不同的类型。根据自治的性质，可分为政治性自治和非政治性自治；根据自治的内容和层次，可分为文化自治、司法自治、行政自治；根据自治的主体，可分为人民自治和民族自治；根据自治的地域特征，可分为城市自治和乡村自治等。

团体自治和居民自治是地方自治的基础和前提。所谓团体自治，是指那些或多或少地从国家那里取得独立地位的地方团体，根据自己的目的和意愿，通过自己的机关来处理其事务。所谓居民自治，是指根据地方居民的意愿来推行地方政治的原则。① 因此，可以认为，没有社区居民自治和结社自由，地方自治政府的建立是很困难的。实际上，现代西方发达国家的地方自治正是居民自治和团体自治合成的结果。

10.1.2 地方自治学说

地方自治学说是在自然权利说、社会契约论、“主权在民”说、分权与制衡学说等资产阶级政治学说的基础上形成的。但由于各国政治制度的不同和历史传统的差异，地方自治的具体形态也有所不同。而其背后，实际上反映的是各种不同的地方自治学说。

1. “保护说”

这种学说流行于英美法系国家，也称为“人民自治”。英国自古以来就有很强的自治传统，同时历史上也没有国家行政和地方行政的严格区别，因此主要强调地方居民参加地方行政的思想，而不必在地方行政官署之外另设相对中央而独立的自治团体。这种制度和实践的理念基础是，人民参与地方事务是人民固有的、天赋的权利，先于国家而存在。按照这种学说，原始社会就是由自由个人结合而成的自由公社，天然享有自治权；国家产生后，这种自治权依然

① 《大日本百科辞典》第15册，昭和五十五年（1980年）新版，见《中国地方国家机构研究参考资料》（内部资料），1984年，第375页。

存在，国家不但不能干涉，反而应予以保护，因而称为“保护主义”学说。

2. “钦定说”

这种学说是大陆法系国家所奉行的地方自治理论。由于欧洲大陆长期实行绝对主义的官僚行政，自治传统薄弱，实行地方自治后出现了官僚的国家权力和地方自治的二元性的思想对立，因而在国家的地方行政机关之外建立了独立于中央的地方团体，而由其进行地方自治的工作。在这种模式下，地方自治的权利不是人民固有的、天赋的权利，而是国家授予的，可由国家随时撤回，因而称为“钦定主义”的地方自治模式。主张这种自治制度的学说也被称为“钦定说”。

3. “传来说”

这一学说认为，地方自治不是固有的，来源于国家的承认，是国家委任乃至恩赐的结果，强调国家的存在对地方自治的意义。“传来说”产生于19世纪下叶的德国，后来又发展为“承认说”，与“钦定说”相近。“钦定说”与“传来说”的不同之处，在于“地方自治”是产生于本土抑或舶来品。这一观点很大程度上被学习德国的日本所接受，如日本宪法学家宫泽俊义所说，“地方公共团体离开国家不可能有完善独立的存在，离开了国家权力，不可能具有独立的固有权，其存在的根据全在于国家的权力”①。这种观点把地方自治团体完全看做是中央政府的派生物和依附，强调国家对地方自治的绝对优势地位。因此，即使存在着宪法的保障，由于中央政府强有力的监督，也会削弱地方自治的程度。实际上，无论德国还是日本都曾沦为国家主义的统治，使地方自治陷于灭亡的危险境地。二战之后，由于受英美法系地方自治思想的影响，中央控制有所减弱，但国家的监督倾向仍很明显。

4. “固有权说”

这一学说来源于法国大革命时期托列的“地方权”思想。在1789年法国制宪会议上，托列运用自然法理论，把地方团体比作个人，认为地方团体应该像个人拥有自然权利一样拥有地方权，而地方权在性质上不同于国家权。按照这种观点，地方自治团体作为法人具有固有的人格和权利，其地方自治权是先

① 郑贤君：《地方制度论》，首都师范大学出版社2000年版，第28页。

于国家而存在的。尽管“固有权说”和“保护说”都主张人民固有的天赋的权利，但自治团体具有天赋权利的观点缺乏法国历史传统的支持，也与当时普遍接受的强调单一性和不可分割性的国家主权论有所冲突。因此“固有权说”受到许多人的质疑。20世纪70年代以后，随着国际范围内的权利观念由个人权利过渡到团体权利的观念，又出现了“新固有权说”。“新固有权说”针对“传来说”的观点，强调指出地方自治不是国家承认和赋予的结果，而是居民及地方团体固有的基本权利，是民主主义的固有要素。

5. “制度保障说”

该学说由德国学者卡尔·斯密特提出，在第二次世界大战之后流行于德、日等后来走向民主化的国家。“制度保障说”一方面继承“传来说”的立场，同时强调宪法对地方自治的保障。该学说不是把自治权和国家权对立起来，而是把地方自治团体看作民主国家建设的重要环节，是在宪法内与国家权力共生的相互依存的重要因素。可见，该学说吸收了“保护说”关于国家对地方自治权加以保护的某些观点。

6. “人权保障说”

民主宪政制度的目的就在于促进和保障人权的实现，保障公民人权是现代政治的基本原则。但是，如果没有合理的制度设计，人权保障就很容易落空。实际上，国家权力在现实运行中常常偏离其最初的目的，往往成为侵犯人权的主要力量。因此，要保障人权必须对国家权力进行制约。西方近代的分权与制衡学说就是对国家权力进行限制的有效手段。分权学说不仅体现于国家权力的横向分权，也体现于中央与地方的纵向分权，还体现于国家权力与社会的分权。而地方自治就是分权学说运用于处理中央和地方关系的产物。因此，地方自治是人权理论得以催生的条件之一，也是人权实践和人权保障的理想的制度安排。①

由上述各种理论可知，强调天赋权利的居民自治和强调国家授予的团体自治是两种最基本的地方自治学说，其他各种学说都是两种观点的某种程度的融合。由于现代行政带有服务国家的特征，重视行政效率，因而现代国家很多是两种类型的交错实行，忽而强调中央集权忽而强调地方分权。

① 郑贤君：《地方自治学说评述》，《首都师范大学学报》，2001年第2期。

10.1.3 地方自治的意义

地方自治作为一种制度安排，与社会的政治、经济、文化和历史传统等因素相关，是社会政治发展的产物，因而对于推动社会政治进步具有重要的意义。

第一，地方自治有助于保障自由，促进民主的发展。法兰西政治家道库比诺说："地方自治制度与自由的关系，正如小学校与学问的关系一样。那就是把自由交还到民众手所能及的地方，这是教会人们怎样运用自由、怎样使自由发挥作用。对于一个民族来说，即使没有地方自治制度，也许亦能建立起自由的政府组织，但是却不可能造就民族的自由精神。"英国的政治家布拉伊西也说过："地方自治不仅是民主主义的源泉，而且也是民主主义的学校。"① 地方自治通过使地方民众获得处理自身事务的自主权，从而有助于避免外来的干预和对当地利益的侵犯。"它一方面抵御了外来干涉和外来影响；另一方面，由于至少从法国大革命以来自治权与人民主权理想经常联系在一起以及由于它对共和制罗马的崇拜，从而抵御了个人（君主或独裁者）和派别（垄断组织或阶级）的暴政。"② 地方自治使当地民众直接参与当地公共事务的管理过程，时时练习政务，这本身就是公民权利的实现过程，有助于民主目标的实现。

第二，地方自治有利于整个国家的团结和社会政治的稳定。地方自治通过民众选举自治机关的公职人员，参与地方事务的管理，有利于更顺畅地表达民意，消除各种利益矛盾和不稳定因素，有助于保障自治区域民众的特殊的生活习惯和利益，防止侵犯利益行为的发生，促进民众与政府之间形成融洽的政治关系，从而奠定社会安宁的基础。同时，地方自治使中央政府摆脱了许多复杂的日常事务，更为关注重大的国家发展事务，成为宏观监控职责的仲裁者和保护者，有利于避免在许多事务上与居民的矛盾和冲突，有助于维护整个国家的稳定和团结。

第三，地方自治有助于因地制宜地解决地方的社会经济问题，促进当地社

① 转引自《中国地方国家机构研究参考资料》（内部资料），1984 年，第 375 ~ 376 页。

② ［英］戴维·米勒、韦农·波格丹诺：《布莱克维尔政治学百科全书》，中国政法大学出版社 1992 年版，第 694 页。

会经济的发展。国家行政是为了人民的利益，但是既有全国统一的利益，也有中央统一的政策不符合地方实际的情况。地方自治不仅减少了地方对国家的过分依赖，调动了地方民众的积极性，而且由于地方人民对本地情形最为熟悉，有利于减少各种管理和决策的失误，根据当地的情况制定正确的社会和经济发展的方案，保护和发展各种自然、经济、社会和文化资源，增进当地人民的福利，促进当地社会和经济的发展。

第四，地方自治有利于培养人们的民主法制意识，促进社会的公共道德水平。如果“人民时时依赖政府，国家事务毫不过问，社会必不发达。必涤除其依赖之性质而鼓舞其奉公之精神，使人人知个人与国家有直接之关系而后可。夫政治为人民而设，为人民设之而不使人民知之，国家必收不良之结果”①。在地方自治制度下，民众亲自参与地方事务的管理，必然会丰富其政治经验，培养其政治兴趣和政治能力。在参与过程中，人们之间会形成宽容的精神，增强人们的公益精神和公德意识。同时，由于地方自治制度以法律为依据，因而人们参与地方事务的管理过程也会增强人们的法制意识。

总之，地方自治是社会政治民主化的结果和标志，是社会政治发展的方向。只有以自治为基本的发展方向，才能充分体现民意，发展公民的德能，促进社会的和谐、稳定和繁荣。

10.2　西方国家的地方自治

10.2.1　西方国家地方自治的产生和发展

地方自治最早起源于欧洲的自治市，与城市自治有着密切的联系。早在古罗马时期，当时的意大利人就组织了一种自治邑，享有地方自治的权力。11世纪时，由于商品经济的发展，在欧洲的许多国家兴起了许多富强的工商业城市。当时城市的主要成分有商人、高利贷者、手工业主、城市贫民等。城市工商业的发展，市民阶层的壮大，要求制定更灵活的法律和新的司法制度。于是，城市市民缔结了一种萌芽性的商法，建立了专门处理市民纠纷的特别法庭。这样，城市就获得了司法自治权，封建法只实行于乡村，城墙之内概不适

① ［日］吉村源太郎：《地方自治》（全二册），朱德权、金慧华译，中国政法大学出版社2004年版，第12~13页。

用。随着司法自治而来的是行政自治。由于新兴城市没有封建领主或教会，市民不得不自行采取防御措施。为此，市民根据其财产状况承担不同的防御经费，于是城市就有了自己的税收和财政系统。随着城市人口的增加和城市管理的复杂化，市民开始组织起自己的政治管理机构。他们选举城市议会、市长，组织自己的法庭，征收城市捐税，甚至组织起自己的军队。由于城市与其他区域的巨大差别，以及封建领主的管理体制对城市经济的阻碍，这些城市不断地要求独立于封建领主的统治。最后，他们通过金钱赎买或武装胁迫从封建领主那里获得了特许状。这样，城市的自治权获得承认，成为一个政治上独立自主的单位，成为自由城市。

欧洲中世纪时期各城市的自治程度是不同的。西欧的城市自治以自治的城市公社形式存在，这种自治城市公社的社会模式具有重要的历史意义。作为一种相对独立的政治共同体，自治城市有效地摆脱了外部封建政治势力的干预，促进了商品经济的发展，为近代市民等级的发展奠定了坚实的基础。同时，自治城市内部形成了一套合乎资本主义发展的理性化的社会制度。这一制度体现为每个自治城市都有自己的城市宪章，体现为在罗马法等法律传统基础上形成了一整套完备的商人法，体现为组织严密的行会和行会制度，并促进了私人领域和公共领域的初步分化，为市民社会的形成奠定了基础。①

产业革命以后，新兴的工业城市兴起，城市人口骤增，地方自治进一步发展。19 世纪，伴随着近代西方政治发展的进程，地方自治先是在意大利各城市发展，然后向北蔓延，出现了近代各国地方自治运动的高潮。

英国的地方自治被称为“地方自治之父”，起源于撒克逊时代一种名为“民众会议”的地方政治组织。蒲莱克·斯顿认为：“英国人民的种种自由，均植根于其自由的地方政治制度之上，从其远祖盎格鲁-撒克逊时代，英国的后裔，在其家教中，都熟悉公民应尽的义务与应负的责任。”赫利斯也说：“地方自治一词，概括英国地方政府的根本性质，是今日民权主义的源流。”②然而，在很长的历史时期内，英国的地方自治实际上是由地方精英或乡绅以不领薪的荣誉职位参与自治体的管理，没有实现地方自治与地方行政的一体化。在英国“光荣革命”之后，随着宪政和法治的推行，地方自治进一步得到发

① 徐勇、高秉雄：《地方政府学》，高等教育出版社 2005 年版，第 215 页。

② 李景鹏：《政治管理学概论》，高等教育出版社 1991 年版，第 279 页。

展。1835年，国会开始制定“市团体法”，又称“市自治体法”，规定成立市议会，使市政府不受治安法官的管辖。针对选举腐败的风气，1872年地方选举开始采取“秘密投票法”，1883年国会又通过了防止选举舞弊及非法行为法，各地选举风气开始有所改善。1888年国会通过《地方政府法》，确立郡一级的自治地位，自治政府由选民直接选举产生，民选的郡议会接管了以前治安法官的权力。1894年的《地方政府法》，规定在郡议会管辖区域内设立自治市、市区、乡区，各设议会，实施全面自治。同时乡区之下设立教区，由教区议会（300人以上）或教区会议（300人以下）行使自治权力。1933年英国修正地方政府法，形成了现行的地方自治体系，实现了行政长官由议会选举产生的立法与行政一元制度。

美国在独立战争之前就具有地方自治的基础。当时，在新英格兰地区的乡镇，就存在着乡镇会议及由选举产生的执行委员会，凡是涉及全体居民利益的事务，由乡镇大会决定，实行乡镇自治。随着人口向中、西部的迁移及自治精神的传播，在这些地区逐渐形成了地方自治的混合制度，即县制与镇制的折中。市政府依据英国自治市制度，经总督授予特许状，由富人选举市政府，实行自治。美国建国后，原有州总督享有的颁布市宪的权利转移至州议会。州议会经常修正宪章，组织民选的市议会。1796年，联邦政府实行两院制后，各市纷纷仿效，市长由选举代表会议推选，与市议会相互制约。1820年，市长改为众议员推选。1822年，市制度进一步改革，一些城市的市长改由选民直接选举产生。1850年，随着都市人口的增加和城市的发展，一些城市出现了管理问题，州政府加强了对城市的控制。为了争取自治权利，各地居民不断发起被称为“本地治理”的自治运动，反对州政府对城市的严密管理。此后，许多州通过修订宪法授权所属城市，使城市获得了制定“自治宪章”的权力。1900年，随着城市自治运动的发展，直接民选的趋势进一步扩大。1911年，加利福尼亚州通过宪法修正案，授权各县通过不动产所有者委员会制定自己的宪章或政府计划，经人民批准后实施。此后，其他各州也将县自治制度的规定写入宪法。美国的乡镇自治也是根据州议会的特别法实行的。可见，美国地方政府的自治权力来源于州的授予，限定在州宪法和法律的范围内。

法国尽管是一个有着浓厚中央集权传统的国家，但也有着悠久的自治传统。早在中世纪晚期，在法国北部，例如在彼加尔提省，城市居民就用一种名为“誓约”的形式联合起来。根据“誓约”，大家承担互助的义务，从而组成初期的自治团体。这种自治团体被称为“宣誓的自治市”，后来被称为“公社”。① 在法国早期的行政区划中，各省就设有议会，负责征收赋税并控制经费。16世纪，省制为道所取代，各道有王室派遣的监督及助手代表法皇处理各道事务。各道下设的县、市区域，有权选举官员，处理地方事务。1789年，县、市选举官员的权力被取消。1789年法国大革命时的制宪会议决定，重划全国为83省，省下设区、道和县、市，构成法国的地方自治制度。这一时期，中央将许多权力转移给地方政府，并主张地方各级议会及其机关人员均实行普选制并实行秘密投票。1800年，拿破仑恢复中央集权制度，由中央政府指派各级地方政府议会成员和行政首长，使地方政府成为中央政府的派出机关。到第二共和国时期，1831年再度恢复民选制度，1848年实行普选制。1852年，第三帝国期间，地方自治再遭破坏。1875年第三共和国时期，重新实行自治民选。1882年，正式立法授权议会选举市、县长，确立了现行的省和市镇体制。1946年的第四共和国宪法规定，消减省长权限，扩大民选议会的权限，确定地方团体由普选产生的议会实行自治的原则。第五共和国宪法明确规定“地方团体，以民选议会依法实行自治”，加大地方分权改革的力度，以改进地方团体的组织，增加地方团体的权利。1981年社会党执政之后，为扭转几个世纪以来长期实行的中央集权制度，推进地方政府管理的民主化，1982年3月2日，法国议会通过《关于市镇、省和大区权利与自由法》，此后又先后颁布多项法律，中央政府对地方自治团体的控制由直接的行政监管转变为事后的合法性监督，进一步扩大了法国的地方分权改革。② 1992年通过的《共和国地方行政法》是有关地方自治改革的一项最新的重要法案。这次地方自治改革的主要内容可以概括为三个方面：（1）省及大区的地方事务的决定权由中央任命的省长及大区长官手中转到民选产生的省或大区议会的手中，同时中央及其在地方的代表对地方议会决议的监管权也被取消。（2）进一步明确中央与地方之间的权力划分。许多过去由中央负责的涉及地方利益的事务改为交给地方管理。（3）向地方提供了行使其新职权的必要物质手段，特别是在财力及人力方面。自1992年地方自治10周年时起，法国政治学界已经开始探讨它的实际执行情况及得失。他们的一致意见是：这场被称之为法国“行政及日

① 徐勇、高秉雄：《地方政府学》，高等教育出版社2005年版，第214页。

② 朱国斌：《塑造地方自治的新模式》，张庆福主编：《宪政论丛》第2卷，法律出版社1999年版，第421～423页。

常生活中的静静的革命”的改革虽然尚有改进、完善之处，但总的来看，基本实现了预定目标。“进行10年的地方分权改革……深刻地改变了我们这个中央集权的国家传统。……它深刻地改变了决策及行政系统……并构成了国家改革的一个重要组成部分。”事实上，它不仅改变了中央与地方的关系，改变了法国行政及政治生活的结构，还或多或少地改变了法国的政治文化。①

日本近代统一的地方制度形成于明治中叶。在明治宪法制定前后，日本设立了市制、町村制、府县制，划定新的府县和市町村，决定实行地方行政。这种地方制度结构产生了深远的影响。但是，明治宪法时代，存在着中央对地方行政的强有力监督，府县和市町村也没有真正按照该地区居民的意向来处理行政事务，因此可以说并没有真正意义上实现地方自治。二战以后，美国占领当局认为日本民主化的第一步在于地方行政的民主化，因而1946年11月3日颁布的《日本国宪法》特别设专章把地方自治作为根本制度加以保障。次年，日本制定《地方自治法》，后经多次修订。现在日本的地方自治由《地方自治法》、《地方公务员法》、《地方财政法》、《地方税法》等法律所构成。日本地方自治团体分为都、道、府、县一级和其下的基层自治单位——市、町、村，各公共团体机关由地方议会和地方行政机关组成，都由地方居民选举产生。但是，实际上，中央政府仍然掌握着许多事务，大量的财政资源由国家控制，因此日本的地方自治存在着强有力的工具监督。可见，日本的中央和地方的关系是“三分自治、七分监督”，日本的自治制度是中央集权下的地方自治。

此外，在实行地方自治比较晚的意大利，中央政府于1990年制定了《关于地方自治体的组织的法律》，将制定自治宪章、直接选举地方政府首长和议员的权力下放给地方政府。在瑞典、挪威等北欧五国，自1983年开始进行“自由公社”的实验，并向全国推广。1985年7月27日，欧洲议会内阁委员会通过了《欧洲地方自治宪章》，并于1988年9月1日作为多边条约生效。至1993年1月，参加欧洲议会的32个国家中，已有21个签署了这个宪章。与此相关，1985年9月，有70多个国家的地方政府和地方政府的全国性机构参加的国际组织——国际地方自治体联合会（IULA）第27届大会通过了“地方自治宣言”，并从1987年开始提交联合国经社理事会审议。该宣言从民主和人权的角度提出了有关地方自治的多项原则，呼吁各国将这些原则纳入本国宪法或基本法，很可能影响许多国家的地方政府体制。20世纪90年代后，韩国等一

① 韩雪峰：《西方国家地方自治比较》，《唯实》，2003年第5期。

批新兴工业化国家和地区，前苏联、东欧社会主义国家，在地方分权化改革方面也取得了很大的进展。

10.2.2 西方国家地方自治的模式

地方自治的模式主要是指地方自治政府的权力获取形式、地方自治权力运用的范围、组织形式及与中央政府的关系模式。西方国家的地方自治建立在自由竞争的基础上，是反对封建专制制度的产物。各国的政治文化传统、经济和政治发展水平及国家结构形式的差异深刻地影响着各国的地方自治模式。

1. 英美法系模式

英美法系模式的地方自治系由本国内部逐渐演变而来，因而又可称先天自发型模式。这类国家的地方自治发展比较早、程度较高，地方享有广泛的自治权。在英国，自治权基本上是由中央以立法授权的方式赋予地方的。美国则以自治宪章作为地方自治的法律基础。从权力划分看，英美等国家实行“分割性”地方分权，即国家将一部分权限通过法律转移给地方政府后，中央政府不再干预，在授权的范围内，地方政府有最终的决定权。在英国，地方政府的权限由英国议会以立法形式，向各地方政府颁发特许状或自治条例加以规定。在美国，根据自治宪章，地方性事务由地方自治体管理，全州性问题如公共安全、公共卫生、交通管理等由州政府管理。在立法上，如果州立法与地方自治单位立法就全州性问题发生冲突，则按照州法优先的原则裁决。从组织形式看，这类模式的国家在法律范围内可自由选择决定，因而体制和组织形式比较灵活。如美国地方政府就有委员会制、议会经理制、强市长制等多种不同的地方政府组织形式，而中央政府对地方自治体的监督控制主要是通过立法、行政、财政等手段。此外，在英国，政党组织在联系中央与地方关系方面发挥了很大的作用。

2. 大陆法系模式

大陆法系模式的地方自治和英美法系模式不同，它不是建立在市民浓厚的自治意识基础之上，而是实践政治思想家的民主思想的结果，因而又称后天习得型模式。这类国家的地方自治发展相对较晚、程度较低，地方自治权具有委托的性质，中央政府对于地方自治事务具有最终决定权。大陆法系模式以法国为典型。19 世纪法国伟大思想家托克维尔关于地方自治有助于效率、民主、自由的思想，为以后的理论家们普遍接受并不断补充，成为法国地方自治改革的指导方针。从权力划分看，法国等欧洲大陆国家实行分工性地方分权。在法国，行政事务分为国家（中央）行政事务和地方行政事务。中央行政由中央驻地方机构承担，地方行政由地方自治政府承担，中央政府通常不加干预。但地方议会就地方重大问题做出决定、决议时，须经中央政府批准后生效。中央在地方派驻行政长官负责协调中央行政和监督地方自治行政。同时，在法国具有身兼议员和行政职务数职的强有力的政治家集团，有人认为这是导致法国民主政治停滞的原因。“如果说英国的市长只是礼仪性的象征性人物，那么法国的市长是村镇管理人，是父亲，是牧师，是警察。”①受罗马法和国家至上说的影响，法国的政府体制具有集权化和整体划一的模式化的特征，其地方自治组织形式不像美国和英国那样多姿多彩，而是整齐划一。在中央对地方的监督和控制模式上，以行政监督为主，中央政府可随时向地方机关发出强制性指示，地方机关必须执行。否则，中央政府可采取强制性措施。如果说英美法系模式下在中央与地方关系方面政治性、法律性因素具有明显作用的话，在法国则具有更明显的行政关系因素。日本深受大陆法系国家的影响，但二战之后又受到美国模式的深刻影响，因而建立了中央与地方协作的模式。正如一位日本学者所言：“地方自治法的产生，在制度上，使我国地方团体从以往的集权官僚制的束缚中解放出来，向分权自治的世界迈进。”② 随着民主政治的发展和地方分权趋势的增强，大陆法系国家的地方自治也在日趋完善，自治权力逐步扩大，自治程度逐渐提高。

10.2.3　西方国家地方自治的特点

西方国家的民主法治程度较高，市场经济发达，因而地方自治具有许多共同的特点。这些共同点主要表现为：

第一，以宪法和法律明确划定地方自治权的范围。地方自治政府可以通过法律手段抵制中央干预地方自治范围内的事务，当地方认为中央干涉其自治事务时，可以向最高法院或专门法院申诉，由法院进行裁决。

第二，地方居民对地方事务具有较高程度的参与，地方自治机关由自治区

---

① ［日］松村岐夫：《地方自治》，孙新译，经济日报出版社 1989 年版，第 10 ~ 11 页。

② ［日］松村岐夫：《地方自治》，孙新译，经济日报出版社 1989 年版，第 16 页。

域内的居民选举产生，居民参与政策和方案的制订与监督过程中。

第三，地方自治政府的职能主要是与地方居民利益直接相关的社会管理和公共服务，具有明显的地方性，政治性职能不明显。列宁曾经对西方国家的地方自治做过这样的批评，“这些地方机关所从事的是对资产阶级国家没有害处的‘脸盆镀锡’、供水、电车交通等等不能破坏所谓‘现行社会制度’的基础的事情。如果把观察地方自治局限在供应水电方面的活动所得的现象扩大到认为它们可能进行消灭地主土地所有制的‘活动’，那就像小孩一样幼稚了。”①

第四，地方政府上下级之间没有行政隶属关系，只有法律上的平等关系和实际管理中的指导关系。各地方政府的自治权限均来源于地方自治法律的规定，所以它们在法律上地位平等。可是，现实中上一级地方政府包含下一级政府的管理区域，上级政府有义务和权利协调并指导下级政府的活动。②

尽管西方国家的地方自治具有共同点，但其内部又存在着明显的差异。具体表现为：

英美法系国家的地方自治制度的特点是：（1）地方自治机关形式上独立于中央政府，在法律所确认的自治权限内，一般不受中央政府干预；（2）地方自治机关官员由当地居民选举产生，只具有地方官员身份，中央政府不得撤换；（3）中央政府通过长期规划在一定程度上约束和激励地方，很少直接介入地方的政策制定和执行；（4）中央政府对地方自治机关的监督主要是立法监督，一般不能对其发布强制性的指示，若有争议由司法机关裁决。

大陆法系国家的地方自治是一种行政性分权，其基本特点是：（1）地方自治团体的权限来源于中央政府的委托和授予，因而是中央政府的创造物，中央政府对地方自治事务具有最终决定权；（2）地方自治机关官员或由地方居民选举产生或由中央直接任命，兼具中央官员和地方官员的双重身份，中央政府可随时撤换；（3）中央政府不仅直接介入地方，而且以中央和地方当局的共同行动为形成和执行政策的必要条件；（4）中央政府对地方自治机关的监督以行政监督为主，对地方自治机关的违规或越权行为，中央政府可直接采取强制性措施，地方机关必须执行。

可见，在中央与地方的关系方面，西方国家的地方自治具有明显的差异性。但是，西方各国的地方自治又具有明显的共同发展趋向。随着现代市场经

① 转引自李景鹏：《政治管理学概论》，高等教育出版社 1991 年版，第 275～276 页。

② 韩雪峰：《西方国家地方自治比较》，《唯实》，2003 年第 5 期。

济的发展，城市化进程的加速和公民社会的成长，一方面，中央政府通过增加对地方的财政补助，积极协调地方自治政府之间的管理事务，与地方自治政府建立起新型的伙伴合作关系；另一方面，随着西方国家的民主化的纵深发展，地方自治政府将部分权力向社区下放，社区拥有了越来越多的自治权。因此，集权与分权的双向运动成为当代西方国家地方自治的重要发展趋向。

10.3 中国的地方自治

地方自治作为一种新的政治思潮和政治实践，自近代以来就开始在中国传播和实践。新中国成立后，中国共产党根据马克思主义基本原理和中国的实际，探索和实践了民族区域自治制度、特别行政区制度以及基层社会自治制度，从而形成了当代中国地方自治的特色。

10.3.1 中国地方自治的历史发展

中国自古以来并没有西方意义上的地方自治传统。严复认为，“地方自治之制，为中国从古之所无”，“三代封建，拂特之制耳，非自治也”①。近代中国的地方自治是随着西方思潮的涌入、民族的危机和清政府的预备立宪活动，才得以在中国出现的。同时，地方自治制度的引进也与中国历史上“郡县论”和“封建论”的争论有关。19世纪中期以来，随着宪政思想的传播，中国的一批知识分子和政治精英开始倡导和推行地方自治。“百日维新”前后，地方自治概念引入中国。黄遵宪、康有为、梁启超等维新派认为，只有推行地方自治，才能奠定立宪政治的基础，挽救国家的危亡，并在湖南筹办保卫局和南学会，进行地方自治实验。随着列强侵略的加深，国内外革命派活动的日益频繁，加之国内改革势力的呼吁，清政府决定实行一定程度的改革。1905年前后，受日俄战争的影响，舆论界出现了一股主张宪政和地方自治的热潮。此时，统治阶级中的部分开明人士也认识到实行地方自治的必要性。清政府多数官僚认为，欲仿行宪政，应以实行地方自治为基础。在全国上下实行地方自治的呼声中，清政府决定将地方自治作为筹备立宪的重要事项。光绪三十三年(1907)清廷令各省设立咨议局。次年(1908)十二月，清政府颁布《城镇乡地方自治章程》，随即上谕全国推行地方自治。清末的地方自治分为两级：城

① 转引自郑贤君：《地方制度论》，首都师范大学出版社2000年版，第51页。

镇乡自治为下级自治，限五年内初具规模；府厅州县级自治为上级自治，限七年内一律成立。规定先行在城区进行自治实验，嗣后再推至乡镇。宣统元年（1909）三月十六日颁布《自治研究所章程》，责令于省城及各府厅州县设立自治研究所。次年，清政府又颁布《京师地方自治章程》及选举章程、《府厅州县地方自治章程》和《府厅州县议事会议员选举章程》，使自治政策更趋完善。宣统三年，又对计划进行修改，计划于1912年完成。这样，初步形成了地方自治的基本架构。① 地方自治思想从日本传入中国，因而与日本类似，清末的地方自治是在中央授权和监督之下进行的，具有明显的大陆法系地方自治的特征。

北洋政府时期，北京政府继续推行地方自治。1913年4月，颁布《省议会暂行法》，各省先后设立省议会作为省的自治机关。“二次革命”后，1914年2月袁世凯下令解散各省议会，停办地方自治。随后，在各方压力下，袁世凯政府又颁布《地方自治试行条例》及其实施细则，但徒有虚名。袁死后，北洋政府提出恢复地方自治。1919年9月，北京政府公布《县自治法》，规定以县为自治团体，具有法人地位。1921年7月，又公布《市自治制》，规定人口1万以上的城镇为市自治团体。同时，颁布《乡自治制》，以乡为自治团体。当时，由于军阀混战，全国处于分裂状态，受知识分子关于联邦制思想的影响，加之地方军阀维护军阀割据的图谋，出现了遍及全国的“联省自治”运动。各省纷纷制定省宪，要求自治。但由于控制北京政府的直系军阀的反对和各省军阀的矛盾，联省自治运动仅限于舆论的喧嚣。

南京国民政府建立后，在孙中山地方自治思想的指导下，开始推行地方自治运动。孙中山根据西方国家地方自治的经验和中国的实际，提出在单一制体制下实行中央和地方“均权”的主张，并主张以县为最基本的自治单位，分阶段逐步实现自治。他认为，国家权力在中央和地方之间的分配与主权在民没有关系，“权之宜属于中央者，属之中央可也；权之宜属于地方者，属之地方可也”，“关于中央及地方之权限，采均权主义”②。1929年3月，国民党第三次全国代表大会通过《确定地方自治之方略及程序以及政治建设之基础案》，此后提出了许多推进地方自治的方案。1936年9月，国民政府立法院修正通

① 高旺：《清末地方自治运动及其对近代中国政治发展的影响》，《天津社会科学》，2001年第3期。

② 转引自郑贤君：《地方制度论》，首都师范大学出版社2000年版，第69页。

过《县自治法》。抗日战争爆发后，地方自治运动停顿下来。

早在新中国成立之前，中国共产党就开始探索地方自治的问题。抗日战争爆发后，中国共产党在《抗日救国十大纲领》中就提出了“实行地方自治，铲除贪官污吏，建立廉洁政府”的主张，把实行地方自治作为根据地政权建设的指导方针。在1946年政治协商会议上，中共代表团提出的《和平建国纲领草案》，专门列有地方自治一章，主张废除保甲制度，推行地方自治。经过共产党和各民主党派的努力，政治协商会议通过的《宪章问题的协议》，确立了地方制度的四项原则：省为地方自治之最高单位；省长民选；省与中央权限的划分采取均权主义原则；省得制订省宪，但不得与国宪抵触。新中国成立之后，根据中国的实际，按照分权制与集权制结合的原则，汲取自治体和行政体两类地方政府体制的特点，建立了一种混合体地方政府。在具有中国特色的地方自治实践中，实行了民族区域自治制度、特别行政区制度和基层社区的群众自治制度。

10.3.2 中国的民族区域自治

民族区域自治制度是当代中国地方自治的典型模式，是中国共产党为解决中国的民族问题而采取的一项基本政策。这一政策的形成经历了一个不断探索和实践的过程。1922年中共“二大”宣言提出：“蒙古、西藏、回疆三部实行自治，成为民主自治联邦”①，一度主张实行“联邦制”。在延安时期，中共在少数民族聚居地区实行民族自治。当时的《陕甘宁边区施政纲领》指出：“依据民族平等原则，实行蒙回民族与汉族在政治经济文化上的平等权利，建立蒙回民族的自治区，尊重蒙回民族的宗教信仰与风俗习惯。”1945年，毛泽东在“七大”政治报告中提出：“允许各少数民族有民族自决权及在自愿原则下和汉族建立联邦制国家的权利。”② 此后，中共完全抛弃“联邦制”主张，确立在少数民族聚居地区实行民族区域自治政策。1946年4月颁布的《陕甘宁边区宪法原则》明确规定，边区少数民族居住集中的地区，得划分成民族区，组织民族自治政权，在不与省宪抵触的原则下，得订立自治法规。1947年5月1日，内蒙古自治政府宣告成立，成为中国第一个省级民族区域自治地方。1949年，在中共领导下制订的具有宪法性质的《中国人民政治协商会议

① 中共中央书记处：《六大以前》，人民出版社1980年版，第10页。

② 毛泽东：《论联合政府》，东北书店1950年版。

共同纲领》规定，在各少数民族聚居地区，应实行民族区域自治制度。1952年，中央人民政府根据推行民族区域自治工作中出现的问题和取得的经验，公布《中华人民共和国民族区域自治实施纲要》，规定了实行民族区域自治的基本原则，即各民族自治区域同为中华人民共和国领土不可分离的一部分。各民族自治区的自治机关同为中央人民政府统一领导下的一级地方政权，并受上级人民政府的领导。① 1954年《宪法》在民族区域自治工作经验的基础上，强调自治区、自治州、自治县的自治机关依照宪法和法律规定行使自治权，“中华人民共和国是统一的多民族的国家。各民族一律平等”，“各少数民族聚居的地方实行区域自治。各民族自治地方都是中华人民共和国不可分离的部分。”② 此后，历部宪法都将“各少数民族聚居的地方实行区域自治”列入宪法总纲。1984年5月《中华人民共和国民族区域自治法》颁布后，民族区域自治成为我国的一项重要政治制度。到目前为止，全国已有44个少数民族实行了民族区域自治，建立民族自治地方154个。其中，自治区5个，自治州30个，自治县（旗）119个。此外，在杂、散居地区，还建立了1200多个民族乡。③

中国选择单一制结构下的民族区域自治制度，有着理论和现实的依据。首先，马列主义关于国家和民族问题的思想对于我国选择民族区域自治制度具有指导意义。列宁在《关于民族问题的批评意见》中指出，中央集权制的大国是从中世纪的分散状态，走向将来全世界社会主义统一的一个巨大的历史步骤。斯大林也反对把大国分裂成小国，认为把小国联合成大国是促进社会主义实现的条件之一。同时，列宁指出，如果不保证每一个在经济上和生活上具有比较大的特点以及具有特殊的民族成分等的区域享受这种自治，那就不可能设想有现代的真正民主的国家。④ 基于此，民族问题的解决有赖于各民族在完全平等的基础上自愿地实现联合和团结。第二，中国自古以来就是一个统一的多民族国家。在中国的历史发展中，各民族不断融合、交流、繁衍，形成了血脉相连、不可分割的统一整体。尽管历史上曾出现短暂的分裂和割据，但统一一直是国家发展的趋势。同时，由于剥削制度的压迫，也造成了民族间的纷争、

① 《建国以来重要文献选编》第3册，中央文献出版社1992年版，第79页。

② 《建国以来重要文献选编》第5册，中央文献出版社1993年版，第537、522页。

③ 宋才法：《民族区域自治法通论》，民族出版社2003年版，第45页。

④ 转引自王圣诵：《中国自治法研究》，中国法制出版社2003年版，第32页。

隔阂和紧张关系，当时的封建统治者在少数民族地区也曾经实行特殊的管理形式。因此，在中央统一领导下，建立民族区域自治制度符合中国的历史传统。第三，近代以来，各民族在共同抵御外敌侵略的斗争中，形成了休戚与共、紧密团结、互不分离的政治认同，强烈意识到中华民族已经成为一个不可分割的整体。新中国的建立过程就是在中国共产党领导下各民族共同奋斗的结果。第四，中国各民族发展状况、居住结构和人口结构的现实特点，是实行民族区域自治制度的现实基础。我国各民族的状况是，汉族人口占90%以上，经济、政治、文化发达；而少数民族人口少，经济、政治、文化落后。在长期的迁徙活动中，逐渐形成了少数民族大杂居、小聚居的居住状况。这就决定了各民族地区相互依赖、优势互补、合作互助的关系。实行在中央统一领导下的民族区域自治制度，有助于形成各民族平等相待、团结互助、和睦相处的新型民族关系，有利于中国社会经济的发展。

中国的民族区域自治制度，是在国家统一领导下各少数民族聚居的地方实行区域自治，设立自治机关，行使自治权的制度。民族自治地方的建立、区域界限的划分和名称的确定，要由上级国家机关、相关国家机关和有关民族的代表充分协商议定，按法定程序报请批准。

民族地方的自治机关，是指民族自治地方的人民代表大会和人民政府。它具有二重性的特点，既是一级地方政权机关，又是自治机关；既有和一般地方国家机关相同的职能，又具有特殊性。根据其行政地位，中国的民族区域自治地方分为自治区、自治州、自治县（旗）三个层级。对于区域太小、人口太少，不宜建立自治地方和设立自治机关的，可设立民族乡，作为民族区域自治制度的一种补充形式。

中国民族区域自治的特点主要表现为：

第一，自治权的规定主体是国家。中国实行的是单一制下的民族区域自治，各民族自治地方都是中华人民共和国不可分离的部分，各民族自治地方的自治机关是一级地方国家机关，必须接受中央人民政府的统一领导或受相应的上级地方国家机关的领导。因此，必须反对任何“民族独立”、“独立自治”及其他搞民族分离的主张和做法。

第二，实行民族自治与区域自治相结合。中国的民族区域自治是以一定聚居地区的少数民族为基础划分的，既不是单纯以民族来划分，也不是按人口多少机械地进行划分。民族区域自治的设立，根据民族聚居特点，当地民族关系、经济发展等条件，结合历史情况，民族自治地方的设立有三种类型：(1)

以一个少数民族聚居区为基础建立的自治地方，如西藏自治区、四川省凉山彝族自治州等；(2) 在一个较大的少数民族自治地方内，人口较少的少数民族聚居区建立的自治地方，如新疆维吾尔自治区内，还包括哈萨克族、蒙古族、柯尔克孜族等自治州和锡伯族、塔尔克族等自治县。(3) 由两个以上少数民族聚居区为基础联合建立的自治地方，如黔西南布依族苗族自治州，青海省海西蒙古族、藏族、哈萨克族自治州等。实行民族自治与区域自治相结合，不仅可以使聚居的民族能够享受自治的权利，而且也可以使杂居的民族享受自治权利。

第三，自治权的广泛性。自治权是民族区域自治制度的核心与实质，没有自治权就没有真正的民族区域自治。按照宪法和法律，我国的民族区域自治地方享有以下自治权限：(1) 立法的自主权和政策执行的变通性。民族自治地方的人民代表大会有权依照当地民族的政治、经济和文化特点，制定自治条例和单行条例，但须报上一级人大常委会批准后生效，省、自治区人大常委会批准生效的还须报全国人大常委会备案；上级国家机关的决议、决定、命令和指示，如不适合民族自治地方的实际情况，可报上级国家机关批准，变通执行或停止执行。(2) 管理本民族经济的自治权。民族自治地方的自治机关在国家计划指导下，自主地安排和管理地方性的经济建设事业。国家在民族自治地方开发资源、建设企业的时候，应当照顾民族自治地方的利益。民族自治地方的自治机关有管理地方财政的自治权；国家对民族自治地方的财政收支、机动资金、预备费按照有关原则进行规定；还有国家拨给的各项专用资金和临时性的民族补助专款。民族自治地方依照国家规定，可开展对外经济贸易活动，经国务院批准，可以开辟对外贸易口岸。(3) 发展和保护本民族文化的自主权。自治机关有权自主地发展本地区的民族教育、科学、文化、卫生、体育事业，保护和整理民族的文化遗产，发展和繁荣民族文化；自治地方在执行职务时，有权使用当地通用的一种或几种语言文字。(4) 自治机关依照国家的军事制度和当地实际需要，经国务院批准，可以组织本地方维护社会治安的公安部队。(5) 上级国家机关对民族自治地方的领导和帮助。宪法规定：国家从财政、物资、技术等方面帮助各少数民族加速发展经济建设和文化建设事业。国家帮助民族自治地方从当地民族中大量培养各级干部，各种专业人才和技术工人。

第四，自治机关的民族化。民族化是民族区域自治的标志，其关键环节是要配备和任用好民族干部，特别是领导干部。为了确保实行民族区域自治的少数民族真正当家做主，行使自治权，宪法规定在民族自治地方的人大常委会中，应由实行自治的民族的公民担任主任或副主任。自治区主席、自治州州长、自治县县长由实行区域自治的民族的公民担任。此外，各级自治地方的人民政府的其他组成人员，要尽量配备实行区域自治的民族和其他少数民族的人员。

可见，中国的民族区域自治制度是国家统一领导与各民族享有平等自治权利的结合。中国的民族区域自治既考虑了维护国家统一和民族团结的政治因素，也考虑了民族、地区、经济、文化和历史的特点，是民族自治与区域自治的正确结合，是中国特色的政治制度之一。

10.3.3 中国的特别行政区自治

特别行政区是在中华人民共和国宪法体制下，由一定区域的永久性居民在该区域建立自治机关，并由其行使自治权的地方行政区域。① 特别行政区自治，是中国政府为解决香港、澳门问题，基于香港、澳门的历史和现实情况，从维护国家统一和有利于香港、澳门的社会稳定和经济发展的角度，按照“一个国家，两种制度”的方针，由全国人民代表大会授权建立特别行政区，实行高度自治，享有行政管理权、立法权、独立的司法权和终审权。这是中国地方自治的创新模式。它不同于英美法系的地方自治，也不能以大陆法系的界定作完整的解释。它不属于联邦制国家的结构形式，也不能简单地套用既有的单一制国家结构理论进行解释，而有其自身的特点。

中国现有香港、澳门两个特别行政区，分别建立于1997年7月1日和1999年12月20日。按照宪法、《香港特别行政区基本法》、《澳门特别行政区基本法》及相关法律的规定，特别行政区自治具有以下特点：

第一，特别行政区是主权国家内的地方行政区域。特别行政区制度以坚持“一个国家”为前提，这是“一国两制”的核心特征。这就是说，特别行政区尽管享有特别的自治权，但它是主权国家的地方行政区域，是一种地方政府建制。按照宪法、《基本法》和相关法律，特别行政区是中华人民共和国不可分离的部分，直辖于中央人民政府。中央人民政府负责管理特别行政区的外交事务与防务；任免特别行政区行政长官及其他主要官员；可发布命令将有关全国性法律在特别行政区实施。基本法的解释权属于全国人大常委会，修改权属于

① 王圣诵：《中国自治法研究》，中国法制出版社2003年版，第96页。

全国人民代表大会；全国人大常委会可决定特别行政区进入紧急状态。

第二，特别行政区是资本主义社会制度的性质。在坚持“一个国家”的前提下，中国内地实行社会主义制度，特别行政区实行与内地不同的资本主义制度，保持原有资本主义制度和生活方式50年不变，基本保留原有的法律。这一制度安排充分考虑了特殊地区的社会、政治和历史现实，有利于在保证国家主权的前提下，维护当地的社会稳定和经济繁荣，促进国家统一。这是中国为实现国家统一而对当今世界政治制度的一项创新性贡献，也是地方自治理论的重大发展。

第三，在单一制国家里享有高度自治权的特殊性。特别行政区既不同于一般的地方行政区域，也不同于民族自治地方的行政区域，它具有高度的自治权。这主要表现为：

(1) 原有的经济制度、生活方式50年不变，原有的法律基本不变；

(2) 享有立法权、行政管理权、独立的司法权和终审权；

(3) 行政机关和立法机关由特区永久性居民依照基本法的规定组成；

(4) 享有独立的地方财政权、货币发行权，实行独立的税收制度，预算报中央备案；

(5) 保持自由港和单独的关税区，资金进出自由，不实行外汇管理政策；可以“中国香港”、“中国澳门”名义同世界各国、各地区及有关国际组织在经济贸易、金融、航运、通信、旅游、文化、体育等领域保持和发展关系，签订和履行协议；

(6) 自行管理社会治安；

(7) 除悬挂国旗、国徽外，可使用特别行政区的区旗、区徽等。

可见，特别行政区比民族自治地方的自治权还要大，是一种高度的自治。由于特别行政区与中国其他行政区域在政治制度和社会制度上的不同，因而特别行政区实际上是一种政治特区。特别行政区这种“高度自治”型的地方政府模式，丰富了中国地方政府制度的内容，是地方自治的新发展。

10.3.4 我国的基层群众自治

改革开放以来，随着城乡经济体制改革和公民民主意识的发展，中国政府分别在农村和城市开展了农村村民自治和城市社区自治的实践。这种自治不属于地方政府自治，而是基层群众自治。但由于这种社区群众自治与地方政府特别是与县乡政府有着复杂而密切的关系，因而对地方政府管理具有十分重要的影响。

1. 农村村民自治制度

农村村民自治是广大农村村民在党的领导下，依照法律通过民主选举、民主决策、民主管理和民主监督，进行自我管理、自我教育、自我服务的基层群众性自治形式。村民自治制度是我国农民在实践中创造的群众自治和直接民主模式。

改革开放之前，农村实行“政社合一”的人民公社制度，当时的人民公社社员通过行政性的生产队、生产大队依附于各级国家政权组织，严重影响了广大农民从事民主管理和农业生产的积极性。农村人民公社解体和实行“包产到户”的生产责任制之后，广大农户直接面对国家政权组织，农村管理体系处于瘫痪的状态。20世纪70年代末80年代初期，我国许多农村出现了水利失修、盗贼猖獗等社会秩序和农村公共服务供应不足的问题。在这种背景下，农村迫切需要一种新的组织形式以取代传统的组织体制。于是，在江苏、广西等地出现了一种称为村委会的群众性自治组织。八二宪法确认了村民委员会为农村基层群众性自治组织的法律地位。1987年11月，六届全国人大常委会第二十三次会议通过了《村民委员会组织法》（试行），对村委会的选举、组成和职能等进行了明确的规定。1998年11月4日，在总结各地村民自治实践经验的基础上，九届全国人大常委会第五次会议通过了修改后的《村民委员会组织法》，这标志着中国农村村民自治制度的基本确立。此后，广大农村迅速开展了以村委会选举为中心的村民自治热潮。村民自治制度的实行，有利于“扩大农村基层民主，保证农民直接行使民主权利，是社会主义民主在农村最广泛的实践”①。

按照《村民委员会组织法》，村民委员会是村民自我管理、自我教育、自我服务的基层群众性自治组织，实行民主选举、民主决策、民主管理、民主监督。村民委员会根据村民居住状况、人口多少，按照便于群众自治的原则设立。在实践中，一般在原来的自然村设立村民小组，而在原来的行政村设立村委会。

我国农村村民自治的特点，主要表现为以下几个方面：

第一，村民自治具有国家授权、推动的特征。按照《村民委员会组织

① 《人民日报》，1998年10月5日。

法》，村民委员会的设立、撤销、范围调整，由乡、民族乡镇的人民政府提出，经村民会议讨论同意后，报县级人民政府批准。中国共产党在农村的基层组织要发挥领导核心作用。乡镇政府对村委会的工作要给予指导、支持和帮助。实际上，村民自治是在政府的推动下进行的。

第二，自治组织的民主性和透明性。村民自治组织主要包括村委会、村民会议、村民小组等。村民委员会由主任、副主任、委员 3～7 人组成，根据需要可设人民调解、治安保卫、公共卫生等委员会，村委会成员可兼任下属委员会的成员；村委会每届任期 3 年，全部由村民直接选举产生。村民会议由本村 18 周岁以上的村民参加或由三分之二以上的户代表参加，法律还肯定了村民代表会议的形式。村委会向村民会议负责并报告工作，村民会议每年审议村委会的工作报告，评议村委会成员的工作。可见，村民会议也是农村基层社会民主自治性质的基本组织，村民委员会是村民会议的执行组织和日常管理机构。① 村民小组按照村民居住状况划分，小组长由村民小组会议推选。根据《村民委员会组织法》，村委会实行村务公开制度，举凡村民会议议决事项、计划生育政策执行情况、救灾救济款物的发放情况、水电费收缴及其他涉及村民利益的事项，都应当按期公布，并接受村民查询。可见，村民自治组织的建立、运转及关系体现了民主选举、民主决策、民主监督和相互制约的原则，具有一定的民主性和公开性。

第三，自治权限的社会性、服务性和基层性。按照村委会组织法，由村民会议讨论决定的事项包括：（1）乡统筹的收缴方法，村提留的收缴及使用；（2）本村享受误工补贴的人数及标准；（3）从村集体经济所得收益的使用；（4）村办学校、村建道路等村公益事业的经费筹集方案；（5）村集体经济项目的立项、承包方案及村公益事业的建设承包方案；（6）村民承包经营方案；（7）宅基地使用方案；（8）制定和修改村民自治章程、村规民约并报乡镇政府备案；（9）村民认为应当由村民会议讨论决定的涉及村民利益的其他事项。

村民委员会的职责既包括村庄内部的自治事项，也包括乡镇政府委托事项，可大致概括为四个方面：（1）宣传宪法、法律、法规和国家的政策，教育和推动村民履行法定义务、合理利用资源，保护和改善生态环境，促进农村精神文明建设。（2）协助乡镇政府开展工作。（3）办理本村公共事务和公益事业，发展文化教育，普及科技知识；承担本村生产和服务的协调工作，调解

① 王圣诵：《中国自治法研究》，中国法制出版社 2003 年版，第 162～163 页。

民间纠纷；管理本村属于农村集体所有的土地和其他财产；尊重、维护和保障集体经济组织和村民、承包经营户、联户或者合伙的合法的财产权与其他合法的权利和利益。(4) 促进村和村之间的团结、互助，向人民政府反映村民意见、要求和提出建议。如果说前两个方面主要是执行委托事项，属于政府协助者角色，那么后两个方面则属于村庄事务的管理，属于自治事项。

同特别行政区自治和民族区域自治不同，村民自治是一种村落小范围的基层自治，其自治的内容仅限于村落事务的自我管理、村民的自我服务和村民教育特别是对农村青少年的教育。因此，有学者称我国村民委员会的自治是一种严格的“法内自治”①。

在国家与农村社会的关系方面，村民自治特别强调党的领导和乡镇政府的指导作用。一般而言，“领导”是就基层各级党组织而言，“指导”是就乡镇政府而言。但是，由于“领导”、“指导”和“管理”并不是分得很清楚，存在着“党政不分”的情况，加之受长期以来公社体制下形成的行政方式的影响，因而在实践中，“领导”和“指导”往往交织在一起，乡村关系常常以命令和强制的方式存在，村民自治具有很强的“行政化”的特征。由于村民民主法制意识和利益意识的觉醒，这种状况经常导致乡、村的冲突，成为基层不稳定的重要原因。而正是这种乡村的博弈，使村民自治成为推动基层政府体制和工作方式改革的重要力量。

2. 城市居民自治制度

居民自治制度是城市居民在党的领导下和城市基层政府的指导下，依法选举自己的自治组织，实行民主选举、民主决策、民主管理、民主监督，由设区居民自我管理、自我教育、自我服务的基层群众自治和直接民主制度。

居民委员会作为城市基层群众自治组织产生于新中国成立初期。1954 年 12 月，一届全国人大第四次会议在总结天津、武汉等城市建立居民组织，开展居民工作经验的基础上，通过了《城市居民委员会组织条例》，确认了居委会作为城市基层群众自治组织的法律地位。由于当时的政治运动和居委会作为居民居住“单位”的地位，居委会在政权建设、城市管理和服务居民生活方面发挥了重要的作用，成为国家政权的“行政末梢”。改革开放以来，随着市场经济的发展和单位制度的瓦解，如同农村社会一样，城市社会也发生了重大

① 朱光磊：《当代中国政府过程》，天津人民出版社 2002 年版，第 383 页。

的变化。特别是随着国有企业和住房制度的改革，知青的返城和人口的流动，原来主要依附于单位的许多城市人口的生活重心开始转向居住的社区，从而对传统的作为城市政府“行政末梢”的居委会的功能和体制提出了新的要求。继农村试行村民自治之后，1989 年全国人大颁布了《城市居民委员会组织法》，但由于各种原因居委会并没有实行直接选举，而是依然实行由街道办事处任命的传统模式。直到 1999 年，在民政部的部署下，从沈阳、南宁、上海等地，才开始了城市居民自治活动的试点，从此开始了居委会选举的改革。①

根据宪法和法律，依据居民的居住状况，从方便居民自治的目的出发，由不设区的市、市辖区政府确定居委会设立、撤销、规模调整，一般来说，居委会的地域范围为一百户至七百户。

(1) 居民自治的组织结构

居民自治的组织主要包括三类：

居民（代表）会议：居民会议是居民行使民主管理权利的自治组织，由 18 周岁以上全体居民或户代表参加，对涉及居民利益的重大问题进行讨论和决策，如居民生产、生活、文化娱乐和便民利民服务事业、居民区治安防范工作、讨论居民公约等。

居民委员会：居民委员会由居民（代表）会议或居民小组选举的代表选举主任、副主任和委员 5—9 人组成，每届任期 3 年，连选得连任。根据居委会组织法，居委会根据工作的实际需要，可设立人民调解、治安保卫、公共卫生等工作委员会，由居委会成员兼任专门委员会的委员。

居民小组：居委会可分设若干居民小组，小组长由本组居民推选产生。居民小组可选举 2 ~ 3 名代表参加居民代表会议，讨论社区重大问题，选举居委会成员。

(2) 居民委员会的职责和任务

根据居委会组织法，居委会既承担社区自治的任务，也承担大量政府的行政委托任务。概括起来，主要包括以下几个方面：

第一，宣传宪法、法律、法规和政策，维护居民的合法权益，教育居民遵纪守法，履行法定义务，爱护公共财产，开展创建“文明家庭”、“文明楼”、

---

① 李凡：《中国基层民主发展报告 2000—2001》，东方出版社 2002 年版，第 271 ~ 309 页。

“文明社区”等多种形式的精神文明建设活动。

第二，办理公共事务和公益事业，调解民间纠纷，促进家庭和睦，兴办便民利民的生产、生活服务事业，开展社区服务，如帮助军烈属、照顾孤寡老人和残疾人、整修街道、保护环境卫生、组织文化体育活动等。

第三，协助政府做好与居民利益直接相关的公共卫生、计划生育、优抚救济、婚丧习俗改革、青少年教育、维护妇女儿童和老年人合法权益，协助维护社会治安，参加社会治安综合治理。

第四，向政府反映居民的意见、要求和提出建议。

长期以来，居委会承担了大量的政府布置的工作，对居民服务的能力不足。随着政府职能的转变和服务型政府的建设，居委会的服务职能正在强化。

(3) 居民自治的实际状况

法律规定，居委会工作受政府的指导、支持和帮助；居委会的工作经费来源、居委会成员的生活补贴费的范围、标准和来源，都由政府规定和拨付；居委会的办公用房，也由政府统筹解决。因而，居委会对政府具有很强的行政依附和依赖关系。实际上，由于居民更多地与工作单位存在利益关联，与社区的利益关系不是太密切，居民对居委会事务不是太关心，因而政府对居委会工作具有强有力的影响作用，甚至居委会主任的人选，往往也由街道办事处确定。因此，城市居民自治没有农村村民自治的民主程度高。

那么，社区居民在居委会选举中的情况怎样呢？总体上看，社区居民对居委会选举不关心，缺乏参与热情，也不关心选举结果。居委会选举是政府动员的结果，缺乏居民主动性诉求。这同农村村委会选举形成了鲜明的对照。林尚立对上海四个居委会选举试点的经验研究发现，绝大多数居民主张按居民代表的间接方式进行选举；在选举参与中，女多男少和老年人占较大比重的事实，充分说明了居民对居委会选举参与的缺乏。① 德国学者海贝勒对沈阳、深圳、重庆等地近年的实证研究发现，居委会主要是通过代表选举产生，而投票代表主要是居委会以咨询方式指定具体人员充当，候选人名单则主要是街道办决定，因而许多居民根本不了解居委会选举。参加选举的居民代表主要是退休或无业的老年妇女基于政府的动员而义务投票。我国台湾学者耿曙通过对上海近

① 林尚立：《社区民主与治理：案例研究》，社会科学文献出版社2003年版，第73～79、99～103页。

几次社区选举的访谈调查认为，许多居民对投票参与持“无所谓”的态度，不了解候选人，不关心谁能当选，往往胡乱圈票，缺乏投票的责任意识。① 陈宇对 H 市的研究发现，在社区居委会选举中，统计的参选率远远高于实际的参选率。居民参与选举多为动员式参与，社区换届选举中居民参与率在 60% 左右，居民主动参与直接选举的意愿和热情并不强烈，尤其是年轻人、上班族等与社区缺乏紧密利益联系的人群对社区选举更为冷漠。②

随着经济政治体制改革的深化，城市居民自治与社区建设的理念紧密结合了起来。尽管目前城市居委会选举主要是间接选举，民主决策、民主管理和民主监督在制度和意识方面还有待加强，社区服务主体还不够多元化，但随着社区建设的加强，社区选举正在朝直接选举渐进发展，社区服务的功能也日益完善。

尽管宪法和法律都确定了村委会和居委会作为群众自治组织的地位，然而农村村委会选举与城市居委会选举中公民的参与状况却形成明显的对照。第一，农村选举通常是由村民自下而上发起的，而城市居委会选举通常是由政府自上而下动员的结果。第二，利益联系程度不同。居委会活动不带来集体收入，资金由政府提供，与居民利益联系不够紧密，而村委会工作直接影响着村民的利益和生活。第三，农村村民较城市市民对收入、住房、就业或环境保护等政治决策具有更大的影响。第四，由居住方式不同而形成的不同的情感联系。村民之间依赖自然形成的邻里关系，而市民之间的关系更多超越了居民区。③ 因此，利益联系或许是影响社区参与积极性的更重要的原因。实际上，居民对业主委员会的选举参与远远高于对居委会的选举参与。

本章小结

本章是有关地方政府和地方自治理论和基本知识的介绍。地方自治体现的是国家权力在中央政府与地方政府之间纵向分权或

---

① ［德］托马斯·海贝勒、根特·舒伯特：《城乡公民参与和政治合法性》，中央编译出版社 2007 年版，第 137 ~ 166、257 ~ 262 页。

② 陈宇：《城市社区居委会选举：居民参与实效的调查思考》，《广东行政学院学报》，2006 年第 6 期。

③ ［德］托马斯·海贝勒、根特·舒伯特：《城乡公民参与和政治合法性》，中央编译出版社 2007 年版，第 140 ~ 141 页。

相互制衡的一种制度安排，体现了公共权力的公共性特征，是政治民主化和政治发展的表现形式和重要标志。团体自治和居民自治是地方自治的基础和前提。由于各国政治制度的不同和历史传统的差异，地方自治的具体形态也有所不同，产生了不同的地方自治学说。主要的地方自治学说有“保护说”和“传来说”，以此为指导形成了西方国家地方自治的两种典型模式——英美法系模式和大陆法系模式。中国的地方自治受到西方国家地方自治的影响，尤其是受大陆法系地方自治模式的影响，具有中央授权、委托的特征。新中国建立后，中国政府以马列主义地方自治理论为指导，汲取世界各国地方自治的经验，结合中国的具体国情，探索了具有中国特色的民族区域自治制度、特别行政区自治制度和基层社区群众自治制度，对于维护国家的统一和稳定、促进社会经济发展，发挥了积极的作用。认真学习本章，有利于深化对地方自治、地方政府与社区改革的认识，推动我国社会主义民主和自治程度的提高和政治文明建设。

关键术语

地方自治　团体自治　居民自治　“本地治理”运动

民族区域自治制度　特别行政区自治　村民自治　居民自治

复习思考题

1. 如何理解地方自治的含义，地方自治对社会政治发展有什么重要意义？

2. 试分析各种不同的地方自治学说的特点及其社会政治基础。

3. 试分析西方国家地方自治的共同点和差异点。

4. 试分析我国民族区域自治制度的依据和特点。

5. 试论我国特别行政区自治的特点。

6. 试分析我国农村村民自治的特点和影响。

7. 试比较城乡基层社区自治的状况。

案例分析

关于北京市首次居委会直接选举的若干报道和评论

2002年8月18日，日本《朝日新闻》以《北京市举行社区居委会直接选举》为题，对17日北京市东城区北新桥九道弯居委会直接选举状况作了报道。该报报道：

北京市17日举行了选举社区居委会成员的直接选举。中国此前在上海等地举行了试点，但在首都北京还是第一次举行居委会直接选举。随着进一步实行市场经济，中国社会发生了变化。可以说，举行直接选举旨在加强基层组织的职能。

17日上午9点过后，北新桥九道弯社区两千多名居民前往一所小学操场进行投票。小学门前停放着警车，许多警察负责维持秩序。墙壁上张贴着候选人的照片和简介。据说，候选人此前进行了4次公开辩论。

社区是负责宣传政府政策等工作的基层组织。社区居委会成员过去一直是通过间接选举产生的。这次举行直接选举会有候选人落选，也可以说是民主的进步。中国政府打算在全国各城市推广社区居委会直接选举。

据消息人士说，候选人当选后将在很大程度上接受党的领导。也有人认为，中国政府的目的是扩大在居委会所辖社区的影响力，加强对城市居民的管理。在社会主义体制下的城市，国营企业等单位过去在政策宣传和居民监管方面发挥了重要作用。但是，随着进一步实行市场经济，流动人口不断增加，党对城市社区的管理变得困难起来。过去由国有企业负责的退休职工的生活需要社区的帮助。中国政府打算加强社区居委会的功能，维护社会稳定。

2002年8月22日，《南方周末》以《北京首次基层民主实验直击》为题进行了报道。据报道，该社区有常住居民1145户，2765人，有选举权的1990人，参与这次直选的有效选票1813张。

2002年第19期《半月谈》杂志对这次直选的特点做了一定的总结，认为直选形式有诸多突破：直接选举；差额选举；外来人口与本地居民一样享有选举的各种权利；候选人竞选演说和答辩。文章认为秘密划票间是了不起的突破，使选民可以在相对隐秘的空间进行划票，使选举程序更加规范、公平和公正。

学者李凡以《中国基层民主：从农村扩展到城市》为题，进行了评论。他说：按照《居民委员会组织法》的规定，城市社区居委会和农村村委会一样，都属于我国群众自治组织并实行自我管理。但是，由于各种原因，城市居委会的自治开展的比较晚，在很长的时间内，居委会的产生还是由街道办事处提名居委会的工作人员，然后由居委会的居民代表对这些候选人进行投票。这样选出的居委会也就直接对街道负责，而街道就通过这样的方式将政府的任务贯彻到居委会。这样选出的居委会不可能实行自治，而且这种居委会人员产生的办法也不是民主的，不适合扩大基层民主的需要。

1999年开始，按照民政部的部署，在全国26个地方开始了城市居民自治活动的试点，并在一些地方开始了城市社区居委会的选举改革。从2000年底到2001年11月，在广西等地进行较大范围的社区选举试点，其中有20多个直选的案例。

从实践看，中国基层民主发展的中心问题是要充分调动普通老百姓对自治事务的兴趣，让他们认识到自治是自己的事情，从而关注自治，对自治有积极性，这样才能最终搞好自治。而调动老百姓对自治的真正兴趣和积极性的一个最好办法，就是将自治组织的管理权真正交到老百姓手中，真正由老百姓实行自我管理，而直接选举是老百姓实行自我管理的标志。有了民主选举这个基础，才有可能实现后来社区发展的民主决策、民主管理和民主监督。如果将城市的基层治理权交给居民，就会出现城市基层民主和稳定，也会带来城市的发展。如广西武鸣县在经过社区直选后，出现了非常浓厚的居民关心社区，热衷于搞好社区建设的动向。

（资料来源：王圣诵：《中国自治法研究》，中国法制出版社2003年版，第

174～177页。)

请思考

推动城市社区直选的动因是什么，为什么经过直选的实验后，目前的城市居委会选举还是以间接选举为主？

阅读书目

1. 郑贤君：《地方制度论》，首都师范大学出版社2000年版。

2. 王圣诵：《中国自治法研究》，中国法制出版社2003年版。

3. 李景鹏：《政治管理学概论》，高等教育出版社1991年版。

4. 马宝成等：《村级治理：制度与绩效》，中国社会出版社2005年版。

5. [日] 松村岐夫，《地方自治》，孙新译，经济日报出版社1989年版。

6. [日] 吉村源太郎：《地方自治》（全二册），朱德权，金慧华译，中国政法大学出版社2004年版。

第11章 城市管理

☞简短提要

本章首先对城市与城市政府加以概念界定，明确了城市的定义和城市政府的职能；随后，对西方和中国的城市管理体制分别加以介绍；最后，在明确城市管理含义的基础上，分析了城市管理的具体内容，其中包括城市规划管理、城市基础设施管理、城市环境管理和城市社会保障管理。

☞重点问题

本章涉及的重点问题包括：(1) 城市的定义；(2) 城市政府的主要职能；(3) 西方城市管理体制的类型；(4) 中国城市管理体制的特点及变革；(5) 城市管理的定义和特征；(6) 城市规划管理；(7) 城市基础设施管理；(8) 城市环境管理；(9) 城市社会保障管理。

11.1 城市与城市政府

11.1.1 城市与城市化

1. 城市的定义和特征

要探讨城市管理，首先需要解决的问题就是要理解什么是城市。城市是人类社会发展到一定历史阶段的产物。随着生产力的发展，人类由原始社会进入了阶级社会，不同地位的阶级、阶层在社会生活中分化出来，最后就出现了国家这样一种在一个相对独立、广阔地域上的最高社会组织。为了适应国家统治的需要，出现了一种社区，这种社区用来驻扎军队，聚居统治集团和国家机构。由于这种社区主要以“城墙”作为防御体系，它就被称作“城”、“都”、“邑”，其主要功能是作为一个国家或区域的政治和经济中心。

然而对于城市的定义，学术界一直未有统一的看法。大体说来，对城市的定义有这样几种观点：城市地理学从城市的空间特征出发，认为城市是相对农村而言，人口相对密集，规模大于农村的居民集居地，城市往往还是一定区域之内的政治、经济和文化中心。城市经济学则从经济学的角度将城市定义为一个在一定空间内展开的各种经济活动的综合体，这其中包括了工业、农业、商业、住房、劳动力、运输业等。城市社会学则从社会学的角度对城市加以定义，在城市社会学看来，城市是一个包含了各种社会阶层，通过各种社会规范和文化脉络连接起来的社会。① 总之，上面的各种观点都是从自己学科的研究角度出发对城市作出的定义，这些定义都有自己独特的视角和可取之处，因而只有对它们加以综合与融合才能形成一个对城市比较完整和清晰的认识。

虽然对城市的定义各有不同，但我们可以从城市和农村的比较上理解城市的特征。相对于农村来说，城市具有高度的集中性。城市无论在人口、政治、经济以及文化上都具有高度的集中性，因而城市具有较为稠密的人口、发达的经济、成熟而丰富多彩的文化。这种高度集中性的特征使得城市往往成为一个地区政治、经济和文化中心，对这一地区的其他区域形成强烈的辐射力和吸引力。这就引出了城市所具有的第二个不同于农村的特征，那就是构成上的异质性。因为城市具有的辐射力和吸引力使得其他区域的人口流动到城市，所以城市在人口构成上呈现出多元化的特色，这就不同于农村单一的农民人口构成。由于有了人口组成上的多元化，城市的民族构成、文化以及风俗等就具有多元化的特色。除此之外，城市的经济包含了工业、商业、运输业、服务业等非农产业，而这些非农产业是国民经济的基础和命脉，也是更加先进的生产力和生产方式的代表。因而在经济上城市也要比农村更加强大。

---

① 参见秦甫：《现代城市管理》，东华大学出版社 2004 年版，第 4 ~ 5 页；钱振明：《城市管理学》，苏州大学出版社 2005 年版，第 1 页。

2. 城市化

正如城市在不同学科中有着不同的定义，城市化这一概念也同样在不同学科中有着不同的界定。具体说来，有这样几种界定：人口学认为城市化是一种农村人口向城市迁移并转变为城市人口的过程。经济学则认为城市化是各种非农产业向城市的转移和集聚过程，这其中包括了农村劳动力向城市的转移和非农产业投资在城市的集聚。从社会学的角度来说，城市化包含了农村地域向城市地域的转变和城市本身特有因素发展的过程。综合来说，城市化是一个国家的农村人口向城市聚集的地理扩散过程。这其中包括了农村因素向城市的聚集，也包括了城市因素向农村的扩散。美国经济学家弗里德曼认为城市化的过程分为两个阶段：城市化 I 和城市化 II。城市化 I 包括人口和非农活动在城市地域集中的过程和城市景观向农村地域推进的过程。城市化 II 包括城市文化、生活方式、价值观念向农村地域扩散的过程。

11.1.2　城市政府

城市政府是城市管理的主体，城市政府的职能是城市管理的核心内容。概括地说，城市政府的职能是指城市政府在城市公共事务的管理过程中履行各种职责和功能的过程。城市政府的职能主要取决于国家的性质和国家政权的组织方式。我国的城市政府服从于国务院和上级政府的领导，执行国务院和上级政府的指示与决定，履行国家法律及各项政策规定的各项职能，受中央政府和中央政府指派而处理本区域内的行政事务。执行城市政府职能的是城市人民政府。在我国，虽然一个政府的城市管理往往是党政机关、立法机关以及行政机关综合作用的结果，但在具体的分工和权责划分上，城市人民政府仍然是执行政府职能活动的主体。在我国，城市政府的职能主要是管理城市公共事务，提供各种公共设施、公共产品以及公共服务等。通过对这些公共事务的管理，使得城市不断发展。按照主管职能的不同，中国城市政府一般设立 30 ~ 40 个工作部门，分为以下几类：①

综合经济管理部门：市发展改革委员会、市经贸委、市财政局等；

专业经济管理机构：市国土局、交通局、外贸局、农林局、城乡建设委员会、信息产业局等；

---

① 张波等：《城市管理学》，北京大学出版社 2007 年版，第 63 页。

社会管理机构：教育局、科技局、文化局、卫生局、民政局、劳动与社会保障局、计划生育委员会、民族事务委员会、人事局等；

监督管理机构：审计局、监察局等；

治安司法机构：公安局、国家安全局、司法局等；

办事机构：办公厅（室）、法制办公室、外事办公室等；

直属机构：广播电视局、统计局、工商行政管理局、新闻出版局、质量技术监督局、药品监督管理局、旅游局等。

政府职能的确立对城市管理体制的建立有着重要意义。我国过去的政府机构改革由于未能在职能改革上有重大突破，只是通过裁减人员、撤销机构的简单方式来达到改革的目的，步入了政府机构和人员反复增长的怪圈。所以，明确政府的具体职能是机构改革得以顺利进行的前提。城市政府是地方政府，这样对城市职能的界定就涉及地方政府如何行政以适应当地实际情况的问题。城市政府是中央政府的代表，它既要代表中央政府来管辖地方事务，实施中央政府的政策法规，也同时要考虑到当地的特殊情况来制定适合本地发展的政策。所以，城市职能的界定对发展地方和综合考虑中央地方关系也有重要意义。

11.2 城市管理体制

11.2.1 西方城市管理体制

1. 西方城市管理体制的特点

由于西方的国体、政体、文化等具体国情与我国不同，西方的城市管理体制也与我国存在较大差别。具体说来，它具有这样几个特点：（1）多样性。由于政治体制的不同，西方的城市管理体制往往存在多种表现形式，比如美国的城市管理体制中的市长议会制、市委员会制和市经理制等。同时由于西方地方政府的自治化程度较高，它们也较容易采取比较灵活的、更加适合本地发展的城市管理体制而不必拘泥于一定之规。（2）政府官员通过竞选的方式产生。正如西方中央政府的总统和议会选举一样，西方城市政府的市长和市议会也是通过竞选的方式产生。这样做的结果使得城市政府往往受到当选党派的影响，并不能完全按照公众的意愿行政。市议会对市政府起到监督和制约作用。（3）市法官由选举产生。市法官通过选举产生，这就能最大限度地体现司法独立的原则，这对于监督和预防政府腐败、保证司法公正性来说起着莫大作用。(4)存在大量利益集团。这些利益集团的存在，往往会影响政府的一些政策。它们往往通过游说来说服政府制定有利于本集团发展的战略。利益集团产生的作用也是毁誉参半，众说纷纭。①

2. 西方城市管理体制的形式

由于西方各国的国情不同，西方城市管理体制也呈现出多样的形式。大体说来，西方城市管理体制可以分为以下几种形式：

(1) 市长议会制

市长议会制起源很早，目前世界许多国家城市都采取这种形式，它也是美国主要的城市管理体制形式。具体来说，市长议会制可分成强市长制和弱市长制。

强市长制是美国在19世纪后半叶试图简化大城市的组织结构，增强市长的地位而产生的。它的特点是：市长和市议会都通过选举产生，二者之间互相制衡；市长掌握全部的行政权，负责指挥协调大部分的城市管理活动；市政府职能部门长官由市长任免并对市长负责；市长负责编制预算并有权监督各级行政部门提出的预算；市长拥有地方性法规的立法权。强市长制的优点是市长拥有较大权力，有利于提高行政效率，缺点是市长权力缺乏市议会的制约，容易专权。这种强市长制多见于美国大城市中，如纽约、芝加哥、费城、华盛顿等。

弱市长制的特点是市议会的地位高于市长，而市长的权力非常有限。市政府各职能部门长官由市民直接选举，市长只能委任少数不重要的人员，且须征求市议会的同意；行政长官对市议会负责；市议会通过的预算法案和地方性法规等，市长反对无效。市议会还对市长和市政府的工作有准司法性的调查权。弱市长制的优点是市议会对市长权力形成较强制约，防止市长专权，但缺点是行政决策过程缓慢，效率低下，且容易使城市管理陷入政治斗争中。②

(2) 市委员会制

20世纪初的美国非常盛行市委员会制，现在美国的许多中型城市往往采用这种城市管理体制。"该制于1701年起源于得克萨斯州的加尔沃斯顿，故又

① 王佃利等：《城市管理学》，首都经贸大学出版社2007年版，第77～78页。

② 钱振明：《城市管理学》，苏州大学出版社2005年版，第47～48页。

称为加尔沃斯顿制度。”①市委员会的主要特征是市委员会既是市议会，也是市政府，兼有行政权和立法权；市委员会由选民直接选举产生，对选民负责；委员会推选一位委员担任市长职务，主持日常会议；委员会其他委员担任市政府职能部门的长官；城市重大问题由委员会集体讨论决定。市委员会的优点是行政权和立法权统一，行政效率较高，但缺点在于没有行政核心从而难以对行政事务进行统一指挥。

（3）市经理制

市经理制是模仿企业组织形式而形成的一种城市管理体制，它是为了弥补市委员会制的缺点而派生出来的一种城市管理体制，体现了美国城市管理专业化、科学化的原则。它的主要特点是市议会是城市的权力机关，负责制定城市发展的各项政策，由市议会聘请专业人士担任市经理；市经理对市议会负责，但对行政事务有最后决定权；市政府各部门长官由市经理委任，各部门负责人只对市经理负责。一般认为市经理制是美国城市管理体制中较好的一种形式，现在美国约有 1/3 的城市实行市经理制，尤其是中等城市，如奥克兰、罗切斯特、达拉斯等。②市经理制的优点是引入企业的竞争机制，有利于招聘更多的优秀人才，同时可以提高城市管理的专业化水平。缺点是使政治问题和管理问题割裂，导致市经理和市议会在处理问题的时候经常发生分歧。

11.2.2 中国城市管理体制

1. 中国城市管理体制的特点

（1）行政等级制

我国宪法和法律规定，各级地方政府都隶属于上一级地方政府，都是上一级地方政府的下级机关，必须对其负责，接受其领导，同时又必须领导下级人民政府的工作。我国城市按照行政等级可分为：直辖市、副省级市、地级市和县级市。不同等级城市享有不同职权。直辖市相当于省，直接隶属于中央政府，并且具有立法权，而一般城市则没有立法权。

（2）体制同一性

① 潘小娟：《市政管理体制改革：理论与实践》，社会科学文献出版社 1998 年版，第 279 页。

② 姜杰等：《城市管理学》，山东人民出版社 2005 年版，第 75～76 页。

我国宪法、地方组织法和有关法律对市级政权组织形式作了统一规定，市政权由市人民代表大会、市人民政府、市人民法院、市人民检察院组成。我国所有城市的政权组织都是按照这一模式设置的，具有高度同一性。

(3) 中国共产党的核心领导地位

共产党是中国的执政党，是中国的领导核心。与此相应，中共市委拥有对城市政权的绝对领导权。它的核心地位体现在城市中的重大问题都由中共市委及其常委会决定；市政府、法院以及检察院的领导干部人选由中共市委向市人大及其常委会推荐；中共市委通过设在各部门的党组织来领导各部门的日常工作；市长一般兼任市委副书记，处于市委的领导下，从组织上保证市政府能够贯彻执行市委的决定；法院、检察院、公安局和司法局等司法机构接受中共市委政法委的领导；中共市委通过在各政府部门机构中工作的大量中共党员来保证和带动政府机构与人员与市委保持一致。①

(4) 城市管理职能的全面性

我国城市管理职能范围十分广泛，包括了工业、农业、商业、财税、金融、卫生、教育、科技、文化、体育、环保、公安、司法等。不仅要管理城市的各行各业，还要管理郊县和农村的农业生产。在新时期，我国城市管理职能逐渐由全能向有限转变，逐渐转向公共服务领域。

2. 中国城市管理体制的转变

中国城市管理体制格局形成于传统计划经济时期，这一时期的城市政府机构庞大，所有决策权集中于政府主体手中。从政府和企业的关系来看，城市政府直接管理企业，成为企业的主管，政企不分。这一政府职能的严重错位和越位造成了政府社会公共服务职能的缺位并且使得企业自身也缺乏独立性和竞争力。随着改革开放的深入和市场经济的成熟，资本、土地和劳动力等生产要素纷纷流向城市，城市化的速度大大加快。在这一时期，公共资源的多元化发展，使得公共事务的管理更具复杂性和挑战性，于是公共权力也不得不趋向社会化。公众参与和各种非政府组织也成为制衡城市发展的力量。

我国城市管理体制的发展主要有两个阶段：第一个阶段是 1988—1993 年，这段时期是我国城市建设的酝酿准备阶段和大规模城市建设的起步阶段。在这一时期，城市经济的发展要求进一步转变城市管理的职能，而 20 世纪 90 年代

---

① 王佃利等：《城市管理学》，首都经贸大学出版社 2007 年版，第 83 页。

《城市规划法》的实施使得城市的规划职能得到明确。与此同时，中国也拉开了大规模行政改革的序幕。中国行政改革的重要特征就是放权让利。中央放权到企业和地方政府。其中对企业的放权就是实行政企分开，政府对企业的经营不再加以干涉，把企业的生产经营权和投资决策权真正交还给企业，重点推行"利"改"税"的改革，使得企业对政府的依赖程度显著下降。对地方政府的放权则体现在将地方经济发展的一系列管理权限下放给地方政府，扩大地方政府的投资审批权，强化地方政府作为单独投资主体的地位，赋予地方政府必要的税收豁免权和贸易经营自主权。这样地方政府就对本区域的经济、政治和文化等事务拥有了更多的自主权。

第二阶段是从1993年至今，这段时期受到十四大确立的建设社会主义市场经济目标的影响和第六次机构改革的推动，开始从转变政府职能方面来深化城市管理的机构改革。优化了城市管理的内部结构，建立起规划、建设、管理的职能框架，并逐步明确和界定了市、区、街道三级管理体制的格局。①随着改革的深入，中国的城市政府也逐渐从只关注经济职能转向社会公共服务职能上来。

11.3 城市管理

11.3.1 城市管理的定义与特征

1. 城市管理的定义

城市管理（Urban Management）是人们对城市发展和人居环境所进行的控制和治理活动的总称。城市管理的目的在于满足城市的社会和经济发展的要求，它是政府部门的职责之一，也是一项专门科学。据法约尔（H. Fayl）的定义，管理就是实行计划、组织、指挥、协调和控制。而据《中外城市知识辞典》的定义，城市管理就是"对人们所从事的社会、经济、思想文化等方面活动进行决策、计划、组织、指挥、协调、控制等一系列活动的总和。或者说，是对城市中人的因素和物的因素进行整体管理"。联合国人类住居中心在《关于健全的城市管理规范：建设"包容性城市"的宣言草案》中提到，"城

① 姜杰等：《城市管理学》，山东人民出版社2005年版，第94页。

市管理是个人和公私机构用以规划和管理城市公共事务的众多方法的总和。这是一个调和各种相互冲突或彼此不同的利益以及可以采取合作行动的连续过程。它包括正式的体制，也包括非正式的安排和市民的社会资本”。①

2. 城市管理的特征

从城市管理的定义我们可以看出城市管理的特征有如下几个特点：

(1) 管理的综合性

现代城市是一个融合社会、经济、环境资源等系统在内的社会复杂体，这些系统分别具有各自的运行规律和特征，而又互相联系和制约，同时它们还与外部环境有着密不可分的联系。城市的综合性特征决定了城市管理的综合性特征。一个城市的管理者要想治理好一个城市，就必须从战略上综合考虑多种因素，而不能对某一因素进行单独的管理。

(2) 管理主体的多元化

过去传统的城市管理体制强调管理的主体是城市政府，城市政府担负一切城市管理的职能。然而随着社会的进步，现代城市管理强调除了城市政府作为主要的管理主体之外，还有居民、社团、企事业组织等社会力量在其中发挥着重要作用。② 城市管理开始越来越强调公民的广泛参与，比如说社区自治、非营利组织的志愿活动与慈善募捐等。

(3) 管理的科学性

过去城市管理主要依靠行政长官个人的经验和命令来决策，主观性比较强。随着现代科学技术的发展和计算机技术的广泛应用，政府决策开始走上科学化、规范化的道路。如现在方兴正艾的电子政务、公共政策动态模拟库系统等。

(4) 管理的规范化

城市管理的规范化是指城市管理通过推行市政过程的公开化、民主化，保障市民的知情权与监督权，使城市的管理走向规范化、民主化的道路。城市管理的规范化能够保证城市管理过程中不再出现人治现象和决策过程的不透明、不民主现象。

---

① 马彦琳等：《现代城市管理学》，科学出版社 2005 年版，第 5 页。

② 刘文俭：《现代城市管理论纲》，《现代城市研究》，2008 年第 3 期。

(5) 管理的动态性

一个城市的各个组成部分都是在不停运转和变化的，这就要求城市管理者要从长远考虑，充分考虑到实施政策的各种影响，才能保证社会的长治久安。这正如中国古代哲学家荀子所说的“长虑顾后”，只有考虑长远的结果和影响，才能做出正确而客观的决策。

(6) 管理的开放性

城市是一个开放型的大系统，它既要对农村开放，也要对其他城市和国内外市场开放。唯有如此，技术、文化、人力、资金等才能被吸引到城市中，也才能从城市中输出。

11.3.2 城市管理的主要内容

1. 城市规划管理

(1) 城市规划的含义

城市规划是指为了实现一定时期内城市的经济和社会发展目标，确定城市的性质、规模和发展方向，合理地利用城市土地，协调城市空间布局和各项建设事业而进行的一种综合部署。①现代城市是一个融合各种因素与系统的复合体，这一复合体的运行和发展需要城市规划的引导才能走上正常的轨道。缺乏正确的城市规划，一个城市就不可能走上正确的发展道路。由于城市与城市之间有着密切的联系，对一个城市的规划就不能不考虑城市之间的联系，这就要求考虑到一个城市和其他周边城市的整体发展规划，从而能够制定出既符合本城市发展的战略规划，又能符合其他周边城市和区域发展的规划。城市规划具有指导和规范城市建设的重要作用，正确的城市规划能够促进土地资源的合理利用、城市公共物品的提供、推动城市经济的发展。1989 年底我国颁布了《中华人民共和国城市规划法》，为城市规划建设提供了制度上和法律上的保障。

(2) 城市规划理论的产生与发展

城市规划理论的产生和发展有一个漫长的历史发展过程。城市规划理论在奴隶制社会时期就已经萌芽，如古埃及的卡洪城，希腊的古罗马城以及中国的商周都城等城市的布局、结构、建设等都已经体现了一定的城市规划意图。古

① 王佃利等：《城市管理学》，首都经贸大学出版社 2007 年版，第 123 ~ 124 页。

罗马的维特鲁威出版了《建筑十书》一书，被认为是世界上最早的城市规划著作之一。中国商代的两个都城和周王城，都有着整齐的道路规划系统和城市布局。这些都反映了奴隶制社会时期的城市规划理论是围绕着建筑学而展开的，城市的建筑如何布局是这一时期所关注的焦点。在进入封建时代以后，西方城市的发展以封建主的城堡为中心向四周发展，或在交通枢纽的基础上发展起来。15 世纪意大利人菲拉雷特在《理想的城市》一书中，把市中心设计成六角形广场，道路采用放射状，用三条环路来连接。这一思想影响深远，以致后来欧洲许多城市的设计都是沿袭这种思路。①而中国在封建社会的明清时期，北京城的建筑规划格局是严格按照皇城居中偏北，而南北、东西道路组成整齐方阵的格局来设计的。这一时期的城市规划开始注重城市物质形体的特征。

18 世纪中叶的英国工业革命大大改变了人民的生活方式，城市的产业结构和经济结构发生了巨大改变。工业化带来了物质文明的繁荣，然而却带来了其他相关的许多社会与城市问题。人口在城市的聚居导致了住房的短缺和交通的拥挤，以及相伴而来的环境污染和恶劣的居住环境。这些都对原有的城市规划理论提出了挑战，城市规划理论再也不能只停留于建筑学的层面而忽略社会公正。霍华德在 1898 年提出了《田园城市》理论。他认为城市应该具有开放的乡村特点，应该发展低密度建筑，而为了维持城市生态平衡，应该保留大面积的绿化带。另外，应该倡导进行城市规划，加强对城市规划的监督和管理。霍华德的“田园城市”理论从人与自然的生态角度提倡城市的规划，对后来的城市生态规划理论影响深远。

受到“田园城市”理论的影响，英国在 20 世纪 20 年代提出了“卫星城市”理论。卫星城是指在大城市郊区或其附近地区建立的较完善的住宅和公共设施的城镇。居民的正常工作及文化生活需要依靠中心城市来解决，而在卫星城内则集中建设居住建筑和基本的生活福利机构。建立这种城镇旨在控制大城市的过度扩展，疏散过分集中的人口和工业。卫星城虽有一定的独立性，但是在行政管理、经济、文化以及生活上同它所依托的中心城市有较密切的联系，与中心城市之间保持一定的距离，一般以农田或绿带隔离，但有便捷的交通联系。卫星城市理论提出后，在法国、英国、美国等西方国家广泛实施，现在已是大多数西方国家城市规划的指导思想。

---

① 马彦琳等：《现代城市管理学》，科学出版社 2005 年版，第 5 页。

1929 年美国人科拉伦斯·佩里创建了“邻里单元”理论。邻里单元理论包括 6 个要点：根据学校确定邻里的规模；过境交通大道布置在四周形成边界；邻里公共空间；邻里中央布置公共设施；不与外部衔接的内部道路系统。第二次世界大战后，“邻里单元”理论被广泛运用并逐渐发展成为“小区规划”理论。“小区规划”理论把小区作为构成一个居住区的基本细胞，同时将居住区的规模进一步扩大，不以一般的城市道路来划分或者一个小学的辐射范围作为标准，而以交通主干道或其他天然、人工界线来划分。在小区范围内，把居住建筑、公共设施、绿地等进行综合安排，一般的生活服务也可以在小区内解决。

1933 年 8 月在希腊雅典召开的国际现代建筑协会会议上，提出了《雅典宪章》。《宪章》在定义和引言以及总结中系统地阐述了城市和它的周围区域之间的有机联系，指出城市和乡村都是组成一定区域的必要元素，因此，不能把城市与它所在区域脱离而作单独的研究。《宪章》认为，必须以一个经济单位的区域规划来代替现在单独的、孤立的城市规划。每个城市都应该有一个同区域规划、国家计划相配合的城市规划方案。《宪章》认为影响城市发展的基本因素经常在变化，因此城市规划必须预见到城市在时间和空间上不同阶段的发展，并在规划中将各种自然的、社会的、经济的和文化的因素结合起来。《宪章》提出了规划师应建立以人的需要和以人为出发点的价值观念，并认为城市规划所采取的方法和途径，主要是受一定时代的政治、社会和经济的制约。《宪章》研究和分析了现代城市在居住、工作、游憩和交通四大功能方面的实际状况和缺点，并提出了改进的意见和建议，指出城市的四大功能要协调地发展，而且在发展的每个阶段中要保持各种功能之间的平衡。它把城市规划从单纯的空间艺术构图中解脱出来，置于科学的基础上。《宪章》所阐明的思想及其对现代城市规划所提出的许多具体原则，在其后几十年世界各国的规划和建筑实践中起着重要的作用。1977 年在秘鲁首都利马，一些世界知名城市的规划设计师以《雅典宪章》为基础，签署了新宪章《马丘比丘宪章》，这个宪章包含了《雅典宪章》的各项概念，又增加了对城市增长、环境污染、工业技术等问题的分析和论述。①

---

① 《雅典宪章》，中国百科网，http：//www.chinabaike.com/article/316/416/2007/20070506109632.html，2008-10-01.

(3) 我国城市规划的基本原则

《规划法》第13条规定：编制城市规划必须从实际出发，科学地预测远景发展的需要；应当是城市的发展规模、各项建设标准、定额指标、开发程序同国家和地方的经济技术发展水平相适应。要编制城市规划，就必须要先了解城市自身的历史、自然与人文环境，以及它与周边城市的关系。只有对一个城市自身的状况有了深入了解，才能制定出符合这个城市发展的城市规划方案。《规划法》第14条规定：编制城市规划应当注意保护和改善城市生态环境，防止污染和其他公害，加强城市绿化建设和市容环境卫生建设，保护历史文化遗产、城市传统风貌、地方特色和自然景观。我国是一个发展中国家，在发展经济的同时不可避免地导致了环境的污染和破坏。因而城市规划需要加大防止污染和其他公害的力度。我国有着丰富的历史文化传统，其中很多大中城市都是历史文化名城，因而在城市规划中要充分考虑到保护历史文化古迹的因素。在城市规划中，要强调城市的过去和未来、城市发展和环境保护、自然与城市的可持续发展。《规划法》还规定：编制城市规划应当贯彻合理用地、节约用地的原则。我国土地资源有限，随着城市化的不断发展，城市人口逐渐增加，城市土地就越来越紧张。所以，城市规划一定要从整体上把握，通盘考虑，节约利用土地。

(4) 我国城市规划的主要内容

《中华人民共和国城市规划法》规定我国城市规划分为三个层次，分别是城市总体规划、城市分区规划和城市详细规划。其中，城市总体规划是城市规划的纲领性文件，是城市政府进行城市规划管理的法律依据。它是城市政府对一定时期内城市性质、发展目标、发展规模、土地利用、空间布局等的综合部署和实际措施。城市总体规划的期限一般为20年。我国城市规划法规定，大中城市为了控制和确定不同地段的土地用途、范围和容量，协调各项基础设施和公共设施的建设，可以在总体规划的基础上编制分区规划。它包括了利用区内土地的使用形式、建筑和用地的容量控制指标、居住人口的分布以及安排市区等各级公共设施的分布及其用地分类，确定城市主次干道位置，支路走向及宽度，广场、停车场位置等。城市详细规划以总体规划或者分区规划为依据，详细规定建设用地的各项指标和其他规划管理要求，直接对局部地区的建设做出安排的具体规划。城市详细规划可划分为控制性详细规划和修建性详细规划两个层次。其中控制性详细规划侧重于控制建设用地性质、使用强度和空间环境，是政府进行城市规划管理的直接依据，并指导修建性详细规划的编制。修建性详细规划则是控制性详细规划的具体化，制定用以指导各项建筑和工程设施的设计和施工的规划设计。①

2. 城市基础设施管理

(1) 城市基础设施的定义

城市基础设施中的“基础设施”，原意为基础或建筑物、构筑物的底层机构或下部机构。1994年年度的《世界银行发展报告》将城市基础设施概括为“永久性工程构筑、设备、设施和它们所提供的为居民所用和用于经济生产的服务”。这些基础设施包括三类：一是公用事业，包括电力、管道煤气、电信、供水、环境卫生和排污系统、固体废弃物收集和处理系统等；二是公共工程，包括大坝、灌溉设施和道路等；三是其他交通部门，包括铁路、城市交通、海港、水运和机场等。②与此定义相对应，城市基础设施建设包括城市能源设施建设、城市供水及排水设施建设、城市交通设施建设、城市邮电通信设施建设、城市生态设施建设以及城市防灾设施建设。其中，城市能源设施建设包括为城市生产和市民生活提供动力、照明、供热、炊事、娱乐等功能设施的建设。城市供水及排水设施建设包括城市取水子系统、输水管道的铺设、自来水厂和城市排水、排污系统的建设。城市交通设施建设主要包括城市航空交通子系统、城市水运交通子系统、城市轨道交通子系统以及城市道路交通子系统的建设。城市邮电通信设施建设主要包括邮政子系统、广播子系统和电视子系统等的建设。城市生态设施建设包括城市园林子系统、城市绿地子系统以及城市环卫子系统的建设。城市防灾设施建设主要包括城市消防子系统，防洪、防涝子系统，抗震、防震子系统以及城市人防子系统。

(2) 城市基础设施的特征

城市基础设施首先具有公共性的特征。公共性指的是城市基础设施是为整个城市社会服务而不是为某个人或某个家庭服务，它在本质上是一种公共产品。其次，城市基础设施还具有效益间接性的特征。城市基础设施是为城市和

---

① 王佃利等：《城市管理学》，首都经贸大学出版社2007年版，第131页。

② *World Development Report 1994 Infrastructure for Development*, http://econ.worldbank.org/external/default/main? pagePK = 64165259&theSitePK = 469372&piPK = 64165421&menuPK = 64166093&entityID = 000011823_ 20071010172019, 1994, p. 2.

社会各个部门正常运行而建造的基础设施工程，它的建造周期长，使用期限长久，因而城市基础设施建设的经济效益在短期内很难收回，但通过对其他部门和产业的支持，间接地促进了城市的发展和社会的进步。再次，城市基础设施的运转具有系统性和协调性特征。城市基础设施的建设是一个系统工程，不仅要考虑一个基本设施项目的建设，还要综合全盘考虑到各种基本设施项目之间的相互联系和相互影响。

(3) 城市基础设施的管理

城市基础设施管理可以分为两个部分：融资管理和经营管理。

在融资管理方面，城市基础设施融资是指政府、企业、个人等资金供给者向城市基础设施建设投资的途径和渠道。具体说来，有政府融资、银行融资、商业融资、资本市场融资以及国际融资五种形式。政府融资是指政府财政部门以向基础设施建设资金需求部门拨款的形式融资的过程。预算内投资和特种税费融资是政府融资的主要方式。政府仍然是基础设施建设融资的主力军。银行融资是各类金融机构（包括政策性银行和商业银行）以向基础设施建设资金需求部门贷款的方式融资的过程。商业融资是指企业向基础设施建设资金需求部门融出资金的过程。由于企业尤其是中小企业往往追求的是短期的利润，而城市基础设施建设周期长，投资量大，回报率低，因而只有少数实力雄厚的企业才能实行这种融资方式。资本市场融资是城市基础设施建设资金需求者以发行股票和债券的形式来取得资金的融资方式。这是发达国家常用的国家基础设施建设融资的方式。国际融资则是资金需求者向国外机构取得城市基础设施发展资金的方式，主要有外商投资、利用国外贷款和利用国外资本市场三种方式。

在经营管理方面，主要有以下几种模式：一是政府主导型。政府投资建设、管理、经营城市基础设施。政府主导型表现为政府拥有城市基础设施的所有权、使用权、处置权和收益权。这种经营管理模式主要应用于城市绿化、市容行业等难以引入市场竞争机制的城市公用事业。二是公私合作型。这一类型根据公私合作的程度不同，可以分为三个子类：①

BOT（Build-Operate-Transfer），即建设—经营—转让方式。典型的BOT形式，是政府同私营部门的项目公司签订合同，由项目公司筹资和建设基础设施项目。项目公司在协议期内拥有、运营和维护这项设施，并通过收取使用费或

① 王佃利等：《城市管理学》，首都经贸大学出版社2007年版，第183页。

服务费用，回收投资并取得合理的利润。协议期满后，这项设施的所有权无偿移交给政府。BOT方式主要用于发展收费公路、发电厂、铁路、废水处理设施和城市地铁等基础设施项目。

TOT（Transfer-Operate-Transfer）方式是将现有已经建成的设施转让给投资者，一般不涉及项目的建设过程，避开了BOT方式在建设过程中面临的各种风险和矛盾，如建设成本超支、工程停建或者不能正常运营、现金流量不足以偿还债务等，又能尽快取得收益，因此容易使双方达成合作。有些项目可能需要进行技术改造，但同新建项目相比，面临的风险和矛盾已大大降低。

PPP（Private-Public-Partnership）即为“公私合伙制”，指公共部门通过与私人部门建立伙伴关系提供公共产品或服务的一种方式。PPP包含BOT、TOT等多种模式，但又不同于后两者，更加强调合作过程中的风险分担机制和项目的货币价值（value for money）原则。PPP模式是在公共基础设施建设中发展起来的一种优化项目融资与实施的模式，这是一种以各参与方的“双赢”或“多赢”为合作理念的现代融资模式。其典型的结构为：特许经营类项目需要私人参与部分或全部投资，并通过一定的合作机制与公共部门分担项目风险、共享项目收益。根据项目的实际收益情况，公共部门可能会向特许经营公司收取一定的特许经营费或给予一定的补偿，这就需要公共部门协调好私人部门的利润和项目的公益性两者之间的平衡关系。因而特许经营类项目能否成功在很大程度上取决于政府相关部门管理水平的高低。通过建立有效的监管机制，特许经营类项目能充分发挥双方各自的优势，节约整个项目的建设和经营成本，同时还能提高公共服务的质量。①

3. 城市环境管理

（1）城市环境的含义

城市环境是指人类利用和改造自然环境而创造出来的高度人工化的生存环境。既包括地理、气象、生物等自然环境，也包括房屋、工厂、道路、市政基础设施、园林绿化设施在内的社会环境。城市环境有如下几个特点：一是城市环境是以人为主体的环境。虽然城市环境是自然环境和人工环境相融合的产物，但人依然是城市环境的主体。围绕人的需求而对自然环境加以改变是人工

① 参见“Public-private partnership”，http：//en.wikipedia.org/wiki/Public-Private_Partnership，2008-09-28.

环境形成的基础。通过这种“自然的人化”，城市环境得以形成并且带上了深深的人的烙印。二是城市环境是一个开放的系统。每一个城市都与其他城市和地区相连，城市与城市、区域之间的物质交流对一个城市的生存和发展来说是必不可少的。城市的运转需要从外部区域输入大量的生产资料和生活资料，同时又必须输出大量的废物垃圾。因此，城市环境的状况，不仅是自身环境的改变，还受到别的区域和城市的影响，同时它也在影响着别的城市和区域。三是城市环境的脆弱性。由于城市环境是一个人为的环境，人口的聚居和活动、水和能源的集中供应以及垃圾集中清运等特征造成了城市环境系统的脆弱化。任何其中一个环节或因素发生了问题，造成的结果都会非常严重。四是城市环境污染问题严重。城市往往是工业的集聚地，工业排放出的废水、废渣和废气都是污染城市环境的主要来源。同时城市也是机动车密集的区域，机动车产生的尾气也是污染环境的重要来源。

（2）城市环境管理的含义

城市环境管理是城市政府运用经济、行政、法律、科技、教育及大众传媒等手段，通过全面系统的规划，对城市中的各类组织和个人的社会活动进行组织和监督，使城市经济、社会的发展与城市环境协调发展。城市环境管理的实质是通过影响人的行为，使人类对环境总资源进行合理的利用，以达到满足全人类的一切基本需要，又不超过生态系统的容纳极限，最终实现城市发展和生态环境可持续发展的目的。①

（3）我国城市环境管理体制及内容

环境保护局是我国城市政府环境保护的行政主管部门，主要职责是依照法律和行政法规，对城市环境保护实施统一监督管理，防止污染和其他公害，保护和改善生活环境，促进经济环境与社会持续、协调、健康地发展。具体来说，环境保护局的职能主要包括以下几个方面：①制定本辖区地方环境保护规章和办法；协同有关部门，制定与环境保护相关的经济、技术、资源配置和产业政策。②编制本辖区环保规划、计划。参与制定经济和社会发展中长期规划、年度计划。参与审核城市总体规划和城市建设中环境保护内容。③贯彻执行国家环境保护有关标准、技术规范。④监督管理辖区内各类污染物、污染源的防治工作。对环境污染纠纷、重大环境系数、生态破坏事件进行调查处理；承办同级人大、政协有关环保的议案、提案，处理群众有关环境保护的来信来

① 王佃利等：《城市管理学》，首都经贸大学出版社 2007 年版，第 303 页。

访。⑤管理辖区内自然环境保护工作，协调、监督自然保护区、生物多样性、野生动植物保护工作；指导辖区内生态农业建设工作；监督对生态环境有影响的资源开发活动。⑥负责辖区内排污申报登记、排污许可证、排污收费、环境影响评价、“三同时”、限期治理等环境管理制度的实施。⑦负责城市环境综合整治定量考核的组织协调工作。⑧负责组织辖区内环境保护科研工作。⑨管理辖区内环境监测工作。⑩组织辖区内环境保护宣传教育工作。①

我国城市环境管理的主要内容包括城市市容管理、城市园林绿化管理和城市环境卫生管理。城市市容管理是城市政府的有关部门对城市的建筑外貌、景观灯光、户外广告规范设置等的整洁、规范依法进行管理的活动。城市市容是城市形象的重要标志之一，市容管理是城市综合管理中的重要组成部分，是衡量城市管理水平高低的重要尺度之一。我国在 1992 年颁布实行的《城市市容和环境卫生管理条例》规定城市市容管理的主要内容包括以下几个方面：一切单位和个人都应当保持建筑物的整洁、美观；在城市中设置户外广告、标语牌、画廊、橱窗等，应当内容健康、外形美观，并定期维修、油饰或者拆除；大型户外广告的设置必须征得城市人民政府市容环境卫生行政主管部门同意后，按照有关规定办理审批手续；城市中的市政公用设施，应当与周围环境相协调，并维护和保持设施完好、整洁；主要街道两侧的建筑物前，应当根据需要与可能，选用透景、半透景的围墙、栅栏或者绿篱、花坛（池）、草坪等作为分界；临街树木、绿篱、花坛（池）、草坪等，应当保持整洁、美观；任何单位和个人都不得在街道两侧和公共场地堆放物料，搭建建筑物、构筑物或者其他设施；在市区运行的交通运输工具，应当保持外形完好、整洁；城市的工程施工现场的材料、机具应当堆放整齐，渣土应当及时清运，临街工地应当设置护栏或者围布遮挡；一切单位和个人，都不得在城市建筑物、设施以及树木上涂写、刻画；单位和个人在城市建筑物、设施上张挂、张贴宣传品等，须经城市人民政府市容环境卫生行政主管部门或者其他有关部门批准。②

城市园林绿化管理是城市政府的行政主管部门对城市的各种绿地、林地、公园、风景游览区等的建设、养护和管理。城市园林绿化是现代城市基础建设中的重要组成部分，是城市形象、城市文明、城市文化和城市特色的重要体现，是城市现代化建设的重要标志，对优化城市环境，提高群众生活质量，促

① 参见《关于全国环境保护管理机构规范化建设的意见》，第 6 条。

② 参见《城市市容和环境卫生管理条例》，1992 年，第 9 ~ 17 条。

进城市可持续发展起着重要的作用。在我国，市园林管理局是城市园林绿化的行政主管部门，它主要负责园林绿化的规划管理、建设管理、产权管理、监督管理以及城市公园和古树名木的管理。

城市环境卫生管理是在城市政府领导下，相关行政主管部门根据现代化城市建设与管理的要求，依靠专职队伍和社会力量，运用行政、法律、经济、技术等手段，对城市各种空间环境卫生实行的全方位管理，维护城市环境整洁。我国城市环境卫生的主管机构是城市市容环境卫生管理局或类似机构。城市环境卫生管理的主要内容有：城市中的环境卫生设施，应当符合国家规定的城市环境卫生标准；城市人民政府在进行城市新区开发或者旧区改造时，应当依照国家有关规定，建设生活废弃物的清扫、收集、运输和处理等环境卫生设施；城市人民政府市容环境卫生行政主管部门，应当根据城市居住人口密度和流动人口数量以及公共场所等特定地区的需要，制定公共厕所建设规划；多层和高层建筑应当设置封闭式垃圾通道或者垃圾贮存设施，并修建清运车辆通道；一切单位和个人都不得擅自拆除环境卫生设施；按国家行政建制设立的市的主要街道、广场和公共水域的环境卫生，由环境卫生专业单位负责，居住区、街巷等地方，由街道办事处负责组织专人清扫保洁；城市人民政府市容环境卫生行政主管部门对城市生活废弃物的收集、运输和处理实施监督管理；对城市生活废弃物应当逐步做到分类收集、运输和处理；公民应当爱护公共卫生环境。①

4. 城市社会保障管理

(1) 城市社会保障管理的定义

城市社会保障管理是国家社会保障的重要组成部分，是指城市的社会保障职能机构贯彻落实国家的社会保障法律和政策，依法建立城市社会保障体系，筹集和运行保障资金，调节保障分配，维持保障秩序等一系列管理活动。城市社会保障是通过组织国民收入的分配和再分配，依法对社会成员的基本生活权利予以保障的一项福利制度，其目的是保证无收入、低收入以及遭受各种意外灾害的城市居民能够维持生存，保障城市劳动者在年老、失业、患病、工伤、生育时的基本生活不受影响，同时根据经济和社会发展状况，逐步增进城市社会成员的福利水平。城市社会保障体系由城市社会救助、城市社会保险、城市社会福利和城市社会优抚四部分组成。其中城市社会救助是社会保障的最低层

① 参见《城市市容和环境卫生管理条例》，1992 年，第 18～33 条。

次，对象是社会中的最弱势群体，包括城镇中的贫困户、无依无靠和无生活来源的贫困者、城市灾民等因为其自身的原因或不可抗拒的外因，生存处于困难境地的人。社会救济的目的就是保障他们能够得到基本生存条件。费用主要来自于国家财政支出，辅以社会筹资。城市社会保险一般包括养老保险、医疗保险、失业保险、工伤保险等，对象是有工资收入的劳动者，目的是帮助劳动者在暂时或永久损失劳动能力时仍能保障其基本生活水平。社会保险实行权利和义务相对应的原则，劳动者只有履行了缴费义务，才能获得相应的收入补偿权利。社会福利是社会保障的最高层次，对象是全体公民。社会福利涉及的范围很广，它对全体城市公民在生命全过程中所需要的生活、卫生、环境、住房、教育、就业等方面提供各种公共服务。社会福利在不同的经济发展水平、不同的经济体制、不同的国家之间有很大区别。实行社会福利的目的是为了提高社会成员的生活水平和生活质量。

(2) 城市社会保障的类型

总的来说，当今世界比较完整的社会保障制度大体上可以分为三种类型：福利型、保险型和强制储蓄型。① 其中福利型社会保障制度强调政府的责任，保险型社会保障制度突出政府、企业和个人三个方面的责任，强制储蓄型社会保障制度则更强调个人的责任。

福利型社会保障模式的基本特征是：社会保障主体是国家，以公共支出的方式使全民享受普遍的社会保障待遇；社会保障范围广泛，包括公民生活的各个方面；社会保障资金主要来源于国家税收，国家财政负担沉重；公民生活中的一切必须的需要不受时间、地点和其他因素的限制，都给予救助或补助。福利型社会保障模式以英国、瑞典为代表，多见于北欧和西欧国家。

保险型社会保障制度的基本特征是：权利与义务相对应；社会保障费用由政府、企业和劳动者三方分担，个人和企业缴费为主要社会保险基金的来源；以保障基本生活水平为原则；享有的社会保险水平与劳动者的个人收入和缴费相联系。保险性社会保障制度以德国、美国、日本等国家为代表。

强制储蓄型社会保障制度的基本特征是：建立中央公积金（Central Provident Fund，CPF）个人账户，雇主和雇员的缴费全部计入中央公积金个人账户；政府不提供任何资助；雇员退休后的养老保险待遇完全取决于其个人账户积累。强制储蓄型社会保障制度以新加坡为代表。

① 王佃利等：《城市管理学》，首都经贸大学出版社 2007 年版，第 231 ~ 232 页。

(3) 我国城市社会保障制度的改革

在计划经济体制下，城市社会保障局限在全民所有制领域，从事个体经营的劳动者享受不到社会保险。20世纪60年代中期以后则以“单位”保障为特点，形成了“广就业、低工资、高福利”三位一体的格局。劳动者保障水平的高低往往取决于所就业的单位。这种城市社会保障制度不符合劳动法和宪法所规定的劳动者享有平等的社会保险权利的规定，同时也不利于劳动力的合理流动和多种经济形式的发展。这种城市社会保障制度还造成了分配上的平均主义和国家、企业的双重负担。

改革开放20多年来，中国的社会保障事业得到了迅速的发展，社会保障的各个领域都进行了深刻的改革，养老、医疗、失业三大保险的基本框架正在建立和完善，基本形成了与市场经济体制相适应的城市社会保障制度。1997年开始在全国建立统一城镇企业职工基本养老保障制度。1998年又建立了城镇职工基本医疗保障制度。1999年颁布的《失业保险条例》规定失业保险覆盖城镇所有企事业单位及其职工，所有企事业单位及其职工必须按比例缴纳失业保险费。与此同时，社会救济在扶贫解困方面发挥了巨大的作用，1993年我国对城市社会救济制度进行改革，开始建立最低生活保障制度。1999年颁布了《城市居民最低生活保障条例》，在全国所有城市和有建制的县城建立了最低生活保障制度。社会福利方面，国家在1990年颁布了《中华人民共和国残疾人保障法》，1996年颁布了《中华人民共和国老年人权益保障法》，保障城市特殊困难群体的生活权益。

本章小结

本章主要介绍了城市管理体制的基本内容。城市是当今世界最重要的社会形态之一，而城市产生以后，就有了各种对城市事务进行管理的活动。城市管理学就是对城市管理活动规律研究的具体应用学科。通过对本章的学习，我们将了解到城市管理的本质和基本内容和我国城市管理体制与西方的差距，这对于推进城市管理科学理论与实践的结合，提高我国城市管理水平，具有重要的理论和现实意义。

关键术语

城市　城市化　城市政府　市长议会制　强市长制　弱市长制

市委员会制　市经理制　城市管理　城市规划管理
城市基础设施管理　城市环境管理　城市社会保障管理

复习思考题

1. 试析城市、城市化及城市政府的含义。
2. 试析西方城市管理体制与我国城市管理体制的异同点。
3. 试论中国城市管理体制的变革。
4. 试论城市管理的基本内容。

案例分析

发“红包”不万能　完善社会保障体系更关键

被人称为“天上掉钞票”的故事——东莞拿1.2亿元给12.2万低收入市民发生活补贴，当初表态要效仿澳门分红时，一度被讥为作秀，甚至有人看成是荒诞或怪异的表达。也有专家认为，发“红包”这一想法是一个负责任政府应有的态度，彰显勇气与担当。(7月8日《南方日报》)

随着事件进展，东莞市政府也正渐渐卷入一场舆论“漩涡”：究竟在给全民派糖，还是补助困难户？究竟在故意作秀，还是真心落实？究竟合理合法，还是违规操作？具有代表性的新闻标题有：“东莞派发亿元红包”，“东莞派糖：一个天上掉钞票的故事”。媒体也纷纷评论，指出当前是人民最需要“红包”的时候。“红包”的设想并非不可行，真正的问题是我们有没有“有为者亦若是”的改革勇气，在操作层面上大胆尝试。

其实，关于“红包”之说，此前还有一次舆论铺垫。今年1月上海召开“两会”期间，上海市政协委员邢普曾提交一份正式提案——《建议研究全国人民每人发放1000元以分享财政收入高增长的提案》，此言一出即已引发社会热议。而澳门特区政府决定派红利发生在今年3月初：拿出逾20亿元的盈余，向全体居民派发红利，永久居民可以获5000澳元，非永久居民可以获3000澳元。无论如何，地方政府关注民生、保障民生的“红包行为”应该得到鼓励和肯定。从另一个角度来讲，“政府分红”的实施也将凸显政府“执政为民”的理念，为政府“加分”。

通过公共财政来缓解民生的困难，是一个负责任的政府的分内之职。公共财政在本质上是以国家为主体的“取之于民，用之于民”的分配关系。随着中国经济社会的飞速发展，政府的钱袋子越来越鼓了。但让人感到忧虑的是，我们发现已经掉入“国富民穷陷阱”。财政收入的增长速度明显快于居民收入的增长速度，随着工资不断地涨，百姓钱袋并没有鼓胀起来，钱袋子反而在缩水。随着我国社会主义市场经济体制的不断完善，国家必须进一步完善社会管理和履行公共服务职能。需要指出的是，“红包”固然可行，但毕竟是随机性的，不具有长期稳定性，从长远来看，则应完善财政决策机制，建立健全社会保障制度，加大财政支持力度，完善社会保障体系。

完善的社会保障体系是社会的减震器、安全网和内在稳定器。公共财政应为国民提供均等的致富机会，保证社会的公平正义和充满活力，为和谐社会的构建创造良好的制度环境。公共财政是提供机会均等服务的财政。在“贫穷-富裕”的路径中，公共财政通过在公共教育方面的投入，理顺政府职能部门支出体系，给公民提供平等公平竞争的机会。在“富裕-贫穷”的路径中，公共财政保障充分的竞争，防止“富者愈富，贫者愈贫”的马太效应，给市场竞争中的失败者提供最基本的社会保障。

近年来我国政府逐步加强了社会保障制度建设，扩大了社保对象范围，并适当提高了城市最低生活保障线标准等。但也应该看到，目前我国最低生活保障线仍然很低，难以满足城市贫困家庭的最基本生活需要。特别是现在我国还有很多困难企业的职工及广大的农村居民均未纳入社会保障的范围，一旦遇到大的家庭变故如疾病、天灾等，就可能会使他们陷入生活绝境。社会保障制度不健全，导致大量低收入群体和弱势群体的生活非常困难，影响了社会稳定。因此，在坚持“效率优先”，让一部分人先富裕起来的同时，政府必须“兼顾公平”，让弱势群体和困难群众都能分享到经济发展的成果。当前的目标，不应满足于发“红包”，而是应当致力于扩大社会保障的覆盖面，建立起低水平的、覆盖面广的社会保障体系。

（资料来源：《大众日报》，2008年7月11日。）

请思考

1. “发红包”是一种有效的社会保障手段吗？
2. 中国的社会保障制度改革应怎样从现有的基础上推行下去？

阅读书目

1. 王佃利等：《城市管理学》，首都经贸大学出版社2007年版。

2. 钱振明：《城市管理学》，苏州大学出版社2005年版。

3. 潘小娟：《市政管理体制改革：理论与实践》，社会科学文献出版社1998年版。

4. 姜杰等：《城市管理学》，山东人民出版社2005年版。

5. 马彦琳等：《现代城市管理学》，科学出版社2005年版。

6. 张波等：《城市管理学》，北京大学出版社2007年版。

7. *World Development Report* 1994 *Infrastructure for Development*, World Bank, 1994.

第12章 特别行政区政府

☞简短提要

本章在介绍特别行政区的概念、特点、与中央政府的关系、自治权的内容和特别行政区居民的权利与义务的基础上，结合西方国家特别行政区的产生和发展，总结了西方国家特别行政区的模式和特点；然后，以此为背景介绍了中国香港特别行政区和澳门特别行政区。

☞重点问题

本章主要涉及以下问题：(1) 特别行政区的含义及其特别之处；(2) “一国两制”构想的形成和实践；(3) 我国特别行政区机关及其关系；(4) 西方国家特别地方政府模式；(5) 中国香港特别行政区；(6) 中国澳门特别行政区。

特别行政区是中国的一种地方特别行政建制。根据中国宪法的规定，国家在必要时设立特别行政区，实行“一国两制”，特别行政区实行高度自治，享有行政管理权、立法权、独立的司法权和终审权，但并不是一个独立的政治实体，它是中央人民政府领导和监督下的地方政府。特别行政区采用行政主导的三权分立政治体制。

12.1 我国的特别行政区制度概述

12.1.1 特别行政区的概念与特点

1. 特别行政区的概念

特别行政区是指在中华人民共和国版图内，根据宪法和法律的规定，实行不同于一般行政区的政治、经济和法律制度，具有特殊的法律地位，但在中央政府管理之下，不拥有国家主权的行政区域。特别行政区是我国为解决香港、澳门和台湾问题而设立的特殊的地方行政区域，构成了我国单一制的一大特点。

在实行单一制的法国、意大利和西班牙等国，其国内法律也确立了这种性质的地方行政单位，尽管它们不被称作行政特区或特别行政区。例如，法国的科西嘉大区（包括上、下科西嘉两个省）、意大利的西西里、撒丁西亚等地区和西班牙的巴斯克和卡塔卢尼亚地区都是具有行政特区性质的地方自治单位。

2. 我国特别行政区的特点

中华人民共和国建立后，也曾设置过不同形式和享有不同自治程度的行政特区，具有典型意义的行政特区是海南行政区。鉴于海南岛的特殊地理位置，1950 年设立了海南行政区海南行政公署。1984 年 5 月，六届人大二次会议通过了《关于海南行政区建置的决定》，正式成立作为一级地方国家政权的海南行政区，作为省县之间的一级政权实体，海南行政区具有比一般地级政府更高的行政地位，如它拥有一个自治州、一个市和 9 个县。这种情况一直存在到 1988 年。1988 年 3 月，七届人大一次会议决定撤销海南行政区，建立海南省。它作为行政区的特别建制遂成为历史。

行政特区的形式仍在发展之中。中国现行《宪法》第 31 条规定：国家在必要时得设立特别行政区。在特别行政区内实行的制度按照具体情况由全国人民代表大会以法律形式规定。特别行政区的设立具有创造性，为解决一国中央与地方权力关系提供了一种新的视角和有效途径。在中国，特别行政区是“一个国家，两种制度”这一伟大政治构想和设计的具体制度化体现。目前，中国共有香港和澳门两个特别行政区。

特别行政区相对于我国其他地方行政区域来说，有以下特点：

(1)“一国两制”

在统一的中华人民共和国境内，在主体部分坚持实行社会主义制度、坚持四项基本原则的前提下，为解决香港、澳门、台湾历史遗留问题，根据宪法的规定设立特别行政区，在一个相当长的时期内，保持其原有的资本主义社会经济制度和生活方式，不实行社会主义制度。

(2) 高度自治

特别行政区是统一的中华人民共和国的一个地方行政区域，但与其他一般行政区域不同，它实行高度自治，依照法律的规定享有立法权、行政管理权、独立的司法权和终审权。特别行政区通用自己的货币，财政独立，收入全部用于自身需要，不上缴中央人民政府，中央人民政府不在特别行政区征税。

(3) 由当地人管理

特别行政区的政权机关由当地人组成，中央人民政府不派遣干部到特别行政区担任公职，亦即实行所谓的“港人治港”、“澳人治澳”。

12.1.2　“一国两制”构想的形成和实践

1.“一国两制”伟大构想的形成及含义

港澳特别行政区制度的确立与“一国两制”构想的提出和运用是密不可分的。“一个国家，两种制度”，简称“一国两制”，这一构想的最初提出是为了解决中国的和平统一问题。被誉为中国改革总设计师的邓小平曾多次阐述这一构想，如他认为：“‘一国两制’也要讲两个方面。一方面，社会主义国家里允许一些特殊地区搞资本主义，不是搞一段时间，而是搞几十年、成百年。另一方面，也要确定整个国家的主体是社会主义。”① 在一次谈到解决香港问题时，他又讲道：“实行‘一个国家，两种制度’，具体说，就是在中华人民共和国内，十亿人口的大陆实行社会主义制度，香港、台湾实行资本主义制度”。② 总结起来讲，“一国两制”的具体含义就是，在一个中国的前提下，国家的主体（大陆）坚持社会主义制度，有关地区（香港、澳门和台湾）保持原来的资本主义制度长期不变。

---

① 《邓小平文选》，第 3 卷，人民出版社 1993 年版，第 219 页。

② 《邓小平文选》，第 3 卷，人民出版社 1993 年版，第 58 页。

“一国两制”构想，从具体过程来看，首先是从解决台湾问题出发而提出的。1979年元旦，叶剑英同志发表了《告台湾同胞书》，阐释了国家对台湾问题的方针和政策（共9条）。第一次关于“一国两制”的最初设想是由邓小平在美国参、众两院发表的演说中提出的。他说：“我们不再用‘解放台湾’的提法了，只要台湾回归祖国，我们将尊重那里的现实和现行制度。”① 1981年9月30日，叶剑英同志向新华社发表谈话，进一步声明了和平统一祖国的九条方针政策。他明确提出，国家实现统一后，台湾可作为特别行政区，享有高度的自治权，并可保留军队。中央政府不干预台湾的地方政务。台湾现行社会、经济制度不变，生活方式不变，同外国的经济、文化关系不变。私人财产、房屋、土地、企业所有权、合法继承权和外国投资不受侵犯。②

1982年1月10日，邓小平在会见外宾时首次提出了“一国两制”这一概念。他说，九条方针是以叶剑英委员长的名义提出来的，实际上就是“一国两制”。同年9月，在会见英国首相撒切尔夫人时，邓小平再次重申中国在解决香港问题上的明确立场和实施“一国两制”的决心。这也为中英双方进行香港问题谈判奠定了基础。③

江泽民在中共十四大政治报告中是这样系统地总结“一国两制”内涵的。在一个中国的前提下，国家的主体维持社会主义制度，香港、澳门、台湾保持原有的资本主义制度长期不变，按照这个原则来推进祖国和平统一大业的完成。后来，中共中央宣传部于1995年5月发表了《邓小平同志建设有中国特色社会主义理论学习纲要》，将邓小平理论体系的主要内容分为16个理论问题加以论述。在《一个国家，两种制度——关于祖国统一的理论》一篇中，第68条写道：“‘一国两制’的基本内容是：在一个中国的前提下，国家的主体维持社会主义制度；香港、澳门、台湾是中华人民共和国不可分离的部分，它们将作为特别行政区保持原有的资本主义制度长期不变。在国际上代表中国的，只能是中华人民共和国。”④

---

① 参见《人民日报》，1992年7月24日。

② 叶剑英：《关于台湾回归祖国实现和平统一的方针政策》，载中共中央文献研究室：《三中全会以来重要文献选编》（下册），人民出版社1982年版，第966页。

③ 参见《邓小平文选》，第3卷，人民出版社1993年版，第12～15页、387～390页关于香港问题的注释。

④ 转引自施汉荣：《“一国两制”与香港》，广东人民出版社1995年版，第29～30页。

此时的“一国两制”构想仍然只是一个抽象的概念，具体如何实施还有待进一步的摸索。尽管该构想没有得到台湾地区领导人的完全赞同，但是，该构想的提出为中、英、葡三方以和平方式解决香港和澳门问题提供了一条切实可行的方案。

2.“一国两制”伟大构想的实践——特别行政区制度的确立

我国通过对宪法的修改，以及与英国和葡萄牙签订联合声明的形式，从法律上确立了特别行政区制度，为香港和澳门重回祖国的怀抱、建立香港和澳门两个特别行政区创造了条件。

(1) 1982 年宪法

以“一国两制”的结构形式解决香港、澳门和台湾问题是中国的一项基本国策，必须以根本大法的形式确定下来。1982 年 12 月通过的新宪法中，第 31 条明确规定了国家可在必要时设立特别行政区。该规定既从法律上确认了中国关于和平统一祖国的大政方针政策，同时也为港、澳、台地区的具体法律和方针政策的制定提供了宪法依据。1984 年，“一国两制”构想被写入当年的《政府工作报告》中。

(2) 1984 年《中英联合声明》

1842 年的中英《南京条约》把香港岛割让给英国。1860 年的《北京条约》又把九龙半岛界限街以南的领土割让给英国。1898 年英国从清政府手中强行租借了深圳河以南、界限街以北以及附近 200 多个岛屿的“新界”地区，租期为 99 年。1997 年 6 月 30 日是英国租借占香港总面积 92% 的新界地区期满的时限。由于“新界”地区是英国占领下的香港的主要组成部分，因此，“新界”问题实际上是关系到整个香港未来的问题。

1982 年中方明确告知英方将在 1997 年收回香港的主权，同时中方也将采取特殊的政策以继续保持香港的繁荣，中方认为恢复行使主权和保持香港的繁荣是统一的、不可分割的。尽管英方试图坚持在 1997 年后继续管治香港，但是，双方最后还是同意通过外交途径解决香港问题。

从 1982 年开始，中英双方开始就香港问题展开谈判。开始双方主要就原则和程序问题进行了 8 轮会谈，由于英方坚持以主权（中国名义上恢复）换治权（由英国继续管治香港）的主张，双方的谈判没有取得实质性的进展。第二阶段的会谈主要是围绕着主权问题展开，也即是“高度自治”还是“完全自治”之间的争论。这个问题涉及中央政府与香港地方的关系问题。也就是说，把香港视为我国的一个地方政府，还是一个独立于中央政府的政治实体的问题。经过双方的反复较量，英方最终接受了中方主张的“高度自治”。1984 年 12 月 19 日两国正式签署了《中英关于香港问题联合声明》及其三个附件。1985 年 5 月 27 日，《中英联合声明》正式生效。

联合声明及其附件的主要内容包括：中国政府将于 1997 年 7 月 1 日恢复对香港行使主权，英国政府同时把香港的主权交还中国；设立香港特别行政区；除外交和国防事务外，香港享有行政管理权、立法权、独立的司法权和终审权等高度的自治权；香港特别行政区政府由当地人组成；香港现行的社会、经济制度不变，生活方式不变，法律基本不变；香港保持自由港和独立关税区的地位；香港保持国际金融中心地位，港币的地位不变；香港保持财政独立；香港可以“中国香港”的名义单独同各国、各地区和各国际组织建立和发展经济文化关系，并签订有关协定；香港的社会治安由特区政府负责；中国政府的上述基本方针 50 年不变。

(3) 1987 年《中葡联合声明》

1535 年葡萄牙人在澳门停靠船舶，进行贸易。1553 年葡萄牙人以曝晒浸水货物为由在澳门上岸居住。此后又通过贿赂，以缴纳地租的形式从广东地方官员的手中获得了在澳门的居住权。鸦片战争后，葡萄牙人趁机侵占了澳门南面的凼仔岛和路环岛。1887 年，清政府被迫同意葡萄牙永驻管理澳门以及属于澳门的地方。与香港的部分地区不同，澳门从未被割让给葡萄牙。1974 年葡萄牙革命后上台的政府表示愿意将澳门在适当的时候交还中国。1976 年的葡萄牙宪法规定，澳门是葡萄牙管辖的特殊地区。

当 1979 年 2 月中国与葡萄牙正式建交的同时，双方在澳门问题上达成了协议，葡萄牙承认澳门是中国的领土，暂由葡萄牙管理，双方将在适当的时候通过友好协商来解决澳门问题。香港问题解决后，澳门问题被提上了议事日程。1985 年 5 月，来华访问的葡萄牙总统埃内亚斯在记者招待会上表示，双方就移交澳门行政管理进行谈判的时机已经成熟。中葡双方于 1986 年 6 月 30 日起开始就澳门问题展开磋商。双方的分歧主要集中在葡萄牙何时把澳门的管治权交还中国。中国的基本方针是在 2000 年以前收回澳门，但是在谈判过程中，葡方曾企图把时间拖到 2000 年以后。不过，随着谈判的深入，1987 年 1 月葡萄牙政府原则上同意于 1999 年将澳门的管治权交还中国。1987 年 4 月 13 日双方正式签署了《中葡关于澳门问题的联合声明》及其附件。1988 年 1 月 15 日，《中葡联合声明》正式生效。

联合声明及其附件的主要内容包括：中国政府将于1999年12月20日对澳门恢复行使主权；设立澳门特别行政区；除外交和国防事务外，澳门享有行政管理权、立法权、独立的司法权和终审权等高度的自治权；澳门现行的社会、经济制度不变，生活方式以及基本的法律不变；澳门保持自由港和独立关税区的地位，可以同各国、各地区和有关国际组织建立和发展经济、文化关系；澳门特别行政区政府由当地人组成；澳门保持财政独立；中国政府的上述基本方针50年不变。

通过宪法的修改和两份联合声明，我国从法律上和外交上为建立特别行政区制度做好了准备工作，特别行政区政府的成立也进入了具体的制度设计阶段。

12.1.3 我国特别行政区的特别之处

在一个实行社会主义制度的国家允许其内部若干个地区长期实行资本主义制度，这在历史上是没有先例的，在传统理论上和法律概念上亦无法解释。在中国，宪法和有关法律在“一国两制”科学构想的指导下却已经规定这么实施了。在“一国两制”之下，“一国两法”也在形成发展之中，这两种不同社会性质下的法律制度预料将会在相当长的一段时期内并存，这也为中外法制史所罕见。这种新制度具有如下特征：

(1) 在“一国两制”之下建立特别行政区的前提是“一国”，这首先明确了主权必须是统一的。尽管香港和澳门根据基本法可以享有广泛的立法权和行政自治权，享有独立的司法权和终审权，但在任何国际交往场合，它们只是作为中华人民共和国的一部分而出现，作为一个不可分割的部分而存在和活动。只有坚持“一国”，才能谈论“两制”。

(2)“两制”，即社会主义制度和资本主义制度，会在一段相当长的时期内并存。唯有依赖不同于国家主体部分的另类制度的存在才是保证这两个特定地区繁荣稳定和发展的条件。在香港和澳门实行资本主义制度，一方面是对两地人民的广泛尊重和对人民权利和利益的充分维护，另一方面也是维持地区稳定和发展，进而促进全国发展的重要途径。两种制度长期存在，互惠互利，共同发展。

(3) 特别行政区享有比民族自治地方更广泛的自治权，这是一种充分的地方自治。港澳特别行政区享有行政管理权、立法权、独立的司法权和终审权，原有的社会制度、经济制度和法律制度，以及生活方式维持不变。

（4）中央政府作为国家主权的唯一代表，享有管辖特别行政区外交和国际事务的权利。由中央政府统理外交和国防事务也使得这些行政区有别于任何独立的政治实体形式，避免变相的独立或准独立。

（5）制定基本法，作为特别行政区的小“宪法”。分别于1990年和1993年通过的两个特别行政区“基本法”对中央与特别行政区的关系、居民的基本权利和义务、政治体制、经济、教育、科学、文化、体育、宗教、劳工和社会服务、对外事务和基本法的解释和修改等方面进行了全面的规范，其在特别行政区内具有最高的法律效力。

（6）实行“一国两制”，让特别行政区享有高度的自治权不是权宜之策，是中国政府的一项长期的基本国策。国家宪法为此提供了法律保障。无疑，港澳特别行政区的实践将为最终和平解决台湾问题、实现全国统一提供有益的启示和坚实的基础。

12.1.4 我国特别行政区与中央政府的关系

1. 特别行政区的权力来源

不论特别行政区的权力多大，它都来源于中央政府，是由中央政府授予的，不是其固有的。基本法多次出现的“授权”、“授予”概念，表明特别行政区的权力的从属地位。正是权力的构成形态而非权力享有差异成为单一制与联邦制的基本区别。国家通过基本法授权特区享有行政管理权、立法权、独立的司法权和终审权。而那些未授予的权力由中央享有，如有关国家主权的国防、外交等涉及全国性事务的权力。基本法还将涉及全国性事务的权力明确划归中央享有，规定中央人民政府负责管理与香港和澳门特区有关的外交事务和特区的防务；决定特区进入紧急状态和发布命令将全国性法律在特区实施之权；修改和解释基本法；授权特区立法禁止任何叛国、分裂、煽动叛乱、颠覆中央人民政府及窃取国家机密的行为，授权特区立法禁止外国的政治性组织或团体在特区进行政治活动，授权特区立法禁止特区的政治性组织或团体与外国的政治性组织或团体建立联系。这样中央将国内外事务的最终决定权收入手中。

2. 中央对特区的监督

如果说仅有授权仍不足以体现特区的从属地位的话，那么，对未授予权力的保留以及对已授予权力的监督则可以比较完整地体现中央与地方之间非平等的关系。按照授权理论，授权主体对授权者享有监管权。基本法规定，中央享有对特区权力运作的监督和控制权，表现在以下三个方面：

中央对特区行政管理权的监督，通过任命和备案方式进行。特区的行政长官在当地通过选举或协商产生，由中央人民政府任命。特区行政机关的主要成员也由中央任命。中央行使对特区行政长官和主要官员的任免权是中央对地方行政管理实施监督的主要体现。特区行政长官依法对中央人民政府负责。特区政府编制和提出的财政预算、决算案，经立法机关通过后，须向中央人民政府备案。特区在外国设立官方或半官方的经济和贸易机构，须报中央人民政府备案。

中央对特区立法权的监督，有多种方式。特区的立法机关制定的法律须报全国人民代表大会常务委员会备案，尽管备案不影响该法律的生效。全国人大常委会在征询特区基本法委员会的意见后，如认为特区立法机关制定的任何法律不符合基本法关于中央管理的事务及中央和特区的关系的条款，可将有关法律发回，但不做修改。经全国人大常委会收回的法律立即失效，即拥有立法否决权。特区有基本法修改提案权，但须经特区的全国人大代表 2/3 多数、特区立法会全体议员 2/3 多数及特区行政长官同意后，交由特区出席全国人大的代表团向全国人大提出。2007 年以后各任行政长官的产生办法如需修改，须报全国人大常委会批准，2007 年以后立法会的产生办法和法案、方案的表决程序如需修改，在特区获同意后，须报全国人大常委会备案。特区法院对国防、外交等国家行为无管辖权。如审理案件中遇到涉及国防、外交等国家行为的事实问题，应取得行政长官就该问题发出的证明文件，上述文件对法院有约束力。行政长官在发出证明文件前，须取得中央人民政府的证明书。

中央对特区司法权的监督，通过备案进行。特区终审法院和法院首席法官的任免，须报全国人大常委会备案；特区法院在审判活动中适用的法律，须是基本法、不与基本法相抵触的原有的法律和特区立法机关制定的法律；审理案件对基本法关于中央人民政府管理的事务或中央与特区关系的条款进行解释，而该条款的解释又影响到案件的判决，在对该案件作出不可上诉的终局判决前，应由特区终审法院提请全国人大常委会对有关条款作出解释。如全国人大常委会作出解释，特区法院在引用该条款时，应以此解释为准。

总之，从权力来源看，特区是中国为了解决主权问题而特别设置的地方行政区域。从它享有的权力本身看，在对外关系上，不具有独立性，中华人民共和国是对外关系的唯一代表，国家负责外交事务和防务，领海范围由全国性法律规定；外国军用船只、外国国家航空器要进入香港，须中央人民政府特别许可。特区享有权力不具有最高性，即使是司法终审权的运用，也只能在基本法规定的范围内，而基本法的解释权属于全国人大常委会。

这样看来，特区本质上是中央人民政府直辖的一个地方行政区域，特区的高度自治权不能超过中央的权力范围，行使国家对内事务的最终决定权由中央政府统管或由中央政府通过间接方式加以监管。整个国家外交、国防、宣战等权力仍高度统一于中央人民政府，这是单一制国家的基本特征。特区政府是单一制国家的地方政府，而不是联邦制下的成员国。特区享有的高度自治权与联邦制成员国享有的权力是两种不同性质的权力。

12.1.5 我国特别行政区自治权的内容

特别行政区实行高度自治，享有广泛的自治权，具体说来包括以下方面：

(1) 行政管理权。特别行政区有权依照基本法的有关规定自行处理有关行政事务，包括特别行政区的经济、财政、金融、贸易、工商业、土地、航运、民航、教育、科学、文化、体育、宗教、劳工、社会服务等事项。

(2) 立法权。特别行政区的立法机关有权依据基本法的规定，制定适用于特别行政区的法律。

(3) 独立的司法权和终审权。特别行政区法院独立进行审判，不受任何干涉；在特别行政区内发生的任何案件，以特别行政区终审法院为最高审判机关，特别行政区终审法院的判决即是最终判决。

(4) 自行处理有关对外事务的权力。包括：①参加外交谈判、国际会议、国际组织的权力；②签订国际协议的权力；③与外国互设官方、半官方机构的权力；④签发特区护照和旅行证件的权力。

(5) 高度自治的其他方面。包括：①特别行政区的行政机关、立法机关由当地永久性居民组成，中央人民政府不从内地派遣官员去担任特别行政区行政机关和立法机关的重要职务；②特别行政区不实行社会主义的制度和政策，保持原来的资本主义制度和生活方式50年不变；③特别行政区内的土地和自然资源在所有权属于国家的前提下，由特别行政区政府负责管理、使用、开发、出租，或者批给个人、法人及团体使用或者开发，其收入归特别行政区政府支配；④特别行政区保持财政独立，财政收入不上缴中央人民政府，中央人民政府不在特别行政区征税；⑤特别行政区的货币体系独立，其发行权属于特别行政区政府；⑥特别行政区使用的语言文字，除中文外，在香港特别行政区还可使用英文，在澳门特别行政区还可使用葡文；⑦特别行政区除悬挂中华人民共和国国旗外，还悬挂自己的区旗、区徽等。

特别行政区与省、自治区和直辖市都属于中央人民政府直接管辖的地方政权，但与省、自治区和直辖市相比，除享有高度自治权外，它还有以下特殊性：

（1）在我国一般地方政权体系中，省、自治区和直辖市属于最高的一级地方政权，在其之下还有市、市辖区及县、乡、镇等行政单位。根据基本法的有关规定，特别行政区不再下设任何政权单位。

（2）中央对特别行政区和省、自治区、直辖市的干预程度不同。省、自治区和直辖市必须执行中央及有关部门制定的行政规章、政策及措施，中央有关部门可以直接下达各种指令、指示以及要求完成的具体指标。而中央对特别行政区的事务相对而言管得比较少，中央人民政府所属各部门则不得干预特别行政区自行管理的事务。

（3）实施的法律不同。中央政府除为特别行政区制定基本法外，全国性法律除极少数由法律明确规定须在特别行政区实施外，其他法律均不在特别行政区实施。从这个意义上说，特别行政区所实行的法律自成体系。

12.1.6　我国特别行政区机关及其关系

1. 行政长官

行政长官是特别行政区的首长，代表特别行政区对中央人民政府和特别行政区负责，同时要对立法会负责。

行政长官行使的职权可分为下列几类：

（1）执行权。执行基本法和依照基本法适用于特别行政区的其他法律；执行中央人民政府就基本法规定的有关事务发出的指令；代表特别行政区政府处理中央授权的对外事务和其他事务。

（2）立法方面的职权。签署立法会通过的法案，公布法律；签署立法会通过的财政预算案，将财政预算、决算报中央人民政府备案。

（3）行政方面的职权。领导特别行政区政府；决定政府改革和发布行政命令；提名并报请中央人民政府任命各司司长、副司长，各局局长，廉政专员，审计署审计长，警务处处长，入境事务处处长，海关关长，并可建议中央人民政府免除上述官员的职务；依照法定程序任免各级法院法官。此外，行政长官有权根据安全和重大公共利益的考虑，决定政府官员或者其他负责政府公务的人员是否向立法会或者其属下的委员会作证和提供证据。

2. 行政机关

特别行政区政府是特别行政区的行政机关，必须遵守法律，对立法会负责。政府的首长是行政长官；政府设政务司、财政司、律政司和各局、处、署。行政机关的主要官员由行政长官提名并报请中央人民政府任命。基本法规定，主要官员由在香港或者澳门通常居住连续满 15 年并在外国无居留权（澳门基本法没有此项规定）的特别行政区永久性居民中的中国公民担任。

行政机关主要有以下六项职权：制定并执行政策；管理各项行政事务；办理基本法规定的中央人民政府授权的对外事务；编制并提出财政预算、决算；拟定并提出法案、议案、附属法规；委派官员列席立法会并代表政府发言。

3. 立法机关

立法会是特别行政区的立法机关，根据基本法的规定，它享有广泛的权力。（1）立法权。根据基本法的规定并依照法定程序制定、修改和废除法律。（2）财政权。根据政府的提案，审核、通过财政预算，批准税收和公共开支。（3）监督权。听取行政长官的施政报告并进行辩论，对政府的工作进行质询，就任何有关公共利益的问题进行辩论，对有严重违法或者渎职行为而不辞职的行政长官进行弹劾。（4）任免权。同意终审法院和高等法院首席法官的任免，此外，立法会还有权接受居民的申诉并作出处理。

4. 司法机关

香港特别行政区设立终审法院、高等法院、区域法院、裁判署法庭和其他专门法庭。高等法院设上诉法庭和原讼法庭。原在香港实行的司法体制，除因设立香港特别行政区终审法院而产生变化外，其他的予以保留。澳门特别行政区设立初级法院（包括行政法院）、中级法院和终审法院。初级法院还可根据需要设立若干专门法庭。行政法院是管辖行政诉讼和税务诉讼的法院，不服行政复议裁决者，可向中级法院上诉。终审法院是澳门特别行政区的最高法院，行使澳门特别行政区终审审判权。

香港特别行政区没有单独的检察机关，其检察职能属于律政司，因为在普通法系地区，律政司不属于司法机关，属于行政机关。澳门属于大陆法系，设独立的检察机关，并属于司法机关范畴。

行政机关和立法机关既互相配合又互相制衡。行政长官与立法会的关系主要表现为两个方面：（1）行政长官对立法会有制衡作用。立法会通过的法案必须经行政长官签署、公布方能生效；在基本法规定的条件和程序下，行政长官可以拒绝签署立法会通过的法案，并可在 3 个月内将法案发回立法会重议；如果行政长官拒绝签署立法会再次通过的法案，或者立法会拒绝通过政府提出的财政预算案及其他重要法案，经协商仍不能取得一致意见时，行政长官可解散立法会，但在其任期内只能解散立法会一次；立法会议员所提出的法律草案，凡涉及政府政策者，在提出前必须得到行政长官的书面同意。（2）立法会对行政长官有制衡作用。行政长官发回重议的法案，如获立法会不少于全体议员 2/3 的多数再次通过，行政长官必须在一个月内签署，否则行政长官可解散立法会。在两种情况下，立法会可迫使行政长官辞职：一是行政长官因两次拒绝签署立法会通过的法案而解散立法会，重选的立法会仍以全体议员 2/3 的多数通过所争议的原案，而行政长官仍拒绝签署；二是行政长官因立法会拒绝通过财政预算案或者其他重要法案而解散立法会，重选的立法会继续拒绝通过所争议的原案。基本法还规定，如果行政长官有严重违法或者渎职行为，经法定程序，立法会可提出弹劾案，报中央人民政府决定。

行政机关与立法机关的关系表现为以下几个方面：特别行政区政府对立法会负责，执行立法会通过并已生效的法律；定期向立法会作施政报告；答复立法会议员的质询；征税和公共开支须经立法会批准。行政机关与立法机关之间需互相配合。香港特别行政区的行政会议、澳门特别行政区的行政会议的成员，由行政长官从行政机关的主要官员、立法会议员和社会人士中委任；行政长官在做出重要决策、向立法会提交法案、制定附属立法（或行政法规）和解散立法会之前，须征询行政会议的意见，但人事任免、纪律制裁和紧急情况下的措施除外。行政长官如不采纳行政会议多数成员的意见，应将具体理由记录在案。

12.1.7 我国特别行政区居民的权利与义务

基本法详细列举了特别行政区居民享有的各项自由和权利，主要内容有：

（1）在法律面前一律平等

特别行政区居民有权对行政部门和行政人员的行为向法院提起诉讼，有权得到秘密法律咨询、向法院提起诉讼、选择律师及时保护自己的合法权益或在法庭上为其代理和获得司法补救。

（2）享有广泛的自由

包括言论、新闻、出版的自由，结社、集会、游行、示威的自由，组织和参加工会、罢工的权利和自由，宗教信仰和公开传教、举行及参加宗教活动的自由，有在香港特别行政区境内迁徙或移居其他国家和地区的自由，有旅行和出入境的自由，有选择职业和进行学术研究、文学艺术创作和其他文化活动的自由。

（3）人身自由不受侵犯

特别行政区居民不受任意或非法逮捕、拘留、监禁，禁止任意或非法搜查居民的身体、剥夺或限制居民的人身自由，禁止对居民施行酷刑、任意或非法剥夺居民的生命。特别行政区居民的住宅和其他房屋不受侵犯，禁止任意或非法搜查、侵入居民的住宅和其他房屋。特别行政区居民通讯自由，通讯秘密受法律保护；除因公共安全和追查刑事犯罪的需要，由有关机关依照法律程序对通讯进行检查外，任何部门或个人不得以任何理由侵犯居民的通讯自由和通讯秘密。

（4）有依法享受香港特别行政区法律保障的其他权利和自由

如特别行政区居民有权依法享受社会福利，劳工的福利待遇和退休保障受法律保护，婚姻自由和自愿生育的权利受法律保护，等等。

为落实“港人治港”的原则，基本法明确规定：只有特别行政区的“永久性居民”才“享有选举权和被选举权”。香港、澳门作为国际性城市，它们的居住者可分为三种情况：除大多数是中国公民外，还有一部分非中国籍的人；除了当地居民外还有在当地的其他人（即非当地居民）；当地居民则有永久性居民与非永久性居民之分。永久性居民与非永久性居民的区别在于是否有资格享有居留权。所谓居留权，是指享有这种权利的人有权自由出入这两个特别行政区，不受任何条件限制而在当地居住的权利，因而具有免受递解离境和遣送离境的权利。永久性居民持有永久性居民身份证，非永久性居民则得到居民身份证。

基本法规定，特别行政区居民和在特别行政区的其他人，都有遵守特别行政区实行的法律的义务。

12.2　外国特别地方政府模式分析

不论是联邦制国家还是单一制国家，都存在着设置目的不同、功能各异的与中央关系特殊的非常态的地方建制。为了表述方便，我们称之为“特别区”。“特别区”的国家机关具有相同的特点：第一，权限特殊。与同级普通地方国家机关权限范围不同，一般要大于普通地方权力，如我国的特区、荷兰的“一国两地”和芬兰的奥兰群岛。第二，地位特殊。它们往往突破正常的行政隶属关系，形成特殊的行政地位，高于同层级地方建制。第三，数量不多。它们在整个国家中的数量总是很少。虽然按照政治多数原则，对整个政治制度不会产生实质的影响，但却具有特殊的意义。第四，功能特定。都是为了特定目的而设置，具有特殊的职责功能。第五，发展不稳定。要么消亡，被改造为普通的地方，要么引导国家结构制度的整体或者部分发生变化。

12.2.1　联邦制国家特别区

联邦制本身是国家整体与部分模式的特殊态。从最初建立联邦制的过程看，联邦制国家的生成路径大致有两种情况：第一种为原生型，是在新中国成立之初，由拥有主权的各个政治单位，通过签约而结成大联盟，成为联邦国家，如美国、前苏联、阿拉伯联合酋长国、委内瑞拉等国。第二种为再生型，是由单一制转变而成联邦制。如比利时、西班牙等。

联邦制产生的路径的差异，对其内部权限的划分有一定的影响。一般来说，原生型的联邦制国家，地方与中央的关系基本上是对等的，各个不同的成员国与中央的关系基本一样，各地差异性并不大。而再生型联邦制国家，一般是由于某种特殊的原因迫使其走上联邦制道路，其形成过程实质上是讨价还价、不断谈判的过程。不同的地区因为资源和地位不同，谈判的结果也不一样，因而产生不同的权力关系，它们与中央之间关系复杂。如比利时讲荷兰语和讲法语民族之间的冲突导致国家结构制度的改革，产生了介于语区之上的大区模式。

联邦制国家设置的特别区有：美国哥伦比亚特区、联邦领地或属地、学校区和排洪区等；加拿大的西北地区和育空地区；澳大利亚首都直辖区、北部地方和海外领地；巴基斯坦的伊斯兰堡首都地区和部落地区；马来西亚的联邦直辖区和沙巴、沙捞越；印度的中央直辖区、表列地区和部落地区。这些地区可以概括为三类：由联邦政府直接管辖的地方行政体、享有较多权力的地方自治体以及地方管辖的行政特区。

1. 原生型联邦制国家：美国

美国是世界上第一个也是最典型的联邦制国家。它是在 1787 年制定的《美利坚合众国宪法》的基础上，由独立战争胜利后独立的 13 个国家即后来的州组成的。联邦制的实质是为了国家统一，同时又解决各个州社会经济生活的巨大差异。因此联邦与各州的关系比较稳定，各州与联邦关系相同或基本相同，由宪法、政治制度和地方分权所决定。其他加入的州同样受宪法确定的基本政治框架约束。

除了普通区外，美国也存在特别区。它们是哥伦比亚特区、学校区、排洪区、公园区等以及联邦领地或属地。

第一类，哥伦比亚特区属于联邦政府直接管辖的地方行政体。它是在联邦政府成立后，由国会在从马里兰和弗吉尼亚两个州得到的一块土地上建立的。从 1878 年开始，取消了人民代表制，改由国会直接管理，成为联邦直辖区。它的特殊意义在于管辖方式、行政隶属关系不同。美国的直辖特别区在联邦制国家中具有代表性。其他联邦制国家也同美国一样，设立联邦政府直辖区，它们是联邦制下实行的直接管辖地区，具有单一制的特征。这些直接管辖的地区与联邦政府的关系，类似于单一制国家中央与地方关系。如澳大利亚的首都直辖区，一般由联邦议会及相应的中央各部管辖，当地只有一个咨询性的公民委员会。巴基斯坦的伊斯兰堡首都地区、马来西亚的联邦直辖区、印度的中央直辖区。这些直辖区就世界各国而言，已经是普遍的现象，是世界的通例。因此，不是联邦制的特色。①

第二类，学校区、排洪区、公园区等属于地方管辖的行政特区。它们是为了行政管理的特殊需要而设置的，属于职能特区。其特点是区划往往与普通行政区域不一致，也不属于所在的县、市、乡政府，甚至切割普通行政区域的疆界，也有的特别区与区划一致，但管理分开，由独立的专门机关管理。特别区的官员由选举或上级政府（州政府）任命产生。特别区是一种地方自治体，

① 魏红英：《宪政架构下的地方政府模式研究》，中国社会科学出版社 2004 年版，第 178 页。

享有法人权利。正因为它与行政区划不同，且一般由州法律规定，故对国家结构制度影响不大。联邦国家的这一类特别区一般是各州地方法规的产物，几乎不与联邦政府发生任何联系，因而不对该国的国家结构制度产生影响。

第三类，联邦的海外领地或属地，属于享有较多权力的地方自治体，具有较强的政治制度意义。其组织形式各有不同。有些领地或属地，如波多黎各、维尔京群岛等地，有地方选举产生的地方议会，其行政长官为总督，在 20 世纪 70 年代前由总统直接任命。70 年代后，改由地方选举产生，任期与议员一样，为 4 年。美国其他的一些海外领地如太平洋岛屿托管地及中途岛等，多由美国总统直接任命的官员，或者由空军、海军等当地的武装部队司令官兼管地方行政，受总统直接监督。这些直接管辖方式，类似于单一制国家中央与地方的关系。它们在国家中的数量不多，范围不大，且多数由历史原因形成，对联邦制的冲击不大。与美国相似的还有澳大利亚的北部地方，1978 年开始实行自治，立法议会有制订“条例”的权力，但条例可被中央委任的地方行政长官或总督否决，法官由总统任命。

2. 再生型联邦制国家：比利时

再生型联邦制国家比利时较为典型。“比利时不同于和它相似的大多数西欧国家，它的形成没有经历过各个地区逐步同化为一个统一的中央价值体系的过程，而是 19 世纪上半叶的战争和欧洲的均势的一种‘人为’的产物。”① 比利时 1830 年脱离荷兰，建立了高度集权的单一制，但弗兰芒人（族源与荷兰人基本相同）与瓦隆人（族源和文化与法国人相近）两个主体民族间一直存在矛盾，当时宪法既没有承认地区（即今天的大区），也没有承认语言社区。19 世纪末 20 世纪初，弗兰芒语逐步得到承认，允许在公务中使用，但不意味着国家的联邦化，只是后来演变的前提条件。1980 年通过修改宪法和体制改革法，将联邦主义的概念融入国家的政治制度，给予地方自治权力。这些权力有三点与以往不同，即地区委员会有权征税和借款、有权颁布法令、有权选举自己的执行机构。之后又经过 1988 年、1989 年、1993 年体制改革，比利时成为由社区和大区组成的联邦制国家。比利时以“语言”为基础的社区和

① ［英］伊夫·梅尼、文森特·赖特：《西欧国家中央与地方的关系》，朱建军等译，春秋出版社 1989 年版，第 289 页。

大区享有广泛的自治权。

12.2.2 单一制国家特别区

世界单一制国家数量多，地方特别建制情况各异。一般有以下两种情况：

第一类为都市或首都特别区。它与联邦制国家的首都直辖区大致相同，如法国的首都巴黎市。法律规定巴黎市是具有双重地位的地方单位：巴黎市和巴黎省，其事务由巴黎议会斟酌自理。在20世纪80年代前，省长是国家权力的受托者，代表中央政府，省受制于中央，没有自治权。日本则在东京郡下设特别区，原则上行使市的权能，而不同于一般的郡。这类特别区并不具有国家结构制度的意义。

第二类为享有较多自治权力的地方自治体。这是单一制国家不同于联邦制国家的特别之处，也是我们讨论的重点。许多单一制国家为了解决本国地域、民族、宗教、文化差异过大的问题，给予某一地区高于普通区域的自治权。这种自治权与在全国范围实现自治的普通自治权是不同的，从而构成特别的民族自治区、区域自治区、宗教自治区等。

1. 区域自治

指一国通过法律的方式给予某一特定的区域自治权。其自治主体是特定的地区或特定地区的居民。如英国1974年北爱尔兰地方自治、荷兰的“一国两地”、丹麦的两岛自治、法国的海外省和科西嘉等。英国北爱尔兰地方自治经过多次反复，20世纪90年代正式确立。荷兰的“一国两地”指荷兰以立法形式给予安第列斯和阿鲁巴以充分的自治权。两地有自己的带有民族国家性质的地方宪法。两地的联合法院有上诉权和初审权。其最高上诉法院是荷兰最高法院，荷兰国王也是两地的元首。女王任命的总督负责两地的外交和防务，具有双重身份。在重大问题上，中央政府对两地拥有强大的法律约束力。

丹麦的法罗群岛（1948年）和格陵兰岛自治。两岛拥有自治法授权的特殊事务及立法、行政方面的自治权，中央不得干预，其费用由自己承担。法罗人免服兵役。中央全国性法律在该地实施前须提交自治政府征求意见。尽管中央在法罗群岛派有专员，专员在法罗地方议会中有发言权，但无表决权。两地的警察、法院由中央政府管理，不属于自治范围。

葡萄牙的亚速尔和马德拉两个群岛，属中央监督下的地方自治体。共和国总统任命部长监督两地执行国家管理职能。

法国的省外省和科西嘉。法国海外省有4个：瓜特罗普岛、马提尼克岛、圭亚那、留尼汪岛。他们同时具有省和大区的地位，省议会和大区议会并存。海外领地法属波利尼西亚和新喀里多尼亚，实现内部自治。科西嘉因其独特的经济和文化传统而成为特别地方单位，20世纪80年代初被赋予独特的自治权。

2. 民族自治

指通过法律的授权给予特定的民族特定的权力，其自治主体是民族。如意大利五大自治区。意大利基本上是一个单一民族的国家，少数民族人口只占3%，因此“二战”前，意大利政府不承认意大利存在少数民族。直至“二战”后，根据1946年9月的巴黎协定，迫于有关国家的压力，意大利政府才承认并保障一些少数民族的权利，设立了5个少数民族自治特区。它们是西西里、撒丁、瓦莱达奥斯塔、特兰提诺、弗留利。意大利宪法116条赋予它们“特殊的自治形式和自治条件”，有自己的专门条例；在特定问题上只服从宪法；享有一些立法和行政自治权。1971年后，又赋予自治特区在职业结构、文化、经济、居民、建筑、贸易和市场调节等方面的一些特权。但是与中国民族区域自治不同的是，意大利的自治特区在法律上没有自治机关民族化的规定。

3. 政教合一的地方自治

其实质是区域自治的一种特殊形式。希腊的阿索斯山区地方自治，其宗教色彩较浓。它是“依照其古老的特权地位”而设置的，组织形式十分独特。最高行政管理组织是圣教团，它是阿索斯山区集行政、立法、司法权于一体的政教合一组织，由20所修道院推选的代表组成。其行政机构的细则及活动方式由《阿索斯山区宪章》确定。自治体享有广泛的自治权，包括独立的财政及税收权，一切财政收入自行支配，独立编制财政预决算，并享有关税和税收特权；独立的司法权和一定的教育文化管理权等。但也受国家的监督。宪法规定希腊国家对之拥有完整主权，国家在该区委派总督，对行政管理实施监督，负责公共秩序和社会治安。

4. 语言和文化自治

它其实是民族自治的一种特殊形式，是为了解决特定民族的语言和文化特殊性问题。例如芬兰的奥兰（又称阿兰德）自治。1920—1951 年芬兰在奥兰群岛实现地方自治，一个重要目的就是保护和保留该岛操瑞典语人口的特殊文化。另外一个目的是消除该岛成为国际争端的根源。该地自治程度较高，在经济、保健政策、教育、环境政策、税收等内政方面有自主权；其财政主要靠特殊的补偿制度得到；奥兰人民不服兵役；奥兰省在国家议会拥有一个议席；芬兰国家要与外国达成有关奥兰省议会权限事务的协议，实施前，须得到省议会批准；芬兰任何一个部和议会无权干涉奥兰地方政府财政业务。中央拥有下列权力：控制奥兰的司法和通讯职能；奥兰省制定的省法应交总统批准；省长由总统任命。奥兰群岛语言文化自治与区域自治相结合，它与联邦制国家的加拿大魁北克文化自治不同，后者没有区域要求。

12.2.3 特别地方制度的发展趋势

通过对上述不同国家特别区特征的解剖分析，可以发现特别地方制度呈现出如下发展趋势。

1. 特别区的设立存在相互借鉴的趋势

联邦制国家与单一制国家、分权制国家与集权制国家在设立特别区上相互借鉴。联邦制国家的特别区多采用直辖方式，具有单一制国家直接管理的特点，而单一制国家的特别区一般采用自治方式，对特别区给予比较大的自治权，有的甚至比联邦制国家的州享有的权力还要多。联邦制借鉴单一制的方式，单一制应用联邦制的特征；分权制国家采用集权方式，集权型国家使用分权方式，成为世界各国构建特区的普遍做法。例如马来西亚联邦国家属于集权联邦制。它与分权联邦制国家不同，中央政府对各州拥有较大的控制权，因此，存在特殊地区问题。马来西亚的沙巴和沙捞越两州，享有更多的自主权，包括移民、土地、宗教、财政、司法、官方语言、土著民族、修宪、公共事务等。它们可以不执行联邦议会制定的法律和全国性政策，除非有两州议会同意，法律和政策才能生效。联邦议会还制定法令限制马来半岛公民前往两州居留。两州州长由最高元首委任，有赦免权。再如澳大利亚属于分权联邦制，北部地区（澳北区）却实行联邦政府直接管辖的地方体制。北部地方 1978 年开始自治，立法议会有制定“条例”之权，但条例可被中央委任的地方行政长官或总督否决，法官由总统任命。可见，北部地区自治带有集权制的色彩。

国家结构制度类型的相互借鉴，前提是国内面临的危机问题不具有普遍性。否则，就不是借鉴，而是国家结构制度的整体转向。

2. 单一制国家的特例要比联邦制多

一方面因为世界单一制国家绝对数量多；另一方面，也是由单一制的特征所决定的。联邦制可以通过松散的中央与地方关系，给予不同地区自行处理事务的权力，使地方的灵活性增强。国家对于不同地区的现实问题都可以在宪法框架内解决，故较少使用特例。但是，单一制国家许多事务的最终决定权在中央，地方缺乏解决自身事务必需的权力。因此，为了适应地方政治、经济社会发展的多样性，就需要给予额外的特权——各种自治权，用各种各样的特例来弥补单一制结构中的整齐划一，于是，各种各样的特别区就产生了。

3. 欧洲发达国家的特例多于发展中国家，北欧又多于南欧

特别区的设置与地区的经济发展状况、历史文化传统相关。北欧国家地方自治原则得到明确承认，如挪威、瑞典、丹麦、芬兰北欧四国，由于历史上战争纠纷以及它们曾经结成统一联盟的缘故，都有影响很深的地方自治的传统，因而存在自治权更广更多的芬兰奥兰自治、丹麦两地自治等。南欧国家曾受法国拿破仑模式（集权单一制）影响，因此一直保持中央集权的政府模式，相对而言，特例少些。

4. 各国建立的特殊区，都是具体历史条件的产物，没有固定模式

从上述分析可见，特别区设置的地域、目的、职能、类型是各种各样的。它们随着本国政治、经济文化的发展，不断变化着自己的形式，有的成为普通区。如分别于 1867 年和 19 世纪末成为美国领地的阿拉斯加和夏威夷，起初实行特殊管理体制，后来建州并加入联邦，成为一般建制。有的特别区仍在变化中。

5. 特别区的设置以非本土、非主体领土居多

美国、法国、葡萄牙的海外领地、属地，芬兰的奥兰群岛，丹麦的法罗群岛和格陵兰岛，中国香港岛和澳门半岛，马来西亚的沙巴、沙捞越两州，它们都不在本土。这是因为交通状况及统治的技术手段仍然是政治统治不可忽视的物质条件，限制了统治权力的延伸。所以，各国都设立特别区，采取“撒手

式”的管理方式，给予地方自治权利①。

12.3 香港特别行政区政府

香港特别行政区政府的组织架构是以港英政府的组织架构为基础的。《中华人民共和国宪法》、《中英关于香港问题的联合声明》，《中华人民共和国香港特别行政区基本法》则是当前特区政府组织架构的法律依据。

12.3.1 1997年以前的港英政府

1. 港英政府的组成及其职能

《英皇制诰》和《皇室训令》是英国统治下香港的宪制性文件。1917年英国新颁布的《英皇制诰》规定设立香港总督和行政、立法两局，并确定它们的组成和权力，特别是港督的权力。同时，还规定英国保留所有的最终权力，有权驳回香港的法律和立法局决定，要求维护英国在香港的利益，责成所有的香港官员服从港督的命令。《皇室训令》则对行政局和立法局的组成、权力和运作程序，议员的任免，港督在何种情况下批准通过法案等作了详细的安排和规定。

香港总督是港英政府的最高长官，由英国女王任命，并由英国殖民地事务部（1968年以后改为外交及联邦事务部）委任。除了该部以外，英国政府的其他部门同香港政府没有任何隶属关系，它们不能插手香港的事务。港督代表女王统治香港，具有指导香港一切政务的最高权力。港督的每一届任期为5年，任期届满可以连任，也可以在中途被免职。在香港总督之下，英国政府还设立了成员全部是委任的行政和立法两个议局（1985年开始有少数立法局议员为选举产生）。两个议局是总督的最高咨询机构。总督的权力非常集中，主要包括：为香港的治安、秩序和管理制定法律和各种政策；批准土地的转让；委任除最高法院以外的各级法院的法官和除布政司、财政司、律政司、首席按察司、驻港英军司令等以外的政府官员，对某些官员作停职或开除处理；对罪犯给予特赦；组织行政局和立法局，委任两局议员，并担任两局的主席；责成

① 魏红英：《宪政架构下的地方政府模式研究》，中国社会科学出版社2004年版，第183页。

所有的政府官员服从港督。在港督总揽大权的前提下，香港的政制体制由五大系统组成：包括行政局和立法局在内的咨询系统；以布政司为首，财政司、律政司为重要组成部分的庞大的行政系统；以首席按察司为首的司法部门和各级法院的司法系统；包括总督特派的廉政专员公署、行政事务申诉专员公署和核数署在内的监察系统；以及由港督象征性统帅、直接受英国国防部指挥的驻港英军司令部构成的军事系统。

港督拥有很大的权力，可以很容易地、自上而下地贯彻他的意图和命令。不过在具体的实践中，港督不得不听取自下而上的、来自咨询系统的咨询性意见。行政局是协助港督工作的最重要、也是最接近港英政府权力核心的咨询决策机构，在通常情况下是总督决策时必须经过的一个法定环节。行政局的主席是港督，其成员包括了布政司、财政司、律政司和驻港英军司令四名当然议员以及数名港督委任的官守和非官守议员。1991 年以后还出现了直接选举产生的议员。行政局的主要任务有：港督就重大的决策问题征询议员的意见；审核需要交由立法局辩论的法案；总督会同行政局处理一些长期性的行政工作。港督作为行政局的主席，决定行政局的会议议程。在会议中，所有的议员均可充分发表意见，但是不能作出任何决定。只有总督有权根据会议讨论的情况，权衡各种意见，作出决定。

总督作出的决定，如果需要以法律或法例的形式颁布的话，就需要另外一个咨询机构立法局的配合。立法局的成员人数比行政局多。港督也是立法局的主席。布政司、财政司和律政司是立法局的 3 名当然议员，此外还有若干名港督委任的官守和非官守议员，以及选举产生的议员。有的立法局议员也是行政局的议员。立法局的主要职责是协助拥有立法权的港督进行立法工作，参与法案的辩论、审议等事务。但是，法案的动议权在行政局或布政司，批准权则在港督。英国政府保留了否决权，以及代香港立法的权力。具体来说，立法局的职责是：讨论、通过行政局提出的法案，制定法例；讨论并监督政府的财政开支；对政府的政策或社会关心的问题进行质询和辩论。港督作为立法局的主席，亲自主持法律草案的讨论，“三读”通过法案。通过的法案最后再由总督签署后正式生效。港督还拥有紧急立法权。1977 年，港督麦理浩就是运用此权力，在立法局 30 分钟内“三读”通过了《警务条例》修正案，及时阻止了警察队伍内的叛乱苗头，为廉政公署日后卓有成效的反贪工作打下了坚实的基础。

港督领导着庞大的行政机构。在纵向结构上，港英政府由三个层次组成。

第一层是“超司级首长”的布政司、财政司和律政司及其辅助机构。这一层是香港行政系统中最高的决策中枢，港督通过布政司和财政司对香港进行管理。这三个司的首脑是港督的副手。其中，布政司的地位仅次于港督，港督通过布政司向各部门负责人传达有关行政和政策方面的指示；当港督不在香港的期间，布政司司长可以代行港督的职责；同时，布政司又是香港全体公务员的首长，负责领导政府行政部门的日常政务。布政司下的布政司办公室由行政署、咨询统筹处和中央政策研究组构成。财政司为港督治理财政事务，制定预算。律政司是港督的法律顾问，负责草拟法律并监管检控事宜。此外，首席按察司是司法部的首长，协助港督实行法治。港督还有政治顾问协助其处理外交事务，特别是港英政府和中国政府的关系。第二层为布政司署各政策科，负责统筹制定政府各方面的政策。布政司署设有 14 个科，分别由布政司和财政司领导。第三层是政府的各个部门，是行政执行机构。港英政府设有 64 个部门。其中，警务处处长的级别与第二层级各科首长的级别相同，比较特别。此外，核数署、廉政公署和行政事务申诉专员公署不受司级官员领导，而是直接向港督负责。

港英政府没有下级地方政府。香港由于地方狭小，一直没有地方政权的建制，只在政府行政机构中设有处理地方政务和提供市政府服务的港九政务署和新界政务署，以及市政总署和区域市政总署。市政局和区域市政局则是非政府的区域咨询组织。

2. 港英政府的组成特点

对香港的大多数居民来说，港英政府是一个外来的政府。统治香港的总督是由英国女王任命的，其任命本身与香港本地的民意无关。港督权力的外来性，还表现在港督本人仅仅是一名英国公务员，其权力和活动要受到英国政府的监督制约。英国政府可以在人事任免、立法范围、法例和重大政策的审批、对外事务和防卫事务等问题上控制总督的权力。作为英国的一名公务员，港督就任时也只能单身赴任，不能带领自己的一班人马来香港赴任，港督必须依靠香港本地的公务员系统来治理香港。在这方面，澳门总督的权力就要大得多。澳督可以从葡萄牙带领自己的班子到澳门赴任组阁。

尽管港督只是英国政府的一名公务员，但是，港督在香港却拥有“上帝般”的权力，他集行政和立法权于一身，并可以在一定程度上干预司法权。政府所有政策的决定也都必须经过总督的批准，或由行政局以港督的名义批准。立法局通过的法案必须得到港督的同意才能成为法律。港督可以提名行政局与立法局的非官守议员，提名最高法院的按察司及各部门首长，并交由英国外交及联邦事务部任命，委任高级公务员。总之，港督高度集权，不受香港的任何官员监管，没有人能够弹劾他，只有英国政府才可以撤换他。

由于在港督身边有一套复杂的咨询系统，在港督独裁之外，香港也具备一定的民主因素。在香港，几乎所有的政府部门和半官方机构都设立了各种类型的咨询机构。这些咨询机构由政府官员和社会人士共同组成。香港这一套复杂的咨询系统包括了行政局、立法局、市政局、区议会等，此外还有 400 多个附属于行政机关的咨询机构。这些咨询机构为港英政府的决策提供意见。虽然港督有权决定行政局的议题和议程，可以咨而不议、议而不听，但是向行政局咨询意见是港督作出决策的必需步骤，行政局也可以在会议记录上详细列明行政局对港督的不满意见和理由，并将会议记录上报英国政府的国务大臣。社会人士参与到政府的决策过程中的做法提高了香港市民对港英政府的认同感，增强了港英政府的合法性。当然，香港政制中的这种民主因素所能发挥的作用是有限的。其作用主要集中于宣传和解释政府的政策，减少社会的不解和不满情绪，缓和社会矛盾。它并没有为香港市民提供真正的民主制度，香港市民的自由和权利主要依靠香港良好的法律体系来维持。良好的法治传统为香港的繁荣提供了制度性的保障。

在香港并不存在行政权和立法权的分离，行政权力在香港的政府架构中处于首要位置。香港也没有代表不同利益集团的政党，各种利益诉求通过各种咨询渠道直接进入行政机构。这样，在香港出现了“行政吸纳政治”的以港督为核心的行政主导体制。

12.3.2 香港特别行政区政府

1. 香港特区政府的成立

虽然中英两国在 1984 年就香港的回归问题达成了一致，但是，香港的回归过程并不是一帆风顺的。在 1990 年 4 月 4 日全国人大的决定中，规定原香港最后一届立法局的成员如果符合分区直选议员 20 人，选举委员会产生的议员 10 人，功能团体产生的议员 30 人的比例以及《基本法》的有关规定，而且，其议员拥护《基本法》，愿意效忠香港特别行政区的话，经过香港特别行政区筹备委员会的确认就可以成为香港特别行政区第一届立法会的成员。然而，最后一任港督彭定康抛出“政改方案”，在英国撤离香港之前推行“民主化”，加快立法会的直选步伐。“政改方案”试图把香港原有的行政主导的政制体制改为以立法会为主导的体制，并通过在立法会内扶持亲英势力，在英国撤离香港后仍能影响香港的发展。英国政府自占领香港以来，从来没有自愿地在香港建立民主制度。英国在过渡期内突然抛出政改方案的做法，破坏了中英双方有关维持过渡时期内香港现状所达成的谅解。中方对此予以了坚决的回击，宣布1995年由彭定康主导选举产生的立法局将于1997年6月30日解散，不再进行立法机关“直通车”的做法，另起炉灶，重新产生新的特区立法会。这样，特区的第一届立法会的任期也就缩短为两年。

1990年4月4日第七届全国人民代表大会第三次会议通过了自1997年7月1日起设立香港特别行政区的决定，规定香港特别行政区的区域包括香港岛、九龙半岛，以及所辖的岛屿和附近海域。1993年7月全国人大常委会通过了《关于设立全国人民代表大会常务委员会香港特别行政区筹备委员会预备工作委员会的决定》。预委会的工作是在筹委会成立以前，为实现香港的平稳过渡进行各项有关的准备工作，就香港的政治、经济、法律、文化、社会以及保安等领域进行系统的调查研究，提出书面建议和意见。1995年预委会的政务小组向香港社会公布了关于临时立法会的产生办法和职责等问题的方案。1996年1月，150人的香港特区筹委会成立。1996年12月11日，在筹委会的主持下，经过选举，董建华当选为香港特区的第一任行政长官。到1997年5月止，第一届行政会议、第一届政府和终审法院首席法官先后得到任命，香港特别行政区的政制架构基本形成。

2. 香港特区政府的性质和地位

香港特区政府是我国在“一国两制”、港人治港、高度自治的原则下设立的地方政府，因此，特区政府负有维护国家统一的责任。在香港特区禁止任何叛国、分裂国家、煽动叛乱、颠覆中央政府和窃取国家机密的行为，也禁止外国政治性组织或团体的活动，禁止特区的政治性组织或团体与外国的政治性组织或团体建立联系。

香港特区政府与中央政府的关系较为特殊，不同于中央政府与内地地方政府的关系。中央政府与特区政府之间的权力关系是通过《基本法》来确定的，而中央政府与内地地方政府之间的权力关系并没有明确的法律规定。① 香港特区的政权合法性的最终来源是中央政府的授权。香港高度自治的权限仅限于1990年通过的《基本法》所规定的内容。因此，香港的自治权不是固有的，而是中央人民政府根据“一国两制”的方针和政策授予特区政府的。

与我国其他自治地区相比，香港特区享有的自治权范围更广，程度更深。它所拥有的权力要大于一般的省级政府，其政治地位比较特殊。除了外交权和国防权外，香港特区享有行政管理权和立法权。香港特别行政区享有的高度自治权，还包括了财政、货币和金融地位上的独立。不过，这些独立性并不妨碍香港特区居民中的中国公民依法参与国家事务的管理，选举本地代表参加国家最高权力机关的工作。全国人大只是对香港特区立法会制定的法律进行备案或发回，并不能进行任何修改。香港还享受全国人大及其常委以及中央政府授予的其他权力。除去涉及外交和国防的案件有特殊规定外，香港特区的法院拥有独立的司法权和终审权。

当然，全国人大拥有对《基本法》的解释权和修改权，拥有对特区最高的法律监督权。在实践中，全国人大与香港特区的立法关系是比较复杂的。香港特区设立后不久出现的关于港人内地所生子女居港权诉讼案的问题就反映了这一点。

在港人治港的基础上，中央政府拥有任免特区行政长官和行政机关主要官员的权力，特区行政长官要对中央政府负责，主要表现为行政长官到北京向中央政府述职的活动。在外交事务上，外交部在香港特区设立特派专员公署，处理涉及香港的外交事务。而涉及香港的对外事务则由特区政府依照《基本法》的规定自行处理。在国防事务上，中央政府负责香港的防务，向香港派驻军队。驻港部队的军费由中央政府承担。驻港部队不能干预香港的地方事务。只有在必要时，由香港政府向中央政府发出请求，驻港部队才能协助港府维持社会治安和抢险救灾。

中央政府不能干预属于香港特区自治范围内的事务。中央政府所属的各部门以及各地方政府也无权干预香港依据《基本法》自行管理的事务。香港特区政府是一个非常特别的、独立的系统，它与国务院的各部委和内地的各级地方政府既没有上下级的领导关系，也没有业务上的指导关系。中央政府的各部门和各地方政府如果需要在香港设立派驻机构，需要征得特区政府的同意，并

① 张志红：《当代中国政府间纵向关系研究》，天津人民出版社2005年版，第94页。

经中央政府批准。内地与特区政府之间的人员流动也是有限制的。进入特区的其他地区的人员需要办理批准手续，而且到特区定居的人数须由中央政府的主管部门在征求特区政府意见后确定。

尽管内地与特区之间的人员流动受到一定的限制，但是，自回归以来，特区政府与内地的关系变得越来越紧密。在原有机构的基础上，中央政府和特区政府之间又互设了一些新的机构来处理双方的联系和沟通事务。协助国务院总理办理香港事务的机构是国务院港澳事务办公室。其主要职责是：研究港澳社会各方面情况；统筹、协调各部门、各地区与香港、澳门特别行政区的官方联系；负责与香港、澳门特别行政区行政长官及政府的工作联系；促进、协调内地与香港、澳门在经济、科教、文化等领域的合作与交流；负责内地因公赴港澳人员的审批、办证等管理；参与对港澳中资机构和劳务输出的管理；宣传香港、澳门基本法及中央政府对港澳的方针政策。

2000 年 1 月 18 日，新华社驻香港分社更名为中央人民政府驻香港特别行政区联络办公室，其职责主要有：联系外交部驻香港特别行政区特派专员公署和中国人民解放军驻香港部队；联系并协助内地有关部门管理在香港的中资机构；促进香港与内地之间的经济、教育、科学、文化、体育等领域的交流与合作；联系香港社会各界人士，增进内地与香港之间的交往；反映香港居民对内地的意见；处理有关涉台事务；承办中央人民政府交办的其他事项。特别行政区政府在处理与联络办公室职责有关的事务时，可与中联办联系。

香港特别行政区政府根据《基本法》规定，于 1999 年 3 月 4 日在北京设立了办事处。其主要职责包括：进一步加强香港特别行政区政府与中央政府以及内地其他部门之间的联系和沟通；在内地推广香港；根据现行的入境政策和程序处理前往香港的入境申请，并为在内地遇上困难的香港居民提供实务性协助。

3. 香港特区政府的组成与职能

1990 年 4 月 4 日第七届全国人民代表大会第三次会议通过了《中华人民共和国香港特别行政区基本法》。《香港基本法》根据 1982 年宪法以及香港的具体情况而制定，对香港特别行政区的性质、地位、基本政治制度以及与中央政府的关系做出了详细的规定，是香港特别行政区的根本大法。香港特别行政区设立后实行的制度、政策和法律，均以《基本法》为依据。

行政长官是香港特别行政区的首长，代表香港特别行政区。行政长官既是香港特别行政区的最高地方长官，也是政府的首长，负责领导香港特别行政区政府。行政长官需同时对中央人民政府和香港特别行政区负责。行政长官的政治地位高于内地的省、自治区和直辖市的行政首长。① 此外，行政长官还需要向特区的立法会负责，定期向立法会作施政报告，接受立法会的质询和监督。行政长官任期 5 年，可连任一次。自 1997 年 7 月 1 日香港回归祖国以来到目前为止，一共出现了两名三任特别行政区长官。第一位是董建华，他在 2002 年再次当选行政长官。目前的特区行政长官是 2005 年当选的、曾任特区政府财政司司长和政务司司长的曾荫权。

当选特区行政长官的条件是，年满 40 周岁，并且需在香港连续通常居住满 20 年的特区永久性居民中的中国公民。此外，当选行政长官的一个重要的前提条件是必须在外国无居留权。香港特区政府主要官员以及行政会议成员、立法会主席、终审法院和高等法院首席法官的任职条件中也有类似的关于居留权和中国公民的规定。《基本法》作出这一规定的原因是，在过渡期内，英国违背了外交承诺，单方面实行香港居民在英国的居留权计划。为了避免外国政治因素对香港政局发展的影响，《基本法》作出了相应的限制。

特区行政长官在当地通过选举或协商产生，并由中央人民政府任命。中央人民政府的这一权力保证了国家主权的统一。中央政府可以不任命香港当地产生的有违民意或《基本法》精神和规定的行政长官人选，并且可以在行政长官任职期间，因行政长官不能继续履行其职责而撤销对该行政长官的任命。②

行政长官的职权包括了政治决定权、行政管理权、人事任免权等方面的内容。具体来说这些职权是：（1）领导香港特别行政区政府；（2）负责执行《基本法》和根据《基本法》适用于特区的其他法律；（3）签署立法会通过的法案，公布法律，签署立法会通过的财政预算案，并将财政预算、决算报中央人民政府备案；（4）决定政府政策和发布行政命令；（5）提名并报请中央人民政府任命各司司长、副司长、各局局长、廉政专员、审计署审计长、警务处处长、入境事务处处长、海关关长，以及建议中央政府免除上述官员职务；（6）依照法定程序任免各级法院法官和公职人员；（7）执行中央政府就《基

① 周平：《香港政治发展：1980—2004》，中国社会科学出版社 2006 年版，第 217～218 页。

② 周平：《香港政治发展：1980—2004》，中国社会科学出版社 2006 年版，第 219 页。

本法》规定的有关事务发出的指令；（8）代表特区政府处理中央授权的对外事务和其他事务；（9）批准向立法会提出有关财政收入或支出的动议；（10）根据安全和重大公共利益的考虑，决定政府官员或其他负责政府公务的人员是否向立法会或其属下的委员会作证和提供证据；（11）赦免或减轻刑事罪犯的刑罚；（12）处理请愿、申诉事项。此外，行政长官还直接领导廉政公署和审计署的工作。

如出现下列三种情况，行政长官必须辞职：（1）因严重疾病或其他原因无力履行职务；（2）因两次拒绝签署立法会通过的法案而解散立法会，重选的立法会仍以全体议员三分之二的多数通过所争议的原案，而行政长官仍然拒绝签署；（3）因立法会拒绝通过财政预算案或其他重要法案而解散立法会，重选的立法会继续拒绝通过所争议的原案。

2005年3月，第二任任期未满的董建华以身体健康欠佳为由辞去行政长官的职务，并获国务院的批准。根据规定，香港在半年之内选举出了新的行政长官曾荫权。香港特别行政区政府宣布第二任行政长官缺位后补选的行政长官的任期是原行政长官的剩余任期。

2005年6月21日，国务院总理温家宝主持召开国务院全体会议，决定曾荫权续任中华人民共和国香港特别行政区第二任行政长官，即日起就任。任期至2007年6月30日。

2007年4月2日，国务院总理温家宝签署国务院第490号令，任命曾荫权为中华人民共和国香港特别行政区第三任行政长官，任期自2007年7月1日至2012年6月30日。

行政长官与立法会之间存在着相互制约的关系。立法会是由港英政府的立法局演变而来的。但是，特区政府的立法会已不再是政府首长的咨询性机构，而是变成了有立法权的地方议会性质的机构，是香港特别行政区的立法机关。立法会通过的法律草案，行政长官没有否决权。立法会享有广泛的立法权、审核批准财政预算、税收和公共开支权、监督权、弹劾权和任免权（有权同意终审法院法官和高等法院首席法官的任免）。同时，《基本法》规定了行政长官签署法案、公布立法会通过的法律的职权。在下列情况下，行政长官可以解散立法会：（1）行政长官如果认为立法会通过的法案不符合香港特别行政区的整体利益的话，可以在3个月内将法案发回立法会重新审议，如果立法会以不少于全体议员三分之二的多数再次通过原案，行政长官必须在1个月内签署公布或依法解散立法会；（2）行政长官如果仍然拒绝签署立法会再次通过的法案或立法会拒绝通过政府提出的财政预算或其他重要法案，经协商后仍不能达成共识的话，那么，行政长官可以解散立法会。不过，行政长官在解散立法会之前，必须征询行政会议的意见。而且，行政长官在其一任任期内只能解散立法会一次。

立法会具有的权力是相当大的。除有迫使行政长官辞职的权力外，立法会还拥有弹劾行政长官的权力。弹劾的程序分为 5 个步骤：（1）如果立法会全体议员的四分之一联合动议，指控行政长官有严重违法或渎职行为而不辞职；（2）经立法会通过进行调查，立法会可委托终审法院首席法官负责组成独立的调查委员会，并担任主席；（3）调查委员会进行调查并向立法会提出调查报告；（4）如该调查委员会认为有足够证据构成上述指控，立法会以全体议员三分之二多数通过，可以提出弹劾案；（5）报请中央政府决定。

当然，行政长官和立法会除了相互制约的关系外，包括行政长官在内的行政机关与立法会之间也有相互配合的一面。这一点主要体现于行政会议的部分成员由立法会议员组成。政府可以就需要通过的法律草案在咨询行政会议成员意见的时候，听取来自立法会的议员的意见，争取他们的支持。但是，总的来说，特区政府对立法会的影响远远弱于港英政府对立法局的影响。

香港特区政府保留了港英政府行政机关设立咨询组织的制度。原有的行政局演变为行政会议。与港英政府的行政局一样，行政会议保留了咨询机构的色彩，虽然是行政长官决策中必经的一个步骤，但是对行政长官的决策只有影响力而没有约束力。行政会议是协助行政长官决策的机构。行政会议由行政长官主持。行政会议成员的任免由行政长官决定。行政长官从行政机关的主要官员、立法会的议员和社会人士中委任行政会议的成员，还可以在其认为必要的时候邀请有关人士列席会议。一般来说，一任行政长官对应相应的行政会议成员。当行政长官任期期满时，行政会议成员的任期也相应地到期。除人员任免、纪律制裁和紧急情况下采取的措施之外，行政长官在作出重要决策、向立法会提交法案、制定附属法规和解散立法会前，都必须向行政会议征询意见。如果行政长官不采纳行政会议多数成员的意见，需要把不采纳的理由记录备案。

特区政府还对行政会议进行了改革，以加强行政会议的民意代表性。2005 年 10 月 12 日，曾荫权在其 2005—2006 年施政报告中提出要扩大行政会议，增加行政会议的非官方成员的人数。他还提出，除了行政长官、政务司、财政司和律政司之外，其他的行政会议官方成员不必出席所有的会议，而可选择只出席涉及自身负责事务的会议。这样，就为非官方成员提供了更多的机会参与到政府的决策过程之中。曾荫权此举的目的是为了进一步加强特区政府与香港社会的沟通和理解。

亚洲金融危机之后，1998 年，特区政府在立法会之外设立了一个咨询机构：策略发展委员会。该委员会由行政长官担任主席，从宏观的、前瞻的角度关注香港的政治、经济和社会的发展，探讨香港发展的方向。曾荫权上任后，决定扩大该委员会的成员人数到大约 100 人，以进一步提高政府决策和施政的科学性、透明度、市民参与度和合法性。此外，香港特区政府还有数百个各种类型的咨询组织。

除行政长官之外，香港特区政府设有政务司、财政司和律政司以及各局、处、署。三大司的设置参考了港英政府的组织框架，是特区政府的决策层。政务司协助行政长官管治香港，协调各部门的政策，掌管公共行政事务；财政司负责协助行政长官督导财经、金融、经济、贸易和就业范畴内的政策制定和实施，管理外汇基金，编制政府财政预算案；律政司负责刑事检察工作，有权决定是否就某一宗或某一类案件提出检控，其工作不受政府和法院等外界的任何干涉。律政司司长还是特区政府的首席法律顾问。三大司司长的职位非常重要。政务司司长、财政司司长和律政司司长在行政长官短期不能履行职务的时候，可以依次临时代理行政长官的职务。

目前，政务司和财政司共同管理 11 个局以及 67 个部门和机构。其中，11 个局是特区政府制定各种政策，监督和协调政府各部门的机构；67 个部门和机构是政策的执行者，直接负责执行政策和法律所赋予的各项行政权力。2002 年 7 月 1 日香港实施主要官员问责制后，三大司司长和 11 名局长同属于政府的最高层官员，直接向行政长官负责。他们不再是公务员身份，而是成为政治性任命的官员，并且自动成为行政会议的成员。他们的任期通常为 5 年。特区政府还有 4 个直接隶属于行政长官的独立机构。除了前面提及的廉政专员公署和审计署外，还有申诉专员公署和公务员叙用委员会。特区政府的主要官员必须是在香港通常居住连续满十五年的特区永久性居民的中国公民，并且不能拥有在外国的居留权。中央人民政府对这些主要官员也拥有实质性的任免权。

特区政府的职权主要包括 6 个方面：制定并执行政策；管理各项行政事务；办理《基本法》规定的中央人民政府授权的对外事务；编制并提出财政预算、决算；拟订并提出法案、议案、附属法规；委派官员列席立法会并代表政府发言。此外，与内地地方政府相比，特区政府还拥有一些特殊的职权，比如说自行制定货币和金融政策和发行货币的权力。与港英政府一样，特区政府必须遵守法律，依法行政。与港英政府对港督负责不一样，香港特别行政区政府对立法会负责，即执行立法会通过的、并已经生效的法律，定期向立法会作施政报告，答复立法会议员的质询，征税和公共开支必须经立法会批准。

香港特区政府没有下一级地方政府。港英政府时期的市政局、区域市政局、区议会等区域组织得以保留下来，作为非政权性的区域组织，其作用仅限于咨询、提供文化、康乐、环境卫生等服务。1999 年，特区政府撤销了市政局和区域市政局，只保留了区议会，并组织了区议会的选举。区议会每四年选举一次。经过改革，香港原来的由立法会、市政局和区议会组成的三级代议架构精简为立法会和区议会两级架构。

4. 香港特区政府的组成特点

香港特区政府在组成上保留了港英政府时期的若干特征，包括政府组织的一些基本理念和行政机构的称谓以及行政主导的政治运行机制。与港英政府的权力来自英国王室和伦敦政府相比，香港特区政府的权力主要来自中央政府的授权。同时，也在一定程度上来自特区立法会。特区政府权力的合法性远非港英政府所能相比。香港特区的行政权主要集中于以行政长官为代表的行政机构手中。行政长官拥有解散立法会的权力，而且还拥有将立法会通过的、自己认为不符合香港整体利益的法律发回重议的权力。另一方面，虽然行政机关必须对立法会负责，但立法会并没有权力解散政府，也不能罢免某个官员。这些关系充分体现了香港特区政府承继了港英政府行政主导的特色。但是，与港督相比，行政长官并不能掌握全部大权，其权力范围有所缩小。立法会具备了立法权，对行政长官和行政机构有较大的制衡能力。加之政党政治的兴起，特区政府的行政主导能力有所下降。香港回归后，特区行政长官和立法会议员的选举制度安排，香港拥有终审权以及政党的出现，这些彻底结束了“英人治港”的历史，有利于真正落实港人治港的原则，并促进民主制度在香港的发展。这些都是港英政府所无法比拟的。

12.4　澳门特别行政区政府

与香港特别行政区的政府组织架构类似，澳门特别行政区政府的组织架构以澳葡政府的组织架构为基础，并以《中华人民共和国宪法》、《中葡关于澳门问题的联合声明》，以及《中华人民共和国澳门特别行政区基本法》为法律依据。

12.4.1 1999年以前的澳葡政府

1. 澳葡政府的组成及其职能

1917年，葡萄牙政府颁布了《澳门组织章程》，作为澳门政府架构的法律依据。但是，由于葡萄牙政局的不稳，关于澳门政府组织的相关规定也不断变化，在不到60年的时间里就变化了6次。这样，澳门的政制架构一直没有一个比较稳定的形式。简单地说，总督是澳葡政府的首脑，他代表葡萄牙政府对澳门进行统治。在1974年葡萄牙民主革命以前，澳门总督由葡萄牙国王任命，在革命之后则由总统任命。葡萄牙革命后的澳葡政府的组织架构原则遵循的是1976年颁布的《澳门组织章程》的相关规定。澳督相当于葡萄牙政府的一个部的部长，任期一般为4年。他掌管澳门的政治、经济和军事大权。澳督通过政务司及其所属的机构管理澳门的事务。在澳门实施的所有法律和法令必须经过澳督的签署方能生效。和港督类似，澳督有一个顾问机构咨询会。咨询会设立于1976年，其委员的任期为4年。咨询会的委员由澳督委任和选任的委员组成。咨询会的主要职责是对澳督权限内的一般行政事务提出意见，供澳督决策时参考。

澳葡政府的最高行政部门是市政委员会。政务司是澳督的主要行政助手，协助澳督履行行政职能和处理行政事务。按照《澳门组织章程》规定，政务司人数不得超过7名，他们分别管辖经济、社会设施、教育文化、行政和保安等事务。政务司司长由总督提名，经葡萄牙总统任命后上任，相当于葡萄牙政府的国务秘书或副部长。但是，由于澳督的权力很大，政务司长并没有法定的固定权力，只是在澳督的授权之下管理各个部门的工作。20世纪80年代以来，随着社会经济的快速发展，澳葡政府不断改革，使行政部门的数量开始增多，行政部门履行的职能也越来越细。由于澳督全权负责组织行政架构和对政务司授权，因此政务司的名称和管辖范围也并非一成不变。在澳门回归前，最后一任澳督韦奇立设置了7个管理不同事务的政务司，分别是经济协调政务司，运输及工务政务司，司法政务司，社会事务及预算政务司，行政、教育及青年事务政务司，保安政务司，宣传、旅游及文化政务司。另外，澳葡政府还设立了管理澳门半岛的澳门市政厅和管理凼仔岛和路环岛两岛的海岛市政厅。澳门政府通过政务司监督和领导市政区的工作。每一个市政区又有一个市政议会和一个执行委员会。市政区的主要职能包括：本身及管辖范围内的资产管理；市政发展；城市规划和建设；公共卫生和基本清洁；文化、娱乐和体育活动。澳门还设有直属澳督的司级机关和司署。

澳门在 1974 年葡萄牙革命以前没有立法机构。1920 年澳葡政府成立了立法委员会，由澳督任主席。与香港的立法局一样，立法委员会是澳督的立法咨询机构。葡萄牙革命后，澳门于 1976 年成立了第一届立法会，作为澳门的立法机构。立法会每四年选举一次，其成员由澳督委任的议员和经选举产生的议员组成。理论上，立法会的立法权限相当大，除了葡萄牙宪法规定的属于葡萄牙政府的立法权以及《澳门组织章程》规定的澳督的立法权之外，立法会有权就澳门的一切事项制定法律，以及解释、中止或撤销法律。但在实际中，由于立法会的议员普遍缺乏专业知识，而且兼任的议员人数较多，澳督实际上掌握了很大的立法权。

2. 澳葡政府的特点

在澳门，从行政、立法和司法三者的关系来看，以澳督为代表的行政权占有主导地位。澳门的行政权、立法权和司法权高度集中到澳督的手中。澳督有权否决立法会通过的法律，还可以提请葡萄牙总统解散立法会。澳督自己还拥有一部分立法权，可以直接立法。澳督可以向立法会委派代表自己的议员。此外，澳督还可以任命司法官员。虽然，立法会对澳督也有一定的制约作用，比如，立法会可以评议澳督和澳葡政府的活动，表决对政府的不信任案，监督澳门地区法律的执行状况，但是立法会的这些权力远远小于澳督的权力。总的来说，澳葡政府是一个与香港类似的行政主导型的政府。与英国在香港逐步推行本地化的统治不同，葡萄牙在澳门建立的政府体制与当地社会的发展没有直接的关系，政府中的公务员大多数为葡籍，澳门的华人基本上被排斥在公务员体制之外。因此，相对于英国治下的香港来说，澳门的政制体制显得缺乏自主性和稳定性，是一个不够成熟的政府，其权威性和效率较港英政府来说也要差很多。①

① 周平：《当地中国地方政府》，人民出版社 2007 年版，第 174 页。

12.4.2 澳门特别行政区政府

1. 澳门特别行政区政府的成立

在香港的回归过程中，尽管有彭定康的政改方案等因素的干扰，但是总的来说英国方面还是承担起了中英联合声明中的责任，为香港的平稳过渡创造了条件。然而，在澳门的回归过程中，葡萄牙方面并没有认真承担起中葡联合声明中的责任，使得过渡时期内的“公务员本地化”、“法律本地化”和“中文官方化”三大问题久拖不决，并且在临近回归之际，又出现了经济不振、治安不靖和移交不清的问题。

1993 年 3 月 31 日第八届全国人大第一次会议决定自 1999 年 12 月 20 日起设立澳门特别行政区，规定澳门特别行政区的区域包括澳门半岛、凼仔岛和路环岛。

1998 年 5 月 5 日，全国人大澳门特别行政区筹备委员会成立。筹备委员会坚持“面向澳门，依靠澳门”的原则，制定了《澳门特别行政区第一届政府推选委员会的具体产生办法》，面向澳门市民进行宣传，提高澳门市民的参与性和责任感。

1999 年 5 月 15 日，由 200 名澳门永久性居民组成的澳门特别行政区第一届政府推选委员会根据公平、公正、公开、民主和廉洁的原则，以无记名投票方式，选举何厚铧为澳门特别行政区第一任行政长官。5 月 24 日，朱镕基总理代表国务院向何厚铧颁发了任命其为澳门特别行政区第一任行政长官的国务院令。12 月 20 日，何厚铧宣誓就职，澳门特别行政区开始履行自己的职能。

2. 澳门特区的性质和地位

澳门特别行政区是中华人民共和国不可分离的一部分，它直辖于中央人民政府，属于地方政府的一个组成部分。在澳门特区，禁止任何叛国、分裂国家、煽动叛乱、颠覆中央人民政府及窃取国家机密的行为，禁止外国的政治性组织或团体在澳门特区进行政治活动，禁止澳门特区的政治性组织或团体与外国的政治性组织或团体建立联系。

澳门特区又是一个享有高度自治权的、特殊的地方行政区域，其政治地位与香港特区类似。中央政府和澳门特区的关系是中央对澳门特区实行管辖和澳门特区在中央监督下实行高度自治的关系。中央对澳门特区实行管辖，指中央对属于国家主权和国家整体利益范围内的事务实行管理，如中央政府负责管理与澳门特区有关的外交事务，中央政府在澳门设立外交部特派专员公署处理外交事务，同时，中央人民政府授权澳门特别行政区依照《基本法》自行处理有关的对外事务；中央人民政府负责澳门特区的防务并承担相应的费用；依法任免行政长官、主要官员和检察长；全国人民代表大会有权制定或修改基本法，授权澳门特别行政区依法高度自治，在法定情况下宣布战争状态或紧急状态等。澳门特区在中央监督下实行高度自治，就是指澳门特区对地方性事务，比如负责维持特区内部的社会治安等，可以依法自行处理。特区享有行政管理权、立法权、独立的司法权和终审权，凡属授权自治范围内的事务，中央不再干预。澳门特区法院对国防、外交等国家行为无管辖权。由于特区的自治权来自中央的授权，不能脱离中央的监督，因此，特区的立法须报中央备案，特区的财政预算和决算也要报中央政府备案等。中央与澳门是领导与被领导、监督与被监督的关系。全国人大常委会在征询其所属的澳门特别行政区基本法委员会的意见后，如认为澳门特区立法机关制定的任何法律不符合基本法关于中央管理的事务及中央和澳门特区关系的条款，可将有关法律发回，但不做修改。经全国人大常委会发回的法律立即失效。该法律的失效，除澳门特别行政区的法律另有规定外，无溯及力。除一部分法律外，全国性法律不在澳门特区实施。

澳门特别行政区可享有全国人大、全国人大常委会或中央政府授予的其他权力。澳门特区居民中的中国公民依法参与国家事务的管理，选出特区代表参加最高国家权力机关的工作。

中央人民政府所属各部门、各省、自治区、直辖市均不得干预澳门特别行政区自行管理的事务。它们如需在澳门特区设立机构，须征得澳门特区政府同意并经中央政府批准，所设立的一切机构及其人员均须遵守澳门特区的法律。各省、自治区、直辖市的人员进入澳门特区须办理批准手续，进入澳门特区定居的人数由中央政府主管部门征求澳门特区政府的意见后确定。

中央政府和特区政府之间互设了一些机构来处理双方的联系和沟通事务。中央政府协助国务院总理办理澳门事务的机构是国务院港澳事务办公室。除外交部特派专员公署、中国人民解放军驻澳部队外，中央政府驻澳门的机构还有中央人民政府驻澳门特别行政区联络办公室。澳门中联办与香港中联办同时成立，由新华社澳门分社更名而来，其职责与香港中联办类似。澳门特区政府在北京设有办事处，其职责是在澳门与中央人民政府及内地的关系上，协助行政长官统筹工作。具体来说，就是开展与中央人民政府各部门以及各省、自治区、直辖市在北京的办事机构的联络工作；向内地宣传澳门的社会及文化现状，以及发展双方的旅游文化交流；根据行政长官的指示，在经济、贸易、旅游、文化、培训等领域，与内地相关部门发展联络、咨询和商讨工作；为澳门特别行政区提供后勤及咨询协助。

3. 澳门特别行政区的组成与职能

1993 年 3 月 31 日第八届全国人民代表大会第一次会议通过了《中华人民共和国澳门特别行政区基本法》（简称《基础本》)。《基本法》根据 1982 年宪法以及澳门的具体情况而制定，对澳门特别行政区的性质、地位、基本政治制度以及与中央政府的关系做了详细的规定，是澳门特别行政区的根本大法。澳门特别行政区设立后实行的制度、政策和法律，均以《基本法》为依据。

行政长官是澳门特别行政区的首长，代表澳门特别行政区，对中央人民政府和澳门特别行政区负责，负责领导澳门特别行政区政府的工作。行政长官由年满 40 周岁，在澳门通常居住连续满 20 年的澳门特别行政区永久性居民中的中国公民担任，在当地通过选举和协商产生，由中央政府任命。行政长官任期为 5 年，可连任一次。现任行政长官是何厚铧。2004 年 4 月 1 日，澳门特区立法会审议通过了特区政府提出的《行政长官选举法》。根据该法，何厚铧于同年再次当选行政长官。这是澳门历史上由本地立法机关立法，并组织实施选举本地最高领导人的首次尝试。

当选澳门特区行政长官的条件与当选香港特区行政长官的条件略有不同。在香港，在外国无居留权是参选行政长官的前提条件。在澳门，只是规定行政长官在任期内不得具有外国居留权。也就是说，在外国有居留权的澳门永久性居民中的中国公民可以参选行政长官，而当行政长官卸任后可以重新取得在国外的居留权。同时，关于香港特区行政长官的产生，最终以普选产生为目标。而澳门的《基本法》则无此规定。

澳门特区行政长官所能行使的职权主要有：（1）领导澳门特别行政区政府；决定政府政策，发布行政命令；制定行政法规并颁布执行；（2）负责执行《基本法》和依照《基本法》适用于澳门特区的其他法律；执行中央政府就《基本法》规定的有关事务发出的指令；代表澳门特区政府处理中央授权的对外事务和其他事务；（3）签署立法会通过的法案，公布法律；签署立法会通过的财政预算案，将财政预算、决算报中央政府备案；批准向立法会提出有关财政收入或支出的动议；根据国家和澳门特区的安全或重大公共利益的需要，决定政府官员或其他负责政府公务的人员是否向立法会或其所属的委员会作证和提供证据；（4）提名并报请中央政府任命下列主要官员：各司司长、廉政专员、审计长、警察部门和海关主要负责人、检察长；建议中央政府免除上述官员职务；（5）委任部分立法会议员；任免行政会委员及依法定程序任免各级法院院长和法官、检察官和公职人员；（6）依法颁授澳门特区奖章和荣誉称号；（7）依法赦免或减轻刑事罪犯的刑罚；（8）处理请愿、申诉事项。澳门特区行政长官职权中的制定行政法规、委任部分立法会议员、任命检察官等内容，是香港行政长官所不具备的。

行政长官与立法会相互制约。立法会虽然拥有立法权，但是其通过的法案，必须经过行政长官签署、公布，方能生效。行政长官可以拒绝签署立法会通过的法案：行政长官如认为立法会通过的法案不符合澳门特区的整体利益，可在 90 日内提出书面理由并将法案发回立法会重议。立法会如以不少于全体议员 2/3 多数再次通过原案，行政长官必须在 30 日内签署公布或依照《基本法》相关规定处理。行政长官在下述情况下还可以解散立法会：行政长官如果拒绝签署立法会再次通过的法案；立法会拒绝通过政府提出的财政预算或行政长官认为关系到澳门特别行政区整体利益的法案，经协商后仍不能达成共识。不过，行政长官在解散立法会之前，必须征询行政会的意见，并应向公众说明理由。行政长官在其一任任期内只能解散立法会一次。

另一方面，立法会作为澳门特别行政区的立法机构具有的权力是相当大的。除了立法权外，它还拥有批准政府提出的财政预算、税收和公共开支的财政权；听取行政长官的施政报告并进行辩论的辩论权；质询政府的质询权；接受澳门居民的申诉并进行处理的接受申诉权；以及在行使职权时，有权传召和要求有关人士作证和提供证据的传召权。而且，立法会还具有迫使行政长官辞职的权力。这有两种情况：第一，当行政长官两次拒绝签署立法会通过的法案而解散立法会，重选的立法会仍然以全体议员的 2/3 多数通过所争议的原法案，如果行政长官在 30 天内仍然拒绝签署，那么，行政长官必须辞职；第二，当行政长官因为立法会拒绝通过财政预算案或关系到澳门特别行政区整体利益的法案而解散立法会，重选的立法会继续拒绝通过所争议的原案的时候，行政长官也必须辞职。

此外，立法会还拥有弹劾行政长官的权力。如果立法会全体议员的三分之一联合动议，指控行政长官有严重违法或渎职行为而不辞职，经立法会通过决议，可委托终审法院院长负责组成独立的调查委员会进行调查。如该调查委员会认为有足够证据构成上述指控，立法会以全体议员 2/3 多数通过，可以提出弹劾案，并报请中央政府决定。

澳门特区政府是澳门的行政机关，政府首长是行政长官。澳门特区政府设司、局、厅、处等机构。司是政府的主要职能机构，领导其辖下的公共部门，管理一定领域内的行政事务。局是直属于司的单位，履行特定范畴内的职能。厅是局的附属单位，以进行技术设计为主。处是局或厅的附属单位，以执行技术工作为主。澳门特区政府在行政长官之下设有 5 个司，分别是行政法务司、经济财政司、保安司、社会文化司和运输公务司。5 司的司长和廉政公署专员、审计署审计长、警察总局局长和海关关长为特区政府的主要官员。主要官员须由在澳门通常居住连续满 15 年的澳门特别行政区永久性居民中的中国公民担任，由行政长官提名并报请中央政府任命，或由行政长官建议中央政府免除其职务。行政法务司司长行使职权的领域包括公共行政、民政事务、立法事务及司法行政事务等；经济财政司司长行使职权的领域主要有财政预算、工业、商业、公共财政管理及税务制度、货币、外汇及金融体系、就业、社会保障等；保安司司长在下列领域行使职权：特区的内部治安、刑事侦查、出入境控制、监狱体系和法律规定的海关事务等；社会文化司司长的职权范围包括教育、卫生、文化、旅游、青年、体育和社会工作等；而运输工务司司长则在下列领域行使职权：土地整治、交通管理、基础建设及公共工程、运输、通信、气象、环境保护等。此外，澳门特区政府还设有独立进行工作的机构署。署直接对行政长官负责，包括廉政公署和审计署。

澳门特区政府行使的职权主要包括：制定并执行政策；管理各项行政事务；办理中央政府授权的对外事务；编制并提出财政预算、决算；提出法案、议案，草拟行政法规；委派官员列席立法会会议听取意见或代表政府发言等。特区政府可以根据需要设立咨询组织。特区政府须向立法会负责，具体表现为：执行立法会通过并已经生效的法律；每年至少向立法会作一次施政报告；向立法会提交财政预算及预算执行情况报告；答复立法会议员的质询。

澳门特区政府设有行政会协助行政长官作出决策。行政会的成员由澳门特区永久性居民中的中国公民担任。行政长官从政府主要官员、立法会议员和社会人士中任免行政会的成员。行政会委员的人数为 7 至 11 人，目前共有 10 名委员。行政会委员任期为 5 年，但是不得超过委任他的行政长官的任期。而从主要官员及立法会议员中委任的委员的任期则与其本身职务的任期相同。在新的行政长官就任前，原行政会委员暂时留任。行政会由行政长官召集和主持。行政会的会议每月至少举行一次，必须有过半数的行政会委员出席。行政长官认为必要时可邀请有关人士列席行政会会议。行政长官在作出重要决策、向立法会提交法案、制定行政法规和解散立法会前，须征询行政会的意见，但人事任免、纪律制裁和紧急情况下采取的措施除外。行政长官如不采纳行政会多数委员的意见，应将具体理由记录在案。

行政会是澳门特区政府咨询体系的重要代表。在何厚铧 2007 年度的施政报告中，他提出要对澳门的社会咨询制度进行改革。对行政主导型的特区政府来说，社会咨询制度的意义重大。社会咨询制度可以成为支持政府施政，优化政府决策的非常重要的民意中介。社会咨询制度还可以帮助政府和社会形成民主共识，避免双方在民主进程中产生尖锐的对立，确保在一个和谐的政治环境下，以最小的代价实现政制民主化。在这一认识的基础上，何厚铧提出，在强调实际效果的原则下，重组现有的咨询组织的规模，并重组各咨询组织的功能。特区政府全面扩大咨询组织的成员的数量，提高咨询组织的代表性。特区政府还对咨询工作的形式和方法加以改革，开辟更多的咨询渠道，提出了形式各样的咨询种类，诸如会议咨询和查访咨询、常规咨询和特殊咨询、社团咨询和公听咨询、集体咨询和个人咨询等。

在香港属于行政系统的刑事检察工作在澳门则属于司法系统。检察院独立行使法律所赋予的检察职能，不受任何干涉。其职责是在法庭上代表澳门特区，实行刑事诉讼，维护合法性及法律所规定的利益。检察长由行政长官提名，报中央人民政府任命；检察官由检察长提名，行政长官任命。

澳门特别行政区政府没有下级地方政府。《基本法》规定，澳门特别行政区可设立非政权性的市政机构。市政机构受政府委托为居民提供文化、康乐、环境卫生等方面的服务。同时，市政机构也是一个咨询机构，可以就上述服务事项，向特别行政区政府提供咨询建议。特区政府成立时，保留了澳葡政府的做法，把澳葡政府时期的澳门市政议会和澳门市政执行委员会改组为临时澳门市政议会和临时澳门市政执行委员会；把原海岛市政议会和海岛市政执行委员会改组为临时海岛市政议会和临时海岛市政执行委员会。2001 年 12 月 17 日，何厚铧公布了立法会通过的第［17/2001］号法律。根据该法律，从 2002 年 1 月 1 日起，澳门特区政府撤销了这两个机构，解散有关临时市政机关，成立新的政府部门民政总署，并在民政总署下设立一个咨询委员会，吸纳社会人士对市政事务和政策的意见。民政总署负责管理民政事务，其职责范围较之澳葡时期的相关市政机构有所扩大，包括了文化、康乐、体育、环境卫生、教育、城市规划、道路交通、民防等方面。

4. 澳门特别行政区政府组成的特点

澳门特别行政区基本上保留了澳葡政府时期的结构形式。为保持澳门的繁荣稳定，澳门特别行政区政府依然设立了司、局、厅、处等行政机构。澳门的行政长官由中央人民政府任命，同时又向中央人民政府负责。这充分体现了澳门回归后主权和治权的统一。特别行政区的行政长官在当地通过推选产生，较之于澳督的产生，包含了民主成分；立法会大部分议员也通过直接或间接的方式选举产生，使得澳门的政制制度进一步民主化。澳门特别行政区基本上设置了行政、立法、司法三权分立的政制模式。其中，行政长官的地位特别突出。以行政长官为首的政府拥有立法的动议权，政府提出的法案、议案优先列入立法会的议程，行政长官拥有一定的立法否决权等规定都反映了澳门特区政制架构中行政主导的特征。可以说澳门特别行政区基本上沿袭了澳葡时期的行政主导体制。但是，以行政长官为代表的行政机构的权力较之澳葡时期有所弱化，立法会的权力得到提升。

本章小结

本章是有关特别行政区政府的理论和基本知识的介绍和分析。我国目前的政制体制中，设有两个特别行政区：香港特别行政区和澳门特别行政区。香港和澳门两个特区政府从法律上来说是我国的两个地方政府，在一定程度上相当于省级政府。它们是在单一制中央集权国家体制下建立的特殊行政区划，而非独立的政治实体。但是，两个特区政府的组成方式与内地各地方政府有着较大区别，它们拥有更多的权力，实行“港人治港”、“澳人治澳”，高度自治，在《基本法》的框架下甚至享有一些主权国家所拥有的权利。特别行政区制度的建立，甚至促使一些学者开始思考中央政府与特区政府之间实行联邦制以及中央地方关系基本格局变化的可能性等问题。本章主要讨论特区制度的确立、香港和澳门政府的历史和现状、特区政府的职能、特点和发展趋势。认真学习本章，有利于深化对特别行政区政府、香港特别行政区和澳门特别行政区在地方政府管理中发展与改革的有关认识，理解我国社会主义民主和自治程度的提高和政治文明建设。

关键术语

特别行政区　一国两制　联邦制国家特别区
单一制国家特别区　区域自治　民族自治
香港特别行政区政府　澳门特别行政区政府

复习思考题

1. 如何理解特别行政区的含义，我国特别行政区有哪些特别之处？
2. 试分析“一国两制”构想的形成和实践。
3. 试分析我国特别行政区与中央政府的关系。
4. 试分析我国特别行政区自治权的内容。
5. 试论我国特别行政区居民的权利与义务。
6. 试分析西方特别地方政府模式及其特点。
7. 试分析特别地方制度的发展趋势。

案例分析

如果没有强大的祖国作后盾：香港回归十周年系列评论之二

1997 年的亚洲金融危机，作为国际金融和商业中心的香港，如果没有回归祖国，如果没有强大的祖国作后盾，真的难以想象。

要知道，当时的亚洲，可谓是风声鹤唳。作为正处在发展的黄金时期、发展状况令世人瞩目的泰国，其货币——泰铢暴跌，企业纷纷破产。

在这场危机中，香港就像一只汪洋中的小舟，随时都有被惊涛骇浪吞没的危险。香港恒生指数从 1997 年最高位的 18000 点，跌落至 1998 年的 6000 多点。香港的上市公司市值在 1997 年 10

月23日一天就损失了4335亿港元。损失之巨，震惊世界。

此时此刻，如果不采取非常规措施，如果没有市场之外的力量加入，香港将有可能跌入万丈深渊，甚至一蹶不振。

面对香港的危险处境，面对亚洲国家面临的严峻形势，中国政府断然决定，宁可牺牲自身利益，也要保持人民币汇率的稳定。同时，要求香港特区政府坚决果断地采取措施，打破自由市场经济政府不干预的所谓“常规”，动用1100多亿港元的外汇基金，入市收购部分本地股票，捍卫香港股市，捍卫联系汇率制度。

要知道，中国政府作出的保持人民币汇率不变的政策，将使多少中国工人失去工作或者减少收入，使多少企业面临困境。但是，为了亚洲人民的利益，为了香港的稳定，中国政府顶住了强大的经济压力，将亚洲，特别是香港从绝境中拉了回来，仅仅用了32个月时间，就使特区政府回笼了1 100多亿港元的救市资金。

毫无疑问，在如此猛烈的金融危机面前，香港这座金融自由港，能够平稳度过，如果没有中央政府的大力支持，没有中央政府的强大后盾，是不可想象的。香港顺利度过金融危机的事实，也创造了世界金融史上一次奇迹，成为世界金融史上成功度险的一次范例。

在这次金融危机中，香港如果不是回归祖国，如果没有中央政府作后盾，如果不在中央政府的支持下果然采取措施。今天的香港到底是什么样子，真的不敢想象，也无法想象。

谈起1997年的亚洲金融危机，回顾香港度险的经历，可能许多人还心有余悸。确实，1997年的金融危机，给许多国家带来的创伤，对经济带来的冲击，在短时间内是难以抹平的，也是难以恢复元气的。泰国曾经在一段时间内，经济发展是那么的红火，那么令人羡慕。而在亚洲金融危机以后，整个经济陷入了近乎瘫痪的地步。香港，尽管比泰国更加经受不住金融危机的冲击，但是，由于有强大的祖国作后盾，不仅平稳地度过了这场危机，还在诸多方面赢得了主动，赢得了新的生机。

在庆祝香港回归十周年之际，重新回顾香港险度金融危机的历史，可以让我们更加深刻地感受到，香港回归祖国，而且是在亚洲金融危机暴发的关键时刻回归祖国，是非常及时、非常明智的。这一切，似乎是上天有意安排的，上天也不愿意让香港陷入困境，让香港人民遭受灾难。

香港能够顺利度过金融危机，也让我们更加深切地感受到，一个强大的中国，对香港是多么重要。香港，香港的繁荣，香港的稳定，香港的明天，都需要祖国作坚强后盾。

（资料来源：金羊网。）

请思考

香港特别行政区能够度过金融危机主要原因是什么？为什么说“强大的祖国”是香港特别行政区政府的后盾？

阅读书目

1. 林尚立、刘建军、陈玉刚：《一国两制》，上海人民出版社 1998 年版。

2. 罗永祥、陈志辉：《香港特别行政区施政架构》，香港三联书店有限公司 2002 年版。

3. 曾伟、罗辉：《地方政府管理学》，北京大学出版社 2006 年版。

4. 王振民：《中央与特别行政区关系：一种法治结构的解析》，清华大学出版社 2002 年版。

5. 周平：《香港政治发展（1980—2004）》，中国社会科学出版社 2006 年版。

第13章 地方政府行为规范

☞简短提要

本章在对地方政府行为规范进行概述的基础上，进一步探讨了地方政府行为伦理规范和地方政府行为法制规范；对当代中国地方政府行为的特点进行了分析，对中国地方政府行为伦理失范的现象、表现及原因进行了梳理；对地方政府行为规范中的法律及对地方政府行为的监督进行了归纳和整理。

☞重点问题

本章所涉及的主要问题包括：（1）政府行为的定义；（2）地方政府行为的特点；（3）西方国家政府行为模式；（4）地方政府行为伦理规范的基本原则；（5）地方政府行为法制规范的目标；（6）我国现行法制监督机制。

自从有了国家，有了政府，就相应地产生和存在着政府行为。不论社会形态和国家类型如何，没有适当的政府行为，任何美好的社会理想和发展目标都不可能得到实现。市场经济体制下政府职能的转变同样要通过政府行为来实现。而地方政府作为我国行政序列的一个环节，其对我国的经济利益格局的变动和宏观经济的调控走势以及社会的和谐发展起着越来越重要的作用。在和谐社会构建中，我们发现一些地方政府的不规范行为依然存在。和谐社会构建提出之后，针对和谐社会构建中的地方政府失范行为，一方面，正视矛盾，化解不和谐的因素；另一方面，采取治本之策，未雨绸缪，最大限度地减少发展中的不和谐因素。深入探讨市场经济体制下的地方政府行为问题，不仅具有重大的理论意义，而且具有重大的现实意义。

13.1　地方政府行为规范概述

13.1.1　政府行为的定义及地方政府行为的特点

1. 什么是政府行为

所谓政府行为，是指在国家机关管理的实践中，为实现一定目标和职能所实施的一系列造成社会既定状态改变的一切行为。

如何来理解政府行为呢？

首先，从行为主体的角度来看，政府行为的主体主要是政府。本章所讲的政府行为也包括立法机关或司法机关的行为，是更广泛意义上的政府行为。

其次，从最广泛的意义上来讲，政府行为包括国家机关的一切行为。国家机关作为社会公共事务管理的主体，掌握着社会资源分配的决定权，其行为活动对社会公众及其利益有着重要的影响。这种影响甚至是决定性的。

最后，从行为后果来讲，政府行为的最终后果是造成了社会既定状态的改变。从行为科学的角度来讲，一定的行为产生一定的行为后果。相应地，一定的后果是一定的行为导致的。因此，政府行为必定导致一定后果的产生；这种行为后果表现为社会既定状态的改变，或者是短期的社会治安的改变、交通状况的改善等，或者是长期社会的发展、公民生活水平的提高以及政府职能的转变等。

2. 地方政府行为的特点

地方政府的行为特征可归结为几点：

(1) 追求效用最大化

一方面是追求地方财政收入最大化。地方财政收入增加了，地方政府领导人就有了政绩。另一方面是地方社会福利最大化。地方政府要对本地居民负责，获得本地居民支持和拥护，所以它必须追求本地居民的社会福利最大化。

（2）机会主义

从委托代理关系来说，作为代理人的地方政府应接受中央政府的委托并执行中央有关产业政策。但当外部监督约束机制乏力的时候，地方政府就会从地方利益出发作出与中央政策相违背的决策，从而损害了全局利益。

（3）利益短期化

在我国现有的政治体制下，地方政府领导人追求的地方利益一般都为短期利益，急功近利，从而浪费资源给国家整体利益造成损失。

地方政府行为的特点是由地方政府身份的两重性决定的。一方面，它是中央政府的下级单位，要接受中央政府的领导；另一方面，它又是地方人民的公仆，隶属于地方的最高权力机构——地方的人民代表大会，要向地方的最高权力机构负责并接受其监督。因此地方政府既是被中央领导的下级单位，又是领导地方的权力机关。地方政府的两重身份决定了它的行为有两种导向：一种是行政导向，要通过自上而下的行政传导贯彻执行中央的决策命令；一种是社会导向，要对其所辖区域内的事务进行领导和管理，谋求地方的稳定与发展。

因此，地方政府既是"顺从上级"的机构，又是"为民请命"的机构。地方政府的两种导向决定了它有两种运行机制：为了"顺从上级"，地方政府必须有一种"向心机制"；为了"为民请命"，地方政府必然有一种"离心机制"。"向心机制"是一种向中央靠拢的机制，这种机制不论对全民的整体利益，还是对于地方的局部利益，都是一种协调机制。所谓协调是针对碰撞和冲突而言的，是针对政府行为运作过程中地方利益和全民利益的矛盾而言的。"离心机制"并不是一种脱离中央的力量，而是一种追求地方利益的机制。当然，在追求地方利益的过程中，也可能使地方和中央的关系产生一定的距离。距离本身不一定是坏事，因为有距离才能产生吸引，才有相应的向心力。问题在于距离要适当，一旦失当，就能使吸引力减弱、甚至消失。因此，为了使地方经济得以有效发展，使地方社会形象得以有效改善，应当鼓励地方去追求自己的权益。但是，这种追求要适当，要适可而止。这种适当的追求就是与向心机制相统一的离心机制。可见，在从计划经济向市场经济转变过程中，地方政府行为不仅仅是向心机制或离心机制的单独转变，而且是向心机制和离心机制的统一体的转变。

13.1.2 西方国家政府行为模式

与西方500多年市场经济发展历程相伴随的，是西方国家的政府角色的不断调整。

1. “国家干预主义”盛行在市场经济初始阶段

16世纪初到18世纪末，世界处于市场经济初始阶段。这一时期，西欧资产阶级民族国家逐渐形成，执政的封建阶级不但代表封建阶级的利益，而且代表新兴市民阶级的利益。君主们逐渐集立法、行政、司法、宗教等诸权力于一身，形成高度集中的专制主义政府管理模式。

在经济上，当时的专制主义政府基本上实行高度集权和积极干预的政策，采取强制干预的行为模式，推行重商主义经济政策。早期重商主义不仅限制私人的经济活动范围，而且以国家垄断方式直接控制私人经济活动；不仅采取行政手段和立法手段对经济活动进行干预，而且采取政治手段、外交手段乃至大规模的暴力和军事手段达到扩大政府财政收入的目的。

2. “守夜人”政府出现在市场经济起飞阶段

在18世纪末到19世纪70年代的市场经济起飞阶段，职能不分的专制主义政府模式开始向职能分化、分权制衡的代议制政府转变，高度集权的专制君主制度被以分权制衡的议会民主制所代替。

亚当·斯密的自由主义经济学说在当时的工业强国——英国受到欢迎，政府行为的范围被大大压缩，“守夜人”角色成为一种趋势。相反，法、美、德等后起的工业国家，尚不具备同英国工业品竞争的实力，为了保护民族工业的发展，这些国家基本上采取保护主义的经济政策。而支撑保护政策的理论基础就是李斯特的“贸易保护理论”，他在承认自由贸易利益的前提下，极力主张以保护贸易为过渡政策，扶植有前途的幼稚工业，促进生产力发展；通过禁止输入与征收高关税的办法来保护幼稚工业，以免征或征收轻微进口税方式鼓励复杂机器进口。李斯特还为政府干预经济提供了具有说服力的理由，即“有些政治经济学理论硬要我们把国家的物质福利完全归因于个人的生产……这种论调实在不切实际，不足取，它完全忽视了一个事实，即一切个人的生产力，在很大程度上是取决于国家的社会环境与政治环境的”。

李斯特的思想为贸易保护制度的形成和发展奠定了理论基础，对后发工业国家产生了重要影响。尤其是在工业化初期的德国，政府不仅管理着公路、桥梁、运河、铁路和邮政组织等基础设施，同时拥有大量的地产、森林、矿山、工厂和银行。当时，德国政府既是立法者，又是行政管理者和经营者。

3. “小政府”模式流行在市场经济形成阶段

从19世纪70年代到第一次世界大战前，西方发达国家先后完成了两次产业革命，实现了由自由资本主义向垄断资本主义的过渡。政府行为模式也发生了重大变化。这一时期，美、法、德等主要资本主义国家开始具备了与英国抗衡的实力，纷纷将自由放任主义作为自己的主导性经济政策，对社会经济生活实行所谓的“不干预主义”，形成自由主义经济学家所标榜的“最弱意义上的政府”。

此时，斯密的自由经济理论得到了工业化西方国家的普遍认同，他的“守夜人”假设也成为政府行为理论的经典。不过，此时政府行为继续在经济领域扩张，军工厂、邮政、铁路、铸币为政府垄断，煤炭、粮食等战略资源的价格被严格监管，高技术生产被限制在国内，等等。

这一时期，社会分配公平问题突出，阶级矛盾尖锐，政府更迭频繁，政府行为的中心是解决效率和公平的矛盾。另一方面，由于政治革命使政府治理结构呈现出新面貌：三权分离、普选实现，政府行为的内容主要受在议会中占多数的资产阶级和中产阶级的左右。

4. 强干预型“万能政府”出现在两次世界大战

1917—1945年，世界性的经济危机使资本主义国家内外矛盾空前激化，市场经济发展全面失控。政府行为模式纷纷由自由放任型向积极干预型或强干预型转变，将国内矛盾向国外转移，以至于在20世纪上半叶爆发两次世界大战。世界大战全面动摇了古典自由放任主义理论关于“看不见的手”能够给人们带来美妙福利的神话，引起了西方国家政府行为模式的转变，出现了两种不同的政府类型。其中，一个极端类型就是德、意、日法西斯主义的政府行为模式，另一类就是以罗斯福“新政”为代表的政府行为模式。罗斯福新政基本上抛弃了传统的自由放任主义的经济政策，实行国家积极干预的政府行为模式，力图通过对社会经济活动的积极调节和全面控制，实现国家同垄断组织的融合，扩大社会需求，消除失业，缓和以经济萧条为特点的经济危机。罗斯福新政的成功使西方国家掀起了一场“凯恩斯革命”，宣告了自由放任主义的最后终结。

对经济危机和战争巨大打击的反思，使各国政府采取了程度不同的干预措施，走上了不同的发展道路：欧洲福利主义政府将目光投向国民收入增长和福利增进；美国政府瞄准了“充分就业”，实行了一系列的政府干预；以前苏联为代表的社会主义政府将生产资料国有化，扮演起了“万能中心”的角色。这些变化标志着政府干预经济时代的来临。特别是“二战”以来，各国政府对经济干预的广度和深度不断加强，小到公民的生老病死、升学、就业，大到宏观经济的供求平衡，处处都体现着政府行为的影响，正如斯蒂格利茨所说："从摇篮到坟墓，我们的生活无不受到政府活动的影响”。

5. “积极干预型政府”出现在市场调整阶段

第二次世界大战结束后，凯恩斯主义成为西方经济学的主导流派，西方国家普遍采用了干预主义政策。西欧和北欧的一些国家由于社会民主党上台执政，大力推行“福利资本主义”政策，发展国家垄断资本主义，扩大国民收入的份额，增加社会投资和国有企业的数量，加强国家对社会生活的调节和控制，实行国民经济计划化和生活福利政策，对社会财富进行二次分配，在一定程度上缓解了社会不公平问题。这一时期，西方国家政府运用财政、货币、产业等政策进行宏观调控，而且投资兴办了一大批国有企业（各国涉足领域存在差异，但基本不涉足竞争性领域）。

6. “小政府大社会”推行在市场经济成熟阶段

在20世纪70～80年代，西方国家出现了普遍的“滞胀”趋势，这使凯恩斯主义为代表的积极干预型政府行为模式，“新自由主义”理论应运而生。“新自由主义”主张重视“看不见的手”的自发调节作用，断言“滞胀”是由政府过度干预造成的，主张把政府的干预降低到最低限度，实行“小政府大社会”的模式。西方主要发达国家纷纷推行“新自由主义”政策，并大张旗鼓地进行了行政改革，克服“行政国家”对社会事务大包大揽的体制，纷纷将国有企业私有化，实现从积极干预型向自由放任型转变。给国家“消肿”、“减肥”等，成为西方国家历届政府首脑换届选举中最为蛊惑人心的口号。

7. “市场适应型政府”成为东欧剧变以来的普遍选择

20世纪90年代以来，市场经济体制成为全球化的选择，各国政府行为都以围绕最大限度地发挥市场作用为转移。从英国的“撒切尔主义”、美国的“重塑政府”运动，到欧洲大陆，掀起了重新界定政府行为的又一次浪潮，形成了色彩纷呈、形态各异的政府行为模式，如美国的自由市场经济模式、法国计划市场模式、德国社会市场模式、东亚政府主导型模式，等等。国有企业私有化运动进一步展开，在过去被认为是自然垄断领域的许多公营企业，也被纳入私有化范围。在英国，国营煤矿被私有化；在美国，甚至提出了要不要将核工厂私营化的问题。克林顿政府试图把自由放任和国家干预结合在一起，用他自己的话说就是："我们成功地提出一种政府管理哲学，这种哲学超越了旧的观点"。布莱尔呼吁那些关心社会公正的人更要关注经济的增长。进行必要的社会福利制度改革，强调社会福利政策应能促进经济增长，福利的削减应和增加就业结合起来，强调个人的责任和义务，自助和社会互助结合，福利的支出要有针对性，使社会福利发挥最大的效用，避免社会资源的浪费。

13.1.3 地方政府行为规范化的内涵及重要性

1. 地方政府行为规范化的内涵

(1) 学术界对地方政府行为规范化的认识

地方政府行为规范化表现为两个层面的内涵：首先，地方政府行为规范化本质上是一系列价值追求的综合体。地方政府是一个特殊的社会主体，这种特殊性不仅仅因为它是公民权利的让渡，更重要的是地方政府掌握着社会大量稀缺资源的处置权。地方政府任何微小行为都可能引起社会公共资源巨大流动。因此，任何针对地方政府这一社会主体的变动都必须确保政府属性的维持和继续。其次，地方政府行为规范化表现为一系列的行为活动。事实上，众多学者对地方政府行为规范化的探讨主要集中在第二个层面，也就是地方政府行为规范化所表现出的一系列行为活动。作为地方政府行为规范化的表现，价值追求才是根本。它决定了地方政府行为规范化的属性。无论其外在的表现如何，价值的追求应该是一致的。但是学者们仅仅对其所表现出来的差异行为进行了研究，而对于其背后的价值追求却避而不谈。事实上，学者们之间观点的不同恰恰是地方政府行为规范化在第二层面所表现出来的多样性。我们认为，社会是统一性和多样性的矛盾统一体，地方政府行为规范化同样如此。较之于多样性而言，统一性更为重要。这是因为价值的追求来自于人类的自觉意识，它避免了人类行为的盲目性和非理性。

(2) 地方政府行为规范化包括的三个要素

第一，合法性。从政治的角度来看，合法性体现为政治合法性，"合法性或政治合法性指的是政治统治依据传统或公认的准则而得到人民的同意和支持”，它不仅仅是指法律意义上的符合法律原则，更是指人们普遍的一种认同态度。因此合法性的根本在于社会民众的普遍的心理认同和支持，是基于社会主导价值体系的判断。由社会成员给予积极的社会支持与认可的政治统治的合理性和正当性，包括两个方面的主要内容：政治统治是否符合以及怎样以社会价值观念和价值规范所认可的方式有效运用；另一方面是政治统治有效性的范围、基础与来源。合法性要求地方政府的行为和活动必须以尊重公民意志和公民支持为前提，这也是地方政府行为得以持续的条件。任何抛弃甚至违反公民意志的地方政府行为，都无法得以继续。这就是说，公共意志就是地方政府行为的标准。因此，地方政府行为规范化必须以政府行为取得政治合法性为前提。这是地方政府行为规范化的基础和根本。缺失政治合法性的地方政府行为无论其制度化程度有多高，都是无法持续的。

第二，民主性。民主性是现代社会中建设现代政府的必然选择。地方政府行为规范化是现代政府建设的一个途径，地方政府行为规范化必须坚持民主性，这是社会发展的必然要求。现代地方政府必须有很高的公民参与度，一方面有利于鼓励和发展公民的民主意识，有利于社会稳定；另一方面，通过公民参与政府事务的管理，可以实现公民社会对政府监督与控制，从而有效制约地方政府不良行为的发生。同时，地方政府行为的规范化也为公民的参与提供了制度性的保障，使公民参与得到了有效的保护。

第三，理性。理性对地方政府行为规范化的要求体现在两个方面：一是公共理性，二是工具理性。罗尔斯说：“公共理性是一个民主国家的基础。它是公民的理性，是那些共享平等公民身份的人的理性。他们的理性目标是公共善，此乃政治正义观念对社会基本制度结构的要求所在，也是这些制度服务的目标和目的所在。”① 这里的公共理性是与个人理性相区别的，个人理性是私人生活领域里的理性，是有关自己生活的价值以及这些价值如何实现的理性，而公共理性是公共领域中的理性，是关于公共的善及其实现的制度创设的理性，是人们对社会公共主体认识的理性。其次，公共理性的目标是罗尔斯所说的“公共善”。事实上，罗尔斯所说的“公共善”一方面包括社会公共利益，另一方面包括根本的社会正义。而在社会政治生活领域中，公共理性表现为公民在处理社会政治生活、决定他们基本的社会合作形式时相互沟通、平等交往

① ［美］约翰·罗尔斯：《政治自由主义》，万俊人译，译林出版社 2000 年版，第 255 页。

所遵循的原则和制度。公共理性是长期民主社会生活所形成的一种理性能力，是公民在民主政治生活中应有的一种政治思维能力，也是一个国家、一个政党在应用国家政权时所应有的理性，因而构成了现代政治文明的基础。现代社会的发展使得人们开始用公共理性来审视政府。一方面，要求平等地与政府对话，另一方面，要求政府开始关注并不断实现社会公共利益。公民公共理性的不断觉醒使得现代政府必须回应公共理性的要求，必须把公共理性作为政府行为理性的指导。

2. 地方政府行为规范化的必要性

（1）地方政府行为规范化是地方政府职能转变的必然要求

地方政府职能的转变要通过地方政府的行为来实现。我国的行政管理制度和地方政府面临着各种各样的挑战，既有行政理念方面的不适应，也有行政体制、地方政府职能管理方式、行为方式以及目标选择方面的不适应。如何实现共产党提出的深化行政管理体制改革这一目标，需要各种切实可行的操作措施。其中最重要的是地方政府自身所采取的措施。只有通过地方政府自身卓有成效的领导、指导、组织、实施工作，才能把地方政府职能转变成实际的操作过程，并逐步达到预期的目标。地方政府自身实际组织和实施活动，也即地方政府行为。应该说，适应市场经济的地方政府行为是实现地方政府职能转变的最基本的途径。

（2）地方政府行为规范化是市场经济发展的必然要求

地方政府在经济生活中的广泛作用是客观存在的事实，在现代市场经济体制下，地方政府行为必须规范化。

第一，地方政府行为要有确定的目的。地方政府行为的目的不是代替市场机制，而是为了创造市场机制更好地发挥作用的环境和条件，纠正和弥补市场失灵和市场偏差，以期通过地方政府力量和市场力量的结合而实现效率、稳定和公平的目标。

第二，地方政府行为要有确定的范围。市场经济要把经济生活中的主要方面交给市场机制自发调节，也就是说市场机制可以自发调节的领域就不应当容许地方政府染指，只有市场机制不能很好地解决的问题才由地方政府出面。从这个意义上说，地方政府行为的范围主要应包括提供公共物品、进行宏观调控、影响资源配置、调节收入分配和维持竞争秩序等方面。比如国防、公安、环境等公共物品具有消费上的非排他性，谁都可以消费它，但谁都不愿意提供它，原因是交易成本太高而得不偿失，因而必须由地方政府提供。

第三，地方政府行为要有确定的方式和手段。现代市场经济要求地方政府对经济生活要以间接调控为主，同时现代市场经济要求确立法律体制，维护竞争秩序。因为经济单位追逐最大化的竞争行为容易产生假冒伪劣等现象，而只有地方政府利用法制规范生产经营活动，才能形成正常竞争的秩序。

13.1.4　地方政府行为规范与政府诚信

1. 政府诚信的基本理念

“信，国之宝也。”诚信最早根源于儒家文化。确切地说，当时的诚信主要指向封建统治下的个人道德修养，并带有很强的阶级性。时至今日，诚信这一伦理规范因市场经济的带动而被赋予了新的时代特征。而政府的公信力则来源于政府贯彻执行路线、方针、政策的能力，源自于政府职能的发挥、行为的规范和效能的提高，还源自于促进社会进步、经济繁荣、政治稳定和实现最广大人民根本利益的能力，其通过公众的评价来得以体现。这里，首先对政府诚信加以界定 。

第一，政府诚信适应的范围。“诚信”二字，“诚”是一种出之于内心的善意，“信”则是指一种外在的社会关系的属性。诚发于内而信形于外，就其“社会功能”来说，就是“信用”。“诚信”应用于政治领域与公共权力相联系，体现在立法、司法和行政三方面。

第二，政府诚信的主体。政府诚信的主体就是我国政府。按照层级的不同，我国政府又分为中央政府和各级地方政府。这两者的职能有所区别：中央政府主要进行决策和重大问题的执行，而地方政府主要负责执行和具体政策的实施。因此，在我国政府失信中，更多涉及的则是与公众联系紧密的地方政府。

第三，政府诚信的特殊性。根据主体不同，社会信用体系可分为政府信用、商业信用、个人信用。商业信用或者个人信用所建立的基础都是市场经济下主体的平等，交易双方是平等契约关系；政府诚信则是一种公信力。首先，政府诚信的主体是政府，其直接作用对象就是公众，而二者的关系并不是平等的契约关系。虽然按照西方的传统理念，人民是政府合法性的来源和政府权威建立的基础，但在实际操作中公众往往处于被动的地位。政府与公众关系的定位不同于商业信用中平等主体双方关系的定位。其次，商业信用或者个人信用中主体有一定的选择性，即使一方失信，另一方仍然有选择的余地，而对于政府的失信，公众往往只能被动地接受。另外，政府是整个社会的表率，政府信用与商业信用和个人信用的地位不同，它是构建整个社会信用体系的核心。一旦政府信用缺失，建立社会信用体系则是空一句话。

2. 地方政府行为规范与信用指标

一个政府的信用取决于几个方面的因素，这几个因素组成政府信用的指标体系。

(1) 政府行为的法治化程度。守法是建立政府信用的前提。现代社会是法治社会，法律体现了公民的意志，是社会公正性的最集中的体现，“法律面前人人平等”，地方政府行为的法制规范化对于整个国家的法治化都非常重要。

(2) 政府政策的稳定性。政府信用的另一个指标是政策的稳定性，连续性。如果地方政府的政策朝令夕改，则无法取信于民。要让政策具有稳定性，首先要实现政策制定和政策本身的制度化、法制化。这就意味着政策不能根据个人的意愿而变化。

(3) 公务人员的伦理道德。政策的执行归根结底是由人来实行，再好的政策，如果不能真正实行，则是一种失信。因此，公务人员的诚实、廉正就成为地方政府信用指标里的一个重要内容。从根本上说，地方政府的信用要靠政府自身的法治化来实现，但是，法律只是一种外在的约束，而且不可能自动实现。要使政府信用真正落实，有赖于公务人员的公正的执行。事实证明，地方政府行为中公务人员的腐败是地方政府丧失信用的最为直接和明显的原因。

(4) 政策工作的公开度。政府工作的公开化程度也是衡量一个政府的信用的一个指标。政府行为的公开化是20世纪中期以来西方各国行政发展的一个重要趋势，是民主的突出表现。

3. 西方政府诚信制度的演变

以西方发达市场经济国家中的英、美、法等国为代表，从宏观上探讨其政府诚信制度的演变历程。这一制度对于西方国家摆脱和防止经济政治危机，维护市场经济的正常秩序，增强公民对政府及民主制度的信任，保持社会的稳定发展起到了至关重要作用。

(1) 形成时期

西方政府诚信制度有一个长期的发展过程，其起源可以追溯到古希腊罗马时期。古代希腊各城邦之间经济上相互依赖，商品贸易相当繁荣。在经济的发展过程中，产生了大量的有关商业、信贷业务、各种买卖的惯例与契约，从而为商贸的进一步发展培育了良好的交易制度，诚实信用也逐渐成为人们经济交往的最主要的行为规范。尤其重要的是，希腊文明中的城市自治、主权在民、“轮番为治”的政治体制为市场构建了良好的权威制度，有利于市场交易制度的形成，从而促进市场制度合成一种有序结构。这是希腊市场经济发展的重要条件。

罗马征服希腊后，希腊文明不仅没有被消灭，反而在罗马得以发扬光大，并且罗马为市场制度建设包括政府诚信制度作出了突出贡献。其一，制定了商品生产者社会的第一个世界性的法律——罗马法。罗马法界定了人们在市场经济中的基本权利关系，从而强化了市场经济中自发形成，并且也是市场经济得以建立与发展的基础性制度——产权制度。其二，罗马法确立了市场交易中的诚实信用原则。其三，罗马帝国改善和发展了税制、交通、货币等市场工具性权威制度。正因为罗马帝国构建了有利于市场经济发展的市场制度，才导致罗马的商人资本、货币经营资本和高利贷资本，能在古代形态范围内发展到最高点 。①

到了 15 世纪，随着生产力的提高和商品货币关系的发展，西欧的封建制度逐步衰退，资本主义生产关系逐渐生成与壮大。为了推动商贸、市场、资本关系的发展，为了与教皇和贵族争夺统治权，在摆脱外国干预争取国家统一的过程中，西欧各国的君主与城市市民结成联盟逐步建立起了君主专制制度，形成了强大的中央政府。在专制制度下，许多国家的经济有了明显的发展，商业和手工业进步很大。但随着权力的集中，专制王权的阻碍作用也越来越大。

在 17 ~ 18 世纪欧洲和北美的资产阶级革命过程中，资产阶级思想家提出了“社会契约论”、“人民主权论”、“分权制衡”思想及“私有财产神圣不可侵犯”、“保障公民基本权利”、“法治”等原则，从而为政府诚信制度的建立奠定了理论基础。“社会契约论”阐述了国家是由“全体个人的结合而形成的”，国家只能建立在自由人的社会契约之上，社会契约赋予国家权力，国家代表着“普通利益”和“公共意志”，享有主权的应该是人民，而不是什么君主和法律 。②“人民主权论”揭示了“全部主权的源泉和根本，存在于国民之

① 谢名家：《信用：现代化的生命线》，人民出版社 2002 年版，第 42 页。

② 唐晓、王为、王春英：《当代西方国家政治制度》，世界知识出版社 1996 年版，第 33 页。

中”。政府“是民众间的一种隐含的契约”，“政府最终合法与否，决定在民众自己……政府大厦的基础是被统治者的认可”①。约翰·洛克从理论上经典地阐述了私有财产神圣不可侵犯的原则。他认为，享有私有财产是人的自然权利，人们放弃在自然状态下的自由，通过社会契约来建立政府，而建立政府的唯一目的就是“保护每个人的私有财产”。政权的基础就是财产。因此，任何政府首要的、不可推卸的职责就是保护私有财产。政府对财产的任何侵犯，就给予了人民以推翻它的理由。人民是决定并管理税收的主权者，并通过民主的代表制度来行使这种主权。② 孟德斯鸠的《论法的精神》深刻而具体地阐明了三权分立、制约平衡的重要思想，成为18世纪资产阶级政治家的教科书。革命成功后，资产阶级初步建立起了有利于市场发展和资本扩张的私人财产权保护制度、现代税收制度、权力制衡制度等政府诚信制度。这有力地推动了西方市场制度的有序运作和市场经济的发展。

（2）发展时期

早期资产阶级革命的胜利为资本主义生产方式的确立和发展扫清了道路，西方进入了以自由竞争为特征的传统市场经济发展阶段。为了推动经济的发展，保障公民的自由，防止公民的权利受政府专横权力的侵害，西方各国建立和发展了针对政府和政府首脑的选举、监督等机制，规范政府行为，西方政府诚信制度也日益发展起来。主要表现在以下几个方面：

①在政府职能方面，推崇“看不见的手”的作用，国家是“守夜人”。在自由资本主义发展阶段，英、法等经济学家深入考察了自由竞争的市场经济，提出了自由放任的政策和思想，其中亚当·斯密对经济自由主义的论述最为出色，对自由竞争的市场机制的分析最为透彻。斯密认为依靠自由竞争的市场机制，采取自由放任的政策，避免国家干预，以使人们在从事经济活动时，“受一只看不见的手的指导，去尽力达到一个并非他本意想要达到的目的”③，从而增进和实现社会公共利益。

②实行政府首脑或议员的选举制度。在前资本主义社会中，国家权力高度

① 托马斯·戴伊、哈蒙·齐格勒：《民主的嘲讽》，世界知识出版社1991年版，第36页。

② 赵文洪：《私人财产权利体系的发展》，中国社会科学出版社1998年版，第36～37页。

③ 亚当·斯密：《国民财富的性质和原因的研究》（下卷），商务印书馆1974年版，第27页。

集中在君主及少数人手里，并且实行世袭制。西方资产阶级形成后要求通过选举的方式参与国家政治生活，分享政治权利，提出以“人民的权利”牵制“政府权力”的思想。在反抗专制王权，建立“代议制”民主制度的斗争中，西方各国逐步确立了选举制度。英国 1689 年和 1701 年颁布了《权利法案》、《王位继承法》等一系列宪法性文件，确认议会是凌驾国王之上的最高立法机关，宣布国会议员实行直接的“自由选举”等。1787 年的美国宪法规定：国会参议员、众议员分别由公民间接和直接选举产生；举行“参议员和众议员选举时间、地点和方式，在每个州由该州议会规定”；总统每隔四年进行一次换届选举，由每个州委派的选举人选举产生，“委派方式可由各州议会确定”。当然，资本主义初期的选举制度存在很大的局限性，选举权是少数有产者的专利。19 世纪以来，西方国家经历了多次改革之后，才逐渐建立起以普遍、平等、直接、秘密为核心原则的选举制度。

③建立政府采购制度。西方政府采购制度的主要特点是对政府采购行为进行法治化管理。美国在 1761 年颁布了《联邦采购法》，英国政府在 1782 年设立了文具公用局，专门负责对政府部门所需办公用品的采购工作，同时开始对政府采购的管理进行立法。政府机构也开始就采购问题进行制度建设和机构建设，标志着政府采购制度的初步形成。英美的这一做法逐渐为其他国家所效仿。

④建立公务员制度。19 世纪中叶以来，英、美、法、德等国陆续完成了本国的工业革命，社会经济迅速发展，国家的功能趋向多样化，资产阶级新生力量和其他社会阶层向政府提出新的政治要求，以解决政府公务活动中日益暴露的腐败等问题。各国在否定封建君主的“恩赐官职制”和克服“政党分肥制”的基础上，进行了文官制度改革，逐步形成和发展了国家公务员制，对政府中行使国家行政权力执行国家公务的行政工作人员的录用、升降、权利和义务等予以规范，以适应社会经济政治的发展。

⑤建立行政监督制度。国家产生后，监督作为一种国家职能伴随着行政管理职能的产生和发展而出现。近代资产阶级思想家提出了分权制衡理论，通过三权分立各司其职，互相制约，以权力制约权力来防止“暴政”和腐败，维护社会发展所需要的正常的秩序。在自由资本主义发展阶段，西方各国主要建立了以议会和法院为主体的行政监督制度，预防行政机关及其工作人员违法行使职权，追究其违法失职行为，从而保护因行政违法失职行为而受到损害的国家、社会和他人的利益。自 19 世纪末以来，资本主义世界发生了引人注目的

变化。在第二次产业革命的推动下，社会生产力迅速发展，资本主义经济生活中出现了垄断现象，自由竞争和垄断并存。在资本主义基本矛盾及其经济体制诸多弊端的共同作用下，经济危机和“市场失灵”现象频繁发生，给市场经济带来了强烈的冲击和动荡。特别是1929—1933年首先从美国爆发的世界性经济大萧条成为西方市场经济有史以来最深刻、最严重的经济危机。自由放任的传统市场经济走到了尽头，西方进入现代市场经济发展阶段。在形势和经济环境的变化中，西方各国的政府诚信制度也进行了调整和不断完善。

（3）成熟时期

20世纪30年代的大萧条充分表现了自由放任状态下西方市场经济的信用危机，宣告了自由放任政策或经济自由主义的破产，应运而生的罗斯福“新政”和凯恩斯“革命”分别从实践上和理论上开辟了国家干预主义的新时代。“二战”后西方的经济学家进一步研究了“市场失灵”问题，阐明了政府干预社会经济生活的必要性。西方政府对经济过程的参与和调节，表现在两个方面：第一是国家直接参与经济过程，即通过国有企业直接进入市场过程；第二是政府对经济和社会的宏观调控，主要包括：（1）通过立法手段和有关经济政策为市场经济的发展创造所需制度环境条件；（2）通过财政政策、货币金融政策等手段对宏观经济总量的调节和通过计划、投资控制及结构政策手段对经济结构转换的结构调节；（3）通过收入政策和社会福利保障制度使市场经济的分配体现出社会公正，建立社会“安全网”。政府的干预和调节并非取代市场机制，而是为了恢复、纠正和弥补市场功能。可见，从罗斯福“新政”以来，西方国家的政府职能在社会经济领域实现了从自由放任到宏观调控的巨大转变，明确了政府的责任。

而后，西方各国又采取措施进一步完善政府诚信制度，提出了“公平”、“公正”、“公开”的原则，通过立法等方式建立政务公开制度；完善公务员制度和政府采购制度。继续强化对政府行为的监督机制，又发展出对行政权事先、事中监督机制，形成了全方位、多层次的行政监督制度和社会监督制度；为了弥补政府失灵，在政府经济行为运作过程中引入了市场机制，提高了政府经济行为的有效性，这都展现出以市场精神改造政府经济行为的意图，这种政府管理的市场化一方面是把原由政府承担的公共事务交由市场调节，另一方面是越来越多地把私人企业的管理机制引进到政府管理中来，要改进政府经济行为，就必须把自由竞争的文化带到政府部门之内，调整组织机构，分散权力和责任，让政府各机构间相互竞争，从而确保政府的高效、廉洁和诚信。①

13.1.5 我国地方政府行为的历史变迁

政府行为的转变是新兴产权主体与地方政府、中央政府三方博弈的产物。地方政府在此充当了国家与所有权制衡机制的角色。新兴产权主体提出产权保护的要求，地方政府采用“非法”手段满足其要求，然后，地方政府又通过“运营”中央政府，使中央政府的决策有利于所有权，将其“非法”行为合法化，政府行为得以转变，实现了经济的长期增长与国家实力的增强。因此，我们采用国家与所有权这一分析框架对地方政府行为的历史变迁进行分析。我们将计划经济时期的政府行为作为分析的逻辑起点。

1. 强有力的控制者：计划经济时期的地方政府行为

新中国成立初期，迫于国际和国内形势的压力和迅速实现工业化立足于国际舞台的主观动力，我国依据前苏联社会主义建设经验建立起计划经济体制。如果将国家与微观产权主体的关系看做是一个社会契约，那么在传统的计划经济体制下，尽管国家和微观产权主体之间的社会契约也是建立在自愿基础上，但是，当契约成立之后，却发生了“套牢”效应，国家和微观产权主体的契约关系被“锁定”，双方同时失去了退出权。对于微观产权主体而言，国家通过行政管理控制，控制了微观产权主体的行为空间；通过资源控制，控制了微观产权主体的行为能力；通过产权权利控制，控制了微观产权主体的行为权利；通过社会网络控制，控制了微观产权主体的行为动机。这样，微观产权主体只能依据国家的指令从事经济活动。对于国家而言，它在控制微观产权主体的同时，也失去了退出权。因为在当时的体制下，国家的退出意味着一个新的国家或政权的建立，这是绝不允许的。

与此同时，传统计划经济体制下的地方政府并不具有独立商品人的特征。首先，它不能独立行使权力。地方政府作为一级行政管理机构，其职能只在于执行中央的决策，它必须保持与中央的高度一致。其次，它没有或很少有自己可控制的资源。资源由中央集中配置，可控资源的严重缺乏，使地方政府失去了行为能力。再次，它没有自己独立的利益和行为目标。地方政府是全国“一盘棋”中的一个棋子，它必须绝对服从中央，不存在独立利益。中央对地

① 刘颖：《西方发达国家政府诚信制度的演变》，《广西社会科学》，2004 年第 4 期。

方政府官员工作的评价以是否认真执行了中央计划为标准，执行得好，可以晋升、提拔。

总之，在传统计划经济体制下，国家通过运用独一无二的创制权建立起融扭曲的宏观环境、高度集中的资源计划配置制度和无自主权的“三位一体”的经济体制，对国民经济实行行政管理控制、资源控制、产权权利控制和社会网络控制，从而将经济紧紧地控制起来。政府的行为就在于制定无所不包的各种计划，并负责计划的执行和监督。

这种高度集权的计划经济体制在新中国成立初期的确发挥了巨大作用，但是也严重地侵蚀了所有权，阻碍了经济的长期增长。国家与所有权的冲突在“一五”之后迅速爆发出来，整个经济增长乏力，国家的收益指数长期低于费用指数，并在1961年突然大幅度地降低到威胁国家生存的水平。在农村，则表现为多次发生“生产力暴动”事件，农民用喊叫、怠工、消极退出等方式抵制国家。国家被迫进行了政策调整，政府行为发生微妙的改变。

政策调整主要是实行行政性分权，即国家向地方政府下放计划管理权、国有资产投资权、物资分配权、财政税收权和信贷权等。这种短期政策调整虽发生了多次反复，但仍带来了长期的影响。对于微观产权主体而言，发生了如下变化：(1) 它开始有了自己可以控制的生活资源。如农民有了自留地，不再完全依赖国家。(2) 它对传统体制不满而减少的劳动投入，现在可以转到自己可控制的资源中去。如农民投入到家庭经济中，企业投入自己的工业中。(3) 它拥有了部分退出权，可以退出与国家的契约，但因整个经济仍在国家控制中，因此只拥有部分退出权。对于地方政府而言，短期政策调整首先使它拥有了独立的利益，开始有了自己的发展目标；其次，随着可控制资源、财力、物资的增加，它拥有了行为能力；再次，随着行政管理权的下放，它拥有了行为权利；最后，随着国家控制的放松，地方政府的行为空间得到拓展。

总之，这次政策调整，缓和了国家与所有权的冲突，经济开始出现增长。在这个阶段，政府行为发生了很大变化，原先由政府严格控制的计划体系开始松动，中央政府的部分职能改由地方政府行使，而且出现了不在国家计划统辖之内的领域，如乡镇企业、家庭经济等。但是，由于这种政策调整是在计划经济体制框架内进行的，并没有触及传统体制中的深层次问题，因此，出现了多次反复，尤其是到20世纪70年代整个经济回复到比政策调整之前更高的计划控制水平，政府重新获得对经济的更有力的控制，整个经济非但没有出现持续增长，反而到达崩溃的边缘。

2. “摸着石头过河”：20 世纪 80 年代的地方政府行为

1978 年，中国开始对计划经济体制进行改革。改革的着眼点在于通过政府行为的改变，调整国家与所有权的冲突，寻找一个二者之间的制衡机制，使二者趋于一致。但是，由于缺乏可资借鉴的经验，这次改革从一开始就缺乏一个“一揽子”的改革方案，因而采用了政府主导的“摸着石头过河”的渐进式改革方式，从而使政府行为表现出巨大的不确定性，具有典型的“摸着石头过河”的特征。地方政府行为的这一特征在 20 世纪 80 年代和 90 年代初期表现得最为明显。

总体而言，由于国家对所有权的侵蚀带来的效率低下最直接地表现为微观经营机制的低效率甚至无效率，而且对产权主体活动影响最直接的也是微观经营机制，因而，中国经济体制改革的突破口自然选择了微观经营机制，在此方面改革进行到一定阶段后，又推出对高度集中的资源计划配置制度和宏观经济环境的改革，从而使中国主观的“摸着石头过河”的无序改革方式在客观上遵循了解决国家与所有权冲突客观的、最有效率的改革次序，政府行为的改变也在客观上走上了这条道路。

具体而言，20 世纪 80 年代末到 90 年代中期的这一改革路径可分为三个阶段：1978 年底至 1984 年 10 月为第一阶段，重点是改革微观经营机制；1984 年 10 月至 1991 年底为第二阶段，重点是改革资源配置制度；1992 年至 1994 年为第三阶段，重点是改革宏观政策环境。

在这一时期的改革过程中，政府虽有主动改革的强烈愿望，但每一个政策的推出都是“摸着石头过河”，更确切地讲，是产权主体对国家保护的需求引导着政府行为，这里的“石头”就是产权主体的需求。

由于国家对所有权的严重侵蚀，产权主体积极性严重不足是当时急需解决的首要问题，产权主体迫切需要国家提供保护，但怎样进行保护则又是一个难题。这时，在国家与所有权冲突最严重的农村，中国农民进行了制度创新，安徽凤阳小岗村的“包产到户”受到了广大农民的拥护，从而为国家对所有权保护提供了突破口。国家迅速将包产到户加以完善，以家庭联产承包责任制的形式在全国推广，使农民的创新制度化。这一变革迅速带来了良好的经济与社会效益，中国粮食连年丰收，中国农民的吃饭问题得到初步解决。在城市，国有企业连年亏损的局面也迫使国家进行了以权利换效率的放权让利式改革。产权主体——企业的经营自主权不断扩大，拥有了产品销售权、部分利润分配权、产品定价权、要素选购权、工资奖金分配权和自有资金使用权等产权权利。微观经营机制的这些改革，极大地调动了产权主体的积极性。但是，仅拥有行为动机和行为权利，没有行为能力和行为空间，产权主体的权利仍难以实现。于是，又提出了对资源配置制度与宏观经济环境进行改革的要求，从而引发了全面的市场化改革。

在改革过程中，首先放开了消费品市场，引入市场机制，并逐步放松了对计划分配物资的管理，使企业拥有的经营自主权有了可供支配的资源，赋予产权主体自主行为能力。同时，逐步缩小计划分配物资的品种、数量和范围，建立了形式不同、规模不等的生产资料市场。进行价格双轨、走出双轨的价格改革，逐步放开价格，由市场定价，并进一步实行对外贸易体制改革、金融管理体制改革等。在此基础上，为保证产权主体的要求和国家利益的一致，进行了利改税、拨改贷、承包制、租赁制、股份制试点等企业改革，协调了二者的关系，带来了中国经济在此期间的持续增长。

由于思维惯性，国家在处理与所有权的冲突时，往往采取行政性分权的做法。在满足产权主体要求的过程中，一方面通过市场化改革使产权主体拥有了行为权利、行为能力、行为空间；另一方面，国家为保持对经济的控制，将对经济的控制由中央下放到地方，对地方实行了行政管理权力、资源配置权力、投资权等权利的下放，进而实施了财政包干制这些改革，使地方政府拥有了自己独立的利益，并具备了实现这种利益的行为权利、行为能力和行为空间。地方政府再也不需要将完成中央的任务作为自己行为的唯一目标了，在他们的目标函数中增加了地方经济实力这一重要变量，而且这一目标在很大程度上占据主导地位。出于对此目标的追求，地方政府借助自己距离产权主体较近，能够较早了解到产权主体要求的优势，一方面通过影响中央决策为产权主体提供保证；另一方面，采用"边干边说"、"干了不说"、"干了再说"等方式为产权主体提供保护。而中央政府由于信息传输渠道过长、不畅等原因，往往很难及时做出对产权主体有利的决策。地方政府在此充当了一个"二传手"的角色，将产权主体的要求传递给中央政府，同时，他们还可以将中央政府的一些不利于产权主体的决策进行变通或者干脆不执行，从而为产权主体提供了一个"保护伞"。

从以上分析可以看出，20世纪80年代至90年代初的改革逻辑是：产权主体提出保护要求→地方政府响应并提供相应的保护→地方政府推动中央政府做出相应的改革决策，将其行为制度化、法律化。但是，由于改革前景的不确定性和信息不对称性，中央政府很难判断地方政府提供信息的真实性及其影响，所以它采取谨慎的态度，走一步说一步，一旦发生异常，如通货膨胀、地方经济过强侵蚀国家利益等，就利用国家力量紧急制动。在此期间，中国经济曾陷入“一放就乱，一收就死”的怪圈，从而使政府行为表现出显著的“摸着石头过河”的特征。

3. 理性的干预者：20 世纪 90 年代中后期的地方政府行为

20 世纪 80 年代至 90 年代初实行的“摸着石头过河”的改革，客观上摸索出了解决国家与所有权冲突的有效机制，从而使改革目标和前景更加明确，社会主义市场经济的宏伟蓝图逐步展现在我们面前。政府行为也不再是盲目的“摸着石头过河”，它从 20 世纪 90 年代中期开始显得更加理性，政府逐步转化为一个“理性的干预者”。

政府行为的理性表现在，国家再也不是迫于产权主体的消极抵制而被迫推出保护所有权的政策了。相反，国家开始积极、主动地适应产权主体的要求，依据经济的发展对所有权提供保护。在党的十四大报告中，党中央明确地将社会主义市场经济体制作为改革的目标，并在党的十四届三中全会上，就建立社会主义市场经济体制的各个方面的改革作了总体部署。在抑制 1994 年开始的通货膨胀的过程中，政府理性地运用适度从紧的财政政策和货币政策，成功地实现了中国经济的“软着陆”。面对亚洲金融危机，中国政府处乱不惊，坚持人民币不贬值，防止了危机的扩散，为世界经济的稳定做出了杰出贡献。与此同时，还实行扩大进口的政策，调整国内产业结构，使中国经济获得了可贵的发展机遇。党的十五大将以公有制为主体、多种所有制共存的所有制格局和按劳分配为主体、多种分配方式共存的分配制度，作为社会主义初级阶段的基本经济制度确定下来，为所有权提供了有力的保障。党的十五届四中全会又提出了通过资产重组、资本运营等方式进行国有企业改革，充分调动和发挥企业家的积极作用。国家主动地从竞争性行业退出，使国家与企业的契约因双方具有同等的退出权而具有效力。20 世纪 90 年代末期，面对经济“软着陆”后的增长乏力，政府实行了以扩大内需为核心的综合政策，现已初见成效。并且，政府根据整个经济发展的需要，在 1999 年底提出了西部大开发战略，为中国经济的腾飞注入新的活力。面对经济全球化和新经济的挑战，政府积极应对，一方面主动加入经济全球化潮流中，积极申请加入 WTO，并获得成功；另一方面，在国内为创新形成了一个良好的政策氛围，启动了国家创新工程，并进行与之配套的改革等。

政府行为理性化转变的根源在于国家与所有权之间的制衡机制。经过改革开放之前国家对所有权严重侵蚀，引发地方政府与产权主体抵制，带来经济衰退的教训，和20世纪80年代和90年代初，地方政府与产权主体合谋促使国家“摸着石头过河”改革的经验，国家已清醒地认识到保护所有权的重要性。唯有积极、理性地对所有权进行保护，才能建立起有效率的经济组织，才能带来经济的长期增长，国家利益才能够真正得以实现。也正是国家、地方政府、产权主体三者构成的制衡机制，才使中国的经济体制改革取得了举世瞩目的成就，使政府转变为一个理性的干预者。这一制衡机制将在中国经济未来的发展中继续发挥更大的作用。

13.1.6 我国地方政府行为不规范的特征及成因分析

1. 地方政府行为不规范的特征

改革开放以来中央政府与地方政府经历了1982年、1988年、1993年、1998年以及十七大以后的五次重大的机构改革。机构改革的重点从单纯的机构增加与减少、人员的精简、权力纵向间的放权与分权，逐渐转移到地方政府职能的调整。由地方政府内部的改革逐渐向地方政府与社会配套改革转变。调整地方政府与社会关系的目标具体表现为三个方面：一是通过调整地方政府与企业的关系，扩大企业经营自主权；二是通过调整地方政府与社会关系，培育社会中介组织，壮大社会组织的力量。三是通过调整地方政府与市场的关系，发挥市场的内在功能，促进市场竞争与公平。这些改革或多或少都取得了阶段性成果，对中国地方政府在转型期内有效发挥地方政府功能产生了较大的影响。尽管总的发展趋势是向市场经济化的地方政府治理迈进，但地方政府的行为规范仍存在诸多的问题，有许多行为与地方政府管理的发展趋势不相符合。由于中国正处于较特殊的转型期，中央地方政府尤其是地方地方政府仍沿袭着原计划经济过度管理的旧模式，使企业组织与社会组织的自主管理严重弱化，抑制了企业组织与社会组织的创新性，结果造成整个社会系统的失衡状态。同时，我国正从传统农业社会步入现代工业社会，在这样一个特殊的历史时期，地方政府管理行为严重不规范已经引起人们极大的关注。

地方政府不规范行为的基本特征可以归纳为四点：一是随意性。地方政府官员根据自己的主观意愿来进行管理活动，随意性较强。二是行为没有约束，地方政府掌握着国家的强制权力。由于传统与历史的影响，地方政府在行使权力时行为的边界没有作出适当的界定，这样地方政府的自由裁量的范围较大；三是法律法规的可塑性。法律法规的规定没有严格的规范，有较大的操作弹性；四是在现实生活中地方政府不规范行为表现形式多样，如就业管理行为、税收与收费管理、替代市场配置资源等。

学者将地方政府不当行为或不规范行为归纳为抑制行为、放任行为、短期行为和腐败行为。也有学者概括为“递批条子”现象、“压力——瞒虚报”现象、“一刀切”现象。地方政府仍然在很多场合下履行着直接管理企业的职责，地方政府角色和功能缺乏分化，地方政府宏观调控乏力，地方政府主要职能——公共物品供给方面处于严重匮乏的状态。但不管从何种角度与方法上进行归纳，地方政府不规范行为最明显的特征是地方政府职能错位，使公共物品的需求无法及时而正常地加以表达，沟通渠道阻塞，公共物品的供给呈现不足。相反，地方政府对私人物品的供给出现外溢，造成对社会总事务的干预过度。

2. 地方政府行为不规范的成因分析

地方政府行为不规范的原因是多方面的，我们认为主要有以下几方面的原因：

（1）体制原因——“全能型”的行政管理体制还没有完全转变。由于计划经济实行多年，且体系完整，由此而形成的极大的惯性和利益群体、利益关系一时还不能完全消除，同时也由于社会主义市场经济刚刚起步，体制的框架体系粗具雏形，运行机制还很不完善，因此地方政府经济职能还难以从计划经济下的习惯模式转变到市场经济的管理模式上来，有时甚至阻挠这一转变。于是政企不分，久拖不决，地方政府对企业的微观活动干预过多、伸手过多的现象还相当普遍。

由于政企不分，地方政府行政机关仍握有对下属企业的资源调度权、经营决策权、人事权，等等。一些企业为了自身的经济利益，行贿送礼，以获得所需要的生产要素或种种优惠条件。这必然会导致行政权力干预经济行为、权力进入市场现象的出现，导致权钱交易行为的发生，从而形成腐败，影响经济的增长和社会的稳定。

（2）机制原因——对行政权力监督制约不力或失效。我国高度集权的管理体制使权力过分集中，由此可能造成权力无限制、无制约地使用。如果不加以有力的监督与制约，则更容易导致权力滥用，不可避免地产生地方政府行为不规范。应该说，当前我国的监督体系是齐全的，我们有党的监督、人大的监督、司法机关的监督，行政机关内部专门机关及上下级的监督，还有民主党派、人民群众的监督以及新闻的监督。不可否认，这些监督机构和组织在实践中都发挥着不同程度的监督作用，极大地保证了地方政府行为的合法性和合理性。但我们也清楚地看到，这些监督机构和组织的监督并不十分健全，作用并未得到充分发挥，某些监督在一定程度上流于形式。

在我国，各级人民代表大会及其常务委员会是最高的权力机关，也是最高的监督机关，其监督虽具有权威性、广泛性，但缺乏监督的实质性权力和经常性监督程序，起不到震慑作用，其监督往往对事不对人，体现在面上的象征意义多，有针对性、实质性的处理意见少。政协、民主党派的监督也是象征意义多，权威性少，在会上提提意见，产生不了多大监督效果。人民法院的司法审查是有限的司法审查，表现出一定局限性和被动性。如审判机关的法律监控遵循“不告不理”的原则，无权对地方政府进行主动审查，只有当公民法人或其他组织告到法院时监督过程才开始，这就有可能遗漏某些虽已违法但原告缺失的案件。另外，司法审查只能结合具体案件进行，无权对抽象地方政府行为进行一般审查。检察机关只担负着行政人员严重违法犯罪的追究职责，而不承担对行政机关和行政人员的一般违纪行为的追究，更不承担对失当行为的处理责任。人民群众的监督、新闻舆论的监督虽具有广泛性，但缺乏相应的强制性，而且由于民主机制在程序上还有待进一步发展，人民的反映很难下情上达，监督作用相当软弱。

行政体系内部的监督具有全面性、直接性的特点，地方政府自我约束控制理论上是行之有效的。但内部监督出于种种原因，如顾虑自身的利益过多对该监督的人和事不敢查，或抱着“家丑不可外扬”的思想而不作深究，或者是监督机关也存在官僚主义等腐败现象，根本不可能自我监督等。这些均在很大程度上影响了监督的效能。

此外我国的监督法律、法规也不健全。迄今为止，我国还没有一部专门用于制约权力的法律。已经出台的有关法律、法规也不健全，是与非、罪与非罪，罪轻与罪重的法律界限并不是十分清楚，特别是吃喝玩乐、公办私事、私事公办、请客送礼等不正之风虽引起民愤但却惩治乏力，就是因为有时没有办法将其纳入惩处的范畴。

(3) 历史文化原因——高度集权的历史传统与中国宗教文化以及封建官

本位思想的影响。我国经历了两千多年的封建社会，高度集权的封建专制制度和小生产的宗教家长制的统治源远流长、根深蒂固。其“家国一体”的管理方式、封建家长式的管理方法，以及“官贵民轻”的官本位思想等等已在潜移默化中成为一种社会思维定式和社会群体心理，内化于人们的观念意识之中，为地方政府行为不规范提供了思想基础。如在地方政府与企业的关系中，地方政府往往以家长的身份出现全面直接干预企业的经营管理；地方政府营利行为的产生，就是受“以官为主、以民为仆”的官本位思想的影响；地方政府政策上的随意性在相当大程度上是受封建家长制的强调权威、强调服从的管理方法的影响。

（4）地方政府利益角色错位是地方政府行为不规范的深层次原因。地方政府行为不规范的原因是多方面的，既有历史的原因，也有现实的原因，既有直接的原因，也有间接的原因，但从根本上看，地方政府利益角色错位是地方政府行为不规范的深层次原因。众所周知，地方政府的产生源于人民的公意达成或公意授权。社会发展到一定阶段，由于出现利益的分化而限于不可解决的自我矛盾之中。为了避免无谓的消耗，以最少的成本换取最大的利益，人民将一部分权力让渡出来形成公共权力，委托给由社会认同的专业集团，由它来管理全体社会的公共事务，维护社会秩序，进而维护整个社会的整体利益。然而，地方政府一经产生往往又成为社会异己力量凌驾于社会之上，成为自我生成、自我发展的相对独立体，其行为的价值取向也随之复杂化，表现为内在价值和外在价值两个方面。前者是作为公共行政主体地方政府体制本身的利益要求，后者是对公众权益和社会进步的终极关怀。历史证明，地方政府的行为并不能够完全保证公正性。地方政府也是“经济人”，其在行使权力时，如果在没有监督的情况下就会产生地方政府利益角色错位的现象，往往以自身的利益为本位而背离了地方政府行为本身价值即以对公民的权益和社会进步的关怀为依据的“公共精神”。韦伯认为，“虽然在理论上科层组织只是非人格的部门，但实际上它却形成了地方政府中的独立群体，拥有本身的利益、价值和权力基础”。地方政府组织作为一个整体利益主要表现在两个方面：其一，地方政府具有自我膨胀的倾向。如果不存在有效的制约机制或者约束机制软化，地方政府的自身利益就会不断扩张和膨胀。比如地方政府追求预算的最大化。其二，地方政府机构的体制惰性使地方政府在制度创新方面受到自身内部力量的掣肘，从而行动迟缓，使地方政府的制度供给总是赶不上社会对制度的要求。地方政府所代表的利益实现的过程，通常是通过地方政府权力组织整体来实现的。在大多数情况下，地方政府往往以“官员利益”、“部门利益”、“地方政府组织整体利益”为本位而背离以“国家和社会公众权益”为本位的地方政府行为价值。“相当数量的乡（镇）权力组织行为既远离了乡民的利益，同时也远离了国家的利益，很大程度上是一个以自我权力扩张为后盾，动员辖区内资源，为机关工作人员尤其是权力核心成员谋取经济利益和政治利益最大化的相对独立的行动者”的地方政府角色错位正是对我国地方政府行为不规范的深层次原因最深刻的阐述。

13.1.7 当前我国地方政府行为规范面临的挑战

目前，我国正处于一个由传统社会向现代社会的转型时期，其中包含着政治现代化的过程，还面临着加速发展的问题，许多社会的、经济的，包括公众的个人问题还须靠政府予以解决。同时，我国是一个以公有制为主体的社会主义国家，政府有责任管理数额巨大的国有资产，使其不流失并保持增值，这与发达国家有巨大的差别。我国的社会主义市场经济体制处于初创阶段，政府不仅有弥补市场不足的责任，而且还有防止市场失灵的责任。更重要的是，我国政府必须培育市场经济体制，建立市场规则，规范市场行为，完善市场运行机制。而西方发达国家则已经有了比较成熟的市场经济体制，从这个意义上来讲，我国地方政府的任务更加艰巨。

我国地方政府在计划经济体制下形成了高度集中的全能政府模式。虽然这种模式在当时的经济政治条件下，对我国社会主义经济发展曾经起过重要的历史作用，然而，随着经济规模的日益扩大和经济联系的日益广泛，用集中统一的计划来指导日益复杂的经济活动变得越来越难以奏效。这种传统的高度集中的计划经济体制的缺陷逐渐暴露出来，已不能适应发展生产力的要求。要推动经济的持续、健康发展，必须对这种体制进行根本性改革。

当前，我国正处于转型时期，国家和社会关系还处于重塑之中，社会民间的力量还远未达到有效制衡政府力量的程度，再加上我国现有的公共决策机制尚不完善，这些都使得在政策制定的过程中公众参与的程度不高。公众参与可以帮助克服决策者试图按照自己的价值偏好和利益要求认定政府政策的消极倾向，使广大民众的需求和利益从根本上得以保障。由于我国不同于西方国情的特殊情况，我国政府的行为模式的选择应具有特殊性。世界银行在《变革世界中的政府》中提出，一个有效政府应具有五项职能：一是建立法律基础；二是保持非扭曲的政府环境，保持宏观经济稳定；三是投资于基本的社会服务和基础设施；四是保护承受力差的阶层；五是保护环境。在转型期和变革中的中国社会，政府职能比西方发达国家的政府职能要多一些，但不能沿用过去全能政府的行为模式。我国政府要适应从传统的计划经济向社会主义市场经济转变的需要，并随着社会主义市场经济的发展而转变职能。

13.2 地方政府行为伦理规范

13.2.1 国外政府行为伦理制度及其启示

一些发达国家在长期的实践中通过立法等手段制订了形形色色的伦理法律法规，使之制度化、法律化，真正做到有章可循、有法可依，有效地使地方政府行为做到规范化。

1. 伦理规范是地方政府行为的指南

虽然西方国家的行政道德规范形式多样，内容繁杂，侧重点不同，但都对公务人员应当做什么和不应当做什么进行了具体而详细的规定。这就为公务人员在对社会公共事务进行管理的过程中如何遵守道德规范提供了有章可循的标准。

如《澳大利亚公务人员行为准则》规定：（1）公务人员有责任向其部长或常任首长报告任何可能与其公共职责相违背的直接或间接的钱财收益。（2）公务人员不得从事可能损害或影响其职务的第二职业。（3）公务人员在履行职务时取得薪金以外的任何其他报酬均需上缴政府。（4）公务人员不得利用职权范围内掌握的官方信息和文件为自己或他人或任何集团谋取利益，违者处以两年监禁。（5）公务人员个人不得接受馈赠，但微不足道的小纪念品，工作午餐款待，或出于不同文化背景，拒收会招致冒犯的情况下不在此列。（6）除特许外，公务人员不得担任公司董事等职务。（7）禁止上级向下级借款。（8）公务人员退休或辞职后，原则上不禁止在企业任职，在脱钩后，不得泄露过去所掌握的文件或事实，否则以犯法论处。也不得利用过去的关系谋取优惠。（9）公务人员不得利用官方设备从事非官方的目的。（10）公务人员不得行贿受贿，违者处以两年监禁。（11）公务人员不得为了晋升、调动或其他便利谋求别人的帮助，也不得为其他公务人员提供这种帮助。（12）公务人员在工作中要厉行节约，避免铺张浪费。（13）公务人员要爱护公物。对毁坏公物，偷窃公共财产，仿造篡改账簿、档案和报表者处以2~7年监禁。(14)公务人员不得冒充别人参加根据法令举行的考试，或在考试前不正当地得到或提供试卷。其中，(1)、(3)、(12)、(13)这4条属于“应当做什么”的条款，而其余10条则属于“不应当或者禁止做什么”的规定。这样，《行为准则》就成了地方政府官员道德行为的指南。

1989年4月通过的《美国政府行为道德改革法案》，该法案规定政府三大机构的高级官员所获取的额外收入不得超过本人工资的15%；政府工作人员必须公开个人资产的实价和收入来源；禁止政府行政人员和司法官员在政府发给的薪金之外再索取酬金，禁止政府官员在盈利企业的董事会中担任职务；高级行政官员、司法官员和立法官员在他们离职后的第一年中，不得与他们原先工作的机构发生联系；行政和司法人员在他们离开公职的两年内，不得泄露尚未公开的政府情报的详细内容；当选的政府官员不得将多余的竞选经费挪为己用；政府雇员不得接受那些希望从政府采取的行动中谋求好处的人所赠送的礼物或值钱的实物。

2. 伦理规范是政府管理的要旨

通常人们认为法律是国家制订的，并由国家强制执行。而道德则是依靠社会舆论、人们的信念、习惯、传统和教育的力量来维持，它并不需要强制机关，人们以自己的善和恶、正义和非正义、公正和偏私、诚实和虚伪等道德观念来评价人们或自己的行为，从而调整人们之间的关系。政府行为道德针对于公务人员本身就具有法律般的强制性。政府机关在对社会公共事务管理过程中要充分利用法律形式如发布行政命令、制定行政规范和条例来进行管理。同时，政府的合法管理行为受到法律的保护。有一些公职人员由于其道德发展水平并不一定达到了正常的标准，因此，通过对伦理规范的学习内化以及规范本身的约束可以提高其道德水平，从而有可能达到提高政府行为效率的目的。

1991年，撒切尔在党内斗争中辞去保守党领袖和首相职务，时任财政大臣的梅杰接任英国首相。新首相上任后的一个重大举措，是发动了名为“公民宪章”(Citizen's Charter)的声势浩大的运动。所谓公民宪章，就是用宪章的形式把政府公共服务的内容、标准、责任等公之于众，接受公众的监督，实现提高服务水平和质量的目的。英国政府要求所有公共服务机构和部门制定宪章，宪章的设计必须体现明确的服务标准、透明度、顾客选择、礼貌服务、完善的监督机制、资金的价值等六个指导原则，以满足公民对公共服务的合法需求。诞生于英国的这种社会服务承诺制成为提高公共服务质量和公民满意程度的有效机制。

3. 伦理规范是公共决策的参照

地方政府决策与其官员的价值观密切相关。一个合乎道德的决策又是公务人员行政道德水平的产物。布茨郝尔兹认为道德的决策“是正义和权利等问题在那里都得到严肃和道德的思考的一种决策。”“决策和以原则为基础的行为就是把连贯性、一致性和预测性带到人们的生活和公权力官员的角色中去。原则化的决策避免了专制、反复无常和盲目性。”各种行政伦理规范的规定，构成了指导行政官员进行道德决策的“原则和规则”。无论是强制性还是非强制性的行政伦理规范所提倡或禁止的行为，行政官员在进行决策时都必须遵守。行政官员遵守行政伦理规范的各种规定的过程，实质上就是他们在管理公共事务中确保决策具有道德性的过程。

13.2.2　国外伦理规范建设的基本做法

国外行政伦理建设的基本做法通常可以从三个方面来看：通过立法使行政伦理制度化、法律化；设立行政伦理管理机构组织实施；建立行政伦理的社会监督机制。在行政伦理实践中起到了很好的作用。

1. 立法使行政伦理制度化

国外行政伦理的特点之一就是实行法治，也就是行政伦理制度化、法律化，依法管理、按章办事，而不是凭长官意志和个人好恶。新制度的建立，各项制度的实施，都首先立法。一般是先制定公务人员行政伦理的总法或者基本法，然后根据总法的基本准则制定各种单项法规，逐步构成公务员伦理制度体系和法律体系。有些国家的伦理制度直接体现在其制定的各种公务员法律法规中，如日本有《国家公务员法》、《公务员惩戒规则》等，也有些国家如美国除了制定有关的公务员法律法规外，还直接制定针对公务人员的道德法或者道德准则。

1958 年 7 月，美国以国会两院的共同决议的形式通过了《政府工作人员道德准则》，为“所有政府雇员，包括官员”制定了内容广泛的道德规范，严格说来还不具有法律约束力。但是，这个准则所表达的道德要求却作为既定的行为准则一直保留下来。1985 年，美国国会在此基础上制定了更为详细的

《美国众议院议员和雇员道德准则》。

1978年10月，美国国会参议院和众议院通过了《美国政府行为道德法》。“制定本法令的目的在于建立某种联邦政府机构，适当改组联邦政府，对联邦政府的工作进行某种改革，保持并提高官员和国家机关的廉洁性等。”依照《美国政府行为道德法》，政府伦理办公室主任的职责包括：“与司法部长协商，制定并向人事管理局建议，由总统或人事管理局颁布有关执行部门不得违背公众利益的道德行为方面的规章制度”；“对财务申报进行审查，以确定其是否可能触犯了不得违背公众利益的法律和规定，并建议采取适当的措施纠正审查中暴露出来的违背公众利益的不道德行为方面的问题”等。①

1989年1月25日时任美国总统布什发表了“本届政府决心维护从政道德”的演说，要求总统道德委员会提出一套新的道德准则，以保证政府的工作“更严格、更令人满意、更有成效”。4月2日，国会通过了《美国政府行为道德改革法案》，从而为美国行政、立法、司法三大机构政府工作人员规定了一系列更为严格的道德标准。1992年，美国政府又颁布了由政府伦理办公室制定的内容更为详细、操作性更强的《美国行政官员伦理指导标准》。美国政府的一些部门还根据自己的工作性质与职业特点，制定了适合本部门的具体的道德规范及其实施办法。例如，美国国防部于1987年5月颁布了《美国国防部人员行为准则》。

英国于1889年制定了公共机构腐败行为法，在此基础上于1906年制定了防止腐败法，1916年又对防止腐败法作了重要的补充。这三个法律对腐败行为范围的界定越来越大，适用的部门越来越多，处罚也越来越重。基本上形成英国现代惩腐治贪的法律框架。为了使公务员在公务活动中不触犯防止腐败法中的贿赂罪，英国政府制定了一系列相关的廉政行为规范。从政府管理商业社会的实际出发，针对公务活动与商业惯例的关系，制定出既可以操作，又维护权力公共性的规则。

德国的公务人员法规定，凡是在公务活动中官员及其助手接受的一切物质都是礼品，未经上级同意都是禁止的。德国政府的一些部门还根据本部门的实际情况，对官员接受利益的问题作出专门的规定。例如，德国国防部每年有数百亿马克的军火订货和国防科研项目的委托，因而成为军火工业界和研究单位

① 特里·库珀：《行政伦理学：实现行政责任的途径》，中国人民大学出版社2001年版。

的拉拢的对象。国防部因此就受礼请吃问题制定了内部条例。

对个人财产进行申报的规定是很多国家官员行政伦理的重要内容。在西方国家，个人有多少财产属于个人隐私。但考虑到公职人员的特殊性，防止把其个人财产隐私权变为以权谋私的保护伞，利用权力秘密谋取不法收入，因而申报个人财产就成为特定的公职人员的一项特别义务。法国国民议会于 1988 年通过了《政治家财产透明度法》。该法除对政治资金作了规定外，还对总统、议员、政府成员以及地方官员的个人财产申报的内容和程序等重要事项作了严格规定。澳大利亚于 1984 年发布了议员和政府成员申报个人财产的法令。规定议员和政府部长必须报告本人、配偶和子女的财产状况。日本的内阁成员公布个人财产已经成为一项惯例。美国的官员财产申报主要的依据是《从政道德法》。

除了上述内容外，西方行政伦理的建设还有非常复杂而广泛的内容。这些内容针对复杂的社会关系，从官员廉洁用权的需要来做出限制或禁止。防止利益冲突是官员廉政保障的重要要求，而利益冲突往往会影响到官员的职务行为的公正性。因此，一些国家要求公务员以职务原则为重，通过适当的安排，摆脱利益冲突关系。1993 年加拿大通过了《利益冲突章程》，成为面向所有公职人员的规范准则。其内容涉及内阁部长不得为家属在政府部门安排工作，离职公务员的行为限制等。美国国会禁止联邦贸易委员会代表政府与那些同该委员会有经济关系的企业进行商务往来。多数西方国家还在制度上或者法律上规定了公务员勤俭节约、避免铺张浪费的义务。此外，回避制也是避免腐败发生的一项重要制度，主要在于防止公共权力被亲属、家族所控制而发生违反职权原则的现象。例如，奥地利规定，有配偶关系、直系亲属或不超过 2 代的旁系亲属关系等的公务员均不得安排其亲属在同一个部门工作。瑞士也有类似的规定。

2. 设立行政伦理管理机构

制订公务人员的道德规范并将其法律化、制度化还只是行政伦理建设的一个环节，而最重要的是还要设立相应的管理与监督机构来保证行政伦理规范与条文的实施。各国因为国情不同所设置的行政伦理管理机构或组织各异。在西方国家中，行政伦理规范的实施与监督管理主要体现在三权之间的监控、政党之间的监控和各权力系统内部的监控三大部分。

为了防止和减少腐败现象的发生，一些国家在三权分立的框架中，特意利用权力制约的制度渠道，实行针对权力滥用，保障廉洁的专门监控制度。在西方多数国家的宪政体制中，议会的地位高于行政和司法。例如，美国众议院内设置有“众议院行为规范委员会”，在宪法规定的范围内被授予专门权利以“惩办议员的不轨行为，而且经过众议院三分之二以上议员表决通过，可以开除一名议员”。美国众议院的常设机构“道德委员会”在政府官员的廉政建设和反腐败方面发挥着重要作用。根据《美国政府行为道德法》，大法官会议设立了司法道德委员会，负责研制司法部门官员财产申报方面的表格；司法人员遵照司法道德委员会的具体要求，提出个人财产报告，并提出副本交与其服务的司法机关中的秘书成为正式公文。司法道德委员会在收到司法人员财产申报资料的15天内，即须将资料公开，供大众查阅。

美国政府伦理办公室是一个非常重要的行政伦理的管理部门。在美国的许多州和市的议会和政府，也设有伦理办公室或伦理委员会。联邦政府有责任派高层人士到各部门负责伦理工作，对政府伦理办公室负责。全美国负责伦理事务的专职和兼职工作人员多达1万多人。得克萨斯州伦理委员会于1992年设立。该伦理委员会由8名委员构成，其中4人由州长委派，4人由州议会委派。其主要职能有；第一，收集并保存州政府官员和法律规定的有关人员的财务申报材料；第二，将申报材料输入电脑，以利于公众查阅；第三，培训政府官员的行政道德，解答有关法律与行政道德的具体问题；第四，起草州政府关于行政伦理方面的法律和规定，解释有关法律内容；第五，听取公众对涉及政府官员违反法律和道德的揭发，并进行调查；其中情节严重的问题移交检察院。1989年6月，洛杉矶市选民强烈要求市政府官员应严格遵守道德规范，并迫使议会通过了相应决议。1990年，洛杉矶市成立了“强有力的伦理委员会，对政府进行监督”。该委员会奉行的哲理是“公正、廉洁、不分党派”。参加委员会的成员首先都是志愿者；一旦入选后，在5年任期内不能随意离开。该伦理委员会对于政府方面有很强的独立性。伦理委员会的职员有着相当大的处理问题的决策权。但如果办案中出现了两次错误，即要被解职。伦理委员会办公室主任在离职后的两年内不能参与政治工作。

瑞典是实行议会监察专员制度最早的国家之一。根据瑞典宪法，议会中设有监察专员公署，内有4名专员，由议会选举产生，下面有50多个专业人员从事工作。监察专员设立的目的是，监视法律法令的执行，限制和纠正政府工作人员违法舞弊的行为，完善行政管理制度和秩序，保障公民的合法权益。该署的主要任务是，受理一切控告国家机关的申诉案件；受理控告国家公务人员的申诉案；有权进行调查、视察、批评、建议以至提起公诉。瑞典的这一制度于二战后被很多西方国家所学习。例如英国于 1967 年工党执政时制定了议会监察专员条例，以此为依据建立了议会监察专员制度。议会监察专员设一人，由国王任命，只有议会两院提出建议，国王才能免去其职务。监察专员不得是议员，向议会负责。职责是监督政府机构及其工作人员，督促他们依法合理地行使权力，防止其不正当活动侵害公民的合法权益，保证受到政府侵害的公民得到政府的赔偿。议会行政监察专员拥有调查权。其权力调查所及近 100 个政府部门和公共事业部门。这一制度在监督控制行政权力上起了很大的作用，特别是对由于行政不当而导致的补偿救济上，作用尤为明显。

奥地利政府的各个部门都设有“纪律委员会”。总理府设高级纪律委员会，其主要任务是监督公务员履行职责和遵守纪律的情况。

3. 建立政府行为伦理监督机制

行政监督是政府职能得以顺利实施和公权力得以合理行使的重要保证。西方国家的行政伦理监控体系，除了政权体制内不同权能部门之间的监控之外，还包括社会力量对行政活动的监督，也就是社会对国家的监督。这种监督以群众力量、舆论力量等形式从政权机器的外部产生制约作用。来自体制外的约束力量，多数情况下以权利为手段，是依据宪法和法律赋予公民和社会组织的权利，对国家机构及其工作人员的权力行为进行的监督活动。通常，政府机构以权力作为职能手段。公共权力是国家支配社会成员行为的力量，往往以强制力的形式表现出来。而公民和社会团体主要以权利作为参与国家生活的手段。权利本身并无对他人的强制力，是一种法定的自主性和特定的请求资格。

例如，美国行政伦理的实践置于相当广泛的社会监督之下。设在芝加哥的“改进政府工作协会”是由私人发起的非官方的监督组织，宗旨是要查出政府中的违法渎职行为。它揭露了市政府与州政府的几十件丑闻，替芝加哥市和伊利诺伊州的纳税人节省了数百万美元。它物色芝加哥的一家竞争性极强的报纸或电视台与之合作进行调查，或是当一家报社记者发现一件潜在丑闻的端倪时，就同这些记者合作。该组织是 1923 年成立的；最初的成员为一批卫礼公会的牧师。其宗旨是反对帮会，反对黑手党操纵的以卖酒谋取暴利。从此，该组织把重点放在改进政府工作，提高行政道德水平方面。他们在开始阶段采用了强硬手段，如捣毁卖酒的商店。现在则主要借助于新闻舆论和法律手段。该协会不接受政府的资金，其活动经费由私人提供，主要是由商业界赞助，强调非政府性与超党派性。芝加哥市政府和伊利诺伊州州政府对“改进政府工作协会”给予高度评价。

美国政府部门的一些监察长还主动向该机构提供资料。此外，还有其他一些民间组织也对美国行政伦理的实践发挥着积极作用。

13.2.3 地方政府行为伦理规范建设的必要性

1. 地方政府行为伦理规范建设的社会必要性

伦理道德建设关乎民心的向背，关涉到国家的兴衰成败。伦理对社会的作用集中表现在以下几个方面：

第一，政府工作人员的政治道德状况直接影响到党和国家的各项路线、方针、政策的贯彻执行，从而影响社会的进步和发展。

第二，政府工作人员的职业道德状况直接影响到行政效率和行政效益的提高，影响到管理目标的实现，从而影响到社会的进步和发展。

第三，政府工作人员的处世道德状况直接影响到社会的人际关系，影响到社会公德的践履和社会的祥和氛围的营造。

第四，政府工作人员的生活道德状况直接影响到社会风尚和社会的精神文明建设。因为行政工作人员的特殊职业决定了他们的一言一行、一举一动对社会都会产生巨大的影响。

2. 地方政府行为伦理规范建设的行业必要性

第一，政府行为伦理规范对广大公务人员具有激励作用。加强地方政府公务人员的职业道德建设，要求每一个地方政府公务人员必须树立科学的世界观、人生观，加强职业道德意志训练，树立职业道德理想和情操，并使之变为自己的内心信念、义务和荣誉感。

第二，政府行为伦理规范对广大被管理者具有重要的凝聚作用。地方政府公务人员具有良好的职业道德，对被管理者有着重要的示范作用，对于加强管理者与被管理者的团结，增强相互之间的友谊和配合，正确处理好上下级关系、干群关系，使管理者和被管理者沟通思想，联络感情，合作共事，朝着共同的奋斗目标前进具有强大的凝聚作用。

第三，政府行为伦理规范对实现行政管理目标具有重要的保障作用。地方政府管理者的道德水平是衡量行政管理者的管理水平的重要标志之一。一个地方政府公务人员道德修养水平高，便容易获得人民群众的认可和接受，容易得到人民群众的拥护和支持，容易推动管理目标的实现。

13.2.4　中国地方政府行为伦理规范的基本原则

1. 廉政原则

环顾全球，贪污腐败在政坛上是一种非常普遍的社会病。贪污腐败破坏了政府管理秩序与行政权力的公正原则，激化了社会矛盾，毒化了社会风气，导致公众对政府的不信任，对社会的稳定与发展业已构成严重的威胁，引起了国际社会的普遍关注。无论各国的社会制度和意识形态有多大的差异，但社会公众对公共行政部门的要求则是共同的，这就是要求管理国家和社会事务的政府是一个廉洁的政府。

我国是人民当家做主的国家，因而在我国当今的公共行政领域，廉政更应该是行政伦理的第一原则，是行政伦理的价值基础。我们的政府是人民的政府，廉洁从政是全心全意为人民服务的行政价值取向的具体体现，也是对地方政府工作人员最基本的道德要求。因为做到廉政，是做到勤政、高效、公平及发扬民主、遵守法制的前提条件，只有真正廉洁从政，没有私心的人，才能真正地勤于政务，恪尽职守，才能真正地按照法律和程序办事，真正地为民办实事、办好事。所以，廉政原则相对于其他伦理原则来说，具有基础性的地位。

2. 勤政原则

如果说，廉政原则是行政伦理的价值基础，那勤政原则便是行政伦理的价值实质。廉政原则主要解决用权为谁的问题，勤政原则则主要解决如何用权的问题，公共行政的根本宗旨就在于为社会和人民提供优质服务。因此，恪尽职守、勤政为民是地方政府和国家公务人员等主体的基本职责要求，也是人民群众对政府和公共行政部门的起码要求。

3. 效率原则

行政效率是指地方政府行为过程中获得的总效果与其总投入之间的比率。一般地讲，凡是用最少的人力、物力、财力、信息和时间资源的耗费取得最大的社会经济效果，效率就高；反之，效率就低。一个国家的政府，其工作效率的高低直接关系到国家的经济发展和社会的全面进步。不追求政府行为的高效率，不计算政府的投入与产出，不计成本，不讲效益，必然会浪费社会的经济资源和人力资源，妨碍经济的发展和社会的全面进步。这既有悖于社会的整体利益，又与行政主体的职业责任格格不入。

市场经济更是讲究效益，崇尚效率的。在市场机制中进行经济、政治、文化和社会生活的管理和运作，必须要求地方政府把效率放在十分重要的位置，否则难以实现地方政府行为的目标。因此，提高效率是各国公共行政追求的一个重要目标，也是各国促进社会和经济发展的重要措施。我国目前已进入市场经济发展和现代化目标实现的关键时期，能否在相对和平的国际背景和相对稳定的国内环境中抓住机遇、加快发展，直接关系到现代化事业的成败。追求效率是我国社会管理层和地方政府的异常重要的历史责任，具有深远的伦理意义。

4. 公平原则

公平，又称公正或正义。这一概念在西方伦理史上一直受到相当的重视。古希腊柏拉图把他提出的“智慧、勇敢、节制、正义”等四类美德中的正义看做是最重要的美德，而且认为国家统治者坚持正义原则，励精图治是实现社会正义的首要条件。在今天，政府的活动有两个最基本的价值取向：一是追求效率，促进国家经济发展和社会全面进步；二是实现社会公平，促进社会和睦、政治稳定。应该说，这两个方面既是地方政府的工作职责和目标，又是他们的伦理义务。

从个体的角度看，实现并享有社会公平是社会个体的重要权利，我国宪法把平等权作为公民的基本权利加以规定，任何公民都平等地享有法律规定的权利，平等地履行法律规定的义务，国家在适用法律和组织社会分配时，应该一视同仁，不因人而异，国家和政府有义务保障社会个体在社会中享有平等的权利，拥有公平的条件和机会，从而实现社会公平。实现社会公平是人类的崇高理想，从古代先贤圣哲到现代的政治活动家，从社会管理层到庶民百姓，无不把实现社会公平的希望寄托在政府身上。作为国家经济、政治和社会基本治理和管理主体的地方政府和公务人员必须把坚持公平行政、实现社会公正作为自己开展工作的基本的道德追求。

5. 民主原则

按照马克思主义的观点，民主首先和主要是指一种国家制度。作为国家制度的民主，它是现代国家的一个重要标志，也是现代世界各国行政改革的必然趋势和所追求的理想目标。就中国而言，民主是我们党始终不渝的奋斗目标，是我国社会主义现代化建设的重要内容。我国的国体是人民民主专政，民主集中制是我们党和国家工作的根本原则，人民是国家的主人。一方面，管理国家、经济和其他社会事务是人民的根本权利；另一方面也只有充分发展社会主义民主政治，才能充分调动广大人民群众的积极性、主动性和创造性，社会主义现代化建设的战略目标才能最终得以实现。民主是社会主义的本质要求和内在属性，正如邓小平同志所说："没有民主就没有社会主义，就没有社会主义现代化。"

地方政府是受人民的委托行使管理国家和社会事务的权力机构，因而必须坚持民主原则，围绕建设高度的社会主义民主政治这个奋斗目标，充分发扬民主，尊重群众，把人民政府真正建设成为民主的政府，使人民的主人翁地位得到真正的、实实在在的具体体现。从本质上说，社会主义民主是世界上最先进最优越的民主政治，但我国现实的社会主义民主是在比较落后的经济文化条件下建设起来的，建立的时间不长，发展过程又经历了很大曲折，它的发展还很不充分，在国家活动中，特别是在工作中，不民主和违反民主的现象还大量存在，民众的合法权益得不到有效的保护。所以，在工作中，建立健全的民主机制，创造良好的民主氛围，既是现代化建设的长远目标，又是政治行政体制改革的现实课题。作为国家主要管理和治理主体的地方政府工作人员，当然应该把在工作中坚持和贯彻民主原则看做是一种政治责任、历史责任和伦理责任。

6. 法治原则

法治是相对于人治而言的，其核心是依法办事，依法治理国家。当今世界，建设高度法治国家，依法行政，合理行政，是发展市场经济的要求，是一个现代化国家的标志，也是人类迄今为止治国实践中的共同经验。依法治国要求地方政府要把法治作为一切地方政府行为的原则，依照宪法和法规规定来管理国家事务，管理经济文化事业，管理社会事务，保证国家各项工作都依法进行，逐步实现社会主义民主的制度化和法律化。所以，对于地方政府来说，在行政管理中坚持依法治理，即是一种政治责任，又是一种职责要求。同时，社会主义伦理建设要实现廉政、勤政、高效、公平和民主的目标，从根本上说都要靠法治来保障。所以，依法治国、依法治政是贯彻其他行政伦理准则的必然要求和选择，另外，在我国，多数的法律制度都是基本的伦理规范，地方政府遵守法制，依法办事，本身就具有直接的职业伦理价值和社会伦理意义。

13.2.5 中国地方政府行为伦理失范的表现、原因分析及危害

1. 现阶段中国地方政府行为伦理失范的表现

现实中，权力是最容易被人们用来谋取个人利益的。英国历史学家艾·克顿曾说过一句非常有名的话："权力倾向于腐败，绝对的权力倾向于绝对的腐败。"目前，我国地方政府生活领域行政权力的滥用、僭越等公共行政道德失范现象已十分严重，具体有以下四种表现：

(1) 不作为

在我国，失职、渎职等行政不作为或不积极作为，是目前政府最常见和最典型的公共道德行为失范现象。该作为而不作为，该履行职责而不履行或不认真履行职责，这是对最基本的职业道德规范的违背，是行政道德责任的严重缺失。"一杯茶、一支烟、一份报"就是对这种现象的讥讽。一些国家公职人员有这样一种意识：认为干得多错的也多，多一事不如少一事。"不求无功但求无过"这种意识反映到行为上就表现为对职责范围内的事情能推就推，推不了就拖，甚至玩忽职守，发生关系到群众利益、社会稳定、经济发展的重大问题时也麻木不仁，无所作为，结果贻误时机，造成极大损失和恶劣影响。2003年的"非典事件"就充分说明了这个问题。

行政不作为如果还只是个别现象问题还不算严重，但从近几年媒体对政府职能部门及其公职人员失职、渎职行为事件的频频曝光，我们发现这种现象已经上升到"集体不作为"的程度。根据最高人民法院公布的资料，在行政诉讼案件中告政府职能部门不作为的案件占绝大多数。不作为不仅破坏了正常的行政秩序，而且还危及国家和人民生命、财产安全。它是一种隐蔽的权力腐败，是对国家行政道德和职责的严重践踏和背离，在很大程度上影响着政府效能，像毒药一样慢慢侵蚀着政府的肌体，也在不知不觉中损害着公众的权益，其危害性不容忽视。

(2) 乱作为

这也是一种公共行政道德失范的表现。它在日常地方政府活动中最常见的表现形式就是搞"形象工程"、"政绩工程"。一些地方政府官员不是把人民的利益放在首位，把权力用在为民谋利上，而是高高在上，脱离实际、脱离群

众，比谁修的马路宽、谁建的广场大、谁盖的楼房高，于是一幢幢形象工程、献礼工程、造福工程遍地开花。这些有不少其实并不是真心要为老百姓造福，也并不受老百姓拥护。如果说不作为是“缺位”的话，那么乱作为就是“越位”，是瞎指挥、瞎决策。其危害是劳民伤财，使大量的国家资产白白流失，被交了所谓“学费”。同时扰乱了正常的经济秩序，严重地损害了国家和人民的利益。

乱作为的另一种表现是不给好处不办事，给了好处乱办事，“为人民服务”在这里演变成钱多多服务，钱少少服务，无钱不服务。“执法经济”也是近年来广为公众所诟病的一种乱作为。一些执法部门打着管理、服务的幌子，以种种借口乱收费、乱摊派、乱罚款，与民争利，公共权力部门化、部门权力利益化、获利途径罚款化。总之，乱作为损害了政府形象，甚至危及到了执政的合法性，值得我们警醒。

（3）贪污腐败

这是最严重的公共行政道德行为失范。改革开放以来，公共行政道德的约束力明显减弱，贪污腐败问题日益突出。就拿被查处的安徽省原副省长王怀忠来说，他是利用手中权力腐败的反面典型。据其案发后交代的一笔高达 200 万元的索賂，竟然是用来“摆平”、干扰中央有关机关对其问题的查处，可以说王怀忠已完全没有了廉耻道德。古语讲，“有耻且恪”。有了羞耻廉耻之心才能在行为上有所克制、有所不为。无独有偶，个别人的贪污腐败还会引发其他人特别是其周围人的效仿。据资料表明，目前利用职务便利贪污受贿的腐败活动手段越来越多样，主体越来越广泛，串案、窝案越来越严重，集体性的腐败案件在增加。而且近年来，道德行为失范现象也日趋严重，一些地方政府机关僭越、滥用权力，把职权扩张为特权，在处理利益关系时总是把部门利益、小集体利益摆在首位，利用部门权力假公济私、损害公众利益，出现了一些行业和部门腐败现象。

贪污腐败使公共财富大量流失到私人手里，破坏了国家进行的资本积累和扩大再生产，也破坏了市场经济体制的公平竞争，使社会财富分配不合理，打击了诚实劳动者的积极性，加剧了社会不公平。领导干部权力腐败使广大公职人员和大众对道德教化和社会制度不认同，造成了严重的不信任危机。不仅如此，官德官风影响民德民风，官德好，官风正，就会大化流行，从而变化为好的民德民风；而官德败坏，官风不正，就会导致民德滑坡、民风败坏。所谓“上梁不正，下梁歪”。社会的堕落，往往是从国家的官员腐败开始的。这说明，地方政府工作人员的道德状况，不仅体现在它对政府执政效果的影响力，更在于它对整个社会文明进程的导向功能。

（4）公务人员生活腐化、精神颓废

有学者概括说，坏官有四种，一曰庸，二曰贪，三曰昏，四曰昏且贪。如果用这个标准考量的话，那生活腐化、精神颓废就属于第三种昏。现在，随着经济的不断发展和物质生活的不断改善，艰苦朴素、勤俭节约的革命传统已在一些公职人员身上逐渐失落，享乐主义成了近几年的一种顽症。一些地方政府公职人员为满足个人私欲，大肆挥霍公款。或假学习、开会之名，行游山玩水、吃喝玩乐之实；或以考察、招商为旗号，出国出境，周游世界；或借工作需要之名，讲排场、比阔气；或以接待、联络感情为由，公款吃喝、公款消费、公款送礼甚至公款赌博。玩物必然丧志，奢侈必然失德。长期醉心于灯红酒绿、过着纸醉金迷的生活，必然导致革命斗志和政治信念、理想追求尽失。党员干部奢侈享乐多了，想百姓的疾苦就少了，离灯红酒绿近了，离人民群众自然也就远了。生活上的享乐主义导致一些公职人员把对个人利益的追求放到至高无上的地位，不比工作比待遇，不比奉献比索取，越比越觉得吃亏。在这种心理支配下，很多公职人员就这样腐化堕落了下去，为了钱不惜铤而走险，以身试法；为了利而不讲良心、道德，丧失人格尊严的事屡禁不止。江西省原副省长胡长清就是一个背离理想信念，政治上离党丧德，经济上贪得无厌，生活上腐化堕落的典型腐败分子。因此，从一定意义上讲，生活腐化、精神颓废是贪污腐败产生的温床和诱因，也是伦理与道德失范的一个突出表现。①

2. 中国地方政府行为不规范的伦理原因分析

（1）主观原因

地方政府工作人员道德素质低下、道德责任感淡漠、官僚主义尤其是官本位思想严重，是其伦理与道德行为失范的一个很重要的原因。个人道德素质低下一方面同个人放松主观世界的改造有关系，还同整个社会大环境、价值观的扭曲有关系。中国共产党在十四届三中全会提出“效率优先，兼顾公平”，把“效率”排在第一位，“公平”放在了第二位，应当说这在当时是充分考虑当时实际，是符合国情的，事实证明也发挥了很大的积极效应。但正如硬币有两面一样，这项政策的实施也有其负面影响。人们在现实生活中对它理解时倚重

① 马俊梅：《转型期亟须加强公共行政伦理与道德建设》，《前沿》，2007 年第 12 期。

就轻，往往演化成“效率优先，不顾公平”。“利益”成为人们的价值尺度和最高目标。有利则为之，无利则不为，什么职业操守、为人之本、良心道德都被置于脑后，所以有了那么多打也打不完的假冒伪劣。拜金主义在社会的各个领域、各个角落都不同程度地存在。加之社会转型期，旧的道德规范被削弱淡化，新的道德规范尚未被确立的情况下，资产阶级的生活方式乘虚而入，使得一些公职人员理想信念动摇、思想道德滑坡，世界观、人生观、价值观扭曲，竞相追逐权利、地位、待遇、金钱。市场经济的逐利原则和交易原则向公共行政领域侵入，严重地破坏了公共权力的公共性质，破坏了公共权力运作的非功利性，使公共权力异化，本来为民谋利的权力变成小集团或个人牟取私利的工具。在这样的大环境下，社会上笑贫不笑娼不笑贪，廉洁正直独立清贫被看成无能、窝囊，徇私舞弊、巧取豪夺被视为能人、强者，不愿同流合污则往往意味着没有良好的人际关系等。面对这种价值观的严重扭曲和不正常现象，我们的一些公职人员因愤怒而麻木而羡慕，进而认同、追逐、参与。完全丧失公共行政道德，成为不正之风的推波助澜者。

（2）客观原因

①行政体制不合理，责任与权利不对等。不合理的行政体制与地方政府官员的道德沦丧有着一定的内在联系。“那些赋予官员不受约束的自由决定权”的体制尤其像一个钱权交易的源泉，特别是公民和企业除了行贿之外别无选择的时候。长期以来，政府及其公职人员权力过大，在社会资源支配中居于优势地位，对部分资源的支配具有垄断权，而相应的责任却太小，没有建立健全相应的法律法规规范这种权力运作，对履行职责的情况也缺乏动态的跟踪和监督。另一方面权利清晰而责任模糊，对于公众来说监督起来比较困难。我国目前政府职能转变没有完全到位，政府职能细化问题还没有得到有效解决，行政执行过程中各部门职责不清，或缺少协调，各自为政，以至有些棘手或无利可图的领域出现“管理真空地带”，而有些领域则多头管理、平时各自为政、坐收渔利，一旦出现问题时又相互扯皮、推诿责任。

②官僚主义工作作风。官僚主义工作作风与公共行政道德行为失范互为因果，既是其表现，也是其根源之一。

官僚主义是指不关心群众利益，脱离群众实践，只知高高在上发号施令的工作作风，官僚主义把公共权力视为自己的特权，没有正确认识手中权力的来源，对公仆精神的觉悟和认知不够，缺乏服务意识，在行政过程中或无限扩大权力的内涵，或认为权力是上级赋予的，仅对上级负责。衙门作风严重，“门难进，脸难看，事难办”。他们或作威作福、假公济私，或事不关己，高高挂起，办事推诿敷衍塞责，或欺上瞒下、虚报浮夸、说空话套话，不干实事，热衷于沽名钓誉，哗众取宠。官僚主义工作作风严重导致了公共道德责任的缺失，造成了政府的低效。

3. 中国地方政府行为伦理失范的严重危害

（1）地方政府行为伦理失范造成巨额经济损失

这主要涉及贿赂、贪污、挪用公款等经济类行政伦理失范以及一些行政人员滥用职权、失职、渎职等给国民经济造成的不可弥补的巨额经济损失。据相关数据显示，近年来在行政人员涉嫌的犯罪中，经济犯罪占80%以上。经济类行政伦理失范和腐败严重阻滞了国民经济的发展和GDP的增长。

（2）地方政府行为伦理失范导致地方政府信用不足

地方政府工作人员作为国家机关行使权力的代表，直接代表政府的形象，其信用状况直接与政府信用状况挂钩。地方政府工作人员发生伦理失范就必然会导致政府信用不足。有些政府人员参与经商，自办或与他人合办盈利性企业，或在以盈利为目的的商业、工业、金融等公私企业中兼职。有些地方政府机关办经济实体，并干预微观经济主体的生产经营活动。政府人员的伦理失范影响恶劣，极大地损坏政府形象，破坏了政府在公众心中的公信力和权威，导致政府信用不足。

（3）地方政府行为伦理失范冲击精神文明建设

目前，我国正处于由计划经济向市场经济的转轨期。随着经济的多元化，中国传统的优秀文化思想如集体主义、大公无私、毫不利己、无私奉献等受到前所未有的挑战，而个人主义、拜金主义、享乐主义正强烈冲击着人们的价值观念。如果作为具有导向作用的公务人员尚且置传统美德于不顾，行政伦理频频失范，普通公民则更会竞相效仿。这对社会主义市场经济体制的价值观、道德观的构建和社会主义精神文明建设极为不利。

13.2.6 地方政府行为实现伦理规范的道德评价机制

1. 行政道德评价是实现地方政府行为伦理规范的重要机制

行政道德评价是人们对公务员或公务员对自己行政行为善恶性质的一种主观心理评价。这一概念的内涵有三：（1）行政道德评价的主体是各级公务员和广大社会成员，既可以是社会成员和其他公务员对某一公务员行政行为善恶属性的评价，也可以是公务员相互之间对评价对象的行政行为善恶属性的评价，还可以是公务员对自己行政行为善恶属性的评价。（2）行政道德评价的客体是公务行为的善恶性质。行为的善恶是一个价值科学的范畴，如施太格缪勒所说，“肯定的价值承担者，就是善。如果涉及的是否定的价值，那我们就称为恶”①。而所谓价值，主流的看法就是客体具有满足主体需要，达成主体目的的属性，也就是客体对于主体的效用。因此，行政道德评价的实质就是人们包括公务员对某一政府行为具有满足自身需要，达成自身目的的性质的评价。就是人们包括公务员对政府行为之于自身效用的评价。这种评价，如果是肯定性的，说明客体（政府行为）对于主体（人们，也包括公务人员）具有正价值，就称之为善；如果是否定性的，说明客体对于主体具有负价值，就称之为恶。（3）行政道德评价本质上是一种心理评价，是人们对公务员政府行为的一种心理反应机制。现代心理学研究成果证明，人的心理、意识和精神在实质上是同一概念，都是大脑对对象的反映活动，这种反映活动由感觉、知觉、记忆和思维（概念、判断、推理）组成，而评价本身就是人们在思维层次上对活动对象价值的判断，因而在本质上是一种心理反应和心理体验机制，只不过这种心理反应机制判断的是公务员行为的善恶属性。换句话说，判断的是公务员有利于或有害于自己和他人的职业行为的善恶性质。

作为一种心理反应和心理体验机制，行政道德评价是人们精神深处客观存在的东西，尽管它有时存在于人的潜意识之中，有时又浮现到意识层面上来。但仍然可以肯定地说，只要经过了“社会化洗礼”，即经过了一定家庭教育、学校教育和社会教育的人，都具有一定的道德意识和道德评价能力，都会对自己和他人的行为做出善恶评价。因此，作为“社会人”的公务员既会对自己的行为做出善恶评价，也不能不接受来自他人的道德评价。尽管评价标准会因个体的道德认知能力、道德感情倾向的不同而不同，评价内容也可能会随着个体生活阅历、人生境遇的变化而变化，但道德评价这种心理反应形式则不会随着评价内容的改变而改变，这也是人与动物相区别，或者说人之所以为人的重要标志。就行政伦理规范的本质来说，它和其他规范一样，都是对公务员欲望、个性和自由的限制和压抑，无论公务员怎样尽职地遵守它，它仍然是一种

---

① ［德］施太格缪勒：《当代哲学主流》，王炳文、燕宏远、张金言等译，商务印书馆 1989 年版，第 329 页。

外在于公务员的异己力量。因此，其实现的关键在于人们对公务员及公务员自己对自己在心理上是怎样进行道德评价的，这种评价的形式有两种：一种是公务员自己对自己行政行为善恶性质的评价，称之为行政良心；一种是他人对公务员行政行为善恶性质的评价，称为行政名誉。因而，从主体角度看，行政伦理规范的实现，就取决于行政良心和行政名誉这两种评价机制功能的发挥。

2. 行政良心是实现地方政府行为伦理规范的自律性道德评价机制

行政良心是公务员自己对自己职业行为作出善恶评价的一种内在心理反应机制。这种评价不是来自于外部的人和机构对公务员行为善恶性质的评价，而是公务员自己对自己行为合道德性的评价，因此，行政良心就是一种自律性的道德评价。

行政良心起源于公务员做一个“道德的行政人”的需要。公务员和其他社会成员一样，不仅具有衣、食、住、行等物质性需要，也具有理解、关爱、尊重和自我实现等精神性需要。物质性需要必须以物质利益来满足，精神性需要必须以精神利益来满足，而公务员一切物质利益和精神利益的实现，归根结底是政府、社会或者说是他人给予的。因此，能否得到政府和社会的肯定和赞许，决定着他的需要和利益能否得到满足和实现。能否得到政府和社会的肯定和赞许，要看他是否遵守行政伦理规范。遵守行政伦理规范，就能得到政府和社会的肯定、赞许和奖赏，获得相应的物质利益和精神利益；反之，就会受到政府和社会的否定、谴责和惩罚，损失相应的物质利益和精神利益。因此，欲求肯定、赞许和奖赏，避免否定、谴责和惩罚，就是公务员遵守行政伦理规范的行为目的，而逐渐地，作为手段的遵守行政伦理规范也会演变为公务员的行为目的，就像人们最初追求金钱的目的是为了实现幸福，而后把追求金钱当成了目的一样。因而，公务员对物质利益和精神利益的需求，是产生行政良心这种心理反应和心理体验机制的主体基础。

行政良心形成于政府和社会对公务员的道德需求。从政府角度看，政府不是社会的生产部门。生产物质产品的部门是经济部门，生产精神产品的部门是科教文部门，政府是生产部门的辅助部门，政府自身利益能否实现和实现程度如何，取决于生产部门生产状况的好坏，而其合法性是源源不断地从社会获得利益的根本保证。如果公务员不能在行为上体现出政府所要求的行政良心，就会影响和动摇政府存在的合法性基础。因此政府必然要采取种种措施，把公务员的行政良心从潜意识层面诱导到意识层面上来。从社会方面看，社会对公务员行为的伦理要求是基于公正的社会心理，因为人们都不希望自己创造的财富被别人无偿、无理占有和使用，都希望政府和公务员给予相当的回报和补偿，进而要求公务员在行为上体现回报社会的行政良心。在各种力量的作用之下，行政良心就会在公务员的意识层面慢慢地聚积、沉淀和固化，当量积累到足以使一个公务员能够对自己的行为进行道德评价时，公务员的行政良心就形成了。

行政良心对实现行政伦理规范的自律作用表现在：如果公务员遵守了政府和社会所制定的，或者是他自己认定的行政伦理规范，那么他就能够达成良心满足之目的，获得自豪、喜悦、欣慰、快乐等心理体验。这种良性的心理体验又会促使他在以后的行政过程中进一步强化自己的良心。反之，如果自己违背了政府和社会所制定的，或者是他自己认定的行政伦理规范，就会产生惭愧、内疚、痛苦、负罪等心理反应和心理体验，受到内在于自我的行政良心的谴责和折磨。

3. 行政名誉是实现地方政府行为伦理规范的他律性道德评价机制

行政名誉是人们对公务员行政行为善恶性质的心理反应机制。其外延既包括社会成员对公务员公务行为善恶性质的评价，也包括公务员相互之间的评价。行政名誉是人们对公务员的一种他律性道德评价机制。就行政名誉来说，公务员得到的如果是肯定性的评价，就称为行政荣誉，如果得到的是否定性的评价，就是所谓的舆论谴责。行政名誉和行政良心是对立统一的关系，其对立性表现在二者是相反的道德评价形式，行政良心是内在心声，行政名誉是外在呼声；其同一性表现在二者可以相互转化，当公务员像自己评价他人那样来评价自己时，行政名誉就内化为行政良心，当公务员像自己评价自己那样来评价他人时，行政良心就外化为行政名誉。

行政名誉有着内部和外部两种根源。内部根源在于公务员和其他社会成员一样具有追求荣誉避免谴责的名誉心。公务员之所以具有好名、求名的名誉心，是因为公务员在本质上是一种社会性动物，而任何一种社会性动物，诚如达尔文所说的那样，“在极高的程度上，人会受到别人用姿态和语言所表现出来的对他的愿望、称许和责备的影响”。更进一步说，公务员之所以具有好名、求名的名誉心，归根结底是因为公务员的利益是社会和他人给予的，他能够从政府、社会和他人那里得到多少利益，无疑取决于社会和他人对他的毁誉。因此，行政名誉就是公务员的一切利益之本，是公务员最根本、最重大的利益，如斯密所说，一个人“最大的不幸当然是名誉上不应有的损失”。

外部则根源于公务员道德需要的双重性。任何一名公务员，不仅具有做一个“道德的行政人”的需要，而且也具有希望其他公务员做一个“道德的行政人”的需要。为什么希望其他公务员也做一个“道德的行政人”？说到底是因为别人做一个“道德的行政人”对自己有利，而别人是一个不道德的人对自己有害。这种道德需要一经产生，就会推动公务员对其他公务员进行道德评价，看到其他公务员的行为符合自己所认同的道德规范，就会因自己需要和目的的达到而快乐，并给予其荣誉，反之，就会给予舆论谴责。

由于每个公务员具有希望其他公务员做一个道德的行政人的需要而给予他人以名誉，而且因为名誉关乎自己的利害，所以，当一个公务员的行为符合行政伦理规范，他就会从政府、社会那里得到行政荣誉，就能够获得他所希望的物质利益和精神利益，就会因为名誉心得到满足而体验到巨大的快乐。反之，就会受到舆论谴责，陷入惭愧、羞耻、负罪和恐惧的心理痛苦之中，所谓“众口铄金”说的就是这个道理。名誉使人遵守道德规范的巨大力量，赫胥黎曾做过颇为中肯的揭示：“只要观察一下我们的周围，就可以看出，对人们的反社会倾向最大的约束力并不是人们对法律的畏惧，而是对他的同伴的舆论的畏惧。传统的荣誉感约束着一些破坏法律、道德和宗教束缚的人们：人们宁可忍受肉体上的极大痛苦，也不愿与生命告别，而羞耻心却驱使最懦弱者去自杀。”这就是行政伦理规范实现的他律性道德评价机制。

行政名誉使公务员履行和担当行政伦理规范的力量之巨大，往往确实超过了行政良心，但行政良心是一种使人遵守行政道德而无副作用的力量，而行政名誉却是一种有副作用的力量。具体地说，行政良心是公务员内在的心理力量，即使是一个善于欺骗别人的人，也终究欺骗不了自己的良心；但是名誉则不相同，行政名誉可以使公务员真诚地遵守行政伦理规范，也可以使他假装遵守行政伦理规范。真诚地遵守和履行行政伦理规范的名誉心，是与他的行政良心相一致的名誉心；虚假地遵守和履行行政伦理规范的名誉心；则是与他的行政良心相违背的虚荣心。虚荣心使公务员昧着良心追求名誉，欺骗政府、社会和他人。

再者，由于行政名誉是人们对公务员行政行为的道德认识，也容易发生认知上的错误。也就是说，一个公务员得到的行政荣誉可能与其行为事实不相符合：或者徒有虚名，或者枉受诋毁。在这些错误中，最突出的现象便是，枉己从人，丧失自我的公务员得到了行政荣誉，而热爱自由，富有创新精神的公务员却遭到了舆论的谴责。因此，如果一个公务员的名誉心使他追求的是虚荣，是名不副实，与自己良心相违背的荣誉，他就会发生种种卑鄙、无耻、说谎、欺骗的行为，成为一个无所成就的浅薄轻浮之徒，因为一个人要满足自己的虚荣心，可以不必有所作为、有所成就，只要练就一套装模作样、厚颜无耻的本事就行了。这就是先哲们盛赞良心而不盛赞名誉的根本原因。这种赞美，有卢梭的名言为证："良心呀良心，你是圣洁的本能，永不消逝的天国的声音。是你在妥妥当当地引导一个虽然是蒙昧无知然而是聪明和自由的人，是你在不差不错地判断善恶，使人同上帝相似！是你使人的天性善良和行为合乎道德。没有你，我就感觉不到我身上有优于禽兽的地方；没有你，我就只能按我没有条理的见解和没有准绳的理智可悲地做了一桩又一桩错事。"

13.2.7　社会舆论在地方政府行为伦理规范中的作用

社会舆论就是一定社会或社会集团中，相当数量有组织或无组织的人们对现实社会各种人物、事件、现象和问题，通过一定的传播载体，表达的一种意见或建议、观点或情绪的总和，具有时间和空间上的相对一致性、普遍性、持续性和强烈程度。它以理智或非理智的作用力影响事态及社会的进展。

1. 社会舆论在行政伦理中的功能

（1）社会舆论的行政道德监督功能

舆论监督的定义可分为两种，即广义与狭义之分。广义的舆论监督，是指公民通过一定的组织形式和传播媒介，充分发表意见、建议，表达自己的意志和通过自由地表达舆论影响公共决策、监督一切不良行为运行的一种社会现象。狭义的舆论监督，是指新闻舆论监督，指一般公民和包括新闻媒体在内的社会组织在公共领域的言论空间中通过公开指控、评论、提出建议等手段，所体现出来的舆论力量对政府机构和政府官员滥用权力等不当行为的监督与制约。本书中的舆论监督指广义的舆论监督。

在我国，舆论监督是媒介通过对行政人员行为中的缺点错误进行批评，对腐败现象进行揭露，使那些不能很好地履行伦理责任的地方政府和工作人员在舆论批评下被信度降低，甚至失去公共权力的资格，在透明的情况下他们不得不承担伦理责任。

（2）社会舆论的行政道德评价功能

所谓社会舆论评价就是人们依据一定的伦理原则或道德标准对人与人之间

的伦理关系以及人的行为的善恶作出判断的社会性精神活动过程。舆论虽不具有强制性力量，但有着明确的价值导向和社会影响力，它往往可以深入地方政府人员的心灵发挥作用，特别是在法律、制度等因素很难发挥作用的地方，在政策、法令难以执行的地方，舆论评价可以起到填补空白的作用。

2. 社会舆论在行政伦理建设中的作用

（1）社会舆论对行政道德行为的善恶起裁决作用

人们常常把社会舆论比作“道德法庭”。社会通过舆论对行政行为进行善恶裁决，可以看做是“公审”，这种对于行为善恶的裁判，特别是在地方政府工作人员的内心信念已成为强烈的责任感时，对行为善恶的自我判断，往往比真正法庭对行为有罪无罪的裁判要严厉得多，也公正得多，深刻得多。因此，社会舆论评价往往比一般的道德说教，更有利于提高地方政府识别善恶的能力。

（2）社会舆论评价具有更深刻的教育作用

舆论评价不仅能够使地方政府从价值判断中了解什么是善恶，而且能够使地方政府更多更深刻地了解怎样去正确地选择行为，怎样在行为过程中使善良的动机和有益于社会的效果达到一致。这种直接的教育作用效果非常明显。

（3）社会舆论评价具有突出的调节作用

这种调节作用主要表现在三个方面：倡导善行、排解障碍、制止恶行。从形式上看，舆论评价比起国家机器的暴力手段要温和的多。但从实际的调节作用看，往往要广泛的多，深刻得多，久远得多。许多事实表明：人们对自己的行为觉得“问心无愧”，往往比觉得没有“违法乱纪”，更会觉得欣慰；受到良心的谴责，往往比受到处分还难受，更感到无地自容。

3. 社会舆论发挥作用的方式

（1）社会舆论监督的方式

社会舆论监督是指由来自地方政府之外的监督主体所构成的监督力量的集合体，为保证地方政府行为符合一定的伦理原则及道德规范而对地方政府及其工作人员实施的一种监督方式。

由社会各界、各人民团体、群众组织、企事业单位、公民个人以及新闻舆论单位等对国家各级地方政府及其行政人员实施的监督是行政伦理监督的一种重要形式。社会各界及新闻舆论工具在国家经济、文化、政治生活中发挥着巨大的作用，占有重要地位。社会各界人民团体、群众组织、企事业单位、公民个人以及新闻舆论单位依法享有广泛的监督权，国家行政机关及其行政人员必须认真听取来自社会各界的意见和建议，注意新闻舆论和社会影响，认真接受人民监督。

社会舆论监督的方式多种多样，主要有以下几种：

第一，直接向各级地方政府提出询问、要求、批评和建议。社会各界和公民个人有权通过一定的程序就行政管理活动中有关问题向有关机关提出询问，并发表自己的看法、建议和批评。地方政府要认真听取，给予答复，不得借故推诿、回避。这是提高政府行为透明度的一项措施，也是调动社会各界参政议政积极性的有效途径。

第二，申诉、控告和检举是人民群众监督地方政府和人员的有效方式，是宪法赋予每个公民的基本权利。通过这种强有力的监督，对于督促地方政府提高行政效率、克服官僚主义具有重要意义。

第三，通过报纸、刊物、广播、电视等新闻媒介揭露问题，形成强大的社会舆论监督力量，利用新闻媒介传播的信息量大、速度快、范围广等特点，可以推动社会各界、各人民团体、群众组织、企事业单位、公民个人对地方政府及人员实施有效的伦理监督，有利于形成广泛的社会影响和巨大的社会冲击力。通过社会舆论的宣传、“曝光”等形式，可以充分弘扬正气，揭露腐败、渎职等行政道德失范行为，从而较好地协助地方政府对照自身检查问题，可以对地方政府公务员当中有可能做出错误行为选择的人形成一种强大的威慑力，有效地制约行政权力滥用。

(2) 社会舆论评价的方式

社会舆论评价是凭借外在力量对地方政府及人员的行为进行道德评价的一种重要形式，是行政伦理“他律”的一种手段，它主要有口头议论和大众传播两种方式。口头议论作为社会舆论的一种表现，是评价主体依据一定的伦理原则和道德规范对评价客体进行评论、肯定、赞扬、指责和贬斥的活动，并通过街谈巷议、彼此相传的形式，对评价客体施加影响。大众传播则是利用一定的传播工具（如报纸、广播、电视、板报、会议等），对某一个体或群体的行为进行善恶评价，对被评价人施加影响，并在更大的范围内起到抑恶扬善的作用。

社会舆论评价对于培养公务员良好的职业道德品质，抑制和及时治理种种伦理道德失范行为起到了十分重要的作用。事实上，伦理原则和道德规范之所以能够产生约束力，在很大程度上也是因为有强大的社会舆论作为保障。日常生活中，人们随时随地可以感到社会舆论的特殊权威性，对于某些在道德失范边缘的行政人员来说，他们之所以不敢做或不愿做法律法规存在疏漏而又违背社会公德的事情，并不是恐惧“鬼神”、上帝的惩罚，甚至也不是因为害怕某种组织、纪律的处理，而是因为在内心深处惧怕强大的社会舆论谴责①。

4. 营造行政伦理建设的良好舆论氛围

舆论氛围，是指在大致相对集中的时空内，由不同的群体、不同的层次、不同的类别的众多具体舆论组成的有机联系体，它影响和制约着各种具体舆论的形成和发展，同时也调适不同的个人、群体和社会组织间的相互关系。在行政伦理建设中，它是一项重要的基础建设，营造良好的社会舆论氛围必将对行政伦理建设产生积极重要的作用。

(1) 把握正确的舆论导向，坚持以正确的舆论引导人，唱响时代主旋律

坚持团结稳定鼓劲、正面宣传为主，倡导积极向上、团结和谐的主流舆论，努力增强正面宣传的影响力，精心组织策划好重大宣传和重点活动报道，加强行政伦理典型宣传。增强信任、坚定信心，激发人民群众的积极性和创造性。加强有关行政伦理方面的重大突发事件、群体性事件、国内外热点问题的新闻报道和舆论引导工作，消除疑虑，疏导情绪，凝聚人心。进一步发挥舆论作用，抨击丑恶现象，弘扬社会正气。

(2) 加强舆论法规建设，为舆论监督提供法律依据和保障

目前，在我国的舆论法规建设尤其是媒体法规建设中，除了《出版管理条例》、《广播电视管理条例》等有限的法规外，其余的多是部门规章。部门规章的层次较低，法规以上才是司法机构判案的主要依据，规章及规章以下只能作司法参考而不能当作主要适用的法律依据。在法律适用上，国家对于新闻传播领域出现的违法现象如侵犯隐私、泄露商业秘密等严重侵权和违法行为的制裁，多适用《民法》、《刑法》、《消费者权益保障法》等相关的法律条文。尽快建立适应社会主义市场经济发展需要的较为完善的舆论法规，必须尽快加强各项新闻法规的建设以满足新闻道德建设的现实需要。

(3) 发挥舆论监督和评价作用，批评背离行政道德的行政行为和丑恶现象

---

① 马永生：《论行政伦理建设中的社会舆论》，《专题研究》，2007年第2期。

通过社论、评论、批评、按语、揭露性报道、调查性报道等方式积极开展舆论监督，有力地批评背离行政道德的错误言行和丑恶现象。通过循循善诱、触类旁通、潜移默化等软性方式，普及道德知识和道德规范，发挥舆论的教育作用，帮助公务员加强道德修养，规范行为。

（4）积极发挥媒介的作用，构建媒介监督的新形态

媒介是传递舆论信息的重要渠道和载体，媒介反映着舆论，同时也创造出了一些反映舆论的新形式。充分发挥媒介的媒体优势，加强普通民众与政府的沟通，对地方政府和公务员的道德能够起到监督和引导作用。在社会上引起广泛影响和关注，成为当下社会现实孕育的一种舆论监督的新形态。

（5）发挥影视文化影响作用，保证广播电视作品的先进性

广播电视对舆论的影响是持续而深远、广泛而普遍的，被人们看做是"文化工具"。广播电视理应站在时代的前沿，为发扬传统美德、弘扬时代行政伦理精神摇旗呐喊，身体力行，多出一些像《苍天在上》等反映行政道德的精品影片，为此，广播电视必须精办节目，以高质量的文艺、综艺节目和影视剧来争取受众，推进行政伦理建设。社会舆论在全面加强行政伦理道德建设实施中，要不断增强责任感和使命感，按照规律，抓住特点，发挥作用，有所作为，营造有利于行政伦理建设的良好氛围。

13.2.8 加强行政伦理责任建设是预防和治理腐败的有效途径

行政伦理责任要求政府以道德主体的面目出现，在其公务行为中从道德原则出发，时时处处坚持道德的价值取向，公正地处理公务人员与政府、与同事和与公众之间的关系，自觉做到恪尽职守、执政为民。

1. 公务人员道德缺位是腐败产生的深层次原因

公共行政领域中的一切公共权力的滥用和腐败，都首先根源于道德的缺失。如前所述，政府行政人员具有双重身份：作为个体的人，有着自身利益；而作为公共权力的行使者，其根本利益亦是公共利益。公共利益的实现是私人利益存在的前提，但两者毕竟是属于不同领域且性质各异的利益。有时维护公共利益可能暂时会损害私人利益，追求私人利益也可能会损害公共利益，导致利益的冲突。公务人员一方面掌握着代表公共意志、公共利益的权力，要求其在行使公共权力时以公共原则行事，坚持公共利益最大化；另一方面，公务人

员作为普通的个体又有实现自己利益的倾向，并且以“经济人”的方式行事，希望通过行政供职追求自身经济利益最大化。当公共利益与私人利益产生冲突时，在个人利益的驱动之下，公共行政人员如果没有正确的道德责任意识，势必会将行政权力作为谋求个人私利的手段和工具，导致公共权力的失范、公共伦理的丧失和公共价值观的错位，从而导致行政权力腐败。

2. 进行正确的行政伦理观教育

内因是根本，外因通过内因起作用。要从源头上根治腐败，需要对公务人员进行正确行政伦理观教育，提高他们对行政伦理的认知水平，加强公务人员清正廉明、奉公守法的道德自律性，提高他们拒腐防变的能力，使他们在日常行政实践中做到全心全意为人民服务。

3. 加强行政伦理责任建设是预防和防治腐败的重要手段

为防止权力滥用和权力异化，保证权力的公共属性。对公共权力的制约和监督是必要的。由于现代社会权力的运作特点和行政环境的变化，通过组织结构、政治和立法等这些外在性约束途径实现扼制腐败的目标已越来越困难，成本越来越大。在这种情况下，人们开始更多地思考通过个体公务人员的道德途径来防治腐败。实践行政伦理责任才是防治腐败痼疾的良药。对于公务人员来说，作为其公务行为的价值取向的不应当是他的个人利益，而应该是公共利益。但公共利益不应该只是具体的法令条文，而应是一种精神的诉求和理念。它应进入公务人员的主观责任意识和实践理性，成为指导政府行为的根本精神动力。指导公务人员的正义感和责任感的形成，对公共政策的制定和执行起到良性的警戒作用。这正是加强行政伦理建设的逻辑依据。公务人员一方面要全力履行工作义务和岗位职责，处理好个人事务，以保证它们经受住公众的审查；另一方面还要主动追求公共的善，积极地履行自己的道德责任。在一切公务活动时都要以公共利益为目标，追求公共利益的最大化。

4. 加强行政道德的法制化建设

把行政伦理、行政道德以法律形式提出，实行道德立法，即把一些必须遵守的行政道德规范上升为法律。放眼当今世界，许多国家都进行了不同程度的道德法制建设，国家行政伦理和公务员道德建设的法律化已成为一种大的趋势。但长期以来，我国的行政伦理和行政道德的法制化过程相对滞后。因此，我们要把依法治国和以德治国的基本方略有机结合起来，加快和完善行政伦理、行政道德的立法，依靠法律建立起一套勤政廉政的行政伦理和公务员道德制度，促进官员道德养成，通过法律、制度来规范行政组织及人员的行为。总之，政府机关及其公务人员不仅要“合法”、“合理”，而且要“合德”地使用公共权力，使每个公共行政的行为都自觉接受“良知”和“道德”的追问。一旦公共行为与“良知”和“道德”发生矛盾，应该使其服从“良知”和“道德”。唯其如此，腐败问题方能从根本上得以遏制。

13.3　地方政府行为法制规范

13.3.1　地方政府行为必须坚持的基本法律原则

1. 政府行为合法性原则

地方政府实施行政管理应当依法进行，遵守合法性原则，这是依法行政的应有之义，也是现代法治对行政管理的最基本要求。在我国，合法性原则的确立有着充分的理论依据和宪法根据。我国宪法明确规定：“中华人民共和国的一切权力属于人民。”人民选举产生国家权力机关——各级人民代表大会，并由人民代表大会依法产生人民政府。就本质而言，地方政府的权力源于人民，源于人民选举产生的人民代表大会制定的法律。因此，法律是地方政府赖以存在的基础，是地方政府活动的基本依据。地方政府只有在法律有明确授权的情况下才享有该项行政权力，地方政府也必须依据法律行使权力，不得与法律相抵触。要求地方政府遵守法律，也是现代法治最基本的精神。在现代法治社会里，要求民众守法，政府首先必须守法。事实上，地方政府享有的行政权力所具有的潜在的扩张性、侵犯性和易被滥用的特性，也需要法律对其获得和行使施加更严格的规范和限制。

从合法性原则内涵来说，它包括下述几方面的具体要求：（1）任何职权都必须基于法律的授予才能存在；（2）任何职权的行使都要依据法律，遵守法律。没有法律的规定，地方政府不得作出影响公民、法人和其他组织合法权益或者增加公民、法人和其他组织义务的决定。（3）任何职权的授予、委托及其运用都必须具有法律依据，符合法律规定。（4）违反上述要求的政府行为，均为违法，不具有法律效力，由有关国家机关予以撤销、变更或宣告无效。在这里，还需说明的是：第一，行政合法性原则中的“法”应作广义理解，即包括法律、行政法规、地方性法规和行政规章。与资产阶级早期奉行的“无法律即无行政”，政府只能执行代议机关制定的法律不同，现代社会由于社会事务日益复杂，政府拥有了一定的行政立法权，因而合法的内容得以扩充，要求政府行为不仅符合议会制定的法律，而且也应符合地方政府依议会授权制定的法规。第二，合法不仅指要合乎实体法，而且也应合乎程序法。合乎程序法的实质在于制约权力的行使，在于保证程序公正而不偏私。第三，合法不仅指行政要在形式上符合法律规定，而且要在实质上合乎法律宗旨、法律精神。地方政府不能仅从形式上孤立看待和理解法律规定的含义和作用，而忽视法律总体的立法精神和宗旨，这样会导致对法律的僵化解释和错误理解，不利于依法行政的真正推进。第四，地方政府所遵循之“法”应是“良法”，应是体现人民意志，尊重和保护公民自由和权利的法律，而不应是任意制定的专横的法律。

2. 政府行为合理性原则

地方政府行为不仅要做到合法，而且要做到合理。合理行政原则是基于行政自由裁量权而产生的。现代社会事务的复杂性和立法机关工作的局限性，使得法律不可能对所有地方政府的行为作出具体规定，不得不在事实上和法律上承认地方政府有一定程度的灵活选择权力，即自由裁量权。特别是在我国，行政权力长期以来十分突出，法律赋予地方政府的自由裁量权也较大，仅要求合法不能消弭符合法律规定而实质不合理的滥用自由裁量权的情形，为有效防止行政自由裁量权的滥用，保证公民权利不受侵害，合理性原则成为我国地方政府行为的另一必要的基本原则，它要求地方政府的行为在合法的前提下尽可能做到客观、公正、适度、合乎理性。

从合理的构成要素来看，行为合理性原则包括以下内容：（1）正当性。地方政府行使职权，在主观上必须出于正当的动机，在客观上符合正当的目的；（2）平衡性。地方政府在选择行为时，必须注意权利和义务、个人利益和公共利益之间的平衡；（3）符合情理和常理，不能要求相对人承担其无法履行或违背情理和常理的义务。

3. 正当程序原则

地方政府实施行政管理，除遵循合法与合理基本原则外，还应当遵循正当程序原则。如果说合法和合理原则更多的是对政府权力行使的实体内容给予的关注，那么正当程序原则则是对权力行使过程的极大关注，它是政府权力行使应当遵循的最低限度的程序要求。

正当程序在行政法治建设中具有十分重要的价值和作用。首先，它是保证公民权利得到尊重和保护的前提，没有程序正义就没有实体正义。其次，正当程序具有自身独立的正义价值。通过设置公正的程序，让每一公民都享有平等地位，都拥有平等的辩护权和申诉权，有利于缓解行政主体与行政相对人之间的心理冲突，有利于消解社会的不满情绪，推动行政法律关系的良性互动。因此，正当程序原则已成为世界各法治政府普遍奉行的基本原则。

在英国，自然公正原则就是对政府权力行使的最低程序要求，它的基本内容主要有两条：一是一个人不能在自己的案件中做法官；二是地方政府做出不利决定前，应该听取对方意见。在美国，正当法律程序为宪法所规定，成为国家权力必须遵循的基本原则。

在我国，坚持正当程序原则尤为必要。我国历来具有重实体、轻程序，重结果、轻过程的行政法制传统。20 世纪 80 年代末以前，我国行政程序制度非常落后，人们的程序观念十分淡薄，公民权利得不到程序保障。自 20 世纪 90 年代开始，随着《行政诉讼法》的颁布实施，行政法治进程的不断推进，完善行政程序制度，确立行政程序观念尤其是正当程序观念已成为人们的广泛共识。在这一背景之下，国务院《全面推进依法行政实施纲要》明确提出地方政府权力行使程序正当要求，规定：地方政府实施行政管理，除涉及国家秘密和依法受到保护的商业秘密、个人隐私以外，应当公开，注意听取公民、法人和其他组织的意见；要严格遵循法定程序，依法保障行政管理相对人、利害关系人的知情权、参与权和救济权。地方政府工作人员履行职责，与行政管理相对人存在利害关系时，应当回避。

程序正当至少需要符合以下要求：

第一，行政公开。地方政府实施行政管理，除涉及国家秘密和依法受到保护的商业秘密、个人隐私外，应当做到程序公开。在行政管理关系中，地方政府在信息方面占绝对优势，与相对人处于不对等的地位。而地方政府的权力是人民通过法定程序授予的，对于地方政府如何行使自己授予的权力，人民理所当然地享有知情权。因此，地方政府在实施行政管理时，一要公开地方政府行使职权的依据。地方政府应当在实施行为或者作出决定前，以法律规定的方式或者社会公众易于了解的方式向社会公开其行使权力的依据。公开有利于行政相对人预测地方政府权力的运作，合理地安排自己的活动。应当公开而没有公开的职权依据，不能成为地方政府行使行政职权的依据。二要公开有关行政信息。相对人只有了解和掌握相关的行政信息，才能参与行政程序，维护自身的合法权益。没有行政信息公开，程序正当很难实现。除了涉及国家秘密、依法受到保护的商业秘密、个人隐私的信息外，地方政府应当尽可能公开相关的行政信息。三要公开行政决定。地方政府在作出影响相对人合法权益的决定后，应当及时将决定的内容以法定的形式向行政相对人公开，以便行政相对人及时了解行政决定的内容，从而自觉履行行政决定设定的义务，或者行使其确认的权利，或者在不服决定时，有针对性地提起行政复议或者行政诉讼。对于一些重大的、涉及社会公共利益的事项还应当采取多种形式向社会公布。应当向相对人公开的行政决定没有公开的，该行政决定不能生效，不具有执行力。

第二，充分听取当事人的意见。实施行政管理，特别是在作出对当事人不利的决定时，充分听取当事人的意见，是正当程序中的重要组成部分。它既是地方政府查明情况，保证作出公正、合理判断的基础，也是当事人表明观点和陈明意见、实现权利的具体体现。因此，地方政府应当采取有效手段，给予当事人发表意见的机会。在涉及重要权益的情况下，地方政府除应当根据相关法律、法规、规章的规定举行听证会外，也可以根据情况采用举行听证会这一更严格的形式听取当事人的意见。

第三，保障当事人的知情权、参与权和救济权的实现。知情权、参与权和救济权是当事人在行政管理中所享有的十分重要的权利。知情权是指公民了解政府活动情况和获得相关信息的权利，其实质意味着地方政府负有公开其活动和所掌握的信息的义务。它通常构成当事人行使民主权利和参与权的基础和前提，公民不了解政府活动情况，就无法有效地参与政府活动，政府也就难以受到有效的监督。为保证当事人的此项权利，地方政府应通过有效的方式公开其信息，向当事人说明作出决定的根据和理由。参与权是指公众和利害关系人有参与行政程序，并对政府行为的作出发挥影响的权利。虽然行政决定多数情况下最终由地方政府作出，但这并不意味着行政过程的运作是地方政府单方面的活动。在现代民主程序下，当事人同样也构成了行政程序的主体，行政程序是在当事人参与下、在地方政府与当事人共同作用下完成的。为保障当事人参与权的实现，必须做到：一是在相对人、利害关系人符合参与行政的条件时，要主动通知。地方政府通知的内容既包括实体法上的权利和义务（如相对人有申请听证的权利，相对人、利害关系人不服行政决定有申请复议、提起诉讼的权利），又包括程序法上的权利和义务（如参与的时间、地点）。为了确保行政管理人和利害关系人能够及时参与，地方政府应当在行政程序正式启动前的合理期限内通知相对人和利害关系人，以便其做好相应的准备工作。二是听取相对人和利害关系人的陈述。地方政府在实施行政管理，实施影响公民、法人和其他组织权利义务的政府行为时，应当听取公民、法人和其他组织的意见。三是听取相对人和利害关系人的申辩。地方政府在作出对相对人、利害关系人不利的决定前，应当允许其提出异议和反驳。听取相对人和利害关系人的陈述和申辩，既可以保证政府决定的正确性，避免错误的发生，又可以保护相对人的合法权益。地方政府听取相对人和利害关系人的陈述和申辩一般应当记录在案，以作为行政复议和司法审查的证据。救济权是指当事人享有对地方政府的认定和决定表示不满、提出异议的权利。主要表现为：相对人不服地方政府作出的行政决定，有权依法申请行政复议和提起行政诉讼；相对人和利害关系人的合法权益因为地方政府的违法行为受到损害的，有权依法要求赔偿；相对人和利害关系人的合法权益因为地方政府的合法行为受到损害的，有权依法要求补偿，等等。救济权的存在，并不必然表明地方政府的决定是错误的或违法的，就根本而言，它是为当事人提供一种发泄不满和说理的机会和途径，地方政府必须予以充分尊重，不能限制和剥夺当事人的救济权，更不能打击报复。

第四，不能做自己案件的法官。地方政府工作人员在履行职责过程中，若与行政管理相关事项有利害关系时应当回避，这是正当程序最基本的要求。遇有利害关系时，地方政府工作人员应主动回避，当事人也可以申请其回避。

13.3.2　地方政府行为法制规范的目标及作用

1. 地方政府行为法制规范的目标

在我国社会主义市场经济条件下，法治对政府的要求不仅仅在于政府守法，而应包括多个维度多个方面的要求。

(1) 建立权力有限地方政府

当前，我国正处于社会转型期，实现由与计划经济相适应的无限政府向与市场经济相适应的有限政府的变革是目前我国法治政府建设的重要任务。

建立权力有限政府，首先要求法律明确划分各行政机关的职能和权力范围，实现职权法定和权力制约。政府必须依据法律，遵循法律保留和法律优先原则，在有法律规定或法律明确授权情况下制定行政法律规范性文件并作出行政行为。其次，实行政企分开、政事分开、政社分开，理顺政府与市场、政府与社会的关系，限定政府权力干预范围及责任，防止政府任意扩权。凡是老百姓可以自主决定、市场竞争机制能够有效调节、行业组织或者中介机构能够自行管理的事项，政府就不应干预。再次，要求政府职能定位必须从传统的微观和直接的全能管理转向以宏观和间接为主的有限管理，侧重于经济调节、市场监管、社会管理和公共服务，为市场主体提供良好的交易环境，维护市场交易的安全和有序。

（2）建立公共服务地方政府

计划经济体制下的政府管理以行政权力为中心，片面强调行政行为的单方意志性和强制性，将管理者和被管理者之间看成是管制与服从的关系。在市场经济条件下，政府的基本职能必须以服务市场、服务民众为核心，充当市场的服务员和“裁判员”，为社会提供市场无法提供的公共产品和公共服务。随着我国社会的变迁，原来的“两个阶级一个阶层”已经演变为多个阶层的存在。人们的身份变更和社会结构的变化带来了社会的多元化和利益分化，经济社会活动及其关系的日益频繁而产生的跨部门、跨地区管理需要与人才、物资等要素的充分流动相适应，产生了大量社会化的公共服务需求和行政执法的需要。市场导向的经济体制改革不断深入，转变政府职能、建设服务型政府，已成为完善行政管理、健全行政法制的重大课题。

目前我国政府尚缺乏公共性，一些领域存在公共权力私有化、部门化、利益化倾向，政府既承担公共管理职能，又是特定利益的代表者，导致了现实中屡禁不止的权力寻租、利益驱动现象，从根本上阻碍了市场经济的健康发展。为适应社会主义市场经济发展的要求，我国的政府角色应当由计划经济时代的“经营者”转变为市场经济条件下的公共产品、公共管理和公共服务的提供者，包括维护社会秩序、积极促进就业、保护环境、完善社会保障，等等。公务人员应当树立服务意识、改进管理方式，顺应由管理行政、秩序行政、指令行政转向服务行政、发展行政、指导行政这一时代潮流，积极向行政相对人提供信息、政策、专业技术等方面的指导帮助以及各种公共服务。在公共财政和预算以及财政转移支付的导向上，要真正关注普通老百姓的利益、需要和愿望，把钱投到以改善人民群众生活质量，关乎千家万户生活命脉的义务教育、公共医疗、社会福利和社会保障、劳动力就业和培训、环境保护、公共基础设施、社会安全和秩序等方面来。

（3）建立效能责任地方政府

效能是行政管理的生命。现代法治政府不仅要求政府是公正的，而且要求是高效的。否则，政府管理就难以适应经济社会快速发展的需要。这就要求政府组织、政府运行、政府监督均要实现科学化，既要体现高效率，又要体现低投入、高产出，以实现公共利益的最大化。然而，目前我国各级政府机构设置臃肿、人浮于事、部门之间职责不明、权力缺乏监督的现象较为突出，严重影响了政府工作的效能，导致决策的非理性、执法中多头执法与多重执法、滥用权力、逃避职责甚至腐败，不仅造成社会资源的极大浪费，而且也在一定程度上破坏了政府的形象和社会信任。因此，强化政府效能是当今建设法治政府的紧迫任务。要从效能出发，科学地界定各级政府的职权和职责，建立公平与效率相结合的科学程序制度，简化办事手续，在公平、公开和参与的基础上吸纳社会的参与，降低政府成本，提高行政效益，促使政府更好地为人民服务。

现代法治政府还必须是责任政府。政府责任是政府权力的核心，是政府的本质属性。没有政府责任，行政权的运行就得不到制约，公民权的行使就没有保障，违法行政就不可能受到追究，依法行政就不可能真正实现。长期以来，我国政府责任体系不够完善。如行政首长负责制所强调的是首长的权力，所忽视的是责任；所推行的是组织追究即对上负责，而不是自觉地向公众负责；所处理的是直接责任人员，而不是行政首长。建设法治政府，就必须实现权力和责任的统一，依法做到“有权必有责、用权受监督、违法受追究、侵权须赔偿”。为此，要建立健全决策过失责任制、行政执法责任追究制，对行政首长推行引咎辞职制，完善行政赔偿制。

（4）建立诚实守信地方政府

建立在市场经济基础上的现代法治政府必然是一个诚实守信的政府。诚信是市场经济的基石。在市场经济社会，个人诚信是基础，企业诚信是重点，政府诚信是关键。当前我国市场领域的失信已构成经济发展的严重障碍，然而比社会失信危害更大的是部分政府部门的失信。现实中大量存在着的政府立法任意解释法律、以政策代法律、政策多变、执法打白条、虚报政绩、不信守承诺等不诚信现象，已在相当程度上损害了群众对法律和政府的信任，甚至损害了中国政府在世界上的形象，影响了法律的实施。因此，建设我国法治政府，必须加强政府诚信建设，提高政府公信力。这就要求政府公布的信息应当全面、准确、真实；地方政府制定的政策和发布的决定应相对稳定，不能朝令夕改；严格执行法律法规，依法进行行政管理；严格遵守信赖保护原则。非因法定事由并经法定程序，地方政府不得撤销、变更已经生效的行政决定，如因国家利益、公共利益或者其他法定事由需要变更决定的，应当依照法定权限和程序进行，并应对行政相对人因此而受到的财产损失依法予以补偿。

(5) 建立公开透明地方政府

公开透明政府包括政府组织的透明、政府决策的透明、政府管理的透明。公开透明就是指政府的一切工作，除非涉及国家安全和机密而依法禁止泄露，都要公之于众，让社会公众知晓，接受社会公众的监督。透明有利于增加市场信息的有效性和精确性，降低交易成本，有助于减少腐败；有助于增加公民参与决策的机会，从而提高决策的民主合法性；也有利于公众避免对政府意图的误会，促进行政的推行和公共目的的实现。各级政府都应把建设透明政府作为自己的目标，在制定行政法规、规章和行政规划时，广泛征求公众的意见，充分吸纳公众的合理建议，反复论证，公开讨论，使人民群众直接参加政府的决策过程，也使政府能够直接倾听人民群众的真实心声，使作出的决策更能够代表人民的意志，更好地为人民群众服务；在作出行政决定时，除涉及国家秘密和依法受到保护的商业秘密、个人隐私以外，应当公开，注意听取公民、法人和其他组织的意见；要严格遵循法定程序，依法保障行政管理相对人、利害关系人的知情权、参与权和救济权；要尽快起草制定“阳光法”，健全行政信息公开制度，保证权力行使的公开透明性、连续性、可预期性，增强人民对政府的信任，保证政府施政和具体执法的公信力。

2. 地方政府行为法制规范的作用

(1) 把地方政府看做一个行为主体，在法律上明确其“权利能力”，为地方政府行为设定一个法律的界限。

(2) 建立完备的行政程序法，依法规范地方政府行为的实施过程，使地方政府行为的可控性由理论变为现实。

(3) 依法矫正或惩治不法的地方政府行为，警戒地方政府行为不得越轨，维护社会主义法治的尊严。

(4) 清除腐败，建立廉洁地方政府。

(5) 降低行政成本，提高行政效率，建立廉价高效地方政府。

(6) 保障地方政府决策民主化科学化，避免随意决策和决策失误。

(7) 地方政府及其公务人员有效行使法定权力，履行法定责任，提高地方政府能力。

13.3.3 地方政府行为法制规范中的法律

1. 国家赔偿法

《中华人民共和国国家赔偿法》（以下简称《国家赔偿法》）第 2 条规定："国家机关和国家机关工作人员违法行使职权侵犯公民、法人和其他组织的合法权益造成损害的，受害人有依照本法取得国家赔偿的权利。"根据该条可知，国家赔偿是指国家机关及其工作人员在行使职权的过程中，违法侵犯公民、法人或者其他组织的合法权益并造成损害，由国家承担赔偿责任的法律制度。其中国家机关是指国家行政机关、审判机关、检察机关、监狱管理机关。

根据《国家赔偿法》的规定，国家赔偿分为行政赔偿和司法赔偿。行政赔偿是指行政机关及其工作人员在行使行政权力的过程中，因其行为违法而侵犯公民、法人或者其他组织的合法权益并造成损害，由国家承担赔偿责任的法律制度。司法赔偿是指司法机关及其工作人员在行使司法权的过程中，因其行为违法侵犯公民、法人或者其他组织的合法权益并造成损害，由国家承担赔偿责任的法律制度。司法赔偿又分为刑事司法赔偿与民事司法赔偿、行政司法赔偿。刑事赔偿是指行使侦查权、检察权、刑事审判权、监狱管理权的国家司法机关及其工作人员执行职务时，违法实施侵权行为，侵犯公民、法人或者其他组织的合法权益并造成损害，由国家承担赔偿责任的法律制度。民事、行政司法赔偿则是人民法院在审理民事、行政案件的过程中违法采取强制措施、保全措施或者对判决、裁定及其他生效法律文书执行错误、造成损害由国家承担的赔偿责任。

2. 行政处罚法

《中华人民共和国行政处罚法》（简称《行政处罚法》）是为了规范行政处罚的设定和实施，保障和监督行政机关有效实施行政管理，维护公共利益和社会秩序，保护公民、法人或者其他组织的合法权益，根据宪法规定制定的法律。《行政处罚法》自 1996 年 10 月 1 日施行以来，对于规范行政处罚的设定和实施，保障和监督行政机关有效实施行政管理，维持公共利益和社会秩序，保护行政管理相对人的合法权益起到了很好的促进作用。《行政处罚法》对我国的法律制度是一次具有深远意义的改革。它的施行有利于保护行政相对人的合法权益，有助于廉政建设；它的施行进一步完善了我国的法律责任制度；它的施行推动了行政程序法制建设。

3. 行政诉讼法

行政诉讼法是为了规范人民法院正确、及时审理行政案件，保护公民、法人和其他组织的合法权益，维护和监督行政机关依法行使行政职权，根据宪法规定制定的法律。

行政诉讼是个人、法人或其他组织认为国家机关作出的行政行为侵犯其合法权益而向法院提起的诉讼。行政诉讼法是法院审理行政案件和行政诉讼参加人（原告、被告、代理人等）进行诉讼活动必须遵守的准则。它规定法院审理行政案件程序方面的法律规范和行政诉讼参加人行使权利、承担义务的各种法律规范，是现代国家据以建立行政诉讼制度的法律依据。

4. 行政许可法

行政许可法是为了规范行政许可的设定和实施，保护公民、法人和其他组织的合法权益，维护公共利益和社会秩序，保障和监督行政机关有效实施行政管理，根据宪法规定制定的法律。2004 年 7 月 1 日，中国第一部行政许可法开始实施。这部法律从 1996 年开始着手研究起草到 2003 年 8 月 27 日由全国人大常委会通过，历时 7 年。这部法律的实施对我国的行政管理产生了巨大的影响，尤其是对行政机关依法行政提出了更高的要求，也必将极大地促进我国行政管理法制化水平的提高。行政许可法的立法目的旨在防止权力的滥用。

13.4 对地方政府行为的监督

13.4.1 强化法制监督是地方政府行为规范的重要保障

强化法制监督，是地方政府行为规范的重要保障。具体说来，其保障作用表现在：

第一，强化法制监督是遏制行政权力滥用的必要手段。大凡说来，权力都具有变异性。地方政府的权力虽是人民通过法律授予的，但地方政府一旦拥有权力就有可能将公权力转化为私权力，特别是由于地方政府工作人员的素质和价值取向的差异，权力在具体运用中不知不觉地会出现与设定权力的初衷相背离的现象。因此，当人民按照法定程序把权力赋予行政机关时，人民必须加强对地方政府行为的监督。如果缺少监督或监督弱化，必然导致权力膨胀和滥用，致使有法不依、越权行政、滥用职权、失职渎职行为普遍出现，破坏国家法制的权威和统一，侵害人民合法权益。为了确保政府权力在既定的范围内和既定的轨道上运行，防止权力的滥用和腐败的滋生，必须强化监督。强化监督是遏制权力滥用和权力腐败的必不可少的手段。

第二，强化法制监督是坚持依法行政的重要保障。依法行政，首先需要制定健全的行政法律规范。但“徒法不足以自行”，法律需要通过人的行为去实现。实践告诉我们，行政法律规范能否得到切实有效地实施，主要取决于两个方面：一是地方政府能否自觉地履行法定职责，切实落实法律规范的各项规定；二是有无督促地方政府依法履行职责的机制，对地方政府懈怠职责，或违法行使职权，是否能及时纠举、查处。前者靠提高公务人员的法律素质来实现，而后者则靠通过建立健全监督制约机制来实现。两者互相影响，互相促进，前者是前提，没有高素质的公务人员，依法行政当然无从谈起；后者是保障，没有强有力的监督机制，也就无法维系地方政府及其公务人员依法行政的自觉性。通过执法监督检查，对地方政府及其公务人员有法不依的失职行为以及超越职权范围、滥用权力或违反法定程序等违法行为及时加以纠举，能保证国家法律、法规得到正确、全面地贯彻执行。所以说，强化监督是坚持依法行政的重要保障。

第三，强化法制监督是实现法治价值的重要条件。法治首先是指依法治权，即权力的设定、运作过程及其程序受宪法和法律的制约，以保障人民合法权益不受国家权力的非法侵害。地方政府执掌和行使的是行政权力，而政府权力是在宪法和法律规定之下的权力，既能够服务于全社会和老百姓，又能够支配公民、法人和其他组织的行为。这种公共权力的性质和特点，决定了必须对行使该项权力的主体以及行使权力的行为进行全面有效的监督，以保证行政权力的合法正确行使，真正实现执法为民、服务社会的宗旨。实践表明，长期缺乏有效监督的权力，是滋生腐败和违法侵权的“温床”。因此，没有健全和有效的行政监督制度，也就不可能有完整意义上的法治政府。

13.4.2　我国现行法制监督机制对地方政府行为的监督作用

我国现行行政监督体系是由政府组织内部的同体监督和政府组织外部的异体监督两部分构成的。具体说来，它既包括权力机关监督、司法机关监督、政党监督、群众监督与舆论监督等外部的监督，也包括行政机关自身内部的监督。

1. 权力机关的监督

权力机关的监督是指各级人民代表大会及其常委会所进行的监督。根据宪法规定，国家的一切权力属于人民，人民行使国家权力的机关是人民代表大会，包括行政机关在内的其他国家机关都由人民代表大会产生，对它负责，受它监督。这就决定了各级人民代表大会在各级国家政权体系中处于至上地位，各级行政机关都要自觉接受本级人民代表大会的监督。

我国权力机关对行政机关及其公务员的监督，是根据宪法的授权进行的，它在整个行政监督体系中处于非常重要的地位。权力机关对行政行为的监督内容涉及行政工作的各个领域，主要体现在：（1）对抽象行政行为的监督。这是指国家权力机关对国家行政机关所制定的行政法规、行政规章及其他规范性文件的合宪性、合法性所进行的监督审查。根据宪法的规定，全国人大常委会有权撤销国务院制定的同宪法、法律相抵触的行政法规、决定和命令。地方各级人大和地方各级政府组织法规定，县级以上的地方各级人大及其常委会有权撤销本级人民政府的不适当的决定和命令。立法法规定，地方人民代表大会常务委员会有权撤销本级人民政府制定的不适当的规章。（2）对宪法和法律实施活动的监督。行政机关作为权力机关的执行机关，有义务准确有效地贯彻实施权力机关制定的法律法规。权力机关按照宪法和法律的规定，有权对行政机关及其公务员在行政管理活动中是否依法行政进行监督。（3）财政监督。体现政府具体施政纲领的国民经济和社会发展计划及财政预算，涉及国家生活的各个方面，人大及其常委会有权依法对政府在计划和预算方面的编制和执行情况实施监督。（4）人事监督。即权力机关通过选举和罢免政府组成人员的方式对行政机关实施的监督。其监督方式主要包括：听取和审议同级行政机关的工作报告，审查和批准国民经济计划及财政预决算，组织视察和监督检查，进行质询和询问，进行选举和罢免，受理申诉，撤销不适当的法规、规章、决议、决定和命令等等。

2. 司法机关的监督

司法机关的监督是以检察机关和审判机关为监督主体的监督。司法机关对行政的监督主要有两种形式：（1）人民法院通过行政诉讼审查具体行政行为的合法性，纠正违法行政行为，监督行政机关依法行政。（2）人民检察院、人民法院通过追究、惩治职务犯罪，防范和纠正公务人员的违法犯罪行为，保证依法行政原则的落实。此外，司法机关还可以通过司法建议的形式监督行政机关改进行政管理工作，完善行政管理制度。实践证明，司法监督，特别是行政诉讼监督形式，不仅是解决人民内部矛盾和维护社会稳定的一种有效方法，而且是监督行政机关依法行使职权的一种重要形式。

3. 行政机关自身的监督

行政机关自身的监督是指行政机关系统内部的自我监督，包括上级行政机关对下级行政机关的监督，主管行政机关对其他行政机关的监督，监察审计机关的专项监督，等等。行政机关自身的监督是保证行政系统正常运转和行政职权有效行使的必不可少的手段。在各种监督方式中，上级对下级的层级监督是最具威力、最有保障的一种监督方式之一。随着我国《行政监察法》、《行政复议法》、《审议法》等一批法律、法规的相继出台，行政机关自身的监督也得到了强化。

4. 执政党的监督

在我国，中国共产党处于执政党地位，对国家政治生活有着巨大的影响力，对社会实施全方位的领导和监督。中国共产党对政府的监督，是由党对政府的领导所决定的。可以说在我国行政监督体系中，党的监督是最有权威、最有力量的一种监督形式，是我国行政监督体系中的重要组成部分。

执政党对我国行政的监督是广泛而全面的，其监督的内容包括对行政活动的合法性、合理性的监督，对行政工作人员是否遵纪守法，尤其是其中的共产党员是否模范地遵纪守法的监督。党的监督方式也灵活多样，具体包括：通过制定正确的路线方针政策和将这些主张上升为法律的形式来实现党对政府的领导和监督；通过党的各级组织对各级政府及其部门具体实施党的路线方针政策和国家法律、法规的过程进行监督；通过推荐优秀干部担任政府重要领导职务来实现党对政府的领导和监督；通过党的组织制度建设和党内监督的专门组织约束政府系统中的共产党员来实现党对政府的领导和监督等。值得强调的是，执政党对政府的监督，具有依法性、间接性，在监督过程中，要坚决贯彻“党必须在宪法和法律的范围内活动”的原则，不能超越法律而直接代替行政机关行使行政权力。

5. 人民政协的民主监督

中国人民政治协商会议（简称人民政协）是中国共产党领导下的，由各民主党派、无党派民主人士、人民团体、少数民族人士和各国爱国人士、香港特别行政区同胞、澳门特别行政区同胞、台湾同胞及海外侨胞参加的中国人民爱国统一战线的组织。人民政协作为中国共产党领导的多党合作和政治协商的重要机构，具有广泛的代表性，是我国政治生活中发扬社会主义民主的重要形式，在我国民主政治生活中占有重要地位，充分发挥人民政协的民主监督作用具有重要意义。人民政协的民主监督不同于人大的监督，不具有法律效力。它是一种反映统一战线中各方面意见的群众性监督，其监督的主要内容和方式包括：对国家的大政方针、地方重要事务以及法律、政策的贯彻执行等重要问题进行政治协商，通过提出建议和批评的方式，进行民主监督；人民政协会议同人民代表大会同期举行，可以对法律、法规的立、改、废进行讨论，以发挥它对法的制定活动的监督作用；政协委员通过视察，对被视察单位的法律实施情况提出批评、建议等。

6. 群众监督与舆论监督

群众监督是指全国各族人民以主人翁的姿态，对国家行政机关及其工作人员是否依法行政所实施的监督。人民群众的监督权是载入宪法的公民的一项基本权利，是我国行政监督的一项重要内容。我国宪法明确规定，“中华人民共和国公民对于任何国家机关和国家工作人员，有提出批评和建议的权利”，“一切国家机关和国家工作人员必须依靠人民的支持，经常保持同人民的密切联系，倾听人民的意见和建议，接受人民的监督，努力为人民服务”。人民群众对行政机关及其工作人员的监督形式是多种多样的，主要有以下几种：公民以口头或书面的形式直接向行政机关提出询问、建议、批评、申诉、检举和控告等；通过各民主党派、各种群众组织和人民团体如工会、妇联、共青团等进行监督；通过报刊、广播、电影、电视等新闻媒体反映意见，进行监督；通过行政复议和行政诉讼对行政机关及其公务员进行监督，等等。

舆论监督是指社会各界通过报刊、杂志、广播、电视等新闻媒介，通过自己的调查和了解，将行政管理活动中出现的违法失职行为和不公正现象公之于众，督促有关机关予以纠正的活动。这种监督具有反应快、影响广、震动大等特点，因此它虽不具有法律效力，但其监督作用不可低估。我们国家的社会主义性质，决定了充分发扬民主，保证人民真正享有管理国家和社会的权利，保证人民享有广泛的权利和自由，是社会主义民主政治的重要内容。加强包括群众监督和舆论监督在内的公民监督，是扩大公民有序参与政治生活的重要手段，也是依法行政、构建法治政府的必然要求。

由上可见，我国已经形成了具有中国特色的行政监督体系，初步建立起了依法行政的保障机制，无论是行政机关自身的监督，还是行政机关外部的监督，都对遏制行政机关滥用权力，纠正违法行政行为，保障依法行政原则的贯彻落实发挥了重要的作用。

本章小结

本章是关于地方政府行为规范的基本内容的介绍。我国正处于由计划经济体制向市场经济体制转轨的过程中，地方政府的行为也将经历一个调整和重塑的过程。为适应这一历史进程的要求，中国地方政府正在不断地调整其行为及其规范，但由于双重体制的矛盾，地方政府行为失范严重，直接危害社会主义市场经济的健康发展。因此必须抑制政府的失范行为，加强政府行为的规范化建设，确保政府形象的廉洁、公正和高效。认真学习本章，有利于深化对我国地方政府行为的状况及问题的认识，推动政治体制与行政体制改革，促进地方政府行为的文明建设。所以，本章内容不仅具有理论意义，更具有现实意义。

关键术语

政府行为规范　行政伦理　行政责任　行政许可法
行政诉讼法　政府职能　有限政府　透明政府　国家赔偿法
法制监督机制

复习思考题

1. 试分析地方政府行为伦理规范建设的必要性。
2. 试分析中国地方政府行为伦理失范的表现。
3. 试分析地方政府行为必须坚持的基本法律原则。

4. 试分析地方政府行为法制规范的目标。

5. 试分析我国现行法制监督机制对地方政府行为的监督作用。

案例分析

对上海社保资金案的反思

众所周知，由于历史原因，眼下国家社保基金存在着巨大缺口，且缺口越来越大。为了堵住这些缺口，不少地方政府甚至专家学者，总在盯着百姓的腰包，打着“从哪里刮钱”的主意。延时退休、提高缴费额等“馊主意”，都是这一思路催生的结果。然而谁能想到，本来已是“卯吃寅粮”的社保基金，却在管理中漏洞百出。一个区区上海市社保局下属的企业年金发展中心，竟先后将34.5亿元的资金通过委托资金运营的方式拆借给福禧投资及其股东沸点投资，用于收购高速公路等资产。

一家神秘的民营投资公司福禧，一个管理着上海老百姓保命钱的社保局，一家优质的国企上海电气，一起陷入了上海自改革开放以来的最大腐败案中。2006年，成立八年的上海市劳动和社会保障局陷于有史以来最大的漩涡中。

2006年8月9日，上海市劳动和社会保障局原局长祝均一在上海市人大十二届常委会第二十九次会议上被正式免去局长职务。祝均一落马问题涉及老百姓的保命钱：违规拆借32亿元社保基金，给民营企业家张荣坤旗下的福禧投资公司用于收购沪杭高速公路的权益。

8月24日，据新华社发布电文称：“有关部门在对上海市劳动和社会保障局违规使用社保资金问题进行核查中发现，上海市宝山区原区委副书记、区长秦裕涉嫌严重违纪。”

9月24日，上海市原市委书记陈良宇因涉及上海市劳动和社会保障局违规使用社保资金、为一些不法企业主谋取利益、袒护有严重违纪违法问题的身边工作人员、利用职务上的便利为亲属谋取不正当利益等严重违纪问题被免职。

10 月 20 日，张荣坤担任董事长的福禧投资控股有限公司发布公告称，“接到有关司法机关的通知，张荣坤董事长已被依法逮捕”。

10 月 19 日，国家统计局新闻发言人李晓超说，有关部门在调查上海社保资金案中，发现国家统计局原局长邱晓华涉嫌严重违纪，中央纪委正在对其进行审查。

（资料来源：以上资料摘编转引自中国金融网。）

请思考

1. 上海社保资金案给地方政府的行为规范带来哪些启示?

2. 地方政府及其公务人员应该如何加强伦理规范建设?

阅读书目

1. 张康之：《公共管理伦理学》，中国人民大学出版社 2003 年第 1 版。

2. 张康之，李传军：《行政伦理学教程》，中国人民大学出版社，2004 年第 1 版。

3. 张康之：《公共行政中的哲学与伦理》，中国人民大学出版社，2004 年第 1 版。

4. 高鸿钧等：《法治：理念与制度》，中国政法大学出版社，2002 年版。

5. 应松年，袁曙宏：《走向法治政府——依法行政理论研究与实证调查》，法律出版社 2001 年版。

6. ［美］库珀：《行政伦理学——实现行政责任的途径》，中国人民大学出版社 2001 年版。

第14章 地方政府改革与发展

☞简短提要

本章在介绍地方政府改革、地方政府发展和地方政府治理含义的基础上，分析了影响和制约地方政府改革的因素，指出了地方政府发展的方向；随后，概述了西方发达国家地方政府改革的背景、内容和共同特点；最后，在对中国地方政府改革历程探索的基础上，分析了中国地方政府改革过程中存在的几个问题，并在总结推进当代中国地方政府改革的基本原则的基础上，指出了当代中国地方政府改革的方向和具体途径。

☞重点问题

本章主要涉及以下问题：(1) 地方政府改革、地方政府治理的含义，地方政府改革的影响因素与发展方向；(2) 西方国家地方政府改革的背景、内容和特点；(3) 当代中国地方政府改革的探索与存在的主要问题；(4) 当代中国地方政府改革的原则；(5) 当代中国地方政府改革的方向和途径等。

地方政府体系处于不断变化的外部环境中，必须不断地调整以适应不断变化着的客观环境。地方政府发展就是地方政府向着更高层次或现代化方向不断变化，以适应外在环境需求的过程。要实现地方政府发展，就必须进行地方政府改革。发展是改革的动力，改革是发展的途径，二者是一个相辅相成的过程。治理是当代地方政府发展的新的思路和机制。

14.1　地方政府改革与治理

14.1.1　地方政府发展、地方政府改革与地方政府治理的含义

1. 地方政府发展与地方政府改革

地方政府是一个由各个要素组成的系统，其基本职能就是制定地方公共政策，实行社会管理，提供公共服务，因而它必须具备指导、动员、组织、分配、协调、服务和维持秩序等多种能力，以适应多变的外在环境。据此，可以认为，地方政府发展就是地方政府为适应外在环境的变化，更好地执行国家政策，促进当地经济社会的全面发展，变革地方政府的权力结构，改善地方政府的活动方式，提升行政能力的过程。地方政府发展是社会政治经济和文化发展与变革的产物，是地方政府体系与其外在环境再次获得动态平衡的过程，其核心是行政能力的提升。从内容上看，它是一个多维度的发展过程，包括权力结构、职能、行为方式等方面的优化和改善。由于各个国家和地区社会、经济、政治、文化环境的不同，因而并没有统一的地方政府发展模式。

地方政府改革是实现地方政府发展的基本途径和手段。地方政府改革就是地方政府为适应内外环境的变化，实现地方政府发展，而对地方政府的各方面因素进行的调整和变革，包括地方政府的组织结构、功能和地方政府官员的行为方式等内容，其目的是增强地方政府效能。地方政府改革是有意识、有目的的理性活动。通过这一理性的调节活动，实现地方政府与中央政府、地方政府与地方其他政治组织体系的关系调适。

2. 治理与地方政府治理

20 世纪 90 年代以来，伴随西方行政改革的进程和社会经济的变革，一种超越政府与市场二维思维框架的新的系统的政府改革思路和策略因势而生，这就是地方政府治理的思路和策略。

“治理”一词的英语词汇是“governance”，该词可追溯到古典拉丁语和古希腊语中的“操舵”一词，原意主要是指控制、指导或操纵。14世纪末叶英格兰国王亨利四世用这个词表示国王对国家的统治和控制，与“governing”和“government”相近。18世纪时，法国启蒙哲学家创造了“gouvernance”的词汇，以表达将开明政府与对市民社会的尊敬结合起来的向往。20世纪90年代后，“governance”一词被赋予了新的内涵并被应用于更为广泛的领域，从欧洲向全球扩散开来。尽管“治理”一词在许多语境中大行其道，却没有一个被大家共同认可的概念。

根据英国研究治理理论的权威学者格里·斯托克的概括，“治理”的要点有五个：(1) 治理是一系列出自政府但又不限于政府的社会公共机构和行为者。政府并不是国家唯一的权力中心，各种公共的、私人的机构只要其行使的权利得到公众的认可，都可成为不同层面上的权力中心。(2) 治理是指在为社会经济问题寻求解决方案的过程中存在着界限和责任方面的模糊性。它表明在现代社会，国家正在把原来由其独自承担的责任转移给各种私人部门和公民自愿团体。这样，国家与社会之间、公共部门与私人部门之间的界限和责任日益变得模糊不清。(3) 治理明确肯定在涉及集体行为的各个社会公共机构之间存在着权力依赖，致力于集体行动的各个组织必须交换资源、谈判共同的目标。(4) 治理意味着参与者将形成一个自主自治管理的网络组织，并在特定的领域内与政府进行合作，承担政府的行政管理责任。(5) 治理理论认为，办好事情的能力并不在于政府的权力，也不在于政府下命令或运用其权威，而在于政府与公民社会之间广泛的联系和合作。政府有责任使用新的工具和技术更好地对公共事务进行控制和引导。①

全球治理委员会1995年在《我们的全球伙伴关系》的研究报告中，给治理下了一个更具代表性的定义：治理是各种公共的或私人的个人和机构管理其共同事务的诸多方式的总和。它是使相互冲突的或不同的利益得以调和并且采取联合行动的持续的过程。这既包括有权迫使人们服从的正式制度和规则，也包括各种人们同意或以为符合其利益的非正式的制度安排。它有四个特征：治理是一个过程；治理过程的基础不是控制，而是协调；治理既涉及公共部门，也包括私人部门；治理不是一种正式的制度，而是持续的互动。②

---

① 俞可平：《治理与善治》，社会科学文献出版社2000年版，第34~35页。

② 俞可平：《治理与善治》，社会科学文献出版社2000年版，第4~5页。

美国学者莱斯特·塞拉蒙把当今的治理看作与传统政府统治范式迥异的“新治理”。他认为，治理是实现公共服务效益、效率、公平的基本工具，是超越“公”与“私”二元结构，实现社会网络体系化的策略创新。新治理主张在公共政策的“分析单位”上，从局限于单一性公共机构或公共项目管理向多样化治理工具转变；从注重纵向控制的科层制组织向横向构建的社会网络体系转变；从公共部门与私营部门的对立，向公共部门与私营部门和其他社会组织建立新型关系转变；从科层制式的自上而下的命令体系，向以社会网络为依托的合作式的协商与说服转变；从适应公共行政的种种管理技能，向适应治理要求的授予权力的技能转变。①

在西方学者看来，治理是一种与传统政府管理完全不同的新范式，意味着在许多公共问题上，政府已不再是唯一的管理主体，需要联合各种私营部门和公民组织，在互惠、信任、对话式磋商、合作的价值文化中，形成具有一定自主程度的交互作用的网络模式。

我国学者俞可平结合中国的情况，认为治理是指“在一个既定的范围内运用权威维持秩序，满足公众的需要。治理的目的是在各种不同的制度关系中运用权力去引导、控制和规范公民的各种活动，以最大限度地增进公共利益”。他还提出了善治（好的治理）的基本要素是合法性、透明性、责任性、法治、回应性、有效性。② 这一解释强调了政府公共权威对各种私人和公民组织的引导和控制作用。

根据上述有关治理的解释和思想，我们认为：地方政府治理是指在某一地方行政区域内，在地方政府的引导、协调和规范下，各种私人组织、社会组织和公民组织网络共同参与到地方公共问题的解决过程中，以实现社会管理和公共服务的过程。地方治理是一种强调多元、民主和合作的管理模式。衡量治理绩效的标准主要体现为公民参与、依法治国、政府透明性、回应性、公平、效益、效率、责任和合法性等方面。

按照地方政府治理的思路，地方政府改革的主要内容包括：地方政府职能的再确定、地方政府体制与机构改革、地方政府管理与服务方式的改革等。

---

① 孙柏瑛：《当代地方治理》，中国人民大学出版社 2004 年版，第 21 ~ 22 页。

② 俞可平：《治理与善治》，社会科学文献出版社 2000 年版，第 5、8 ~ 11 页。

14.1.2 地方政府改革的影响与制约因素

地方政府作为一个开放的系统，受到政治、经济、社会和物质技术等外在环境因素的影响和制约，并不断地与其进行物质、信息和能量的交换。当地方政府与其外在环境不相适应时，为了实现系统与环境的动态平衡，就必须进行改革。只有当改革的动力大于阻力时，改革才能持续下去。地方政府改革既受来自政治、经济、文化、社会和技术变革等外在环境因素的影响，也受来自地方政府内部的诸种因素的影响。

第一，政治因素。地方政府体系是政治体系的重要构成部分，处在特定的政治权力体系中，政治环境的变动对地方政府的影响最为直接。地方政府改革是一个艰难的过程，往往涉及中央和地方关系的变革和权力、利益结构的重新调整，因此没有政治改革的配套和政治领导人的强有力支持，是根本不可能成功的。一般来说，政体的变更、政党的轮替都会对地方政府的结构、功能和政策产生影响。G. E. 凯顿专门总结了宪法类型、政治体制、政党制度等政治因素对政府改革的影响：（1）对公民自由的否认阻碍行政改革；（2）不成文宪法比成文宪法有利于改革；（3）柔性宪法比刚性宪法有利于改革；（4）联邦制国家比单一制国家对于改革实验的潜力更大；（5）强大的地方政府体系有助于地方层次的改革，但对全国层次的改革是个障碍；（6）当立法机关和行政机关为同一政党控制时，改革遇到的抵制比其为不同政党控制时要小；（7）立法机关两院（或多院）为不同政党控制时比被同一政党控制时存在更大的抵制；（8）单一政党组成的政府比联合政府更容易接受改革，假如这个政党不反对改革的话；（9）确定的职位任期比不确定的职位任期、长任期比短任期更有利于改革；（10）意识形态政党比非意识形态政党更易抵制与其意识形态不相符合的改革；（11）弱政治体制比强政治体制下对改革的抵制要大，强有力的领导人比软弱的领导人更可能在改革中获得成功；（12）政治化行政比非政治化行政遇到的改革阻力要大，转变过来的机构比本来就有的机构易受改革影响。① 同时，政治民主化程度和公民社会的发育程度直接影响到地方政府改革的深度。随着民主政治的发展和公民社会的发育，民众参与地方事务的热情日益高涨，成为推动地方政府改革的最深厚的动力。但是，如果没有政治改革的配套，地方政府改革最终也会失败。可见，政治因素既可能推动地方政府

① 任晓：《中国行政改革》，浙江人民出版社 1998 年版，第 48 页。

的改革，也可能成为改革的阻碍，是影响地方政府改革的最直接的因素。

第二，经济因素。经济是政治的基础，经济体制和经济发展状况直接影响到地方政府的改革。政府的重要功能就是调节经济的运行，同样经济生活也深刻影响着地方政府体系的运行状况。经济体制的变化导致政府职能的转变和行政体制的变革，经济政策的变化会对地方政府提出不同的要求，贫困和萧条会加剧行政体系的不适与“合法性”危机。发达的市场经济，客观上推动着地方政府的改革，要求地方政府转变职能、精简机构，提高公务员的素质。企业家精神不断塑造着地方政府的结构和运行方式。市场经济本身要求地方政府在公共服务提供方式上引入市场机制，推动地方政府把部分事务转让给私人部门和公民团体。但是，在经济落后、市场化程度较低的地区，地方政府改革往往缺乏外部压力和内部动力，从而制约着改革的进程。

第三，社会因素。不同的社会发展阶段有不同的条件，面临着不同的问题，政府改革的对象和目标就有所不同。同时，人心的向背直接关系到改革的成败。因此，地方政府改革的推行需要民众的改革愿望、要求和支持度。此外，社会阶级、阶层关系的变化直接影响社会稳定和地方政府功能的变化，社会流动性（如城市化）、人口增减等都会对地方政府的功能、机构设置和行政方式产生重要的影响。

第四，历史和文化传统因素。文化是一种价值观，直接或间接地影响到政府体系的结构形式、运转程序、决策过程及政府工作人员的行为、态度和价值观，因而对地方政府改革具有持久、潜在的影响。一国的历史、文化传统、政治和行政哲学深刻地影响着地方政府改革的目标和方向的选择。西方国家尤其是受盎格鲁—撒克逊文化影响的国家，认为政府是“必要的恶”，“管得最少的政府是最好的政府”，人们对政府权力集中充满着疑虑和警惕，总是设法限制其权力和行为。在这类国家，地方自治传统浓厚，市场经济发达，社会对地方政府有更多的影响，因而地方政府改革更为容易。而东方国家尤其是在东亚国家的政治与行政哲学中，“官本位”意识浓厚，政府（统治者）是民众的“大家长”，处于强势的地位，具有很高的权威，因而政府管理社会被视为理所当然。在这种文化下，企业和社会对政府具有很大的依赖性，地方政府改革更多是政府主动选择的结果。

第五，物质技术因素。改革需要一定的资金和设备条件，技术进步往往引发生活方式、工作方式的变化，因而物质技术手段直接影响到地方政府的工作绩效并对政府的组织结构和管理模式产生影响。如计算机信息技术的发展对政务公开、决策过程、报表管理及管理幅度、沟通方式等具有明显的影响。

第六，地方政府组织内部的因素。在制度不健全的情况下，受“帕金森定律”的影响，地方政府组织和人员会出现自我膨胀的倾向，出现机构臃肿、人满为患、推诿扯皮、不服责任等官僚主义弊端，从而导致财政危机和效率低下的局面。组织的退化要求进行组织变革。在这种形势下，一些具有使命感、责任心的政府领导者就会因时顺势推动政府的改革。当然，传统政府制度的惯性，以及在传统制度下获益的群体，可能会成为阻碍地方政府改革的力量。毕竟，改变政策的政治接受度及利益相关者的态度，都直接影响着改革的可能前景。

总之，时代的变迁、经济体制的转型和发展、政治的民主化、政府管理科学化和现代化都影响和推动着地方政府体系的变革。当然，市场经济发育不完善、公民社会不发达、政治改革不配套、传统文化根深蒂固、与传统政府体制具有利益联系的势力过于强大等，都可能成为地方政府改革的阻力。

14.1.3 治理：地方政府改革的方向

传统政府主要强调政治统治。民主政体建立后，政府主要是高效率地执行政治家所制定的政策，因而主要强调管理以提高效率。随着经济全球化、区域一体化和公民社会的发展，政府所管理的事务日益复杂，因而政府必须抛弃原来单一的自上而下的管理思路，扩大公民对政府事务的参与，增强对公民需求的回应性，成为社会发展的“掌舵者”。即地方政府管理要向治理思路转变。

地方政府治理已经成为全球地方政府发展的基本方向。早在 1988 年，奥斯特罗姆等学者就指出，地方治理不应局限于地方政府那里所发生的一切，而应将视野扩展到更为广泛的空间。这个空间包括政府、私人部门、自愿部门和市民社会在内，它们之间基于一定的集体行动规则，相互调适、相互合作，共同参与，形成一个多样化的关于公共事务的治理结构。地方治理运动首先从英国开始，迅速在其他西方发达国家展开，许多发展中国家也纷纷仿效，成为当今地方政府发展与改革的潮流。

在地方治理运动的潮流中，传统的地方政府管理模式让位于新的多元、民主、合作的治理模式。在治理理念上，强调地方政府对地方民众需求的回应性和责任，强调地方政府的服务意识；在治理主体上，地方政府不再是地方权力的唯一中心，私人组织、公民自愿组织等也是独立的决策主体，它们与地方政府在解决地方公共问题中构成伙伴关系，形成多中心的治理主体；在治理结构上，不再是自上而下的权威等级体系，政府和各种非政府组织构成网络型的互助合作体系；在功能上，地方政府不再是地方公共物品和公共服务的垄断提供者，私人部门、公民自愿组织等社会团体都共同参与到公共服务的提供中来，地方政府与其他各种公共服务的提供者形成伙伴关系，地方政府更多的是扮演推动者、协调者的角色，而非控制者和公共服务的具体提供者；在决策过程中要强调公开性和透明性，地方政府要开放多种渠道扩大公民和其他组织的参与，促进地方政府与公民之间的互动，凸显公民在治理中的主体地位。

从各国地方治理的实践看，地方政府发展的方向主要表现为三个方面：

第一，从集权到分权。所谓集权是指把决策等职权集中于中央政府或上级政府手中的体制；所谓分权则是指中央政府或上级政府把决策等职权下放给地方政府或下级政府的体制。集权与分权是相对而言的。传统的政府制度强调中央集权。随着民主政治和地方自治的发展，经济全球化背景下社会经济事务的日益复杂，分权成为各国政府改革的趋势。由于地方政府更了解地方民众的需求及相关信息，因而分权不仅可以节约管理成本，提高管理效率，而且有助于调动地方政府的积极性，增强地方政府对民众服务的责任感，制定更为准确的政策，提供更具有针对性的公共物品和公共服务。同时，民主与分权是不可分离的。地方分权有利于直接民主的发展，使民众参与到地方公共事务的管理过程中来，增进地方政府的透明性和对居民需求的回应性，促进民众的公共精神和处理复杂事务的能力，回归民众本位的现代政府本质。实际上，越是发达的国家和地区，分权的程度越高。世界银行 1997 年发展报告认为，从省、州级政府在政府收支中所占比例看，国家越富有、越大，就越趋向权力下放。可见，随着社会经济的发展，地方分权将成为一种趋势。

与分权于地方或下级政府相并行的一个趋势是，地方政府向社会的放权。让原来被排斥在政府决策过程之外的私营部门、非政府组织或公民团体参与政府管理活动，把一部分政府职能委托给合适的公、私部门，不仅有利于节约服务成本，而且有利于培养社会的自我管理、自我服务能力，提高公民的公共道德水平，充分发挥其创造力。通过地方政府向社会团体、地方民众授权的模式，重新调整国家与社会的关系，使地方政府与各类公、私部门形成相互依赖、相互合作的网络化的治理结构。正是通过地方政府向社会放权的措施，打破了由政府垄断公共服务供给的模式，在公共服务领域引入了竞争机制。这种竞争与合作不仅体现在地方政府之间，也体现在地方政府与公、私部门之间，从而形成了地方政府、私人部门、民间组织、公民志愿组织之间各种互动关系模式。民营化、市场化、社会化是地方政府功能转变的重要途径。民营化运动的先驱 E. 萨瓦斯总结了公共服务提供的十种机制，即政府服务、政府出售、政府间协议、合同承包、特许经营、政府补助、凭单制、自由市场、志愿服务、自我服务等。① 通过各种不同的公共服务形式，实现了地方政府与其他公共部门、私人部门的合作。

第二，从人治到法治。人治是一种以人为主体，以家国一体的社会结构为基础、礼治为内容、德治为机制、性善为理念的社会控制方式。它强调以具有主体性、能动性和灵活性的人居于社会控制的主体地位。人治体制下，具有浓厚的家族伦理色彩，社会控制方式是家长制统治体制，其实质是国家统治兼有家族统治的温情和家长统治的权威，把合情、合理、合法相糅合，合法必须以合情合理为基础，形成伦理型政治形态。相对于人治，法治是一种以法律为主体，以市场经济发展为经济基础，以民主政治的完善为政治基础，以发达的权利义务观为思想文化基础的社会控制方式。它强调以客观性、普遍性、有效性的法律居于社会控制的主体地位。② 人治与法治是两种相对立的社会控制方式。两者的根本区别在于：当法律与个人的意志、情感、利益发生冲突时，是法律高于个人的意志、情感、利益，还是个人凌驾于法律之上。若法律的权威被确立并依法行政，是法治；反之，则是人治。随着时代的发展，人治的弊端日益明显，法治已经成为各国政府发展的基本方向。法治政府是指政府一切权力的来源、政府的运行和政府的行为都受制于法律的制度安排，它包括政府职权、机构、程序和责任的法定化，其实质是政府权力的行使必须受到法律的约束，受到由法律所规定的各种权力主体的监督。法治政府与民主政治紧密相连，是民主的制度化，是政府发展的基本方向。

地方政府的法治化主要涉及以下几个问题：首先，通过宪法和法律，明确划分中央政府和地方政府之间的职权和责任，使双方都不能超越法定的权限，从而确保地方政府在其法定权限内的独立性、自主性，以及双方在共享领域中的有效合作。其次，健全地方政府权力及其运行的监督体制，赋予监督机构独立的权能，使其切实承担起监督地方政府的责任。同时，通过政务信息的公开化和公民参与机制，确实保障社会对地方政府的监督。最后，法治文化的养

① [美] E. 萨瓦斯：《民营化与公私部门的伙伴关系》，周志忍等译，中国人民大学出版社 2002 年版，第 69 ~ 70 页。

② 王乐夫、许文惠：《行政管理学》，高等教育出版社 2000 年版，第 297 ~ 300 页。

成。地方政府的法治化不仅体现在制度的构建方面，从根本上来说，更需要法治意识的培养。地方政府管理是通过公务员的具体行政行为实施的，公务员是否具有法律至上与法律面前人人平等的思想和行为意识，是法治政府能否实现的思想文化前提。然而，公务员的法治意识是长期社会化的结果，并受政府机关风气的影响和制约。因而，地方政府的法制化有赖于法治社会的培育，有赖于培养与法治相适应的行政文化。

第三，从管制型政府到服务型政府。传统政府是一种管制型政府，管制型政府是一种以政府为本位的政府。随着经济全球化的进程和民主政治的发展，政府的合法性日益建立在对公民需求的满足和服务能力的基础上，从而为服务型政府的建立奠定了深厚的社会基础。所谓服务型政府就是在公民本位、社会本位理念指导下，在整个社会民主秩序的框架下，通过法定程序，按照公民意志组建起来的以公民服务为宗旨并承担着服务责任的政府。管制型政府与服务型政府是两种根本不同的政府体系，其差别的核心点在于：究竟是官本位还是民本位，究竟是政府本位还是社会本位，究竟是权力本位还是权利本位？当然，管制型政府也有服务，服务型政府也有管制。但管制型政府下的服务是为了更好的统治，是一种居高临下的“恩赐”，是政府单方面的意志；而服务型政府下的服务是从公民需要出发，是出自公民的要求和愿望，是公民选择的结果，是政府与公民互动的过程。服务型政府下的管制是为服务而管制，其管制的出发点和落脚点是社会公平，管制的依据是按照民主程序制定的法律和法规，管制内容明确，有固定的范围，有一套完善的纠错机制和责任追究机制。①

在服务型政府下，政府的本质不再是为了维护少数人的政治统治和私利，而是以公民为主体，为了公民的需求而服务。只有服务型政府才体现了政府公共权力的“公共性”本质。因此，服务型政府是公共管理和公共服务的提供者，其判定标准就是政府服务取决于公民的认可。随着公众自主意识的提高，民众要求参与地方事务，对地方政府的压力不断增加，推动着地方政府向服务型政府转变。

服务型政府的实现以民主政治和法治政府的建立为条件。目前，西方发达国家在经过了民主和法治的进程，实现了对韦伯官僚制的超越之后，开始走向服务行政的道路。

---

① 刘熙瑞：《服务型政府：全球化背景下中国政府改革的目标选择》，见陈福今，唐铁汉主编：《政府管理理论与实践》，国家行政学院出版社 2004 年版，第 115 ~ 120 页。

尽管各民族国家的政治制度、历史文化传统各异，但在全球经济一体化和信息技术革命浪潮的冲击下，在“新公共管理”、“治理”等理论的影响下，各国地方政府改革呈现出明显的共同发展趋向。

14.2 西方国家的地方政府改革

14.2.1 西方国家地方政府改革的背景

各国的地方政府改革都有其特定的时空背景，这是推动地方政府改革的动力。20世纪70年代末发生于西方国家的行政改革，具有大体相同的背景。

1. 经济全球化的冲击

所谓经济全球化是指商品、服务、信息和生产等要素跨国流动，各国经济相互依存日益加深，世界经济日趋一体化的过程和趋势。20世纪70年代以后，经济全球化的趋势日益明显，日益增加的国际贸易和投资把许多国家卷入全球性的资本市场体系，客观上影响了各国政府的行政理念、职能和运作方式以及必须回应的基本问题和任务。与经济全球化趋势相伴生的就是地方化的浪潮。西方学者甚至创造了全球地方化（glocation）或“全球化的地方主义”（global localism）等术语，来描述全球化与地方化之间现实存在的孪生性和相互依赖的关系。比利时学者沃依斯和赖尔登对全球化与地方化的关系作了如下论述：“全球化与地方化在所有的空间范围中都是结合在一起的。也许全球化本身并没有表现出太多根本性的或者某种形式的地方特征，但每一个地方化的特征改变着全球化的背景。地区中心实际上是全球化变迁与地方认同的结合体。每一个地方在不同的范围内展示着自己，而地方的认知又被全球化的影响以及混合了全球化压力的地方行动不断塑造着。进一步说，地方的感知是日益高涨的地方渴望的反映，而这些渴望又表现着人们对全球化图像的认识和期望。”① 经济全球化与地方化的浪潮，客观上要求地方政府有一套灵活的决策、执行结构，发挥新的作用。复杂多变的环境形势，需要地方政府官员树立战略思维的意识，重新审视政府与企业、国际组织和公民团体的关系，对地方政府的职能、体制、规则、运行机制和行政方法进行根本性变革。

---

① 孙柏瑛：《当代地方治理》，中国人民大学出版社2004年版，第52~53页。

2. 第三波民主化浪潮的冲击

全能政府、威权政府的民主化必然影响政府的结构、功能和运行方式。随着20世纪后期第三波民主化浪潮在世界各国的蔓延，公众对政府的要求和期望日益明确，“更小的政府，更好的服务”成为各国公民对政府特别是对地方政府的共同要求。由于地方政府与民众最为接近，具有更密切的利益联系，民主意识觉醒的公民不断要求拓宽政治参与的渠道，积极参与到地方政府的决策过程中来，要求加强对地方政府的监督，希望以较小的成本获得更高的公共服务水平。地方政府的民主化增强了政府对公民需求和意愿的回应性。为了拓展政府的合法性基础，各国政府不得不扩大政务的公开性和透明度，吸纳公众的意见，促进行政管理的民主化。这具体表现为民众通过提案、建议、协商、咨询、听证等途径参与到地方政府的决策过程中来，通过服务承诺制和公民选择机制提高政府公共服务的竞争性和压力，通过信息公开加强对地方政府行为的监督等。

3. 信息技术革命的影响

20世纪90年代，随着信息技术革命的兴起和电子商务的发展，国际社会出现了一种新的电子政务形态，促进了地方政府结构、流程和效率的提高。所谓电子政务（e-government），是指政府机构应用现代信息和通信技术，将管理和服务通过网络技术进行集成，在因特网上实现政府组织结构和工作流程的优化重组，超越时间、空间及部门的分割限制，向社会提供高效、优质、规范而透明的管理和服务。电子政务的发展，减少了政府组织结构的中间管理层，大大简化了行政运作的环节和程序，促进了分权化。同时，实行电子政务有助于将更多的政府信息向社会公开，促进公民参与，方便公众监督，提高行政透明度。此外，电子政务有助于降低行政成本，提高行政效率。地方政府信息化对政府垄断信息及传统的政府权威提出了挑战，对传统层级节制、等级森严的官僚制政府结构带来了冲击，推动了地方政府行为的公开化和透明化。随着信息技术革命的发展，大众传播媒介日益普及，对政府的监督得到进一步强化。大众媒介不仅揭露政治丑闻，而且揭露公共部门中的浪费、腐败、低效率等现象。媒介的普及导致的所谓“鱼缸效应”，使政府的活动随时受到公众的审视和评判，从而迫使政府通过行政改革不断完善自己。①

4. 政府困境

20世纪30年代以后，随着政府对社会经济生活干预的增强，政府承担的公共服务任务越来越重。随着福利国家的产生，公众普遍认识到政府对个人福利的影响，对政府提出了更高的要求和期望。由于政府所承担的公共服务职能的扩大，政府规模不断扩大，机构膨胀、人浮于事等官僚主义弊端日益严重，政府运行成本居高不下，从而引起了公众的不满，导致政府的形象受损和普遍的信任危机。与此同时，由于西方各国长期的经济滞胀局面，经济发展的不稳定，加之中产阶级成为社会的主体（选票的主要来源），提高税率或增加新税种等传统解决财政困难的方法日益不可取，导致财政收入减少。然而，随着老龄化的到来和社会保障开支的上升，以及民众对政府服务的要求的提高，政府的责任却有增无减。此外，机构分化和膨胀所带来的协调困难，以及官僚机构内在的问题，使得政府浪费和效率低下等问题日益严重。面对着沉重的财政压力、管理危机和民众的信任危机，西方各国政府不得不寻求变革。而与公众生活直接相关的地方政府改革，则成为西方各国政府改革的重要组成部分。

14.2.2 西方国家地方政府改革的主要内容

自1979年英国保守党政府开始的，在欧美等西方发达国家进行的这场影响广泛的地方政府改革，所涉及的内容纷繁复杂，大致可概括为五个方面。

1. 地方行政区划重组与调整

行政区划是整个地方制度的基础，它涉及地方行政建制、行政区域以及地方政府单位的设置，因此成为地方政府改革的重要内容。自20世纪末以来，许多西方国家都进行了地方行政区划改革，包括地方政府的合并与联合，建立新的区域性地方政府层级，调整地方政府的管辖范围等内容。

英国地方行政区划经历了几次大的调整。早在1974年、1975年，英格兰、苏格兰和威尔士分别进行了地方行政区划的大调整和重组，大部分地区由原来的多级地方政府变为郡县政府和地方行政区两级地方政府。1992年，英

① 周志忍等：《当代国外行政改革比较研究》，国家行政学院出版社1999年版，第11页。

国对非都市地区地方政府进一步调整，成立地方政府委员会专门指导地方政府区划和结构调整。1996 年起，苏格兰原有的 29 个区域议会和 37 个行政区议会，被重组合并为 29 个新议会，威尔士的 8 个郡县议会和 37 个行政区议会，被重组合并为 22 个一元化议会，全国实施了 25 个郡县议会的重组，产生了 46 个新议会，这次调整与重组直到 1998 年才基本完成。而法国的区划改革主要涉及两个方面：一是在省以上成立大区政府，一共有 26 个大区，100 个省；二是成立市镇联合体。目前 80% 的法国人生活在市镇联合体，共同解决单个市镇无力解决的某些问题。①

德国进行了两次地方区划改革：一次是在 20 世纪 60 年代到 70 年代西德地区（原联邦德国）进行的区划改革，一次是在 20 世纪 90 年代德国统一后在东德地区（原民主德国）进行的区划改革。区划改革的主要方向是扩大地方政府的行政范围，具体包括两种模式：一种模式是区划合并，撤销原来的政治和行政机构，在合并的区划范围内建立统一的地方政府；另一种模式是保留原来的政治单位，如议会和兼职的市长，同时由几个市镇联合成立市镇联合会，作为行政单位，市镇联合会由一个委员会领导，委员由各个成员市镇的议会任命，联合会下面设置专门的行政机构，配备专职的行政人员。区划改革不仅彻底改变了地方政府的管辖范围，而且对地方政府结构和行政功能产生了深远的影响。②

加拿大地方治理过程中最引人注目的改革是地方政府的合并与重组。1996 年保守党上台后，基于克服割裂、减少重复和促进节约的思想，加拿大安大略省宣布所有的 6 个地一级城市和大城市区政府合并成一个有 240 万人口的多伦多城，该市于 1999 年 1 月正式挂牌成立。安大略省市政事务部认为，“通过地方重构调整，安大略省的各个城市正在消除浪费和重叠，以更低的成本提供更好的服务”。截至 2001 年，安大略省经过地方合并之后，城市委员会的数量减少了 2000 人左右，这意味着地方代表减少了 40%，而新多伦多城的合并，使政府开支每年减少至少 2/3（每年大约 15 亿加元到 25 亿加元）。③ 经过政府合并与重组，加拿大减少上百个城市，不仅有助于

① 王勇兵：《国外地方政府改革与创新六大潮流》，《中国改革》，2005 年第 9 期。

② 王勇兵：《德国地方政府治理及其改革与创新》，《中国行政管理》，2006 年第 10 期。

③ 陈虎：《加拿大地方政府治理的启示——以多伦多大都市政府为例》，《民主与科学》，2005 年第 6 期。

消除城市间的冲突，促进地方政府的竞争力，而且有助于精简政府机构，克服官僚主义，提高行政效率。

2. 地方政府职能转变

西方地方政府改革是在“新公共管理”理论和“治理”理论的指导下进行的，其基本内容是打破传统的由政府单独提供公共服务的模式，实现“只掌舵而不划桨”，确认政府作为公共服务的组织者、协调者和管理者的角色，在公共事务的管理中适当引入市场机制和竞争机制，通过充分利用私人部门、自愿部门和公民团体的资源，压缩地方政府的职能范围，缩小政府规模，降低行政成本，提高公共服务的质量和效率。

近10年来，西方发达国家的地方政府在职能转变的过程中，主要采取了以下几种方式：第一，地方政府将自己所承担的部分生产职能直接出售给私人；第二，通过公开竞争或委托将提供的服务和公共产品承包出去；第三，将部分职能交由非政府组织和准政府组织承担；第四，将部分职能下放给基层自治社区或邻里机构；第五，英联邦国家如英国、加拿大、澳大利亚和新西兰通过合并地方行政区划，缩减政府层级下放政府职能来理顺政府关系。①

英国作为公共服务市场化、民营化和社会化的代表，在地方政府职能转变方面起步较早。1980年，英国议会通过《地方政府、计划和土地法》，对公共工程项目实行强制性竞争投标，1988年英国颁布的《地方政府法》大大扩大了竞争性投标领域，地方政府大规模引入和实施合同化管理，把大量的公共服务项目委托给各种公、私部门。Helen Sullivan 和 Chris Skelcher 在《工作无疆界》(2002年版) 中指出，英国政府在地方和地区层面已经发展了超过5500个公私合作项目，并为此直接花费了近43亿英镑。近年来，为了更好地服务公众，英国各地普遍实施“社会服务计划”，直接面对观众，不仅包括衣食住行，还有法律咨询、医疗、保险、就业等许多内容，且随时根据需要增加服务项目和质量。②

德国借鉴荷兰的“地方治理模式”，从20世纪90年代开始进行地方行政改革。为了使地方政府成为掌舵者，其改革的基本共识和基本原则是参考、仿

① 陈蔚：《发达国家地方治理特点及其发展动向》，《探求》，2005年第5期。

② [英] 杰瑞·斯托克：《英国地方政府治理的新发展》，董迪译，《中共浙江省委党校学报》，2007年第1期。

照私人部门的组织、运行和市场导向原则，以克服“（福利）国家失灵”和“公共管理失灵”的现象。

新西兰地方政府在职能转变中的措施表现为，以立法形式对地方政府职能进行定位，将治理与管理分开，以及地方政府的合并与重组等。

3. 地方政府重组与体制再造

始于 20 世纪 80 年代的西方政府改革运动，也被称为“重塑政府”运动。西方各国的地方政府重塑，体现为两个维度：在横向上，既表现为地方政府之间的联合，也表现为地方政府与私人部门、非赢利组织、公民团体的合作；在纵向上，既表现为减少中间管理层次，实现组织结构的扁平化，还表现在简化内部规章，实行参与管理、参与决策，改变上下级权责关系及控制方式，组织结构多样化。而体制改革和精简机构则是各国地方政府改革的基本内容。

在美国，地方政府的改革和发展体现为合并和分立两种趋势。为了迅速满足公众的多样化需求，有针对性地解决一些特殊问题，建立了次级的、小规模的地方政府机构和大量的邻里政府。同时，为了满足公众的共同需求，应对诸如区域经济一体化、环境保护和灾害防治、公共安全等各类政府共同面临的挑战和任务，各地方政府逐渐抛弃传统的地方思维和孤立主义态度，采取责任分担和合作主义策略。

在英国，不仅扩大了不同地方政府与非政府组织的合作关系，而且进行了地方政府体制改革的探索。从 2001 年开始，为推动地方伙伴关系的协调发展，英国地方政府开始实施“地方战略伙伴关系”改革。在横向伙伴关系上，“地方战略伙伴关系”包括一个或多个实体，这些实体都和地方政府边界相匹配，把地方各个有代表性的实体（包括公共部门、私人部门、志愿性组织和社会团体，以及当地居民）联合在一起。在纵向伙伴关系上，为改善服务并减少地方服务供给中的官僚性，实施“地区协议”，以改善地方政府、中央政府的地方机构（基层护理信托、特别就业中心、确保开端计划以及中介部门在地方的代表机构）与它们的伙伴之间的协调关系。

按照新的《地方政府法》，几乎所有的市政府都被授予改革的权力。在各城市政府体制改革中，主要有领导—内阁制和市长—内阁制两种模式。领导—内阁制模式要求以执行权和决策权为基础建立单独的内阁，内阁由一名领导人负责，内阁须与管理精英团体进行紧密合作。另一种更为激进的制度是市长—内阁制或市长制。在这种体制下，要为单独选举产生的市长配备一个执行市长意志的内阁。尽管如此，市长也要与任命的内阁官员分享执行权力。在市长与内阁之外，还有一个由广泛的议员所组成的议会。这种制度给市长相当大的权力，尽管预算需要议会批准，但政策框架与预算实质上是由市长推动的。领导—内阁模式与市长模式的主要差别是，政治行政权被授予一个集体（内阁）而不是个人。内阁可能由议会选举产生，或者议会选举出一个领导，再允许领导选出其内阁成员。数据表明，市长制有助于提升决策的透明度和开放性，能够更为有效地处理各种错综复杂的问题，改进与合作伙伴的关系，是一种更为有效的外向型治理模型。①

德国的地方政府体制，在改革前主要是议会机构占主导的模式，有学者称之为“议会模式”。在这种模式下，议会对行政有决定性的控制权。20世纪90年代，德国地方政府组织结构发生了巨大变化，由原来的四种主要模式变成了一种主要模式。该模式的基本特征是：（1）市长由选民直接选举产生，而不是由议会选举产生；（2）市长是行政部门首长，行政部门实行市长负责制，市长对行政部门的日常事务具有决定权，同时负责执行议会的决定；（3）市长兼任议会议长，当选市长之后自动成为议会议长。可见，改革后的市长由直接选举产生，地位提高，行政相对于议会的独立性加强，有利于民主与效率的协调。这种模式有些类似中央政府的总统制结构，因而被称为“总统模式”。②

4. 分权与地方自治改革

在西方各国的地方政府改革中，旨在扩大地方政府自主决策权的分权和权力下放，已成为一项重要的策略和趋势。

在加拿大，地方政府在宪法上没有任何规定的“生存权”，它们仅仅被看做省履行职责的一种方式，省政府以细目清单的方式告诉地方政府做什么以及通常应该怎么做。20世纪90年代，由安大略和魁北克发起，继而在全国各省进行了一场较大规模的改革。按照“地方受益的服务主要由地方政府提供，而全省普遍受益或地方政府不能提供的服务则由省政府提供”的原则，大部

① ［英］杰瑞·斯托克：《英国地方政府治理的新发展》，董迪译，《中共浙江省委党校学报》，2007年第1期。

② 王勇兵：《德国地方政府治理及其改革与创新》，《中国行政管理》，2006年第10期。

分省通过了新的自治市法规，授予城市更大的行动空间，并通常许诺给予更多的省内磋商。这些改革措施包括精简编制，减少职能重叠，职能的下放、重配与解除，减少上级管制，以及增多地方自主权。2002 年 5 月 30 日，加拿大城市联盟的大城市市长会议采纳了对小城市和乡村有利的城市特许状的框架模型，同时各省接受了标准化的城市宪章。这种城市宪章旨在“使在需要更多的执行权的地方政府和满足于现状的一般地方社区之间寻求一种平衡”。这一改革措施使加拿大地方政府突破了传统意义上的“狄龙法则”，而趋向于地方自治和模糊状态。①

美国和德国在扩大公众的复决权和创制权以及下放权力等方面进行了较大幅度的改革。里根政府提出了“还政于州”的口号，克林顿政府也将联邦政府的社会职能逐步转移给州政府和地方政府。美国地方行政改革最引人注目的项目是放松规制。规制是指政府为谋求社会整体利益，设立并依据一定规则对社会特定主体限制权利或课以责任的强制性行为，包括社会性规制、经济性规制等。多年来，标准单一、刻板、滞后、矛盾的各种规制，造成了严重的官僚主义和效率损失。放松规制的内容主要包括：对各种规制进行审查，削减陈旧规章，剔除繁文缛节；改革既有专款专用、明细分类的预算制度，提高财政活动的灵活性和资金使用效率；放松对人事管理的过度规制，独立核算中心在用人制度上不受文官法规限制，推行合同用人制度，扩大地方政府单位用人自主权。放松规制是对官僚制的矫正，大大调动了地方政府公务员的积极性和创造性。

权力下放不仅在联邦制国家实行，在单一制国家也在不断加强。在英国，自 1997 年以来，工党政府积极推行分权化改革，将威尔士、苏格兰和北爱尔兰变为一级自治政府。2000 年的地方政府法，授予几乎所有大型市政府（超过 85000 人）选举独立的政府首脑的权力，从而加强了地方政府首长和执行机构的地位和权力，改变了传统的地方政府以议会委员会为主导的制度模式。

实行分权与地方自治改革最引人注目的国家是实行中央集权制的法国和日本。法国自 1982 年 3 月通过《权力下放法案》后，在立法上进行了一系列推动分权与地方自治的改革。这些改革包括以选举制逐渐取代地方官员的任命制，使地方享有一定的立法自主权，明确划分中央和地方的权限，从而使得法

① 张小明、陈虎：《加拿大地方治理创新及其启示》，《北京科技大学学报》（社会科学版），2006 年第 3 期。

国政府的集权程度不断降低。2003 年，法国通过《关于共和国地方分权化组织法》的宪法修正案，确定法国为“地方分权”的国家（即“单一制分权”国家），规定只有在领土单位层面无法最优实现的事项，才涉及国家权力的介入，修改后的宪法将领土单位的财政自治上升为宪法原则。通过这些措施，法国的分权化改革进一步制度化。日本长期以来是一个中央集权国家，其地方政府体制是由中央政府创立的。20 世纪 80 年代以后，日本政府自上而下发动了影响深远的以自治化为核心内容的分权改革。1998 年 5 月，内阁在地方分权推进委员会分权改革建议的基础上，正式颁布了“分权推进计划”。次年，又相应修改了至少 500 部法律，对内阁各部都产生了实质性影响。这些改革措施，大大减少了中央政府的直接行政控制，强化了地方议会对地方政府长官的制约、监督功能，扩大了地方政府在立法、财政和行政方面的自主权和自治责任，形成了中央与地方政府之间对等的协作关系的新模式。

1981 年，西班牙政府颁布自治条例，对中央与自治区的权限作了明确划分，扩大地方自治权，将文教卫生、生活福利、住房建设和公共设施等与民众利益直接有关的管理权下放给地方政府，且在下放管理权时，中央各部门与地方政府签订放权协议，明确各自职责。① 此外，北欧国家还进行了被称为“自由城市实验”的改革。

5. 强化对地方政府的监督

西方各国在分权化和下放权力改革的同时，也加强了对地方政府的监督。这种监督主要是通过调整中央政府和地方政府、地方议会和地方行政机关以及地方政府与地方民众的关系进行的。在英国，地方政府开支的大部分来自中央政府。英国政府通过财政控制加强了对地方政府的监督。在扩大实施地方政府强制性竞争投标的同时，1984 年英国颁布地方《税法》。按照《税法》，地方政府在决定其预算之前，中央政府预先宣布封顶标准，地方政府须按照封顶限额制定预算开支。同时，中央政府通过拨款制度和贷款制度为地方政府提供资金。此外，中央政府还通过完善地方政府的各项收费制度和审计制度，加强对地方政府的财政控制。德国主要通过强化地方议会和地方行政机关之间的制约关系而加强对地方政府的监督。首先是明确双方的权责，地方议会侧重设定目

① 陈蔚：《发达国家地方治理特点及其发展动向》，《探求》，2005 年第 5 期。

标和控制结果，由直接选举产生的市长领导下的行政官员负责执行。同时，明确各部门的目标，并定量化绩效考核的指标。此外，还加强了地方公众对地方事务的参与程度。

由西方各国地方政府改革的内容可知，各国的地方政府改革都是适应新的行政生态环境而所作的因应性调整，改革的基本模式就是地方治理的走向。

14.2.3　西方国家地方政府改革的特点

尽管西方各国地方政府改革的具体内容和形式不同，但由于处于大体相同的生态环境中，因而具有某些共同的特点。

第一，计划性和渐进性。任何制度都具有很大的惯性和惰性，总是趋向于保守和僵化，因而改革本身面临着很大的阻力。尤其是地方政府改革涉及权力、利益和资源的再分配，实际上是一个政治过程，既得利益者总是维护自身的利益，阻碍改革，从而加剧了改革过程的复杂性和变数。因此，地方政府改革需要很长的时间，必须通盘考虑，制定正确的改革战略、指导观念、具体步骤、配套措施，分步实施，才能实现改革的目标。西方各国的地方行政改革，自 20 世纪 80 年代至今，经历了 20 多年的时间，不断根据新的情况调整改革策略和重点，以适应新的环境。目前，这一改革仍然处在进行过程中。

第二，依法性。西方国家普遍重视地方政府法律制度的建设，依法推进地方政府改革。英国一直强调“先立法后改革”的做法，日本也特别强调以法律保障改革的进行。目前，西方国家形成了一套较为完备的行政法体系，不仅包括完善的行政活动的实体法，而且有较为完善的程序法，从法律上对地方政府的组织结构、职能结构、职权划分、管理手段、运行机制以及中央政府与地方政府的关系、地方政府与民众的关系等作了明确的规定。在实体法方面，如英国的《地方政府法》和《伦敦市政府法》，日本的《地方自治法》和《地方公务员法》；在程序法方面，如美国的《情报自由法》、《阳光下的政府法》、《政治行为道德法》，德国的《行政程序法》，日本的《行政程序法》等。北欧四国还通过地方立法将地方政府改革的成果制度化。各国地方政府的法律变得更加具体、规范、翔实。如加拿大哥伦比亚省地方政府法分为 30 个大部分，1040 个条款。瑞典的地方政府法分 10 章，258 条，内容具体到地方政府的界定、层次划分、市民资格认定、地方政府的成立和解散、组织和职权、地方议会的组成、议员的选举与任期、地方行政机构的构成和职责、地方议会和行政机构的工作程序、地方公共经济的管理、地方税收和财政、审计、行政行为的合法性评估等。①

第三，地方政府职能的服务性与服务提供机制的多样性。在经济全球化、政治民主化和信息技术革命的影响下，受“新公共管理”理论和“治理”理论的指导，西方各国地方政府改革具有明显的相似性。这主要表现为：淡化了统治和管理职能，更加重视提高与民众生活密切相关的公共服务的质量和效率；在政府公共服务的提供方式上，大量引入市场竞争机制，广泛吸纳私人部门、自愿组织和公民团体等多元力量参与到公共服务的提供中来；在管理手段上，大力借鉴私营企业的管理方式和理念，引进新的技术手段，从而使改革带有明显的服务性、技术性和效率性的特征。

第四，民众参与性。随着民众自主意识的提高，公民参与地方事务、监督地方政府权力的呼声不断高涨。在这种背景下，西方各国的地方政府改革，特别强调拓宽公民参与地方公共事务的渠道，加强对民众要求的回应性和公共政策和服务的透明性。2000 年，伦敦市长首次由选民直接选举产生。北欧四国不仅扩大地方政府的权力，而且还采取多种措施来加强地方民主政治建设。如建立多种公民表达和退出机制、各种民意调查、消费者圆桌会议、服务电话、消费者委员会、城市规划论坛、互动电子媒介、邻里委员会等。同时制定市民宪章，强化政府服务意识，给予公民一定的创制权和复决权，直接参与地方公共事务决策。在德国，地方公民复决权从原来一州扩大到所有州，市长和县长由选民直接选举产生。此外，地方政府在具体的行政过程中，还设立若干专门委员会和专业办事机构选拔专业管理和服务人员进行专业的管理。②在加拿大，地方政府突破了公民参与的传统形式（如选举、政党、全民公决、居民委员会），创造了两种新的参与形式：一种是参加邻里会议。这种模式 1993 年在魁北克市采用，邻里会议由每一个邻里社区选举产生的男女平等组成。来自邻里社区的市议会议员也是邻里议会的成员，但不具有投票权。邻里议会的主要职能是在管制问题或城市服务的性质和质量问题上，为邻里居民提供协调服务。另一种参与方式是将地方居民看作消费者或顾客与公共服务的供应商——政府之间进行的一种互动式的参与，这种参与方式使市民由被动的服务接受者变为积极的公共产品的消费者。③

---

① 陈蔚：《发达国家地方治理特点及其发展动向》，《探求》，2005 年第 5 期。

② 陈蔚：《发达国家地方治理特点及其发展动向》，《探求》，2005 年第 5 期。

③ 张小明、陈虎：《加拿大地方治理创新及其启示》，《北京科技大学学报》（社会科学版），2006 年第 3 期。

14.3　当代中国地方政府改革与发展

自20世纪70年代末以来，在全球新公共管理和治理取向的改革的浪潮中，中国也卷入了国有企业的市场化改革和行政机构改革的漩涡中。其中，地方政府改革成为这场改革的主要内容。正是这种以分权为特征的地方改革，为体制带来了灵活性，使体制能够对市场压力做出更灵敏的反应，从而促进了中国经济的持续增长。①

14.3.1　当代中国地方政府改革的探索与主要问题

当代中国的地方政府是在数千年君主集权专制传统的基础上产生的，无论地方行政建制还是体制结构都具有很大的继承性和延续性，以县建制为基础的地方政府结构的基本格局基本没变。由于历史和社会的原因，中国地方政府体制结构缺乏法制基础。特别是由于自给自足的小农经济的影响，各地居民在长期的历史发展中形成了独特的风俗习惯、情感方式、地理心理，共同的方言、宗教信仰等，像纽带一样把某一地方的居民联结起来，逐渐形成一种地域共同体和共同体意识，对地方政府体制、行政方式等产生了深远的影响。②帝制终结后，尽管中国在形式上引入了分权制衡和地方自治的制度，但在权力关系上一直是中央集权制的结构，改变的只是若干机构和职位的名称。

新中国成立后，由于政体构思和当时国际、国内环境的影响，中国选择了单一制的国家结构形式，实行高度集权的政治行政体制和计划经济模式。尽管这种政府模式对于新中国成立初期稳定社会秩序、恢复国民经济发挥了积极作用，但由于政府对政治、社会、经济生活的全面干预，造成了经济的长期停滞，使社会依附于国家，尤其是由政府控制社会和经济的习惯直接影响到从“全能政府”向“有限政府”的转型。在改革开放前的20多年中，尽管进行过几次中央与地方关系的调整，但由于基本的经济体制和行政体制没有变动，最终陷入“收权—放权”、“精简—膨胀”循环的怪圈。

---

①　贾尼斯·L. 克菲尔德：《中国的地方政府改革：一个理性行为者的观点》，杨大群译，《马克思主义与现实》，2006年第5期。

②　徐仁璋：《论中国地方政府结构的改革》，《中南财经政法大学学报》，2003年第1期。

党的十一届三中全会确立了“以经济建设为中心”和改革开放的战略，中国从此走上了市场化取向的经济改革的道路。与此同时，为了调动地方政府的积极性，建立灵活高效的行政管理体制，中国政府进行了包括党政分开、机构改革、放权让利、政企分开、职能转变等内容的改革。自20世纪80年代以来，中国政府进行了四次机构改革。初期的机构改革只是政府内部的权力结构调整，并未涉及经济体制和政府职能等更基础的层面，因而未能摆脱反弹的命运。在1988年机构改革时，提出了“转变政府职能”的目标，制定了“定职能、定机构、定编制”的“三定方案”，以法制保障地方政府改革的进行，使机构改革建立在职能转变的基础上。但是，包括80年代确立的诸多县级综合改革试点，以及以市场经济体制和“小政府、大社会”模式构建的海南省政府体制等地方政府体制和机构改革，都未能摆脱“精简—膨胀—再精简—再膨胀”和“分开—合并—再分开—再合并”的怪圈，或成效一般，或收效甚微。近年来，适应市场经济发展和世贸组织的要求，在理顺地方政府体制和进行机构合并、精简的同时，地方行政体制改革的重点是推进国有企业的民营化或者经营机制的转化，推进行政审批制度改革和服务型政府建设，实现政府职能的转变。1998年，中央政府宣布要精简50%的政府机构。2001年，中央政府宣布中央和各省已经实现了这个目标，但实际上，地市、乡镇一级的精简改革并未完成。2001年以来，许多省份进行了合乡并镇及机构的改革，但改革的成效并不容乐观。

目前，在地方政府改革方面，还存在着许多体制性的问题，有待进一步深化改革。这些问题主要表现在：

第一，地方政府体制尚未理顺。党政部门之间职能交叉、重叠，行政机关上下级之间分权不明，机构职责不清、相互推诿、效率低下等问题依然突出。体制不顺既有改革不配套的原因，也与整体划一的中央集权体制有关。一些学者认为，在中国地方政府改革中，由于基本上没有进行宪政选择层次的变革，没有调整政府与人大、司法之间的关系，没有调整政府与民众之间的关系，没有调整地方政府与上级政府之间的关系，最终使得变革破产和失败。①在单一制结构下，中央政府对地方政府具有支配权，地方政府的权力来自中央政府的授予。在我国，国务院和地方各级政府之间并没有明确的权限划分，双方只是

① 张紧跟：《治理结构多元化：地方政府机构改革的新思路》，《公共管理学报》，2006年第2期。

根据管辖地域的不同而承担基本雷同的责任。在“中央统一领导，地方分级管理”的体制下，重大事项往往由中央政府和上级政府负责，而在现实中何谓“重大事项”因形势不同而不同，并没有明确的标准，从而导致上下级之间权责不清、互相推诿的现象。

第二，精简机构和人员分流任重道远。我国地方政府改革主要是出于减少财政开支、提高行政效率的考虑，因而机构精简和人员分流一直是地方政府改革的难点和重点。导致机构臃肿、官员难以精简的因素有多种：一是政治性因素的影响。在中国，由于精简目标与经济增长、社会稳定和党建工作等国家优先性任务往往存在着政策冲突，因而很大程度上影响了地方政府的定岗定编工作。① 特别是各类人员的安置政策（主要是军队转业干部、少数民族地区援助干部及部分大学生的毕业安置等）进一步加大了精简的难度。二是政府纵向结构上的“职责同构”模式。在当代中国政府纵向关系上，不同层次的政府在职能、职责和机构设置上高度统一和雷同。在中央政府和地方政府、上级政府和下级政府之间，职责基本上是对接的、一致的。职责上的同构，必然导致在纵向政府间的机构设置上，过分强调政府管理的统一性而忽视了不同地方政府管理的多样性，往往将政府职能配置与机构设置的上下对口作为一个先决条件。而对于绝大部分被撤并的下级政府机构，上级主管部门开会不通知，文件不下发，该给的资金也不再下拨。在上级部门片面地强调“上下对口”因素的影响下，来自“条条”的压力使得新机构不断产生。② 三是地方政府内部的利益。越到基层就业选择机会越少，地方政府被认为是最后的雇主，因而机构和人员精简的难度越大。实际上，正是由于各级政府人员难以割舍的“既得利益”，使得地方政府机构臃肿、人浮于事的现象远比中央严重。在这些情况下，地方政府不得不保留许多机构，官员人数不减反增。

第三，地方政府职能尚需进一步转变。目前，还有许多地方政府官员依然持有传统计划经济体制下的管制观念，他们习惯于下计划、批项目、拨经费、办批文，还存在严重的高高在上、颐指气使的工作作风和思想观念，不愿意放弃既得的利益，因而地方政府往往截留下放给企业和社会的权利，导致政府与

---

① 贾尼斯·L. 克菲尔德：《中国的地方政府改革：一个理性行为者的观点》，杨大群译，《马克思主义与现实》，2006 年第 5 期。

② 张紧跟：《治理结构多元化：地方政府机构改革的新思路》，《公共管理学报》，2006 年第 2 期。

企业、社会难以分离，地方保护主义和腐败现象严重。在机构精简和人员分流的过程中，许多政府干部摇身一变而为企业管理者。由于政府主导的改革策略，政府还掌握着许多资金、物资、政策等资源的分配权，权力对市场具有极强的干预作用，迫使企业在经济活动中依附政府而不是市场，有事"找市长而不是找市场"成为许多企业的理性选择。因此，近年来中国的经济增长虽然有来自市场推动的因素，但权力支配下的基础设施和固定投资冲动才是重要的原因。在政绩和实际利益的驱动下，地方政府与企业不是实行了分离，而是更进一步地结合在一起。地方政府直接干预企业事务，亲自进行招商引资，甚至直接举债进行投资，大搞形象工程，造成巨额的地方债务。为了保护地方企业，地方政府进行市场封锁，搞地方保护主义，严重阻碍了市场经济的发展。在1993年税务改革之前，为了减轻中央财政负担，中央鼓励地方政府建立附属公司，在财政包干制的体制下进行创收，导致大批小企业的利润转变成预算外资金或者"小金库"，不仅导致了财政危机，也加强了政府与企业的结合。2000年的一项调查显示，2/3的注册公司董事来自原来的国有企业，许多董事尤其是董事长是由政府机构委任或推荐的。在中央政府放权让利改革的过程中，增强了地方政府的权力，使地方政府从中央的代理转变为控制、改革和承包的代理，而且使地方官员从公仆转变为企业家。地方官员对经济事务的深度介入导致了各种形式的腐败。特别是为了推动经济发展，国家允许转让土地使用权，但土地资产的使用权却由地方政府代表国家来控制和分配，从而导致普遍的腐败。①

中国地方政府改革中的诸多问题既与市场经济体制不健全有关，也与行政机构在缺乏有效制度约束下具有自我扩张的本性等原因有关，因而改革是一个艰难而曲折的过程。

14.3.2 中国地方政府改革的原则

2008年3月5日，温家宝总理在十一届全国人大一次会议上所作的《政府工作报告》中指出，我国行政管理体制改革的总的原则和要求是"坚持以人为本、执政为民，坚持与发展社会主义民主政治、发展社会主义市场经济相适应，坚持科学民主决策、依法行政，加强行政监督，坚持管理创新和制度创

---

① 贾尼斯·L.克菲尔德：《中国的地方政府改革：一个理性行为者的观点》，杨大群译，《马克思主义与现实》，2006年第5期。

新，坚持发挥中央和地方两个积极性。”借鉴国外地方政府改革的经验，总结中国以往地方政府改革的经验和教训，在当代中国的地方政府改革中，应当坚持以下原则：

第一，借鉴西方发达国家地方政府改革的经验，吸收中国传统的行政管理精华，立足各地情况，因地制宜，区别对待。中国地方政府改革是在全球化和信息化的国际背景下展开的，西方发达国家在发展市场经济、推进地方政府改革方面的许多经验和策略，如政府与公、私部门的伙伴关系，电子政府，政务公开等做法，都值得我们借鉴。同时，中国在数千年历史发展中所形成的许多优秀的行政管理精华，如官吏考试、监察等管理制度，仍然值得汲取。实际上，中国传统的行政模式、行政文化等一直对当今的政治与行政改革具有重大的影响。就当今中国地方政府改革而言，根据中国的具体国情，在处理集权与分权、放权的关系时，既要维护中央政府的权威和统一领导，又要对地方政府适当分权，调动各地方的积极性。实际上，“地方”一词本身就包含了差异和特色的意思。因此，在地方政府改革的具体方法、策略和步骤上，要从实际出发，不搞一刀切，不搞上下对应，要因地制宜，灵活处理。

第二，地方政府改革必须以政府职能转变为重心，实现政府与企业、政府与社会的分开。中国传统的政府模式是一种管制型政府模式，政府对社会、经济、政治等各领域实行全面干预和控制。改革开放以后，中国政府逐渐转向以经济建设为中心，开始从计划经济向市场经济转型，同时推进政府与企业和社会的功能性分离，并向服务型政府转变。然而，在地方政府由对企业和社会的管制向对企业和社会的服务的转型过程中，却出现了企业和社会对政府的依附现象，政企分离并未彻底实现，社会自治的空间也很有限，地方政府还存在严重的“越位”、“缺位”和“错位”现象，如政企分开中出现的“口转心不转”或“形转实不转”、“明转暗不转”的情况，及各种职能未变、人马依旧的“翻牌公司”等现象，从而迟滞了地方政府向“有限政府”的转型。应当指出，当前所存在的这种地方政府与企业、社会组织之间的错综复杂的依附关系，与西方发达国家地方政府与私人部门、公民自愿团体之间的伙伴关系并非一回事，后者是在独立、平等、自治基础上的合作关系，建立在市场经济的契约关系基础上，是在政府与企业、社会分离基础上的合作。因此，继续推进政府与企业、社会的分离，确立企业和社会的主体地位，是实现服务型政府的前提。

第三，坚持协同、配套的原则。地方政府改革是一个复杂的系统工程，包含政府职能转变、机构精简以及人事制度、社会保障制度、管理方式等方面的改革，又受到政治、经济、文化环境的影响，因此必须坚持配套改革、分类指导、稳步推进原则，统筹考虑各方利益主体之间的关系协调，着力解决改革中所引发的各种复杂矛盾和问题，使各环节、各系统保持有效整合、协调一致的动态平衡。我国地方政府机构精简和人员分流改革中所出现的反复，就是由于政治体制改革滞后和条条块块改革不同步造成的。改革的成功，取决于各方利益主体之间的关系协调，使相关各方形成一种有效整合、协调互动的合作型博弈机制，因此需要精心准备、周密部署、协同配套。河南省 1998 年、2001 年和 2005 年所进行的三轮乡镇机构改革可以作为实证。在前两轮改革中，由于省委、省政府没有出台相关的配套措施，省、市、县、乡四级政府互相推脱分摊改革成本的责任，许多乡镇主要领导和一般工作人员也不能主动配合，结果造成了各方利益主体之间分散决策、重复博弈，缺乏协调一致的行动，最终导致乡镇机构改革虎头蛇尾，归于失败。而在第三轮改革中，省委、省政府进一步强化了各项配套措施的跟进，兼顾各方利益主体之间的关系协调和对乡镇机构改革的承受能力，仅用 3 个多月全省撤并乡镇 236 个，合并各类事业站所 3117 个，精简乡镇领导职数接近三分之一，清退乡镇临时人员 20 551 人，分流乡镇超编人员 170 022 人，平均每年可为地方财政减少行政经费支出高达 20 亿元左右。① 机构改革取得了明显的成效。

第四，正确处理改革、发展和稳定的关系，坚持在中央政府的强有力领导下，渐进地推进地方政府的改革。地方政府是国家政权的基础和重要组成部分，政治稳定是改革的基础。然而，改革是一个复杂的社会系统工程，涉及权力和利益格局的调整，特别是机构精简、人员分流等具体改革涉及政府人员的实际利益，敏感性很强。如果随意、盲目变更，或人员分流、安置不当，不仅有可能挫伤大批政府工作人员的积极性，造成政治的动荡不安，给改革造成阻力，而且可能影响整个社会经济的稳定和发展。由于各改革任务的艰巨性和错综复杂性，改革必将是一个长期的过程，具有明显的阶段性和渐进性，需要正确选择改革的突破点和合适的时机，分步实施，整体推进，逐步完善。某项改革内容过分超前和滞后，都会影响改革的成效。因此，地方政府改革必须在强有力的领导下，采取“先试点、后推广”的办法，从点到面，从表层到深层，

---

① 张新光：《地方政府变革的动力机制分析——对河南省三次乡镇机构改革的观察》，《华中师范大学学报》（人文社会科学版），2006 年第 5 期。

从局部到整体，总结经验，吸取教训，相互借鉴，逐步推广。在地方政府的改革过程中，要正确把握改革、发展和稳定的关系，要认识到发展是目的，改革是动力，稳定是改革和发展的基本前提和基础。要通盘考虑改革的时机、速度、力度和社会的可接受度，协调稳定、改革和发展的关系，以改革促稳定，以改革促发展。

14.3.3　中国地方政府改革的方向和途径

要实现转变职能、理顺关系、优化结构、提高效能，形成权责一致、分工合理、决策科学、执行顺畅、监督有力的行政管理体制，必须推进地方政府的改革。中国地方政府改革的目标是建设民主、法治、服务、效率的政府。地方政府改革的主要途径包括以下几个方面：

1. 完善地方各级人民代表大会制度

人民代表大会制度是我国的根本政治制度，是实行民主政府的基本保证。要建设民主的地方政府，就需要推进地方各级人民代表大会制度的建设。

第一，改进人大代表选举方式，提高人大代表的素质。人大代表的素质是保证地方各级人大加强对地方政府监督、提高立法和决策质量的前提条件。从地方政府管理的角度看，人大代表的素质不仅包括政治素质，而且包括能力素质。长期以来，人大代表过多地作为安排性、荣誉性的职务，而对其代表性、责任感和行使国家权力的知识和能力重视不够。近年来，较高学历的人大代表的比例有所提高，但许多科技型人才对社会和政治管理并不熟悉，影响了议政的质量。因此，人大代表的素质既要强调胆识，有魄力监督，也要有能力监督和议政。要提升人大代表的代表性、责任感和国家管理的能力等素质，必须对现有的人大代表选举制度进行改革，提高直接选举的程度（尤其是在公民居住集中、文化素质高的大中城市进行人大代表的直接选举），改革人大代表候选人的确定方式，改进候选人的宣传介绍方式，增强人大代表候选人之间的竞争性，促进人大代表与选民的联系，加强选民对代表的监督。

第二，减少人大代表的数量，改善人大代表的结构，实行人大常委专职制。目前，我国地方各级人大代表的数量过多，不利于决策质量的提高。代表人数过多的根本原因是，各级人大代表中政府官员占有很高的比重。官员往往还是地方代表团的领导，混淆了监督与被监督的关系，不利于地方人大对地方政府的监督。因此，应该减少官员在人大代表中所占的比例，扩大人大代表专职的比例，首先是人大常委专职制。人大代表尤其是人大常委专职化，有利于人大代表议政能力的提高，有助于代表全身心地投入到国家事务的管理中，有助于提高地方各级人大的独立性和权威性。

第三，加强地方各级人大专门委员会的建设。由于专门委员会委员具有相关的专业知识，有助于议案和法案的认真、深入讨论，了解政府机关的具体运作状况，因而专门委员会在各级人大的立法和监督中具有非常重要的作用。地方人大专门委员会的建设应注意两个方面：一是扩大专门委员会委员专职的人数和素质，吸收更多人大代表和相关专业人员的参与；二是通过听取汇报、专门调查、举行听证会等形式，加强各专门委员会对相关地方政府机构的问责和监督。加强专门委员会的建设是提高人大地位和权威的又一重要途径。

第四，加强地方各级人大议政和督政的力度。要通过法律手段，明确每年人大会议的次数和每次会期的天数，确保地方人大对地方重大事务的充分讨论；加强对地方政府预、决算的审议；加强地方人大对地方政府日常决策和执行的监督和问责。通过多种渠道，强化地方政府对人大负责的力度。

加强地方各级人大建设，是实现执政为民、民主执政的重要措施，是中国地方政府改革的重要内容和途径。

2. 建设法治型地方政府

长期以来，我国人治习惯浓厚，缺乏法治的传统，阻碍了改革的进程，法治政府成为中国地方政府改革的基本途径和方向。依法治国，建立法治国家，实质是依法治官、依法治权，核心是对政府的制约和监督。然而，一些地方的政府官员却曲解“依法治国”的含义，不谈依法治官而只谈依法治民，不谈依法治权而只谈依法治事，权大于法的状况在一些地方还没有完全改变。① 这与建设地方法治政府的方向存在着相当大的距离。

任何事物都是内容与形式的辩证统一。地方法治政府建设也包括内容和形式两个方面：一是明确规定地方政府职权和职责的实体法；二是详细规定地方政府如何行使职权和履行职责的程序法。程序法是维护公民权利，防止政府滥用权力，实现政府职能的基本保证。

---

① 张建国：《中国地方治理与建设责任政府》，《四川行政学院学报》，2004 年第 5 期。

法治政府还意味着有法可依、有法必依、执法必严、违法必究。要实现地方政府法治化，应注意以下几个方面：

第一，要制定和完善各级地方政府组织法、编制法、程序法，使机构设置、职责权限、人员编制和行政行为有法可依、有章可循。现行的《地方各级人民代表大会和地方各级人民政府组织法》过于简略和笼统，应该制定和细化各层级人民政府组织法，明确各种行政区划单位的设置标准、程序，规定各类地方政府的职责权限，以及各种行政机构和行政职位的设置原则、程序和职责。

第二，要依法行政、严格执法，规范行政许可行为，对违反行政法律和公务员法的行为予以惩处。同时，完善行政监督机制，推进地方政府政务公开制度建设，加强电子政务建设，健全地方政府信息发布制度，完善各类公开办事制度，提高地方政府工作的透明度，使政府监督法制化。

第三，加强地方责任政府建设。权力与责任是相伴而生、不可分割的整体，法治政府必然是责任政府。政府问责机制作为地方政府行为的矫正机制，通过对违法行为的惩处，有助于防止地方政府权力的滥用和腐败，促进地方政府行为的正当化和合法化，提高地方政府的效能，促进地方政府的法治化。地方政府责任包括政治责任、行政责任、法律责任和道义责任，其责任主体包括各级行政机关、行政首长和一般公务员。要加强地方政府的责任，必须建立和完善行政首长在政府工作出现重大违法、失职、滥用职权等情形时罢免、引咎辞职或责令辞职的政治责任制度；进一步健全公务员因违法失职、滥用职权、贪污腐败等行为而受到行政处分、刑事处罚和损害赔偿的责任制度；建立行政机关和公务员因轻微违法失职或官僚主义等而向公民、法人赔礼道歉的道义责任制度。①

第四，建设地方法治政府，必须确立公平、正义和公正的价值观，树立公民本位、权利本位以及法大于权的理念。中国传统文化具有浓厚的官本位和政府本位色彩，阻碍了民主政治、人民主权的实现，不利于为人民服务价值的落实。法治政府以民主政治为基础，要求确立民本位和公民自治的观念，强化有限政府的观念。这样，才能树立法对权的权威，促进法治社会的形成。

---

① 张建国：《中国地方治理与建设责任政府》，《四川行政学院学报》，2004 年第 5 期。

3. 推进行政管理体制和地方政府机构改革

在目前我国条块分割的行政体制中，地方政府上下级之间是行政隶属关系，不仅地方政府上下级之间存在领导关系，地方政府各工作部门上下级之间也存在着领导或工作指导关系，地方政府各部门之间则是分工合作关系。但是，在长期的行政实践中，不仅地方政府上下级之间形成了对口设置机构的整体划一局面，阻碍了机构精简和行政效率的提高，而且横向各职能部门之间出现了职责交叉、权责脱节的问题。因此，加强行政管理体制改革尤为必要。

地方行政管理体制和机构改革的方向是：一方面，以法律明确上下级地方政府及其工作部门的职责，并以依法监督代替行政监督。为此，有必要将地方政府的职责分为专有职责和一般职责两类。前者为某级地方政府依法专有，具有相对的自主权，由本级人大决定，同级人民政府执行，上级政府有权依法监督，但无权行政干预，若有违法情况则通过司法途径解决；后者则为各级地方政府所共有，这类职责虽有下级政府执行，但上级政府及其相关工作部门可以行政方式进行工作指导，或以立法形式规定其领导关系。基于此，地方政府可设置地方事务部，对下级政府的一般职责进行工作指导，也可设置个别特殊的工作部门进行领导，而承担专有职责的工作部门则根据当地情况灵活设置①。另一方面，对于横向各政府职能部门之间的关系，要按照转变职能的要求，加强职能统一、具有权威的宏观调控部门的配置，调整和完善行业管理机构，加强社会管理和公共服务部门，探索实行职能有机统一的大部门体制。在运行机制上，要理顺各部门之间的分工和职责关系，形成决策、执行、监督部门之间既协调配合又相互制约的关系。

4. 建设服务型地方政府

2005 年 3 月，温家宝总理在《政府工作报告》中提出，要把建设服务型政府作为政府改革创新的主要目标。改革开放以来，重视投资和审批的经济建设型政府，使政府成为经济建设和投资的主体，导致政府权力寻租、市场分割和地方保护主义、政企难以分离以及经济社会发展的不平衡。② 目前，多数地

① 徐勇、高秉雄：《地方政府学》，高等教育出版社 2005 年版，第 257～258 页。

② 迟福林、方栓喜：《加快建设公共服务型政府的若干建议》，俞可平主编：《中国政府创新年度报告 2006——创建服务型政府》，中央文献出版社 2006 年版，第 38～39 页。

方政府仍将发展经济、开辟财源作为首要职责，而把公共服务作为次要职责。然而，公共需求的快速增长和利益关系的深刻变化，客观上要求政府必须向公共服务方向转变。因此，培育和发展行业协会、商会等其他社会组织，转变地方政府职能，由经济建设型政府向服务型政府转变，是地方政府改革的主要方向。

服务型政府，就是政府要为社会提供市场不能有效提供的公共产品和公共服务，如公共基础设施、公共教育、公共卫生和医疗、公共安全、社会保障和就业以及保护弱势群体等，制订公平的规则，使更多的社会力量参与公共服务的生产或提供，加强对社会服务标准的监管，确保市场在资源配置中的基础性作用。服务型政府包含三个方面的内容：在理念层面上，服务型政府以民为本，是一种高度回应性的“引导式”政府；在制度层面上，服务型政府是实行企业化运作、实行政务公开的责任政府；在操作层面上，服务型政府体现为决策过程中的公民参与，执行环节服务标准化、规范化，以及技术手段上的电子政务建设、“单一窗口服务”等便民服务。① 建设服务型政府，维护社会公共利益，解决社会公共问题，为社会提供公共服务，体现了地方政府的公共性特征，有助于维护政府的合法性。

随着我国市场经济的发展和利益结构的多元化，社会对公共服务需求的数量和质量日益提高，传统的地方政府垄断公共服务的模式日益不能满足社会的需要，因而必须以治理理论为指导，借鉴国外的有益经验，探索公共服务的实现形式。

（1）公共服务提供机制的竞争性和多元化

随着市场经济的发展和公民社会的发育，各种私人部门、社区组织、行业协会、志愿者组织等得到发展，并具备了一定的自治能力，为多元化的公共服务竞争机制提供了基础。根据西方经济学和新公共管理理论，政府具有自身的缺陷，政府垄断公共服务会导致资源配置的低效率，而公共部门、私营部门和第三部门具有各自的优势。公共部门的优势主要体现在稳定性、不受偏爱的影响；私营部门的优势主要体现在革新的能力、产生资本的能力、获得规模经济的能力；第三部门的优势主要体现在同情心、责任心、产生信任的能力。② 因此，构建三类部门的合作和竞争机制更有利于公共服务效率的提高。

① 范逢春：《我国地方政府建设服务型政府述论》，俞可平主编：《中国政府创新年度报告 2006——创建服务型政府》，中央文献出版社 2006 年版，第 102 ~ 103 页。

② 沈荣华：《中国地方政府学》，社会科学文献出版社 2006 年版，第 381 ~ 382 页。

地方政府治理的实质是，基于市场原则、公共利益和共同认识，建立地方政府、非政府组织、公民等各种主体之间的合作伙伴关系，实现公共服务主体的多元化和公共服务提供机制的市场化和社会化。公共服务的市场化就是利用市场机制改进公共服务的提供，在公共服务的提供中引入竞争机制，使多元主体共同参与公共服务的竞争，以提高公共服务的质量和效率。这就要求地方政府将决策职能与执行职能适度分离，由公共服务的垄断者转变为公共服务的监督者、促进者和催化剂，建立公共部门、私人部门和第三部门联合提供公共服务的机制。

地方政府公共服务市场化的路径，是通过打破政府垄断，逐步开放公共服务领域，降低准入门槛，将原来由政府部门和国有部门垄断的公共服务项目对外开放或委托经营，如在公共设施建设、交通、教育、医疗、城市公用事业等领域，鼓励或允许企业和民间组织等市场主体以各种方式参与投资建设和经营。在运作机制上，引进市场竞争机制，广泛采用公开招投标、合同承包、特许经营和租赁、项目融资、证券市场融资、委托、财政补贴或税收优惠等运作方式，改变公共服务提供的方式，把一部分公共事务通过签订行政合同，交给企业、非政府组织、公民等来经营（“官办民营”），实现政府、非政府组织和公民之间的平等合作。

在政府的引导和监督下，在公共设施项目建设和公共服务供给上，推进公共服务的市场化和社会化，促使各类市场主体展开公平竞争，有助于形成更加开放和灵活的机制，调动各种社会力量参与公共服务的积极性，提高公共服务的质量和供给效率。

（2）改革行政审批制度，推进服务形式的创新

行政审批制度是计划经济体制下政府管理经济和社会生活的基本手段和方式。大量的审批项目不仅加重了政府负担，为官僚作风和寻租腐败提供了土壤，而且严重地影响了市场经济的运行，不利于社会事务的管理。推进行政审批制度改革是转变政府职能、建设服务型政府的基础性工作。

行政审批制度改革的总体要求是：凡不符合政企分开和政事分开原则、妨碍市场开放和公平竞争，以及实际上难以发挥有效作用的行政审批，坚决予以取消；可以用市场机制代替的行政审批，通过市场机制运作；对于确需保留的行政审批，要建立健全监督制约机制，做到审批程序严密、审批环节减少、审批效率提高，行政审批责任追究制得到严格执行。近年来，我国的行政审批制度改革取得了明显的成效，不仅取消和调整了大量的行政审批项目，而且规范了行政审批范围和行为，使行政审批走上了法制化的道路。2004 年 7 月，《行

政许可法》的颁布实施，标志着我国行政审批制度改革有了法律基础。

在地方政府改革审批制度、放松管制，推进政府权力以公开、透明、互动方式运作的治理体制创新中，鉴于政务流程设计不合理而给政府和群众带来额外成本的情况，各地纷纷采取了“政务超市”、“一站式服务”、窗口式办公等简化行政程序的公共服务的创新技术。这些不同的公共服务创新措施，有的称“行政服务大厅”、“行政许可大厅”、“办证大厅”，也有的称“政务超市”或“一站式服务中心”等。这些名称各异的综合性公共服务机构因其功能取向不同而隶属于不同的归口管辖单位，我们可统称为“政务超市”。这些“政务超市”是公共服务提供技术的创新。

所谓“政务超市”是指地方政府为了提高办事效率，把大量行政和公共事务集中在一个行政业务大厅集中办理，公民和法人只要符合某些特定的条件或法律规定的资质，即可在此办理所需事项的便捷服务方式。继南京、沈阳等地推出“政务超市”以来，全国各地城市纷纷效仿。“政务超市”把原先市民或企业需要办理相关审批或证明的环节集中在一起，并且采取导办、代办等形式，简单明了地把政府提供的服务内容公开展示出来，让市民或企业用最短的时间、最高的效率把事情办好，从而实现了由过去“多头操办”向“一门式”服务的跨越，使公民（或企业）可以像在超市买东西一样在政府那里买（得）到服务。如南京市下关区的“政务超市”将政府部门特别是街道 50 多个服务项目集中在一个大厅内，有的事情只需要在一个窗口就可以办完。“政务超市”是办理各种公共事务最为便捷、公开的公共服务场所，具有公正性、选择性和公开性的特点。“政务超市”为公民开启了一扇“政务公开”的窗口，在这里，政府的政策规定、办事程序、优惠条件等都集中上墙，使得“顾客”（公民或企业）都能够真正享受“知情权”和“知政权”，从而便于对政府公共服务的监督，杜绝乱收费、乱罚款、“暗箱操作”以及权力与利益挂钩等现象，有利于推动我国的政风建设；“政务超市”把政府各部门、科室集中在一起，职责分明，人员到位，铲除了产生推诿、扯皮现象的土壤。这样，既有利于简化各种审批手续，提高工作效率，也让“掌舵者”和“划桨者”能够更好地各司其职，同时还为进一步深化政府机构奠定了基础。①

在传统的行政体制下，行政许可横向分工过细、部门职责交叉严重，多头

---

① 钱再见：《新公共管理对我国地方政府改革的启示——论“政务超市”在中国的兴起》，《江西行政学院学报》，2002 年第 2 期。

审批现象突出；行政许可纵向分权不明，只有大小之分，没有性质之别，显示出严重的多层审批问题；委托行政许可行为不规范，行政许可“内部程序外部化”倾向比较严重，导致一个机关的多重许可。尽管“政务超市”等集中服务的方式有利于提高政府的办事效率和公众满意度，但从行政体制改革和政府职能转变的视野分析，这些服务创新技术是在沿袭现有行政结构体系下的形式创新，并没有触动旧的政府职能边界和行政体制的核心。①

地方政府改革千头万绪，内容繁杂，甚为艰巨。实现政府与企业、政府与社会的分离，推进地方自治和政府管理法治化，实现从全能政府向有限政府、从管制型政府向服务型政府、从暗箱行政向透明行政的转化，是地方政府体制改革和政府职能转变的基本途径，是我国地方政府发展的目标和方向。

本章小结

本章是关于地方政府改革与发展的基本知识的介绍，同时介绍了地方政府治理的理论。地方政府改革是实现地方政府发展的途径和手段，而地方政府治理则是一种超越政府与市场二维思维框架的新的系统的政府改革思路和策略。在当今社会、政治、经济和技术因素的影响下，现代地方政府出现了从集权到分权、从人治到法治、从管制型政府到服务型政府的发展趋向。在经济全球化、政治民主化、信息技术革命和政府内部困境的驱动下，西方发达国家进行了以行政区域划分、职能转变、机构重组和体制再造以及分权化为主要内容的地方政府改革。在全球新公共管理和治理取向的改革的浪潮中，中国政府适时发动了以行政体制改革、职能转变、机构精简等为主要内容的地方政府改革。然而，迄今地方政府改革的进程依然步履蹒跚。当代中国的地方政府改革应在总结以前改革教训、借鉴西方国家改革经验的基础上，从国情出发，因地制宜，坚持协调配套和渐进的改革原则，完善地方各级人民代表大会制度，建设法治型地方政府，推进行政管理体制和机构改革，深化行政审批制度改革，建设服务型政府，以

① 沈荣华：《中国地方政府学》，社会科学文献出版社 2006 年版，第 375~377 页。

实现民主、法治、服务、效率的地方政府发展目标。认真学习本章，有利于深化对地方政府改革与发展相关知识的认识，推动与市场经济体制相适应的地方政府改革，促进地方政府的发展。因此，本章内容对于推进我国的地方政府改革具有重要的理论意义和现实意义。

关键术语

地方政府发展　地方政府改革　治理　地方政府治理　分权
人治　法治政府　经济全球化　电子政务　放松管制
服务型政府　“政务超市”

复习思考题

1. 试分析地方政府治理的特征。

2. 试分析经济、政治、技术环境是如何影响地方政府改革方向的。

3. 试从经济分析的角度论述西方地方政府改革的内容和特征。

4. 试从政治角度论述西方地方政府改革的内容和特征。

5. 中国地方政府改革中存在哪些问题，为什么？

6. 我国地方政府改革应坚持哪些原则？

7. 试论述我国地方政府改革的基本途径。

案例分析

政府效率提高了，农民办事方便了
——湖北省乡镇综合配套改革实施经验

湖北咸宁市咸安区横沟桥镇农民余伟文，是一名农业技术员。2006年，他带领3名有资质的农技员中标承包了全镇近2667公顷水田的农业技术指导服务。他们自费印发服务联系卡，按承包合同要求印发病虫害测报及防治技术简报，推广水稻直播、软盘抛秧、油菜免耕技术，举办技术培训班，把农业技术服务落到实处。此举不仅让镇上农民得了实惠，余伟文等4人的收入也大为提高。

这一切要归功于“以钱养事”新机制带来的活力。3年来，以建立该新机制为内容之一的湖北省乡镇综合配套改革让荆楚农村焕发出勃勃生机：政府效率提高了，农民办事方便了，大伙干活有钱了。

帷幕拉开

从2002年开始，湖北省进行的农村税费改革取得明显成效。农民负担不断减轻，农村分配关系逐步规范，农村经济社会稳步发展，农民收入稳步提高，干群关系大为改善。然而，财政供养人数多、财政收入来源窄、乡镇债务重等不利因素依然存在。

如何从根本上减轻农民负担，建立与税费改革相适应的农村管理体制和运行机制，建立防止农民负担反弹的长效机制，成为摆在农村税费改革成果后面的第一道“坎”。2003年11月初，湖北省委、省政府出台《关于推进乡镇综合配套改革的意见(试行)》，一场继农村税费改革后更为深刻的农村配套改革，在荆楚大地的咸安、麻城、老河口、安陆、监利、洪湖、天门等7个试点县（市、区）悄然拉开帷幕。

改革主要内容有八个方面：一是规范乡镇机构设置（乡镇设党委、人大、政府三个领导机构）；二是每个乡镇设党委委员7~9名，实行领导班子交叉任职；三是从紧设置乡镇工作机构，按统一设立“三办一所”（党政综合办公室、经济发展办公室、社会事务办公室和财政所）；四是按地域面积、人口和财政收入等因素科学确定乡镇编制，机关干部通过考试和考评竞争上岗；五是引导除农村中小学、卫生院、乡镇财政所外的乡镇其他直属事业单位面向市场转换机制，成立服务中心，公益性服务由政府采购，经营性服务职能全面走向市场；六是采取发放基本生活费、进行经济补偿等方式，建立社会养老保险等社会保障机制；七是推进乡镇领导干部职务消费货币化改革；八是改革乡镇财政管理体制。

重点出击

针对乡镇综合配套改革的重点和难点，即“钱从哪里来”、“人往哪里去”、“公益服务事业如何办”、“改革成果如何巩固”等四个问题，湖北省进行了一系列的有益探索。

各地自力更生为主，省里适当支持为辅，多途径筹措改革资金。以县市为单位统筹考虑，县乡主要通过调整财政预算、拍卖闲置资产、划转有效债权、分期支付补偿等办法解决资金困难。省里提前给予 2005—2007 年一般转移支付，对乡镇改革直接支持。同时，筹措资金支持乡镇事业单位改革建立基本养老保险制度等。

坚持以人为本，有情操作，通过农村“养事”项目消化一批，鼓励创业扶持一批，外出谋职送走一批，充实基层安置一批，转制单位留用一批，提前退休休息一批，妥善安置乡镇行政机关分流人员。同时，为转制事业单位的人员办理养老保险，解除后顾之忧。

加快发展农村公益性服务事业。2006 年，湖北省委办公厅、省政府办公厅制定《关于建立“以钱养事”新机制，加强农村公益性服务的试行意见》，明确乡镇农村公益性服务由政府组织实施，财政保障经费。“以钱养事”新机制遵循“政府主导、财政保障，市场导向、平等竞争，合同管理、民主监督”的原则，搞好农村公益性服务。

强化编制管理，实现“实名制”、公开化，努力巩固改革成果。2005 年，湖北省选择 13 个县进行试点，上网公布每个乡镇的编制情况，2006 年全省将基本完成“实名制”管理。

成效显现

据介绍，乡镇综合配套改革的主要目标是“三个两”（“两减”、“两提高”、“两发展”），即减轻农民负担，减少财政支出；提高党的执政能力，提高政府工作效率；发展农村生产力，发展农村社会事业。从目前来看，湖北省有改革任务的 96 个县（市、区）1078 个乡镇（办）行政机关改革已基本完成。全省共精简分流财政供养人员 36568 人，全省“七站八所” 84310 人全部退出财政供养关系，不仅使人头经费和公用经费得到节约，财政支出大大减少，而且跳出了以前“收费养人，养人收费”的怪圈，初步建立起预防和防止农民负担反弹的长效机制。

而作为改革重点之一的“以钱养事”新机制，把竞争机制、资格准入机制引入农村公益性服务领域，服务人员由原来依赖财政拨款和收费变为依靠发挥自身专长，参与市场竞争，农村公益性服务格局发生了新的变化。“政府的公益性服务职能得到切实加强，为农服务质量得到切实提高，服务人员收入得到切实保障”的三方共赢局面正在初步显现。

乡镇综合配套改革进一步明确了乡镇政府职能，规范了机关机构设置，落实了干部的工作责任。政府的职能由过去的主要是“催种催收”、“要粮要钱”，开始转变为提供公共产品，加强对农民的公益性服务。

现在，老百姓都说，乡镇“领导少了，团结战斗力增强了；职数少了，爱岗敬业的增多了；干部少了，干群关系密切了”。

（资料来源：《农家顾问》，2007年第1期。）

请思考

湖北乡镇综合改革的具体措施有哪些？改革初见成效的原因是什么？

阅读书目

1. 沈荣华：《中国地方政府学》，社会科学文献出版社2006年版。

2. 徐勇、高秉雄：《地方政府学》，高等教育出版社2005年版。

3. 孙柏瑛：《当代地方治理》，中国人民大学出版社2004年版。

4. 俞可平：《治理与善治》，社会科学文献出版社2000年版。

5. 周志忍：《当代国外行政改革比较研究》，国家行政学院出版社1999年版。

6. ［美］戴维·奥斯本、特德·盖布勒：《改革政府：企业精神如何改革着公营部门》，上海译文出版社 1996 年版。

7. 俞可平：《中国政府创新年度报告 2006——创建服务型政府》，中央文献出版社 2006 年版。

参考文献

薄贵利:《近代地方政府比较》，光明日报出版社 1988 年版。

薄贵利:《中央与地方关系研究》，吉林大学出版社 1991 年版。

薄贵利:《集权分权与国家兴衰》，经济科学出版社 2001 年版。

薄庆玖:《地方政府与自治》，台湾空中大学 1997 年版。

陈小京等:《中国地方政府体制结构》，中国广播电视出版社 2001 年版。

陈福今、唐铁汉:《政府管理理论与实践》，国家行政学院出版社 2004 年版。

陈瑞云:《现代中国政府》，吉林文史出版社 1988 年版。

陈乔之编:《各国经济特区》，江西人民出版社 1994 年版。

程汉大:《英国政治制度史》，中国社会科学出版社 1995 年版。

曹海晶:《中外立法制度比较》，商务印书馆 2004 年版。

陈嘉陵、田穗生:《各国地方政府比较研究》，武汉出版社 1992 年版。

董辅礽等:《集权与分权——中央与地方关系的构建》，经济科学出版社 1996 年版。

董礼胜:《欧盟成员国中央与地方关系比较研究》，中国政法大学出版社 2000 年版。

刁田丁:《中国地方国家机构概要》，法律出版社 1989 年版。

丁煌:《西方行政学说史》，武汉大学出版社 2004 年版。

封丽霞:《中央与地方立法关系法治化研究》，北京大学出版社 2008 年版。

方立新:《西方五国司法通论》，人民法院出版社 2000 年版。

高鸿钧等:《法治：理念与制度》，中国政法大学出版社 2002 年版。

何增科等:《基层民主和地方治理创新》，中央编译出版社 2004 年版。

贺雪峰:《乡村治理的社会基础》，中国社会科学出版社 2003 年版。

侯景新、浦善新、肖金成：《行政区划与区域管理》，中国人民大学出版社2006年版。

胡肖华：《走向责任政府——行政责任问题研究》，法律出版社2006年版。

胡锦光：《宪法学原理与案例教程》，中国人民大学出版社2006年版。

胡建淼：《比较行政法——20国行政法评述》，法律出版社1998年版。

胡象明：《行政管理学》，高等教育出版社2005年版。

湖北省编制委员会办公室、湖北省社会科学院政治学研究所编印：《中国地方国家机构研究参考资料》（内部资料），1984年版。

何自力、郑子彬：《法国市场经济体制》，兰州大学出版社1994年版。

姜士林等：《世界政府辞书》，中国法制出版社1991年版。

姜明安：《中国行政法治发展进程报告》，法律出版社1998年版。

姜杰等：《城市管理学》，山东人民出版社2005年版。

江荣海：《行署管理》，中国广播电视出版社1995年版。

纪俊臣等：《地方政府论丛》，台湾五南出版社1999年版。

靳尔刚、张文范：《行政区划与地名管理》，中国社会出版社1996年版。

蒋劲松：《责任政府新论》，社会科学文献出版社2005年版。

寇铁军：《中央与地方财政关系研究》，东北财经大学出版社1996年版。

刘君德等：《中外行政区划比较研究》，华东师范大学出版社2002年版。

刘君德等：《中国行政区划的理论与实践》，华东师范大学出版社1996年版。

刘隆亨：《我国民主与法制的目标和道路》，北京大学出版社1998年版。

刘丹等：《政府行为论》，湖南人民出版社1998年版。

李侃如：《治理中国——从革命到改革》，台湾国立编译馆1998年版。

李昌道：《比较司法制度》，上海人民出版社2004年版。

李步云：《立法法研究》，湖南人民出版社1998年版。

李秀峰：《廉政体系的国际比较》，社会科学文献出版社2007年版。

李景鹏：《政治管理学概论》，高等教育出版社1991年版。

李凡：《中国基层民主发展报告2000——2001》，东方出版社2002年版。

林尚立：《社区民主与治理：案例研究》，社会科学文献出版社2003年版。

林尚立：《国内政府间关系》，浙江人民出版社1998年版。

林尚立:《当代中国政治形态研究》，天津人民出版社 2000 年版。

林尚立、刘建军、陈玉刚:《一国两制》，上海人民出版社 1998 年版。

罗孟浩:《地方自治原理》，台湾中央文物供应社 1979 年版。

罗永祥、陈志辉:《香港特别行政区施政架构》，香港三联书店有限公司 2002 年版。

毛寿龙、李竹田等:《省政府管理》，中国广播电视出版社 1998 年版。

毛寿龙:《中国政府功能的经济分析》，中国广播电视出版社 1996 年版。

马彦琳等:《现代城市管理学》，科学出版社 2005 年版。

马宝成等:《村级治理：制度与绩效》，中国社会出版社 2005 年版。

马骏:《论转移支付——政府间财政转移支付的国际经验及对中国的借鉴意义》，中国财政经济出版社 1998 年版。

宁骚:《民族与国家》，北京大学出版社 1995 年版。

平新乔:《财政原理与比较财政制度》，上海三联书店 1995 年版。

浦善新:《中国行政区划改革研究》，商务印书馆 2006 年版。

秦甫编:《现代城市管理》，东华大学出版社 2004 年版。

钱振明:《城市管理学》，苏州大学出版社 2005 年版。

潘小娟:《市政管理体制改革：理论与实践》，社会科学文献出版社 1998 年版。

潘小娟:《法国行政体制》，中国法制出版社 1997 年版。

浦兴祖:《中华人民共和国政治制度》，上海人民出版社 1999 年版。

彭友今:《当代中国的人民政协》，当代中国出版社 1993 年版。

桑玉成:《自治政治》，香港三联书店有限公司 1994 年版。

任晓:《中国行政改革》，浙江人民出版社 1998 年版。

任进:《中欧地方制度比较研究》，国家行政学院出版社 2007 年版。

施九青:《当代中国政治运行机制》，山东人民出版社 1993 年版。

沈荣华、周传铭:《中国地方政府规章研究》，三联书店上海分店 1999 年版。

沈荣华:《中国地方政府学》，社会科学文献出版社 2006 年版。

施汉荣:《“一国两制”与香港》，广东人民出版社 1995 年版。

施雪华:《当代各国政治体制——英国》，兰州大学出版社 1998 年版。

孙柏瑛:《当代地方治理：面向 21 世纪的挑战》，中国人民大学出版社 2004 年版。

宋玉波:《民主政制比较研究》，法律出版社2001年版。

田穗生:《中外代议制度比较》，商务印书馆2000年版。

汤大华等:《市政府管理》，中国广播电视出版社1998年版。

魏永忠:《现代行政管理学》，中国人民公安大学出版社2005年版。

魏娜、吴爱明:《当代中国政府与行政》，中国人民大学出版社2002年版。

吴爱明:《公共管理理论与实践》，山西人民出版社2004年版。

吴爱明等:《当代中国政府》，中国人民大学出版社2005年版。

吴爱明、朱国斌、林震:《当代中国政府与政治》，中国人民大学出版社2004年版。

吴惕安、俞可平:《当代西方国家理论评析》，陕西人民出版社1994年版。

吴毅:《村治变迁中的权威与秩序》，中国社会科学出版社2002年版。

吴志成:《当代各国政治体制——德国和瑞士》，兰州大学出版社1998年版。

吴国庆:《当代各国政治体制——法国》，兰州大学出版社1998年版。

王名扬:《美国行政法》，中国法制出版社1995年版。

王名扬:《英国行政法》，中国政法大学出版社1987年版。

王乐夫、许文惠:《行政管理学》，高等教育出版社2000年版。

王伟:《行政伦理概论》，人民出版社2001年版。

王绍光:《分权的底线》，中国计划出版社1997年版。

王振民:《中央与特别行政区关系：一种法治结构的解析》，清华大学出版社2002年版。

王佃利等:《城市管理学》，首都经贸大学出版社2007年版。

王圣诵:《中国自治法研究》，中国法制出版社2003年版。

王晓民:《国外议会研究文丛》第一辑，华夏出版社2001年版。

谢庆奎:《县政府管理》，中国广播电视出版社1998年版。

谢庆奎:《当代中国政府》，辽宁人民出版社1991年版。

谢庆奎等:《中国地方政府体制概论》，中国广播电视出版社1998年版。

徐勇、高秉雄:《地方政府学》，高等教育出版社2005年版。

徐勇:《非均衡的中国政治：城市与乡村》，中国广播电视出版社1992年版。

徐勇：《中国农村村民自治》，华中师范大学出版社1997年版。

萧超然：《中国政治发展与多党合作制度》，北京大学出版社1991年版。

萧超然：《中国多党合作与政治协商制度专题资料汇编》，华文出版社1998年版。

项继权：《乡级民主建设》，中国社会出版社2001年版。

肖扬：《当代司法体制》，中国政法大学出版社1998年版。

许崇德：《宪法学》（中国部分），高等教育出版社2005年版。

徐育苗：《中外政治制度比较》，中国社会科学出版社2004年版。

徐勇：《乡村治理与中国政治》，中国社会科学出版社2003年版。

杨凤春：《中国地方政府》，中央广播电视大学出版社2007年版。

杨雪冬：《市场发育、社会生长和国家构建——以县为微观分析单位》河南人民出版社2002年版。

尹艳华：《现代城市政府与城市管理》，上海大学出版社2003年版。

于军：《英国地方行政改革研究》，国家行政学院出版社1999年版。

应松年、袁曙宏：《走向法治政府——依法行政理论研究与实证调查》，法律出版社2001年版。

俞可平：《治理与善治》，社会科学出版社2000年版。

俞可平：《中国政府创新年度报告2006——创建服务型政府》，中央文献出版社2006年版。

周平：《香港政治发展：1980—2004》，中国社会科学出版社2006年版。

周志忍等：《当代国外行政改革比较研究》，国家行政学院出版社1999年版。

张志红：《当代中国政府间纵向关系研究》，天津人民出版社2005年版。

张成福、党秀云：《公共管理学》，中国人民大学出版社2001年版。

张康之：《公共管理伦理学》，中国人民大学出版社2003年版。

张康之、李传军：《行政伦理学教程》，中国人民大学出版社2004年版。

张康之：《公共行政中的哲学与伦理》，中国人民大学出版社2004年版。

张国庆：《公共行政学》，北京大学出版社2007年版。

张波等：《城市管理学》，北京大学出版社2007年版。

张紧跟：《当代中国地方政府间横向关系协调研究》，中国社会科学出版社2006年版。

张志红：《当代中国政府间纵向关系研究》，天津人民出版社2005年版。

张文寿：《中国行政管理体制改革——研究与思考》，当代中国出版社1994年版。

张文显：《法理学》，法律出版社1997年版。

张今声：《政府行为与效能》，中国计划出版社2001年版。

张立荣：《中外行政制度比较》，商务印书馆2002年版。

湛中乐、傅思明：《依法行政培训教程》，中共中央党校出版社2004年版。

张坚石等：《地方政府的职能和组织结构》，华夏出版社1994年版。

张金鉴：《行政学新论》，台湾三民书局股份有限公司1984年版。

张志坚、唐铁汉：《中国：地方政府机构改革研究》，国家行政学院出版社1999年版。

张全在、贺晨：《镇政府管理》，中国广播电视出版社1998年版。

中国（海南）改革发展研究院：《新农村建设：乡村治理与乡镇政府改革》，中国经济出版社2006年版。

曾宪义：《民族地区现代化进程中的民主法制建设》，民族出版社2002年版。

曾伟、罗辉：《地方政府管理学》，北京大学出版社2006年版。

曾广载：《西方国家宪法和政府》，湖北教育出版社1989年版。

周平主编：《当代中国地方政府》，人民出版社2007年版。

周旺生：《立法学》，法律教育出版社2004年版。

郑贤君：《地方制度论》，首都师范大学出版社2000年版。

朱光磊：《当代中国政府过程》，天津人民出版社2002年修订版。

［美］文森特·奥斯特洛姆、罗伯特·比什、艾莉诺·奥斯特罗姆：《美国地方政府》，北京大学出版社2004年版。

［美］理查德·D. 宾厄姆：《美国地方政府的管理》，北京大学出版社1997年版。

［美］戴维·奥斯本、特德·盖布勒：《改革政府：企业精神如何改革着公营部门》，上海译文出版社1996年版。

［美］E. 萨瓦斯：《民营化与公私部门的伙伴关系》，中国人民大学出版社2002年版。

［美］约翰·罗尔斯：《政治自由主义》，译林出版社2000年版。

［美］J. C帕特洛，R. C昌德勒：《行政管理学词典》，四川人民出版社

1988 年版。

［美］库珀：《行政伦理学——实现行政责任的途径》，中国人民大学出版社 2001 年版。

［美］珍妮特·登哈特、罗伯特·登哈特：《新公共服务：服务，而不是划桨》，中国人民大学出版社 2004 年版。

［美］盖伊·彼得斯：《政府未来的治理模式》，中国人民大学出版社，2001 年版。

［美］詹姆斯·麦格雷戈·伯恩斯等：《民治政府——美国政府与政治》，中国人民大学出版社 2007 年版。

［美］巴林顿·摩尔：《民主和专制的社会起源》，华夏出版社 1987 年版。

［美］曼瑟尔·奥尔森：《集体行动的逻辑》，上海三联书店 1995 年版。

［英］戴维·米勒、韦农·波格丹诺：《布莱克维尔政治学百科全书》，中国政法大学出版社 1992 年版。

［英］伊夫·梅尼、文森特·赖特：《西欧国家中央与地方的关系》，朱建军等译，春秋出版社 1989 年版。

［英］戴维·M. 沃克：《牛津法律大辞典》，光明日报出版社 1988 年版。

［英］J. S. 密尔：《代议制政府》，商务印书馆 1982 年版。

［英］罗德·黑格、马丁·哈罗普：《比较政府与政治导论》，中国人民大学出版社 2007 年版。

［德］托马斯·海贝勒、根特·舒伯特：《城乡公民参与和政治合法性》，中央编译出版社 2007 年版。

［日］吉村源太郎：《地方自治》，中国政法大学出版社 2004 年版。

［日］松村歧夫：《地方自治》，北京经济日报出版社 1989 年版。

［澳］欧文 . E. 休斯：《公共管理导论》，中国人民大学出版社 2001 年版。

公共管理 / MPA 创新规划教材

○ 地方政府学
○ 政治学教程
○ 公共部门绩效评价
○ 公共政策学
○ 社会保障学
○ 公共管理导论
○ 电子政务概论
○ 公共政策分析
○ 公共事业管理概论
○ 公共人力资源管理
○ 当代中国政府与政治
○ 领导科学
○ 政府经济学
○ 公共决策

欢迎广大教师和读者就系列教材的内容、结构、设计以及使用情况等，提出您宝贵的意见、建议和要求，我们将继续提供优质的售后服务。

联系人：朱凌云
电　话：15927209732
E-mail：zlingyun@163.com

武汉大学出版社（全国优秀出版社）